KB039538

제3개정판

한국민주헌법론 I

이관희 저

박영사

제 3 개정판 서문

제 2 개정판을 출간하고 벌써 3년의 세월이 흘렀다. 그동안 독자들의 사랑을 받아 이렇게 제 3 개정판을 출간하게 되었다. 개정판을 낼 때마다 미흡한 부분을 보완하고 개고가 필요하다 싶은 부분들을 보충하였으며, 최근 이슈가 되고 있는 쟁점들을 반영하는 등 지속적으로 교과서의 내용들을 보완하고 수정하였다.

이번 제 3 개정판에서는 새로 개정된 법률을 정리하고 판례를 보완하였다. 시의성이 줄어든 내용들은 과감히 덜어내고 가독성을 높이는 방향으로 개정하였다. 그간 여러 법률들, 즉 민법, 법원조직법, 공직선거법, 남녀고용평등과 일·가정 양립 지원에 관한 법률, 정당법, 국가공무원법, 부패방지 및 국민권익위원회의 설치와 운영에 관한 법률, 국가인권위원회법, 생명윤리 및 안전에 관한 법률, 정보통신망 이용촉진 및 정보보호 등에 관한 법률, 마약류관리에 관한 법률, 형의 집행 및 수용자의 처우에 관한 법률, 감염병의 예방 및 관리에 관한 법률, 신문 등의 진흥에 관한 법률, 방송법, 집회 및 시위에 관한 법률, 최저임금법, 범죄피해자 보호법 등이 개정되거나 제정되어 이를 최대한 반영하였다. 헌법재판소의 중요 판례들도 추가하였다.

우리나라 헌정질서를 둘러싼 환경은 크게 변화하고 있다. 문재인 정부가 들어서고 1년 8개월이 지난 이 시점에서 대한민국을 오늘날과 같이 부강케 한 '자유민주주의' 헌정질서가 제대로 유지되고 있는지 큰 의구심을 갖게 된다. 정부 수립 당시 아프리카 최빈국보다 못했던 1인당 GDP는 3만 달러를 돌파하였고, 세계 12위 경제대국으로 성장했다. 전무했던 수출액도 작년 6,051억 달러로 세계 6위에 올랐다. 분단과 전쟁의 폐허를 딛고 이룩한 성과다. 풍부한 자원도 없었던 후진국이 이렇게 도약한 경우는 세계 역사에 유례가 없다. 그런데 탈원전정책, 소득주도성장정책, 작년 11월 1일부터 발효된 남북군사합의서 등 경제와 안보 모든 면에서 크게 흔들리고 있는 것이다.

　원래 우리 동이배달한민족은 황하문명 이전 홍산문화 등 인류시원문화를 만든 문화민족이다. 동족상잔 6·25라는 최저점을 찍고 지금까지 70년간 급상승의 추세에 있고 방탄소년단(BTS) 등 한류가 일고 있다. 지금 겪고 있는 흔듦과 이듦은 세계중심의 '선신 자유민주주의 문화국가'로 나아가기 위한 마지막 진통으로 보인다. 우리는 조국의 독립과 영광을 위하여 1944년 1월 그 추운 겨울 북경에서 만 40세에 장렬히 순국하신 이육사 선생의 절명시 '광야'를 항시 읊조리면서 '초인정신'을 가지고 용감히 앞으로 나아가야 한다.

　끝으로 경찰대학 강의에 열정을 쏟으며 개정에 수고해 준 유승익 교수와 개정판을 내게 해준 박영사 관계자에게 고마움을 전한다.

2019년 2월 기해(己亥)년 元旦
빛나는 '자유민주주의 대한민국'을 기원하며

저자 이 관 희(李寬熙) 씀

광   야

까마득한 날에 하늘이 처음 열리고
어데 닭 우는 소리 들렸으랴

모든 산맥들이 바다를 연모해 휘달릴 때도
차마 이곳은 범하던 못하였으리라

끊임없는 광음을 부지런한 계절이 피어선 지고
큰 강물이 비로소 길을 열었다

지금 눈 내리고 매화 향기 홀로 아득하니
내 여기 가난한 노래의 씨를 뿌려라

다시 천고 뒤에
백마 타고 찾아오는 초인이 있어
이 광야에서 목 놓아 부르게 하리라

제 2 개정판 서문

　개정판을 낸 지 8년, 처음 책을 펴낸 지 무려 12년이 지났다. 그러나 지금도 초판 서문을 읽어 보면 민주주의 갈망에 대한 그 때의 열정에 가슴이 뜨겁다. 이번 제 2 개정판을 펴내면서의 소회는 그 때 못지않게 국민 전체의 민주적윤리의식(시민의식, 공인의식)의 고양을 특히 강조하고 싶다. 현 제19대 국회의 파경 즉 입법과정에서 경제발전에 발목이나 잡고 4. 13 총선을 앞두고 스스로 선거구획정도 제대로 못하는 수준의 소위 '국민의 대표'를 보면서, 그리고 2014년 4월 16일 '세월호사건'과 그 처리과정을 지켜보면서 국민 전체의 의식개혁이 전제되지 않는 헌법론은 무의미하다는 생각을 떨쳐버릴 수가 없는 것이다.

　그래서 이번 개정판의 가장 큰 특징은 제3부 제1장 Ⅰ. 3에서 '시를 기본으로 하는 문화행위'로서 민주적윤리의식 제고를 강조한 것이다. 즉 백범 김구 선생의 '문화국가, 문화행복론'에 터잡고(백범일지, '나의 소원'편 참조), 현행 헌법 총강 마지막 조문 제9조 문화국가주의 실천을 선진민주주의 실현의 지름길로 본 것이다. 다시 말하면 모든 국민의 문화감성을 '문화행위'를 통해서 제고시켜야 국민의 수준이 올라가고 그 만큼의 민주주의가 실현된다는 철학이다. '온 국민 시 한 수 외우기 운동'을 제안하는 이유이고, 민주주의 최고의 이념인 '인간의 존엄성 실현'은 결국 '문화행위'의 도움이 없이는 불가능하기 때문에 헌법과 문화의 융복합을 강조하는 이유이다.

　두 번째 특징은 제4부 제1장 신체의 자유 중 제3절 Ⅳ. 2.에서 경찰수사권의 독립을 강조하는 바, 이는 형사절차상 국민을 위하고 검찰을 바로서게 하고 경찰수사능력을 제고시키는 일석삼조(一石三鳥)의 전략인 것이다. 2009년 8월 31일 국회의장 직속 헌법개정자문위원회의 최종연구보고서에서 헌법 제12조 제3항의 검찰의 영장신청독점권 폐지를 대안으로 제시한 것은 경찰이 주도적으로 수사를 진행할 수 있다는 당연한 표현이다. 그러므로 2011년 7월 형사소송법 제196조 제2항 경찰수사개시진행권 인정 개정은 제1항 검사의 포괄적지휘권 규정에도 불구하고 경찰이 일단 독자적 수사결론을 내서 검찰에 송치할 때 동시에 그 결과를 이해관계인에게 통보하는 것을 원칙으로 해석한다. 이 때 이해관계인의 이의제기가 있는 문제에만 검사의 지휘를 받으면 매우 효율적이고 국민으로부터 신뢰받는 수사체계가 될 것이다.

　세 번째 특징은 제5부 제2장 제1절 집회시위의 자유에서 집시법 위헌론에 대한 정리이다. 저자의 논문 "집시법 위헌론 합헌론"(공법연구 2010. 2)을 반영하여 집시법상 신고와 금지통고 체계, 주요도로에서의 행진금지 등 경찰의 권한에 대한 합헌성을 확실히 하면서 한 걸음 더 나아가 복면금지 필요성을 역설한 것이다. 2008년 소고기 광우병 사태 촛불집회 이후 학계 소장학자를 중심으로 한 위헌론, 국가인권위원회의 집시법 개정 권고 등 그 당시 불법폭력시위를 뒷받침하고 있는 듯한 분위기에 쐐기를 박은 것이다. 즉 집회·시위의 자유는 그 본질인 집단적 성격 때문에 공공의 안녕과 질서에 언제나 큰 위험을 줄 수 있으므로 선진외국에서도 거의 사전허가제에 가깝게 운영되고 있고, 다만 관할당국이 '명백하고 현존하는 위험'이라는 제한원칙을 어떻게 엄격하게 다룰 것이냐(임의 재량이 아닌 기속재량)의 문제라는 것이다. 서구 선진국에서는 1960년대 이미 정리된 내용이고 저자는 80년대 후반 이미 정리한 것을 다시 보완한 것이었다.

　그 밖에 존엄사, 제대군인가산점제도, 사생활의 비밀제한, 종교의 자유제한, 양심적 집총거부 등에 대한 판례와 언론관계법 개정에 의한 언론의 자유 내용이 보완되었다.

　끝으로 최근 로스쿨과 사시존치 논쟁을 지켜보면서 이는 법치주의 기본인 법학교육정상화 관점에서 접근해야 그 구체적 해결의 실마리가 풀려나간다는 것을 강조하고 싶다. 독일, 일본과 같은 대륙법계인 우리나라의 경우 일본과 같이 법과대학 교육을 전제로 로스쿨은 반드시 법학사와 비법학사를 구분교육해야 한다. 그리고 법과대학 교육정상화를 위해서 일정부분 사시존치를 해야 한다고 본다. 로스쿨과 사시존치를 1500명, 500명으로 하고 그 1500명은 각 로스쿨을 졸업하면 미국 일부 주 등에서 실시하고 있는 변호사자격을 주는 제도(Diploma Privilege)를 검토해야 한다. 저자는 2005년 한국헌법학회장 시절부터 이 문제를 고심해왔고 드디어 이 문제의 핵심단체인 대한법학교수회를

2013년 2월에 창립한 입장에서 가장 중요한 헌법문제로 보고 있음을 밝힌다.

다시 개정판을 내게 해준 박영사 관계자와, 작년 2월 경찰대학 정년퇴직과 오늘에까지 나를 도와 준 사랑하는 아내 정지선 교장선생, 2018년 동계올림피 지문번호사인 딸 새은, 미국 뉴크대학에서 사회학박사 과정에 정려하고 있는 아들 재민, 첼리스트 며느리 신혜에게 고마움을 전한다.

2016년 2월 丙申年 元旦
경찰대학 아산시대에 새로운 희망을 걸어보며

저자 이 관 희(李寬熙) 씀

존경하는 한용운 시인의 '님의 침묵' 서문 '군 말'을 헌법을 사랑하는 마음으로 남긴다.

님만이 님이 아니라 그리운 것은 다 님이다

중생이 석가의 님이라면 철학은 칸트의 님이다
장미화의 님이 봄비라면 마치니의 님은 이태리다

님은 내가 사랑할 뿐 아니라 나를 사랑하느니라

연애가 자유라면 님도 자유일 것이다
그러나 너희는 이름 좋은 자유의 알뜰한 구속은 받지 않느냐

너에게 님이 있느냐
있다면 님이 아니라 너의 그림자니라

나는 해 저문 들판에서 돌아가는 길을 잃고 헤매이는
어린 양(羊)이 가여워서 이 시를 쓴다

改訂版 序文

세월이 빠르다. 책을 펴낸 지 벌써 4년의 시간이 지났다. 처음 펴낼 때의 어설픈 부분을 손질했고 판례도 보완하였다. 그간 신문등의자유와기능보장에관한법률(신문법), 언론중재및피해구제등에관한법률(언론중재법) 등이 제정되고, 형사소송법, 공직선거법, 국가인권위원회법, 청원법, 범죄피해자구조법 등이 개정되어 반영하였으나 이명박 새 정부가 들어서면서 언론관계법이 다시 크게 바뀔 것으로 예상된다. 대통령직인수위원회는 이미 일부 위헌판결을 받은 신문법을 폐지키로 하고, 신문·방송 겸영규제 완화, 시장지배적 사업자 조항 정비, 신문지원기관 통합 방향의 대체입법을 결정하였다. 이에 따라 방송법·언론중재법 등의 개정이 불가피해질 것으로 보여진다.

그러나 노무현 정부의 언론에 대한 큰 실책은 소위 '취재지원 시스템 선진화 방안'으로 정부 각 부처 기사송고실을 '대못질'(폐쇄)하여 기자들을 내쫓은 행위이다. 나는 "盧 정부, 정보통제 시도 단념하라"라는 칼럼(문화일보 2007년 6월 1일)을 통하여 언론의 자유의 본질적 침해로써 그 부당성을 통렬히 지적한 바 있는데, 인수위에서 이명박 대통령 취임에 맞춰 기사송고실을 원상복구한다는 방침을 세워서 다행이다. 정권은 유한하고 언론의 자유와 민주주의는 영원하다는 진리를 실증하고 그래서 반면교사로서 큰 교훈이 된 셈이다.

그리고 무엇보다 2009년부터 법학전문대학원(로스쿨)체제가 도입됨에 따라 기본적으로 법학교육을 어떻게 할 것이며 국제법률시장 개방에 대비하여 어떤 노력들을 해야 할지 고민된다. 사실 나는 한국법학교수회 로스쿨대책공동위원장으로서 우리 현실에 맞지 않는 로스쿨 도입을 반대하고 기존의 법과대학을 업그레이드시키는 소위 '학부 로스쿨화'(법률신문 2007년 6월 4일 논단 참조)를 무려 2년간 맹렬히 주장하였는데, 대한변호사협회와 협력하여 거의 성사단계에서 무분별한 정치권의 분위기에 의하여 좌절되어 아쉬움이 남지만 그 시대 법학자로서 책임을 다했다는 것으로 위안을 삼고자 한다. 또한 과거 명문 법과대학이 없어지게 된 상황에서 경찰대학에 최고로 우수한 학생이 몰려 올 것이 예상되면서 보다 잘 가르쳐야 하겠다는 각오를 다져 본다.

　　끝으로 초판 출판에 이어 이번 개정작업까지 수고를 아끼지 아니한 청주대학교 조한상 교수와 판례보완에 도움을 준 성균관대학교 최취주 박사 그리고 치밀한 교정작업과 여러 가지 조언을 해 준 박영사 노 현 부장에게 감사를 표한다.

2008년 戊子年 元旦

저자 이 관 희(李寬熙) 씀

序　文

　　헌법은 민주주의 국가운영의 원칙규범이고, 민주주의는 국민 각자 모두가 국가운영의 주인이 되고자 하는 정치이념(이데올로기)이다. 따라서 우리가 헌법과 헌법이론을 대할 때에는 가슴에 민주주의에 대한 조그마나마 감동이 일어나야 한다고 본다. 헌법이론은 민주주의에 관한 단순한 지식의 나열이 아니고, 국민의 민주주의정신을 고양하여 실제 행동으로 나아갈 수 있도록 계몽성을 띠어야 한다고 보기 때문이다. 이 책은 독자들에게 그러한 감동을 주고자 노력하였고, 그리하여 책의 제목도 국민이 주인이 되는 헌법론이라는 의미로 「한국민주헌법론 Ⅰ」(헌법총설·기본권론)로 정하였다. 대학의 헌법학강의 교재로 쓰이도록 하는 것이 본서집필의 주목적이지만, 아울러 고등학교학력 이상인 자라면 누구에게나 민주시민으로서의 교양을 갖추는 데 기여를 하고, 각종 고시준비생에게는 헌법에 대한 체계적 이해와 새로운 헌법관련정보 습득에 도움을 주는 책이 되기를 바란다.

　　우리나라는 WTO체제하에서 경제교역량이 세계 10위 안에 들어갔으면서도 일반국민의 민주적 윤리의식(시민의식·공인의식)은 아직도 미성숙의 초보단계에 있다는 것은 정치권·공직자의 끊임없는 정쟁과 비리·부정부패, 갈수록 골이 깊어져 가는 노사갈등, 불법·폭력시위문화 등을 보면 쉽게 알 수 있다. 따라서 우리 사회가 소득 2만불 시대로 가기 위하여는 국민 각자 모두의 민주적 윤리의식의 성숙이 무엇보다 필요하다고 보고, 헌법교육의 목표는 바로 거기에 있어야 한다고 확신한다. 이 책이 바로 그러한 목표에 조금이라도 기여할 수 있다면 더 바랄 것이 없겠다.

　　모든 국민의 인간의 존엄성이 보장되는 참다운 민주주의사회를 이룩하기 위하여는 민주적 윤리의식의 한 축인 일반시민의 민주적 시민윤리(시민의식: 공공심·질서의식·준법정신·관용과 타협·인간애 등)와 또 하나의 축인 공직자의 민주적 공직윤리(공인의식: 無私公平의 법집행을 통한 공공복리실현)가 절대적으로 필요하다. 정당한 권리의식이 지나쳐 자기 몫만 챙기려는 집단이기주의의 팽배는 바로 자유자본주의가 파멸로 가는 지름길이며, 21세기 고도민주주의 사회 확립에 최대의 적이다. 따뜻한 인간애로 서로를 존중하며 관용과 타협으로 공공심·준법과 질서의식을 가질 때, 그야말로 모든 국민의 인간의 존엄성이 보장되는 이상적인 민주주의사회를 이룰 수가 있는 것이다. 여기에 공직자가 공인의식으로 철저히 무장되어 발벗고 나서야 한다. 적어도 공직에 있는 동안만큼은 사적인 이해관계를 떠나서 국민에게 봉사하고 아름다운 사회건설을 위하여 앞장 서야 한다(滅私奉公). 그로써 공직자는 스스로 인생의 궁극적 목표인 인격완성을 하고, 국민으로부터 존경과 신뢰를 받아야 한다. 만약 100만 공직자가 어느 날 아침 일제히 이와 같은 의식개혁을 한다면, 우리 사회는 하루아침에 확 달라질 것이다.

　이상과 같은 민주적 윤리의식이 헌법을 공부하기 전에, 아니면 헌법공부를 통하여 확립되는 것이 무엇보다 중요하다. 그렇지 아니하면 헌법공부는 하지 않는 편이 낫다. 민주적 윤리의식이 전제되지 않는 헌법공부는 공연히 사회를 소란스럽게 하는 말장난에 불과하고, 남에게 해만 끼칠 우려가 있기 때문이다.

　이 책에서 저자는 불필요한 공리·공론을 과감히 배제하고, 우리의 일상생활 속에서 헌법과 기본권의 의미를 찾을 수 있도록 하였고, 특히 강조하고 싶은 내용은 다음과 같다.

　첫째, 민주주의역사 속에서 헌법개념의 생성과 발전을 파악하여 그것으로부터 현대헌법의 과제를 정리하고자 하였다. 둘째, 헌법개정한계론을 민주주의헌법론의 이론적 기초가 되는 내용으로 평가하여 무엇이 그 한계인지를 분명히 하고자 하였다. 셋째, 헌법관에 관한 독일의 복잡한 이론을 간략히 정리하여 현실적으로 우리의 기본권이해에 도움이 되도록 기본권관으로 정리하였다. 넷째, 민주주의근본이념으로서 인간의 존엄을 헌법체계적으로 알기 쉽게 정리하여 국민의 일상생활 속에서 이해되도록 하였다. 다섯째, 신체의 자유와 관련하여서는 무죄추정의 원칙, 영장제도, 검·경간의 수사권체제 등 실질적인 문제를 중심으로 새로운 각도에서 정리하였다. 여섯째, 언론·출판의 자유와 관련하여서는 정기간행물법·방송법 등 실정법하에서 나타나는 그 자유의 내용과 한계를 분명히 하고자 하였다. 일곱째, 집회·시위의 자유와 관련하여서는 최근 개정된 집시법의 내용을 새로운 시 각으로 정리하고자 하였다. 여덟째, 근로 3 권과 관련하여서는 단체행동권행 사절차를 자세히 소개하고, 노사문화의 발전을 위하여 노사정위원회를 소 개하고 정리하였다. 아홉째, 재산권보장과 사회적 기본권보장의 의의를 자 본주의의 구조적 모순을 극복하는 차원에서 새롭게 기술하려 하였고, 인간 다운 생활권의 내용을 구체적인 제도를 중심으로 정리하였다. 열째, 국가인 권위원회를 소개하면서 그 문제점과 발전방향, 특히 경찰권과의 관계를 정 리하고, 시민단체운동의 헌법적 의미를 분명히 하면서 그 발전방향을 제시 하였다.

지난 제16대 대통령선거는 시민의 민주의식이 발동된 하나의 선거혁명이 었으며, 그로써 우리 사회의 민주주의발전에 새로운 지각변동이 시작되었고 지금 바로 진행 중에 있다. 정치권이 시민적 압력에 굴복하여 정치자금법·정 당법·선거법 등 정치관계법개정협상에 저자가 오랫동안 주장해 왔던 개혁적 인 내용을 담으려 하고 있어 정말 다행스럽다. 이에 대하여는 8월에 출간될 예정인 저자의 「한국민주헌법론 Ⅱ」(통치구조의 대개혁론)에서 자세히 논하여 질 것이다.

저자가 경찰대학에서 헌법학강의를 시작한 지 벌써 24년째 들어선다. 그 간 법치주의·민주주의에 대한 뜨거운 정열을 가슴에 안고 나의 헌법학강의 를 경청해 준 사랑하는 나의 제자들에게 이 책을 바친다. 그 군들의 초롱초 롱한 눈망울과 성원이 없었다면, 아마도 이 책은 빛을 볼 수 없었을 것이다. 그 군들의 앞날에 큰 성공이 있기를 기원하면서, 그 군들이야말로 우리나라 의 법치주의·민주주의를 선도해 나갈 역군임을 확신한다.

이 책이 나오기까지 많은 분들이 도움을 주었다. 이미 고인이 되셨지만 고려대학교의 자유·정의·진리의 석탑정신을 가르쳐 주신 은사님이신 윤세 창 선생님을 비롯하여, 공법학회·헌법학회 선배교수님들과 동료·후배교수 들에게 이론적으로 많은 것을 배우고 인간적인 격려도 받았다. 이 책의 출 판을 맡아 준 박영사에 감사하고, 이구만 부장, 이일성 편집위원께도 고마 움을 전한다. 특히 원고정리에 헌신적인 노력을 기울여 준 고려대학교 박사 과정에 있는 조한상 군에게 고마움을 전하고, 그 군의 앞날에 학운이 함께 하기를 바란다. 또한 이미 고인이 되신 존경하는 부모님영전에 이 책을 바치고, 항상 따뜻한 격려를 보내 준 사랑하는 아내와 재은·재민에게도 고마움을 전한다.

2004년 甲申年 元旦
경찰대학 법화산 기슭에 잔설을 바라보며
南汀書齋에서

저자 이 관 희(李寬熙) 씀

目 次

제 1 부 憲法總說

제 1 장 憲法의 槪念과 特性

제 2 장   憲法의 制定·改正

제 2 장　基本權의 主體

제 5 장　基本權의 侵害와 救濟

제 3 부　基本權 秩序의 核心價値
—人間의 尊嚴과 價值, 幸福追求權, 平等權

제 1 장　人間의 尊嚴과 價值, 幸福追求權

제 2 장 平 等 權

제 3 장 基本權의 相關概念으로서 義務와 責任

제 4 부　個人의　自由領域에　대한　保護

제 1 장　人身의　保護에　관한　基本權

제 2 장　私生活의 保護에 관한 基本權

제 3 장　精神的 自由權

제 4 장　經濟的 基本權

제 5 부　民主的 政治秩序 내의 基本權

제 1 장　言論·出版의 自由

제 2 장　集會·結社의 自由

제 3 장　選擧權과 公務擔任權, 國民投票權

제 4 장　政黨과 市民團體에의 參與權

제6부　積極的 給付請求權으로서의 基本權

제1장　社會的 基本權의 意義와 人間다운 生活을 할 權利

제2장　勤勞와 관련된 基本權

제 7 부　節次的　基本權

제 1 장　節次的　基本權　Ⅰ

제 2 장　節次的　基本權　Ⅱ

일러두기

[국내교과서 참고문헌약어]

강경근 ·· 강경근, 헌법, 법문사, 2002
계희열(상) ······························· 계희열, 헌법학(상)(제 2 보정판), 박영사, 2002
계희열(중) ······························· 계희열, 헌법학(중)(보정판), 박영사, 2002
권영성 ····································· 권영성, 헌법학원론(개정판), 법문사, 2006
김철수 ······················· 김철수, 헌법학개론(제18전정신판), 박영사, 2006
성낙인 ······································ 성낙인, 헌법학(제 4 판), 법문사, 2004
윤명선 ······································· 윤명선, 헌법학, 대명출판사, 2004
이관희(Ⅱ) ······························· 이관희, 한국민주헌법론 Ⅱ, 박영사, 2004
장영수 ··· 장영수, 헌법학, 홍문사, 2006
전광석 ······································· 전광석, 한국헌법론, 법문사, 2004
정종섭 ······································· 정종섭, 헌법학원론, 박영사, 2006
최대권 ······················· 최대권, 헌법학강의(증보판), 박영사, 2001
허영 ·· 허영, 한국헌법론(전정 2 판), 박영사, 2006
허영(이) ······························· 허영, 헌법이론과 헌법(신정 8 판), 박영사, 2003
홍성방 ······································· 홍성방, 헌법학(개정 1 판), 현암사, 2004

제1부　憲法總説

한/국/민/주/헌/법/론

제1장 憲法의 槪念과 特性

제1절 憲法의 意義

헌법은 흔히 국가의 최고 법, 법 중의 법이라는 말로 표현된다. 그러나 구체적으로 헌법이 어떠한 지위와 의미, 내용을 가지는지에 관하여 명확하게 인식하기란 쉽지 않다. 법이란 개개인이 살아감에 있어서의 공존질서이고, 그 중에서도 헌법은 국민의 기본권을 최대한 보장하고 국가권력의 민주적·조직적 행사를 위한 원리를 담고 있는 기본적인 법이다. 수많은 헌법재판소의 판례에서 볼 수 있는 것처럼 국민의 일상생활 속에 헌법적 문제들은 점점 더 많이 나타나고 있다. 이러한 상황에서 국민들의 헌법에 대한 인식과 헌법적 이념에 대한 존중은 더욱 중요한 것이 되고 있다.

헌법이란 무엇인가를 밝히기 위하여 많은 시도가 있어 왔다. 기존 대부분의 견해들은 '헌법의 이중성', '역사적 발전', '존재형식' 등을 기준으로 하여 헌법의 개념에 관한 설명을 시도하였다.[1] 또 헌법의 체계적 이해를 위한

---

[1] 이를테면 김철수 교수는 '헌법개념의 이중성', '역사적 발전', '실질적 의미와 형식적 의미'의 세 가지 기준으로 접근하였고(김철수, 12-16쪽), 권영성 교수는 '헌법의 양면성', '역사적 발전', '존재형식', '헌법사항'의 네 가지 기준으로 접근하는 시도를 하였다(권영성, 3-10쪽). 이들 논의를 간략히 정리하면 다음과 같다. 먼저, 헌법의 이중성에 따른 개념접근은 사실로서의 헌법과 법규범으로서의 헌법을 나누어 접근하려는 시도이다. 사실로서의 헌법은 국가의 정치적 통일 및 사회질서의 구체적 상태로서 파악되는 것을 의미한다고 한다. 이에는 통치형식으로서의 헌법을 말한 Lassalle의 견해, 정치적 통일형성의 과정으로서의 헌법을 말한 Smend의 견해, 결단으로서의 헌법을 말한 C. Schmitt의 견해가 해당된다고 설명한다. 규범으로서의 헌법은 현실과 대립하여 현실을 규제하고 정치생활·국민생활이 있어야 할 모습을 실현하기 위한 법규범으로서 파악된다고 한다. 역사적 발전에 의한 개념 접근으로는 국가의 최고기관의 조직 구성과 권한행사방법, 권력기관의 상호관계 및 활동범위를 규정하는 고유한 의미의 헌법을 기초로 근대적 입헌주의적 헌법, 현대적 복지주의적 의미의 헌법으로 나누어 고찰하고 있다. 두 번째로 실질적 의미의 헌법과 형식적 의미의 헌법, 즉 존재형식을 가지고 접근하고 있다. 실질적 의미의 헌법은 국가의 조직작용의 기본원칙을 정하는 국가의 기본법의 전부를 말한다고 하고 있다. 형식적 의미의 헌법은 성문

중요한 도구라고 할 수 있는 헌법관을 이용하여 헌법의 개념에 대하여 접근
하려는 시도도 있다.[2] 그러나 이러한 노력들이 여전히 헌법의 의미를 명확하
게 밝혀 주고 있지는 못한 것으로 보인다.[3]

　　여기에서는 역사적 발전과정에 따른 헌법의 의미, 즉 헌법이라는 것이
어떠한 역사적 과정을 거쳐서 성립되었으며, 현재는 어떠한 의미를 갖고 있
는 것인지를 밝힘으로써 헌법의 개념을 해명하는 시도를 한다. 헌법이란 그
시대의 정치사상이 표출된 것이라고 할 수 있으며, 지금 우리의 헌법은 과거
각 시대의 시대정신과 역사적 경험이 침전된 것이라고 볼 수 있다. 따라서
역사적 발전과정에서 본 헌법개념을 고찰하는 것은 중요한 의미를 갖는다.

　　형식, 존재형식, 형식적 효력 등의 외형적 특징에 따라서 정의한 헌법개념을 의미한다고
　　한다고 본다.
2) 이 견해에 의하면 규범주의적 헌법관, 결단주의적 헌법관, 통합과정론적 헌법관이라는 대
　　표적인 헌법관을 기초로 드러나는 헌법의 개념과 본질에 대한 접근을 시도하고 있다(허영,
　　3-20쪽).
3) 이상의 접근방법은 일단 헌법을 바라보는 여러 가지 관점을 기초로 구분을 함으로써 헌
　　법개념을 인식하도록 하는 시도라고 하겠다. 또 각각의 구분은 그 자체로 의미 있는 것이
　　며 일정부분 헌법의 개념이해에 도움을 주는 것도 사실이다. 그러나 여러 가지 문제점도
　　드러나고 있다고 하겠다. 먼저 헌법의 이중성, 즉 Sein과 Sollen을 기초로 헌법의 개념을
　　나누는 것은 문제가 특히 크다. 과연 학자에 따라 헌법을 Sein의 한 측면 또는 Sollen의
　　한 측면만을 고찰의 대상으로 삼았는지에는 의문이 제기된다. 규범주의적·법실증주의적
　　헌법관으로 헌법의 Sollen의 측면을 매우 강조한 H. Kelsen의 경우에도 Sein의 측면을 무
　　시한 것은 아니다. 또 R. Smend의 경우에는 Sein과 Sollen의 구분을 극복하고 이를 엄격하
　　게 구분하여 바라보는 시도 자체가 의미가 없다는 것을 이론적 기초로 삼고 있다는 점에
　　서 이러한 분류의 논거로 사용하기에는 문제점이 없지 않다. 오히려 이러한 구분은 헌법의
　　개념이 무엇인가라는 것에 대한 논의라고 하기보다는 헌법의 어떠한 측면을 중점적으로
　　바라볼 것인가의 관점의 문제라고 보는 것이 타당하다. 그런데 역사적 발전단계에 대한 고
　　찰은 이중성을 기초로 구분하는 견해보다는 훨씬 의미 있는 시도이다. 그러나 역사적 발전
　　단계를 평면적으로 서술하는 것만으로는 지금 우리가 고찰해야 할 헌법이란 무엇인가에
　　대한 대답으로는 부족한 점이 없지 않다. 과연 그러한 역사적 단계는 어떠한 의미가 있으
　　며, 그를 통하여 지금 우리의 헌법의 개념이 어떠한 모습으로 구체화되어지는 것인지의 해
　　명이 부족하다고 하겠다. 존재형식을 기준으로 구분하는 것도 물론 많은 의미가 있겠으나,
　　역시 과연 우리가 연구해야 하는 헌법은 무엇인가라는 의문에는 큰 도움을 주지 못하는
　　것으로 보인다. 헌법관을 기준으로 헌법의 개념을 고찰하는 시도는 헌법관이 헌법의 전체
　　적인 이해에 큰 도움을 준다는 측면에서 의미 있는 시도임에는 틀림이 없다. 그러나 규범
　　주의와 결단주의 통합론이라는 헌법관이 서로 다른 헌법을 대상으로 전개된 이론인가라는
　　점을 살펴보면 이에도 문제가 없지 않다. 즉 각각의 견해는 동일(또는 유사)한 헌법을 배
　　경으로 전개된 이론이다. 결국, 이러한 접근도 우리가 접근해야 하는 헌법이 무엇인지를
　　말해 준다고 하기보다는 헌법의 여러 가지 접근방법을 설명하고 있는 것으로 보는 것이
　　타당할 것이다.

Ⅰ. 固有한 意味의 憲法

헌법은 한 국가의 통치질서에 관한 기본법이다. 다시 말해 헌법은 국가의 통치조직과 작용 및 국가와 국민과의 관계를 규정하는 국가의 기본법을 말하며, 우리는 이를 보통 고유한 의미의 헌법이라고 지칭한다.

인간과 국가가 존재하는 한에 있어서 이러한 기본법은 시공을 초월하여 어떠한 형태로든 존재하게 된다. 이러한 의미에서 고유의 의미의 헌법이라고 표현하는 것이다. 만약 "조선시대에도 헌법은 존재했다"라고 한다면, 이것은 바로 고유한 의미의 헌법개념을 전제로 말하는 것이다.

고유한 의미의 헌법개념은 주로 근대 입헌주의 헌법의 특성을 부각시키기 위해 사용된 것이며, 이미 입헌주의가 보편화된 오늘날에 와서는 그다지 큰 의미가 없는 개념이라고 하겠다. 다만 역사적으로 뒤따르는 근대입헌주의 헌법개념이나 현대복지국가 헌법개념에도 고유한 의미의 헌법에서 규정했던 사항은 기본적으로 포함하고 있다는 점은 염두에 두어야 하겠다.

Ⅱ. 近代 立憲主義 憲法

1. 성립 및 개념

입헌주의(立憲主義)란 문자 그대로 국가가 헌법에 의해 통치될 것을 요구하는 것을 말한다. 그러나 이 경우의 헌법은 고유의 의미의 헌법과는 달리 그 헌법의 내용에 반드시 국민의 기본권 보장과 국가의 권력분립을 규정하고 있는 헌법을 말한다.

근대 입헌주의 헌법은 근대 시민혁명의 정신적 배경이 된 계몽사상과 밀접한 관련을 맺고 있다. 계몽사상은 인간의 이성을 존중하며 봉건적 구습을 타파하고 인간생활의 개선, 진보를 기하려는 사상으로서 그 정신적 연원은 중세의 종교적 질곡을 벗어 던지고 그리스·로마의 인본주의 문화로 돌아가자는 14·15세기의 르네상스 운동, 16·17세기의 종교개혁 및 자연법사상 등에 두고 있다. 그러므로 계몽사상은 이성적 존재로서의 인간에게 존엄성을 인정하고 국가권력에 대하여 자유와 평등을 요구하는 기본권 주장의 정신적 배경이 된 것이다.

한편 근대 입헌주의 헌법은 사회경제적으로는 아이러니컬하게도 절대왕
정 하의 상비군(常備軍) 설치 등 왕권 강화를 위한 중상주의 정책으로 부를 축
적한 시민계급의 성장을 기반으로 하여 성립된 것이다. 중상주의 정책은 중세
십자군 전쟁 이후 자연스레 동서교류가 이루어지고 그로부터 촉발된 지리상의
발견(예: 1492년 콜럼버스 아메리카대륙 발견)으로 국제무역의 여건이 마련된 상
황에서 절대왕정이 그 무역을 장려한 정책이다. 그 결과 부를 축적한 상인들
이 바로 시민계급이며 그들은 계몽사상의 영향을 받아 왕권으로부터 천부인권
으로서의 재산권보장과 종교·신체 등의 자유를 요구하게 된 것이다.

물론 인류의 성인(聖人)이신 석가는 천상천하 유아독존(天上天下 唯我獨
尊), 예수는 인류에 대한 사랑으로 오늘날 기본권의 상징적 표현인 인간의 존
엄성을 강조하였지만 그것이 사회제도적으로 정착되기에는 상술한 바와 같은
오랜 인류의 노력이 필요했던 것이다.

따라서 근대입헌주의 헌법 개념은 서구의 역사 속에서 잉태되어 온 계몽
사상과 시민계급의 성장을 바탕으로 합리적 이성을 가진 인간의 존엄성을 강
조하면서 전제군주에 대한 항의적 개념으로 성립되었고, 그것을 누구도 부인
할 수 없도록 성문화한 것이다. 이와 같은 의미에서 근대 입헌주의 헌법은
역사적 의미의 헌법이며 성문헌법인 것이다.

이러한 근대 입헌주의 헌법은 서구에서 시민혁명을 계기로 하여 성립된
것이며,[4] 1789년 프랑스의 인간과 시민의 권리선언 제16조는 권리의 보장이
확보되지 아니하고 권력의 분립이 규정되지 아니한 사회는 헌법을 가진 것이
라 할 수 없다고 함으로써 근대 입헌주의 헌법의 본질을 분명히 하였다. 이
러한 원리에 입각하여 제정된 입헌주의 헌법으로는 1776년 버지니아헌법,
1787년 미국연방헌법, 1791년 프랑스헌법이 그 대표적인 예이며, 그로써 근
대 민주주의[5]가 제도적으로 시작되었다고 할 수 있다.

---

[4] 근대 입헌주의 헌법과 구별해야 할 개념이 바로 외견적 입헌주의 헌법이다. 이것은 시민혁명
에 성공한 나라가 아닌 국가(예컨대 독일·일본 등)가 기존체제유지에 대한 불안과 위협을 느
끼면서 이와 같은 시민혁명 이념이 자국으로 유입되는 것을 막기 위해, 새로운 국가제도창설
을 억제하면서도 부분적으로는 이를 수용한 헌법을 의미한다. 예컨대 독일의 비스마르크 헌법
과 일본의 명치(메이지)헌법이 이에 해당한다. 외견적 입헌주의 헌법은 시민의 자유와 권리를
오직 실정법적 권리로 파악하며, 군주의 강력한 권한을 여전히 인정하고 있는 헌법이었다.
[5] 그 당시 보장된 기본권은 천부인권으로써 관념된 재산권·종교·신체·언론의 자유 등
주로 자유권적 기본권(현행헌법 제12조-제23조)이었으며, 국가는 자유방임주의로써 국민의
경제생활에 간섭하지 아니하고 야간에 도둑만을 잡아 주는 소극적 야경(夜警)국가이었다.

이상에서 근대 시민혁명 이후 성립된 입헌주의 헌법은 국민의 기본권보
장과 권력분립을 규정한 민주주의 국가운영의 기본원칙 규범이라고 정의할
수 있다. 즉 근대입헌주의 헌법 개념은 민주주의 원리와 밀접한 관련을 맺고
있다고 할 수 있는 것이다.

2. 민주주의와의 관계

근대 입헌주의 헌법은 국민주권의 원리를 내포하고 있고, 중세 암흑기에
소외되었던 인간과 인권을 재발견하고 있다는 점에서 사회제도적으로 민주주
의를 출발시킨 역사적 문서라고 할 수 있다. 인류의 오랜 역사 속에서 인간
스스로의 피나는 노력으로 깨닫고 쟁취한 '역사의 주인공이요 국가의 주인으
로서의 인간'을 확인하고 선언한 인권선언문이 바로 근대 입헌주의 헌법인
것이다. 인류의 역사는 인간의 '자유를 추구하는 정신'에 의하여 발전해 가는
것인데6) 드디어 그 자유를 보장할 수 있는 민주주의가 근대 입헌주의 헌법
에서 제도화되고 규범화된 것이다. 따라서 민주주의는 이제 어떠한 이유·사
정으로도 되돌릴 수 없는 인류 역사의 도도한 흐름이요 대세임을 깨닫고 민
주주의에 대한 신념을 갖는 것이 무엇보다 중요하다. 모든 국민의 확고한 민
주주의에 대한 신념과 치열한 자유의 정신이야말로 국가권력의 남용을 견제
하고 사회의 각종 부조리를 타파하며 민주주의를 차원 높게 발전시켜 갈 수
있는 원동력이 되기 때문이다.

물론 근대 입헌주의 당시의 민주주의는 충분히 성숙된 형태는 아니었다.
국민 중 적은 수만이 실제 정치과정에 참여할 수 있었고 여전히 봉건적 신분
제의 잔재는 남아 있었다. 하지만 근대 입헌주의 헌법이 모든 인간의 자유와
평등을 규정함으로써 국가운영의 기본이념으로서 민주주의가 수용된 것이며,
결국 근대 민주주의는 입헌주의 헌법 하에서 만개된 것이다. 즉 근대 입헌주
의 헌법을 제도적 기반으로 하여 근대 민주주의가 비로소 국가질서의 기본적
원리로 작동되기 시작하였으며, 결국 그러한 경험을 통하여 오늘날의 현대적
민주주의로까지 발전되었다고 볼 수 있다.

---

6) 인류의 역사는 인간이 자유를 추구해 가는 대행진의 과정이다. E. H. Carr, *What is history?* 1961 참조.

Ⅲ. 現代 福祉國家(社會國家) 憲法

1. 성립 및 개념

현대 복지국가(사회국가) 헌법이라 함은 19세기 말 이래 표면화된 자본주의의 구조적 모순을 극복하고 국민의 실질적 자유와 평등을 보장하기 위한 헌법을 말한다. 19세기에 있어서 개인주의와 자유주의를 기조로 하는 자본주의경제체제는 개인이나 국가에 많은 부를 축적해 주며 성숙·발전한 것은 사실이지만,[7] 인간이 불완전하고 본래적으로 가지고 있는 이기심 때문에 19세기 말 영국경제를 필두로 하여 그 구조적 모순에 봉착하게 된다. 즉 자본주의 소외계층(노동자, 농민, 어민, 도시빈민)이 대두되고, 부익부 빈익빈으로 표현되는 부의 편재가 심각해진다. 또 노사간의 갈등, 실질적으로 노동자가 자본가에 예속되는 현상 등은 근대 시민혁명 이후 민주주의의 출발이념인 모든 국민의 인간의 존엄성 보장이 어렵게 되는 상황을 야기하게 되었다.

이러한 어려움을 타개하기 위한 방책으로서 등장하게 된 것이 현대 복지국가 헌법이다. 현대적 복지국가 헌법은 형식적·시민적 법치주의에 대한 반성으로 실질적·사회적 법치주의를 채택하고, 진정한 자유는 경제적 기초 없이는 불가능하다는 전제 하에 사회적 기본권 보장을 통한 국민의 생존배려에 적극적으로 개입한다. 이에 따라 헌법에는 정치적인 내용뿐만 아니라 경제적 규율도 규정되게 되며, 이것은 사회적 경제질서를 규율하는 이른바 경제헌법의 모습으로 나타난다. 적극적인 국가작용을 위해 행정국가화·계획국가화 경향이 나타나게 되며, 실질적 법치주의의 견지를 위한 헌법재판제도가 등장하게 된다.

아울러 두 번의 참혹한 세계대전의 경험을 통해 국제적인 평화보장도 절실하게 요구된다. 즉 평화 없는 자유의 보장이란 더 이상 의미가 없다는 것이 인식되기 시작한 것이다. 이에 따라 각국의 헌법은 국제평화주의를 헌법의 기본원리로서 받아들인다.

---

7) 아담 스미스(A. Smith, 1723-1790)는 그의 저서 『국부론(1776)』에서 자유방임경제체제는 보이지 않는 손인 가격의 자동조절장치로써 완전고용체제를 유지하며 개인적·국가적인 부가 모순 없이 축적된다는 낙관적인 자본주의 경제이론을 완성하였다.

현대 복지국가 헌법의 대표격인 바이마르 헌법은 '경제생활'의 장(제2편 제5장)에서 "경제생활의 질서는 모든 사람에게 인간다운 생활을 보장하여 주기 위하여 정의의 원칙에 적합하지 않으면 안 된다"(제151조)라고 하여 먼저 경제질서에 관한 원칙적인 규정을 제시하고, 그에 이어 소유권의 의무화, 사기업의 사회화, 노동기본권의 보장, 포괄적 보험제도의 확립 등을 규정하였다. 제2차 세계대전 이후에는 복지국가화 경향이 보다 보편화되었다. 즉 1949년 Bonn기본법은 '사회적 법치국가', 즉 국가가 국민의 경제생활에 관여하여 모든 국민 특히 자본주의 소외계층에게 인간다운 생활을 보장하려는 적극국가로 변신하여 18·19세기의 소극국가와는 성격을 달리하게 된 것이다. 우리 현행헌법도 인간다운 생활을 할 권리(제34조 제1항)를 캐치프레이즈로 하는 사회적 기본권(제30조-제36조)을 보장하면서, 재산권보장을 상대화하고(제23조 제2항), 경제의 장에서 경제정의 실현을 선언하고 있다. 아울러 국제평화주의 조항(제5조 제1항)과 헌법재판제도(제6장)도 규정하고 있어서 우리 현행헌법도 현대 복지국가 헌법으로서의 면모를 갖추고 있다고 하겠다.

2. 사회주의와의 구별

현대 복지국가 헌법의 의미를 정확하게 파악하기 위하여 사회주의 이론에 대하여 살펴볼 필요가 있다. 양자 모두 근대 자본주의의 모순에 대한 고발과 반성에서 비롯된 것이기 때문이다. 자본주의의 구조적 모순을 극복하고 사회부조리를 제거하여 국민의 인간다운 생활을 보장하기 위한 국가가 바로 현대 복지국가라는 점은 앞서 말한 바와 같다. 그런데 이러한 복지국가 헌법은 자본주의를 기반으로 하는 자유민주주의를 여전히 고수하여, 인간의 자유의지를 믿고 그 구조적 모순을 점진적으로 해결하려 하는 사회개량주의 헌법인 것이다. 이를 위해 기존의 입헌주의 헌법의 토대 하에 사회적 기본권을 새로이 인정하며 재산권보장을 상대화하며, 경제의 장에 경제정의 실현을 천명하고 있는 것이다.

이에 반하여 맑스·엥겔스의 자본론[8]에 입각한 사회주의적 접근방법은

---

8) 맑스(1818-1883)는 「자본론」(1885)에서 자본주의는 그 구조적 모순 때문에 붕괴되고, 프롤레타리아 계급독재에 의한 사회주의 체제를 거쳐 공동으로 생산해서 균등하게 분배되는 공산주의 체제로 가야 한다고 주장한다.

그 구조적 모순을 혁명적 방법으로 해결하고자 한다. 즉 자본에 의하여 소외되는 무산자 대중 —프롤레타리아 계급— 이 혁명적 방법으로 스스로 정권을 장악하여 평등사회를 만들어야 한다는 것이다. 대표적으로 레닌의 러시아 소비에트에서의 볼셰비키혁명(1917)을 말할 수 있다. 이들은 인간의 자유의지를 불신하여 인간 자체를 사회주의적 인간으로 개조해야 실질적 평등사회가 가능하다고 주장한다. 유물사관적 관점에서 볼 때 인간의 역사는 지배계급의 피지배계급에 대한 착취의 역사이기 때문에 자본가 등 지배계급에 의존하고 기대해서는 백년하청(百年河淸)이라는 것이다.

볼셰비키 사회주의 혁명은 시기적으로 바이마르 헌법의 국가의 적극적 역할을 전제로 하는 경제정의원칙선언과 국민의 인간다운 생활보장 규정에 영향을 주었다고 봐야 할 것이다. 그러나 자본주의의 구조적 모순을 극복하는 방법을 놓고 사회주의적·혁명적(revolutionary) 방법과 자유민주주의적·점진적(evolutionary) 사회개량방법이 첨예하게 대립하였고, 이러한 상황이 과거 동서냉전체제로 나타난 것이다.

1989년 동·서독 통일과 1990년대 초반 구 소련의 붕괴를 계기로 동구의 사회주의체제가 그 체제 내적 한계(경제적으로 빈곤의 평등한 재분배) 때문에 대체로 쇠락의 길을 가게 된다는 것이 입증되었다고 하겠다. 결국 경제적 자유와 이윤추구 보장이라는 자본주의를 바탕으로 하는 자유민주주의 체제가 비교우위에 있음이 역사적으로 검증된 셈이다. 그렇다고 하여 자유민주주의 체제가 완전하다고 생각해서는 안 된다. 자본주의를 기본으로 하는 한 불완전한 인간의 이기심 때문에 그 구조적 모순은 시기에 따라 정도의 차이는 있지만 상존하는 것이기 때문이다. 그 구조적 모순을 극복하고 특히 자본주의의 소외계층에 인간다운 생활을 보장하고 경제정의를 실현하는 것이 현대 복지국가 헌법의 중차대한 과제이다.

3. 자유민주주의와의 관계

우리 현행 헌법에서 '자유민주주의'라는 용어는 전문에서 "… 자율과 조화를 바탕으로 자유민주적 기본질서를 더욱 확고히 하여 …" 그리고 제 4 조 통일 조항에서 "… 자유민주적 기본질서에 입각한 평화적 통일정책을 수립하고 집행한다"라고 두 번 언급하고 있다. 한편 '민주주의'라는 용어는 현행

헌법 제 1 조 제 1 항에서 "대한민국은 민주공화국"이라고 명시하고 있고, 제 8
조 제 4 항 정당해산 조항에서는 "민주적 기본질서"를 그 기준으로 내세우고
있으며, 제119조 제 2 항에서는 "경제의 민주화"로서 사용되고 있다. 여기에서
우리 헌법의 기본정신 즉 대한민국 국가의 정체성을 '자유민주주의' 또는 '민
주주의' 중 어떤 것으로 할 것인가가 문제된다.

일설에 의하면 헌법에서 말하는 민주주의는 자유민주주의보다 더 넓은
개념으로, 자유민주주의뿐만 아니라 복지국가를 구성하기 위한 사회민주주의
등도 포괄하기 때문에 그냥 '민주주의'로 해야 한다고 하지만, 다음과 같은
이유로 '자유민주주의'로 해야 한다고 본다.9)

첫째, 오늘날 자유민주주의는 유럽에서 시행되는 것과 같은 사회민주주
의도 포괄하는 개념이다. 즉 자유민주주의는 민주주의가 심화된 높은 단계의
특성으로서 현대 사회국가 헌법개념을 포괄하는 내용이고, 결코 신자유주의
와 혼동해서는 안 된다. 둘째, 우리 사회에서 민주주의 개념이 혼동되고 있는
것이 현실이다. 즉 자유민주주의·사회민주주의·민중민주주의·인민민주주의
등 여러 갈래인데, 1948년 건국헌법에서부터 북한의 공산주의에 반대하는 자
유민주주의 체제를 채택했음을 강조할 필요가 있다. 현행 헌법 전문과 제 4
조는 그러한 맥락에서 이해해야 하고, 민중민주주의·인민민주주의는 바로
공산주의와 다름 아닌 것이다. 셋째, 이승만 대통령을 자유민주주의 건국의
아버지로 분명히 부각해서, 초중고 역사교과서에서 독재자로서만 표현된 것
을 바로 잡을 필요가 있다. 물론 한국 민주주의의 뿌리는 3·1 독립운동과
상해 임시정부에서 찾을 수 있지만, 1948년 헌법제정은 진정한 세계보편적인
국민주권에 의한 새로운 자유민주국가 건설이었고 그 기반위에서 오늘날 세
계 10위권의 경제대국으로 성장할 수 있었다고 본다.10)

---

9) 교육과학기술부가 2011년 8월 초중고교 역사교과서 개정방향을 담은 고시안에 김대중
정부부터 사용된 '민주주의'를 '자유민주주의'로 고쳐서 크게 문제된 바 있다.
10) 1949년 나치 독일의 폐허위에 서독을 세웠던 초대 총리 콘라드 아데나워(1876-1967)는
독일 근현대사에 가장 돋보이는 위인으로 꼽힌다. 그러나 그가 평생 '권모술수에 능한 늙
은 여우'라는 별명을 달고 다녔음에도 독일인들이 거인으로 꼽는 건 '서독을 자유진영에
튼튼한 밧줄로 묶고 그 위에 시장경제를 얻어 통일의 기틀을 다졌다'는 이유이다. 물론 이
승만 대통령의 흠도 아데나워보다 결코 덜하지는 않을 것이다. '발췌개헌, 사사오입개헌,
친일파등용 등인데 그럼에도 대한민국의 터를 확실히 닦았다는 사실을 부정할 수는 없다.
그는 해외에서 33년간의 독립운동에 매진했고, 그가 남한 단독정부 수립을 주장했던 때보
다 10개월도 전에 스탈린의 명령으로 북한에서 친소정권 수립 준비가 진행되었다는 사실,

Ⅳ. 憲法의 未來像

지금 우리의 헌법은 근대 입헌주의 헌법을 넘어서 현대 복지국가 헌법으로서의 위상을 갖추고 있다. 하지만 지금의 헌법도 역사성을 가지고 있으며, 따라서 앞으로도 현재의 모습 그대로 남아 있을 가능성은 없다. 미래의 역사적 상황에 들어맞는 새로운 헌법이 만들어지게 될 것이기 때문이다.

앞으로 두드러지게 될 사회적·법적 현상은 아마도 '정보혁명'으로 일컬어지는 정보통신기술의 발달이라고 하겠다. 이 현상은 국민의 정보에 대한 기본권 및 프라이버시와 관련된 기본권들을 핵심적인 것으로 만들 것이며, 전자민주주의 또는 사이버민주주의라는 새로운 형태의 참여민주주의 형태를 헌법에 반영하도록 할 것이다. 정보의 대중적 확대현상으로 말미암아 NGO 또는 시민단체 등 시민사회세력의 활동이 국가적 의사형성과정에 영향을 미치는 것을 포착하여야 할 것이며, 정보의 국제적 교류는 헌법의 세계화현상 (예컨대 국제인권의 발달, 국제적·지역적 공동체의 편입 등)을 촉진할 것이다.11)

한편 최근에는 유럽제국의 복지국가 헌법이 야기하는 문제점을 비판하면서, 기존의 복지국가 정책을 포기하고 국가의 경제적 불간섭, 공기업의 민영화12) 등의 정책을 관철시키려는 경향이 나타나고 있다. 과거의 자유방임적 경제질서로 회귀하려는 움직임이 나타나고 있는 것이다. 다만 주의할 것은 이러한 움직임이 과거 자유방임적 경제질서가 발생시킨 심각한 문제점을 다시 야기하게 하는 것이어서는 안 된다는 점이다.

제 2 절   憲法의 分類

헌법의 개념에 관한 논의와 구별해야 할 것이 바로 헌법의 분류에 대한 논의이다. 헌법의 개념에 관한 논의는 "헌법이란 무엇인가?"라는 문제에 대

한미 안보조약체결시기 국익을 놓고 미국과 벌인 치열한 협상 내용을 보면, 그에게 친미사대주의자라든지 분단의 원흉이라는 말은 할 수 없을 것이다.

11) 윤명선, 6쪽 참조.

12) 민영화와 관련된 문제에 대하여는 W. Weiß, *Privatisierung und Staatsaufgaben*, 2002, S. 28ff.; 이원우, "민영화에 대한 법적 논의의 기초," 한림법학 FORUM 제 7 권, 1998, 207쪽 이하.

하여 대답하기 위한 시도라고 한다면, 헌법의 분류에 대한 논의는 각 국가의 헌법 간 또는 개별 국가의 헌법 내에 나타나는 헌법의 현실적인 모습을 유형화하는 것이다. 헌법의 분류는 다음과 같이 설정되는 기준에 따라 다양하게 이루어질 수 있다.

I. 實質的 意味의 憲法과 形式的 意味의 憲法

형식적 의미의 헌법이란 헌법전(憲法典)이라는 형식으로 성문화된 헌법을 의미한다. 즉 규범의 내용을 불문하고 그것이 외형상 헌법이라는 이름을 달고 있거나 형식적으로 헌법으로서의 효력을 발하고 있으면 형식적 의미의 헌법이 된다. "영국에는 헌법이 없다"라고 하는 것은, 이러한 형식적 의미의 헌법이 없다는 것을 의미한다. 형식적 의미의 헌법은 그 효력이 여타의 모든 법률보다 상위에 있으며 개정절차 역시 더 까다롭게 되어 있는 것이 일반적이다.

반면에 실질적 의미의 헌법이란 헌법사항을 규율하는 일체의 법규범을 의미한다. 즉 국가의 통치조직 및 국가작용의 기본원칙과 그 실현수단 및 절차를 규정하는 법의 형태를 지닌 모든 것을 지칭하는 것이다. 헌법전 내의 상당수의 규정과 헌법전에 들어와 있지 않은 국가의 통치조직과 그 권한을 규율하는 여러 가지 법률(국회법, 정부조직법, 법원조직법, 헌법재판소법 등) 및 국민의 기본권을 규정한 법률(행정절차법, 정보공개법, 청원법, 형사보상법 등), 그 외의 국가적 공동생활에 관한 기본적 사항을 규정하는 모든 명령과 규칙 등은 모두가 실질적 의미의 헌법에 해당한다.

실질적 의미의 헌법과 형식적 의미의 헌법은 상당부분 서로 일치한다. 이를테면 헌법전 내의 기본권에 관한 조항이나 통치구조에 관한 대부분의 규정은 형식적 의미의 헌법인 동시에 실질적 의미의 헌법인 것이다. 하지만 양자는 반드시 일치한다고는 할 수 없다. 실질적 의미의 헌법에 해당한다고 할 수 있는 정부조직법이나 국회법, 법원조직법 등은 형식적 의미의 헌법에는 해당하지 않는다. 또 미국 수정헌법의 금주(禁酒)조항, 스위스 헌법의 도살조항(마취하지 않고는 식육동물 도살금지), 바이마르헌법의 풍치(風致)조항(천연기념물, 명승풍경의 보호) 등의 조항들은 형식적 의미의 헌법에는 해당되지만 실질적 의미의 헌법에는 해당되지 아니한다. 즉 형식적 의미의 헌법은 실질적 의

미의 헌법만을 포함하고 있다고 할 수는 없다.13)

II. 存在形式에 따른 分類: 成文憲法과 不文憲法

성문헌법이란 '헌법전'의 형식으로 문서화된 헌법을 의미한다.14) 성문헌법은 불문헌법에 비하여 헌법의 안정성확보 및 보다 강력한 권력통제기능을 실현한다는 장점을 가지고 있다. 근대입헌주의적 헌법의 성립역사를 살필 때 나타나는 각종 인권문서(예컨대 영국의 권리장전이나 프랑스 인권선언, 미국독립선언 등)의 전통은 이러한 성문헌법적 전통으로 이어져 오고 있으며, 오늘날 세계의 거의 모든 국가들이 성문헌법을 보유하고 있다.

불문헌법이란 문서화된 헌법전을 가지고 있지 않은 국가들의 헌법을 말한다. 현존하는 불문헌법국가로서는 영국과 이스라엘, 뉴질랜드, 캐나다 등을 들 수 있다. 헌법전을 가지고 있지 않다고 하더라도 헌법이 존재하지 않는 것은 아니다. 헌법적 전통이나 관습, 판례 등이 실질적으로 헌법의 역할을 하게 된다. 또 대표적인 불문헌법 국가인 영국에서 볼 수 있는 바와 같이 형식적 헌법전(단일 헌법전)이 없지만, 상당수의 헌법적 법이 의회에 의한 제정법의 형태로 정립되어, 즉 성문화되어 개별법령으로 존재하기도 한다.15) 따라서 헌법의 해석과 헌법의 변천, 헌법의 보호 등의 문제는 성문헌법국가와 동일하게 나타난다. 다만 형식적 헌법전을 전제로 하는 위헌법률심사제나 헌법개정의 문제는 발생하지 않게 될 것이다.16)

그런데 불문헌법이 반드시 불문헌법국가에만 있는 것은 아니라는 점을 주의할 필요가 있다. 성문헌법을 가진 국가에서도 헌법관습법이나 불문헌법

---

13) 실질적 의미의 헌법을 모두 형식적 의미의 헌법으로 성문화시키지 못하는 이유는 첫째 입법기술상 실질적 의미의 헌법을 전부 성문화하는 것이 불가능하다는 점, 둘째 빈번한 개정의 필요성이 있어서 편의상 헌법전에 규정하지 않는 것이 유리한 사항이 있다는 점 등에 있다. 이러한 현실적인 필요성 때문에 실질적 의미의 헌법과 형식적 의미의 헌법의 불일치가 바람직하지 못하다고 획일적으로 말할 수는 없다.

14) 최초의 근대적 성문헌법은 1776년의 Virginia 헌법이라고 하겠다.

15) 특히 영국에서는 1998년에 인권법(Human Rights Act 1998)이 제정되었다. 이 법이 실질적인 의미의 헌법이라는 점은 부인할 수 없다.

16) 일부 견해는 불문헌법은 반드시 연성헌법이 된다고 설명한다(예컨대 허영, 36쪽). 그러나 불문헌법국가에서는 헌법의 개정절차 자체가 문제가 되지 않으므로, 헌법의 개정을 논의의 전제로 하는 연성헌법과 경성헌법의 구별을 그에 적용하는 것은 그릇된 것으로 보인다. 요컨대 "불문헌법 = 연성헌법"이라는 도식은 올바르지 않은 것으로 보인다.

의 발생 및 적용이 완전히 배제되는 것은 아니다. 수많은 헌법사항을 모두 헌법전안에 포괄할 수 없으며, 추상적일 수밖에 없는 헌법의 규정은 이른바 '틈'(Lücke)이 발생할 가능성이 크기 때문에 불가피한 현상이다. 즉 성문헌법국가에서도 헌법전에 규정되어 있지 않은 실질적 헌법이 존재하며, 그러한 실질적 헌법이 반드시 성문화된 헌법일 것이 요구되지는 않는다는 것이다. 따라서 불문헌법적·관습헌법적인 내용이 실질적 의미의 헌법을 구성할 가능성은 충분히 있으며, 실제로 헌법적 관례는 구체적 사안의 해결에서 중요한 역할을 하기도 한다. 다만 이러한 불문헌법적 규율형식들은 성문헌법의 보충 및 그 실효성 증대를 위하는 범위에서만 인정되는 것이라고 보아야 할 것이다.17)

Ⅲ. 改正方法에 의한 分類: 硬性憲法과 軟性憲法

헌법을 그 개정방법에 따라 분류하는 것이 바로 경성헌법과 연성헌법의 구별이다. 경성헌법은 헌법의 개정절차가 법률의 개정절차와 비교하여 더욱 까다로운 형태의 헌법을 말한다. 오늘날의 대부분 성문헌법국가의 헌법은 경성헌법인데, 경성헌법은 헌법의 계속성과 안정성 및 최고규범성의 확보와 자의적인 헌법개정의 사전예방 등의 장점을 가지고 있기 때문이다. 한편 국가의 최고법인 헌법이 지나치게 쉽게 개정된다는 것은 결코 바람직하지 않을 것이지만, 경성헌법은 현실의 변화에 유연하게 적응·대처하기에 곤란하다는 단점을 지니고 있다는 것도 무시할 수는 없다. 헌법의 제정·개정과정에서 착오로 잘못된 규정이 들어갔거나, 시대의 변화에 따라 명백하게 잘못된 조

---

17) 한편 우리 헌법재판소는 신행정수도의건설을위한특별조치법위헌확인 사건에서 "우리나라는 성문헌법을 가진 나라로서 기본적으로 우리 헌법전이 헌법의 법원이 된다. 그러나 성문헌법이라고 하여도 그 속에 모든 헌법사항을 빠짐없이 완전히 규율하는 것은 불가능하고 또한 헌법은 국가의 기본법으로서 간결성과 함축성을 추구하기 때문에 형식적 헌법전에는 기재되지 아니한 사항이라도 이를 불문헌법 내지 관습헌법으로 인정할 소지가 있다"고 하고, "우리나라의 수도가 서울이라는 점에 대한 관습헌법을 폐지하기 위해서는 헌법이 정한 절차에 따른 헌법개정이 이루어져야 한다. 이 경우 성문의 조항과 다른 것은 성문의 수도조항이 존재한다면 이를 삭제하는 내용의 개정이 필요하겠지만 관습헌법은 이에 반하는 내용의 새로운 수도설정조항을 헌법에 넣는 것만으로 그 폐지가 이루어지는 점에 있다"고 판시하였다(헌재 2004. 10. 21. 2004헌마554등). 이 판례에서 관습헌법과 성문헌법을 헌법개정에 있어서 대등한 것으로 파악하였다는 점에서 많은 비판을 야기한 바 있다.

항이 존재하는 경우 헌법개정의 합의가 현실화될 때까지 국민은 그러한 부정의(不正義)를 수인할 수밖에 없는 것이다.[18]

반면에 헌법의 개정절차와 법률의 개정절차가 동일한 형태를 가진 국가의 헌법을 연성헌법이라고 말한다. 연성헌법은 경성헌법과 반대로 현실의 변화에 민감하게 대처하여 개정할 수 있는 장점을 가지고 있으나, 법적 안정성의 확보에는 문제가 있다는 단점을 가지고 있다. 연성헌법을 가진 나라로는 뉴질랜드헌법(1947)과 이탈리아헌법(1848) 등이 제시되고 있다.

Ⅳ. Loewenstein의 憲法分類[19]

1. 규범적 헌법·명목적 헌법·장식적 헌법

Loewenstein은 헌법의 현실적 규범력 유무를 기초로 규범적·명목적·장식적 헌법의 구별을 시도하고 있다. 이것을 존재론적 분류라고 설명하기도 한다. 규범적 헌법이란 헌법규정이 헌법현실과 상호 일치하는 경우, 즉 헌법규범이 현실을 실질적으로 규율하고 있는 헌법을 말한다. 이 경우에는 현실의 정치과정이 헌법이 정한 절차와 기준에 따라 이루어지게 되며, 서구와 미국의 헌법들이 이에 해당한다고 하겠다. 명목적 헌법이란 헌법규정과 헌법현실 사이에 차이가 있으나 헌법규정상의 내용이 실현될 가능성이 있는 경우의 헌법을 말한다. 즉 헌법이 존재하기는 하지만 헌법의 내용을 실현시키는 데 필요한 전제조건이 결여됨으로 인하여 현실적으로 규범적 역할을 다하지 못하고 있는 경우를 지칭한다. 서구 헌법을 모방한 아시아·아프리카국가들의 헌법이 이에 해당하게 될 것이다. 장식적 헌법은 헌법규범 자체가 개인의 자유와 권리의 보장이라는 헌법이념을 구현하는 것이 아니고 오직 권력자의 지배수단으로서만 존재하는 헌법을 말하며, 독재국가에서 발견될 수 있는 유형이라고 할 수 있다.

2. 독창성 유무에 따른 분류

또 Loewenstein은 독창성의 유무에 따라 독창적 헌법과 모방적 헌법을

---

18) 대표적인 예가 현행헌법 제29조 제 2 항의 이른바 이중배상금지의 규정이다(자세한 내용은 '제 7 부 제 2 장 제 1 절 국가배상청구권' 참조).
19) Loewenstein의 헌법분류를 원용하고 있는 교과서로서 김철수, 17쪽; 권영성, 19쪽; 허영, 33쪽; 강경근, 15쪽; 성낙인, 19쪽 이하 등이 있다.

구분하고 있다. 먼저 독창적 헌법이란 정치권력의 과정과 국가의 의사형성에 있어서 새롭고 독창적인 기능의 원리를 담고 있는 헌법을 의미하며, 미국헌법(1787년), 프랑스헌법(1793년, 1814년), 벨기에헌법(1831년), 구 소련 레닌헌법의 평의제(1918년), 중국국민당헌법의 5권 분립제(1931년), 폴란드헌법(1935년) 등이 이에 해당한다고 하고 있다. 반면 모방적 헌법이란 기존의 헌법을 받아들여 자국의 사정에 적합하게 만든 헌법을 말한다. 프랑스헌법(1791년, 1875년), 바이마르공화국헌법(1919년), 소련헌법(1936년)과 현재 대부분 국가들의 헌법들이 이에 속한다 할 수 있다.

3. 이념적 헌법과 실용적 헌법

Loewenstein에 의할 때 이념적 헌법이란 이념적·프로그램적 헌법이라고도 불리며, 자유주의와 사회주의 등과 같이 이념을 헌법에 내포하고 있거나 이념적 프로그램을 가지고 있는 헌법을 말한다. 그 예로서 사회적 복지국가원리를 선언하는 멕시코헌법(1917년), 자유주의적·사회적 이념을 포함하는 바이마르헌법(1919년), 카톨릭의 이념적 색채를 지니는 포르투갈(1933년)·오스트리아(1933년)·에이레(1937년)헌법, 이슬람적 이념의 파키스탄헌법(1946년), 사회주의 이념에 기초한 헝가리헌법(1948년) 등을 들 수 있다. 실용적 헌법이란 이념적으로 중립이거나 실용주의적 성격을 가지며, 통치절차에 대한 기술적인 규정만을 두는 헌법을 말한다. 비스마르크헌법(1871년)과 프랑스 제3공화국헌법(1875년)이 이에 속한다고 하고 있다.[20]

V. 우리 憲法의 現住所

이상의 헌법의 분류방법을 현행헌법에 적용해 보자. 우선 현행헌법의 대부분의 조문은 형식적 의미의 헌법인 동시에 실질적 의미의 헌법이다. 특히 우리 헌법상 기본권, 국가조직에 관한 조항은 형식적 의미의 헌법이면서도

---

20) 참고로 헌법의 제정주체가 누구냐에 따라 흠정헌법, 민정헌법, 협약헌법의 구분이 이루어지기도 한다. 흠정헌법이란 제정주체가 군주인 헌법을 말하고, 민정헌법은 제정주체가 국민인 헌법을 말하며, 협약헌법(1830년 프랑스헌법, 1850년 프로이센헌법)은 군주와 국민대표의 합의에 의하여 제정된 헌법을 말한다. 그러나 민주주의가 보편화되고 있는 오늘날 군주가 실질적인 제정주체로서 기능하는 경우는 없다고 할 것이므로 이러한 구분의 의미는 적다고 하겠다.

실질적 의미의 헌법이다. 실질적 의미의 헌법이지만 형식적 의미의 헌법이
아닌 것으로는, 정당법, 공직선거법 등의 정치관계 법령, 국회법, 정부조직법,
법원조직법 등의 국가조직관련 법령, 형사소송법 중 형사피의자·피고인의
인신보호와 관련된 조문, 공공기관의정보공개에관한법률, 집회및시위에관한법
률 등 기본권을 구체화하고 있는 법령 등이 있다. 형식적 의미의 헌법이지만
실질적 의미의 헌법이 아닌 것은 쉽게 발견하기 어렵지만 제29조 제 2 항의
이른바 '이중배상 금지'조항이 이에 해당할 수 있을 것이다.21)

현행헌법은 '1987. 10. 29. 헌법 제10호 대한민국헌법'이라는 확정된 문
서로 존재한다는 점에서 우리나라는 성문헌법국가라고 할 것이다. 그리고 법
률의 개정은 재적과반수의 출석과 출석과반수의 찬성으로 의결되지만(제49
조), 헌법의 개정은 재적의원 3분의 2 이상의 찬성을 얻어야 하고 국민투표
를 거쳐야 하는 등(제130조) 가중된 요건을 갖추어야 하므로 경성헌법국가라
고 하겠다.

Loewenstein의 분류에 따르면 현행헌법은 규범적 헌법이며, 모방적 헌법
이고, 이념적 헌법이라고 할 것이다. 과거 권위주의시대의 헌법(예컨대 1972년
이른바 유신헌법 등)은 일정부분 장식적 헌법이었다고 하겠으나, 민주주의가
어느 정도 정착된 시대의 현행헌법은 규범적 헌법으로서의 면면을 갖추고 있
다고 본다. 또 우리 헌법의 내용은 유럽이나 영미 등 선진국의 헌법을 상당
부분 수용하고 있다고 할 것이므로 모방적 헌법이라고 하겠으며, 인간의 존
엄과 사회적 법치국가원리 등의 이념을 내포하고 있다는 점에서 이념적 헌법
이라고 평가할 것이다.

제 3 절   憲法의 特性

헌법의 특성이란 다른 법규범과는 구별되는 헌법만의 특성을 말한다. 그런
데 헌법규범이 다른 일반적인 법들, 예컨대 형법·민법·상법 등과 비교하여 갖
는 특성이란 것이 과연 존재하는지에 관하여는 의문이 제기된다. 일부견해는 헌
법도 규범체계인 한 다른 법규범과 마찬가지로 인간 상호간의 관계와 인간과 객

---

21) 자세한 내용은 "제 7 부 제 2 장 V. 국가배상청구권의 제한과 이른바 '이중배상금지'" 참조.

체와의 상호관계를 규율하며 인간에게 작위와 부작위를 요구하는 것이므로 다른 법 분야와 본질적으로 구분되는 특성은 가지고 있지 않음을 강조하고 있다.[22]

그렇다고 하여 헌법의 특성을 논의하는 의미가 전혀 없는 것은 아니다. 헌법의 특성을 밝혀 가는 과정에서 우리는 헌법이라는 것이 과연 무엇인가를 좀 더 쉽게 확인할 수 있기 때문이다. 일차적으로는 헌법만의 고유한 특성을 찾아보아야 하겠지만, 비록 다른 규범과 본질적으로 구별되지는 않는 특성이라도 상대적으로 헌법에서 더 강하게 나타나는 특성이라면 헌법의 특성으로서 고찰하도록 해야 한다. 헌법의 특성으로 제시되고 있는 사항은 학자에 따라 매우 다양하게 열거된다.[23] 여기에서는 그러한 것들을 사실적 특성과 규범적 특성이라는 범주로 나누어 간단히 정리하고자 한다.

Ⅰ. 事實的 特性

1. 헌법의 이념성

헌법은 일정한 정치이념과 가치질서를 지향하고 있다. 헌법의 이념성이라는 특징은 특히 다른 일반 법규범과는 매우 구별되는 특징이라고 할 수 있으며, 대부분 국가의 헌법은 그 국가가 추구하는 이념, 이를테면 인간의 존엄·민주주의·법치주의 등의 이념을 직접적으로 규정하고, 이를 준수할 것을 명령하고 있다. 헌법정신의 중핵이 보통 헌법의 이념을 이루고 있는 것이다. 헌법의 이념성은 헌법을 문리적·논리적으로만 해석할 수 없는 이유가 된다고 본다.

다만 헌법의 이념은 언제나 확고 불변의 것은 아니며, 역사적 조건 등에 따라 변화하는 가치이다. 따라서 근대 입헌주의 헌법은 개인의 자유를 제일

---

22) 홍성방, "헌법의 개념과 특성," 강원법학 제10호, 1998, 342쪽.
23) 김철수 교수─1) 헌법의 제도적 특성: ① 헌법의 정치성, ② 헌법의 이념성·역사성, 2) 헌법의 규범적 특성: ① 수권조직규범으로서의 헌법, ② 기본권 보장·권력제한규범으로서의 헌법, ③ 최고규범으로서의 헌법, ④ 헌법제정규정 및 헌법개정규범으로서의 헌법(김철수, 19쪽 이하); 권영성 교수─1) 헌법의 사실적 특질: ① 정치성, ② 이념성, ③ 역사성, 2) 헌법의 규범적 특질─① 헌법의 최고규범성, ② 기본권보장규범성, ③ 수권규범과 조직규범성, ④ 권력제한규범성, ⑤ 자기보장규범성, 3) 헌법의 구조적 특질(권영성, 11쪽 이하); 허영 교수─① 헌법의 최고규범성, ② 헌법의 정치규범성, ③ 헌법의 조직규범성, ④ 헌법의 생활규범성, ⑤ 헌법의 권력제한성, ⑥ 헌법의 역사성(허영, 23쪽 이하); 계희열 교수─① 헌법의 최고규범성, ② 헌법의 개방성, ③ 헌법의 자기보장성, ④ 헌법의 정치성(계희열(상), 50쪽 이하).

의 목표로 삼는 시민적 자유주의를, 현대 복지국가 헌법은 개인의 자유에 평
등한 분배의 목표를 추가한 사회적 법치주의를 근본적인 이념으로 삼고 있다
고 평가할 수 있는 것이다.

2. 헌법의 역사성

헌법은 그 규범의 내용 및 해석에 있어서 역사적 조건과 지배 상황에 의
하여 제약을 받는다. 헌법은 그때그때의 역사적 단계에 상응하는 시대정신을
바탕으로 규정되는 것이다. 따라서 헌법상의 대부분의 개념은 정형적으로 존
재하고 있는 실체라고 하기보다는 역사적인 배경과 가치관에 의하여 항상 새
롭게 구성되어야 하는 개념인 경우가 대부분이다. 이것이 헌법 자체의 의미
를 비롯하여, 민주주의, 법치주의, 기본권 등의 주요 개념을 고찰함에 있어
역사적 고찰의 비중을 강조할 수밖에 없는 이유라고 하겠다.

대부분의 일반법규도 이러한 역사성을 어느 정도 지니고 있는 것은 부인
할 수 없다. 예컨대 민법이나 형법도 역사적 배경에 따라 상이한 내용을 담
고 있을 수 있으며, 역사적 맥락을 고려해야만 하는 규정이 포함되어 있다.
그러나 헌법의 역사성과는 그 정도에 있어 많은 차이가 있다. 사회적 세력관
계의 변화에 따른 역사적 배경의 변화는 헌법전의 내용에 직접적인 영향을
주기 마련이다. 특히 헌법의 역사성은 헌법이 성문화되는 경우 더 명확하게
드러난다.

헌법이 역사성을 가진다는 말은 과거의 헌법규정과 그를 둘러싼 이론을
교조화·도그마화하여서는 안 된다는 요청을 나타낸다. 헌법의 규정과 해석
은 일정한 시대적 배경을 기초로 하여 당시에 가장 적합한 내용으로 이루어
지게 마련이므로, 과거의 규정과 이론을 절대적인 도그마로 받아들이고 여과
없이 현재 상황에 그대로 적용하는 것은 바람직하지 않다. 과거에 만들어진
헌법규정과 이론을 현재에 수용할 때에는 변화된 현재의 상황에 그것이 여전
히 적합한지 고려하여야 한다.[24]

---

24) 예컨대 시민혁명 당시의 상황을 배경으로 만들어진 권력분립이론을 현행헌법의 해석에
그대로 적용하는 것은 무리가 있다. 과거와 같은 군주가 존재하지 않으며, 복지국가적 관점
에서 행정부의 권한이 강화되는 등 현실에 많은 변화가 있기 때문이다(W. Kägi, "Von der
klassischen Dreiteilung zur umfassenden Gewaltenteilung," *F. S. für H. Huber zum 60.
Geburtstag*, 1961, S. 159).

3. 헌법의 정치성

헌법은 여러 정치세력간의 공존을 위한 정치적인 기본질서이다. 인류가 발생하여 집단을 이루고 살아온 이래 어떠한 형태로든 정치적 투쟁은 상존해 왔다. 근대 이전 이러한 정치적 투쟁은 법의 규율대상이 아닌 오직 힘과 세력에 의하여 결정될 문제였을 것이다. 하지만 근대 이후 민주주의 헌법은 조직화되지 않은 공동체에서 정치적 통일을 형성하고 국가를 창설하는 것을 그 우선적 과제로 삼는다. 따라서 오늘날 헌법은 국가권력의 형성과 행사절차, 그 한계를 규정하므로 강한 정치적 성격을 지닌 규범이라 볼 수 있다.[25]

정치성을 특질로 삼는다는 말은 헌법이 단순히 정치세력관계를 반영하고 있다는 의미가 아니라는 점을 주목할 필요가 있다. 헌법이 제정될 때에는 당시의 정치적 상황을 배경으로 하고 또 그것을 반영하여 모양이 갖추어지기 마련이지만, 일단 제정된 이후에는 정치과정을 합리적으로 규율하는 통제규범으로서 작용하는 것이다.

4. 구조적 특성

헌법규범구조가 나타내는 사실적 · 형식적인 특질을 구조적 특성이라고 말할 수 있다. 헌법규범이 보이는 내용적 특성은 이하에서 헌법의 규범적 특성으로 논의된다. 헌법의 구조적 특성은 다시 다음의 몇 가지로 나뉜다.

먼저 헌법규범에는 유동성이 있다. 헌법은 불변의 고정적인 내용으로만 구성되는 것이 아니고, 헌법개정을 통하여 유동적인 정치현실을 반영할 수 있도록 하는 것이다. 두 번째로 추상성이 있다. 헌법은 국가공동체의 전체질서를 그 규율의 대상으로 하기 때문에 개개의 사항을 모두 구체적으로 규정할 수 없다. 따라서 헌법은 공동체생활의 많은 영역에 대하여 추상적인 원칙규정만을 두고 있게 되는 것이다. 세 번째로 개방성이 있다. 헌법은 기본적인 사항만을 규정하고 세부적인 내용은 향후 정치세력간 합의, 예컨대 하위법률에 의해 보완토록 하는 개방성을 특성으로 한다는 것이다. 마지막으로 미완

---

25) 물론 법률 중에도 정치적인 것이 있는 반면 헌법규정에도 비정치적인 규정들이 있다. 예컨대 정당법 · 선거법과 같은 정치관계법, 국가보안법과 같은 정치형법 등이 그러한 것이다. 하지만 정치적 공동체의 형성 유지에 우선적 과제가 주어진 헌법에서만큼 정치성이 중요한 의의를 지니는 것은 없다.

성성이 제시되기도 한다. 헌법은 역사적 조건과 지배상황에 의하여 제약을 받으므로 미리 완결된 내용을 전제할 수 없다는 것이다.

이러한 헌법의 유동성·추상성·개방성·미완성성의 특질은 자칫 헌법이 구체적인 규범으로서 작용하는 것을 저해할 수도 있다. 법은 가급적 명확하고 확정적이어야 그 효력을 최고로 발휘할 수 있기 때문이다. 하지만 헌법은 유동적인 정치질서를 규율하고 국민들의 복잡다단한 생활 전반을 대상으로 삼고 있기 때문에 그때그때 해석을 통한 보완과 정치적 의사형성을 통한 하위법령 제정 등으로 구체화될 여지를 충분히 남겨두어야 한다. 이러한 이유로 헌법에는 다른 법령보다 상대적으로 많은 개방적 특질이 존재하는 것이다.[26]

II. 規範的 特性

1. 최고규범성

헌법은 한 나라의 법체계 속에서 최고의 단계에 위치하며 형식적으로 최상의 효력을 갖는 법이다. 헌법이 전체 국가법질서에 있어서 최상위의 지위에 있는 법규범이라는 점에는 이의가 없다. 최고규범성으로부터 모든 일반적 법규와 국가권력에 대한 헌법의 우위가 도출되며, 이것이 모든 헌법규정들을 이해하고 실현시키는 데 있어서 가장 기본적인 전제라고 할 수 있다.

미국(Article IV Clause 2), 일본(제98조 제1항) 등의 헌법은 명문의 규정에 의하여 헌법의 최고규범성을 확인하고 있다. 한편 우리 헌법에서는 이에 관한 명문의 규정은 두고 있지 않으나, 부칙 제5조에서 "이 憲法施行 당시의 法令과 條約은 이 憲法에 違背되지 아니하는 한 그 效力을 지속한다"라고 함으로써 간접적으로 헌법의 최고규범성을 밝히고 있다. 하지만 명문규정이 없다고 하여 헌법의 최고규범성이 부인되지는 않으며, 헌법 조문상 최고규범성 조항이 있다고 하더라도 그것은 선언적 규정이지 창설적 규정이 아니다.

헌법은 최고규범이므로 법률·명령·규칙의 입법기준이나 해석기준이 된다. 또 이러한 최고규범성을 확보하기 위해 명령·규칙에 대한 위헌·위법심사 등과 관련된 헌법재판제도의 활성화가 요청된다. 그러나 이러한 제도들만

---

26) 다른 일반적 법률도 '일반성'이라는 특질로 인해 개방적 성격을 갖게 된다. 헌법은 그에 비해 상대적으로 더 개방성을 갖고 있는 것이다.

으로 헌법의 최고규범성이 충분히 보장되지는 않는다. 다른 법들은 국가권력
이라는 강제수단이 그 효력을 보장해 주지만 국가권력 자체를 구성하고 규율
하는 헌법은 그 효력을 국가권력에 의해 담보받기 곤란하다.[27] 따라서 궁극
적으로 헌법의 최고규범성을 확보하기 위해서는 '국민의 헌법에 대한 의지'
가 가장 중요하다고 말할 수 있다.

2. 수권규범성 · 권력제한규범성

국가의 모든 통치조직은 기본적으로 헌법에 의해서 창설되는 것이며, 헌
법을 기본적인 바탕으로 하여 국가기관의 권한이 형성된다. 이러한 특징을
헌법의 수권규범성 내지는 조직규범성이라 말한다. 이러한 특성을 가진 헌법
은 무궤도한 정치투쟁을 일정한 궤도 안으로 끌어들일 수 있다는 점에서, 또
국가로 하여금 그 기능발휘를 충분히 할 수 있도록 조직적 뒷받침 해준다는
점에서 그 의미가 있다.[28]

아울러 헌법은 국가권력의 분립을 통해 상호감시 · 견제 · 통제하도록 하
여 권력의 남용을 방지하는 역할을 한다. 이를 권력제한 내지 통제규범으로
서의 성질이라고 말한다. 헌법상 인정되는 직 · 간접적 권력통제 규정은 이러
한 특징을 말해 준다.[29]

전자의 수권규범성은 헌법의 국가기관 구성에 있어서의 적극적인 측면을
강조하는 것이라면, 후자의 권력제한규범성은 그 소극적인 측면을 강조하는
것이라고 하겠다. 근대 초 국민주권이 완전히 관철되기 이전의 시대에는 권력
제한규범으로서의 특성이 강조될 수밖에 없었다. 군주로 대표되는 지배세력은
언제나 국민을 간섭하고 그 자유를 침해하려고만 했을 것이기 때문이다. 반면
민주주의가 보편화되고 있는 오늘날에는 국민이 주도적으로 국가권력을 구성
할 수 있는 권한이 인정됨으로 인하여 전자의 특성이 오히려 강조된다고 하
겠으며, 이것이 바로 현대적 의미의 권력분립이라고 할 것이다.

---

27) 이러한 문제점은 헌법의 자기보장성이라는 특성 하에 논의되기도 한다(계희열(상), 54쪽).
28) 허영, 27쪽.
29) 직접적 통제방식으로는 국민소환, 국민발안, 국민투표제도가 있다. 이 중에서 우리 헌법
　　은 국민투표제도를 명문으로 인정하고 있다(헌법 제72조). 간접적 통제방식으로는 국가기관
　　상호간 감시 · 견제 · 통제 · 문책 등의 제도가 있다.

3. 생활규범성

헌법은 관념의 세계에만 존재하는 규범이 아니고 국민의 생활을 규율하며, 또한 생활 속에서 실현되는 생활규범이자 가치규범이라는 특질을 말한다. 그런데 생활규범성이 헌법의 특징으로 인정될 수 있는가에 대해서는 견해가 대립하고 있다. 즉 헌법뿐이 아닌 모든 규범에 공통된 속성이므로 헌법만이 가지는 고유한 특질이라고 보긴 힘들다는 것이다.[30)]

앞서 살핀 바와 같이 헌법의 특성은 원칙적으로 헌법만의 고유한 특질을 지칭하는 것이라고 하겠으나, 경우에 따라서는 상대적으로 헌법에 강하게 나타나는 특징도 이에 포함시키는 것이 가능할 것이다. 실제로 헌법의 생활규범성을 주장하는 견해는 "전 생활영역에서 가치규범적 성격 내지는 행동규범적 성격을 띠는 헌법의 생활규범성과 기타 법령의 생활규범성은 그 진지성의 정도가 다르다"는 점을 지적하고 있다.[31)]

제 4 절   憲法의 解釋

헌법해석과 관련된 복잡한 문제를 나타낸 사건으로는 지난 2003년 3월 경에 불거진 이라크전 파병과 관련된 논의가 있다. 이라크전 파병과 관련하여 찬반양론이 심각하게 대립되는 가운데 반대하는 측에서는 무엇보다도 이라크 전쟁이 유엔의 승인을 받지 않은 '불법·침략전쟁'으로서, 우리 헌법 제 5조의 "대한민국은 국제평화의 유지에 노력하고 침략적 전쟁을 부인한다"라는 조항에 정면으로 배치된다는 주장을 폈다. 반면 찬성론의 입장에서는 국익과 한미동맹의 유지를 위해선 이라크전 파병이 불가피하다는 전제 하에 결국 역사의 평가는 현재 이뤄지는 것이 아니라 미래에 이뤄지는 것이라고 하며 이라크전 파병을 주장하였다.[32)]

이러한 논란 가운데에서 우리 정부는 2003년 10월 일반사병을 이라크에

---

30) 오호택, "헌법정책론의 이론적 기초," 고려대학교 법학박사학위논문, 1992, 6쪽; 권영성, 14쪽.
31) 허영, 28쪽.
32) 동아일보 2003년 3월 26일자 참조.

파병하기로 결정하였다. 하지만 이에 대한 논란은 여전히 완전히 불식되지
못하고 있다.[33] 이 사례에서 판단의 기준인 헌법 제 5 조는 국제평화주의에
대한 규정을 하고 있지만, 구체적으로 국제평화가 무엇인지, 침략전쟁은 무엇
인지 뚜렷이 규정하고 있지 않다. 또 판단의 대상인 이라크 전쟁이라는 것도
그 성격과 본질이 무엇인지 모두 명확하지 않다. 헌법해석에 있어서 본 사안
과 같은 복잡한 상황은 오히려 일상적이라고 하겠다.

I. 憲法解釋의 意義와 目標

헌법의 해석이란 헌법규범의 진정한 의미와 내용을 밝힘으로써 구체적인
헌법문제를 해결하는 데 있어 활용되는 헌법인식작용을 말한다. 헌법은 불가피
하게 고도로 개방적이고 불확정적인 성격을 갖는다. 이러한 헌법규범에 법원리·
법익·가치·정책 등의 존재적 요소를 도입하여 헌법규범의 내용을 채워 주고
확정하는 작업이 바로 헌법해석이라고 하겠다. 일반적 법률해석과 달리 헌법의
해석이 특별히 문제되는 이유는 헌법이 다른 법률보다 추상성·미완성성 등의
구조적 특징을 강하게 가지고 있기 때문이다. 그로 인하여 헌법해석은 법률해
석보다 더 많은 법 보충과 법 형성의 여지를 가지게 된다. 구체적 문제상황에
서 헌법해석은 해석의 차원을 너머서 헌법발견 또는 헌법적 결단의 모습으로
나타나는 것은 이러한 이유 때문이다. 아울러 헌법의 정치규범성이라는 특성으
로 인하여 헌법해석에는 유동적인 정치적 관점이 요구되기도 한다.

헌법해석의 목표와 관련하여 주관설과 객관설이 대립한다.[34] 주관설은
헌법제정자의 의사를 충실히 밝히는 것을 목표로 하고 객관설은 제정자의 의
사를 떠난 현재의 법의 의미를 밝히는 것을 목표로 한다. 그러나 양자의 대
립은 오늘날 큰 의미가 없다. 헌법의 해석은 헌법과 관련하여 발생하는 현실
적 문제를 올바르게 해결하려는 궁극적 목적을 가지고 이루어지는 것이며,

---

33) 우리 헌법재판소는 "외국에의 국군의 파견결정과 같이 성격상 외교 및 국방에 관련된 고
도의 정치적 결단이 요구되는 사안에 대한 국민의 대의기관의 결정이 사법심사의 대상이
되"지 않는다는 이유로 각하결정을 내림으로써, 이 사안에 대한 본격적인 헌법적 심사는
이루어지지 못했다(헌재 2004. 4. 29. 2003헌마814 등 다수의 사례).

34) K. Hesse, *Grundzüge des Verfassungsrechts der Bundesrepublik Deutschland*, 20. Aufl.,
1995, Rn. 56.

이를 위해 헌법제정자의 의사도 현재의 객관적인 법의 의미도 모두 고려될 수 있기 때문이다.

Ⅱ. 憲法解釋의 方法

1. 고전적 해석방법과 그 문제점

고전적 헌법해석방법은 헌법의 해석과 법률의 해석이 다르지 않다고 보아, 사비니(Savigny) 등에 의하여 주장된 일반사법의 해석방법을 헌법해석에도 적용한다.[35] 이러한 고전적 해석방법은 헌법규범의 완결성을 전제로 논리학상의 삼단논법적 방법(① 사람은 죽는다 → ② 소크라테스는 사람이다 → ③ 따라서 소크라테스는 죽는다)을 원용한다. 다시 말해 헌법의 문언이 대전제가 되고, 현실의 문제가 소전제가 되며, 대전제에 소전제를 대입하면 자동적으로 결론이 도출될 것이라는 이상적 상황을 전제로 하고 있는 것이다.[36] 헌법도 법규범의 일종이므로 이러한 고전적 방법론이 우선 적용될 수 있음은 분명하다.

하지만 헌법은 그 특성상 완결되지도 완비되지도 않은 법이며, 수많은 논리적 틈 내지는 흠결이 전제되어 있다. 즉 삼단논법의 대전제가 불완전한 것이다. 규범은 규범으로부터만 도출되고 논증될 수 있다는 고전적 해석방법의 명제는 미완성성과 개방성을 특징으로 하고, 흠결이 전제되어 있는 헌법의 해석방법으로는 한계를 지닐 수밖에 없다. 아울러 헌법적으로 판단을 요하는 사태도 명확하지 않기는 마찬가지이다. 개인의 행동이나 의사를 판단대상으로 하는 일반법의 사태와는 달리 헌법의 판단대상은 모호하고 복잡한 국가적·사회적 문제상황인 것이 보통이기 때문이다. 즉 삼단논법적 해결을 위

---

35) 사비니의 방법론을 구체적으로 보면 먼저 문법적 해석은 법조문의 어의를 문법적으로 분석하는 것을 말하며, 논리적 해석은 논리적 맥락, 즉 조리(條理)를 문법적으로 분석하는 것을 말한다. 또 역사적 해석은 법조문의 제정과정에 대한 역사적 검토를 통하여 법조문의 의미를 밝히는 것을 의미하며, 체계적 해석은 법조문의 체계적 관련, 즉 전후 조문들과 관련성을 통하여 해당법조문의 의미를 밝히는 것을 말한다. 고전적 해석방법을 주장하는 견해에서는 사비니의 해석방법론 즉 문법적 해석, 논리적 해석, 역사적 해석, 체계적 해석의 방법을 기초로 많은 새로운 방법론을 제기한다(이를테면 K. Larenz, *Methodenlehre der Rechtswissenschaft, Theorie der Rechtsgewinnung*, 2. Aufl., 1976, S. 307ff.).

36) 헌법의 정치학적·사회학적·가치론적 색채를 배제하고 객관적인 법으로서의 위상을 확보하려 노력했던 법실증주의의 입장에서는 이러한 방법을 철저히 관철하려 하였다.

한 소전제도 불완전한 것이다.[37)]

2. 새로운 해석방법의 등장

이러한 고전적 헌법해석방법론에 대한 반성으로 인해 헌법해석방법은 매우 다양하게 발전되어 왔다. 특히 새로운 헌법해석방법은 현상학·가치철학·철학적 해석학 등의 영향을 매우 많이 받고 있다고 평가할 수 있으며, 이러한 이유 등으로 난해하고 불확정적인 모습을 보이기도 한다.[38)] 새로운 헌법해석의 방법을 하나의 틀에서 종합적으로 고찰하기는 어렵지만, 새로운 해석방법의 대강을 요약해 보면 다음과 같다.

우선 헌법의 해석은 자연과학의 분석방법과는 다를 수밖에 없다는 것을 확인한다. 자연현상은 수리적인 인과관계를 특징으로 내포하고 있다. 따라서 '1+1=2'라는 계산처럼 비교적 정확한 분석이 가능하다. 하지만 인간의 삶이란 그렇게 단순하지 않으므로 인간의 국가적·사회적 생활을 규율하는 헌법의 해석에 있어서는 인과법칙적 해석이 아닌, 그에 고유한 해석방법이 전개되어야 한다.[39)]

두 번째로 우리가 헌법해석을 함에 있어서 스스로 이성적인 해석이라고 자임하지만, 사실은 절대적 이성이 아닌 오류가능한 이성을 통해 해석하는 것이며, 결국 비판과 논의에 의해 보다 나은 해석으로 접근해 갈 수 있다는 인식이 받아들여졌다. 이러한 성찰에 의하여 기존의 삼단논법적인 폐쇄적 해석이 아닌 "① 문제상황을 해결하기 위한 가설의 정립, ② 가설로부터 귀결들의 연역, ③ 이 귀결들에 대한 점검"이라는 순환적이고 개방적인 헌법해석을 시도하게 된다.[40)]

---

37) 앞서 말한 이라크전 파병 관련 사안은 이러한 점을 잘 나타낸다.

38) Häberle의 다원적 해석과정이론, Müller의 규범구성적 방법, Kriele의 이성법적 방법 등이 제시되기도 하였다.

39) R. Smend가 정신과학적 해석방법을 주장한 것은 이러한 취지라고 하겠다. 헌법해석의 과정을 정신과학적인 '이해'의 과정으로 보았으며, 전체로서의 헌법을 강조하고 헌법에 있어서의 가치우열의 문제에 집중하였다. 그는 사회의 의식구조, 시대의 가치관념, 통합의 구체적 양상 등을 직관적으로 파악해서 해석기준으로 삼아야 한다고 주장하였다(R. Smend, "Integrationslehre," in: ders., *Verfassungsrechtliche Abhandlungen*, 2. Aufl., 1968, S. 475).

40) 헌법해석에 있어서 문제변증론(법학적 관점론; Topic)은 이와 같은 맥락이라고 하겠다. 이것은 법규범이 아닌 구체적 사안을 관찰의 출발점으로 하는 방법론을 말한다. 구체적 사안에 적용될 여러 가지 관점 내지는 가치 체계를 설정하며 법규범도 그러한 여러 가치체계 중의 하나가 된다. 문제변증론은 귀납적으로 설득력 있는 논증을 찾아내려고 하는 해석방

세 번째로 정리할 수 있는 것은 헌법의 해석과정은 분석이 아닌 이해의 과정이며, 이것은 필연적으로 해석자의 선입견(선이해: Vorverständnis)을 수반할 수밖에 없다는 것을 밝힌 것이다. 따라서 헌법해석은 100명이 해석하면 100가지의 결론이 나올 수도 있고, 이렇게 다른 결론이 상당부분 동등하게 존중되어야 하는 불완전하고 유동적인 과정일 수밖에 없다.41) 결국 해석의 결론이 비교적 객관적이고 올바른 것이 되도록 하기 위해서는 해석자의 선이해가 객관적인 것이 될 수 있도록 하는 노력이 필요하게 된다.42) 아울러 해석에 의하여 도출된 결론이 민주주의적 토론과정에서 다시 논의되어야 한다는 점을 강조하게 된다.

Ⅲ. 憲法解釋의 準則과 主體 및 限界

1. 헌법해석의 준칙

헌법해석의 준칙은 복잡한 헌법해석의 과정에서 필수적으로 고려해야 할 사항을 정리해 놓은 것이라고 할 수 있다. 따라서 헌법해석의 준칙간 일반적인 선후관계나 우열관계를 말하는 것은 곤란하며, 구체적인 상황에 따라 고려의 강도가 달라질 수 있다.

이에 대하여 "헌법의 개별요소들은 상호관련·의존되어 있기 때문에 그 규범이 놓여 있는 전체적 관련을 함께 고찰해야 하고, 다른 헌법규범과 상호 모순되지 않게 해석해야 한다"는 통일성의 원칙, "헌법상 보호되는 모든 법익을 모두 동시에 가장 효율적으로 실현되도록 헌법을 해석해야 한다"는 실

법론이라고 할 수 있다(문제변증론에 관해서는 Th. Viehweg, *Topik und Jurisprudenz*, 5. Aufl., 1974 참조).

41) 앞선 이라크 파병 사안에 적용해 보면, 파병찬성과 파병반대의 서로 다른 의견은 어느 일방이 전적으로 그릇된 것이 아니며, 민주주의가 기초로 하는 다원주의의 정신에 따를 때 일단 서로 상대방의 의견을 존중해야 한다는 결론에 다다른다.

42) 새로운 해석방법론으로 인하여 규범의 절대성과 안정성이 훼손될 위험이 있다. 예컨대 문제변증론을 순수하게 적용할 경우 규범은 하나의 관점에 불과하게 되며, 따라서 규범을 배제한 사실의 해석(헌법 없는 헌법해석)이 이루어질 위험성도 있다. 또 철학적 해석학의 방법론에 따를 경우, 해석자의 선입견(선이해)은 늘 전제되게 되므로 이러한 선입견을 통해 규범의 해석이 유동화되는 현상이 발견되게 된다. 결국 규범의 해석이 객관적인 것이 아니라 주관적인 것으로 나타나게 될 위험성도 있다고 할 것이다. 하지만 새로운 해석방법은 그러한 이와 같은 문제점을 가중시키는 것이 아니라, 이러한 문제점이 해석에 수반될 수밖에 없다는 것을 발견하고, 그 대책을 세우려고 하였다는 데에서 의의를 찾아야 할 것이다.

제적 조화의 원리, "헌법을 해석하는 기관은 자기에게 배정된 기능의 테두리 내에 머물러야 하고 해석의 방법이나 결론에 의하여 기능의 분배를 임의로 변경시켜서는 안 된다. 따라서 헌법재판소는 입법자에 대하여 통제적 기능만을 부여받고 있기 때문에, 이 기능의 한계를 넘어 입법자의 형성의 자유를 침해해서는 안 된다"는 기능적 적정성의 원리, "헌법의 문제를 해결하는 데 있어 정치적 통일성을 강화시키는 방향으로 헌법을 해석해야 한다"는 통합작용의 원칙, "헌법의 규범력이 보다 잘 발휘될 수 있도록 해석해야 한다"는 헌법의 규범력의 원리 등이 제시되고 있다.[43]

2. 헌법해석의 주체

헌법해석이 가장 두드러지게 문제되는 것은 헌법소송과 관련된 분야이다. 따라서 헌법재판소가 헌법해석의 주체로서 우선 중요하다. 하지만 입법·행정작용부터 국민의 일상적인 생활에 이르기까지 헌법이 실현되는 전 과정에서 헌법해석은 이루어지고 있다. 국회나 행정부도 자신의 헌법해석을 법률·명령·규칙 등의 입법활동 속에서 나타내며, 학자는 학리해석의 대상으로서 헌법을 해석한다. 일반국민도 헌법소원이나 위헌법률심판과정을 비롯하여 정당활동, 선거행위 등 국가적 생활 전반에서 헌법을 해석하게 된다. 즉 헌법해석은 헌법재판을 전제하여야 논할 수 있는 개념은 아닌 것이다.

3. 헌법해석의 한계

헌법해석은 첫째 헌법의 구속적 정립이 존재하지 않는 경우, 둘째 법조문의 의미 있는 이해가능성이 끝나는 경우, 셋째 어떤 해석이 법조문과 명백하게 모순되는 경우에 그 한계가 인정된다고 한다.[44] 요약하자면 헌법의 조문이 헌법해석의 한계로서 기능한다는 말이다.

헌법을 해석함에 있어서 헌법 조문이 해석의 한계점으로 작용한다는 것

---

43) 김철수, 31쪽; 권영성, 24쪽; 허영, 71쪽; 강경근, 35쪽 등; 아울러 영미의 보조적 해석원리가 소개되기도 한다. 먼저 同類律의 원리는 "구체적인 사례에 의하여 기타 … 등의 일반 조항을 규정하였을 때에는 나열된 구체적인 사례에 비추어 한정적으로 일반조항을 해석함이 합리적"이라는 것을 말해 주고, 반대해석의 원리는 "일반조항을 끝에 첨가함이 없이 구체적 사례의 나열만이 있는 경우에는 나열하지 않은 것은 규정하지 않은 것이 합리적"이라는 것을 말해 준다(최대권, 119쪽 이하).

44) 계희열(상), 83쪽.

은 어떻게 보면 너무나 당연한 것이다. 만약 헌법의 문언을 넘어서는 해석이 이루어지고 그것이 가능하다고 한다면, 결국 헌법 없는 헌법해석이 용인되는 것이나 마찬가지이기 때문이다. 하지만 헌법의 개방성·추상성 등의 특징은 같은 헌법조문을 기준으로 정반대의 결론이 도출되는 것까지도 허용한다. 이 경우 결국 헌법조문이 한계로서 작용하지 못하는 듯한 모습을 보이게 된다. 이러한 이유로 헌법해석의 문언적 한계가 없다는 주장도 나타난다. 그러나 헌법해석의 한계로서 문언의 한계를 인정하지 않는 경우에는 헌법해석의 안정성·객관성, 나아가 헌법의 규범으로서의 성격이 심각하게 흔들리게 되므로, 이러한 문언의 한계를 인정하고 그것을 존중하는 태도가 적절하다고 본다.

Ⅳ. 憲法合致的 法律解釋

1. 헌법합치적 법률해석의 의의

헌법합치적 법률해석(합헌적 법률해석)이란 법률의 개념이 다의적이고 그 어의의 테두리 안에서 여러 가지 해석이 가능할 때, 통일적인 법질서의 형성을 위하여 헌법에 가장 합치되는 해석의 방법을 택하는 법률해석기술을 말한다.[45] 이러한 해석기술은 헌법재판상의 위헌법률심판 등에서 자주 이용되어지는데, 이 원칙이 적용되는 경우 헌법재판소는 단순히 위헌으로 무효화하지 않고 그 내용을 한정하거나 보충하는 한도에서 법률의 효력을 유지시키게 된다.

헌법합치적 법률해석은 헌법에 합치하는 해석의 여지를 조금이라도 가지고 있는 기존의 법률의 효력을 지속시키고자 한다는 소극적 의미를 가지는 동시에, 헌법정신에 맞게끔 법률의 내용을 제한, 보충 또는 새로 형성한다는 적극적 의미도 가지고 있다. 규범통제를 하는 기관, 대표적으로 헌법재판소는 법률이 헌법에 합치되게 해석될 가능성이 있으면 무조건 무효로 선언해서는 안 되며 법률이 위헌무효가 되기 전에 헌법과의 합치성을 찾는 노력을 해야 한다.

미연방대법원은 1827년 Ogden v. Saunders 사건판례[46]를 통해 법률의

---

45) 김철수, 33쪽; 권영성, 26쪽; 허영, 74쪽; 강경근, 36쪽; 성낙인, 28쪽.
46) 25 U. S. 213(1827).

합헌성 추정의 원칙을 확립하였다. 이것을 헌법합치적 법률해석의 연혁상 시초라고 볼 수 있다. 독일연방헌법재판소도 미국에서 비롯된 법률의 합헌성추정의 원칙을 수용하여 법률의 헌법합치적 해석을 확립하였다. 우리나라도 헌법재판이 도입된 이래 많은 판결에서 헌법합치적 법률해석을 원용하여 "일반적으로 어떤 법률에 여러 갈래의 해석이 가능할 때에는 원칙적으로 헌법에 합치되는 해석, 즉 합헌 해석을 하여야 한다"고 판결하고 있다.47)

2. 헌법합치적 법률해석의 이론적 근거

헌법합치적 해석이 왜 필요한지에 관한 이론적 근거가 여러 측면에서 제시되고 있다. 첫째 법질서의 통일성의 유지를 위해 헌법합치적 해석이 요구된다는 것이다. 헌법을 최고규범으로 하는 법질서의 통일성을 유지하기 위해서는 법률을 무조건 위헌으로 무효화시키기보다는 법률의 헌법합치적 해석방법을 통해서 입법기능을 법질서의 테두리 안으로 끌어들일 필요가 있다는 것을 지적하는 것이다. 두 번째로 권력분립의 정신이 근거로 제시된다. 입법부가 제정한 법률의 효력을 유지시켜 최대한 권력분립의 정신과 민주주의적 입법기능을 최대한 존중해야 할 필요가 있다는 것이다. 권력분립원칙상 법률을 제정하는 의회는 국민이 선거를 통하여 선출한 국민의 제 1 차적 대표자이며, 그러한 지위에 걸맞게 비교적 폭넓은 영역에서 입법을 형성할 재량권이 부여되어 있다. 이러한 점을 볼 때 헌법재판소는 함부로 입법자의 의사인 법률을 백지화시켜서는 안 되는 것이다. 세 번째로 법률의 합헌성 추정원칙이 제시되기도 한다. 이 원칙은 미연방대법원의 판결로 확립된 견해로서 법률이 일단 제정·공포된 이상, 그 법률의 효력은 추정된다는 원칙이다. 이 원칙은 권력분립, 입법의 재량권인정, 합리성의 원칙, 법적 안정성에 근거하고 있는데 이것은 앞서 살핀 바와 같은 권력분립 원칙의 내용과 크게 다르지 않은 것으로서 그것을 헌법합치적 법률해석 등과 관련하여 특별히 정리한 것이라고 할 수 있다. 마지막으로 국가 간의 신뢰보호를 법률의 헌법합치적 해석의 근거로 제시하기도 한다. 오늘날 한 국가의 법률은 그 국가의 국민에게만 문제되는 것이 아니다. 한 국가의 법적 질서는 국가 간 인적·물적 교류의 기준이 되므로 이것을 함부로 백지화하는 것은 국제적인 신뢰관계에 저해요소로 작

---

47) 헌재 1989. 7. 14. 88헌가5등 다수판결에서 나타난다.

용할 수 있는 것이다. 하물며 국가 간 조약 또는 그 동의법을 헌법합치적으로 해석할 필요가 있다는 점은 의문의 여지가 없다고 하겠다.

3. 헌법합치적 법률해석의 한계

앞서 본 바와 마찬가지로 헌법합치적 법률해석은 단순히 위헌선언을 자제하는 수동적·소극적 의미만을 갖는 것은 아니며 법률을 제한·보충하는 적극적인 의미도 갖는다. 이러한 이유로 입법자의 권한을 존중하고자 하는 헌법합치적 법률해석이 오히려 입법권이 가지는 형성적 재량권을 지나치게 제한하거나 심지어 박탈하는 경우가 발생한다. 예컨대 입법자가 전혀 예상하지 못한 내용으로 헌법합치적 법률해석을 하는 경우에는 아예 법률을 폐지하는 경우보다 입법권을 더욱 심각하게 침해하게 된다. 입법자가 법률을 새롭게 제정할 권한까지 배제하는 것이기 때문이다. 따라서 헌법합치적 법률해석에는 일정한 한계가 인정된다.

1) 헌법합치적 법률해석은 먼저 문의적 한계를 갖는다. 헌법합치적 법률해석은 해당 법률의 내용이 여러 가지 의미로 해석될 가능성이 있고 그 중의 하나를 선택한다는 점을 전제로 하고 있다. 따라서 해당 법조문이 확정적이어서 달리 해석할 가능성이 없거나, 헌법합치적 해석 이후 문의가 완전히 다른 의미로 변질되는 경우 헌법합치적 해석은 허용되지 않는다.

2) 두 번째로 법목적적 한계가 있다. 헌법합치적 법률해석은 민주적인 정당성에 바탕을 두고 활동하는 입법권자의 입법의지를 되도록 존중해 주려는 법해석 기술을 뜻하기 때문에, 입법권자가 해석의 대상이 되는 법률규정에 의해서 추구되고 있는 명백한 입법목적을 훼손하는 일이 있어서는 안 된다는 것이다. 입법권자는 정당하다고 판단하는 정책목적을 법률제정에 의하여 구체화하고 실현시킬 수 있는데, 입법권자가 설정하는 정책목적의 옳고 그름은 법해석 및 심판의 대상이 되기 어렵다.

3) 나아가 헌법수용적 한계라는 것이 제시되기도 한다.[48] 헌법합치적 법률해석은 헌법규범의 내용을 지나치게 확대 해석하여 헌법규범이 가지는 정상적인 수용한도를 넘어서는 안 된다는 것이다. 생각건대 헌법합치적 해석은 일차적으로 '헌법'에 합치하는 해석일 것을 전제로 하기 때문에 헌법수용적

---

48) 허영, 79쪽; 권영성, 28쪽.

한계를 따로 제시할 필요는 없다고 본다.[49]

4. 헌법합치적 법률해석의 실제

헌법재판과 관련하여 헌법합치적 법률해석 방법은 매우 자주 이용되고 있다. 헌법합치적 법률해석이 실제 사용된 대표적인 예는 구 국가보안법 (1991. 5. 31. 법률 제4373호로 개정 전) 제 7 조 '찬양·고무죄'에 대한 헌법재판소의 한정합헌결정이다.[50]

이 사건에서 심판제청법원은 "··· 죄형법정주의에서 말하는 법률은 국민이 처벌가능성을 예측할 수 있을 정도로 구체적이고 명확하게 규정되어야 하고 지나치게 포괄적이고 애매하거나 막연하고 불명확한 처벌법규는 자의적인 행정권의 행사에 의한 국민의 기본권 침해의 여지를 가지게 되기 때문에 삼권분립 내지 법치주의의 이념과 죄형법정주의의 원칙에 어긋나는 위헌의 법률 ···"이라고 할 것인데, "··· 국가보안법 제 7 조 제 1 항 및 제 5 항은 반국가단체를 어떠한 방법으로든지 이롭게 한 자를 모두 처벌할 수 있다는 지나치게 포괄적이고 막연한 규정[51] ···"이어서 위헌의 의심이 있다고 주장하였다.

이에 대하여 헌법재판소는 "위헌법률심판의 대상에 있어서 법문의 내용이 다의적이고 그 적용범위에 있어서 과도한 광범성이 인정된다면 법치주의와 죄형법정주의에 위배되어 위헌의 소지"가 있으나 "어떤 법률의 개념이 다의적이고 그 어의의 테두리 안에서 여러 가지 해석이 가능할 때, 헌법을 최고법규로 하는 통일적인 법질서의 형성을 위하여 헌법에 합치되는 해석, 즉 합헌적인 해석을 택하여야 하며, 이에 의하여 위헌적인 결과가 될 해석은 배제하면서 합헌적이고 긍정적인 면은 살려야 한다"는 이유로 "국가보안법 제

---

49) 참고로 헌법수용적 한계의 측면에서 법률의 의미에 맞게 헌법해석을 확대 또는 축소하는 이른바 법률합치적 헌법해석은 금지된다고 할 수 있다. 하지만 헌법의 내용은 대체로 법률의 내용과 비교할 수 없을 정도로 개방적이고 다의적이라고 할 수 있으므로, 함께 문제되고 있는 법률의 내용은 언제나 헌법해석에서 고려되고, 일종의 기준이 되는 현상이 일어나기도 한다. 특히 헌법의 제 1 차적인 구체화 형식은 법률이며, 따라서 입법자가 제 1 차적인 헌법해석자라고 할 수 있다. 헌법재판소는 그러한 입법자의 헌법해석을 사후에 판단하는 지위에 있으므로, 헌법을 법률에 합치적으로 해석하려는 듯한 경향은 불가피하게 나타난다 (장영수, 114쪽 참조).

50) 헌재 1990. 4. 2. 89헌가113.

51) "反國家團體나 그 構成員 또는 그 指令을 받은 者의 活動을 讚揚·鼓舞·宣傳 또는 이에 同調하거나 國家變亂을 宣傳·煽動한 者는 7年 이하의 懲役에 處한다."

7조 제1항 및 제5항의 규정은 각 그 소정의 행위가 국가의 존립·안전을 위태롭게 하거나 자유민주적 기본질서에 위해를 줄 명백한 위험이 있을 경우에만 축소적용되는 것으로 해석한다면 헌법에 위반되지 아니한다"고 결정하였다. 이후 국회는 1991년 이러한 헌법재판소의 결정취지를 존중하여 "國家의 存立·安全이나 自由民主的 基本秩序를 危殆롭게 한다는 情을 알면서"라는 요건을 추가하는 개정을 하였다.52)

---

52) 이러한 헌법재판소의 결정에 대하여 반론이 없지 않다. 특히 '1992. 1. 28. 89헌가8' 판례의 반대의견은 "법률은 될 수 있으면 헌법에 합치되는 것으로 해석하여야 하는 것이지만 헌법합치적 해석은 법률의 문언이 다의적이어서 이렇게 해석하면 합헌이 되나 저렇게 해석하면 위헌이 되는 경우에 합헌이 되는 쪽의 해석을 따르라는 뜻이므로 법률의 다의적인 해석의 가능여부를 떠나서 아예 추상적이고 광범위하며 애매모호한 것일 때에는 이미 헌법합치적 해석의 영역을 벗어난 것이어서 이러한 법률의 위헌성 해소는 당해 법률의 개폐에 의하여서만 가능한 것이다. 더구나 죄형법정주의가 적용되는 형벌법규의 경우에는 명확성의 원칙은 철저히 지켜져야 하는 것인 만큼 헌법합치적 해석을 빙자하여 불명확하여 위헌무효인 법률을 적당히 호도하는 방법으로 합헌이라고 감싸 주면서 위헌결정을 회피하는 것은 결코 잘한 일이 아니"라며 다수견해를 비판하고 있다.

제 2 장 憲法의 制定 · 改正

제 1 절 憲法의 制定

I. 憲法制定의 意味와 節次

1. 헌법제정의 의미

헌법의 제정이란 헌법을 새로이 만드는 것을 말한다. 헌법의 제정은 실질적으로는 정치적 공동체의 종류와 형태, 기본적 가치질서에 관한 국민적 합의를 법규범체계로 정립하는 작업 그 자체를 말하는 것이다. 반면 형식적으로는 헌법제정권자가 제정권력을 행사하여 헌법이라는 실정법을 창조하는 행위를 의미한다.

헌법의 제정과 구별해야 하는 것으로서 헌법의 성립이라는 개념이 제시된다.1) 헌법의 성립은 정치사회학적 현상을 지칭하는 것으로서, 헌법학적 현상을 의미하는 헌법의 제정과는 개념적으로 구분된다고 한다. 헌법의 성립은 합의(Konsens)·중심세력·참여의식이라는 세 가지 요건을 전제로 하고 있다. 물론 이러한 요건이 모두 갖추어졌다고 하더라도 구체적으로 헌법의 규범적 효력을 창설하기 위해서는 별도의 헌법제정행위가 요구되는 것이다.

헌법을 최초로 만드는 헌법제정은 단순히 역사적으로 기념할 사건으로만 그치는 것은 아니다. 일정한 지역을 배경으로 그 곳에 거주하는 사람들이 헌법이라는 문서로 합의를 함으로써 비로소 국가는 제 모습을 갖추게 된다. 헌법은 국가의 최고법이기 때문에 헌법제정 이후 뒤따르는 법질서는 헌법의 정당한 위임을 받은 것이거나, 최소한 헌법에 위반되는 내용을 가져서는 안 된다. 즉 헌법의 제정은 국민의 최초합의를 통하여 일정한 법질서의 기준을 확

---

1) 허영, 39쪽.

정하는 작업이다. 게다가 헌법제정의 의미는 단순히 법질서에만 영향을 미치는 것은 아니다. 모든 국민의 생활방식 등도 헌법을 정점으로 하는 전체 법질서에 비추어 계획되고 판단되는 것이라고 할 수 있으므로, 헌법의 제정은 이후의 국민 개개인의 행동과 가치판단이 최소한의 가장 기본적인 기준을 확정하는 작업이라고도 하겠다.

따라서 헌법제정 이후 국가질서 전반의 정당성 근거는 최초의 합의인 헌법의 제정으로 소급되어질 수밖에 없다. 정당성이라는 개념은 형식적으로 법률을 준수한다(합법성)는 의미 이전에, 법 자체가 과연 올바른지를 따지는 개념이다.[2] 즉 법을 단순히 따르기만 하면 옳은 것이 아니라, 그 법은 과연 옳은 것인지, 왜 준수해야 하는 것인지의 문제에 대답하기 위하여 정당성의 문제가 제기된다. 요컨대 국민이 합의하여 창설한 헌법규범은 국가질서 전반의 최소한의 정당성의 근거로서 기능하는 것이라고 할 수 있다.

2. 헌법제정의 절차 또는 방법

헌법제정권력 행사에 있어 미리 정해진 절차는 없다. 헌법제정 이전에 국가법질서는 존재하지 않기 때문이며, 혁명의 경우와 같이 비록 이전의 국법질서가 존재한다고 하더라도 그 법질서에 구속될 필요가 없기 때문이다. 결국 헌법제정의 절차는 이론적으로 논의될 수밖에 없는 문제이다.

구체적으로 살펴보면 먼저 ① 제헌의회가 소집되고 제헌의회가 의결하여 헌법을 제정하는 방법이 있다. 이것이 바로 시예스[3]가 말한 형식과 유사한 것이라고 할 것인데, 이때 제헌의회는 국민회의적 성격을 띤다. 우리나라의 건국헌법은 국민투표 없이 제헌의회가 헌법제정을 하였으므로, 시예스식의 방법을 따랐다고 하겠다. ② 또 국민회의에 의한 방법과 국민투표에 의한 방법을 적절히 혼합하는 방법이 있다. 이것은 다시 제헌의회가 초안을 작성하고 국민투표로 확정하는 방법, 제헌의회가 초안을 작성하고 의결하여 국민투표로 확정하는 방법 등으로 구분된다.

---

2) 정당성과 합법성을 대비하여 설명하는 것으로는 T. Würtenberger, "Legitimität, Legalität," in: *Geschichtliche Grundbegriff*, 1982, S. 677-740 참조.
3) 시예스는 제헌의회가 국민을 대신하여 헌법제정을 할 수 있다고 본 반면, 루소는 국민이 헌법제정에 직접 참여해야 한다고 주장하여 양 견해가 대립하였다. 실제 프랑스의 정치현실은 시예스의 영향을 많이 받았다고 할 수 있다.

연방국가의 경우에도 제헌절차는 단일국가와 크게 다르지 않다. 다만 연방국은 다수의 지방국의 정치적 합의로 구성된다는 특성으로 말미암아 지방국 의회의 참여와 승인이 필수요건이 된다. 이러한 방식으로 제정된 헌법에는 미국·독일·스위스 등의 헌법이 있다.

Ⅱ. 憲法制定權力理論

1. 헌법제정권력의 본질

헌법제정권력은 국가의 근본법인 헌법을 창조하는 힘을 말한다. 힘이라고 하여 사실적 힘만을 말하는 것이 아니고, 헌법 자체를 정당화시킬 수 있는 권위도 요구된다. 헌법제정권력은 국가질서를 시원적으로 창조하는 권력이며(시원적 창조성), 어떠한 법형식이나 절차에도 구애받지 않는 권력으로서 스스로 의도한 바에 따라 발동되는 것이다(자율성). 또 헌법제정권력은 다른 모든 권력의 포괄적 기초가 되며 그 자체 불가분적 권력이고(단일불가분성), 한 번 행사되었다고 소멸하는 권력이 아니다(항구성). 민주국가에서는 헌법제정권력이 국민에게만 있으므로 양도될 수 없는 성격도 갖는다(불가양성).[4]

우리 헌법 제1조 제2항이 "대한민국의 주권은 국민에게 있고 모든 권력은 국민으로부터 나온다"라고 한 것은 민주국가인 우리나라에 있어서 헌법제정권력의 주체가 국민이라는 것을 선언한 규정이라고 할 수 있다. 또 헌법전문의 "자유민주적 기본질서를 더욱 확고히 하며"라고 한 것과 제1조 제1항의 민주공화국으로서의 국가형태의 결정은 헌법제정권력의 주체인 국민이 내린 대표적인 근본 결단이라고 하겠다.

2. 헌법제정권력이론의 발전

(1) 시예스의 이론

헌법제정권력이라는 개념을 처음으로 명확하게 표현한 사람은 시예스였다. 그는 프랑스혁명전야에 발간한 "제3신분이란 무엇인가"[5]라는 유명한 역

---

4) 김철수, 38쪽; 권영성, 48쪽; 강경근, 44쪽.
5) 제1계급은 신·승려, 제2계급은 왕·귀족 등 봉건계급, 제3신분계급은 일반시민으로 역사의 새로운 주체로 등장하였다고 강조하였다. 이에 대하여는 E.J.시에예스[박인수 역] 제3신분이란 무엇인가, 책세상, 2003 참조.

사적 팜플렛 중에서 헌법제정권력의 이론을 다음과 같이 전개하고 있다. "헌법은 모두가 헌법제정권력의 작품이다. 그리하여 헌법에 의하여 만들어진 권력 즉 어떠한 종류의 위임된 권력도 결코 그 위임된 조건을 변경할 수 없다. 헌법제정권력은 국민만이 가지며 국민은 실질적으로도 절차적으로도 어떠한 법적 제한에 따르지 아니한다. 이것은 실정법 위에 있는 자연법에 의하여 인정된 원칙이다"라고 하였다.

시예스의 헌법제정권력이론은 ① 헌법제정권력의 주체는 국민이라는 점, ② 헌법제정권력의 발동은 언제나 자연법에 적합한 것이어서 아무런 제한을 받지 않는다는 점, ③ 헌법제정권력은 그의 시원성으로부터 언제나 스스로 정당화된다는 점, ④ 창조적 권력인 헌법제정권력은 창조된 권력인 헌법개정권력 또는 국가권력과 구분된다는 점 등을 제시하였다.

(2) 독일 법실증주의의 부인론

실정법을 절대시하는 독일의 법실증주의에서는 헌법제정권력은 정치적 영역에 존재하는 사실상의 힘에 불과하며 적어도 법적으로는 그 개념을 인정할 수 없다고 하였다. 즉 19세기 안쉬츠·라반트·옐리네크 등 공법학자들은 "헌법제정권력 = 헌법개정권력 = 입법권"이라는 등식이 성립하므로, 헌법제정권력의 독자적 권력성이 부인된다는 주장을 한 것이다.

법학의 연구대상을 실정법에 국한시킴으로써 합법성만을 문제삼는 법실증주의의 입장에서는 헌법제정권력은 처음부터 헌법학적 고찰대상이 될 수 없으며, 비록 헌법제정권력을 긍정하더라도 그 권력은 법적으로는 헌법 속에서 찾아야 하므로 헌법제정권력은 헌법개정권력과 동일하다고 보게 된다.

(3) 슈미트의 이론

시예스의 이론에 많은 영향을 받은 슈미트는 "헌법제정권력은 국민의 정치적 실존의 종류와 형태에 관하여 구체적이고 근본적인 결단을 내리는 실력 또는 권위를 가진 정치적 의사"라고 하여 소위 결단주의이론을 전개하고 있다.[6] 그는 이 근본적인 결단을 '헌법'(Verfassung) 또는 '절대적 헌법'이라 하고, 이 헌법을 전제로 하여 성립한 기타 헌법규정의 집합을 '헌법률'(Verfassungsgesetz)이라 하였다. 그리하여 그는 헌법규범에는 "헌법제정권력 → 헌법

---

6) C. Schmitt, *Verfassungslehre*, 1954, 75f.

→ 헌법률 → 헌법에 의하여 창조된 권력"이라는 위계질서가 성립된다고 한다. 또 헌법제정권력은 규범적·법적인 것이 아니며 그 위에 있는 정치적 힘이고, 이 힘의 타당성 근거는 헌법제정권력의 주체가 가지는 입헌의 결단적 의지(정치적 실존)에 있는 것이므로 법적으로 정당화될 필요도 없으며 정당화될 수도 없다고 한다. 이것은 시예스가 시원성이라는 성격으로부터 제정권력의 정당성근거를 찾으려고 한 것과 비슷한 맥락이다. 아울러 슈미트는 헌법제정권력은 규범적 구속을 받지 않는 절대적 힘이므로 한계가 존재하지 않는다는 무한계설의 입장에 서 있다.

헌법제정권력의 주체는 시민만이 될 수 있다는 시예스의 견해와는 달리, 슈미트는 한 시대에 실질적인 정치적 힘을 갖고 있는 존재가 헌법제정권력의 주체가 될 수 있음을 밝히고 있다. 예컨대 중세에는 신, 근대 시민혁명 이후에는 국민, 왕정복고의 시대 또는 군주국가에서는 군주, 귀족제나 과두제의 경우에는 소수자의 조직이 헌법제정권력자가 된다고 한 것이다.

3. 헌법제정권력과 다른 권력과의 구별

(1) 헌법개정권력과의 구별

슈미트적인 입장에서 볼 때 헌법제정권력과 헌법개정권력은 당연히 구별된다. 전자는 시원적인 창조적 권력이고 후자는 전자에 의하여 제도화된 창조된 권력이기 때문에 헌법개정권력은 헌법제정권력의 하위에 종속하게 된다. 따라서 헌법개정권력이 헌법제정권력의 근본적인 결단을 부인할 수 없다는 것은 당연하다.

그런데 이러한 헌법제정권력과 헌법개정권력의 구별이 언제나 명확한 것은 아니다. 특히 헌법개정이 국민투표에 의하여 이루어지는 경우에는 헌법의 제정과 다르다고 볼 수 없고, 실제로 이전의 헌법과 동일성이 인정되지 않는, 즉 헌법의 새로운 제정과 다름이 없는 개정이 이루어지는 경우도 있다. 즉 헌법개정권력이 헌법제정권력에 실제로 종속되지 않는 모습이 나타나기도 한다. 이러한 현실적인 구분의 곤란성에도 불구하고 헌법이론상으로는 최초의 결단인 헌법제정과 그에 구속되어야 하는 헌법개정권력은 구분이 가능하다고 할 것이다. 만약 헌법개정권력이 헌법제정권력자에 구속되지 않는 경우가 나타난다면 그것은 헌법의 개정이 아닌 또 다른 헌법의 제정이라고 보아야 하겠다.

(2) 주권 · 통치권과의 구별

슈미트는 주권과 헌법제정권력은 같은 것으로 보고 있다. 이에 대하여 "사실 헌법제정권력을 정치적 공동체의 형태와 기본적 가치질서에 관한 국민적 합의를 규범세세화하는 권력으로 이해하고 주권을 국가의사와 국가적 질서를 전반적 · 최종적으로 결정할 수 있는 최고의 권력으로 이해한다면 양자 모두 최고의 권력이라는 의미에서 공통성을 가지므로 양자를 동일한 권력으로 보아도 무방하다"는 견해가 있는가 하면,[7] 주권의 개념은 헌법제정권력보다 사용례가 광범위하다는 특성에 포착하여 주권개념은 헌법제정권력 + α라고 하는 견해도 있다.[8] 생각건대 오늘날 국민주권이론은 실제로 행사되는 권력을 의미한다고 하기보다는 헌법제정권력과 마찬가지로 국민으로부터의 정당성의 근거를 의미한다는 점[9]에서 양자를 구별하는 것은 거의 무의미하다고 본다.

입법권 · 집행권 · 사법권의 총합을 의미하는 통치권의 개념은 주권의 위임에 따라 조직되고 주권에 종속하는 권력이라는 점에 비추어 헌법제정권력보다 하위권력이라고 본다.

Ⅲ. 憲法制定權力의 限界

1. 한계긍정설과 한계부정설

헌법제정권력은 한 나라의 법질서와 국가권력의 연원이 되는 것이므로 어떠한 실체적 제한이나 절차적 제한에도 따르지 아니한다. 그렇다면 헌법제정권력은 어떠한 제약도 따르지 않고 무슨 결정이든 내릴 수 있는 권력인가? 이에 관하여 한계부인설과 한계긍정설이 대립된다.

시예스는 헌법제정권력의 시원성이라는 성격이 언제나 헌법제정의 정당성을 확보하므로 헌법제정권력에는 한계가 있을 수 없다고 하고 있다. 슈미트도 헌법제정권력은 규범적 정당성이나 사실적 정당성에 의존하지 않는 혁명적 성격을 갖는 것이므로 헌법제정권력의 행사에는 한계가 있을 수 없다고 한다.

반면 자연법적 이론가인 케기(W. Kägi) · 마운츠(Th. Maunz) 등은 헌법제정

---

7) 권영성, 51쪽.
8) 김철수, 39쪽.
9) M. Kriele, *Einführung in die Staatslehre*, 1975, 59ff.

권력도 무제한의 권력행사를 할 수는 없고, 초실정법적인 '근본규범·가치' 또는 '자연법상의 원리'에는 제한을 받을 수밖에 없다고 한다. 특히 마운츠는 헌법제정권력의 혁명적 성격을 인정하면서도 헌법제정권은 자연법적 원리에 제약된다고 보고 있다. 우리나라의 일반적인 견해도 이러한 입장을 취하고 있는데, 헌법제정권력의 한계로 기능하는 근본규범으로는 ① 인간의 존엄성에 입각한 기본권 보장, ② 법치국가원리, ③ 민주주의원리 등을 들 수 있다. 한편 헌법제정권력의 한계로서 이데올로기적 한계가 제시되기도 한다.[10] 헌법제정에는 제헌 목적과 그 시대의 국민생활 속에 있는 시대보편적 이데올로기를 반영하여야 하므로 헌법제정권력과 헌법은 이러한 보편적 이데올로기에 의하여 한계성이 긍정되는 것이지 자연법상의 원리에 의하여 한계지워지는 것이 아니라고 한다.

2. 시대정신과 헌법제정권력의 한계

헌법제정권력을 행사하는 경우에 어떠한 국가법적 질서에도 얽매일 필요가 없는 것은 당연하다. 그러나 헌법제정권력의 한계문제는 구 헌법질서를 존중할 것이냐 아니냐의 논의에 국한되는 것이 아니다(합법성의 문제가 아니다). 헌법제정권력이 규범적인 합법성이 아닌 사실적인 정당성을 갖추었는지 아닌지를 판단함에 있어서 기준이 되는 이론이라고 본다.

헌법제정권력은 최소한 제헌 당시의 정치상황을 지배하는 가치에 의한 제약을 받게 되고, 아울러 제헌목적이나 제정 당시의 국민의 합의의 내용을 존중해야 한다. 이를 달리 표현하면 헌법제정 당시의 정치·사회·문화 등의 시대정신에 헌법제정권력은 구속되어야 한다는 것이다. 만약 이러한 구속을 받지 않고 한계를 넘어 선다면 헌법제정의 정당성은 부인되거나 약화될 수밖에 없을 것이며, 새로 제정된 헌법은 머지않아 또 다른 헌법에 의하여 대체되기 쉽다. 예컨대 민주화의 분위기가 만연한 가운데, 군주제적 혹은 독재적 헌법을 제정한다면 그 헌법제정은 한계를 넘어선 것으로서 결국 정당한 헌법으로 인정되지 못한다.[11] 이러한 시대정신에의 구속이 과연 헌법제정권

---

10) 허영, 45쪽.
11) 엄격한 의미에서 헌법제정의 경우는 아니지만 10·26사건 이후 암울한 유신체제의 터널을 빠져나와 새로운 민주사회로 갈 수 있을 것이라는 희망이 넘쳤던 이른바 '서울의 봄'상황을 외면한 채 단행된 제 8 차 개헌은 이러한 점에서 정당성을 인정받기 어렵다.

력을 직접적·강제적으로 한계지울 수 있는지는 의문이다. 이는 헌법의 제정
이 법적 현상과 정치적 현상의 경계선상에 있는 것이므로 불가피한 것이라
고 본다.

요컨대 헌법제정이 실제적으로 갑자기 하늘에서 떨어지는 벌똥현상이 아
니고 오랫동안 이념적·역사적·사회적 전통 등에 의하여 조성된 현실적인
정치상황 속에서 이루어지는 것이기 때문에, 그것이 사회평화와 사회질서를
보장하는 기능을 다하기 위해서 적어도 헌법제정권력의 정치적인 시대사상
또는 생활감각을 반영하는 것이어야 한다.

3. 자연법적 한계, 법리적 한계, 국제법적 한계

헌법제정권력은 인간의 존엄과 가치와 같은 초국가적인 자연법 원리에
구속받는다는 이른바 자연법적 한계가 인정되기도 하며, 헌법제정권력의 행
사도 법창조행위이므로 법적 사고의 영역에 속하는 현상이므로 법적 이성,
정의, 법적 안정성과 같은 기초적인 법원리의 제약을 받는다는 이른바 법원
리적 한계가 인정되기도 한다. 그러나 자연법의 원리나 기초적인 법원리라는
개념은 너무나 추상적이어서, 그 내용이 무엇인지 확정하기 곤란하다. 법과
정치의 경계선상에서 이루어지는 헌법제정권력의 행사에 이렇게 추상적인 개
념들이 한계로서 기능하기는 곤란하다.

패전국이나 식민지는 헌법제정권력행사에 있어 전승국의 의사나 보호국
의 영향과 같은 국제법적인 제약을 받게 된다. 전후 서독헌법이나 일본헌법
등이 그러한 한계의 영향을 받았다고 하겠다.

제 2 절   憲法의 改正

I. 憲法改正의 意味

헌법의 개정이란 헌법의 규범적 기능을 제고하기 위하여 헌법의 기본적
인 동일성을 유지하면서 헌법의 일부 내용을 의식적으로 수정하고 삭제·증
보하는 것을 말한다. 헌법을 한번 제정해 놓고 나면 그것은 고정된 문서로서

남게 된다. 따라서 국가와 사회의 현실이 변화하는 경우 헌법적 규율내용도 그때그때에 맞게 수정하여 헌법의 현실적응성과 실효성을 유지할 필요가 있다. 이러한 수정을 통해 헌법에 불만을 가지고 있는 세력이 극단적인 헌법파괴를 하기 전에, 그들과 타협하여 헌법의 파국을 모면하게 하기도 한다. 궁극적으로 헌법개정은 규범과 현실 사이의 간극을 메워, 헌법이 실질적인 규범력이 있는, 살아 있는 법으로 기능하도록 해 준다.

헌법의 개정은 성문헌법과 형식적 의미의 헌법을 전제로 하는 개념이다. 따라서 불문헌법국가의 경우에는 논리적으로 헌법개정이 문제될 수 없다. 헌법의 개정은 성문헌법에 규정된 절차에 따라 헌법전의 조문이나 문구를 적극적·의식적으로 변경하는 것이기 때문이다.

헌법을 개정하기 위한 권력을 말하는 헌법개정권력은 헌법제정권력에 의해서 조직화된 권력, 즉 창조된 권력이라고 할 수 있다. 헌법개정권력은 헌법제정권력보다 타율적·종속적 권력일 수밖에 없는데 이는 헌법개정권력이 헌법제정권력에 구속되어야 하기 때문이다. 당연히 헌법개정권력은 헌법제정권력의 주체를 변경할 수 없다. 만약 헌법제정권력의 구속으로부터 벗어나게 된다면 헌법개정권력은 더 이상 개정권력이 아니라 제정권력이 되는 것이다.

Ⅱ. 憲法改正과의 區別槪念

1. 헌법의 파괴, 폐지, 침해, 정지

헌법개정의 개념을 분명히 하기 위해 헌법개정과 구별되는 여러 개념을 살펴볼 필요가 있다. 슈미트는 헌법의 파괴(Verfassungsvernichtung), 폐지(Verfassungsbeseitigung), 침해(Verfassungsdurchbrechung), 정지(Verfassungssuspension) 등의 개념을 제시하여 헌법개정의 개념과 구별하였다.[12]

헌법의 파괴는 기존헌법을 없애고 또 기존의 헌법을 제정한 헌법제정권력자까지도 변경하는 경우를 말한다. 이는 헌법의 기본적 동일성을 상실하게 만드는 협의의 혁명이라고 할 것이며, 프랑스 대혁명, 러시아혁명, 바이마르

---

12) C. Schmitt, *Verfassungslehre*, 1954, S. 99ff.; Verfassungsvernichtung, Verfassungsbeseitigung, Verfassungsdurchbrechung, Verfassungssuspension 등의 개념을 우리말로 번역하는 것이 쉽지는 않다. 때문에 이 개념들은 논자에 따라 제각각 다른 용어로 번역되고 있다. 현재로서는 독일어와 병기하여 구분하는 수밖에 없다고 본다.

헌법의 제정 등을 그 예로 들 수 있다. 헌법의 폐지는 헌법의 기본적인 동일성은 유지하면서 기존의 성문헌법을 전체적으로 배제하는 것을 말한다. 정변이나 쿠데타에 의한 헌법의 교체, 예컨대 프랑스의 De Gaulle헌법 성립이나 우리나라의 제3공화국, 제4공화국, 제5공화국헌법제정이 이에 해당한다. 특히 헌법의 폐지는 헌법제정권력의 주체는 변하지 않는다는 점에서 헌법의 파괴와 구별된다. 헌법의 침해는 위헌임을 의식하면서 의도적으로 특정한 헌법조항에 반하는 명령이나 조치를 취하고, 그로써 헌법을 무시하고 헌법의 규범력을 훼손하는 경우를 말한다. 의도적인 행위라는 점에서 단순한 무의식적 헌법위반과 구별된다. 경우에 따라서는 헌법이 헌법의 침해를 예정하고 규정하고 있는 경우도 있는데, 바이마르 헌법 제48조의 대통령의 긴급권 조항이 이에 해당한다. 헌법의 정지는 헌법의 일부조항의 효력을 일시적으로 중단하는 것을 말한다. 이에는 헌법이 이를 인정하는 합헌적 헌법정지(예컨대 국가긴급권의 발동)와 인정하지 않은 위헌적 헌법정지가 있다.

슈미트의 이러한 분류는 그 자체로 중요하기보다는, 헌법 개정의 의미를 명확하게 하기 위한 보조도구로서 의미가 있다. 파괴는 기존 헌법과의 동일성을 유지하지 못한다는 점에서, 폐지는 헌법전의 교체 또는 전면개편이라는 점에서, 침해와 정지는 헌법의 조항을 적극적으로 변경하는 것이 아니라는 점에서 헌법개정과 구별된다는 것을 알 수 있다. 이러한 분류는 슈미트가 배경으로 삼았던 바이마르 공화국의 정치적 혼란을 전제한 것이다.13)

2. 헌법변천과의 구별

헌법개정과 구별해 보아야 하는 개념으로서 헌법변천이 있다. 헌법변천이란 의도적으로 헌법을 변경하려 하는 것이 아니라, 헌법의 조문은 그대로 존치하면서 헌법의 의미와 내용을 실질적으로 변동시키는 것을 의미한다. 헌법의 개정과는 상이하게 헌법을 수정하지는 않았으나 실제에 있어 헌법규정의 내용이 변하는 것을 말한다.14)

---

13) 장영수, 61쪽 참조.
14) 헌법변천에 대한 자세한 내용은 아래 'Ⅴ. 헌법변천과 사실의 규범력' 참조.

Ⅲ. 憲法改正의 節次

1. 헌법개정의 형식과 방법

헌법개정의 형식은 기존의 조항을 그대로 둔 채 개정조항만을 추가하여 나가는 증보형식(amendment)과 기존의 조항을 수정·삭제하거나 개정조항을 삽입시키는 형식을 취하는 유형(revision)이 있다. 미국연방헌법이 전자의 방식을 따르고 있고, 우리 헌법을 비롯한 대부분의 헌법은 후자의 개정방식을 따르고 있다. 또 헌법의 전면개정과 부분개정으로 구분이 되기도 한다. 그런데 전면개정을 통해 개정 전 헌법과 동일성을 잃게 되고, 더구나 국민투표를 통하여 확정되어지는 경우에는 헌법의 제정과 사실상 구별되지 않는다. 이러한 경우 헌법전의 거의 전부를 새로 만드는 것이므로 헌법개혁(Verfassungsreform)이라고 부르기도 한다. 헌법개혁이란 비혁명적 방법에 의한 헌법의 새로운 창제라고 할 수 있다.[15]

헌법개정의 방법은 개정작업에 참여하는 주체가 누구인가에 따라 구분된다. ① 먼저 의회의 의결만으로 개정하는 방법이 있다. 다만 일반법률과 똑같은 절차에 의하여 헌법이 개정된다면 헌법이 가져야 하는 법적 안정성이 크게 훼손될 수 있기 때문에 보통은 가중된 정족수에 의하여 의결되도록 하고 있다. 독일, 한국의 건국헌법 등 대부분의 헌법개정방식이 이에 해당한다고 한다. ② 이와는 달리 국민투표에 의해 헌법을 개정하는 방법이 있다. 이 방법은 다시 국회의 의결과 국민투표를 모두 요구하는 방식과 국민투표만을 거치게 하는 방식으로 구분되어질 수 있는데, 전자에는 일본·스위스·프랑스·이탈리아·오스트리아·한국의 현행헌법이, 후자에는 대통령이 헌법개정을 제안했을 경우 국회의결 없이 국민투표로 개정토록 규정한 한국의 제 7 차 개정헌법이 해당된다. ③ 또 헌법의회를 소집하여 의회와 합작으로 헌법을 개정하는 방법이 있는데 스위스·벨기에·노르웨이·미국의 경우가 그러하며, 의회의결과 특별기관의 동의를 모두 요하는 방법으로는 헌법개정안이 국회 발의안인 경우 통일주체국민회의의 의결을 필요로 한 한국의 제 7 차 개정헌법이 이에 해당할 것이다. ④ 연방의 구성 주(州)의 동의를 요하는 방법에는 스

---

15) 성낙인, 44쪽.

위스 · 미국 · 멕시코 등의 연방국가의 헌법이 있다.

헌법의 개정은 너무 용이해서도, 너무 어려워서도 안 된다. 너무 용이한 경우 헌법의 법적 안정성이 침해되며, 너무 어려운 경우 현실에 뒤떨어진 헌법을 개정하기 어렵게 된다. 따라서 헌법개정의 방법은 이러한 양극단의 중용을 잡는 선에서 선택되어져야 한다. 또 헌법의 개정에 있어서 국민투표의 역할을 지나치게 강조하는 것은 경계해야 한다. 헌법의 개정작업은 구체적이고 세밀한 작업이기에, 국민모두가 개정작업에 일일이 참여하는 것은 애초에 불가능하다. 결국 이러한 작업은 의회나 별도로 소집된 헌법개정위원회에 의하여 민주적이고 공개적인 절차에 따라 추진되어야 한다. 이러한 구체적인 과정을 배제하고 국민투표에 의한 의결만으로 헌법을 개정한다면, 자칫 독재자의 국민에 대한 선전과 기만에 의하여 헌법이 개정되도록 하는 결과를 야기하기도 한다.16)

2. 우리나라 헌법개정의 방법

현행헌법상 헌법개정의 제안권자는 대통령과 국회의원이다(제128조). 대통령은 국무회의의 심의를 거쳐서 헌법개정안을 발의할 수 있으며, 국회의원은 재적의원의 과반수의 발의로 헌법개정안을 제안할 수 있다. 이와는 별도로 일반국민에게 헌법제정의 제안권을 인정할 것인가, 즉 국민발안을 인정할 것인가가 문제되기도 한다. 현행헌법에서는 국민에게 헌법개정에 대한 국민발안을 인정하지 않고 있다. 그러나 제 2 차 개정헌법(1954)에서는 50만 명 이상의 서명으로 헌법개정을 발의할 수 있었으며, 이는 제 7 차 개헌(1972)에서 삭제되었다.

헌법개정절차 중에 무시해서는 안 되는 과정이 바로 공고의 과정이다. 현행헌법의 경우 대통령이 헌법개정안을 공고하도록 하고 있다. 공고는 20일 이상 지속되어야 하며(제129조),17) 공고방법으로는 관보 · 신문게재 · 벽보부착 등이 있을 수 있다. 개헌안을 공고하는 목적은 개헌안에 대한 국민의 자유로운 비평과 의사표명을 통하여 국민적인 합의가 도출되도록 하기 위함이다. 만약 이러한 공고가 이루어지지 않거나, 공고기간 동안의 자유로운 찬반토론이 이루어지지 않는다면(예컨대 비상계엄 하의 개헌) 그 헌법개정의 정당성은

---

16) 이러한 점에서 제 7 차 개정헌법(이른바 유신헌법)이 규정한 헌법개정절차는 문제점이 많았다.

17) 공고기간은 원래 30일이었으나, 유신헌법에 의해 20일로 단축되어 지금까지 존속하고 있다.

심각하게 의심될 수밖에 없다.[18] 국민의 자유로운 표현과 참여는 헌법개정에 있어서 정당성의 전제조건이기 때문이다.

공고된 날로부터 60일 이내에 국회는 헌법개정안을 의결하여야 한다(제130 조 제 1 항). 헌법개정안이 국회에서 의결되기 위해서는 재적의원 3분의 2 이상 의 찬성을 얻어야 하는데 이것은 대통령에 대한 탄핵소추의결, 국회의원에 대 한 제명과 동일한 요건이다. 국회의결은 의원들의 역사적 책임을 분명히 한다 는 취지에서 기명식 투표방식으로 하도록 하고 있으며, 공고된 헌법개정안에 대한 수정의결은 공고제도의 취지에 어긋나기 때문에 허용되지 않는다.

국회에서 의결된 날로부터 30일 이내에 헌법개정에 관한 국민투표를 실 시하여야 한다(제130조 제 2 항). 우리나라의 헌법개정에 있어서의 필수적인 국 민투표제도는 제 5 차 개헌(1962)에서 최초로 도입되었는데, 국회의원 선거권 자 과반수의 투표와 투표자 과반수의 찬성을 요한다. 헌법개정에 국민투표를 필수적 절차로 하는 이유는 개정헌법의 민주적 정당성을 극대화하기 위한 것 이다. 국민투표에서 통과되면 개헌안은 확정된다.

이렇게 확정된 개헌안은 대통령이 공포한다(제130조 제 3 항). 일반법률과 는 달리 국민투표에 의하여 확정된 개헌안에 대해서는 대통령이 거부권을 행 사할 수 없다. 개헌안이 국민투표에서 확정되면 대통령은 즉시 공포하여야 할 것이다. 공포된 헌법개정안이 언제 효력을 발생하는가에 대하여도 논의가 있 다. 개헌안은 특별한 규정이 없는 한 공포한 날로부터 효력이 발생한다는 견 해[19]가 일반적인데, 헌법 제53조 제 7 항을 유추 적용하여 효력발생을 위하여 상당한 기간이 필요하다고 보는 견해[20]도 있다. 대부분의 헌법개정은 그 중요 성에 비추어 별도의 효력발생규정을 두고 있어서 이러한 논의의 대립은 사실 상 의미가 적다고 하겠다. 참고로 현행 헌법은 개정 당시의 정치적인 합의에 따라 부칙 제 1 조에서 1988년 2월 25일부터 효력을 발생한다고 하고 있다.

국민투표의 효력에 이의가 있는 투표인은 투표인 10만 명 이상의 찬성을 얻어 중앙선거관리위원장을 피고로 하여 투표일로부터 20일 이내에 대법원에 제소할 수 있다. 투표의 전부 또는 일부무효판결이 있을 때에는 그 판결이

---

18) 이러한 공고절차의 실질적인 활성화를 위하여 최근에 많은 관심을 모으고 있는 인터넷 등의 뉴미디어를 통한 토론과정을 보호하기 위한 규정을 국민투표법에 규정할 필요가 있다고 본다.

19) 김철수, 55쪽; 권영성, 60쪽.

20) 성낙인, 51쪽.

확정된 날로부터 30일 이내에 재투표를 실시하여야 한다(국민투표법 제92조, 제93조, 제97조 제2항).[21]

Ⅳ. 憲法改正의 限界

1. 개정한계설과 개정무한계설

헌법이 정하는 개헌절차에 따라 헌법을 개정하는 경우에도 개헌의 대상이 될 수 없는 일정한 헌법규정을 인정할 수 있는가? 헌법개정의 한계이론은 순수 헌법이론상의 문제이어서, 일정한 헌법개정이 정치적으로 타당한가 여부에 관한 정치학적 논의와는 엄격히 구별되어야 한다. 그러나 그 정치학적 논의가 헌법이론에 입각할 수 있음은 물론이다.

개정한계설은 헌법의 개정행위에는 일정한 한계가 있는 것으로 보고 헌법개정조항에 규정된 절차에 따를지라도 일정한 조항이나 일정한 내용의 자구수정은 별도로 하고 개정할 수 없다고 한다. 개정한계설의 논거로 제시되는 것은 다음과 같다.

첫째 자연법론자에 의하면 헌법에는 헌법제정권력까지도 구속하는 자연법상의 원리가 존재하므로 그에 위반되는 헌법개정은 허용되지 않는다고 한다. 둘째 슈미트적인 관점에서 헌법개정권은 헌법에 의하여 조직되고 제도화된 권력이기 때문에 헌법을 제정하는 헌법제정권력의 소재를 변경하거나 헌법제정권력자가 결단한 헌법의 기본조항은 변경할 수가 없다. 셋째 통합론적 헌법관에 따르면 헌법개정은 통합을 촉진시키고 헌법의 규범적 효력을 유지하기 위하여 필요한 현상이므로, 사회공동체의 공감대적 가치질서를 탈피하려고 하는 헌법개정은 통합의 저해가 되므로 허락되지 않는다고 본다.[22] 넷째 헌법전에 규정된 개개의 조항은 형식적으로는 그 효력이 동일하지만, 실질적으로는 동일하지 아니하며, 그 헌법의 기본조항에 관한 규정은 그 밖의

---

21) 우리나라의 헌법개정절차의 문제점으로서 "국민투표 상황에서 헌법개정을 반대하는 세력으로서는 헌법개정의 추진세력이 가지고 있는 홍보력을 당할 수 없으며, 결국 집권세력의 정당성을 포장해 주는 역할만을 수행한다는 점"과 "국회의 발의 정족수가 국회의원 과반수로 규정되어 있어서 소수자의 문제제기를 봉쇄한다는 점"을 지적하는 견해가 있다(오호택, "우리 헌법개정절차의 문제점," 안암법학 제 2 집, 1994, 197쪽 이하).

22) 허영, 61쪽.

규정에 비하여 실질적으로 보다 높은 효력을 가지므로, 헌법개정권은 그와 같은 높은 효력을 가지는 상위규범은 개정할 수 없고 다만 하위규범만을 개정의 대상으로 할 수 있다고 한다.23)

개정무한계설은 법실증주의적 입장에서 주장되는 것으로 헌법에 규정된 개정절차를 밟기만 하면 어떠한 조항, 어떠한 내용도 개정할 수 있다고 한다. 개정무한계설은 다음을 논거로 제시하고 있다.

첫째 법규범은 현실적응성을 가져야 하기 때문에 헌법도 인간의 사회생활의 변화에 따라 당연히 변화되어야 한다고 한다. 둘째 헌법개정권과 구별되는 헌법제정권이라는 관념은 정치적으로라면 몰라도 적어도 법적 개념으로는 인정될 수 없다. 셋째 헌법규범 내에 상하규범의 구별은 아무런 이론적 근거가 없을 뿐만 아니라, 그 애매성으로 말미암아 엄격한 논리체계인 법 현상을 오염시킬 우려가 있다.

생각건대 개정무한계설은 헌법개정에 있어서 형식적 합법성만을 절대시할 뿐, 실질적 합리성이나 정당성을 외면하고 있다. 현실적으로 볼 때 아무리 정식의 개정절차를 밟았다 하더라도 그 내용이 실질적인 정당성을 갖지 못하는 경우가 얼마든지 있을 수 있다. 예컨대 우리나라 1972년 소위 유신헌법에 있어서 그 개정절차의 합법성은 논외로 하더라도 그 내용에 있어서 실질적인 정당성이나 합리성을 갖추고 있다고 보기 어렵다.24)

또한 헌법개정의 한계를 법리상 부인할 뿐만 아니라 개헌에 대한 명시적인 실정법적 한계25)도 법적 한계가 되지 못한다고 주장하는 법실증주의에 충실한다면 헌법이론상 묘한 결론에 이르게 된다. 즉 헌법전이 개헌의 절차와 한계를 동시에 규정하고 있는 경우에 두 가지 조항이 모두 실정법적으로는 우열의 차이가 없음에도 불구하고 실제적으로는 한계조항보다 절차조항이 우선하는 결과가 되기 때문이다. 개헌절차에 관한 헌법규정을 헌법전의 다른

---

23) 헌법규범의 위계질서에 의한 제약이라고 부를 수 있다.

24) 즉 대통령을 통일주체국민회의에서 찬반토론 없이 선출한다든지, 대통령이 국회의원 1/3 을 추천한다든지(소위 유정회 의원), 대통령이 일반법관의 임명권을 갖고 징계처분에 의하여 파면까지 시킬 수 있게 함으로써 사법권까지 장악할 수 있게 하는, 삼권분립의 원칙을 무시한 개헌이었다.

25) 우리 헌법의 경우, 1954년 제 2 차 개헌시 헌법 제 1 조, 제 2 조, 제 7 조의 2 규정을 개폐할 수 없도록 명시적 한계규정을 둔 예가 있고, 독일 기본법 제79조 제 3 항도 "연방제, 제 1 조(인간의 존엄에 대한 불가침), 제20조에 규정된 원칙(사회적 법치국가) 등에 저촉되는 규정은 허용되지 아니한다"라고 규정하고 있다.

모든 규정보다 상위에 둘 뿐만 아니라 마치 그것이 한 나라 헌법의 핵심인 것처럼 다루려는 태도는 확실히 주객이 전도된 이론이라고 할 수 있다.26) 따라서 상술한 개정한계설의 논거에 따라 헌법개정에는 법이론상 일정한 한계가 있다고 보는 것이 타당한 것으로 보인다.

2. 개정한계의 구체적 기준

헌법개정의 한계성을 인정하는 경우에도 그 구체적 기준을 어떻게 설정할 것인가가 문제된다. 학자에 따라서는 초헌법적 요인으로 자연법적 한계·국제법적 한계·사실적 한계(일본에서 천황제도의 폐지 등) 등을 드는 경우가 있으나,27) 이는 헌법외적인 극히 지엽적인 문제이고, 헌법개정한계의 본질은 어디까지나 헌법 내재적인 이론상의 문제임을 유의할 필요가 있다.

(1) 기본적 동일성의 유지

헌법개정한계의 핵심은 신·구 헌법의 기본적 동일성의 유지에 있다. 슈미트적인 관점에서 본다면 헌법제정권력의 주체나 근본적 결단을 변경시켜서는 안 된다는 것을 의미한다고 할 것이다. 오늘날 민주주의 국가에서는 헌법제정권력의 주체는 전체로서의 국민이므로 이를 군주로 한다거나 어느 특수계층 또는 계급28)으로는 할 수 없는 것이다. 헌법제정권력의 근본적 결단은 그 구체적인 내용이 해석에 따라 달라질 수 있지만, 그것이 민주주의의 기본원칙에 해당된다고 볼 때, 대체로 국가형태로서의 민주공화국, 복수정당제, 지방자치제, 기본권존중, 의회주의, 권력분립제 등을 들 수 있다. 따라서 그러한 민주주의 기본원칙을 폐지하거나 실질적으로 공동화시키는 개정은 민주주의 헌법의 기본적 동일성을 파괴하는 것이므로 허용되지 않는다는 것이다.

(2) 경성(硬性)헌법의 유지

헌법개정조항과 관련하여 헌법개정조항 자체는 민주주의 헌법의 기본적

---

26) 허영, 58쪽.
27) 예컨대 권영성, 58쪽 참조.
28) 사회주의에서 말하는 프롤레타리아 계급은 물론 오늘날 소위 '민중'(民衆)이라는 개념 사용에 주의를 요한다. 19세기적으로 전체 인민을 의미하는 민중이라면 모르되 소위 자본주의에서 소외된 계층 또는 공권력에 억압받는 계층(노동자, 농민, 빈민)이라는 의미의 민중은 결국 사회주의에서 말하는 프롤레타리아 계급과 같은 의미이므로 결코 받아들일 수 없다. 이는 자본주의를 바탕으로 하는 민주주의 자체를 부정하는 결과가 되기 때문이다.

원칙은 아니므로 개정은 가능하다고 볼 수 있다. 다만 헌법이 국가의 근본법
이라는 성격에 비추어 일반법률의 개정절차보다는 훨씬 까다로운 경성헌법의
원칙을 지켜 주는 한도 내에서 가능하다고 하겠다.[29] 즉 연성조항을 경성조
항으로 개정하는 것은 허용되지만, 경성조항을 연성조항으로 개정하는 것은
허용되지 않는다.

(3) 실정법상의 한계

헌법이 명문으로 개정을 금지한 조항을 개정할 수 있는가가 문제된다.
법실증주의인 개정무한계설의 입장에서 볼 때 개정금지 조항부터 개정하면
어떠한 조항도 개정할 수 있는 것이지만, 한계설의 입장에서 볼 때에는 그것
은 헌법제정권자의 특별한 의사로 봐서 개정이 금지된다고 한다. 현행 헌법
은 대통령의 임기연장 또는 중임변경을 위한 헌법(제70조) 개정을 제한하기
위하여 "그 헌법개정 당시의 대통령에 대하여는 효력이 없다"(제128조 제 2 항)
라고 규정하고 있다. 이것이 우리 헌법이 인정하는 실정법상 개정한계조항인
지 문제되기도 한다. 이 조항은 개헌의 효력만을 일부 제한하는 이른바 개헌
효력의 적용대상제한 규정이라고 볼 것이고 실정법상의 개정한계조항으로 볼
것은 아니다. 다만 우리 헌정사에 얼룩져 있는 대통령의 독재를 위한 장기집
권을 제도적으로 막고 평화적 정권교체가 가능하도록 하겠다는 헌법개정권자
의 의지가 담긴 이 조항도 상술한 개정한계설의 입장에서 볼 때만 준(準)개
정한계조항으로 이해할 수 있는 것이다.

3. 헌법개정의 한계를 무시한 개정행위의 효력

헌법개정의 한계를 넘어서 개정행위가 이루어진 경우에는 이를 어떻게
평가할 것인가. 이론상으로 그러한 헌법개정을 법적 하자 있는 개정으로 판
단하고 다툴 수 있겠으나, 현실적으로 이것을 무효화시키는 것은 곤란한 일
이다. 특히 한계를 무시하고 개정된 헌법이 실제로 적용되고 있고, 그에 따른
국가권력이나 사회질서가 정립된 경우에는, 문제는 이미 헌법개정론의 영역
을 벗어난 것으로 볼 수밖에 없다. 결국 이러한 경우에는 저항권 행사 등 헌
법보장의 문제로서 다룰 수밖에 없을 것으로 보인다.

---

29) 따라서 우리 헌법상 개정절차에서 국민투표 절차를 삭제하는 것도 가능하다.

한계를 벗어난 헌법개정이라도 그것이 국민투표에 의하여 의결된 경우 (일종의 헌법개혁)에는 어떻게 평가할 수 있을까. 이러한 현상을 새로운 헌법의 제정과 마찬가지로 본다면, 헌법개정보다 더 넓은 형성의 여지가 부여될 것이고 그에 부과되는 한계범위도 협소해질 것이다.

V. 憲法變遷과 事實의 規範力

1. 헌법변천의 의미와 평가

앞서 헌법개정과 구별해야 할 개념으로서 헌법변천이라는 개념이 있음을 밝힌 바 있다. 헌법의 조문에는 아무런 변화가 없으나, 즉 헌법은 개정하지 않았으나 실제에 있어서 헌법규정의 내용이 변하는 것을 헌법의 변천 또는 헌법의 변질(Verfassungswandlung)이라고 한다. 헌법변천은 헌법의 실현[30]과 관련된, 헌법규범의 구체화에 관한 문제이다. 헌법은 문자로 고정되어 있는 것이지만, 헌법조문의 의미는 언제나 획일적인 목소리를 내는 것은 아니다. 더욱이 헌법은 고도의 추상성과 개방성을 가지고 있으므로 새로운 해석의 여지는 매우 넓다. 따라서 문제되는 상황, 문제되는 시기, 관련되는 당사자에 따라 헌법규범은 조금씩 상이하게 해석될 여지가 있으며, 그에 따라 헌법규범의 의미는 조금씩 변화하는 것으로 보이게 된다. 이것을 헌법의 변천이라고 말할 수 있다. 헌법변천은 헌법규범과 헌법현실의 차이를 감소시키는 작용을 하는 것이다. 헌법의 현실적응성을 높이기 위한 또 다른 방법인 헌법개정과 기능적인 공통성을 지니고 있다.

헌법의 변천은 헌법해석을 비롯한 헌법실현의 과정에 언제나 발생할 수 있지만, 입법부·행정부·사법부 등의 국가기관의 작용에 의하여 발생하는 것이 일반적이다. 대부분의 견해는 헌법변천이 상당한 시간 동안의 반복된 헌법관행 등을 통하여(물적 요건), 무의식적으로 발생한다고 주장한다. 그러나

---

30) "헌법은 규범들로 구성되어 있다. 이 규범 속에는 인간의 행위 그 자체가 아니라, 인간의 행위에 대한 요구들이 들어 있다. 그 요구의 내용이 인간의 행위 가운데 들어오지 않으면, 규범은 사문화되고 아무런 작용도 하지 못한다. 그러한 한에 있어서 실정헌법은 인간의 행위로부터 분리될 수 없다. 실정헌법은 인간의 행위를 통하여 그리고 그 속에서 실현됨으로써 비로소 역사적 현실을 조형하고 형성하는 살아 있는 질서로서의 현실성을 얻게 되고 또한 공동체의 생활에 있어서 그 기능을 수행하게 된다"(K. Hesse, *Grundzüge des Verfassungsrechts der Bundesrepublik Deutschland*, 20. Aufl., 1995, Rn. 41).

앞서 정의한 헌법변천의 의미를 볼 때 헌법변천은 헌법실현과정에서 상시적
으로 일어나는 현상이며, 이것이 관행으로 굳어진 것인지, 무의식적인 것인지
는 문제되지 않는다고 볼 것이다.[31] 다만 상당한 기간의 관행으로 확립된 경
우에는 보다 쉽게 헌법변천이 이루어졌음을 확인할 수 있게 될 것이므로, 헌
법변천의 소위 물적 요건은 헌법변천의 성립요건이 아니라, 확인을 할 수 있
게 해 주는 부수적 사정이라고 봄이 타당하다.[32]

2. 헌법변천의 한계와 사실의 규범력이론의 문제점

헌법변천은 명문규정에 반할 수 없다. 헌법변천이 헌법의 해석을 비롯한
헌법의 실현을 전제로 한 개념이라 할 때, 만약 명문규정에 반하는 헌법변천
을 용납한다면 이는 헌법적 관행이 헌법을 개정하는 것을 인정하는 것이 된
다. 이것은 옐리네크의 이른바 '사실의 규범력이론'[33]과 마찬가지의 결론을
인정하는 것이다. 사실의 규범력이론은 사실의 변화가 그 자체로 규범의 효
력을 갖는다는 견해인데, 이것은 헌법을 힘의 논리에 따라 자의적으로 변경
하거나 폐지할 수 있는 위험성을 내포하고 있다.[34] 결국 헌법조문이 헌법변
천의 한계가 될 것이고, 헌법조문에 반하는 헌법변천은 일단 위헌으로 보아
야 할 것이다. 이러한 헌법변천이 불가피한 상황이라면 차라리 헌법의 규정
을 직접 개정하여야 한다.[35]

헌법변천의 유형으로는 헌법해석에 의한 변천, 헌법관행에 의한 변천, 헌
법의 흠결보충에 의한 변천으로 분류할 수 있다. 헌법변천의 대표적인 예로서
① 우리헌법 제 1 차 개헌에서 양원제를 규정하였으나 실제적으로는 단원제로
운영한 것, 제 5 차 개헌에서 헌법상 지방자치 규정에도 불구하고 지방의회의

---

31) "헌법의 변천은 여러 해 후에 일어날 수도 있고 잠시 후에 일어날 수도 있다. 또한 헌법
    의 변천이 무의식중에 일어나는 것이라면 헌법의 변천에 관해 이야기조차 할 수 없을 것"
    이라고 하는 견해가 있다(계희열(상), 106쪽).
32) 다만 법실증주의자(예컨대 H. Kelsen)에 따르면 헌법과 모순되는 국가행위가 아무리 반복
    되어도 헌법의 법원으로 볼 수 없으며 개정절차에 의하지 않는 한 헌법은 변경되지 않는다
    고 볼 것이다.
33) G. Jellinek, *Allgemeine Staatslehre*, 3. Aufl., 1914, 337ff.
34) 헌법은 현실을 규율하고 바로잡는 규범으로서의 역할도 수행하는 것이므로 적절한 정도
    의 '위반가능성'을 전제하고 있다고 할 수 있다(K. Hesse, *Grundzüge des Verfassungsrechts
    der Bundesrepublik Deutschland*, 20. Aufl., 1995, Rn. 48).
35) "헌법개정은 헌법변천의 한계이다"라는 말은 이러한 점에서 이해될 수 있다.

구성없이 관치(官治)로 운영한 것, ② 미국의 대통령선출방식은 간선제이지만
사실상 직선제 형태로 운영하는 것과 연방대법원에서 위헌법률심사제를 행사
하는 것, ③ 영국의 경우 국왕의 실질적인 권한상실과 총선거에 승리한 정당
이 정권을 쟁취하는 것, 고전적 의원내각제가 수상정부제로 운영되는 것, ④
일본헌법상 평화헌법조항이 규정되어 있음에도 불구하고, 사실상 군대의 역할
을 담당하는 자위대를 운영하는 것, ⑤ 노르웨이의 경우 국왕의 실질적인 법
률안거부권이 의례적이고 형식적인 거부권으로 전락한 것 등을 들고 있다.36)

    그런데 이러한 대표적인 예들은 앞서 본 헌법변천의 한계라는 측면에서
볼 때 의문이 없지 않다. 특히 우리나라에서의 헌법변천의 예들과 일본의 평
화조항의 사문화 현상은 헌법의 문언적 한계를 넘어서는 것이라고 할 것이며,
사실상 위헌적인 관행에 불과한 것이라고 보아야 할 것이다. 헌법변천의 개념
이 위헌적인 정치적 관행을 편의적으로 합리화하는 기능을 해서는 안 된다.

3. 5·18 불기소 사건과 사실의 규범력이론

    헌법변천의 한계를 인정하지 않을 경우 이것은 사실의 규범력이론을 인
정하는 것과 다르지 않음을 살펴보았다. 이와 관련하여 지난 1995년 검찰의
5·18사건에 대한 불기소처분 결정의 의미를 살펴보는 것이 의미 있다. 검찰
은 전두환 등의 내란죄 성립을 사실상 인정하면서도 5·18관련사건에서 문제
가 되고 있는 일련의 조치는 10·26사태 이후의 권력공백기에 12·12사건으
로 군의 주도권을 장악한 전두환 보안사령관이 군을 배경으로 제5공화국이
라는 새 정권을 창출해 나간 정치적 변혁과정에 해당된다고 성격화하면서 이
러한 일련의 행위들은 성공한 쿠데타에 해당되어 사법심사의 대상이 될 수
없기 때문에 공소권 없음의 불기소결정을 한다고 밝혔다.

    또 검찰은 이 사건에서 문제가 되고 있는 국보위입법회의의 입법활동은
과도입법기구의 입법행위로서 권력분립적 견지에서 사법적 판단이 오히려 합
리적이지 못한 전형적인 통치행위 영역에 속하는 것이므로 역시 사법심사가
배제된다고 평가했다.

    이러한 결정에 대하여 많은 문제점이 제기되었으나37) 여기서는 사실의 규

---

36) 권영성, 63쪽.
37) 예컨대 허영, "5·18불기소처분의 법리적 문제점," 인권과 정의 제228호, 1995, 11쪽 이하.

범력이론과 관련된 문제점에 한정하여 고찰해 본다. 검찰은 성공한 쿠데타는 처벌할 수 없다는 논리를 펼쳤다. 이것은 규범으로서 옳고 그름을 떠나 사실로 확정된 것이라면 그것이 규범력을 발휘한다는 사실의 규범력이론과 같은 맥락이다. 쿠데타에 의하여 집권하였고 그 정권이 국가를 실질적으로 통치하였다는 이유로, 헌법이 인정하고 있는 민주주의원리나 인간의 존엄보장에 의한 사법적 판단을 배제하는 것이기 때문이다. 현실적으로 사실적인 세력관계나 관행 등이 규범의 세계로 자연스럽게 반영되는 현상은 쉽게 발견된다. 그러나 그러한 현상이 무제한하게 발생하고 비판 없이 받아들이기만 한다면, 그것은 결국 힘의 논리, 힘의 독재 이상이 아니다. 따라서 헌법변천에는 한계가 인정되는 것이며, 사실의 규범력이론도 관철되기 어려운 이론인 것이다. 검찰의 성공한 쿠데타라고 지칭하여 5·18사건을 불기소처분한 것은 이러한 점에서 사실의 규범력이론을 비판 없이 차용한 것이며, 타당하지 못한 결정이었다고 볼 수 있다.

헌법재판소도 "집권에 성공한 내란의 가벌 여부는 헌법질서를 파괴하는 방법에 의한 집권이 우리의 헌법상 허용되는지 여부에 관한 것이므로 국가운명과 전국민의 기본권에 직접 관련되어 특히 중대한 의미를 갖는 헌법적 해명이 요청되는 경우"라고 하면서 "내란의 목적을 달성하여 사실상 국가권력을 장악한 때에는 그 내란행위자에 대하여 국가의 형벌권을 발동하여 내란죄로 처벌할 방법이 사실상 없으므로 불처벌의 상태로 남아 있을 수밖에 없는 사태가 발생할 수도 있다. 그러나 이러한 상태는 국가형벌권을 담당하는 국가기관이 내란행위자에 의해 억압되고 주권자인 국민도 현실적으로 그를 배제할 힘을 갖지 못함으로써 발생되는 것일 뿐이며, 법리상 당위로서 도출되는 규범적 결과라고 말할 수는 없다. 따라서 국가권력의 장악에 성공한 내란행위자에 대하여는 국민으로부터 정당하게 국가권력을 위탁받은 국가기관이 그 기능을 회복하기까지 사실상 처벌되지 않는 상태가 지속되는 것뿐이며, 훗날 정당한 국가기관이 그 기능을 회복한 이후에는 그 동안 사실상 불가능하였던 처벌이 실현될 수 있는 것으로 보아야 한다"고 판단하였다.[38]

---

38) 헌재 1995. 12. 15. 95헌마221 참조.

제 3 절 大韓民國憲法의 歷史

헌법사란 헌법의 제정·개정의 과정과 그를 둘러싼 역사적 사실을 해석하는 것을 말한다. 헌법은 역사성을 강하게 갖는 규범이므로 헌법사 고찰의 의미는 다른 법분야보다 상대적으로 중요하다. 우리 헌법은 어떠한 시대적 정신을 담고 있는 것인가를 이해하고, (전체로서의) 헌법과 그 개별조문이 어떠한 연원에 의하여 생성·발전되어 온 것인가, 그것에 어떠한 역사적 경험과 고려가 배어 있는 것인가를 이해하는 것은 의미가 크다.

Ⅰ. 憲法史 研究의 方法과 範圍

1. 헌법사 접근방법론

모든 역사적 현상은 법적 현상일 수밖에 없다. 그러나 헌법사 연구는 역사학의 영역이 아닌 규범학으로서 헌법학에서 다루는 분야이다. 아울러 한 국가 혹은 민족의 법질서와 법사상이 어떻게 생성·발전·소멸되어 왔는가를 역사적·사실적으로 분석 파악하는 법사학의 영역에도 속할 수 있으며, 다양한 법질서가 가지는 공통점과 상이점을 과학적으로 비교하는 (통시적 의미의) 비교법학이라고도 말할 수 있다. 결국 헌법사 연구는 헌법학의 연구방법과 법사학의 연구방법 나아가 비교법의 연구방법을 원용하여 접근될 수 있다.

헌법사의 연구는 일차적으로 우리의 헌법이 어떠한 전통 하에 성립·발전된 것인지를 밝혀 현재에 있어서의 헌법의 의미를 정확히 이해하는 데 도움이 되는 한에서 의미가 있는 것이라고 하겠다. 즉 모든 헌법사의 논의는 현재의 헌법학에 실용적으로 귀결되는 한에서 의미가 있다. 헌법학은 과거를 지향하고 있는 것이 아니라 지금 여기(hic et nunc)를 지향하는 학문이기 때문이다.

2. 헌법사 연구의 범위

헌법사 논의에서 "우리의 헌법사를 어디까지 소급할 수 있는가"의 문제가 가장 처음 제기되기 마련이다. 대한민국 정부수립 단계 정도에서 헌법사의 논의를 시작하는 것이 일반적이지만, 입장에 따라서는 한말의 근대화 운동에까지 소급하기도 하고,[39] 심지어 상고시대와 고조선에까지 헌법사의 연구 범위를 확대하는 견해도 존재한다. 그러나 헌법사의 논의가치가 현재를 지향하고 있다면, 현행 헌법과 큰 관련이 없는 막연한 과거의 국가질서를 우리 헌법사 논의의 출발점으로 삼는 것은 의미가 적다. 따라서 헌법사의 논의는 우리 헌법과 실질적이든 형식적이든 연속성이 인정되는 범위까지 소급되어야 한다. 그러한 연속성을 판단할 수 있는 기준으로는 인간의 존엄과 가치의 보장, 국민주권, 민주주의, 법치주의 등 근대 입헌주의 헌법의 핵심징표를 들 수 있다. 따라서 군주가 주권[40]을 가지고 있으며, 철저한 신분제 사회이던 조선 이전은 헌법사의 연구범위에서 일단 배제하는 것이 옳다. 또 구한말의 근대화운동은 상당부분 근대헌법의 사상을 담고 있었으나, 본격적으로 현재의 우리 헌법과 연관을 갖고 있다고 보긴 힘들다. 따라서 역시 헌법사의 논의분야에서 배제함이 타당하다.[41] 결국 우리 헌법사 논의는 임시정부헌법[42]과 건국헌법의 제정과정에까지 소급함이 타당하다고 본다.

아울러 헌법사의 연구범위는 단순히 과거와 현재의 헌법조문 비교에만 머무르지 않는다. 헌법의 제도뿐만 아니라 그 기능, 나아가 헌법의 법사회학적 배경까지도 고찰의 대상으로 삼아야 한다.[43]

Ⅱ. 憲法의 制定過程과 建國憲法

1. 임시정부헌법

임시정부헌법은 상하이에 대한민국임시정부[44]가 수립되면서 제정된 것이

---

39) 강경근, 1087쪽.

40) 대외적으로 독립되어 있으면서 대내적으로 최고의 권력을 의미하는 오늘날의 주권의 의미와는 일치하지 않을 것이다.

41) 물론 헌법사의 논의에서 일단 배제한다고 해서 이러한 연구가 헌법사의 범주에 절대로 포함되지 않음을 말하는 것은 아니다. 우리 국민의 규범관, 정신사적 전통과 관련하여 과거의 국가질서가 어느 정도 영향을 미치고 있는 것은 부인할 수 없다.

42) 임시정부헌법은 우리의 현행헌법이 명문으로 그 정통성의 승계를 규정하고 있을 뿐만 아니라, 상당부분 근대헌법의 사상을 공유하고 있는 것으로 보인다.

43) 일부견해는 헌법사와 헌정사를 구분하여 전자는 헌법해석학적 · 형식적인 연구이며, 후자는 실제헌정까지 포괄하는 연구라고 파악하고 있다(이승우, "한국헌정 50년을 어떻게 시대 구분하고 평가할 것인가?" 공법연구 제27집 제1호, 1998, 40쪽 이하).

44) 당시 대한민국임시정부를 승인한 국가로는 중국 손문(孫文)정부, 드골임시정부, 폴란드체코망명정부가 있다.

다(1919). 임시정부헌법은 이후 5차의 개정을 통해 많은 변화를 겪게 된다.
제 1 차 개헌은 그 명칭을 대한민국임시헌법으로 하였고, 간선대통령제를 취
했으며, 제 2 차 개헌은 다시 대통령제를 폐지하였다. 제 3 차 개헌에서는 명
칭을 대한민국임시약헌으로 변경하였으며 주석제도를 두게 된다. 제 4 차 개
헌에서는 다시 주석의 권한을 강화하는 개정을 하였으며, 제 5 차 개헌에서는
명칭을 대한민국임시헌장으로 바꾸고, 주석·부주석제도를 설치하였다.

임시정부헌법은 일제강점기 하의 독립운동의 구심점으로서 상해임시정부
의 구성과 활동을 정하고 있었으며, 국민의 기본권보장에도 많은 배려를 하
고 있었다. 하지만 임시정부헌법은 우리 국민이 실질적인 헌법제정권자가 되
어 제정한 것이라고 보기 힘들며, 한반도 전반에 실질적인 규범력을 발휘하
지도 못했다. 다만 현행헌법은 전문에서 임시정부헌법의 법통을 계승한다는
규정을 두고 현행헌법과의 정통성의 연결을 인정하고 있다.

2. 대한민국 헌법의 제정과정

일제로부터의 독립 이후 우리 국민은 자주적 국가를 구성하기 위하여 많
은 노력을 하였다. 그 결과 1948년 5월 10일 총선거가 실시되었고 이에 의해
제헌의회가 구성되었다. 우리나라 헌법제정은 제헌의회에 의하여 이루어졌기
때문에 국민회의적, 또는 시예스식의 헌법제정이라고 하겠다.

건국헌법의 초안은 유진오와 권승렬에 의하여 작성되었다. 양 초안 모두
의원내각제, 양원제 국회, 대법원의 위헌법률심사권 등을 규정하고 있었다.
그러나 당시 정국의 주도권을 가지고 있던 이승만의 반대로 대통령 중심제,
단원제 국회, 헌법위원회의 위헌법률심사권의 내용을 담는 최종안이 결정되
게 된다. 이렇게 제정된 헌법안은 1948년 7월 17일에 공포되고 시행되게 된
다. 이로써 대한민국이라는 헌법국가가 본격적으로 출범하기에 이른 것이다.

3. 건국헌법의 구성과 내용

건국헌법은 전문과 10장, 103조로 구성되었다. 대통령과 부통령은 국회
가 무기명투표에 의해 선출하도록 하였고, 임기 4년에 1차의 중임이 가능하
도록 규정하였다. 또 국무위원의 부서제도를 규정하였으며, 대통령은 법률안
제출권 및 거부권을 보유하였다. 특이한 점은 대통령제를 두면서 의결기관으

로서 국무원을 별도로 두었으며, 국무총리는 국회의 승인을 받아 대통령이
임명하도록 하였던 것이다. 대통령은 긴급명령권과 긴급재정처분권, 계엄선포
권, 대법원장 임명권을 가졌으며, 대통령이 비교적 강력한 권한을 갖는 우리
헌법의 전통은 이때부터 시작되었다고 볼 수 있다. 건국헌법에 있어서 헌법
개정은 국민투표 없이 국회의결로 가능하도록 하였다. 국회는 4년 임기의 국
회의원으로 구성되는 단원제로 하였으며, 대통령·부통령을 선출하는 권한을
가졌다. 국회는 입법권과 예산심의·결정권, 국정감사권 등을 보유하고, 대통
령 및 법률이 정하는 공무원의 탄핵소추권을 보유하게 되었다. 아울러 헌법
재판권을 가진 헌법위원회제도를 두어 위헌법률심사권을 담당하도록 하였으
며, 동시에 탄핵재판소를 두어 탄핵심판권을 담당하도록 하는 독특한 구조를
가지고 있었다. 건국헌법의 경제질서는 사기업에 있어서 근로자의 이익분배
균점권이 인정되었으며, 통제경제적 요소를 지녔다고 할 수 있다. 또 자연자
원의 국유화를 규정하였다.

　　기본권과 관련하여 자유권은 물론 생활무능력자 보호, 혼인과 가족의 국
가보호, 노동 3 권 등과 같은 사회적 기본권을 포함하는 광범위한 기본권의
보장이 규정되었으며 '열거되지 아니한 자유와 권리'의 보장도 명문화되었고,
법률유보에 의한 기본권 제한을 규정하였다.

Ⅲ. 憲法의 改正史

1. 제 1 공화국[45]

(1) 제 1 차 개헌(발췌개헌 1952. 7. 7.)

　　헌법제정 후 첫 번째 개정은 1952년 6·25 전쟁중에 이루어졌다. 제 1 차
개헌에서 국회의 형태는 양원제로 개정하였다. 그러나 이후에도 실제에 있어
서는 단원제로 운영하였다. 또 정·부통령을 이전에 국회에서 간선하던 방식
에서 직선제로 변화시켰다. 국무원의 연대책임제, 즉 국회의 국무원불신임권

---

　45) 공화국이라는 개념은 군주에 의한 절대적 통치권력을 배제한다는 의미이지만, 우리나라
　　의 경우 군사쿠데타를 통하여 집권한 군사독재정권들이 스스로를 정당화하기 위한 목적 하
　　에 사용한 측면도 있다. 오늘날 공화국의 의미는 특정한 가치개념이 아니라 공동체를 지칭
　　하는 의미에서 사용되고 있다고 한다(이승우, "한국헌정 50년을 어떻게 시대구분하고 평가
　　할 것인가?" 공법연구 제27집 제 1 호, 1998, 50쪽).

을 규정하였으며, 국무총리에게 국무위원 임명제청권을 부여하였다.

그런데 이러한 제1차 개헌은 여러 측면에서 위헌적인 개헌이었다고 지적된다. 먼저 개헌과정에서 6·25전쟁 당시의 삼엄한 상황에서 절차가 진행되었다는 점,[46] 이러한 혼란한 정치상황을 수습하기 위해 정치적 협상을 통하여 3일 여 동안 발췌작업으로 개헌이 이루어져 결국 공고절차를 무시한 절차상 위헌성이 있다는 점, 또 기립투표제에 의해 의결이 강제된 것으로 토론의 자유와 일사부재의 원칙이 위반되었다는 점 등이 문제로 제기된다. 이는 여·야의 개헌안 중 일부분을 발췌하여 개헌한 파행적 개헌이기에 불가피하게 발생한 문제라고 하겠다. 이러한 절차상의 문제점 외에도 대통령제와는 도저히 조화될 수 없는 국무원 연대책임제 등이 규정되었다는 점도 지적된다.

(2) 제2차 개헌(사사오입개헌 1954. 11. 29.)

6. 25. 전쟁 후인 1954년에 제2차 개헌이 단행된다. 이 개헌은 이승만 정권의 장기집권에 초점이 맞추어져 있었다. 우리나라의 장기집권과 권위주의적 독재를 위한 헌법 개정역사는 이때부터 시작된 것이라고 평가할 수 있다.

제2차 개헌의 개정내용은 먼저 초대대통령에 한하여 3선 제한을 철폐하는 것이었다. 또 국무총리제와 국무원제도를 폐지하였으며, 영토변경이나 주권제약의 내용에 대한 국민투표제를 최초로 채택하였다. 또 국무위원에 대한 개별적 불신임제를 채택하고 군법회의의 헌법상 근거를 규정하였다. 아울러 이전의 통제경제체제에서 자유시장경제로 전환하는 변화가 있었으며, 헌법개정안에 대한 국민발안제와 헌법개정에 대한 한계를 규정하였다. 또 참의원의 대법관 기타 고급공무원에 대한 인준권을 규정하였다.

제2차 개헌도 절차상 그리고 그 내용상 많은 문제점이 내재되어 있었다. 먼저 정족수가 충족되지 않은 상태에서 사사오입이라는 수학논리적 편법

---

46) 1952년 5월 25일에는 부산근교에 공비가 출몰하였다는 이유로 부산을 포함한 23개 시·군에 비상계엄을 선포했으며, 국회에 등원하기 위해 국회의원이 탄 국회통근버스를 헌병대로 강제 연행하였으며 내각제 개헌안의 주동인물인 곽상훈 의원 등 12명을 구속하기도 하였다. 이에 국회는 구속의원의 석방을 결의하였으나 정부는 아무런 반응이 없었고, 이에 당시 부통령이던 김성수는 사임을 하게 된다(이른바 부산 정치파동). 또한 야당의원들은 이승만 정권의 정치공작에 대응하여 반독재 호헌 구국선언을 하다가 괴한에게 피습당하고 이승만 암살 미수사건이 발생하여 정국은 극도로 혼란스러웠다고 한다.

으로 헌법개정안을 가결시켰다는 점에서 명백히 위헌적인 헌법개정이다.47)
또 초대 대통령에 한하여 중임제한규정을 철폐한 것은 평등원칙에 정면으로
위배되는 것이다. 이러한 위헌적 개헌과 정치적 파행으로 인하여 이승만 정
권은 국민에 의하여 무너지게 된다.

2. 제 2 공화국

(1) 제 3 차 개헌(1960. 6. 15.)

1960년 3월 15일의 부정선거와 자유당정권의 극심한 부패, 이와 결탁된
경찰권의 전횡 등으로 말미암아 야기된 4·19 혁명에 의하여 새로운 정권이
들어서게 되고 제 3 차 개헌도 이루어졌다. 이러한 탓에 중앙선거관리위원회
를 헌법기구화하고, 경찰의 독립성48)을 규정하는 등의 개헌내용이 특징적이
라고 하겠다. 또 헌법재판소를 설치하였으며, 정당조항을 최초로 규정하였다.
대법원 선거인단에서 대법원장과 대법관을 선출하도록 하였으며, 지방자치단
체장의 선거제를 실시하였다. 하지만 제 3 차 개헌의 가장 중대한 변화는 정
부형태를 대폭 변화시켰다는 점이다. 즉 대통령제에서 의원내각제로 변경을
하였고, 국회의 양원제를 최초로 실시하였다.

또 국민의 기본권보장을 위하여 본질적 내용의 침해금지규정, 언론의 검
열제 금지, 사전허가제 금지를 명시하였고, 개별적 법률유보조항을 삭제하고
일반적 법률유보조항을 명문화하였다. 이러한 변화는 국민의 기본권을 더욱
강력하게 보장하기 위한 시도라고 하겠다.

---

47) 개헌안에 대한 무기명 비밀투표가 실시되어, 재석 202인 중 찬성 135표, 반대 60표, 기권
6표, 무효 1표로 개헌선인 3분의 2에서 1표가 부족하여 부결이 선포되었고 정부측에서는
이 같은 사실을 공보처장이 중앙방송국을 통해 발표까지 하였다고 한다. 그런데 자유당은
공대와 수학과 교수의 설명을 근거로 돌연 부결된 개헌안이 통과되었다는 기상천외한 성명
을 발표하였고, 부결 선포 이틀 후에 국회 본회의에서 정족수의 계산착오로 인하여 부결으
로 선포하였으나 재적 203명의 3분의 2는 135표이므로 부결선포를 정정한다고 하면서 개
헌안의 부결을 번복하였다. 흥미로운 것은 136명의 찬성으로 발의한 헌법 개정안이 의결시
찬성 135명이 되었고, 이때 무효표가 1표 있었다는 사실이다. 이와 관련하여 자유당 소속
의원 중 어디에 찍어야 하느냐고 묻는 의원에게 입구(口)자 있는 곳에 찍으라고 알려 주었
다. 그 의원이 투표용지를 받아 보니 가(可)자에도 입구자가 있고 부(否)자에도 입구자가
있어 가부(可否) 두 곳에 모두 찍어서 무효 1표가 나온 것이라는 뒷이야기가 있다.

48) 제 3 차 개헌헌법 第75條는 "① 行政各部의 組織과 職務範圍는 法律로써 定한다. ② 前項
의 法律에는 警察의 中立을 保障하기에 必要한 機構에 關하여 規定을 두어야 한다"라는 조
항을 두었다.

국민의 민주화에 대한 열망으로 말미암아 이루어진 개헌이었지만, 정부형태의 급격한 변화는 그다지 바람직하지 못하다고 하겠다. 충실한 사전작업과 국민적 여론의 형성 없이 헌법 근간의 급격한 변화는 대개 심각한 부작용을 야기하기 마련이나. 즉 실험적인 헌법개정은 바람직하지 못한 것이라고 평가할 것이다.

(2) 제4차 개헌(1960. 11. 29.)

제4차 개헌은 1960년 3월 15일 부정선거에 관련된 자 등을 처벌하기 위한 특별법 제정근거를 마련하기 위해 단행되었다. 이러한 내용을 부칙에 명시하는 수준에 그쳤기 때문에 부칙개헌이라고 지칭되기도 한다. 즉 반민주행위자와 부정축재자 처벌을 위한 특별법 제정근거, 반민주행위자 등의 처벌을 위한 특별재판부 및 특별검찰부 설치근거를 부칙에 명시하였다.

제4차 개헌은 형벌불소급의 원칙이라는 법치국가적 원칙에 위배되는 내용을 규정하였다는 점에서 문제가 있다. 소급입법에 의한 기본권제한(참정권제한과 재산권제한)을 인정하였다는 점에서 위헌성을 수반하고 있다.

3. 제3공화국

(1) 제5차 개헌(1962. 12. 26.)

제2공화국 당시의 혼란한 상황을 틈타 1961년 5월 16일 군사 쿠데타가 발생하였다. 이에 따라 제3공화국이 들어서게 되고 1962년에는 제5차 개헌이 이루어졌다. 이 개정은 인간의 존엄성규정을 최초로 신설하였는데, 이것은 독일 기본법의 영향으로 규정된 것이다. 또 헌법개정시 의무적 국민투표를 규정하였으며, 헌법전문(前文)을 최초로 개정하였다.[49] 단기연호를 서기연호로 개칭하고, 4·19 혁명정신과 5·16쿠데타의 이념을 명시하였다. 또 헌법의 부칙을 조문화하였으며, 국가안전보장회의·경제과학심의회를 규정하였다. 또 헌법재판소를 폐지하고 위헌법률심사권을 대법원에 부여하였으며, 법관추천회의제도를 규정하였다. 당적이탈시 의원직이 상실되고 정당추천이 없으면 국회의원이나 대통령에 출마할 수 없도록 하는 등 극단적 정당국가화를 지향하였다.[50]

---

49) 전문을 개정한 헌법에는 제5·7·8·9차 개정헌법이 있다.
50) 이러한 극단적인 정당국가화는 이후 제7차 개헌에서 다소 완화되었다.

제 5 차 개헌은 비교적 순수한 대통령제를 채택하였다. 따라서 이전의 헌법들이 정부형태에 있어서 체계정합성에 많은 문제가 있던 것을 상당부분 해결하였다고 하겠다. 여전히 역사적 평가가 엇갈리고 있기는 하지만, 제 5 차 개헌의 계기가 된 5·16 사건은 군사쿠데타의 성격을 벗기 어렵다. 제 5 차 개헌은 우리 헌정사를 얼룩지게 한 군부에 의한 정권장악의 역사에 시발점이 되는 사건이라고 평가할 것이다.

(2) 제 6 차 개헌(1969. 10. 21.)

박정희 정권도 이승만 정권과 마찬가지로 장기집권의 야욕을 나타내게 된다. 이에 따라 이루어진 개헌이 바로 제 6 차 개헌이라고 할 수 있다. 제 6 차 개헌은 대통령의 임기 4년을 3기까지 재임할 수 있도록 하여, 총 12년까지 연임 가능하게 하는 것을 주요 골자로 한 것이었다. 아울러 국회의원 정수의 상한을 200명에서 250명으로 증원하였으며, 대통령에 대한 탄핵소추요건을 보다 엄격하게 하였다. 또 국회의원의 국무위원 겸직을 허용하였다.

대통령의 재임을 3기까지 인정하는 것을 핵심내용으로 하였기에 이른바 3선개헌으로 별칭되며, 대통령의 장기집권과 독재화의 계기를 마련한 개헌이라고 평가할 수 있다.

4. 제 4 공화국 —제 7 차 개헌(이른바 유신헌법, 1972. 12. 27.)

제 7 차 개헌은 주권의 행사방법을 처음으로 규정하였고, 기본권을 실정권으로 약화시키고 각종 기본권보장을 제한 축소시켰다.[51] 통일주체국민회의를 신설하여 대통령과 국회의원 3분의 1을 선출하도록 하였고, 국회가 제안한 개헌안을 의결토록 하였다. 헌법개정의 절차를 이원화하였다. 즉, 대통령이 헌법개정을 제안하는 경우에는 국민투표로 확정하였고, 국회가 제안하는 경우 통일주체국민회의에서 확정하는 방식을 취했다. 이것은 국회의 권한과 능력을 약화시키기 위한 수단에 불과했다고 하겠다.

무엇보다 두드러진 것은 대통령의 권한을 강화하고 국회와 그 밖의 국가기관의 권한을 약화시켰다는 점이다. 대통령은 임기 6년이며 중임이나 연임 제한 규정을 두지 않았으며 긴급조치권, 국회해산권, 국회의원 정수의 3분의 1

---

51) 구속적부심제도 폐지, 임의성 없는 자백의 증거능력 부인조항 삭제, 재산권의 수용 등에 따른 보상을 법률에 위임, 군인·군무원 등의 이중배상청구 금지, 근로 3 권의 범위 축소.

추천권, 국민투표 부의권, 모든 법관의 임명권을 행사할 수 있었다. 반면 국회는 회기가 단축되고 국정감사권이 박탈되었으며, 법관을 징계처분에 의하여 파면될 수 있도록 하였고, 헌법재판권은 실권 없는 헌법위원회에 부여하였다. 무소속후보의 국회의원 출마를 인정하여 이전의 극단적인 정당국가적 경향을 완화하였다. 또 지방의회의 구성시기를 통일 이후로 연기함을 명시하여 의도적인 헌법의 정지현상이 나타나기도 했다. 아울러 평화통일원칙을 명시하였다는 점과 헌법위원회를 설치하였다는 점이 주요개정내용에 해당된다.

제 7 차 개헌은 우선 비상조치 상황을 틈타 비상국무회의에서 개헌안을 의결한 것이어서 절차적으로 문제가 있다. 또 대통령의 권한은 강화된 반면, 국민의 기본권 보장과 국회의 권한 등은 약화된 형태의 헌법임을 알 수 있다.52) 이러한 이른바 유신헌법을 과연 민주주의적 헌법이라고 인정할 수 있을지에 의문이 있다. 국가의 궁극적인 과제가 인간의 존엄을 비롯한 국민의 기본권보장이라는 민주헌법의 기본적 틀이 심각하게 훼손되어 있는 모습을 보이기 때문이다. 요컨대 제 7 차 개헌헌법은 3권 통합의 절대대통령제 또는 대만식 총통제라고 할 수 있으며, 민주주의의 통치구조라고 볼 수는 없다.53)

5. 제 5 공화국 ―제 8 차 개헌(1980. 10. 27.)

박정희 정권이 무너진 혼란한 틈을 타 또다시 당시 육군 소장으로서 보안사령관이었던 전두환에 의한 정권장악이 이루어졌다.54) 국민의 민주화에 대한 열망은 또다시 좌절하게 되었던 것이다. 제 5 공화국 헌법은 영도적 권위주의적 대통령제로서 제 7 차 개헌헌법에서의 이른바 유신적 요소라고 할 수 있는 대통령의 극단적인 국회 장악, 법관 임명제 등만이 삭제된 모습이라고 할 수 있다. 여전히 비상대권, 의회해산권, 중요정책의 국민투표부의권 등 권위주의적 요소는 남아 있었다.

제 5 공화국 헌법, 즉 제 8 차 개헌헌법은 먼저 형사피고인의 무죄추정권, 연좌제금지, 구속적부심사제 부활, 사생활의 비밀의 자유를 새로이 규정하였

---

52) 유신헌법에서는 통치기구의 배열순서가 정부·국회·법원 순으로 나열된 것은 이러한 점을 암시한다.

53) 성낙인, "유신헌법의 역사적 평가"; 김승환, "유신헌법하에서의 헌법학 이론"; 이관희, "유신헌법 평가에 대한 토론요지," 한국공법학회 제103회 학술대회 자료집: 유신헌법 30년 ― 회고와 반성, 공법연구 제31집 제 2 호, 2002 참조.

54) 자세한 내용은 강경근, 1121쪽 참조.

고, 특히 미국 헌법의 영향으로 행복추구권 규정을 신설하였다. 또 대통령을 7년 단임으로 대통령선거인단에 의하여 간선토록 하였다. 긴급조치를 폐지하고 이를 대신하는 비상조치의 발동요건 및 통제를 강화하였다. 재외국민의 보호규정, 민족문화의 창달, 국군의 안전보장규정 등을 두었다. 국정조사권을 규정하였고, 정당운영에 대한 국고보조금 지급규정을 신설하였다. 중소기업보호·육성, 독과점의 규제와 조정, 국가표준제도확립, 독과점 금지, 소비자보호조항, 농지의 임대차·위탁경영을 인정하였다. 아울러 환경권을 신설하였으며, 국가의 평생교육진흥의무와 혼인과 가족생활보호 등을 최초로 규정하였다.

정부형태상으로는 대통령제를 원칙으로 하면서 의원내각제 요소를 가미하였다. 이러한 시도가 또다시 정부형태에 있어서의 체계정합성을 저해하게 되었다. 유신헌법에 비하여 기본권이 강화되었으며, 국회의 권한도 다소 강화되었으나, 헌법이 운용되는 실질에 있어서는 권위주의적 헌법으로서 작용하였다.

Ⅳ. 現行憲法의 制定과 그 意味

제 5 공화국은 집권 말기에 또다시 국민들의 강력한 민주화의 열망에 혼란을 겪게 되고, 이에 의하여 제 6 공화국 헌법, 즉 제 9 차 개헌(1987. 10. 29.)이 이루어진다. 현행 헌법은 과거의 권위주의 헌법에서 대폭 탈피한 일반적인 절충형 구조를 취하고 있다.

현행헌법 전문에서 신설된 내용은 임시정부의 법통계승, 불의에 항거한 4·19 민주이념, 조국의 민주개혁, 자율과 조화 등을 들 수 있다. 또 국가의 평화적 통일정책 수립·추진규정을 신설하였으며, 국군의 정치적 중립성을 규정하였다. 정당의 목적은 민주적이어야 한다는 규정을 신설하였으며, 국가의 의무규정으로 재외국민보호의무, 여자의 복지와 권익향상의무, 노인과 청소년의 복지향상을 위한 정책실시의무, 재해예방의무, 재해위험으로부터의 국민보호의무, 국민의 쾌적한 주거생활을 위한 주택개발정책 등의 실시의무, 모성보호의무, 구속시 가족에 대한 고지의무 등을 신설하였다. 언론기관 시설법정주의를 신설하였으며, 과학기술자의 권리보호를 법률로 보호한다는 규정을 신설하였다. 형사피해자의 공판정 진술권, 법률과 적법절차, 범죄피해자 국가구조청구권을 신설하였다. 또한 형사보상청구권의 행사주체를 피의자에까지 확대하였다. 대학의 자율성 규정과 근로자의 최저임금제 규정을 신설하였으며, 환경권의 내용과 행사규정을 신설하였다. 국민경제자문회의를 신설하였다. 헌법재판소의 권한을 확대하였으며, 헌법소원제도, 권한쟁의 등을 신설하였디.

제 9 차 개헌헌법은 대통령직선제와 국회의 권한강화를 중심내용으로 한 것이다. 그 외에도 국민의 기본권 보장강화, 국회권한의 강화, 사법기관의 독립성 보장 및 권한강화, 대통령의 권한축소 등을 주된 내용으로 하고 있다. 헌정사상 최초의 여야합의에 의한 헌법으로서 당시의 여당이 국민과 야당의 요구를 수용해서 만들어진 것이기 때문에, 국민적 합의에 의해 기초한 헌법 개정으로 평가되고 있다.

제 3 장   憲法의 保護

제 1 절   憲法의 規範力과 憲法의 保護

I. 憲法의 規範力貫徹手段으로서 憲法의 保護

민법이나 형법 등이 국가권력에 의하여 강제적으로 집행되는 것과는 달리 헌법은 그 자체로 강제적인 관철수단을 가지고 있지 못하다. 헌법은 국가 자체를 구성하거나 규율하는 규범이기 때문이다. 따라서 헌법이 국가의 현실에 실제로 적용될 수 있는지가 문제되는데 이것이 바로 '헌법의 규범력' 문제이다.[1] 헌법의 효력이 다른 법들과는 달리 국가기관에 의하여 강제적으로 관철되기 곤란하다는 점은 앞서 헌법의 특성과 관련하여 살펴본 바와 같다 (자기보장성). 이 때문에 헌법은 내적·외적인 침해에 대한 자체적인 보호수단을 마련하고 있다. 헌법의 보호수단으로서 제시되는 국가긴급권이나 저항권 등이 바로 그러한 것이다.

헌법보호의 수단들에도 불구하고 헌법의 규범력은 최종적으로 국민의 헌법에 대한 의지에 의하여 담보된다는 점에 대부분의 견해가 일치하고 있다. 우리 헌법은 헌법에 대한 충성의무에 관한 명문의 규정은 두고 있지 않지만, 이는 헌법상 내재되어 있는 기본적인 국민의 의무라고 할 수 있다.

---

[1] 그런데 헌법의 규범력에 관한 논의는 이러한 문제보다 헌법이 얼마나 현실에 부합하고 실제로 적용될 수 있을 만한 것인가의 문제에까지 논의의 범위가 미치게 된다. 헌법이 아무리 이상적인 내용을 가지고 있다고 하더라도 그것이 현실과 완전히 유리된 경우에는 아무런 규범력도 가질 수 없다.

Ⅱ. 憲法의 保護의 意味와 類型

1. 헌법의 보호의 의미

헌법의 보호란 헌법적대행위와 헌법위협적 상황으로부터 성문헌법 또는 불문헌법에 의해서 정해진 일정한 헌법적 가치질서를 지키는 것을 말한다.[2) 헌법의 보호와 구별해야 할 것으로 국가보호라는 개념이 있다. 국가의 보호는 특정한 국가의 법적·사실적 존립과 안전을 보호하는 것을 말하는 것으로서, 성문 또는 불문헌법에 의해 정해진 특정한 국가형태, 기본권적 가치질서를 보호하는 헌법보호와는 구별되는 것이다. 국가보호는 헌법의 존재 이전에 국가가 존재한다는 관념을 전제하고 있는데 이에 따르면 국가보호는 모든 국가에서 동일하나, 헌법보호는 국가마다 다를 수 있게 된다. 국가라는 점은 공통적이지만 헌법의 규정내용은 다르기 때문이다. 그러나 넓은 의미의 헌법보호는 국가보호를 포괄하는 의미로 사용된다고 한다.[3)

헌법보호의 대상은 형식적 의미의 헌법은 물론 실질적 의미의 헌법도 포함한다. 그러나 모든 헌법조항이 보호의 대상이 되는 것은 아니다. 예컨대 도살조항, 금주조항, 풍치조항 등의 실질적 헌법은 아니지만 형식적으로 헌법에 규정된 내용, 기술적이고 부수적인 헌법규정 등은 헌법보호의 대상이 되지 않는다.

2. 헌법보호의 방법과 유형

헌법보호의 유형을 분류하는 방법은 학자마다 다양하게 시도되고 있다.[4) 이러한 분류방법에 관한 논의는 절대적인 것이 아니라 이해를 돕기 위한 수단적인 논의라는 점을 염두에 둘 필요가 있다. 헌법보호의 방법을 간략하게 정리해 보면 다음과 같다.

먼저 헌법보호는 평상시적 헌법보호와 비상시적 헌법보호로 나눌 수 있

---

2) 김철수, 1337쪽; 권영성, 65쪽; 허영, 82쪽; 성낙인, 59쪽.
3) 권영성, 65쪽.
4) * 옐리네크 —사회적 보장, 정치적 보장, 법적 보장(공법수호에 가장 확실한 수단)
　　* Burdeau —조직적 보장, 비조직적 보장
　　* 켈젠 —평상시적 헌법수호(사전예방적·사후교정적), 비상시적 헌법수호
　　* 메르크 —헌법보장에 공법상 보장과 선서를 강조.

다. 평상시적 헌법보호는 다시 사전예방적 헌법보호와 사후교정적 헌법보호로 나뉘어지는데, 전자에는 합리적인 정당정치 구현, 선거민에 의한 국정통제, 국민의 호헌의식 고양, 헌법의 최고규범성 선언, 헌법준수의무 선언, 국가권력분립, 헌법개정의 곤란성, 공무원의 정치적 중립성, 방어적 민주주의 채택 등이 포함되며, 후자에는 위헌법률심사제, 탄핵제도, 위헌정당의 강제해산제, 의회해산제, 공무원책임제, 국회의 긴급명령 등에 대한 승인권, 각료해임건의 및 의결제 등이 포함된다. 비상시적 헌법보호제도에는 국가긴급권, 저항권 등이 포함된다고 하겠다.5)

우리 헌법상의 헌법보장 수단을 위의 분류에 의하여 분류해 보면 다음과 같다. 우선 (1) 평상시적 헌법보호의 ① 사전예방적 보호수단으로서 헌법의 최고법규성의 간접적 선언(부칙 제5조), 헌법수호의무의 선언(제66조 제2항 등), 권력분립의 인정, 경성헌법(제130조 등), 방어적 민주주의(제8조 제4항 등), 공무원 및 군의 정치적 중립성(제7조 제2항, 제5조 제2항) 등을 들 수 있으며, ② 사후교정적 보호수단으로서는 위헌법률·명령·규칙·처분심사제(제107조 제1, 2항), 탄핵제도(제65조 제1항, 제111조 제1항), 위헌정당해산제도(제8조 제4항),6) 헌법소원제도(제111조 제1항), 국무총리·국무위원 해임건의제도(제63조 제1항), 국정감사·조사제도(제61조 제1항), 긴급명령 등의 승인제도 및 계엄해제요구제도(제76조 제3항, 제77조 제5항), 기타 정치형법상(형법이나 국가보안법상)

---

5) 권영성, 66쪽 참조. 한편 헌법보호의 방법을 헌법에 대한 침해에 따라 구분하는 방법도 제시되는데, 하향식 헌법침해에 대한 보호와 상향식 헌법침해에 대한 보호로 나누는 것이다. 하향식 헌법침해에 대한 보호수단, 즉 국가권력에 의한 침해에 대한 보호로는 ① 헌법개정권력에 대한 헌법보호로서 헌법개정절차의 경성과 헌법개정의 한계규정, ② 기타국가권력에 대한 헌법보호로서 헌법소송제도, 권력분립제도를 들 수 있으며, ③ 저항권을 이러한 유형에 포함되는 것으로 보기도 한다. 역사적으로 볼 때 저항권은 국가권력의 남용에 의한 헌법파괴뿐만 아니라 폭동 등에 의한 헌법파괴에 대해서도 행사될 수 있다고 보는 견해가 있다(장영수, 413쪽). 그러나 대부분의 저항권은 폭압적인 국가권력에 대한 항의로서 나타난다는 점을 부인할 수는 없다. 상향식 헌법침해에 대한 보호수단으로는 ① 헌법내재적 보호수단으로 방어적 민주주의 수단으로서의 기본권실효제도, 위헌정당해산제도, ② 헌법 외적 보호수단으로 형사법적·행정법적 보호수단을 들 수 있다고 한다(허영, 84쪽 이하); 헌법보호의 수단을 정치적 보장방법, 사법적 보장방법, 선언적 보장방법, 미조직적 보장방법으로 구분하는 견해도 있다(김철수, 1338쪽).
6) 위헌정당해산제도는 사전예방적 보호수단의 하나인 방어적 민주주의가 구체화된 제도이다. 방어적 민주주의의 수단으로서 제시되는 것 중에 또 다른 것이 바로 기본권실효제도이다. 독일의 Bonn 기본법 제18조는 의사표현의 자유나 교수의 자유 등을 자유민주적 기본질서에 대한 공격을 위해 남용하는 자는 기본권의 효력을 상실한다고 규정하고 있는데 이를 기본권 실효제도라고 일컫는 것이다.

의 이른바 국헌문란자처벌제도 등이 해당한다. (2) 비상적 헌법보호수단으로는
국가긴급권에 관한 규정(제76조, 제77조), 저항권(헌법전문) 등을 말할 수 있다.

평상시적 헌법보호는 실제로는 헌법이 규정하는 내용과 그것의 일상적인
준수를 말하는 것 이상이 아니다. 따라서 헌법의 보호와 관련해서는 주로 비
상시적 헌법보호 수단을 고찰하는 것이 보통이다. 이하에서 국가긴급권과 저
항권의 문제를 다루게 되는 이유도 이와 같은 맥락이다.

Ⅲ. 憲法의 守護者 論爭

헌법의 보호와 관련하여 헌법을 최종적으로 수호하는 책임을 진 사람 또
는 기관이 누구인가에 관한 논의가 있었는데, 먼저 슈미트와 켈젠의 논쟁이
유명하다. 슈미트는 헌법의 수호자가 국민에 의해 선출된 중립적인 권력인
대통령이라고 하였다. 의회는 정당의 각축장이 되어 헌법보장의 역할을 하기
힘들다고 보았던 것이다. 켈젠은 대통령, 의회를 헌법수호자로서 인정하면서
도 사후교정적인 헌법수호를 하는 헌법재판소를 강조하였다. 또 Keith와
Laski의 수호자 논쟁이 있는데 Keith는 국왕을 헌법의 수호자라고 보았고,
Laski는 내각이 수호자라고 주장하였다.

이러한 전통적인 논의는 각자의 입장에 따른 독자적 주장 이상이 아니라
고 본다. 절대군주국가가 아닌 한, 국가는 어느 개인이나 어느 기관이 독자적
으로 수호할 수 있는 것이 아니다. 특히 민주주의 헌법 하에서 국가를 구성
하고 정당성을 부여하는 국민 전체가 헌법의 수호자로서 기능해야 한다. 그
런데 수많은 국민 중에서도 공권력의 담당자인 공무원은 제 1 차적 헌법수호
자라고 할 수 있다. 여기서 말하는 공무원이란 대통령이나 국회의원까지 포
괄하는 국가기능을 담당하는 모든 공무원을 지칭하는 이른바 광의의 공무원
이라고 하겠다. 이들은 헌법질서를 제일선에서 운영하고 구체화하는 역할을
하므로 제 1 차적 헌법수호자로서의 과제가 부과되는 것이다. 공무원에게 일
정한 민주적 공직윤리가 부과되는 것은 이러한 점에서 이해가 가능하다.

제 2 절   憲法保護의 手段으로서 國家緊急權

Ⅰ. 國家緊急權의 意味와 類型

1. 국가긴급권의 의미

국가긴급권7)이란 전쟁, 내란,8) 경제공황 등의 국가비상사태 발생으로 정상적인 헌법보호수단으로는 헌법질서를 보호하기 어려울 경우, 국가의 존립과 헌법질서를 유지하기 위해 동원되는 비상적 권한을 뜻한다. 입헌주의 헌법하에서 국가권력이 헌법절차에 따라 발동되어야 하나, 국가의 존립이 위태롭게 된 때에도 그와 같은 정상적인 국가권력의 행사를 요구할 수는 없는 것이고, 이러한 국가위기를 극복하기 위한 비상적 조치를 발동할 수 있는 권한을 국가긴급권이라고 하는 것이다. 이렇게 국가적 위기를 극복하기 위한 정

---

7) 국가긴급권은 로마 공화정의 입헌적 독재에서 기원한다고 한다. 그러나 실정헌법상에 나타난 것은 제 1 차 대전 이후이다. 영국에서는 국가긴급권은 국왕의 대권으로 인정되었으며 양차대전을 전후로 법률에 의해 국가긴급권이 규정되었다고 한다. 정부가 긴급사태를 구제하려 선의에서 취한 비상적 조치는 의회가 면책법을 통과시켜 그 비상조치를 불가피한 것으로 인정하면 책임이 면제되나 면책법이 부결되면 그 비상조치는 소급하여 효력을 상실하고 그 책임자는 형사상의 책임을 지는 엄격한 사후통제를 규정하고 있다. 미국에서는 입법에 의해서가 아니라 관행에 의해서 국가긴급권이 강화되었다는 특징을 가지고 있다고 한다. 국가긴급권에 관하여 특이한 역사적 경험을 한 국가는 바로 독일이다. 독일에서는 1919년의 독일 바이마르 헌법은 공공의 안녕질서를 회복하기 위하여 대통령은 일정한 기본권을 제한할 수 있고 필요한 때에는 병력을 사용할 수 있다고 규정하고 있었다. 이 규정을 통하여 국가긴급권은 빈번하게 남용되었고 바이마르 공화국의 혼란을 더욱 가중시키는 요소로 작용하였다. 이러한 역사에 대한 반성적 고려로서, 또 점령 연합국의 압력에 의하여 1949년 독일 기본법은 국가긴급권에 관한 규정을 두지 않았으나, 제17차 개정시(1968) 국가긴급권을 채택하기에 이른다. 프랑스 제 5 공화국 헌법에서는 대통령의 비상조치권, 계엄사태, 정쟁사태 및 긴급사태의 선포권을 규정하고 있다. 프랑스의 이러한 규정은 바이마르 헌법과 마찬가지로 매우 포괄적이고 강력한 긴급권을 규정하고 있어서, 남용의 위험성이 크다는 지적과 함께 현대적 국가긴급권의 모범이라는 상반된 평가를 받고 있다. 영미에서는 개별입법으로 국가긴급권을 인정하고 있어 의회와 법원의 통제가 강하나, 대륙법에서는 헌법 명문으로 국가긴급권을 인정하고 있어 의회와 법원의 통제가 미약하다는 특징이 발견된다.

8) 헌법재판소는 "내란행위의 정당성은 내란행위가 정의 · 인도(人道)와 동포애에 입각하여 사회적 폐습과 불의를 타파하고 자유민주적 기본질서를 더욱 확고히 하기 위한 것으로서 국민의 주권을 회복하거나 확립하기 위한 것인지의 여부, 내란 행위에 나아가기 이전에 헌법과 법률이 정하는 절차에 따라 평화적으로 정치 · 사회적 모순과 갈등을 해소하기 위한 최선의 노력을 했는지의 여부, 그 행위에 나아가게 된 배경과 명분 및 당시의 시대적 상황에 비추어 그 행위가 다른 선택의 여지가 없을 정도로 불가피한 것이었는지의 여부, 그 행위로 인한 국민의 피해를 최소화하기 위하여 최선의 조치를 취했는지의 여부, 피해 보상 등 권리구제를 위한 충분한 조치를 다했는지의 여부 등을 종합적으로 고려하여 객관적으로 판단되어야 할 것"이라고 말하고 있다(헌재 1995. 12. 15. 95헌마221).

부체제를 위기정부라고도 한다.

국가비상사태는 헌법장애상태와 구별되어야 한다. 헌법장애상태는 어떤 헌법기관이 주어진 헌법상의 기능을 수행할 수 없는 상태를 의미하는데, 국가비상사태는 정상적인 헌법보호수단에 의해서 수습되기 어려운 사태인 반면에 헌법장애상태는 헌법이 정하는 정상적인 방법에 의해서 해소될 수 있는 상태라는 점에서 우선 구분된다. 나아가 국가긴급권은 기존의 헌법질서를 수호하는 보수적 성격을 가진 제도이고, 헌법질서에 관한 침해가 있는 경우 이를 방어하기 위한 제도인 것이다. 하지만 헌법장애상태는 헌법이 자체적으로 결함이 있어서 발생하는 문제이므로 기존의 헌법질서를 보호하는 방법으로 극복되는 것이 아니라, 기존의 헌법을 수정해야 해결되는 문제이다.9) 헌법장애상태를 전제로 한 국가긴급권 발동은 긴급권의 남용으로서 정당하지 못하다. 따라서 정치적인 궁지를 벗어나기 위하여, 즉 헌법장애상태를 극복하기 위하여 권력자는 국가 긴급권을 사용하곤 하는데 이는 권력의 남용이라고 평가할 수 있다.

국가긴급권은 언제나 상반되는 요청을 받고 있다. 국가에 발생한 급박한 위험을 효과적으로 제거하기 위하여 발동이 용이하고 강력한 권력이 될 필요도 있지만, 국가긴급권은 쉽게 남용될 우려도 있기 때문에 가능한 제한적이고 통제가 가능한 권력으로 규정할 필요성도 있다. 우리나라와 같이 국가긴급권이 남용된 경험이 많은 현실 하에서는 이러한 상반된 요청의 중용점을 찾는 것이 쉽지 않다.

덧붙여 국가긴급권이 법치주의의 예외인가에 관한 논란을 검토해 볼 필요가 있다. 국가긴급권은 분명히 정상적인 법질서가 극복할 수 없는 국가긴급사태를 전제로 하고 있으며, 초법적인 수단을 사용할 것을 처음부터 예정하고 있다. 그러나 이러한 초법적 수단을 인정하는 이유는 궁극적으로 가능한 합헌적·합법적인 방법으로 비상사태를 극복하여 기존의 헌법질서를 계속 수호하고 법치주의를 회복하기 위한 것이다. 적어도 헌법에 규정되어 있는 국가긴급권이 발동되는 것인 한 국가긴급권은 법치주의의 예외라고 볼 수 없다.

---

9) 헌법장애에 대해서는 J. Heckel, "Diktatur, Notverordnungsrecht mit besonderer Rücksicht auf das Budgetrecht," in: *AöR* 61(1932), S. 257ff.; E. Klein, "Funktionsstörungen in der Staatsorganisation," in: Isensee/Kirchhof, *Handbuch des Staatsrechts*, 1992, Rn. 2; K. Stern, *Das Staatsrecht der Bundesrepublik Deutschland* I, S. 189f. 참조.

2. 국가긴급권의 유형

국가긴급권은 비상사태의 성격과 관련하여 그 긴급성의 정도와 조치의 강도에 따라 다음과 같은 3단계로 구분될 수 있다. 먼저 ① 평상의 입헌체제를 그대로 유지하면서 긴급사태에 대처하기 위하여 임시적으로 기능하는 긴급권이 있을 수 있고, ② 헌법 스스로가 보다 긴박한 비상사태를 예정하고 입헌주의를 일시적으로 정지하여 일정조건 하에서 독재적인 권력행사를 인정하는 경우의 긴급권이 있으며, ③ 이보다 더 긴박한 극도의 국가 비상사태 하에서 헌법의 일체의 기속과 수권을 초월하여 비법의 독재조치를 행하는 경우의 긴급권이 있다. ①과 ②는 이른바 Rossiter의 입헌적 독재, C. Schmitt의 위임적 독재라고 할 수 있다면 ③은 이를 Rossiter의 분류에 의한 초헌법적 독재, C. Schmitt의 분류에 의한 주권적 독재에 해당한다고 할 수 있다.[10]

이 분류에 의할 때 헌법에 규정이 없는 이른바 초헌법적 국가긴급권을 인정할 수 있는가에 대하여는 의견이 대립하고 있다. 현실적으로 국가에 대해 매우 큰 위험이 발생하여 이를 기존에 예정할 수 있는 방법으로는 도저히 극복할 수 없는 상황이 발생할 여지는 존재한다. 이것을 극복하기 위해서 초헌법적 국가긴급권은 불가피하다고 할 수 있다.[11] 그러나 초헌법적 국가긴급권이 발동되는 상황은 헌법이 예정하고 있는 여타의 긴급권과는 달리 이미 법치주의의 논의 범주를 넘어선 것이라고 본다.[12]

10) 일부 견해는 긴급권을 그 기능에 따라 행정형 긴급권(폭동·난동 등으로 인한 위기에 대처하기 위하여 기본권을 정지하고 집행권을 강화하는 것: 계엄), 입법형 긴급권(위기에 대처하기 위하여 의회가 행정부에 입법권을 위임하여 위기입법을 신속하게 하려는 것: 긴급입법권의 위임), 절충형 긴급권(행정형과 입법형을 절충·병합한 경우: 내각 독재, 대통령 독재, 전시 내각)으로 나눌 수 있고, 긴급권의 시기에 따른 사전적·예방적 긴급권과 사후적·진압적 긴급권으로, 긴급권의 법계에 따라 대륙형 긴급권(국가긴급권이 헌법에 규정)과 영미형의 긴급권(국가긴급권이 개별 입법의 형태로 규정)으로 나눌 수 있다고 한다(김철수, 1361쪽 이하).
11) 치사율 100%의 전염병이 발생하여 대다수의 국민을 살리기 위해서는 일정 전염병 발생지역을 폭격해야만 하는 상황이 있다고 가정해 보자(영화 '아웃 브레이크'의 예). 우리헌법이 예정하고 있는 국가긴급권만으로 일정 지역의 자국민을 학살하는 극단적인 조치는 인정될 여지가 없다. 결국 초헌법적 국가긴급권이 발동되어야 할 필요성이 논의될 수밖에 없을 것이다.
12) "국가보위에관한특별조치법은 그 법이 공포·시행된 당시의 제3공화국 헌법이나 현행 헌법이 규정한 국가긴급권보다 그 발동요건이나 국회에 의한 사후통제 면에서 보다 더 강력한 권한을 대통령에게 부여하고 있다. 결국 특별조치법은 대통령으로 하여금 국가긴급권 발동에 관한 헌법상의 엄격한 통제를 벗어나게 하기 위하여 제정한 법률이라고 볼 수 있으므로 특별조치법 자체의 위헌이 문제되지 않을 수 없다. 특별조치법은 초헌법적인 국가긴

Ⅱ. 國家緊急權의 發動要件

1. 국가긴급권의 요건

국가긴급권은 효과적인 위기극복을 위한 수단으로서도 기능하지만, 독재자의 권력남용수단으로서도 사용될 수 있다.13) 따라서 국가긴급권의 발동 요건 또는 한계에 대한 논의는 매우 중요하다. 국가긴급권이 발동되기 위한 요건으로는 먼저 ① 헌법이 예정하고 있는 수단으로 제거될 수 없는 국가적 비상사태가 발생해야 한다. 앞서 설명한 바와 같이 국가긴급사태는 헌법장애상태와 분명히 구분되는 비상의 사태를 말하며, 정상적인 수단으로는 해결할 수 없는 급박하고 심각한 위기이어야 하는 것이다. 다음으로 ② 국가긴급권은 자유민주적 기본질서 또는 국가의 존속을 위하여 발생하는 위험을 물리치는 것이다.14) 국가의 존립과 안전의 신속한 회복이라는 목적설정(Zielsetzung)이 두 번째의 요건이 된다. 또 ③ 위기를 극복하고 회복하기 위한 정도로만 사용되어야 한다(비례성).15)

급권을 대통령에게 부여하고 있다는 점에서 이는 헌법을 부정하고 파괴하는 반입헌주의, 반법치주의의 위헌법률이다. 국가긴급권 발동(비상사태선포)의 조건을 규정한 위 특별조치법 제 2 조의 규정내용은 너무 추상적이고 광범위한 개념으로 되어 있어 남용·악용의 소지가 매우 크므로 기본권 제한법규 특히 형벌법규의 명확성의 원칙에 반하고, 그럼에도 불구하고 국회에 의한 사후통제장치도 전무하다는 점에서 비상사태선포에 관한 위 특별조치법 제 2 조는 위헌·무효이고, 이 사건 심판대상 법률조항을 포함하여 비상사태선포가 합헌·유효인 것을 전제로 하여서만 합헌·유효가 될 수 있는 위 특별조치법의 그 밖의 규정은 모두 위헌이다"(헌재 1994. 6. 30. 92헌가18).

13) 적을 무찌를 수도 있지만 스스로를 해칠 수도 있는 양날의 검으로서의 성격이라고 하겠다. 검이 날카로우면 적과 잘 싸울 수 있지만 스스로를 해칠 위험성이 커진다. 그렇다고 검이 무디면 자신이 다칠 위험은 줄어들지만 적과 싸우기에는 부족하게 될 것이다.

14) M. Krenzler, *An den Grenzen der Notstandsverfassung : Ausnahmezustand und Staatsnotrecht im Verfassungssystem des Grundgesetzes*, 1974, S. 35.

15) 국가긴급권의 요건과 유사한 맥락에서 국가긴급권의 한계논의도 전개된다. 이론적인 사고과정으로는 요건에 관한 논의와 한계에 관한 논의단계가 분명히 구분되지만, 요건을 위반한 경우 한계가 지워진다는 것이 일반적이라는 점에서 양자의 논의는 밀접한 관련을 맺는다. 국가긴급권의 한계로는 소극성의 원칙, 잠정성의 원칙, 보충성의 원칙, 최소성의 원칙 등이 제시된다. 소극성의 원칙이란 국가긴급권 발동 목적은 국가의 존립과 안전확보로 제한되어야 하므로 새로운 질서확립을 위해 발동되어서는 안 된다는 것이며, 잠정성의 원칙은 국가긴급권이 일시적·잠정적으로 행사되어야 한다는 것을 말한다. 보충성의 원칙은 긴급권 발동이 최후수단이어야 한다는 것이며, 최소성의 원칙이란 국가긴급권 발동으로 인한 기본권 침해가 최소한도여야 한다는 것이다.

주의할 것은 국가긴급권을 통하여 기본권을 제한할 경우 헌법 제37조 제 2 항의 비례성 원칙(과잉금지원칙)이 적용되는지 여부이다. 제37조 제 2 항의 요건은 비정상적 상황이 아닌 정상적인 상황을 전제로 한 요건이며, 입법자에 의한 형식적 법률에 의할 것을 요구한다. 국가긴급권도 법치주의의 영역에서 존재하는 권력이라는 점에서 비례성의 구속을 받는다. 그러나 비례성에 구속된다고 하여 곧바로 비상사태가 아닌 평상시를 전제로 하는 제37조 제 2 항의 제한을 받는다고 보기는 곤란하다. 긴급권조항에 명시되어 있는 '필요한 조치'라는 문구 또는 조문상 내재되어 있는 비례성 원칙이 적용되는 것이라고 생각한다.

2. 현행헌법상 국가긴급권의 요건

이러한 요건을 우리 헌법상 대통령의 국가긴급권에 적용해 보면 다음과 같다. 먼저 긴급재정·경제처분 및 명령권(제76조 제 1 항)은 "內憂·外患·天災·地變 또는 중대한 財政·經濟上의 危機"이면서 "國會의 集會를 기다릴 여유가 없을 때"라는 비상사태를 상황요건으로 하고 있고, "國家의 安全保障 또는 公共의 安寧秩序를 유지"하는 것을 목적 요건으로 삼고 있다. 또 "최소한으로 필요한" 정도의 "財政·經濟上의 處分을 하거나 이에 관하여 法律의 效力을 가지는 命令을 발할 수 있다"고 규정하고 있다. 다음으로 긴급명령권(제76조 제 2 항)은 "國家의 安危에 관계되는 중대한 交戰狀態에" "國會의 集會가 불가능한 때"라는 상황요건과 "國家를 保衛하기 위하여"라는 목적요건 하에 "法律의 效力을 가지는 命令을 발할 수 있다"고 규정하고 있다.[16]

아울러 헌법 제77조는 계엄권에 관한 규정을 두고 있는데 "戰時·事變 또는 이에 準하는 國家非常事態에 있어서"(상황요건) "兵力으로써 軍事上의 필요에 응하거나 公共의 安寧秩序를 유지할 필요가 있을 때"(목적요건) "法律이 정하는 바에 의하여 戒嚴을 宣布할 수 있다"고 규정하고 있다. 계엄에 관하여는 따로 계엄법을 제정하여 구체적인 요건과 절차, 권한을 규정하도록 하고 있다.

---

16) 명시적으로 긴급권 발동의 정도에 관한 규정을 하고 있지는 않다. 법치국가의 일반원칙상 당연히 내재되어 있는 요건이라고 할 것이다.

Ⅲ. 國家緊急權의 (事後的) 統制

1. 국가긴급권 통제이 이미

국가긴급권의 통제란 국가긴급권 발동 이후 그 발동의 옳고 그름을 판단
하여 사후적으로 제재를 가하거나 수습을 하는 것을 말한다. 앞서 말한 국가
긴급권의 발동요건의 부과는 발동 이전에 국가긴급권의 남용을 방지하는 수
단이라면, 국가긴급권의 통제는 이를 사후적으로 교정하는 수단이라고 본다.
효과적인 위기극복을 위해서 국가긴급권의 사전적인 요건은 완화하고 오히려
사후적으로 엄격히 통제하는 것이 타당하다고 볼 수 있다. 그러나 긴급권이
남용될 경우 사후에 돌이킬 수 없는 파국을 야기하기도 한다. 권력자가 긴급
권을 남용하여 자신의 독재권력을 극대화한 경우에는 어떠한 통제도 그 권력
에 맞설 수 없는 상황이 된다. 결국 남용되지 않는 긴급권인 경우 사후통제
할 필요가 없고, 남용된 긴급권은 사실상 사후통제가 불가능하다는 점에서
국가긴급권의 통제에 관한 논의가 무용하다고 말할 수도 있다. 그러나 사후
적인 통제의 의미가 없다고는 할 수 없다. 일단 엄격한 사후통제는 긴급권을
발동하려고 하는 권력자에게 강력한 경고로서 기능할 수 있기 때문이다.

2. 통제의 유형

중요한 사후적인 통제수단으로는 먼저 의회에 의한 통제를 언급할 수 있
다.17) 국가긴급권의 발동은 고도의 정치적 판단을 배경으로 하는 것이 일반
이므로, 헌법적 문제를 정치적으로 판단하기에 적합한 의회가 긴급권의 발동
에 대하여 통제하도록 하는 것이다. 우리 헌법도 긴급권의 발동시 의회에 보
고를 하거나 승인을 얻도록 하고 있다. 즉 긴급재정 · 경제처분 및 명령은
"處分 또는 命令을 한 때에는 지체 없이 國會에 보고하여 그 승인"을 얻도

---

17) 참고로 긴급권에 대한 내부적 통제를 생각해 볼 수 있다. 긴급권 행사에 대한 국무위원
의 부서와 국무회의심의 등이 내부적 통제라고 할 수 있는데, 이것은 사후적인 통제라고
하기보다는 오히려 발동 이전의 사전적 통제라고 말할 수 있다. 그리고 대통령에 의하여
임명된 국무위원이 얼마나 강력한 통제의 역할을 할지는 의문이다. 또 국가긴급권의 요건
과 절차를 법적 요건으로 만드는 입법적 통제를 들기도 하는데, 이것도 역시 사전적인 의
미에서의 통제라고 하겠다.

록 하고 있으며 "승인을 얻지 못한 때에는 그 處分 또는 命令은 그때부터 效力을 喪失"하고, "이 경우 그 命令에 의하여 改正 또는 廢止되었던 法律은 그 命令이 승인을 얻지 못한 때부터 당연히 效力을 회복하도록 하고 있다" (제76조 제 3 항·제 4 항). 또 "戒嚴을 宣布한 때에는 大統領은 지체 없이 國會에 통고"하도록 하고 있으며, "國會가 在籍議員 過半數의 贊成으로 戒嚴의 解除를 요구한 때에는 大統領은 이를 解除하여야" 하는 것으로 하고 있다(제77조 제 4 항·제 5 항). 그러나 이러한 의회에 의한 통제는 의회의 다수당을 집권자가 장악하고 있는 경우, 아니면 의회가 실제로 소집되어 활동할 수 없는 경우에는 큰 의미가 없게 된다.

사법적 통제란 긴급권의 발동과 그 구체적인 수단에 대하여 사법부가 심사함을 의미한다. 정치적 고려보다 상대적으로 엄격한 법논리에 의한 통제를 할 수 있다는 점에서 사법적 통제는 의미가 있다. 현행법상 대통령의 계엄선포행위는 통치행위라는 이유로 사법심사를 부인하면서도,18) 계엄당국의 개별적 행위(포고령, 개별적 처분 등)는 사법적 심사대상이 된다는 것이 일반적이다. 또 대통령의 긴급재정·경제명령에 대하여 헌법재판소가 심사할 수 있다.19) 하지만 사법부의 경우 정부의 긴급권발동을 사법심사할 만한 정보와 전문지식이 부족하며(예컨대 군사적 위기상황에 대한 정보), 법관 개인이 정치적으로 민감하고 복잡한 사안에 대하여 얼마나 중립적이고 적극적으로 심사를 할 수 있을지는 의문이 제기된다.

이렇게 긴급권 통제를 위한 여러 수단이 존재하긴 하나 모두 나름의 한계를 가지고 있다. 결국 긴급권 남용에 대한 국민의 비판, 저항 등 호헌의지가 궁극적인 통제방법이라고 말할 수밖에 없는 것이다.

---

18) 대법원 1979. 12. 7. 선고 79초70 판결.
19) 헌법재판소는 "대통령의 긴급재정경제명령은 국가긴급권의 일종으로서 고도의 정치적 결단에 의하여 발동되는 행위이고 그 결단을 존중하여야 할 필요성이 있는 행위라는 의미에서 이른바 통치행위에 속한다고 할 수 있으나, 통치행위를 포함하여 모든 국가작용은 국민의 기본권적 가치를 실현하기 위한 수단이라는 한계를 반드시 지켜야 하는 것이고, 헌법재판소는 헌법의 수호와 국민의 기본권 보장을 사명으로 하는 국가기관이므로 비록 고도의 정치적 결단에 의하여 행해지는 국가작용이라고 할지라도 그것이 국민의 기본권 침해와 직접 관련되는 경우에는 당연히 헌법재판소의 심판대상이 된다"고 하였다(헌재 1996. 2. 29. 93헌마186).

Ⅳ. 우리 憲法上 國家緊急權의 現況과 改善方向

1. 국가긴급권의 빈번한 남용역사

우리 헌정사상 국가긴급권제도는 빈번히 변화하였다. 제 1 공화국 헌법은 긴급명령권과 긴급재정처분권, 계엄선포권을 인정하였고, 제 2 공화국 헌법은 긴급재정처분권 및 긴급재정명령권만을 인정하였으며, 계엄선포권도 인정하였다. 제 3 공화국 헌법은 대통령의 긴급명령권을 부활시켰고, 긴급재정·경제처분 및 명령권을 인정하였으며, 계엄선포권도 인정하였다. 제 4 공화국 헌법은 대통령에게 방대한 긴급조치권을 부여하였고, 계엄선포권을 인정하였다. 제 5 공화국 헌법은 대통령에게 비상조치권과 계엄선포권을 인정하였으며, 현행헌법은 긴급명령권, 긴급재정·경제처분 및 명령권, 계엄선포권을 인정하고 있다.

그런데 지금까지 우리나라의 국가긴급권 발동은 거의 모두가 남용된 것이었다. 공포상황에서 개헌을 하려고 하거나 정권을 찬탈하려고 하는 경우에 계엄이 발동되었고, 긴급조치·비상조치 등의 제도는 독재나 권위주의 정권의 유지수단으로 이용되었다. 이러한 역사적 경험에 비추어 앞으로의 긴급권의 개선방향이 고찰되어야 한다.

2. 이른바 '금융실명제' 사건에 대한 고찰

이른바 금융실명제를 시행하기 위하여 '금융실명거래및비밀보장에관한긴급재정경제명령'(대통령긴급재정경제명령 제16호)을 발포한 것이 국가긴급권 발동의 최근의 사례이다. 헌법재판소는 이 긴급재정경제명령을 위헌심사하면서 의미 있는 판례를 남겼다.[20]

이 판례에서는 대통령의 긴급재정경제명령 발포행위가 통치행위에 해당하지만 헌법재판소의 사법심사의 대상이 된다는 것을 전제로, 중대한 재정경제상의 위기의 판단권은 대통령에 있다고 보고 이 사안에서 대통령이 판단한 위기상황의 판단이 현저히 비합리적이고 자의적이라고 볼 수 없다고 하였다. 또 긴급권의 발동은 목적달성에 필요한 최단기간 내로 한정해야 하고 그 원

20) 헌재 1996. 2. 29. 93헌마186.

인이 소멸하면 지체 없이 해제하여야 하지만 해제가 늦어진다고 하여 발포 당시에 합헌이었던 것이 위헌으로 되지는 않는다고 하고 있다.

그러나 이러한 헌법재판소의 판단은 몇 가지 문제점이 있다고 생각한다. 국가긴급사태(Staatsnotstand)는 국가의 존립 혹은 공공의 안녕과 질서에 대하여 헌법이 규정하는 통상의 수단으로는 제거할 수 없고 예외적인 수단으로써만 방지 또는 제거할 수 있는 모든 중대한 위험이 있을 때 발생한다. 금융실명제의 미실행 상태가 국가긴급사태라고 하기는 곤란하며, 다만 정책의 집행이 여의치 않은 상태라고 생각한다. 특히 국가긴급권의 남용가능성과 위험성을 고려한다면 수월한 정책집행을 위하여 국가긴급권을 사용하는 것은 잘못된 것이며 이는 과거의 독재정권들이 비상조치·긴급조치권을 마구잡이로 이용하던 구태의 재현이라고 하지 않을 수 없다. 두 번째로 긴급명령발동 후 2년간이나 해제되지 아니하고 법률화되지 않은 점도 문제가 있다. 국가긴급권은 정상상태의 회복을 위한 조치이며 정상사태를 찾은 경우에는 반드시 해제되어야 한다. 그것이 바로 국가긴급권의 목적에 해당하기 때문이다. 결국 해제되지 않은 채 비상적 조치가 정상적 조치로서 기능한 것은 이 사안의 긴급재정명령 발동 당시가 긴급사태 상황이 아니었다는 것을 증명하는 것이라고 생각한다.

3. 우리 헌법상 국가긴급권의 개선방향

현행헌법상의 긴급권 규정은 역대 헌법에 비해 상당히 구체화되어 있고 나름대로의 통제수단도 마련하고 있다. 그러나 몇 가지 개선해야 할 점도 있다. 먼저 헌법상 긴급권의 규정을 좀 더 구체화하여 상황요건과 목적요건, 그리고 비례성의 원칙을 명확히 할 필요가 있다. 또 현행헌법상 긴급권의 발동은 대통령의 독자적인 판단에 지나치게 의존하고 있다. 비상사태에 대한 신속한 대비를 위해 대통령의 신속하고 비밀스러운 발동이 요구되는 경우도 있으나, 반면 민주적이고 공개적인 절차를 통해 신중한 판단이 필요한 경우도 있다. 우리 헌법은 이와 같은 구별을 염두에 두지 않고 모든 긴급권 발동을 대통령 개인에게 맡기고 있는데, 이에 대하여 좀 더 세분화된 규정을 둘 필요가 있다. 사후적인 통제와 관련하여서도 개선이 필요하다. 현재는 국회의 정치적 통제절차에 주로 의존하고 있으나, 국민의 저항권이나 헌법재판소 등의 사법부에 의한 강력한 통제장치를 헌법에 직접 규정하여 긴급권 남용에

대한 강력한 경고가 되도록 규정할 필요가 있다.[21]

제 3 절   抵 抗 權

Ⅰ. 抵抗權의 意義

1. 개념과 법적 성격

저항권은 국가권력에 의하여 헌법의 기본원리에 대한 중대한 침해가 행하여지고 그 침해가 헌법의 존재 자체를 부인하는 것으로서 다른 합법적인 구제수단으로는 목적을 달성할 수 없을 때에 국민이 자기의 권리와 자유를 지키기 위하여 실력으로 저항하는 권리이다.[22]

저항권이 어떠한 성격을 가지고 있는 권리냐에 대하여 논의가 있는데, 이에는 실정권설과 자연권설이 대립하고 있다. 자연권이라고 보는 것이 우리나라의 일반적인 견해이다.[23] 따라서 저항권을 실정법 조문으로 규정하는 것은 창설적 의미가 아니라 확인적ㆍ선언적 의미밖에 없다. 그러나 저항권을 헌법전에 규정하는 것은 별도의 의미가 있는데, 국가헌법질서를 파괴하려고

---

21) 헌법재판소는 "입헌주의적 헌법은 국민의 기본권 보장을 그 이념으로 하고 그것을 위한 권력분립과 법치주의를 그 수단으로 하기 때문에 국가권력은 언제나 헌법의 테두리 안에서 헌법에 규정된 절차에 따라 발동되지 않으면 안 된다. 그러나 입헌주의국가에서도 전쟁이나 내란, 경제공황 등과 같은 비상사태가 발발하여 국가의 존립이나 헌법질서의 유지가 위태롭게 된 때에는 정상적인 헌법체제의 유지와 헌법에 규정된 정상적인 권력행사방식을 고집할 수 없게 된다. 그와 같은 비상사태 하에서는 국가적ㆍ헌법적 위기를 극복하기 위하여 비상적 조치가 강구되지 않을 수 없다. 그와 같은 비상적 수단을 발동할 수 있는 권한이 국가긴급권이다. 즉 국가긴급권은 국가의 존립이나 헌법질서를 위태롭게 하는 비상사태가 발생한 경우에 국가를 보전하고 헌법질서를 유지하기 위한 헌법보장의 한 수단이다. 그러나 국가긴급권의 인정은 국가권력에 대한 헌법상의 제약을 해제하여 주는 것이 되므로 국가긴급권의 인정은 일면 국가의 위기를 극복하여야 한다는 필요성 때문이기는 하지만 그것은 동시에 권력의 집중과 입헌주의의 일시적 정지로 말미암아 입헌주의 그 자체를 파괴할 위험을 초래하게 된다. 따라서 헌법에서 국가긴급권의 발동기준과 내용 그리고 그 한계에 관해서 상세히 규정함으로써 그 남용 또는 악용의 소지를 줄이고 심지어는 국가긴급권의 과잉행사 때는 저항권을 인정하는 등 필요한 제동장치도 함께 마련해 두는 것이 현대의 민주적인 헌법국가의 일반적인 태도이다"라고 판시하였다(헌재 1994. 6. 30. 92헌가18).
22) 헌재 1997. 9. 25. 96헌가16; 헌재 1997. 9. 25. 97헌가4.
23) 김철수, 1375쪽; 권영성, 81쪽; 반면 이중적 성격을 가지고 있다고 보는 견해로는 허영, 86쪽; 성낙인, 65쪽.

하는 세력에게 매우 강력한 경고로서 기능할 것이기 때문이다.

2. 타개념과 비교

저항권과 구별해 보아야 할 개념은 우선 시민불복종이다. 시민불복종은 양심상 부정의하다고 확신하는 법이나 정책을 개선할 목적으로 법을 위반하는 것이며, 비폭력적인 방법으로 행하는 공적이고 정치적인 집단적 행위를 말한다. 저항권은 헌법의 기본질서와 가치의 위협에 대해서만 행사될 수 있으나 시민불복종은 불법적 개별법령, 명령에 대해서도 행사될 수 있으며, 저항권은 폭력적 수단도 배제하지 않으나 시민불복종은 폭력적인 수단은 배제한다는 점에서 차이가 있다. 또 저항권은 다른 구제수단이 없을 경우에만 보충적으로 행사되어야 하지만 시민불복종에는 일반적으로 이러한 보충성의 제약이 없다.

저항권은 혁명권과 구별된다. 저항권은 기존 헌법질서의 유지와 회복을 위한 보수적인 헌법보호수단이라고 하겠으나, 혁명은 기존의 헌법질서를 무너뜨리고 새로운 헌법질서를 수립하고자 행사되는 것이다.[24] 저항권은 또 국가긴급권과 비교되기도 한다. 양자는 모두 위기적 상황에서 행사되는 예외적 권한 내지 권리라는 점에서 공통점이 있다. 즉 모두 헌법보호의 수단인 것이다. 다만 저항권의 행사주체는 주로 국민이 되고, 긴급권의 행사주체는 주로 대통령이나 국가기관이 된다는 점에서 차이가 있다.

II. 抵抗權에 관한 思想과 現行憲法上 抵抗權

1. 사상의 전개와 입법례

아무리 절대적인 지배자라고 하더라도 그가 잘못된 경우에는 민중이 저항하여 교체할 수 있다는 사상이 고대부터 존재해 왔다. 따라서 저항권의 역사적 뿌리는 서양의 폭군방벌론과 동양의 역성혁명론 등에서 찾아볼 수 있다. 저항권을 인정한 학자로서 알투지우스는 사회계약의 목적에 반하는 지배는 당연히 불법이고 따라서 인민의 저항이 인정된다고 주장하였다. 또 로크

---

24) 권영성, 78쪽; 혁명은 국민적 정당성을 가지고 있으나 쿠데타는 그렇지 않다는 점에서 구분하는 견해가 있다(성낙인, 62쪽).

는 위임계약론에 기초하여 국가를 통한 보호뿐만 아니라 국가에 대한 보호를 주장하면서 시민의 자유와 권리를 침해하는 국가권력에 대한 저항권을 인정하였다. 또 카우프만은 국민의 비판적 복종의 자세를 강조하였으며, 이를 저항권의 현대적 의미로 해석하였다.

물론 저항권에 대하여 부정적으로 보는 견해도 존재해 왔다. 루터와 칼뱅은 국가에 대한 저항은 신에 대한 저항이므로 인정되지 않는다고 주장하였으며, 보댕은 절대군주론에 기초하여 저항권을 부정하였다. 또 칸트는 국가는 이성국가이고 법치국가이므로 저항권은 무용하다고 주장하였으며, 홉스도 그의 복종계약론에 기초하여 국가를 통한 국민의 보호를 강조하였으므로 군주에게 절대 복종해야 한다고 주장했다. 헤겔은 국가를 자기목적적으로 보고 있으므로 국가에 대한 저항권을 인정하지 않았고, 법실증주의자들(예컨대 켈젠·옐리네크 등)은 실정법상의 권리만을 권리로 인정하므로 초실정법적인 저항권을 부인했다.

미국에서는 1776년의 독립선언과 각주의 권리장전이 저항권에 관한 규정을 두었고, 프랑스에서는 1791년 헌법에서, 독일에서는 제17차 개헌법률에 의하여 저항권 규정을 두었다. 독일연방헌법재판소는 저항권이 기본법에 편입되기 전에 독일공산당(KPD)에 대한 위헌판결25)에서 저항권의 본질과 요건 등을 자세하게 언급한 바 있다. 일본헌법은 명문규정이 없다.

2. 현행헌법상 인정여부와 판례

우리 헌법에는 명시적인 저항권 규정은 존재하지 않는다. 다만 헌법전문에 "불의에 항거한 4·19민주정신을 계승하고 … "라는 표현이 저항권을 간접적으로 인정하는 취지라고 해석하는 견해가 있다.26) 물론 헌법조문이 존재하지 않는다고 하여 저항권이 우리 헌법질서 내에서 부정된다고 보는 것은 아니다.

우리나라에도 저항권을 언급하는 판례가 있다. 이른바 민청학련 사건27)

---

25) 독일의 연방정부는 독일 공산당은 목적 및 지지자의 행동이 자유로운 민주적 기본질서를 위험하게 하고 연방공화국의 존립을 위태롭게 하는 것을 기도하고 있다는 이유로 1951. 11. 28. 연방헌법재판소에 해산을 제소한 데 대하여 연방헌법재판소는 저항권을 상세히 논증하였고 방어적 민주주의를 더욱 체계화시켰다(BVerfGE 5, 85).

26) 권영성, 83쪽; 성낙인, 64쪽.

27) 대법원 1975. 4. 8. 선고 74도3323 판결.

에서 대법원은 "소위 저항권에 의한 행위이므로 위법성이 조각된다고 하는 주장은 그 저항권 자체의 개념이 막연할 뿐만 아니라, … 이 점에 관한 일부 극소수의 이론이 주장하는 개념을 살핀다면, 그것은 실존하는 실정법적 질서를 무시한 초헌법적 자연법질서 내에서의 권리주장이 이러한 전제 하에서의 권리로써 실존적 법질서를 무시한 행위를 정당화하려는 것으로 해석되는바, 실존하는 헌법적 질서를 전제로 한 실정법의 범주 내에서 국가의 법적 질서의 유지를 그 사명으로 하는 사법기능을 담당하는 재판권 행사에 대하여는 실존하는 헌법적 질서를 무시하고 초법규적인 권리개념으로써 현행법질서에 위배된 행위의 정당화를 주장하는 것은 그 자체만으로서도 이를 받아들일 수 없는 것"이라고 하였다. 또 김재규 사건[28]과 관련하여 "저항권이 비록 존재한다고 인정하더라도 그 저항권이 실정법에 근거를 두지 못하고 자연법에만 근거하고 있는 한, 법관은 이를 재판규범으로 원용할 수 없다"고 해석하였다.

또 헌법재판소도 노동조합및노동관계조정법등위헌심판[29]에서 저항권에 관한 언급을 한 바 있다. 이 사건에서 헌법재판소는 "저항권이 헌법이나 실정법에 규정이 있는지 여부를 가려볼 필요도 없이 제청법원이 주장하는 국회법 소정의 협의 없는 개의시간의 변경과 회의일시를 통지하지 아니한 입법과정의 하자는 저항권 행사의 대상이 되지 않는다"고 하였으며, "저항권은 국가권력에 의하여 헌법의 기본원리에 대한 중대한 침해가 행하여지고, 그 침해가 헌법의 존재 자체를 부인하는 것으로서 다른 합법적인 구제수단으로서는 목적을 달성할 수 없을 때에, 국민이 자기의 권리와 자유를 지키기 위하여 실력으로 저항하는 권리"라고 하였다. 우리 헌법재판소는 헌법보호수단으로서 저항권을 간접적으로 인정하였으나, 당해 사건에서의 입법과정의 하자는 저항권 행사의 대상이 아니라 하였다.

---

28) 대법원 1980. 5. 20. 선고 80도306 판결.
29) 헌재 1997. 9. 25. 97헌가4.

Ⅲ. 抵抗權 行使의 要件과 效果

1. 주체와 객체, 상황

저항권의 주체로는 국민·법인·정당 등을 들 수 있다. 외국인이 저항권의 주체가 될 수 있다는 견해가 있으나 외국인에게 우리의 헌법은 수호해야할 헌법질서라고 할 수 없으므로 개념상 인정될 수 없다. 또 공무원이 저항권의 주체가 될 수 없다는 견해가 있다. 하지만 공무원도 국민에 해당하므로 인정이 가능한 경우가 있다. 범국민적 저항권 행사에 공무원이 참여하는 모습은 쉽게 예상할 수 있으며, 공직담당자로서의 공무원도 이러한 경우 참여할 수있다고 해야 할 것이다. 저항권 행사의 객체는 위헌적인 공권력 행사를 통하여 민주적 법치국가적 기본질서 또는 기본권보장체계를 파괴하는 모든 공권력 담당자와 자유민주적 기본질서를 침해하는 사회세력 등을 들 수 있다. 흔히 저항권이 폭군과 같은 독재권력을 상대로만 발동되는 것이라고 오해할 수있지만, 헌법질서를 파괴하려는 모든 위험에 대하여 행사될 수 있는 것이다.

저항권이 행사될 수 있는 상황은 헌법질서에 대한 침해가 민주적·법치국가적 기본질서를 전면적으로 부인하려는 정도에 이른 경우이다. 이러한 경우 그 침해의 위험은 객관적으로 명백한 정도여야 할 것이며, 법질서에 따라 강구될 수 있는 모든 법적 수단이 유효하지 않을 때 저항권은 최후의 수단으로 행사되어야 한다. 저항권은 인간의 존엄성의 유지와 민주주의적 헌법질서를 유지하기 위해서 행사될 수 있으나 혁명과 같이 사회경제적 개혁수단으로 행사될 수는 없다.

저항권의 행사는 극도의 사회적 혼란을 야기할 수 있다. 따라서 그 행사는 목적달성을 위해 필요최소한에 국한되지 않으면 안 되고, 일차적으로 비례원칙에 따라 평화적 방법에 의하여 행사되어야 할 것이며, 평화적으로는 헌법질서를 수호할 수 없는 예외적 경우에만 폭력적 방법이 허용된다고 본다. 저항권의 행사요건으로 보충성, 최후수단성, 성공가능성 등이 제시되기도 한다. 그러나 성공가능성의 요건에 대하여는 의문이 있다. 저항권의 규범적 행사요건을 사실적·우연적인 성공가능성에 관한 상황논리에 맡긴다는 점에

서 문제가 있다는 비판이 유력하다.[30]

2. 저항권 행사의 효과

저항권 행사는 외형상 내란죄·공무집행방해죄 등을 구성할 것이며, 폭력적인 상황에서는 살인·방화 등의 범죄가 저질러질 수도 있다. 즉 저항권의 행사는 그 자체로 민·형사적 불법행위 발생의 위험을 내포하고 있다. 그러나 정당한 저항권 행사라고 인정되는 상황 하에서는 이러한 불법적 행위에 대한 위법성이 조각된다고 하겠다.

---

30) 장영수, 413쪽.

제 2 부 ▶ 基本權 總論

제1장 基本權의 意義와 性格

제1절 基本權의 意味論的·歷史的 理解

I. 人權과 基本權

현행헌법은 '第2章 國民의 權利와 義務'라는 표제 하에 제10조부터 제39조까지 국민에게 인정되는 여러 가지 권리들을 규정하고 있다. 헌법학에서는 이것을 흔히 '기본권'규정이라고 한다. 하지만 실제로 헌법은 어느 곳에서도 기본권이라는 단어를 사용하고 있지 않고, 대신에 '기본적 인권'(제10조)이라는 표현을 사용하고 있다. 우리의 헌법과 헌법학은 인권, 기본권, 기본적 인권이라는 개념을 혼용하여 사용하고 있는데, 개념 사용의 명확성 확보를 위해 인권과 기본권이 과연 동의어인지, 동의어가 아니라면 각각 어떠한 의미를 갖는지 구체화시켜 볼 필요가 있다.[1]

일반적으로 인권이란 인간이 인간으로서 당연히 누리는 생래적이며 기본적인 권리이고, 반면 기본권이란 헌법이 보장하는 국민의 기본적 권리이기 때문에 엄밀하게 말하면 양자는 동일한 개념이 아니라고 하면서도, 인권 또는 인간의 권리를 독일 등지에서 기본권이라고 부르는 것이라고 하여 양 개념의 차이는 사실상 없다는 설명을 한다.[2] 생각건대 인권의 모든 항목이 기본권으로 헌법에 규정되는 것이 아니며, 기본권의 내용이 모두 인권이라고

[1) 대부분의 헌법상 개념이 그러하듯 인권·기본적 인권·기본권 등 어느 개념 하나 추상적이지 않은 것이 없다. 헌법의 추상성은 불가피한 것이기는 하지만, 헌법도 법규범이므로 사용하는 개념들은 가급적이면 명확하게 규정되어야 한다. 다만 주의할 점은 그러한 개념은 미리 명확하게 확정되어 있는 경우는 극히 드물고, 오히려 헌법이론을 통해 면밀하게 규명되어야 하는 것이 보통이라는 것이다.

2) 김철수, 264쪽; 권영성, 285쪽.

할 수도 없다. 인권은 인간의 권리이기에 세계 어느 곳에서도 보편적인 성질을 갖지만, 기본권은 특정 정치적 공동체 내의 이해대립과 세력 간의 투쟁, 그것의 타협과 조정을 통해 해당 국가의 헌법에 수용된 것으로서 개별적인 문화권과 국가에 따라 다를 수 있다. 즉 구체적인 역사적·장소적 배경과 관련되는 인간상과 정당성 관념, 위험상황에 따라 달라지는 것이다.3)

　　인권은 국가질서를 초월한 보편적 권리라는 점에서 ① 국내법 질서가 구비되지 못한 상황이나 이것이 혼란한 상황에서의 투쟁,4) ② 국가법질서가 담당하기 곤란한 (국제법적) 영역에서의 권리보장,5) ③ 미래의 인간의 권리 발견 등에 유용하게 기능할 수 있다.6) 반면 기본권 개념은 인간 공동체로서의 국가질서 내에서 국민의 권리가 실현되고 구체화되게 하는 데에 유용한 도구로서 기능한다. 이러한 점에서 보편적인 인권과 국가의 헌법질서를 전제로 보장되는 기본권은 —그 내용에 있어 상당부분 일치하지만— 그 논의영역과 관심영역에 있어서 구분될 수 있다는 것을 이해할 수 있다.7) 요컨대 우리 헌

3) 인권의 개념에 대한 구체적 설명으로는 W. Burger, "Menschenrecht im modernen Staat," *AöR* Bd. 114 Heft 4, 1989, S. 541-555; 특히 기본권이란 우리 사회공동체의 저변에 깔려 있는 가치적인 Konsens를 기본권의 형식으로 보장한 것이므로, 기본권은 본질적으로 우리 사회구성원 모두가 공감할 수 있는 가치의 세계를 징표하는 것이고, 기본권의 자연법적 성격보다는 국가형성적 기능과 동화적 통합기능을 강조해야 한다는 견해(허영, 232쪽)도 이와 같은 맥락이라고 생각한다.
4) 근대 이전 절대군주에 대한 투쟁이나, 독재정권(예컨대 유신헌법)과의 투쟁에서 인권은 유용한 투쟁이념이 된다.
5) 법질서라는 것은 일반적으로 하나의 국가를 전제로 구성된다. 국제법이라는 것이 존재하지만 국내법질서와는 달리 강제력 있는 규범이 아닌 것이 보통이다. 결국 국제관계에 있어 인간의 권리를 존중하고 관철하기 위해서는 인권 개념이 필요한 것이며, 특히 이러한 점은 국제적인 NGO활동이나 유럽인권협약에 따른 유럽인권법원의 활동 등에서 드러난다. 같은 맥락에서 사회가 분화되고 복잡화되면서 법이 관여하기 힘든 사회적·사적 영역에서 인권 개념이 중요한 도구가 될 가능성도 있다.
6) 기본권은 국가 전체법질서와 연관되고 조문화되기 때문에 상대적으로 법적 안정성이 요구된다. 따라서 현재 또는 앞으로 요구될 인간의 권리에 대해서는 신축성 있게 대처하기 곤란한 측면이 있다. 인권 개념은 이러한 요청을 좀더 유연하게 받아들이게 되고 결국 기본권이 이러한 요청을 법질서로 수용하는 중간단계로서 기능을 수행하게 된다.
7) 물론 이렇게 구분한다고 하더라도 인권과 기본권의 개념이 일도양단적으로 구분되는 것은 아니다. 인권은 기본권을 포괄하는 인간의 권리라고 할 수 있으며, 기본권은 인권이 구체화된 것이라고 말할 수 있다. 연혁적으로도 기본권은 인권의 실정화 내지는 구체화로서 생각되어지는 것이 보통이며(K. Stern, "Idee der Menschenrechte und Positivität der Grundrechte," in: Isensee/Kirchhof, *Handbuch des Staatsrechts*, Bd. Ⅴ, 2. Aufl., 2000, Rn. 13ff.) 최근에는 기본권의 도덕적 성격으로 인하여 인권과 유사한 이른바 이중적 성격을 가짐을 들어 양자의 관련점이 모색되기도 한다{R. Alexy, *Begriff und Geltung des Rechts*, S. 129(이에 대한 우리말 소개로는 이준일, "이성, 민주주의, 기본권," 법철학연구 제 2 권, 1999, 143쪽 참조)}.

법 제 2 장에 있는 기본적 인권이라는 개념은, 헌법이 우리 국가법질서의 최고 법이라는 점을 감안할 때 일차적으로 기본권을 의미한다고 본다.

II. 人權 · 基本權 保障의 歷史[8]

1. 영   국

영국의 인권보장의 역사는 국왕의 권력을 제약하는 대원칙을 표현한 1215년 Magna Carta와 1295년의 모범의회에까지 소급된다. 하지만 17세기 영국만큼이나 인권사에 많은 유산을 남긴 시기는 없을 것이다.[9] 1628년 영국은 Magna Carta를 내세워 의회의 동의 없는 과세와 자의적인 체포를 금지하여 신민의 자유와 권리를 재확인하는 권리청원(Petition of Rights)을 관철시킨다. 1679년에는 인신보호령(Habeas-Corpus-Act)을 제정하여, 체포영장 없이는 영국민의 인신을 체포하는 것을 금지하였으며, 체포된 자는 늦어도 30일 이내에 법관에게 구인되어 그 체포가 허용되는 것인가 여부를 심사할 것을 규정하였다. 1689년에는 1688-1689년 사이의 명예혁명의 결과로 권리장전(Bill of Rights, An Act Declaring the Rights and Liberties of the Subject and Settling the Succession of the Crown)을 관철시킨다. 권리장전은 의회의 동의 없이 법률을 제정하거나 폐지하는 것을 금지하였고, 대표자를 자유로운 선거에 의하여 선출할 것 등을 규정하였다. 영국의 자유보장과 국가권력의 제한 역사는 세계적인 모범이 되었으며, 이후의 모든 인권 발전에 영향을 주었다고 평가된다.

2. 미   국

영국의 인권선언이 신분적 자유를 문서를 통해 확대 보장해 나아가는 과정이었다면, 미국에서는 천부적인 불가침의 자연권을 선언하고 근대적 의미에서의 기본권 목록을 헌법전으로 성문화하는 작업이 이루어졌다. 1776년의

---

8) 헌법의 의미를 파악하기 위하여 그 역사적 전개과정을 살핀 것과 같이 기본권의 의미도 역사적 관점에서 파악하는 것이 유용하다. 기본권이야말로 각국의 정치적 · 사회적 · 문화적 변동에 따른 역사적 침전물이라고 할 것이다.

9) 영국의 17세기는 한편으로는 인권 발전사에 커다란 영향을 끼친 3명의 위대한 국가 철학자 겸 법철학자(코크 · 밀턴 · 로크)를 배출했는가 하면, 다른 한편으로는 커다란 역사적 의미를 가지는 3가지 헌법문서, 곧 권리청원과 인신보호령, 권리장전을 우리에게 남겨 주었다고 한다(홍성방, "인권과 기본권의 역사적 전개," 한림법학FORUM 제 7 권, 1998, 64쪽).

버지니아 권리장전(Virginia Bill of Rights)은 천부적이고 양도할 수 없는 권리에 대하여 언급하였으며, 전체적으로 최초의 근대헌법으로서의 면모를 갖춘다.[10] 1776년 7월 4일 미국독립선언은 자연법사상에 기초한 자유주의적 국가관을 공표한 것으로서 자연권적 인권의 승인, 국가계약설, 국민주권, 혁명권 등을 선언하고 있다. 1787년에 제정된 미연방 헌법은 처음에는 권리장전에 대한 부분이 없었으나, 발효 직후인 1791년 수정헌법 제 1 조-제10조를 증보하였다. 그 내용은 종교 · 언론 · 출판 · 집회의 자유 · 신체의 자유 · 적법절차 · 사유재산 보장 등이었다. 이후에 제13조-제15조(1865-1870)와 제19조(1920)를 규정하였다. 그 주요내용은 노예제와 강제 노역의 폐지, 인종에 따른 참정권 차별금지, 부인 참정권의 인정 등이었다. 그 후 수정헌법 제 5 조의 적법절차 조항을 주에도 적용하도록 한 것은 미국의 인권 보장사에 중요한 계기를 부여한 것으로 평가된다.

3. 프 랑 스

18세기 프랑스에서는 볼테르, 몽테스키외, 루소, 미라보 등의 사상가들에 의해 주도된 입헌운동과 자유주의운동의 영향으로 프랑스 국민의회는 1789년 '인간과 시민의 권리선언'[11]을 선포하였으며, 이는 '자유, 평등, 형제애'의 기본사상을 근간으로 한 것이었다. 이 인권선언은 ① 인간은 자유이고 평등한 존재로서 출생하고 존재한다는 것(제 1 조), ② 모든 정치적 결합의 목적은 인간의 소멸되지 아니하는 자연의 권리를 보장하기 위한 것이라는 것(제 2 조), ③ 국민 주권의 원리(제 3 조), ④ 법률은 일반 의지의 표현이라는 것(제 6 조), 종교의 자유(제10조), 언론의 자유(제11조), ⑤ 권리의 보장과 권력의 분립은 근대적 헌법의 필수적 내용이라는 것(제16조), ⑥ 재산권은 신성불가침의 권리이며 법률로 규정된 공적 필요성을 위하여 사전의 정의로운 보상을 통해서만 침해될 수 있다는 것(제17조) 등이다. 이 인권선언은 2년 후에 제정된

---

10) 그 내용으로는 제 1 조에서 사람은 생래의 권리를 가지며, 그것은 전 국가적이라는 것을 밝히고, 제 2 조에서 주권은 국민에게 있다는 것을, 제 3 조에서는 저항권을 규정하였다. 제 4 조에서는 특권이나 세습제를 부정하였고, 제 8 조-제11조에서는 공정한 형사소송절차와 배심제도의 보장을 하였으며, 제12조에서는 언론의 자유를, 제16조에서는 종교의 자유를 규정하였다.

11) 1789년 인권선언의 기원이 어디에서 유래했는가에 관한 부뜨미와 옐리네크의 논쟁이 유명하다. 부뜨미는 18세기 계몽철학(루소의 사상)으로 보는 반면, 옐리네크는 1776년 버지니아 권리장전으로 보았다.

1791년의 프랑스 헌법에 편입되어 헌법의 구성요소가 된다. 이후 1791년에는 정치적 결사의 궁극 목적은 프랑스 국민에 한정되지 않는 모든 인간의 자연적·절대적 인권을 보장하는 데 있다는 것을 규정하였으며, 거주·이전의 자유, 결사권, 청원권 및 언론의 자유와 예배의 자유가 더욱 보충되었다. 1793년 헌법은 인권의 자연성·불가양성을 강조하였다.[12]

4. 독 일

인권보장의 후진국이었다고 할 수 있는 독일의 인권 발전의 실마리는 1807년 나폴레옹에 의해 세워진 베스트팔렌 왕국이 프랑스 헌법을 모방하여 헌법을 제정한데서 비롯한다. 이후 1848년 자유주의자들의 혁명이 일어났고 프랑크푸르트 국민회의가 소집되어 헌법 제정을 논의하게 되었다. 그 결과 1849년 프랑크푸르트 헌법은 총 60조에 달하는 포괄적이고 진보적인 기본권 조항을 규정한다. 여기에는 평등권, 거주·이전의 자유, 영업의 자유, 언론의 자유, 출판의 자유, 재산권, 나아가 출국의 자유, 외교관에 대한 보호도 규정되었다. 그러나 이 헌법은 복고세력에 의하여 1851년 폐지되었다. 1850년 프러시아 헌법은 기본권규정을 두었으나 실효성 있는 것은 아니었으며, 1871년 비스마르크 헌법은 아예 기본권 목록을 규정하지 않았다. 이후 1919년 바이마르 공화국 헌법에서는 모든 고전적 기본권을 규정하였고, 사회적 기본권을 최초로 규정한 획기적인 것이었으나 이후 나치시대를 겪게 된다. 이러한 역사적 경험으로 인하여 1949년 제정된 독일기본법은 제 1 조에서 인간의 존엄을 규정하는 특징을 보이고 있다.

---

12) 이후 1795년 제 1 공화국 헌법 이후에는 인권보장이 후퇴하게 된다. 1848년 제 2 공화국 헌법은 시민혁명 당시의 인권선언으로 돌아갔으며, 1875년 제 3 공화국 헌법은 기본권 조항이 없었고, 1946년 제 4 공화국 헌법은 헌법전문에 인권규정을 두었으며, 1958년 제 5 공화국 헌법은 인권선언이 없으나, 1789년 인권선언과 1946년 헌법전문에서 확인된 인권을 지킨다고 규정하였다.

Ⅲ. 人權 · 基本權 保障의 現代的 課題

1. 국제적 인권보장

제1 · 2차 세계대전을 통해 극심한 인권유린을 경험한 인류는 국제적 평화 없는 인권보장이란 무의미하다는 인식을 보편적으로 받아들인다. 인권 보장의 국제화 현상은 이미 제 1 차 세계대전 후에 시작되었다. 특히 1919년 설립된 '국제노동기구'(ILO)는 그 헌장 전문에서 전 세계에 걸쳐 사회적 정의를 진작시키고 노동조건과 생활조건을 개선함으로써 세계평화에 기여할 것을 선언하고 있다. 그러나 국제적 인권 보장이 본격화된 것은 제 2 차 세계대전 후의 일이다. 1945년 국제연합헌장은 인간의 기본권과 인격의 가치에 대한 믿음을 선언하고 인간의 존엄과 가치, 기본적 인권과 평등 및 경제적 · 사회적 기본권 등을 선언하고 있다. 이러한 국제연합헌장의 정신에 기초하여 1948년 국제연합 제 3 차 총회에서 모든 인간가족 구성원의 평등 · 불가양의 권리를 선언한 세계인권선언이 채택되었다. 이 선언에는 인간의 존엄성, 평등권, 신체의 자유, 표현의 자유, 정보 수집의 자유, 망명자 보호청구권 등의 인권이 망라되었다. 1950년에는 인권과 기본적 자유의 보호를 위한 유럽협약이 채택되었는데, 이것은 유럽지역에 한정된 것이기는 하지만 구속력 없는 세계인권선언과는 달리 강제력을 가진 최초의 인권선언으로서 의미가 깊다. 이를 보완하기 위하여 1961년에는 유럽사회헌장이 채택되었다. 1966년 국제연합 제 21차 총회에서는 국제인권규약을 채택하는데, 이 규약은 전문 31개조로 구성된 경제적 · 사회적 · 문화적 권리에 관한 규약(A규약)과 전문 53개조로 된 시민적 · 정치적 권리에 관한 규약(B규약) 및 B규약 선택 의정서로 구성되어 있다.13) 이 규약은 세계인권선언을 한층 더 상세하게 규정하고 시행규정을 두어 서명국의 의무에 대하여 상세히 규정한 것이다.

---

13) 우리나라는 1990년 A규약에는 유보 없이, B규약에는 국내법과 저촉되는 4개항(비상계엄하의 단심제, 외국에서 받은 형의 감경 또는 면제, 노무직을 제외한 공무원 및 사립 학교 교원의 단체 행동, 혼인중 또는 이혼시의 배우자의 평등)을 유보하고 가입하여 1990년 발효하였다. 배우자 평등조항에 대한 유보는 우리 민법의 개정으로 1991년 철회되었다.

2. 사회적 기본권의 보장

헌법의 의미에 대한 역사적 고찰에서 본 바와 같이 현대 헌법은 자유권 중심의 생활질서가 가져온 사회적 불평등을 시정하고자 생존권을 중심으로 한 사회적 기본권을 수용하고 있다. 사회적 불평등의 원인은 개인 사이의 능력의 우열관계에서 순수하게 기인한 것이라고 하기보다는, 근대 자본주의에서 필연적인 계급구조의 결과라는 것이 인식되었기 때문이다. 바이마르 헌법에 처음 규정되기 시작한 사회적 기본권을 1945년 이후 제정된 대부분 헌법들은 수용하고 있다.14) 아울러 자유권의 의미와 기능도 단순히 방어적 기본권으로서 파악하는 것이 아니라 사회적 측면에서 이해하려는 자유권의 사회권화 현상이 강조되기도 한다.15)

그런데 기본권의 흐름은 최근 또 다른 변화의 조류를 맞고 있다. 국가예산에 대한 엄청난 부담을 야기하고, 결국 국가경쟁력을 저해한다는 등의 이유로 국가의 복지국가적ㆍ사회적 정책이 비판의 대상이 되고 있으며, 심각하게 위축될 우려에 직면하고 있다. 하지만 자유시장경쟁에서 소외된 사회적 약자에 대한 배려는 '인간의 존엄과 가치', '인간다운 생활을 할 권리' 등의 이념에 비추어 결코 소홀히 되어져서는 안 될 것이다.

3. 제 3 세대 인권의 등장

기아, 자연적 생활기반의 파괴, 유전공학의 신기술의 발달 등 인류가 처해진 현대적 위기상황에 대응하기 위하여 1972년 바작(Karel Vazak)은 제 3 세대 인권이라는 개념을 고안한다. 그는 이미 국제인권법의 내용을 이루고 있는 시민적ㆍ정치적 권리(자유)를 제 1 세대 인권, 사회적ㆍ문화적 권리(평등)를 제 2 세대 인권이라 부르고 여기에 제 3 세대 인권(연대성)이라는 개념을 첨가한 것이다. 제 3 세대 인권으로 보아야 하는 대상에 대하여는 견해의 차이가

---

14) 1946년 프랑스 제 4 공화국헌법, 1946년 일본헌법, 1947년 이탈리아헌법, 1976년 포르투갈헌법, 1978년 스페인헌법, 한국의 건국헌법 등.
15) 권영성, 292쪽; 김철수, 255쪽; 허영, 207쪽; 성낙인, 201쪽; 이에 대하여 단순한 기본권 목록의 확대라고 보는 견해가 있다. 특히 사회적 기본권이 규정되어 있지 않은 독일에서는 몰라도 사회권 규정이 비교적 상세히 규정된 우리 헌법에는 적합하지 않은 설명이라고 하고 있다(홍성방, 215쪽).

있으나, 경제발전권·평화권·환경권·인류 공동의 유산에 대한 소유권 및 인간의 도움을 요구할 권리 등을 들 수 있다.

제 3 세대 인권논의에 대하여 이른바 인권이념의 인플레이션 또는 이미 인정되고 보장된 인권에 대한 경각심을 감소시킨다는 이유 또는 개인의 권리라기보다는 집단의 국제법적 차원에서 주장되는 까닭에 권리로서의 구체성이 없다는 이유 등의 비판이 제시되고 있기는 하지만 제 3 세대 인권논의는 개별 국가의 권한을 넘어서는 문제들을 해결하는 시도로서, 그 관철여부와는 관계 없이 주목받을 가치가 있다고 보는 것이 타당하다.16)17)

제 2 절 基本權觀

우리는 1948년 제헌헌법 이후 서구적인 입헌민주제도를 우리 사회에 정착시키기 위해 많은 노력을 경주해 왔다. 그러나 서구적인 토양에서 몇 세기 걸친 역사를 통해서 이루어진 정치제도인 민주주의제도가 일조일석에 이루어지는 것이 아니고, 앞으로도 오랜 기간 동안 꾸준한 노력이 필요한 것이 사실이다. 그런데도 우리 헌법은 그 성문규정으로서는 어느 서구선진의 헌법에도 뒤지지 않는 훌륭한 규정을 갖고 있다. 따라서 헌법에서 규정하고 있는 규범과 헌법현실과는 엄청난 거리가 있는 것을 우리는 솔직히 시인해야 한다. 그것은 서구의 기본권규정은 서구시민이 싸워서 획득한 것을 성문화한 것인 데 반하여, 우리는 시민이 쟁취한 권리의식의 전제 없이 민주주의를 지향한다는 명목 하나만으로 그대로 서구의 헌법규정을 명문화한 것이기 때문이다. 이러한 사정하에서 우리 헌법상의 기본권을 어떠한 관점에서 보고 이해할 것이냐는 지극히 중요한 문제라 할 것이다.

종래 우리는 기본권관 내지 헌법관에 대한 뚜렷한 기본입장 없이, 아니면 그러한 입장에 대한 충분한 고찰 없이 대체로 서구의 헌법현실에 가깝게 기본권규정을 해석하는 방법으로 우리의 헌법을 이해하려 하였다. 그러나 서

---

16) 홍성방, "인권과 기본권의 역사적 전개," 한림법학FORUM 제 7 권, 1998, 90쪽.

17) 현대 헌법의 기본권의 특색으로서 '기본권의 자연권성 강조'(권영성, 293쪽; 김철수, 255쪽), '기본권의 제 3 자적 효력에 대한 인식 증대'(권영성, 296쪽)와 같은 것들이 제시되기도 한다.

구에서도 그 시대의 배경에 따라 헌법학자는 그 사회의 요구를 잘 반영할 수 있는 방법으로 기본권을 이해하려고 노력하는 것은 뒤에 설명하는 바와 같다. 그러므로 우리 헌법상의 기본권을 이해함에 있어서 그러한 서구학설을 그 당시의 사회배경과 연결지어 종합적으로 분석·평가하여 현실에 맞는 기본권관을 모색하는 것이 바람직하다 할 것이다. 나침판 없는 항해가 뱃사람의 금기사항이라면 기본권관을 떠난 기본권해석은 헌법학도가 경계해야 할 일이기 때문이다.

I. 自然法的 基本權觀

1. 자연법이론과 기본권

원래 자연법은 실정법을 초월한 정의의 질서, 즉 바른 법이란 것을 가정한다. 이러한 법관념은 고대로부터 어느 시대, 어느 사회에나 존재할 수 있는 것이지만, 우리가 오늘날의 국민의 기본권과 연관지어 생각해 볼 때 진정한 의미에서의 자연법은 고대 '그리스' 및 중세의 기독교사상의 유산이라 할 수 있다. 그것은 '그리스'나 '기독교'의 자연법이 정치권력에 대하여 인간의 존엄문제를 제기하고 있기 때문이다. 특히 중세의 '기독교'적 자연법이 중요한 의미를 가지는데, 그것은 무엇보다 인간에 불과한 권력자와 그 권력에는 한계가 있고 과오를 범할 수 있으며, 따라서 실정법을 초월해서 존재하는 정의의 질서란 것을 인정하여 그 권력의 행사에서 겸허한 자기한계를 인식해야 한다는 점과 인간은 모두 귀중한 존재라는 것을 강조한 점이다.

물론 중세의 기독교적 자연법이론은 그 나름의 한계가 있었다. 그것은 당시의 신분제도를 신이 정한 계층적 질서로서 합리화시키고 그 질서 안에서의 정의로서 신의 의미에 따른 자연법을 제시하여 각기 신분에 상응하는 '분수'를 지켜야 한다는 모델을 구축하고 있기 때문이다. 이에 대하여 근대시민 사상가의 비판은 인간이성의 이름으로 개인의 존엄을 제기하는 것이었다. 그리하여 근대의 자연법은 신분적 촌락공동체나 대가족제에서 해방되고 분해된 원자적 개인을 주체로 한 것이었고, 국가 자체를 사회계약에서 그 성립을 가정하는 이론인 것이다. 다시 말하면 근대의 자연법은 국가의 이름으로 제정·시행되는 법인 실정법을 초월하는 정의의 질서와 인간의 지위에서 인간의 이성으로서의 주체와 그의 자연권에서 출발한다. 특히 독립된 주체로서의 개인에서 출발하여 봉건적 압제를 거부하는 인간의 권리의 근거를 규명한 점에서, 그것은 중세적 자연법의 유산을 계승하면서도 그 신분제적 한계를 벗어나서 인간의 존엄과 가치를 확인하여 인간의 지위의 향상에 크게 기여하는 이론을 구축한 것이다.[18] 요컨대 근대에 있어서 국민의 기본권의 철학적 기초는 자연법이라 할 수 있고, 이러한 자연법사상에 의하면 국민의 기본권은 국가 이전의 천부인권이라고 이론화된다.

2. 자연법론비판에 대한 고찰

근대자연법이론은 법실증주의적 견지에서 대체로 두 가지 면에서 비판된다.

첫째, 법학방법론적 측면에서 자연법이란 것은 경험적 실증이 불가능한 하나의 가설이라 한다. 그러나 그것은 하나의 가설로서 현실의 국가(봉건사회 지배체제)에 대한 '안티테제'가 되었고, 개인의 자유의 궁극적 원칙에서의 확인으로써 인권을 이론적으로 정립한 데 바로 그 의미가 있다. 특히 사회계약설이 그러하다. 개개 인간존재의 국가질서에서의 지위를 주체적으로 확립시키는 원리로서의 시발점이 된 것이다. 그리고 현존의 국가에서의 권력의 연원과 그 한계를 규정하고, 국가질서 조성의 기본적 원리로서 기능하게 되고 있다. 개인의 가치를 그 이성적 존재에서 확인하고, 그 개인을 공동생활 질서의 주축으로서 자유로운 원리에 의한 구성을 기초지워 준 이론이다. 따라서 그것이 가설이라 해도 당위성을 띤 것이고, 현실정치의 좌표로서 발언권을 가진 이론이란 점에서 존재 의의가 있다.

둘째, 법실천면에서 자연법이라는 것이 정치성·'이데올로기'성을 배제할 수 없다는 점이다. 그러한 논법은 자연법이론이 특정당파의 '이데올로기'적인 것으로 이용될 수 있다는 점과 자연법 자체가 법으로서 인식될 수 없는 '이데올로기'의 하나라는 점이다. 그런데 이러한 법실증주의의 비판의 허점은 바로 법이나 법학에서 정치를 피하려는 결벽증에 있음을 지적하지 않을 수 없다. 우리가 여기서 분명히 해 두어야 할 일은 정치적 이념이 성문화되는 것이 법이 지닌 생리적 필연이라는 것을 솔직히 시인하는 일이다. 다시 말하

18) 한상범, "자연법이론과 기본권," 해암 문홍주박사 화갑기념논문집(1978), 208-212쪽.

면 자유란 정치 속에서 추구해야 하는 것이고, 정치는 그것이 좋든 나쁘든 법과 공동생활에서 떼어 버릴 수 없고, 따라서 아무리 법률이라고 해도 정치세계를 초월해서 존재하는 것은 있을 수 없는 것이다.

19세기의 미완성, 좌절된 시민혁명을 겪은 독일에 있어서 정치를 경멸하고 실정법위주의 논리적 체계를 치밀하게 완성시키는 법실증주의의 문화풍토가 1930년대의 나치의 폭정에 지극히 무력했다는 사실을 상기할 때, 오히려 "비정치성, 그것은 단순히 반민주주의를 의미할 뿐이다"라는 말이 의미 있게 느껴진다. 이렇게 볼 때에 자연법론에 대한 법실증주의적 · 일반적 비판은 그 타당성을 인정하기 어렵다. 다만 근대시민혁명 이후 치자와 피치자의 자동성의 원리인 민주주의가 보편화된 오늘날에 있어서 반전제적 투쟁의 '이데올로기'로서의 자연법이론이 과연 그대로 유지될 수 있는 것인지, 다시 말하면 국가와 국민 간의 대립관계에서의 자유가 오늘날에도 그대로 타당한 것인지, 또한 자유를 실현시키기 위하여 결국 법의 '정치성'을 배제할 수 없다면, 그 '정치성'과 기본권보장의 관계는 어떠한 것인지 등의 의문이 제기되는 바이나, 이에 대하여는 결론부분에서 C. Schmitt의 결단주의, 자유주의적 기본권이론과 함께 묶어서 논하기로 한다.

Ⅱ. 法實證主義的 基本權觀

법실증주의는 19세기 후반 역사적으로 독일의 특수한 배경 하에서 군주와 국민과의 정치적 대립을 중화하기 위한 조화이론인 국가주권 내지 국가법인설을 전제로 나타난 이론이다. 독일은 정치적으로 국가적 통일이 늦었고 (1871) 또한 영국이나 프랑스와 같은 참다운 시민혁명을 경험하지 못하였기 때문에 18 · 19세기 군권과 민권의 대립 · 투쟁의 시기를 국가를 중심으로 하여 문제를 해결하려 하였다.[19]

이러한 시대적 배경에서 나타난 법실증주의는 국가가 독립된 인격과 주권을 가지고 제정한 법률, 즉 실정법(Positives Gesetz)은 곧 정의법(Gerechtes Recht)으로 보고, 그 실정법의 무조건적 효력을 강조한다(악법도 법이다). 이러

---

19) 이러한 전통으로 독일에서는 오늘날에도 헌법학이나 정치학의 중심에 국가론(Staatslehre)이 큰 비중을 차지하고 있음을 주목할 필요가 있다.

한 입장에서는 소위 국가 이전의 자연법이란 한낱 공상에 불과하며, '법학적 개념에 탈을 쓰고 등장하는 정치'20)에 지나지 않는다. 여기에서는 법실증주의대표자라고 할 수 있는 H. Kelsen과 G. Jellinek의 이론을 중심으로 약술하고자 한다.

자연법의 존재를 부인하고 국가의 의사인 법률(실정법)을 절대시하는 법실증주의에서는 그 법률의 규정대로 공동사회가 운영될 때 봉건적 세력과 시민적 세력이 조화롭게 전체로서의 국가가 유지된다고 보았다. 이러한 법실증주의에서는 실정법질서를 떠난 인간의 자유나 권리 같은 것은 있을 수 없다. 따라서 국민의 자유는 국가적인 강제질서인 법률이 인간의 행동을 규제하지 않는 경우에만 인정되는, 즉 '법률 속의 자유'(Freiheit im Gesetz)라는 명제가 성립된다.

결국 법실증주의에서는 국민의 자유는 국가가 강제질서에 의한 의무를 부과하지 아니했기 때문에 인정되는 은혜적인 것으로, 말하자면 하나의 반사적 효과에 불과하다.21) 그러나 국가목적(Staatszweck)·법목적(Rechtszweck)·자유목적(Freiheitszweck)을 동일시하면서 "국가는 법질서이기 때문에 자유 바로 그것이다"22)라고 강조하는 법실증주의에서는 국가, 즉 법질서만이 국민의 자유를 가능케 한다는 논리를 주장한다. 그러나 오늘날과 같은 민주주의시대에 있어서 "먼저 나라가 있어야 국민의 자유도 있다"는 국가위주의 권위주의적 논리가 타당하지 않음은 물론이다.

---

20) H. Kelsen, "Naturrecht ist ja nur in juristischer Terminologie auftrende Politik," *Allgemeine Staatslehre*, 1925(ND 1966), S. 40.

21) 물론 H. Kelsen과는 달리 G. Jellinek는 그의 '지위이론'에서 국민은 국가에 대한 '소극적'·'적극적'·'능동적' 지위로부터 국가권력에 대하여 부작위 또는 작위를 요구하거나 국민이 정치에 참여할 것을 요구할 수 있는 '주관적 공권'이 나온다고 한다. 그러나 그의 이론적 바탕이 되고 있는 '사실의 규범적 효력'(normative Kraft des Faktischen)에 의하여 '힘'이 '사실'이 되고 그것이 '규범'이 되는 상황 아래서는 법규범에 의하여 주어진 '법의 힘'(Rechtsmacht)으로서의 '주관적 공권'은 항상 유동적일 수밖에 없고, 따라서 결과적으로 '반사적 이익'과 큰 차이가 없다고 본다. 이관희, "기본권관에 대한 소고," 경찰대논문집 제2집(1982), 127-128쪽.

22) H. Kelsen, *a.a.O.*, S. 44: "Der Staat ist die Freiheit, weil er das Rechtsgesetz ist."

Ⅲ. 決斷主義的 基本權觀

1. 내   용

국민을 헌법제정권력의 주체라 하고, 헌법을 국민의 정치적 결단(politi-sche Entscheidung)으로 이해하는 칼 슈미트(Carl Schmitt)의 결단주의(Decisionis-mus)이론23)에서는 국민이 갖는 기본권을 선국가적인 천부인권으로 보고, 기본권의 본질을 '국가로부터의 자유'(Freiheit vom Staat)라고 파악한다. 그리고 국민의 기본권보장을 위하여는 법치국가원리가 적용되어야 하는데, 이 법치국가원리는 국가권력은 '제한성'(Begrenzheit), 기본권은 '무제한성'(Unbegrenz-heit)을 갖는다는 이른바 배분의 원리(Verteilungsprinzip)에 의하여 규율된다고 한다. 결국 슈미트의 사상세계에서는 기본권은 인간의 천부적이고 선국가적인 자유와 권리를 뜻하기 때문에 비정치적인 성질의 것이고, 정치적인 국가작용에 의하여 부당하게 제한되고 침해되는 것을 막기 위해서 비정치적인 법치국가원리가 적용되어야 한다는 것이다. 또한 천부인권으로서 무제한성을 갖는 기본권은 자유권만이라고 보고, 국민의 정치적 권리를 뜻하는 참정권이나 국가의 급부를 요구하는 사회적 기본권은 법률이 정하는 바에 따라 인정되는 일종의 제한적이고 상대적 권리에 불과하다고 한다.

한편 슈미트는 자유권의 본질이 절대적이요 무제한성을 갖는다 할지라도 그것이 곧 자유의 '제한'(Einschraenkungen)과 '침해'(Eingriffe)가 전혀 불가능하다는 논리는 성립될 수 없다고 한다. 자유에 대한 제한과 침해는 예외적으로 '예측가능하고'(berechenbar), '측정할 수 있고'(meßbar), '통제할 수 있는'(kon-trollierbar) 법률로서는 가능하다고 한다. 결국 결단주의에 의하는 경우에도 국민의 자유는 결과적으로 법률유보 밑에 있게 되는데, 다만 슈미트는 법률에 두 가지 개념을 상정하여 법치국가적 법률개념(rechtsstaatlicher Gesetzbegriff)과 민주적 법률개념(demokratischer Gesetzbegriff)으로 구분한다. 여기에서 법치국가적 법률개념이라 함은 규범의 일정한 질을 요구하여 '옳고, 합리적이고, 정의로운' 법률을 말하고, 민주적 법률개념이라 함은 정치적 의지의 주체인 국민이 원하는바, 즉 '주권자의 구체적 의지(Wille)요 명령(Befehl)'인 법률을

---

23) C. Schmitt, *Verfassungslehre*, 1928(ND 1970), S. 20ff.

말한다. 법률유보에서 말하는 법률은 법치국가적 법률일 것을 이상으로 하지
만, 현실적으로는 민주적(정치적) 법률개념이 법치국가적인 것보다 우위에 있
음을 인정하지 않을 수 없다고 한다.[24] 무엇이든지 '법률'이 될 수 있다는 법
실증주의사상을 일단 이념적으로는 배척하면서도 그것이 '주권'의 측면에서
불가피하다는 점을 인정한 것이나 다름없다.

2. 비   판

C. Schmitt가 인간의 천부적이고 선국가적인 자유를 강조하고, 이를 보장
하기 위한 수단으로 '배분의 원리'를 끌어들여 국가권력을 통제하고 제한하
려고 노력함으로써 법실증주의가 내세우던 '법률 속의 자유'의 개념을 '국가
로부터의 자유'의 영역으로까지 끌어 올린 것은 법실증주의가 판을 치던 그
시대에 있어서는 확실히 그의 커다란 이론상의 공적이 아닐 수 없다. 그러나
예외적이라고 하지만 '일반성을 가진 법률'에 의하여 자유의 제한과 침해가
가능하다는 '법률유보'를 인정하고 그 법률이 '정의 또는 합리성'보다는 '주
권자의 의지요 명령'이라는 점이 강조된다면, 그 자유의 보장이 법실증주의
에서의 자유와 비교해서 어느 정도 확실할 수 있는지 의심스럽다.

보다 본질적인 것으로 지적될 수 있는 것은 슈미트가 결단주의적 헌법철
학으로서의 국민주권적 민주주의이념과 그의 자유에 대한 자유주의사상을 조
화시켜야 할 필요성 때문에 헌법의 구성부분을 임의적으로 양분해서 기본권
과 통치구조의 이념적ㆍ기능적 상호교차관계를 소홀히 할 뿐 아니라, 기본권
의 핵심을 자유권으로 보고 자유권의 본질을 국가로부터의 자유라고 이해함
으로써 기본권이 가지는 Input의 기능을 도외시하거나 과소평가했다는 비난
을 면할 수 없다. 그가 법치국가원리를 단순히 비정치적인 형식논리로 이해
함으로써 법치국가원리에 내포되고 있는 실질적 내용과 그것을 실현시키기
위한 국가의 기능적인 구조원리로서의 법치국가원리를 미처 파악하지 못한
점도 지적하지 않을 수 없다.[25] 요컨대 슈미트는 근대헌법학의 이념인 국민
주권을 '국민의 정치적 결단'으로 표현하고, 한편으로 '선국가적인 국민의 자

---

24) C. Schmitt, *a.a.O.*, S. 149f. 여기에서 결단주의는 자연법론과 확연히 구별된다. 자연법론
    은 그 제한논리가 슈미트의 법치주의적 법률만을 인정하는 것이다.
25) 허영, "국가로부터의 자유의 논리형식," 고시계(1981. 9), 21쪽.

유'를 동시적으로 이루려고 하였지만 결과적으로 전자가 강조되어 나치스독재의 어용이론이라는 비난까지 받을 수 있었던 것이다.

Ⅳ. 統合過程(同化統合)論的 基本權觀

통합과정론은 슈미트의 결단주의이론과 같은 시대, 즉 1928년 "Verfassung und Verfassungsrecht"라는 논문에서 Rudolf Smend가 주장한 이론이다. 그러나 그 시대에는 결단주의이론에 눌려서 빛을 보지 못하다가 1960년대 이후 그의 제자 Konrad Hesse에 의하여 발전되어 오늘날 독일헌법학계에 주류를 이루고 있다.

국가를 다양한 이해관계를 가진 사회구성원이 하나의 정치적인 생활공동체로 동화되고 통합되어가는 부단한 과정이라고 이해하는 R. Smend의 통합과정론적 관점에서 볼 때 헌법은 그와 같은 동화적 통합의 '생활형식' (Lebensform) 내지 '법질서'(Rechtsordnung)를 뜻하고, 기본권은 그와 같은 생활형식 내지 법질서의 바탕이 되는 가치체계(Wertsystem) 또는 문화체계(Kultursystem)를 의미한다고 한다. 결국 스멘트의 사상세계에서는 사회공동체의 저변에 깔려 있는 '가치질서'(Wertordnung) 내지 '문화질서'(Kulturordnung)가 그 나라 헌법에 '기본권'으로 나타나기 때문에 기본권이야말로 사회공동체를 정치적 일원체로 동화시키고 통합시켜 주는 실질적인 계기인 동시에 원동력이다.[26]

이처럼 동화적 통합의 가치질서가 바로 기본권이라고 이해하는 스멘트에게는 사회구성원에게 기본권이 보장됨으로 해서 비로소 '전체로서의 국가' (das Staatsganze)가 창설된다고 한다. 그러한 의미에서 통합과정론에서는 기본권의 정치적 성격이 강조되지 않을 수 없고, 따라서 '국가를 향한 자유'(Freiheit zum Staat)라는 명제가 성립된다. 스멘트가 기본권을 '민주시민의 국가창설적 신분권' 내지는 '개인의 정치적 생존권'이라고 강조하는 이유도 그 때문이다. 아무튼 이와 같은 스멘트의 견해에 따르면 슈미트와는 달리 기본권과 통치구조는 단절관계가 아니고 기능적인 상호교차관계에 있는 것으로서, 통치구조란 결국 동화적 통합의 실질적 원동력으로서의 기본권을 실현시키기 위한 하나의 '정돈된 기능구조'(Geordnete Funktion)에 지나지 않게 된다. 스멘

---

26) R. Smend, *Staatsrechtliche Abhandlungen und andere Aufsatze*, 2. Aufl., 1968, S. 119-121.

트가 헌법을 전체로서 이해할 것을 강조하는 이유도 그 때문이다.

한편 기본권의 사회적 동화통합기능 내지는 국가창설적 기능을 강조하는 스멘트의 관점에서 볼 때, 기본권은 동화적 통합의 '당위적 가치질서'(Sollende Wertordnung)이기 때문에 그것은 동시에 동화적 통합을 촉진시키기 위한 사회구성원의 '행동규범'(Verhaltensnorm)을 뜻하는 객관적 규범질서를 의미하게 된다. 스멘트가 자유에 따르는 책임의식과 의무감을 동시에 강조하는 이유도 그 때문이다. 스멘트에 따르면 군주국의 시대에는 군권을 제한하는 기본권의 기능이 중요시되었기 때문에 '국가로부터의 자유'가 어느 정도 이론적인 당위성을 가지고 또 그런 대로 국민의 자유를 보호하는 데 기여했는지 몰라도 오늘날과 같은 민주주의시대에는 기본권이 동화적 통합에 의한 국가창설의 실질적인 원동력이 되고, 또한 국가존립의 가치질서적 당위성을 뜻하기 때문에 국가로부터의 자유가 아니고 '국가를 향한 자유'를 의미한다고 한다.

이와 같은 스멘트이론에 의하여 급기야 기본권은 국가권력에 대한 고전적인 방어권으로부터 국가라는 건물을 짓는 데 있어서의 '건축자재'(Aufbauelements)로까지 발전한 것이다. 따라서 기본권에 대한 제약은 국가라는 건물을 짓는 데 있어서 건축자재를 효율적이고 합리적으로 활용하기 위한 질서적 제약에 지나지 않게 된다. 바로 이곳에 Smend가 기본권에서 '권리'의 측면보다는 '객관적 질서'의 측면을 강조하고, 또 기본권을 개인의 임의적 행동영역으로 보지 않고 처음부터 전체를 지향한 '비개인적'(überindividuelle)이고 '제도적'(institutionell)인 것으로 이해하는 이론적 측면이 있다.27)

그러나 R. Smend처럼 기본권의 권리성을 소홀히 생각하고 그 정치적 기능만을 강조하는 경우에는 기본권은 개인의 '행동과 결정의 자유'(Handlung- und Entscheidungs-Freiheit)를 뜻한다기보다는 동화적 통합을 실현시키기 위한 정치적 의사형성과정에 적극적으로 참여하여야 되는 '의무적인 요소'가 그

---

27) K. Hesse의 제자 P. Haeberle는 기본권의 제도적 측면을 '제도적 기본권이론'(institutionelle Grundrechtstheorie)으로 발전시켜 나가고 있다. C. Schmitt는 "자유는 제도가 아니다"라는 전제하에서 '자유'와 '제도적 보장'을 구별하는 반면, P. Haeberle는 "자유는 제도일 수밖에 없다"(Die Freiheit kann nur als Institut vorfinden)라는 시각에서 자유와 기본권을 이해하고 있다. 그리하여 그는 자유를 구체화하고 실현하는 법제도가 없이는 자유는 마치 '법적으로 공허한 공간'에 지나지 않기 때문에 '법 속에'(Freiheit im recht)서만 현실화되고 충족될 수 있다 한다. 다만 그는 '법'(Recht)과 '법률'(Gesetz)을 엄격히 구별한다. P. Haeberle, *Verfassung als Oeffentlicher Prozeß*, 1978, S. 579-581.

핵심처럼 간주될 수밖에 없다. 민주주의에서의 기본권이 아무리 의무적인 요소를 내포한다 하더라도 그것은 어디까지나 '자유'와 '권리'를 전제로 한 반사경과 같은 것이라고 보는 것이 옳지, 거꾸로 자유와 권리를 떠나서 의무적인 요소 그 자체를 기본권의 본질이나 핵심인 것처럼 평가하는 태도는 확실히 문제점이 있다고 할 것이다. 그러한 점에서 Smend의 사상적 세계를 그 이론적 바탕으로 하고 있는 K. Hesse가 기본권의 '양면성'(Doppel-charakter)을 강조하면서 기본권이 가지는 '주관적 권리'의 면을 중요시하고 있는 것도 결코 우연한 일이 아니다.

인간의 자유가 신장되기 위하여 '자유로운 전체의 질서'(Freheitlich Gesamtordnung)가 필요한 것은 사실이지만, 그렇다고 해서 그 전체의 질서만을 강조하는 것은 옳지 못한 태도라고 본다. 따라서 Hesse처럼 '주관적 권리'와 '객관적 질서'가 서로 긴밀한 상승작용을 이루는 경우에만 기본권적 자유는 비로소 그 자유의 의미를 갖게 된다고 보는 것이 옳다고 생각한다.[28] 오늘날처럼 전문적이고 기능적인 고도의 산업사회에서 인간 상호간의 생활영역이 거미줄처럼 얽혀 있는 사회환경 속에서는 서로가 서로에게 의지하지 않고는 하루도 살아갈 수 없는 것이 사실이기 때문에 인간사회의 이 같은 '거미줄현상'을 보호해 주고 보살펴 주는 '전체의 질서'가 필요한 것은 사실이지만, 그렇다고 해서 그 전체의 질서의 전제가 되는 주관적 권리의 측면이 무시되거나 경시되어서는 기본권은 이미 그 의미를 상실한다고 보는 것이 옳기 때문이다.

또 학자에 따라서는 스멘트가 기본권을 하나의 가치체계 내지 문화체계로 이해하는 나머지 시류에 급변할 수 있는 다양한 가치관이나 가치판단이 기본권해석에 스며들 수 있는 여지를 남겨 놓았다고 비판할 수도 있겠으나, 스멘트가 생각하는 가치는 '역사적인 발전과정에 상응하는 계속성(Kontinuität)과 구체적 내용'(Konkretisierter Inhalt)을 가지는 것이라고 보는 것이 옳을 것이다.[29]

---

28) K. Hesse, *Grundzüge des Verfassungsrechts der Bundesrepublik Deutschland*, 20. Aufl., 1995, Rn. 301; 허영, 217쪽.
29) 허영(이), 345쪽.

V. 學說整理

1. 외국학설의 수용자세

이상에서 기본권관에 대한 외국의 대표적인 학설을 개관하여 보았다. 여기에서 우리가 배워야 할 것은 각 학설이 그 사회, 그 시대를 배경으로 하여 생성되어 그 사회에서 요구하는 시대적 역할을 수행하였다는 점이다. 법실증주의는 서구제국에 비하여 국가적 통일이 늦었고, 따라서 근대시민혁명을 완전히 경험하지 못한 독일에서 일반시민세력과 군주 등의 봉건세력 모두가 국가를 중심으로 뭉치지 않을 수 없는 상황에서, 그 당시 서구제국의 자연법사상을 과감히 물리치고 국가목적 = 법목적 = 자유목적이라는 논리로서 국가가 제정한 법률이 비록 그것이 악법이라 할지라도 국민은 무조건 따라야 한다는 이념을 제시하여 외견적 입헌군주제(1871-1919)와 그 이후 국가위주의 권위주의적 운영를 합리화하는 법이론이었다고 할 수 있다.

한편 자연법이론은 근대시민혁명을 전후하여 절대군주에 대항하여 천부인권으로서 인간의 자유·존엄을 주장한 이론이며, 서구의 17·18세기 시민혁명을 계기로 성장한 중산계급의 재산과 자유를 전제군주로부터 보호하기 위한 그 시대의 요청을 반영하고 있는 것이다.

C. Schmitt의 결단주의이론은 제 1 차 세계대전(1914-1919) 이후 패전의 실의에 빠져 있는 바이마르 공화국의 혼란기에 국민의 정치적 결단이라는 명분 아래 강력한 지도자의 결단을 기대하는 한편, 그 당시 보편화되어 있는 국민의 자유이념을 법실증주의관점이 아닌 자연법적 관점에서 체계화해 보려는 시도에 불과하다.

한편 동화통합이론은 이미 국민주권 내지 민주주의가 보편화된 상황에서 국가와 국민의 대립이라는 종래의 기본권관을 버리고 국민이 참여하여 국가를 건설한다는 측면에서 제 2 차 세계대전 이후 독일을 재건하겠다는 독일적 민족주의의 표현이라 하겠다. 제 2 차 세계대전 이후 독일학계에 자연법론이 재등장하였지만 국가 이전의 인간의 자유·존엄 같은 공허한 이론은 독일민족에게는 별 흥미가 없는 것이고, 국민의 기본권을 존중하면서도 국가건설에 하나로 뭉칠 수 있는 헌법이론을 스스로 만들고 키운 것은 하나의 독일적 전통의 표현이라 하겠다. 이렇게 볼 때에 제학설이 저마다 그 사회·시대에 맞는 뜻을 갖고 있으므로, 그 이론을 객관적으로 평가한다는 것은 무의미하다. 그러므로 우리가 서구의 제학설을 수용할 때에도 주의를 요하는 점은 결국 우리의 현실을 어떻게 보느냐 하는 관점이 선행되어야 한다는 것이다. 우리의 현실에 대한 이해에 기초를 두어야만, 어느 학설을 취할 것인가가 명백히 드러나기 때문이다.

2. 동화적 통합론의 수용필요성

이제까지 우리의 헌법학계에서는 헌법관 내지 기본권관으로 자연법론 아니면 결단주의가 대체적인 경향이고, 예외적으로 법실증주의를 취하고 있었다. 그러나 법실증주의는 물론 자연법론이나 결단주의는 국가와 국민 간의 대립을 그 전제로 하는 이론이다. 다시 말하면 법실증주의는 국가가 제정한 법률에 국민의 무조건 복종을 요구하는 것이고, 자연법론이나 결단주의는 국민의 '선국가적인 자유' 또는 '국가로부터의 자유'를 의미한다.

생각건대 자연법론이나 결단주의가 우리의 헌정 초기에 있어서 '자유의 이념'을 국민에게 계몽시킨 공적을 높이 평가할 만하지만, 해방 이후 모든 국민의 참여하에 국가건설이라는 중대한 과제를 전제로 할 때 그 이론들이 우리 사회에 미친 역기능 또한 없지 않았음을 우리는 솔직히 시인하지 않을 수 없는 것이다. 그것은 그 당시 우리 사회가 서구의 민주주의를 받아들일 만한 중산층이 형성되지 못한 상태에서 국가와 대립되는 '자유'만을 강조할 때, 통치권력에 대한 무조건적·부정적인 성향과 그로 인한 국가분열이 극에 달한 과거의 우리의 헌정사에서 뚜렷이 나타난다고 하겠다. 어떤 면에서 보면 독일의 헌법학설사와 비교하여 볼 때, 국가의 건설·경제발전에 따르는 중산층의 형성을 무엇보다 필요로 하는 우리의 여건 하에서는 법실증주의가 보다 적합한 이론이었을지도 모른다. 그러나 민주국가의 기틀이 어느 정도 이루어진 오늘날에 있어서는 "먼저 나라가 있어야 국민의 자유도 있다"는 법실증주의의 논리형식을 그대로 받아들일 수 없음은 명백하다. 그렇다고 언제까지나 자연법론이나 결단주의를 국가권력의 남용을 견제해야 한다는 이유 하나만으로 고집할 수도 없다.

그 이유는 두 가지로 요약할 수 있는데, 그 하나는 이론적인 측면에서

치자 = 피치자의 민주주의원리가 보편화된 오늘날에 있어서는 '국가 대 국민' 또는 '치자 대 피치자'의 이원적 대립을 전제로 한 '국가로부터의 자유'라는 논리는 그 성립기반을 잃었다고 할 수 있고, 또 하나는 현실적인 측면에서 남북이 내지된 상황과 치열한 국제경쟁 속에서 국가의 생존을 지켜 나가야 하는 우리의 입장으로 볼 때 '국가로부터의 자유'라는 소극적 이론으로서는 통합·단결하여 복지국가건설이라는 우리 시대의 요청에 도저히 부응할 수 없기 때문이다. 바로 여기에 헌법관 내지 기본권관으로 동화통합론을 주장하는 이유가 있다. 국민 각자의 기본권의 행사가 국가존립의 기초이며, 그 기본권은 그 사회의 '가치체계' 또는 '문화체계'의 표현이라는 동화통합론의 논리는 우리의 현실에 상당한 설득력을 갖는 것이 사실이다. 따지고 보면 자연법론에서 솔직히 시인하는 법의 '정치성'[30]이나 결단주의에서 말하는 '법률유보'라는 것도 그 사회의 '가치체계' 또는 '문화체계'를 의미하는 것이라고도 볼 수 있지 않을까.

물론 그 '가치체계' 또는 '문화체계'가 항시 위정자가 원하는 '가치' 또는 '문화'로 해석되어서는 아니 된다. 그러나 그것이 오랜 역사를 가진 서구 민주주의와 동일수준의 '가치' 또는 '문화'를 요구할 수 없음도 명백하다. 여기에 바로 동화통합론의 어려움이 있는 것이지만, 우리는 우리의 모든 여건(수준)을 직시할 수 있는 통찰력과 용기 또한 필요하다 할 것이다.

---

30) 우리나라의 대표적인 자연법론자라고 할 수 있는 한상범 교수는 "… 우리가 분명히 해 두어야 할 것은 정치적 이념이 성문화되는 것이 법이 지닌 생리적 필연이라는 것을 솔직히 시인해야 할 일이다. 문제는 어떻게 그 정치성을 올바르게 구현시키도록 법가치를 이해하느냐에 있지 않을까"라고 주장한다. 한상범, "자연법이론과 기본권," 223쪽(각주 21) 참조.

제 3 절   基本權의 法的 性格

Ⅰ. 主觀的 公權性과 自然權性

1. 주관적 공권성

기본권의 주관적 공권성이란 개인이 국가를 상대로 자신의 자유와 권리를 위해 국가의 부작위와 작위를 요구할 수 있는 권리를 뜻한다. 주관적이라는 말은 개개인이 (권리를) 갖는다는 '개인적'의 의미이고, 공권이라는 말은 사적 권리가 아닌 국가적 차원에서 인정되는 공적인 권리라는 의미이다. 자유권에 관하여 켈젠은 권리성을 부인하고 법률이 규정하지 않고 있기에 자유가 허용될 뿐이라고 하는 반사적 이익설을 주장하였으나, 이를 수용하기는 곤란하다. 기본권은 그것이 침해될 경우 이를 배제할 법적인 힘이 인정되어야 하므로 권리성은 인정된다고 해야 한다.31)

주관적 권리로서의 기본권은 인간 및 시민으로서의 개개인의 헌법상의 권리이며, 우선적으로 국가권력의 기본권 침해에 대해 방어할 수 있는 권리이다. 하지만 오늘날에는 국가의 침해에 대한 방어의 의미를 넘어 객관적 가치질서, 생존, 청구, 참정권, 제도보장 등의 의의도 갖는 것으로 이해되고, 자신의 권리나 이익에 관련된 사항에 관여를 요구할 수 있는 생존, 청구, 참정의 기능을 갖는 것으로 해석되기도 한다.

2. 자연권성의 인정여부

기본권이 국가질서를 초월한 천부적이고 자연적인 권리로서 인정될 것인가, 즉 자연권성을 갖는지 의견이 분분하다. 이것은 기본권의 법적 효력근거의 문제라고도 할 수 있으며, 기본권은 실정헌법이 보장하는 경우에만 그리고 그 범위 내에서만 인정되는 것인지 아니면 천부인권으로서 전국가적 효력을 지니고 있다고 볼 것인지의 문제이다.

자연권성을 긍정하는 견해32)는 기본권은 실정헌법에 의하여 비로소 창설되고 보장되는 것이 아니라 인간이 태어날 때부터 타고난, 인간의 본성에서

---

31) 김철수, 267쪽; 권영성, 299쪽; 강경근, 289쪽; 성낙인, 226쪽.
32) 권영성, 300쪽; 김철수, 268쪽.

유래하는 권리라고 이해한다. 즉 앞서 본 바와 같이 인권과 기본권이 같은 의미라고 파악하는 입장이다. 이에 의하면 인권으로서 기본권은 국가창설 이전에 전국가적인 효력을 지니며, 실정법질서를 떠나 초실정법적인 권리로 이해될 것이고, 국가는 이 절대적 기본권에 기속되는 것으로 본다. 따라서 실정법인 헌법상의 기본권은 자연권을 확인하는 것이라고 주장한다. 기본권의 자연권성을 부정하는 견해33)는 기본권이 자연법사상에 출발한 것은 부정하지 않지만 기본권도 실정헌법에 규정된 이상 실정권으로 보아야 한다는 입장이다. 이러한 실정권설은 헌법질서를 전제로 하지 않는 한 어떠한 권리도 인정될 수 없다는 입장이므로, 기본권도 국가에 의하여 만들어졌기 때문에 효력을 갖는다고 한다. 따라서 기본권은 국가에 의하여 창설되고 구체적인 내용과 한계가 법률로 정해진다고 이해한다.

국가가 군주의 사유물에 불과하고, 국민의 인권이 심하게 핍박받던 때에는 자연권의 항의적 성격은 엄청난 힘을 발휘하였다. 하지만 우리 헌법상의 기본권은 일차적으로 대한민국이라는 국가를 전제로 국가질서 내에서 보장되는 권리이다. 특히 헌법 제37조에 규정되어 있는 민주적 입법자에 의한 기본권 제한의 가능성은 절대로 제한될 수 없는 자연권의 본질과는 일치하지 않는다. 일차적으로 헌법상 기본권은 실정법적 권리라고 하겠다.

물론 기본권을 실정권이라고 한다고 하여 우리 국민이 천부적인 인권보장의 영역에서 배제되고 있다는 것은 아니다. 국가질서를 전제하지 않은 영역 이를테면 국제관계에서는 자연권과 인권을 주장할 수밖에 없다.34) 또 우리 헌법상 기본권을 해석하는 때에나 새로운 기본권을 도출하고자 할 때에는 자연권과 인권의 논의를 원용해야 하는 경우도 있다.35) 다만 과거 절대군주제시대의 국가와는 다른 관점, 즉 민주주의와 국민주권을 전제하고서는 항의적 성격의 자연권성 논의는 큰 의미가 없으며 기본권을 자연권성과 연관하여 파악하는 것은 적합하지 못하다는 것이다. 현대 헌법국가에서는 기본권이 오히려 국가질서에서 구체적으로 형성하여야 할 실정법적 권리라고 파악하는

---

33) 허영, 228쪽.
34) 국제법상 인정되는 인권 내지 자연권은 헌법 제 6 조 제 1 항에 의하여 우리 법질서에 수용될 수 있다.
35) 우리 헌법 제37조 제 1 항의 '열거되지 않은 기본권조항'은, 이론상 자연권으로 인정되는 권리가 해석적으로 우리 헌법에 편입되는 현상을 규정한 것이라고 이해할 수 있다.

것이 현실과 부합된다.[36]

Ⅱ. 制度的 保障理論의 問題

1. 제도보장의 개념과 의의

제도적 보장이론[37]은 기본권의 천부적 인권성·자연권성을 강조한 칼 슈미트에 의하여 발전된 개념이다. 제도보장은 객관적 제도를 헌법에 규정하여 당해 제도의 본질을 유지하려는 것으로서, 헌법제정권자가 특히 중요하고 가치가 있다고 인정하여 헌법적으로 보장할 필요가 있다고 생각하는 국가제도를 헌법에 규정함으로써 장래의 법 발전, 법 형성의 방침과 범주를 미리 규율하려는 데 있다고 한다.[38] 슈미트의 이해에 의하면 기본권은 전국가적 권리로서 국가의 간섭이 허락되어서는 안 된다고 보는 데 반하여, 제도보장은 국가에 있어서의 제도이므로 국가의 간섭이 허용된다는 점에 차이가 있다.

제도적 보장이론은 바이마르 헌법의 해석론을 기초로 정리된 것이다. 바이마르 헌법 제 2 부는 기본권에 대하여 규정하고 있었는데, 그 중에 천부적 자유권이라고 볼 수 없는 것들(예컨대 사유재산제도나 대학제도 등)이 있어서 그것을 설명하기 위하여 슈미트가 발전시킨 개념이다.[39] 제도보장은 공법·사법상 제도를 헌법에 규정함으로써 제도의 본질을 입법에 의하여 훼손시키는 것을 방지하려는 데에 목적을 두고 있다.

2. 현행헌법에서의 제도보장이론

우리나라의 헌법해석론에 있어서도 상당수의 견해가 이 이론을 수용하

---

36) 여기서 기본권을 실정법적 권리라고 이해하는 것은 과거 법실증주의자가 주장한 것과는 다른 의미이다. 국가의 은혜에 의하여 법상 인정되는 권리라고 하여 기본권의 권리성을 약화시키기 위한 의미가 아니며, 민주적 헌법국가가 구체적으로 형성해야 하는 과제라는 측면을 포착한 것이다.

37) 제도적 보장이론의 자세한 설명은 김승조, "헌법상의 제도적 보장," 법과 사회연구 제 6 집, 1987, 114쪽 이하 참조.

38) 이 이론은 '제한형식에 있어서 그러한 제도가 부인되거나 변질되지 않을 그러한 외적 한계를 침해하는 입법부에 대한 유효한 금지'라거나 '특정한 객관적 제도 그 자체를 헌법상 확립하고 그의 배제나 공동화로부터 보장하는 것' 또는 '국가 자체의 존립의 기초가 되는 일정한 법적·사회적·정치적·문화적 제도를 헌법수준에서 보장함으로써 당해 제도의 본질을 유지하려는 것' 등으로 정의되고 있다.

39) 원래 M. Wolff가 바이마르헌법의 재산권 규정을 해석함에 있어서 창안한 개념이라고 한다.

2 부 基本權 總論

고, 이를 원용하여 기본권을 설명하려는 시도를 하고 있다.40) 학설은 기본권
은 주관적 권리이며, 제도보장은 객관적 법규범이라고 본다. 양자가 결부되어
있어도 기본권은 초국가적 자연권임에 반하여 제도보장의 법적 성격은—권
리를 내포하고 있어도— 법에 의하여 내용이 형성되고 규율되는 국가 내적인
것이라고 한다.41)

    이러한 견해는 제도보장의 대상이 되는 제도는 역사적으로 형성된 기존
의 제도이어야지 헌법의 규정에 의하여 비로소 형성된 제도는 그 대상이 될
수 없다고 한다. 제도보장은 국가 내에서 국가의 법질서에 의하여 비로소 인
정된 제도이므로 기본권과 같이 배분의 원리가 적용되지 않으며,42) 헌법에
의하여 일정한 제도가 보장되면 입법자는 그 제도를 설정하고 유지할 입법의
무를 지게 될 뿐만 아니라 헌법에 규정되어 있기 때문에 법률로써 이를 폐지
할 수 없고, 비록 내용을 제한한다고 하더라도 그 본질적 내용을 침해할 수
는 없다고 본다.

    이 같은 견해는 제도보장과 기본권 사이의 관계에 대하여 상세한 설명을
하고 있다. 제도보장은 자유와 구별된다는 슈미트의 해석에 따라 양자는 무
관하다고 할 수 있으나, 제도보장이 법제도의 존속과 확보만을 보호하는 데
그치는 것이 아니라 궁극적으로는 개인적 자유를 보호하는 데 이바지한다는
측면에서 양자의 관련성을 인정하는 것이다.43) 따라서 기본권과 제도보장의

---

40) 예컨대 김철수, 273쪽 이하; 강경근, 295쪽; 성낙인, 228쪽.
41) 헌법재판소도 같은 취지에서 "제도적 보장은 객관적 제도를 헌법에 규정하여 당해 제도
    의 본질을 유지하려는 것으로서 헌법제정권자가 특히 중요하고도 가치가 있다고 인정되고
    헌법적으로도 보장할 필요가 있다고 생각하는 국가제도를 헌법에 규정함으로써 장래의 법
    발전, 법형성의 방침과 범주를 미리 규율하려는 데 있다. 이러한 제도적 보장은 주관적 권
    리가 아닌 객관적 법규범이라는 점에서 기본권과 구별되기는 하지만 헌법에 의하여 일정한
    제도가 보장되면 입법자는 그 제도를 설정하고 유지할 입법의무를 지게 될 뿐만 아니라 헌
    법에 규정되어 있기 때문에 법률로써 이를 폐지할 수 없고, 비록 내용을 제한하더라도 그
    본질적 내용을 침해할 수 없다"고 하고 있다(헌재 1997. 4. 24. 95헌바48).
42) 흔히 '기본권은 최대한의 보장, 제도적 보장은 최소한의 보장'이라는 설명을 한다. 자유
    는 헌법에 의하여 무제한하게 보장된다고 봄에 반하여 제도적 보장은 헌법이 보장하는 본
    질적 내용을 침해하지 않는 범위 내에서 입법자에게 폭넓은 입법형성의 자유를 가진다는
    의미이다; 헌법재판소는 "직업공무원제도는 지방자치제도, 복수정당제도, 혼인제도 등과 함
    께 제도보장의 하나로서 이는 일반적인 법에 의한 폐지나 제도본질의 침해를 금지한다는
    의미의 최소보장의 원칙이 적용되는바, 이는 기본권의 경우 헌법 제37조 제2항의 과잉금
    지의 원칙에 따라 필요한 경우에 한하여 최소한으로 제한되는 것과 대조되는 것"이라고 하
    고 있다(헌재 1994. 4. 28. 91헌바15등).
43) 예를 들어 혼인제도는 제도 자체를 폐지하지 못하게 할 뿐 개별적 혼인을 보호하는 것은

관계를 유형화하는데, 제도 그 자체만 보장하는 경우(예컨대 직업공무원제, 지방자치제 등), 권리가 제도에 종속하는 경우(예컨대 복수정당제의 보장이 정당과 관련된 참정권을 포함하는 것), 제도가 기본권에 수반되는 경우(예컨대 참정권이 민주적 선거제도 등을 포함하는 것), 보장이 병존하는 경우(예컨대 재산권의 보장과 사유재산제의 보장의 관계) 등으로 나누어 볼 수 있다고 한다. 우리 헌법상의 제도적 보장44)으로서 직업공무원제(제 7 조 제 2 항), 복수정당제(제 8 조 제 1 항), 사유재산제(제23조 제 1 항), 교육의 자주성·전문성·중립성(제31조 제 4 항)과 대학의 자치(제22조 제 1 항), 혼인제도·가족제도(제36조 제 1 항), 지방자치제(제117조 제 1 항) 등을 들고 있다.45)

3. 제도적 보장론의 현대적 의미

이러한 우리나라 학설의 설명에 있어 제도보장이론이 과연 이론적으로 타당한 것이며, 우리 헌법의 해석론에 도입하는 것이 타당한지에 대한 고찰은 부족한 것으로 보인다. 제도적 보장론의 확립이 역사적으로는 기본권의 이중성을 긍정하는 이론에 기여한 바가 크다고도 할 수 있다. 그러나 제도적 보장이론의 이론적 문제점으로서 제도 자체의 의미가 명확하지 않으며, 제도로서 보장되어야 할 핵심적 내용이 무엇인지 해명하고 있지 않다는 점이 지

아니나, 혼인제도의 보장은 혼인제도를 보장함으로써 혼인의 자유가 실현되도록 기여한다고 한다.

44) 헌법재판소는 "직업공무원제도와 지방자치제도, 복수정당제도, 혼인제도 등과 함께 제도보장의 하나이다"라고 하고 있다(헌재 1994. 4. 28. 91헌바15등). 이 밖에도 교육제도가 제도적 보장이라고 한 판례(헌재 1991. 2. 11. 90헌가27) 등 여러 가지가 있다. 특히 헌법재판소는 1997. 4. 24. 95헌바48 결정에서 (구)지방공무원법 제 2 조 3항 2호 등 위헌소원) "제도적 보장은 객관적 헌법에 규정하여 당해 제도의 본질을 유지하려는 것으로서, 헌법제정권자가 특히 중요하고도 가치가 있다고 인정되고 헌법적으로 보장할 필요가 있다고 생각하는 국가제도를 헌법에 규정함으로써 장래의 법 발전, 법 형성의 방침과 범주를 미리 규율하려는 데 있다. 헌법에 의하여 일정한 제도가 보장되면 입법자는 그 제도를 설정하고 유지할 입법의무를 지게 될 뿐만 아니라 헌법에 규정되어 있기 때문에 법률로써 이를 폐지할 수 없고, 비록 내용을 제한한다고 하더라도 그 본질적 내용을 침해하지 아니하는 범위 안에서 입법자에게 제도의 구체적인 내용과 형태의 형성권을 폭넓게 인정한다는 의미에서 '최소한 보장의 원칙'이 적용될 뿐이다"라고 판시하고 있다.

45) 일부견해에 의하면 지방자치제도나 직업공무원제도 등을 독일식 제도보장으로 이해하는 다수견해에 대하여, 독일의 경우는 오랜 역사와 전통이 있으므로 역사적·전통적으로 형성된 제도를 헌법적으로 보장한다는 것이 가치가 있을지 모르지만 우리에게는 그러한 전통이 없다는 점, 가족제도의 경우 우리의 전통적 가족제도를 보장의 대상으로 삼는 것은 현재의 실정과 부합하지 않는다는 점 등을 들어, 우리의 제도적 보장은 미래지향적인 헌법적 청사진에 불과하다고 한다(최대권, 217쪽).

적될 수 있다. 나아가 제도적 보장이라고 하더라도 입법자에 의한 개정이 아
닌 헌법개정에 의해서는 제도가 폐지되는 것이 가능하다는 결론에 이르는데,
그러한 제도가 헌법개정의 한계가 되는 때에는 헌법개정으로도 바꿀 수 없는
경우기 있나는 섬에서 이론적으로 문제가 있다고 할 수 있다(예컨대 재산권보
장을 헌법개정을 통해 폐지할 수 있을지의 문제). 제도적 보장이론은 그 이론상의
명쾌함에도 불구하고 오늘날 많은 문제점이 지적되고 있다.[46]

제도적 보장이론을 수용하는 견해도 제도적 보장이 결국 기본권 보장이
라는 궁극적 목적을 위해 사용된다는 점에 동의를 하고 있는 것을 발견할 수
있다. 즉 기본권과 제도보장을 구별하더라도 양자는 완전히 분리된 개념이
아니라고 본다.[47] 하지만 이렇게 말한다고 해도 제도적 보장이론이 기본권은
천부적인 방어권·자연권이라는 논리적 전제를 가지고 출발하는 이론이라는
비판을 피하기는 어렵다. 한편 뒤에 설명할 기본권의 객관적 가치질서성 논
의는 기존 제도적 보장이론과는 다른 각도에서 논리적으로 제도의 문제를 해
명하고 있다는 것을 보여 주고 있다.

Ⅲ. 基本權의 客觀的 價値秩序性과 基本權의 二重性

1. 기본권의 객관적 가치질서성

통합론을 주장한 스멘트는 (기본권의 주관적 권리성을 부정한 것은 아니었지
만) 기본권의 객관적 질서 측면을 강조하였다. 기본권의 객관적 가치질서성이
란 기본권을 통하여 국가가 비로소 구성되고 성립된다는 측면을 강조함으로
써 나타나는 기본권의 법적 성격을 의미한다.[48] 이에 따를 경우에 기본권의

---

46) F. Klein, *Institutionelle Garantien und Rechtsinstitutsgarantie*, 1934, S. 25ff. 참조.

47) 제도보장이론은 법률만능주의로부터 인권을 수호하기 위해 안출된 기술임에도 불구하고
    인권과 제도의 주종관계가 역전하여 인권에 의해 제도가 존재하는 것이 아니라 제도에 의
    해 인권이 존재하는 것과 같이 이해되기도 한다. 이 경우 인권은 공동화되고 개인의 자유
    대신 제도적 의무만이 강조되게 되며, 더욱이 제도보장이 다른 규정에 의해 보장되고 있는
    인권을 붕괴시키기 위한 도구로 사용될 위험도 없지 않다는 사실이 경계되고 있다.

48) 한 국가의 국민들은 헌법에 의하여 합의하는 개별적인 정치적 가치를 설정하게 되며, 우
    리의 헌법은 이제까지의 시민적 법질서의 핵심제도 하에 확립된 규정을 통해 국가를 특정
    하는 것이라고 본다. 즉 헌법을 가지고 있는 국가는 (기본권으로 대표되는) 특정한 문화체
    계의 국가가 되는 것이라고 보는 것이다. 그리고 이러한 문화체계의 이론적 연구방식은 역
    사적으로 근거지어지고 조건지어진 정신적인 전체로서의 체계를 정신과학적으로 발전시키
    는 것이라고 보는 것이다(R. Smend, *Das Recht der freien Meinungsäußerung, Staats-*

전통적 의미인 주관적 공권성보다 국가를 존재하게 하기 위하여 국민이 반드시 행사해야 하는 일종의 의무로서의 기본권의 성격이 전면에 나타나게 된다. 이러한 점에 따라 기본권의 객관적 가치질서성의 논의는 종종 비판되고 있다. 천부적 자연권으로서의 기본권의 성격이 약화됨으로써 국민의 기본권 보장이 약화될 것이라는 우려와 국가에 의하여 임의적으로 기본권이 제한되고 침해될 것이라는 우려에서이다. 하지만 기본권의 객관적 가치질서성의 논의가 주관적 공권성의 논의와 양자택일의 관계에 있다고 보는 것은 무리라고 생각한다. "객관적 가치질서이기 때문에 자유가 아니다"라는 명제는 성립하지 않는다고 보는 것이다.49)

　　이러한 스멘트의 기본권이론을 좀 더 부각하고 있는 것이 바로 해벌레(P. Häberle)의 제도적 기본권이론이다. 해벌레는 프랑스의 학자인 오류(M. Hauriou)의 논의를 이어받아 기본권은 여러 가지 제도 중의 또 다른 하나라는 점을 설명한다. 공동체 구성원으로서 사실상의 자유를 전제로 하는 기본권은 제도적인 규범복합체 속에서만 실현될 수밖에 없으므로 기본권의 내용도 구체적인 생활관계 속에서 정해진다고 한다. 이를 통하여 그는 자유를 전적으로 개인적 임의성에 맡기는 것에 반대하려 하였다. 결국 이 이론은 기본권의 객관적 가치질서로서의 측면이건, 주관적 공권으로서의 측면이건 제도라는 개념에 모두 포섭되고, 자유의 실현을 위해서는 형식적으로 자유를 헌법에 보장하는 것만으로는 부족하고 구체적으로 법질서에 의하여 형성되어야 한다는 것을 밝힌 것이다. 민주주의가 정상적으로 운영되고 있는 상황이라면 이러한 객관적 가치질서로서의 기본권의 성격은 결코 간과되어서는 안 된다.50)

---

rechtliche Abhandlungen, 3. Aufl., 1994, S. 91). 이러한 국가와 기본권에 대한 이해에 따르면, 주관적 공권성을 넘어서는 기본권 이해가 가능해지며, 기본권의 이른바 객관적 가치질서성이 승인되게 되는 것이다. 또 민주주의와의 관련성이 강조되어 기본권을 통해 보장된 사실적 가치공동체에 의하여만 민주주의는 존재할 수 있다는 관점이 부각된다(C. Möllers, Staat als Argument, 2000, S. 112).

49) 물론 기본권이 자연권성을 갖는다는 논의와는 모순되는 점이 없지 않다. 그러나 앞서 인권과 기본권의 관계, 기본권의 자연권성 설명에서 본 바와 같이 기본권이 일차적으로는 실정법적 권리라고 하고, 자연권의 논의는 이와는 다른 영역의 문제라는 점을 전제한다면, 이러한 비판은 큰 의미가 없다.

50) 개인의 자유와 그에 따른 개인적 결정을 불신하고 입법자를 무제한적으로 신뢰하고 있는 것은 문제라고 지적된다. 기본권을 구체적으로 형성하여야 하는 입법자가 올바르게 기능하지 못한다면 국민의 기본권 보장은 심각하게 위협받게 될 위험이 있다.

2. 기본권의 이중성이론

스멘트의 이론이 기본권의 공권성을 비교적 소홀히 다루고 있다는 점은 일반적으로 지적될 수 있다. 이에 대하여 헤세(K. Hesse)는 기본권의 객관적 가치질서성과 더불어 주관적 공권성을 다시 강조하였다. 그에 따르면 기본권은 개인이 국가에 부작위 또는 작위를 요구할 수 있는 주관적 권리임과 동시에 통합의 생활형식인 헌법질서의 기본이 되는 객관적 질서이다. 이렇게 기본권의 두 가지 측면을 동시에 강조한 이론을 기본권의 양면성이론 또는 이중성이론이라고 한다.51)

한편 기본권을 명문화한 헌법규범이 국가권력을 구속한 결과 객관적 가치질서를 구성하는 것이지, 기본권 자체가 곧 객관적 질서가 되는 것은 아니라고 하면서 기본권의 이중성을 부정하는 견해가 있다. 그러나 기본권은 국가와 개인간의 개별적인 지위에 관한 명제로서의 의미만을 갖는 것이 아니라, 모든 사회구성원과 국가가 준수해야 할 객관적 가치질서로서의 성격도 갖는다는 점에서 기본권은 이중적인 성격을 지닌다고 보는 것이 타당하다. 이는 앞서 설명한 기본권의 객관적 가치질서성의 설명과 다르지 않다. 나아가 현대헌법에서 나타나는 중요한 문제들, 예컨대 기본권의 대사인적 효력, 사회적 기본권의 법적 성격 논의 등은 이러한 기본권의 이중성 내지 객관적 가치질서성을 전제하지 않고는 도저히 해결될 수 없는 것이다.

기본권의 이중성을 인정하는 경우 기본권이 객관적 성격을 띠게 되면서 그 효력의 범위가 국민과 국가의 개별적 관계뿐 아니라 모든 사회질서와 그 질서의 형성에로 확대된다. 즉 기본권은 민주주의질서, 법치국가질서, 사회국가질서 및 문화국가질서의 기본요소로서 작용한다. 기본권이 공동체의 질서를 형성하는 기능을 수행한다면 기본권은 보편적 효력을 갖게 되어, 그 수범자의 범위를 국가기관에만 국한하지 않고 모든 사회구성원을 포괄하게 된다. 국가는 개인의 기본권을 보장해야 할 뿐만 아니라, 타인의 기본권 침해행위로부터 개인을 보호할 적극적인 보호의무를 지게 된다. 기본권의 객관적 가치질서로서 성격을 인정하게 되면, 기본권 주체가 임의로 기본권을 포기할 수 없거나 그 포기가 제한되는 결과에 이른다. 기본권을 사회구성원

---

51) K. Hesse, *Grundzüge des Verfassungsrechts*, 20. Aufl., 1995, Rn. 279ff.

이 합의한 공동체의 가치질서로 이해한다면 기본권을 타인의 권리와 공동체의 기본질서를 침해하지 않는 범위 내에서 행사해야 한다는 내재적 한계가 인정된다.52)

---

52) 기본권의 이중성 논의가 의무부과의 논리로만 흐르게 되어, 헌법상 인정되고 있는 기본권의 취지를 훼손하고 형해화할 위험성이 있는 것도 사실이다. 이러한 이유로 독일연방헌법재판소는 "기본권은 일차적으로 국가에 대한 방어권"이라는 점을 강조하고 있으며, 기본권의 객관적 원칙으로서의 기능을 기본권의 본래의 핵심에서 유리시키고 또 기본권이 변함 없이 간직하고 있는 본래 의미를 후퇴시키는 객관적 규범들의 체계로 객관적 원칙으로서의 기능을 독립시키려는 시도에 종종 경고를 보내고 있다고 한다(B. Pieroth/B. Schlink, *Grundrechte, Staatsrecht* Ⅱ, 15. Aufl., Rn. 87).

제 2 장 基本權의 主體

기본권의 주체란 헌법이 보장하는 기본권의 향유자를 말한다. 헌법은 제
2장에서 국민의 기본권을 보장한다고 하고 있지만, 국민 모두가 모든 기본권
을 행사할 수 있는 것이 아니며, 국민이 아니라고 해서 획일적으로 기본권의
주체성이 부인되는 것도 아니다. 따라서 기본권 주체의 범위를 확정할 필요
성이 제기되는 것이다.

제 1 절 國民의 基本權 主體性

Ⅰ. 國民의 意味와 國籍制度

1. 원칙적인 기본권 주체로서 국민

우리 헌법은 대한민국이라는 국가를 배경으로 제정된 것이고, 대한민국
의 영토와 대한민국 국민에 대하여 효력을 발휘한다. 이 중에서 국민이란 국
가에 소속하여 통치권에 복종할 의무를 가진 개개의 자연인을 의미한다. 국
민이 법적 개념인 점에서 혈연을 기초로 한 자연적·문화적 개념인 민족과
구별되며, 생물학적·인류학적 개념인 인종 내지 종족과도 구별된다.[1]

전통적인 국가 3 요소설에 따를 때 국민은 국가의 구성요소 중 인적인 요
소를 의미한다. 국가 3 요소설이란 국가를 유형적이고 공간적인 세 가지 부분
으로 구성되는 실체라고 보는 이론이다. 즉 영토와 국민, 주권으로 이루어지
는 전체로서의 국가를 파악하려는 시도이다. 이러한 설명을 통해 파생된 문

---

[1] 또한 국민은 국가적 질서와 대립되는 사회적 개념으로서 사회의 구성원을 의미하는 인민
과도 구별된다고 한다.

제들을 모두 법의 문제로 환원시키고, 규범적 질서의 효력이라는 문제로 파악함으로써, 즉 법관계로 파악함으로써 국가를 설명하려는 이론이라고 할 수 있다.[2] 우리 헌법도 국가 3 요소설에 따라 헌법 제 1 조는 주권과 관련된 사항을, 제 2 조는 국민과 관련된 사항을, 제 3 조는 영토에 관한 사항을 규정하고 있다. 우리 헌법재판소도 "국민은 영토, 주권과 더불어 국가의 3대 구성요소 중의 하나다"[3]라고 명시적으로 표현하고 있다.[4] 따라서 대한민국헌법에 규정되어 있는 기본권의 원칙적인 주체는 바로 대한민국이라는 국가의 기본적 구성요소의 하나인 대한민국 국민이다.

2. 국적제도

기본권의 원칙적 주체가 되는 대한민국 국민인지 아닌지를 판단하는 기준은 바로 국적이다. 국적이란 국민이 되는 자격을 말한다. 국적을 정한 입법례를 보면 단행법을 제정하여 이를 규정하는 경우(국적단행법주의), 헌법에 규정하는 경우(국적헌법주의) 그리고 민법에 규정하는 경우(국적민법주의)가 있는데 우리나라는 헌법 제 2 조의 위임에 의하여 단행법으로서 국적법이 제정되어 있다. 우리 국적법은 단일국적주의, 부모양계혈통국적주의,[5] 부부별개국적

---

2) H. Kelsen(민준기 역), 일반국가학, 1990, 141쪽 이하.

3) 헌재 2000. 8. 31. 97헌가12 참조.

4) 국가 3 요소설에 의하더라도 실제 누가 국민인가, 국민은 어떠한 역할을 하는가의 문제는 여전히 모호한 것으로 보인다. 일단 법제도로서 국적이나 여러 가지 다른 제도에 의하면 일정한 구체화가 가능할 것이지만, 이에 의할 경우에도 과연 최초의 국민은 누구를 지칭하는 것인지, 그로부터 어떻게 국적이 승계되는 것인지의 문제는 대부분 대답하기 곤란하고, 법질서가 그것을 확정하였다고 하더라도 그러한 확정이 과연 타당한 것인지는 별개의 문제로 남는다. 나아가 오늘날과 같은 민주주의 사회에서 국가의 제도를 만들어 나아가야 하는 과제는 국민에게 있는데, 그 국민은 다시 법질서에 의하여 형성된다고 설명하는 것은 순환론적 오류도 있다고 할 수 있다. 따라서 국가 3 요소설에 의한 설명은 "차받침 위에 찻잔이 있다고 설명하는 것 이상이 아니"라는 비판이 제기된다. 특히 R. Smend는 국가가 주권, 국민, 영토로 이루어진 것이라고 설명하는 것은 생활현실로서의 국가에 대한 이해를 매개해 주지 못한다고 비판한다(R. Smend, "Verfassung und Verfassungsrecht," 1928, in: ders., *Staatsrechtliche Abhandlungen*, 3. Aufl., 1994, S. 127).

5) 헌법재판소는 구 국적법상 부가 외국인이기 때문에 국적을 취득할 수 없었던 한국인 모의 자녀 중 신법 시행 전 10년 동안에 태어난 자에게만 대한민국 국적을 취득할 수 있도록 한 국적법 부칙 제 7 조 제 1 항을 다툰 사건에서 부계혈통주의에 입각한 구법이 남녀평등원칙, 가족생활에 있어서의 양성의 평등원칙 등에 위반되는 것인 한, 위 신법 부칙조항이 부계혈통주의를 부모양계혈통주의로 전환하면서 구법조항의 위헌적인 차별로 인하여 불이익을 받은 자를 구제함에 있어 신법 시행 당시의 연령이 10세가 되는지 여부를 기준으로 삼은 것은 헌법상 적정한 기준이 아닌 또 다른 차별취급으로서 평등원칙에 위배되지

주의를 원칙으로 하고 있는데, 이것은 구 국적법상의 부계혈통주의, 부부국적
동일주의, 가족국적동일주의가 양성불평등 등의 문제점이 있다는 반성 하에
새로이 도입된 것이다. 1998년 시행된 새로운 국적법은 유엔의 여성차별철폐
협약가입(1984)과 국제인권 B규약가입(1990)이 동기가 되어 개정된 것이며,
국적보류제도, 국적선택제도 등이 새롭게 신설되었다.6)

현행 국적법은 국적의 취득방법으로 선천적 취득(제 2 조)과 후천적 취득
을 들고 있으며, 후천적 취득방법으로 인지(제 3 조), 혼인, 귀화(제 4 조 등), 수
반취득(제 8 조), 국적선택에 의한 취득(제12조 등)을 규정하고 있다. 국적 상실
과 관련하여 구 국적법은 외국국적을 취득한 경우 취득원인을 불문하고 우리
국적을 자동상실하는 것을 규정하였으나, 현행법은 일정한 경우 상실을 보류
할 수 있는 제도(제10조 제 2 항)를 두고 있다. 국적을 상실한 경우에는 양도
가능한 권리에 대해서 3년 이내에 양도할 것(제18조)을 규정하고 있다.7) 국적
의 회복(제 9 조)과 재취득제도(제11조)도 두고 있는데 전자는 과거 우리 국민
이었던 자를 대상으로 하고 있고, 후자는 우리 국적을 취득한 외국인이 6월
내에 원국적을 상실하지 않아 다시 우리 국적을 상실하게 된 경우를 규율하
고 있다.

Ⅱ. 基本權 能力의 問題

1. 기본권 보유능력

기본권의 보유능력이란 헌법상 보장된 기본권을 향유할 수 있는 능력을
의미한다. 실제로 기본권을 행사할 수 있는가, 얼마만큼 행사할 수 있는가의
문제를 따지지 않고 원칙적으로 주체가 되는가의 문제를 말하는 것이다. 앞
서 본 바와 같이 헌법상 기본권은 대한민국 국민에게는 예외 없이 인정되어

만 헌법불합치를 선언하면서 잠정적인 적용을 명하였다(헌재 2000. 8. 31. 97헌가12).

6) 헌법재판소는 부계혈통주의 원칙을 채택한 구 국적법 조항에 대해서 이는 헌법 제11조
제 1 항의 남녀평등원칙에 어긋남이 분명하고 가족 내에서의 여성의 지위를 폄하하고 모의
지위를 침해하는 것으로서 헌법 제36조 제 1 항이 규정한 "가족생활에 있어서의 양성의 평
등원칙"에 위배된다고 판시한 바 있다(헌재 2000. 8. 31. 97헌가12).

7) 대법원 판례에 의하면 국적상실자가 권리양도기간 이내에 토지를 양도하지 않더라도 당
연히 그 소유권을 상실하는 것은 아니고 외국인토지법 소정의 경매가 있는 때에 비로소
그 소유권을 상실한다고 한다.

야 한다. 국민에 포함되는 사람을 신분적·계급적으로 차별하지 않는 우리 헌법에서 기본권 보유능력에 대한 차별은 발생하지 않는다. 이들이 구체적인 경우 기본권을 행사하지 못하는 것은 다음에 살필 기본권 행사능력의 문제이지, 보유능력의 문제는 아닌 것이다.

기본권 보유능력은 민법상의 권리능력을 유추한 것이지만, 상호 동일하지는 않다. 예컨대 민법상 예외적으로만 권리능력이 인정되는 태아가 헌법상 원칙적으로 생명권의 주체가 되거나, 민법상 권리능력이 없는 사자(死者)가 헌법상 기본권능력을 가지는 경우가 있다.

2. 기본권 행사능력

기본권 행사능력이란 기본권의 보유자가 독립적으로 자신의 책임 하에 기본권을 유효하게 행사할 수 있는 능력이다.[8] 기본권 행사능력은 민법상 행위능력과 유사하지만, 기본권 보유능력과 마찬가지로 양자가 상호 동일한 개념은 아니다. 미성년자, 피한정후견인의 경우에는 기본권 행사능력은 원칙적으로 인정되나, 민법상 행위능력은 원칙적으로 제한된다. 또 수형자의 경우는 기본권 행사능력은 제한되는 경우가 있으나(선거권, 공무담임권), 사적 거래관계를 주로 규율하는 민법상으로는 제한이 없다. 민법상 아무런 제한이 없는 대통령, 국회의원 등이 공무담임권 등의 기본권 행사능력이 제한되는 경우가 있다.

기본권 행사능력에 관한 획일적 기준을 헌법적으로 정하는 것은 어렵다. 결국 각 기본권의 성질에 따라 또는 구체적인 입법에 의하여 그 기준이 달리 정해진다. 기본권 향유능력과 기본권 행사능력이 동일한 경우(인간의 존엄권, 생명권, 신체의 자유 등)에는 문제가 없지만, 문제되는 기본권 주체의 정신적·육체적 능력에 따라 또는 기본권의 성격에 따라 다르게 결정될 수밖에 없는 경우(가령 선거권, 재산권 등)에서는 구체적인 상황에 맞는 고려가 요청된다.

---

[8] 예를 들어 미성년자가 재산권이나 주거의 자유를 독자적으로 주장하고 행사할 수 있는가, 유치원에 다니는 어린이들에게 거리에 나와서 집회를 개최할 수 있는 자유가 인정되겠는가의 문제인 것이다.

3. 기본권 보유능력과 행사능력의 구별

기본권 보유능력을 가졌다고 모두 행사능력도 갖는 것은 아니다. 기본권 행사능력이 가장 첨예하게 문제되는 경우는 선거권과 관련된 영역에서이다. 모든 국민은 원칙적으로 선거권과 피선거권의 보유능력을 가지고 있으나, 헌법은 스스로 대통령의 피선거권 연령을 40세 이상으로 하여 직접 행사능력을 제한하고 있고, 공직선거법은 국회의원·지방자치단체의 장 또는 의원의 피선거권은 25세 이상으로 제한하여 법률로 행사능력을 제한하고 있다. 또 만 19세 이상의 성인에게만 선거권을 부여하도록 되어 있으며, 수형자 및 선거사범의 선거권도 법률에 따라 제한되게 된다. 그 밖에도 대법원장과 대법관은 70세, 판사는 65세로 그 정년을 정함으로써, 연령에 따라 공무담임권을 제한하고 있다.

원칙적으로 기본권의 행사능력은 제한이 가능하다. 헌법에 명문규정이 없는 경우에도 법률로써 제한할 수 있으며, 기본권 행사능력을 제한하는 입법권 행사에는 비례성원칙 등 기본권 제한의 요건이 준수되어야 한다. 예컨대 민법상 부모의 친권에 의한 자식의 각종 기본권의 제한은 타당한 것인지9) 등의 문제가 그러한 것이다. 이러한 점에서 기본권 행사능력 문제도 헌법 제37조 제 2 항의 기본권 제한의 문제와 동일한 양상을 갖는다.10)

Ⅲ. 北韓住民의 地位와 基本權 主體性

1. 헌법의 공간적·인적 효력범위

앞서 설명한 바와 같이 원칙적으로 기본권의 주체는 국민이다. 대한민국의 국민으로 보아 기본권 주체성을 인정하여야 하는지 여부가 가장 문제가 되는 것은 바로 북한지역의 주민이다. 이 문제는 우리 헌법이 북한지역과 북

---

9) 독일기본법은 직접 부모의 미성년인 자(子)에 대한 교육의 권리와 의무를 규정하고 있는데, 우리나라에는 규정은 없으나 헌법재판소 판례는 부모의 자녀교육권을 인정하고 있다. 민법에서는 친권자의 거소지정권을 규정하고 있어 부모는 자의 거주이전의 자유를 제한할 수 있다. 이러한 미성년자와 관련된 기본권 행사능력의 제한에 있어서 제한의 이익과 제한되는 미성년자의 기본권이 비례적으로 적합한 범위 내에 있는 것인가가 항상 문제된다.

10) 최근에는 기본권행사능력 문제를 기본권 제한의 한 유형으로 파악하여, 기본권 제한 및 한계의 내용으로써 검토하는 견해가 유력하다.

한주민에게까지도 효력을 미치는지의 논의, 즉 우리 헌법의 효력범위에 대한 논의와 밀접한 관련이 있다.

헌법 제 3 조는 "대한민국의 영토는 한반도와 그 부속도서로 한다"고 규정하고 있는데, 제 3 조의 의의를 대한민국이 한반도의 유일한 합법정부이고 조선민주주의인민공화국은 반국가적 불법단체임을 선언한 것으로 보는 것이 지금까지의 학설 및 판례의 입장이었다. 그러나 UN에 남북한이 동시에 가입하고 이데올로기적 냉전이 해소되면서 이러한 경직된 시각이 과연 타당한 것인지의 의문이 제기되고 있다. 특히 우리 헌법은 제 3 조가 북한을 불법단체로 봄에 반하여 제 4 조는 북한을 정당한 평화통일의 파트너로 보고 있는 모순을 가지고 있다는 것이 밝혀지기 시작하였다. 이러한 문제상황에서 학설은 북한을 국가로 인정하여야 한다고 보기도 하고, 제 3 조와 제 4 조가 모순된다는 전제에서 구법(영토조항)에 대한 신법(통일조항)우선의 원칙, 비현실에 대한 현실우선의 원칙에 따라 해결될 것을 주장하기도 한다. 헌법변천을 원용하여 문제의 해결을 시도하기도 하고, 궁극적으로 헌법 제 3 조가 개정되어 헌법의 효력범위를 현실적으로 남한지역에만 적용되는 것으로 조정해야 한다는 견해도 제시되고 있다. 헌법재판소는 북한을 조국의 평화적 통일을 위한 대화와 협력의 동반자임과 동시에 대남적화노선을 고수하면서 우리 자유민주체제의 전복을 획책하고 있는 반국가단체의 성격도 함께 지니고 있다고 하면서 이중적 성격을 지니고 있다고 판단한다.[11]

2. 북한주민의 기본권 주체성

이데올로기적인 대립을 전제로 북한을 반국가단체로만 바라보는 것은 분명히 오늘의 현실과 일치하지 않는다. 그러나 북한을 하나의 독립된 국가로만 보기에도 문제는 있다. 독립된 국가로 볼 경우 탈북자는 국적법상 귀화절차를 거쳐야만 대한민국 국적을 취득할 수 있으며, 남북한 간의 경제교류에도 엄격하게 관세법이 적용되어야지 그렇지 않으면 국제 간의 통상문제를 야기하게 될 것이다. 만약 북한을 독립국가로서만 이해하게 되면 우리 민족의

---

11) 헌재 1997. 1. 26. 92헌바6등. 아울러 남북교류협력에관한법률이 제정 · 시행되었다고 하여 국가보안법의 필요성이 소멸되었거나 북한의 반국가단체성이 소멸되었다고 할 수 없다고 말한다.

통일의 당위성도 인정하기 곤란해진다. 이러한 점에서 헌법재판소가 이중적 시각으로 문제를 해결하려고 한 시도는 이해가 된다. 그러나 여전히 어떤 경우에 북한을 독립된 국가로 보고, 또 어떤 경우에 우리 헌법의 적용대상으로 볼 것인지 확정하기는 곤란하다. 구체적인 사정에 따라 다르겠지만, 일단 국제법적ㆍ외부적 관계에서는 북한을 독립된 국가로 인정하고, 통일과 관련된 남북한 내부의 관계에서는 우리 헌법의 적용대상으로 보는 견해가 가장 합리적이라고 생각한다.12) 이에 따르면 북한주민은 대내관계에 있어서는 대한민국의 내국민으로 볼 수 있다. 북한주민이 귀순할 경우 국민의 입국의 자유에 의하여 그 자유가 인정되며, 별다른 국적변경절차 없이 대한민국 국민으로서 기본권 주체성을 갖게 될 것이다. 나아가 국가는 탈북자에게도 우리 국민에 대한 것과 마찬가지로 그들의 기본권을 보호할 의무를 갖게 된다.

제 2 절 外國人의 基本權 主體性

오늘날 과학기술의 발달에 따라 세계의 교류는 더욱 활발해지고 있으며, 자연스럽게 국제간의 인적 교류는 더욱 증가하고 있다. 따라서 과거와는 달리 기본권이 외국인에게 적용될 것인가, 적용된다면 어떻게 얼마나 적용될 것인가는 매우 중요한 문제이다. 여기서 외국인은 대한민국국적을 보유하지 않는 자를 말하며, 외국 국적자뿐만 아니라 무국적자까지 포함하는 개념이다.

Ⅰ. 外國人의 基本權 認定與否에 대한 學說

1. 부정적으로 보는 입장

먼저 법실증주의에 입각하여 헌법을 바라보는 입장에 따르면, 기본권은 법률 속의 자유이므로 법적 공동체의 일원이 아닌 외국인은 기본권의 주체가 될 수 없다고 한다. 통합론적 헌법관에 있어서도 공감대적 가치질서 형성과 국가공동체의 구성에 참가하지 않은 외국인에게는 기본권의 주체성이 부인된

---

12) 이를테면 장영수, 124쪽.

다.13) 이러한 기본권 이론적 접근과는 달리 현행헌법 제 2 장의 문언은 대체로 "모든 국민은 —자유를 가진다"라는 구조를 가지고 있으므로 외국인은 기본권의 주체가 될 수 없다고 주장하는 견해도 있다. 이 견해에 따르면 외국인에게 기본권을 인정하느냐 않느냐의 문제는 입법정책의 문제이지 헌법상의 보장의 문제가 아니라고 한다. 즉 우리 헌법상 외국인의 국내법상 권리는 제 6 조 제 2 항의 규정에 따라 인정되는 특수한 법적 권리로서 제 2 장의 국민의 기본권 보장과는 무관한 것이라고 하는 것이다.

외국인의 기본권 주체성을 획일적으로 부인하는 견해는 현대사회의 현실과 일치하지 않는다고 본다. 인권 보장이 점차 국제화하고 있는데다가 내국인과 외국인의 법적 지위를 구별하는 것이 점점 모호해져 가고 있기 때문이다.

2. 긍정적으로 보는 입장

일반적인 견해들은 기본권의 성질에 따라 외국인도 일정한 범위 내에서 기본권의 주체가 된다는 것을 인정한다. 헌법이 직접 외국인에게 기본권의 주체성을 인정하는 경우는 말할 것도 없고, 그러한 명문의 규정이 없는 경우에도 성질상 인간의 권리인 경우, 즉 인간이면 국민이든 외국인이든 모두 보장되어야 하는 기본권의 경우에는 외국인도 그 주체가 될 수 있다는 것이다. 특히 슈미트에 따르면 자유권은 천부적인 권리이므로, 외국인도 자유권의 주체가 될 수 있다. 그러나 외국인이 국민의 권리인 참정권과 사회적 기본권의 주체가 되는 것은 아니라고 보게 된다.

외국인에게도 일정한 기본권 보장이 인정되어야 한다는 점은 부인할 수 없을 것이다. 하지만 기본권을 인간의 권리와 국민의 권리로 획일적으로 구분하여 외국인에게 인정할 수 있는 기본권과 그 밖의 기본권을 획일적으로 구별하는 것은 사실상 불가능하다고 할 수 있다. 결국 구체적인 사안에서 개별적으로 검토해 보아야 할 문제라고 하겠다.14)

---

13) 스멘트에 따르면 기본권은 주관적·개인적 권리이기보다는 책임과 의무를 수반하는 정치적 기능을 수행하는 것으로 보기 때문에, 외국인의 기본권 주체성을 부인한다.

14) 헌법재판소는 "기본권의 보장에 관한 각 헌법규정의 해석상 국민 또는 국민과 유사한 지위에 있는 외국인 … 이 기본권의 주체"라고 하면서(헌재 1994. 12. 29. 93헌마12), "인간의 존엄과 가치, 행복추구권은 대체로 '인간의 권리'로서 외국인도 주체가 될 수 있다고 보아야 하고, 평등권도 인간의 권리로서 참정권 등에 대한 성질상의 제한 및 상호주의에 따른 제한이 있을 수 있을 뿐"이라고 판시하고 있다(헌재 2001. 11. 29. 99헌마494). 이러한 헌

Ⅱ. 外國人에게 認定되는 基本權

이러한 고려에 의할 때 먼저 구체적인 기본권에 따라 개별적으로 인정여부를 검토해 볼 수 있다. 인간의 존엄과 가치, 행복추구권은 모든 인간에게 인정되어야 하므로 외국인에게도 당연히 인정된다고 할 것이다.15) 외국인에게 평등권이 인정되는가의 문제 역시 획일적으로 판단할 수는 없다. 평등은 여타의 기본권들과는 달리 광범위한 보호영역을 가지고 있으며, 개별 기본권이 문제되는 경우 대부분 평등도 함께 문제가 된다.16) 외국인의 경우 대표적으로 정치적·재산적 영역에서 평등권은 제한될 수 있다.

신체의 자유, 사생활의 자유는 외국인에게도 인정되어야 할 것이다. 하지만 언론·출판·집회·결사의 자유의 경우에는 원칙적으로는 그 주체성을 인정할 수 있지만 행사에 있어 제한되는 경우가 많다. 거주·이전의 자유에 있어서도 출국의 자유는 인정되지만, 입국의 자유는 무제한으로 인정되지는 않는다. 또 외국인에게 제한된 범위에서 경제적 자유가 인정되지만, 소비자의 권리는 인정되는 방향으로 볼 것이다. 다만 오늘날 경제적 영역에서의 세계화경향에 의해 경제활동과 관련된 수많은 규제는 차츰 감소하고 있는 추세이다. 국제사회는 경제활동과 관련한 외국인의 기본권 제한을 완전히 제거하거나 최소화하기 위한 노력을 하고 있다고 볼 수 있다.

반면 정치적 기본권인 선거권, 피선거권, 공무담임권 등은 외국인에게 인정되지 않는 것이 보통이다. 국가라는 관념이 존재하는 한 국민과 국가의 운명공동체로서의 성격은 부인될 수 없다. 이러한 관계를 가장 근본적으로 근거짓는 정치적 기본권은 외국인에게 함부로 인정할 수는 없다. 다만 일정기간 이상 거주한 외국인은 지방선거에서 선거권의 주체로 인정해야 한다는 견해가 있었고, 그에 따라 일정범위의 외국인에게도 선거권이 인정되게 되었다(공직선거법 제15조 제 2 항 제 3 호 참조). 하지만 이 문제도 지역사회 통합에 있

법재판소의 견해에 대하여 도대체 국민과 유사한 지위에 있는 외국인이 구체적으로 누구를 가리키는지의 논증이 없다는 점을 비판할 수 있다.

15) 그러나 인간의 존엄과 가치, 행복추구권의 법적 성질을 어떻게 보느냐에 따라 이것이 외국인에게 기본권 주체성이 인정되는 것인지에 의문이 제기될 수 있다.

16) 예컨대 입국의 자유가 제한되는 경우 기본권이 제한된 당사자는 헌법 제14조의 거주·이전의 자유와 함께 입국이 허용된 다른 사람과의 평등이 침해되었다는 주장을 하게 될 것이다.

어서 심각한 문제를 일으키는 경우가 아니라면 구태여 인정할 필요는 없다고 생각한다.

청구권적 기본권과 사회적 기본권에서 외국인의 기본권 주체성을 헌법적으로 판단하기는 더욱 어려운 문제이다. 왜냐하면 법적인 구체화 이전에는 대한민국 국민에게도 이들 기본권이 인정되는지의 여부가 불명확하기 때문이다. 따라서 외국인의 이러한 기본권의 주체성은 법적인 구체화에 따라 결정될 문제이다. 원칙적으로 외국인에게도 청원권, 재판청구권, 형사보상청구권은 인정되나, 국가배상청구권과 범죄피해자구조청구권은 상호주의원칙 하에서 인정된다고 본다. 또 인간다운 생활을 할 권리, 근로의 권리, 무상교육을 받을 권리 등은 외국인에게 원칙적으로 인정되지 않으나 노동3권, 환경권, 보건권 등은 제한적으로 인정된다는 것이 일반적이다.17)

Ⅲ. 關聯問題

1. 국적제도의 의미변화와 외국인의 기본권

개인의 국적선택에 대하여는 나라마다 그들의 국내법에서 많은 제약을 두고 있는 것이 현실이므로 국적은 아직도 자유롭게 선택할 수 있는 권리에는 이르지 못하였다고 할 것이다.18) 우리의 경우도 속인주의를 원칙으로 하고 있어서, 오히려 예외적으로만 외국인의 우리 국적취득이 인정되는 등19) 국적변경에 대하여는 소극적인 태도를 취하고 있다. 그런데 세계화에 따른 인적 · 물적 교역의 확대는 국가와 국민간의 운명공동체로서의 성격을 점점

---

17) 외국인의 기본권 주체성과 관련하여 전통적으로 논의되어 오는 것이 바로 망명권의 문제이다. 독일기본권, 프랑스헌법, 세계인권선언, 인권규약, 난민의 지위에 관한 의정서 등은 망명권을 인정하고 있어서, 국제적으로는 보편적으로 승인되는 인권이라고 할 수 있다. 우리나라는 1992년 난민의 지위에 관한 조약과 난민의 지위에 관한 의정서에 동시 가입하였으나, 대법원은 망명권을 인정하지 않는 듯한 모습으로 보였다. 다만 우리 정부는 2001년에 난민협약에 따라 규정된 출입국관리법상의 난민인정절차에 의하여 에티오피아 출신 Degu Tadasse Deresse씨에 대한 최초의 난민인정결정을 하였다(대한변호사협회, 2001년도 인권상황개관, 인권보고서 제16집, 2002, 23쪽).

18) 이러한 내용에 대하여는 헌재 2000. 8. 31. 97헌가12 이하 참조.

19) 우리와 같은 단일민족 국가의 경우 속인주의를 기준으로 국적을 부여하고 외국인에 대하여 국적취득 요건을 지나치게 까다롭게 규정한다면, 인종을 이유로 한 차별이 금지된다는 인권사상의 근본에 위반될 여지가 있다고 하겠다. 즉 우리 국적을 선택할 자유에 있어 우리와 민족이 다르다는 이유로 외국인이 차별되는 결과에 이르게 되는 것이다.

흐리게 하고 있다. 최근 벌어지고 있는 병역기피를 목적으로 한 국적이탈[20]
이나 원정출산[21]과 같은 사회현상은 이러한 문제점을 잘 보여 주고 있다. 오
늘날에 와서 국적의 의미는 개인에게 경제생활의 근거지, 세금을 납부해야할
관청 정도의 의미로 선락해 버린 감도 없지 않다.

　　사실 개인은 그 국적을 선택할 수 있는 자유를 누린다. 세계인권선언
(1948. 12. 10.)이 제15조에서 "① 사람은 누구를 막론하고 국적을 가질 권리를
가진다. ② 누구를 막론하고 불법하게 그 국적을 박탈당하지 아니하여야 하
며 그 국적변경의 권리가 거부되어서는 아니 된다"는 규정을 둔 것은 이를
뒷받침하는 예라고 할 수 있다.

　　이러한 상황에서 우리나라의 국적 관련 정책의 방향도 바뀌어야 하는 것
이 아닌가 하는 의문이 든다. 국가에 대한 충성심과 책임감의 강조만으로는
국민의 국적이탈을 막기는 곤란하며, 배타적인 시각만으로는 많은 수의 외국
인이 국내로 유입되는 상황에 적절하게 대처하기 어렵게 되었다. 이러한 국
적제도의 의미변화에 비례하여 외국인의 기본권 주체성에 대한 시각도 변화
될 것이다. 앞으로 우리나라에 체류하고 있는 외국인 이주노동자들에 대한
기본권 보장이 강조될 것으로 보인다. 아울러 우리나라 국적을 이탈한 이른
바 해외동포에 대한 기본권 보장은 어느 정도까지 될 것인지 더 깊이 고려해
보아야 할 것이다.

---

20) 인기가수 유승준 사건은 병역기피를 목적으로 한 국적이탈의 모습을 적나라하게 보여 주
　　고 있다. 2002년 2월 2일 법무부는 유승준에 대하여 "대한민국의 이익이나 공공의 안전을
　　해하는 행동을 할 우려가 있을 경우 입국을 금할 수 있다"는 출입국관리법 제11조 규정에
　　의거하여 입국금지를 하였다. 이 사건에 대하여 국가인권위원회는 2003년 7월 28일 미국
　　시민권 취득에 따른 병역기피 혐의로 국내 입국이 금지된 유승준측이 '입국 거부는 거주·
　　이전의 자유를 침해'라며 제출한 진정서를 "미국 시민권자에게는 입국의 자유가 인정되지
　　않는다"고 기각했다(동아일보 2003년 7월 29일자).
21) 원정출산을 위해 미국으로 갔던 한국 여성들이 미 당국에 적발돼 국제적 망신을 당한 것
　　을 계기로 원정출산에 대한 비난이 고조되고 있다. 미 이민·세관국은 관광비자를 받아 미
　　국에 입국한 뒤 출산한 산모 6명이 한꺼번에 여권을 받으러 온 데다 여권을 신청한 자녀
　　들의 주소가 같자 이들이 여권 사기조직과 연계돼 있는지 여부를 확인하는 과정에서 이들
　　의 입국 목적을 밝혀 낸 것이다. 자녀의 군복무를 회피하고 교육문제를 해결하는 편법으로
　　1990년대 후반부터 성행하기 시작한 원정출산은 우리 사회 공교육 등에 대한 불신을 반영
　　하는 것이라고 하겠다. 이번에 문제가 된 미국의 경우도 원정출산 자체를 막는 법규정은
　　없다. 미국에서 태어난 아이에게 미국 국적을 부여하는 속지주의원칙상 원정출산이 위법은
　　아닌 것이다(주간동아 2003년 9월 30일자).

2. 재외동포와 재외국민

외국과의 인적 교류가 빈번해짐으로써 재외국민과 재외동포는 점점 증가하게 된다. 법적으로 재외국민은 대한민국의 국민이며, 재외동포는 외국인이다. 그러나 전자는 외국에 거주하고 있다는 점에서, 후자는 우리와 혈연적·문화적으로 밀접한 관련을 맺고 있다는 점에서 특수성이 나타난다.

재외국민이란 외국에 장기 체류하거나 영주하는 한국국적소지자를 말한다. 이들은 거주(체류)하는 국가의 영토고권에 의해 그 나라 법의 지배를 받으면서, 동시에 대한민국의 대인고권에 의해 한국법의 적용을 받게 되는 지위에 있다. 재외국민은 국가의 보호를 받는다는 소극적 규정은 제 8 차 개정헌법에서 최초로 규정되었으나, 현행헌법에서 "국가는 법률이 정하는 바에 의하여 재외국민을 보호할 의무를 진다"고 하여 국가의 적극적 보호의무를 규정하고 있다.22)

재외동포는 외국인이므로 외국인의 기본권 주체성만 인정하면 될 것인지 문제된다. 외국국적을 가지고 있는 재외동포라고 하더라도 정치·경제적으로 고국과 밀접한 관련을 맺고 살아가는 사람은 많다. 나아가 재외동포의 고국에 대한 경제활동 등이 이익이 되는 경우도 있을 것이다. 따라서 재외동포에게 여러 가지 혜택을 주거나 기본권적 보호를 하는 움직임이 나타나기도 한다. 하지만 이러한 혜택부여는 그 재외동포의 현 국적국가와의 관계에서 문제를 야기하기도 한다. 재외동포의 현 국적국가의 다른 국민의 입장에서 본다면 재외동포의 고국이 외국민을 혈통 내지는 인종에 의하여 차별하고 있는 것으로 보여질 것이기 때문이다. 그리고 이러한 혈통 등에 의한 차별은 국제규범상 절대적으로 금기시되고 있다. 이러한 점에 비추어 해외동포에 대한 기본권보장상의 특혜부여는 신중하게 검토해야 할 문제가 된다. 다만 인도적 차원에서, 예컨대 고향방문을 위한 비자심사상의 우대 등을 인정하는 것은

---

22) 헌법재판소는 "헌법 제 2 조 제 2 항에서 규정한 재외국민을 보호할 국가의 의무에 의하여 재외국민이 받는 조약 기타 일반적으로 승인된 국제법규와 해당 거류국의 법령에 의하여 누릴 수 있는 모든 분야에서의 정당한 대우를 받도록 거류국과의 관계에서 국가가 하는 외교적 보호와 국외거주 국민에 대하여 정치적인 고려에서 특별히 법률로써 정하여 베푸는 각종 지원을 뜻하는 것"이라고 해석한다(헌재 1993. 12. 23. 89헌마189). 한편 헌법재판소는 재외국민에게 선거권을 인정하지 않는 선거법규정을 합헌으로 본 바 있다(헌재 1999. 1. 28. 92헌마253; 헌재 1999. 3. 25. 97헌마99).

큰 문제가 없을 것이다.23)

제 3 절   法人의 基本權 主體性

Ⅰ. 法人의 意義와 基本權 主體性 認定必要性

현대사회에서는 법인을 통하여 이루어지는 일이 날로 증가하고 있다. 이
에 따라 개인에게 기본권을 인정하는 것만으로는 사회영역 전반의 기본권 보
호가 충분하다고 할 수 없다. 헌법상 기본권 주체성이 문제되는 법인을 민사
법상 법인 개념과 동일한 것으로 이해하는 전제에서, 법인의 기본권 주체성
여부를 판단하는 것이 일반적인데 반하여, 사법상 법인개념은 사인간의 문제
를 해결하기 위하여 고안된 법기술에 불과하므로 법인의 기본권 주체성여부
를 판단함에 있어서는 헌법적 차원의 독자적인 법인개념이 정립되어야 한다
는 견해가 있다.24) 생각건대 헌법이 사용하고 있는 개념은 이미 다른 학문분

---

23) 재외동포의 범위를 1948년 대한민국 정부수립 이후에 해외로 이주한 사람으로 제한한 재
외동포의출입국과법적지위에관한법률 제 2 조에 대하여 헌법재판소는 "정부수립이후이주동
포와 정부수립이전이주동포는 이미 대한민국을 떠나 그들이 거주하고 있는 외국의 국적을
취득한 우리의 동포라는 점에서 같고, 국외로 이주한 시기가 대한민국 정부수립 이전인가
이후인가는 결정적인 기준이 될 수 없는데도, 정부수립이후이주동포(주로 재미동포, 그 중
에서도 시민권을 취득한 재미동포 1세)의 요망사항은 재외동포법에 의하여 거의 완전히 해
결된 반면, 정부수립이전이주동포(주로 중국동포 및 구 소련동포)는 재외동포법의 적용대상
에서 제외됨으로써 그들이 절실히 필요로 하는 출입국기회와 대한민국 내에서의 취업기회
를 차단 당하였고, 사회경제적 또는 안보적 이유로 거론하는 우려도, 당초 재외동포법의 적
용범위에 정부수립이전이주동포도 포함시키려 하였다가 제외시킨 입법과정에 비추어 보면
엄밀한 검증을 거친 것이라고 볼 수 없으며, 또한 재외동포법상 외국국적동포에 대한 정의
규정에는 일응 중립적인 과거국적주의를 표방하고, 시행령으로 일제시대 독립운동을 위하
여 또는 일제의 강제징용이나 수탈을 피하기 위해 조국을 떠날 수밖에 없었던 중국동포나
구 소련동포가 대부분인 대한민국 정부수립 이전에 이주한 자들에게 외국국적 취득 이전에
대한민국의 국적을 명시적으로 확인받은 사실을 입증하도록 요구함으로써 이들을 재외동포
법의 수혜대상에서 제외한 것은 정당성을 인정받기 어렵다"고 판시하였다(헌재 2001. 11.
29. 99헌마494). 생각건대 재외동포법이 정부수립 이전 재외동포가 된 자와 정부수립 이후
재외동포가 된 자를 불합리하게 차별했다는 문제도 인정되지만, 오히려 재외국민과 재외동
포를 동일하게 규율하여 모두에게 경제적이고 실질적인 이익까지 보호하려 하였다는 점에
더 큰 문제가 있는 것이 아닌가 한다.

24) 권영성, 319쪽; 이 견해에 의하면 기본권 주체가 될 수 있는 법인은 ① 의사결정과 활동
에 있어 통일성을 가지는 조직적 통일체이며, ② 구성원인 자연인과의 관계에 있어 상대적
독립성을 유지하여야 하며, ③ 사적 자율을 기초로 한다는 요건만 충족하면 된다고 한다.

과에서 사용하고 있는 것이 수용되어 있는 경우가 대부분이다. 법인 개념도 마찬가지이며, 그 실질적이고 구체적인 내용을 밝히기 위해서는 민사법에서 구체화되고 있는 법인의 의미를 지속적으로 관찰할 필요도 있다. 따라서 구태여 헌법에서 독자적인 법인개념을 만들 필요는 없다고 생각한다.

아울러 법인에게 기본권 주체성을 인정할 때 법인 그 자체에서 기본권 주체성의 근거를 구하는 입장이 대부분임에 반하여, 헌법적 차원에서 법인에게 기본권 주체성을 긍정하는 것은 법인이 그 속의 자연인의 기본권 행사를 편리하게 해 주거나 촉진시켜 주기 때문이라고 하면서 개별적 자연인의 기본권 보장차원에서 그 근거를 찾아야 한다고 보는 견해도 있다.[25] 그러나 법인에게 인정되는 권리와 자연인에게 인정되는 권리는 항상 일치하지는 않는다는 점은 부인할 수 없고, 심지어 양자의 이해관계가 대립하는 경우도 발생한다. 따라서 법인의 기본권 주체성 논의는 법인 자체의 기본권적 보호문제에서 출발해야 한다.

Ⅱ. 一般法人의 基本權 主體性

일반적 법인, 즉 국내의 사법인에 대하여 기본권을 인정할 것인가에 대하여 의견이 대립하였다. 슈미트는 기본권은 자연인의 권리이므로 국가질서에 의하여 비로소 창설되는 법인에게까지 인정할 수 없다고 하여, 공법인 사법인 모두 그 주체성을 부인한다. 기본권을 자연법적인 인권으로 이해하는 견해는 법인의 기본권 주체성을 인정하기 위하여 법인이 아닌 자연인을 앞세우게 되는데, 이는 결단주의의 입장에서 법인의 주체성을 긍정하는 것이 이론상 어렵기 때문일 것이다.[26] 반면 법실증주의에 의하면 자연인·법인 모두 법질서에 의하여 법인격을 부여받았기 때문에 법인의 기본권 주체성을 인정하는 데 문제가 없다. 다만 법인격 없는 사단이나, 기본권의 수규자(受規者)로서 애초에 기본권을 주장할 수 없는 공법인은 기본권 주체성이 인정될 수 없게 된다.[27] 통합론에 따르면 법인은 그것이 공법인이건 사법인이건 간에 모

---

25) 김철수, 302쪽.
26) 허영, 243쪽 참조.
27) 옐리네크는 지방자치단체에게 독자적 결정권이라는 소극적 지위를 인정함으로써 제한된 범위 내에서 공법인의 기본권 주체성을 긍정하고 있다고 한다.

두 생활공동체의 구성부분이며, 통합의 형식이요, 수단이라면 그 주체성을 부정할 이유가 없게 된다.

이러한 논의의 대립에도 불구하고 현대사회에서 법인의 역할을 고려할 때 일정한 정도 기본권 주체성을 인정하는 것이 필요하다는 점을 부인할 수는 없다. 다만 이를 인정할 경우에도 어떠한 논거에 의하여 그것이 가능한가가 문제이다. 법인이 자연인과 마찬가지로 사회에서 실재하는 인격체라고 보는 법인 실재설의 입장에서는 원칙적으로 법인의 기본권 주체성을 인정하게 된다. 나아가 통합론에 따라 기본권이 인정되는 법인에는 민법상 법인뿐만 아니라 권리능력 없는 사단, 재단법인 등도 포함이 된다고 보는 것이 타당하다.28)

법인에게 기본권이 인정된다고 할 때 과연 어떤 기본권이 인정될 것인가를 살펴볼 필요가 있다. 먼저 개별기본권의 성질에 따라 법인이 향유할 수 있는 기본권인지의 여부를 정하는 견해가 있다. 자연인에 고유한 속성과 심리적 속성을 전제로 하는 기본권이 아닌 한 모든 기본권이 법인에게 적용된다는 견해이다.29) 이러한 입장에 따를 때 법인에게 인정되는 기본권은 평등권, 직업선택의 자유, 거주이전의 자유, 재산권, 재판청구권이 될 것이며 법인에게 인정되지 않는 기본권은 인간의 존엄과 가치, 생명권, 인신의 자유, 신앙 및 양심의 자유, 선거권이 될 것이다. 한편 법인의 특성에 따라 개별적·구체적으로 판단하여 문제되는 기본권의 적용여부를 결정하는 입장이 있다. 구체적으로 법인이 그 주체가 될 수 있는 기본권을 획일적으로 열거하는 것은 무의미하고 불필요하다고 하면서, 법인이 수행하는 다양한 사적·공적 기능에 따라 그리고 법인·사단·단체 등의 설립목적에 따라 기본권 주체성의 인정여부를 개별적으로 판단해야 한다는 것이다.30)

---

28) 헌법재판소는 자연인에게 적용되는 기본권규정이라도 성질상 법인이 누릴 수 있는 기본권은 당연히 법인에게도 적용되어야 한다고 하여 법인의 기본권 향유능력을 긍정하였다. 동시에 한국영화인협회(비영리사단법인)에게 기본권 주체성을 긍정하였고(헌재 1991. 6. 3. 90헌마56), 권리능력 없는 사단인 한국신문편집인협회(헌재 1995. 7. 21. 92헌마177등)와 정당(헌재 1991. 3. 11. 91헌마21)에게도 기본권 주체성을 긍정하였다.

29) 김철수, 305쪽.

30) 허영, 245쪽.

Ⅲ. 公法人과 外國法人의 基本權 主體性

1. 공법인의 기본권 주체성

일반적인 법인과는 달리 특별히 논의되는 것이 공법인의 기본권 주체성이다. 원칙적으로 국가의 영역에 속하는 공법인은 기본권을 보장해 주어야하는 역할을 하는 것이지, 기본권의 보장을 향유할 입장은 아닐 것이다. 공법인은 공법상의 직무를 수행하는 과정에 필요한 일정한 권한 내지 관할을 가질 뿐, 원칙적으로 기본권을 향유할 수 없다. 그러나 현실에 있어서 공법인에 기본권을 인정해야 할 필요성은 존재하기 때문에 공법인의 기본권 주체성은 획일적으로 부인할 수는 없다. 이러한 이유로 공법인의 기본권 주체성을 부인하는 입장에서도 예외를 인정하고 있고, 인정하는 입장에서도 일정한 조건에 따라 매우 제한된 범위 내에서만 인정하고 있다.

따라서 국가가 일정한 기본권의 실현에 이바지하기 위해 설치한 공법인은 그 범위 내에서 제한적으로 기본권 주체성이 인정된다. 요컨대 공법인은 기본권적 가치질서를 실현시켜야 된다는 통치기능적 지위와 기본권 주체로서의 지위를 아울러 가질 수 있고, 통치기능적 책임과 의무를 조화시킬 수 있는 범위 내에서 기본권 주체가 될 수 있다고 하겠다. 따라서 공법인이 기본권에 의하여 보호되는 생활영역에 속해 있고, 국가와는 구별되는 실체를 가지고 있는 경우에는 기본권 주체가 될 수 있다. 예컨대 국공립대학교가 학문의 자유를, 국영방송기업이 언론의 자유를 주장하는 것은 인정된다.

우리나라 헌법재판소는 영조물이었던 서울대학교에 학문의 자유의 주체성을 긍정하였으나,31) 국회의 노동위원회나32) 교육위원, 지방자치단체의 장33) 등은 국가조직의 일부 내지 공권력의 주체라는 점을 들어 기본권 주체성을 부인하였다. 기본권 주체성이 인정된다고 하더라도 공법인이 사인에게는 기본권의 효력을 주장할 수 없고, 공법인 대(對) 공법인의 관계에서만 기본권 주체가 될 수 있다고 보는 것이 일반적이다. 하지만 헌법재판소는 앞서 본

---

31) 헌재 1992. 10. 1. 92헌마68등.
32) 헌재 1994. 12. 29. 93헌마120.
33) 헌재 1994. 12. 29. 93헌마120; 헌재 1995. 2. 23. 90헌마125 등.

서울대학교 입시요강 관련 판례에서 서울대학교가 수험생에게 자신의 기본권을 주장할 수 있다는 취지를 밝힘으로써 공법인이 사인에게 기본권을 주장하는 것을 인정하는 듯한 태도를 보이고 있다.

독일연방헌법재판소는 공법인은 공적 의무를 수행하고 있는 한 기본권의 주체가 될 수 없음을 밝히면서도 공법인이 사법절차상 원칙에서 나오는 기본권을 원용하는 것을 허용하고 있다. 이러한 권리들은 모든 소송절차에 적용되며 소송수행자의 평등권 때문에 모든 소송참여자들에게 적용된다고 하고 있는 것이다. 우리나라에서도 사법절차적 기본권은 공법인에게도 일반적으로 인정된다고 할 것이다.

2. 외국법인의 기본권 주체성

외국법인의 기본권 주체성에 대해서는 부정적으로 보는 것이 일반적인 견해이다. 외국사법인에게는 원칙적으로 기본권능력이 인정되지 않으며, 호혜주의원칙에 따라 외국인에게 주체성을 인정할 수 있는 것 중에서 법인에게도 적용될 수 있는 기본권에 대해서만 인정된다고 본다. 다만 오늘날의 국제적 현실의 변화를 고려할 때 외국법인이 누릴 수 있는 기본권을 확대하는 방향으로 고려할 필요도 있다.

제3장 基本權의 效力

제1절 基本權의 對國家的 效力 —基本權의 原則的인 效力

I. 基本權의 國家權力 拘束의 概念

기본권은 직접 모든 국가권력을 구속한다. 이를 기본권의 대국가적 효력 또는 수직적 효력이라 한다. 우리 헌법상 기본권도 당연히 입법·사법·행정과 같은 국가권력들을 구속하며, 그 핵심적 내용은 헌법개정권력은 물론이고 (일종의 시대정신으로서) 헌법제정권력까지도 구속한다고 본다. 이에 따라 입법부는 기본권 보장에 반하는 법률을 제정할 수 없으며 입법형성의 자유가 인정되는 경우라도 헌법 제37조 제2항에 따라 기본권의 본질적 내용을 침해하거나 과도하게 기본권을 제한하는 입법을 할 수 없다. 사법부도 기본권에 반하는 판결을 내릴 수 없으며, 집행부도 기본권에 반하는 처분을 행할 수 없고, 재량이 인정되는 경우라도 기본권에 구속됨은 물론이다

독일 기본법은 제1조 제3항에서 "기본권은 직접 적용되는 권리로서 입법, 집행 및 사법을 구속한다"고 하여 명문으로 기본권의 대국가적 효력을 인정하고 있다. 하지만 우리 헌법은 이와 같은 조항을 두고 있지 않아 문제가 된다. 우리의 현행헌법 제10조 제2문이 "국가는 개인이 가지는 불가침의 기본적 인권을 확인하고 이를 보장할 의무를 진다"라고 규정함으로써 국가권력이 기본권에 구속되고 있음을 간접적으로 밝히고 있다고 보면 될 것이다.

기본권은 원칙적으로 모든 국가권력을 구속하지만 그 구속의 방법과 정도는 개별 기본권에 따라 다양하다. 자유권적 기본권의 경우 대부분 국가권력 전반에 대한 직접적인 구속을 주장할 수 있지만, 사회적 기본권이나 절차적 기본권의 경우에는 입법자의 구체적인 법형성이 있어야 비로소 국가권력

에 대한 구속을 주장할 수 있게 되는 경우가 많다.

Ⅱ. 特殊한 國家作用에 대한 基本權의 效力

국가의 관리작용과 국고적 행위에 대한 기본권의 구속력이 인정될 것인
지가 문제된다. 이러한 행위는 권력적인 성격이 매우 약하며 국가가 사법적
질서에서 활동하는 모습으로 나타나기 때문에 과연 기본권에 구속되는 것인
지가 문제되는 것이다. 과거의 학설과 판례는 대체로 같은 성질의 관계는 같
은 법으로 규율되어야 한다는 점에서 국고관계에는 사법이 적용된다고 보았
다. 그러나 오늘날에는 국가의 관리작용과 국고적 행위에도 기본권의 구속력
이 미친다고 보고, 나아가 국가작용의 형태에 따라 달리 취급할 필요가 없다
는 입장이 일반적이다.1) 국가의 기본권 보장의무가 헌법 제10조에 규정된 만
큼 국가의 비권력적·경제적 행위도 마땅히 기본권에 구속되어야 한다. 이러
한 의견이 일반화된 이유는 기본권에의 구속으로부터 회피하기 위해 사법적
수단을 사용하는 국가작용에 경고를 보내기 위한 것이기도 하다.2)

공무를 위탁받은 사인(私人)의 경우, 그 수탁받은 공무수행행위에까지도
기본권의 효력이 미치는 것은 당연하다. 아울러 고도의 정치성을 지니는 통
치행위 역시 그 기본권에 구속된다고 보아야 한다. 헌법재판소 또한 헌법의
수호와 국민의 기본권 보장을 사명으로 하는 국가기관이므로, 비록 고도의
정치적 결단에 의하여 행해지는 국가작용이라고 할지라도 그것이 국민의 기
본권 침해와 직접 관련되는 경우에는 당연히 헌법재판소의 심판대상이 될 수
있는 것이라고 하였는데,3) 통치행위가 불가피하게 일반적인 사법심사에서 배
제된다고 하더라도 기본권의 구속에서 완전히 배제될 수는 없다는 것을 밝힌
것이다.

---

1) 김철수, 314쪽; 권영성, 323쪽; 강경근, 311쪽; 성낙인, 239쪽.
2) 과거 공공용지의취득및손실보상에관한법률은 이러한 현상을 잘 보여 주고 있다. 이미 존
   재하고 있던 토지수용법에 의한 토지수용절차보다는 민사적 계약절차에 의한 사실상의 수
   용이 빈번하게 사용되었다. 물론 공공용지의취득및손실보상에관한법률은 토지수용법과 마
   찬가지의 보상을 규정하고 있었으므로 큰 문제를 야기하진 않았다. 2003년 5월 29일에는
   법률 제6916호로 기존의 공공용지의취득및손실보상에관한법률과 토지수용법을 통폐합한
   공익사업을위한토지등의취득및보상에관한법률이 제정되었다.
3) 헌재 1996. 2. 29. 93헌마186 참조.

제 2 절   私人간의 基本權 衝突(이른바 廣義의 對私人的 效力)

I. 基本權 衝突의 意味와 區別概念

1. 기본권 충돌의 의미

기본권 충돌이란 복수의 기본권 주체가 상호 충돌하는 기본권을 국가에 대해 주장하는 경우를 말한다. 기본권을 개인과 국가 간 1 대 1 관계에서의 국가권력에 대한 방어권으로 이해하는 전통적 입장에서는 기본권 충돌이 이론적으로 문제시될 수 없었다. 기본권 충돌은 기본권의 객관적 가치 질서성이 승인되어 기본권의 구속력이 공권력뿐만 아니라 사법상의 주체에게까지도 확장될 수 있다는 것이 인정되면서 본격적으로 논의의 대상이 될 수 있다.

기본권의 충돌이 뒤에 보게 될 기본권의 대사인적 효력과 어떠한 관계가 있는 것인지 파악하는 것은 쉽지 않다.4) 생각건대 기본권 충돌은 실질적으로는 사인상호간에 이해관계가 충돌하는 경우이지만, 원칙적으로 자신의 기본권을 국가에 대하여 주장하는 경우5)라고 할 수 있는 반면 기본권의 대사인적 효력은 사인 상호간 직접 주장하는 경우라고 할 수 있다. 따라서 기본권의 충돌과 기본권의 대사인적 효력은 이론상 구별되어야 할 것이다. 다만 일차적으로 사인간의 기본권 문제라는 점, 기본권의 객관적 가치질서성을 중심으로 이론적 배경을 공유하고 있다는 점 등을 감안하여 양자를 합쳐 이른바 광의의 기본권의 대사인적 효력의 문제로 파악하는 것이 가능할 것이라고 생각한다.

기본권 충돌과 구별해야 하는 개념으로는 아래에서 보게 될 기본권 경합과 함께 기본권의 유사충돌이라는 것이 있다. 기본권의 유사충돌은 기본권주체의 기본권의 보호영역에 속하지 않는 행위, 예컨대 기본권 남용이나 한계일탈행위가 다른 기본권 주체의 기본권 보호영역과 충돌하는 현상을 말한다. 예를 들어 연극배우가 무대에서 살인을 하고 피살자에 대하여 예술의 자유를

---

4) 종래 기본권 충돌이 원칙적으로 사인간 효력의 문제이나 궁극적으로는 대국가적 효력의 문제라고 보는 견해와 국가권력이 개입한다고 해서 그것을 모두 대국가적 효력문제로 본다면 대사인적 효력이 인정될 수 있는 여지는 없으며 기본권의 제 3 자효 개념조차도 존재할 수 없을 것이라는 비판이 대립하고 있다.

5) 허영, 264쪽; 계희열(중), 105쪽.

주장하는 경우를 들 수 있는데 이러한 경우는 기본권의 진정한 충돌이라고
볼 수 없다.

2. 기본권 충돌과의 구별개념으로서 기본권 경합

기본권 충돌과 구별해야 할 것이 이른바 기본권 경합이라는 개념이다.6)
기본권 경합은 기본권의 경쟁(競爭)이라고도 하며, 기본권의 동일한 주체가
여러 가지 종류의 기본권 침해를 받았을 때의 문제이다.7) 학술발표의 자유
를 침해당하는 기본권 주체가 학문의 자유와 표현의 자유 모두를 주장할 수
있는 경우나 경찰에 의해 집회가 강제 해산된 때 집회참가자가 집회의 자유
와 의사표시의 자유 모두를 침해받았다고 주장할 수 있는 경우 등이 기본권
경합의 예이다.8) 기본권 경합을 해결하기 위한 여러 가지 이론이 제시되고
있다. 일반적인 견해는 가장 강한 기본권의 주장을 인정하는 이른바 최강효
력설을 취하고 있다. 이렇게 효력이 강한 기본권을 적용시키는 것이 기본권
보호의 이념에 부합한다고 보기 때문이다. 그러나 기본권의 보장 정도를 수
치적으로 분석할 수 없기 때문에 최강효력설을 실제로 적용하는 것은 쉽지
않다.

우리 헌법재판소의 판례는 사안에서 문제되는 여러 기본권을 나열적으로
심사하고 있으므로,9) 마치 민사소송법상의 소송물이론과 같이 사안에서 어느

---

6) 권영성, 332쪽; 허영, 261쪽; 강경근, 321쪽; 성낙인, 244쪽.
7) 기본권 경합과 구별해야 하는 것으로 기본권의 유사경합을 생각해 볼 수 있다. 한 기본
   권주체의 행위에 적용될 수 있는 여러 기본권들 중 하나가 다른 기본권에 대하여 특별법
   적 지위에 있는 경우에는, 기본권의 경합이 성립되는 것이 아니라 특별법적 지위에 있는
   기본권이 우선적으로 적용되고 다른 기본권은 그 적용이 배제된다. 예컨대 상업광고 또는
   선전행위를 그림으로 표현할 때 이에 대한 침해에 대해 영업의 자유와 예술의 자유를 동
   시에 주장하는 경우에 상업목적의 광고는 예술의 자유가 아니므로 영업의 자유만 인정된
   다. 따라서 이는 기본권 경합이 발생하지 않는 유사경합이다. 아울러 규범영역이 서로 다
   른 기본권이 경합하는 경우가 있다. 경합하는 기본권 사이에 상관관계가 존재하지 않고 서
   로가 독자적인 대상으로 하고 있을 때에는, 문제되는 영역과 실질적 관계를 맺고 있는 직
   접 관련된 기본권을 우선적으로 적용하면 되므로 이 또한 전형적인 의미에서의 기본권 경
   합은 아니다.
8) 그 밖에도 정치단체에 가입했다는 이유로 교사가 파면된 경우, 결사의 자유, 직업수행의
   자유 등을 동시에 주장할 수 있는 때, 종교단체가 발행하는 신문에 대하여 국가가 간섭하
   는 경우, 그 발행인이 종교의 자유와 언론의 자유를 동시에 주장할 수 있는 때 등 그 예
   는 무궁무진하다.
9) 헌법재판소는 검사의 불기소처분에 대한 헌법소원심판에서 평등권과 재판절차진술권을
   동시에 인정하는 것처럼(헌재 1993. 9. 27. 92헌마179 등) 거의 모든 판례에서 기본권의

기본권을 선택하여 주장해야만 하는가의 문제는 애초에 발생하지 않는다. 결국 문제의 사안과 관련이 있는 모든 기본권의 효력이 동일하거나 그 차이를 측정할 수 없는 경우가 대부분이기 때문에 관련 있는 기본권 모두를 심사하는 것이라고 이해할 수 있다. 이러한 헌법재판 실무에 비추어 볼 때 기본권 경합에 관한 이론적 논의는 실익이 적다고 하겠다.[10)]

II. 基本權 衝突의 解決

사인간의 기본권 충돌을 해결하기 위한 시도가 다방면으로 이루어져 오고 있다. 종래 기본권 충돌의 해결이론으로 입법의 자유영역이론, 이익형량설, 실제적 조화의 원칙 적용설, 수인한도론, 규범영역 분석이론 등 다양한 학설이 제시되었다. 대부분의 이론은 타당성이 없거나 이익형량설과 실제적 조화이론을 구체화한 것에 지나지 않는다고 할 수 있다.

1. 이익형량설

기본권의 서열이론이라는 것이 있는데 이것은 상호 충돌하는 기본권 중에서 보다 중요하고 보호가치가 우월한, 즉 보다 서열이 우월한 기본권을 우선시킨다는 것이다. 이 이론은 기본권간의 서열을 확정할 수 있다는 전제에 기초하고 있다. 가령 헌법상의 인간의 존엄에 관한 규정은 다른 기본권에 대하여 최고의 지위를 가지므로, 충돌상황에서 이를 우선시한다는 것이다. 이러한 기본권의 서열이론과 유사한 맥락에 있는 것이 이른바 법익형량의 이론이다. 이것은 복수의 기본권이 충돌하는 경우 그 효력의 우열을 결정하기 위해

경합적 적용을 인정하고 있다.

10) 물론 관련된 기본권이라면 모든 기본권을 적용하는 헌법재판소결정에 대해서는 기본권 보호영역의 획정과 헌법판단의 경제성이라는 관점에서 문제가 있다는 비판이 제기되고 있다(권영성, 334쪽). 한편 이에 대한 헌법재판소의 입장은 늘 일관성이 있는 것은 아니어서 아래와 같이 판시한 경우도 있다. "이 사건 법률은 공중도덕이나 사회윤리를 보호하기 위하여 모든 출판사에 대하여 음란 또는 저속한 간행물의 출판을 금지하고(1차 규제) 이를 위반한 경우 출판사의 등록을 취소하는바(2차 규제), 1차 규제는 언론·출판의 자유를 제약하고 2차 규제는 직업선택의 자유와 상호권이라는 재산권을 제약하고 있는바 이와 같은 기본권경합의 경우에는 사안과 가장 밀접한 관계에 있고 또 침해의 정도가 큰 주된 기본권을 중심으로 하여 그 제한의 한계를 따져 보아야 한다." 이 사건에서는 언론·출판의 자유를 중심으로 하여 판단하였다(헌재 1998. 4. 30. 95헌가16).

기본권들의 법익을 비교하여 법익이 더 큰 기본권을 양자택일적으로 우선시
하는 원칙이다. 독일연방헌법재판소의 레바흐 판결(Lebach-Urteil)[11]에서 "법익
을 형량하는 것이 필요하고, 만일 보호받을 가치 있는 더 높은 서열에 있는
다른 이익이 의사의 자유를 행사함으로써 침해된다면 의견 발표권은 후퇴되
어야 한다"고 한 것은 이와 같은 취지이다.

　　기본권 간의 형량이론은 기본권 상호 간에 일정한 위계질서가 있다는 가
설이 전제되어야 한다. 그러나 현실에 있어서 기본권 간의 상호우열관계를
가릴 수 있는 경우는 흔하지 아니하고, 따라서 유사한 비중의 기본권이 충돌
하는 경우에 해결이 어렵다는 한계가 있다는 점이 문제로 지적된다.[12] 아울
러 법익형량에 따라 기본권 충돌의 문제를 해결하고자 하는 경우에는 형량을
통하여 보다 큰 법익을 우선시키는 과정에서 상대적으로 비중이 적은 법익을
반드시 전부 후퇴시켜야 한다는 문제가 있다. 즉 All or Nothing의 해결만이
가능하다는 것이다.

2. 실제적 조화의 이론

　　이와는 다른 접근방식으로서 실제적 조화의 원칙(규범조화적 해석)에 따른
해결이 모색될 수 있다. 실제적 조화의 원칙이란 기본권이 상호충돌하는 경
우에 성급한 법익형량에 의하여 양자택일적으로 하나의 법익만을 실현하고
다른 법익을 희생하여서는 안 되고, 헌법의 통일성이라는 관점에서 양 법익
을 모두 최대한 실현시켜야 한다는 것을 말한다. 이 원리는 헌법이 보호하고
있는 기본권적 법익은 모두 최대한 실현되어야 하고, 가급적이면 어느 하나
도 희생됨이 없이 최적으로 실현되도록 상호정서(整序)되어야 한다는 생각을
전제로 하고 있다.

　　실제적 조화의 원칙은 구체적으로 두 개의 기본권이 상호정서되기 위해
서는 양자가 가장 잘 실현될 수 있는 경계가 설정되어야 하며, 이러한 경계
는 구체적 · 개별적 사건에서 비례적으로 정해져야 한다고 한다. 즉 충돌하는

---

11) BVerfGE 35, 202.
12) 흔히 신체의 자유는 재산권에 비하여 상위의 기본권으로 인정된다. 그러나 막대한 재산
　　적 손해를 방지하기 위하여 개인의 신체에 약간의 위해가 가해질 위험이 있는 경우에도 신
　　체의 자유만을 보호하려 한다는 것은 합리적이지 못하다. 결국 재산권이 신체의 자유보다
　　우위에 있는 것으로 판단되어야 할 경우도 있을 수 있다.

기본권을 제한하여 정서하는 경우 그 제한은 최소한도에 그쳐야 하며(침해최소성의 원칙), 그 제한은 적합해야 하며(적합성의 원칙), 제한된 기본권 간에는 비례관계가 성립되어야 한다(협의의 비례성 원칙)는 것이다. 특히 이러한 실제적 조화의 원칙의 특징적 방법으로 대안식 해결방법을 들 수 있다. 대안을 도출하여 상충하는 기본권 모두를 만족시키는 방법이다. 예컨대 병역의 의무와 양심상의 이유로 집총거부권 간의 충돌시 민간역무 내지 대체복무의 방법을 대안으로 제시하는 방법이다.[13] 물론 이러한 실제적 조화의 원리도 가령 산모의 자기의사 결정권과 태아의 생명권이 충돌할 수 있는 낙태의 경우와 같이, 사건의 성질상 양자택일적인 방법으로밖에 해결할 수 없는 예외적인 경우에는 적용되기 곤란하다.

기본권 충돌에 있어 완벽한 해결방법은 없다고 하겠다. 우선 실제적 조화의 원리에 따른 해결방식이 가장 타당하다고 본다. 따라서 기본권이 충돌하는 경우 먼저 실제적 조화의 원칙에 의하여 양자를 정서하려는 시도를 한 후, 그 정서가 불가능한 예외적인 경우 대안의 발견을 위해 노력하여야 할 것이다. 그러나 양자택일이 불가피한 최후의 상황에는 법익형량에 따라 선택이 요구되는 경우도 있을 것이다.

Ⅲ. 基本權 衝突의 實際 ―基本權 秩序의 制限(整序)과의 關係

기본권 충돌을 해결하기 위한 여러 가지 이론을 살펴보았다. 그런데 이 이론은 얼마나 현실에 있어서 적용되고 있을까. 기본권 충돌의 예로서 다음의 사건을 살펴보자.

탤런트 최 모씨는 S○○ 방송국의 드라마 '○○시대'가 자신의 부친이 폭력단 두목에게 구타당하는 장면을 방영하여 자신의 부친의 명예를 훼손했다는 이유로 관련 PD·작가와 방송사 등을 상대로 손해배상 청구소송과 형사고소장을 접수했다.[14]

이 사례에서 탤런트 최 모씨의 부친의 명예권과 방송국 측의 표현의 자

---

13) 또 다른 예로는 자녀의 생명을 구하기 위한 방법은 수혈뿐인데 종교상의 이유로 수혈을 금지하여 종교의 자유와 생명권이 충돌하는 경우 후견법원이나 친족회의 동의를 얻어 수술하는 방법을 모색하는 것이 있다.
14) 경향신문 2003. 9. 29. 일자.

유가 충돌하는 것을 볼 수 있다. 그러나 이 사례에서 사건 당사자는 앞서 살펴 이익형량이론이나 실제적 조화의 원리를 원용하려 하지는 않는다. 형사고소를 하거나 손해배상을 청구하게 될 것이기 때문이다. 이와 같이 기본권 충돌이론이 예상하고 있는 사인에 대한 직접적인 기본권 주장사안은 실제에 있어서 존재하기 어렵다.

헌법을 정점으로 한 전체 법질서는 개인 간의 기본권이 충돌하는 상황을 예정하여 이를 조절하는 역할을 담당하고 있다(예컨대 손해배상을 규정하고 있는 민법, 명예훼손죄를 규정하고 있는 형법).[15] 결국 헌법에 기본권 충돌의 문제는 입법자가 법 제정을 통하여 미리 해결방법을 마련하고 있고, 구체적인 충돌상황은 그러한 법질서 내에서 해결이 시도되게 된다. 기본권 충돌의 문제는 일차적으로 입법자의 법 형성의 과제이다.[16] 그러나 법질서가 행하고 있는 사인간 기본권 충돌의 조정이 잘못된 것이거나, 법질서가 미리 예상하지 못한 기본권 충돌상황이 발생하면 어떻게 할 것인가? 전자의 경우 헌법재판소는 앞서 본 기본권 충돌해결이론을 동원하여 입법자의 문제해결을 위한 구체적인 법 형성이 올바른지 잘못된 것인지 판단할 수 있다.[17] 후자의

---

15) 최근 대두되고 있는 이른바 기본권 보호의무에 관한 논의도 기본권 충돌의 맥락에서 이해가 가능하다. 사인간의 기본권 충돌상황에서 국가는 이를 적극적으로 형성하고 질서지울 의무를 부담하게 되는데 이것이 바로 기본권보호의무라고 하겠다(자세한 내용은 정태호, "기본권 보호의무," 인권과 정의 제252호, 1997, 84쪽 참조). 헌법재판소도 "우리 헌법은 제10조에서 국가는 개인이 가지는 불가침의 기본적 인권을 확인하고 이를 보장할 의무를 진다고 규정함으로써, 소극적으로 국가권력이 국민의 기본권을 침해하는 것을 금지하는 데 그치지 아니하고 나아가 적극적으로 국민의 기본권을 타인의 침해로부터 보호할 의무를 부과하고 있다. 국민의 기본권에 대한 국가의 적극적 보호의무는 궁극적으로 입법자의 입법행위를 통하여 비로소 실현될 수 있는 것이기 때문에, 입법자의 입법행위를 매개로 하지 아니하고 단순히 기본권이 존재한다는 것만으로 헌법상 광범위한 방어적 기능을 갖게 되는 기본권의 소극적 방어권으로서의 측면과 근본적인 차이가 있다. 즉 기본권에 대한 보호의무자로서의 국가는 국민의 기본권에 대한 침해자로서의 지위에 서는 것이 아니라 국민과 동반자로서의 지위에 서는 점에서 서로 다르다(헌재 1997. 1. 16. 90헌마110)"고 하여 이러한 이해를 뒷받침해 주고 있다.

16) 이와 같이 기본권을 문제해결 수단으로 논의할 수는 있지만, 그것이 직접적인 해결방안을 제시해 주는 것이 아닌 상황을 잠재적 기본권 사안이라고 말할 수 있다.

17) 헌법재판소는 "두 기본권이 서로 충돌하는 경우에는 헌법의 통일성을 유지하기 위하여 상충하는 기본권 모두가 최대한으로 그 기능과 효력을 나타낼 수 있도록 하는 조화로운 방법이 모색되어야 할 것이고, 결국은 이 법에 규정한 정정보도청구제도가 과잉금지의 원칙에 따라 그 목적이 정당한 것인가 그러한 목적을 달성하기 위하여 마련된 수단 또한 언론의 자유를 제한하는 정도가 인격권과의 사이에 적정한 비례를 유지하는 것인가의 여부가 문제된다 할 것이다"(헌재 1991. 9. 16. 89헌마165)라고 하여 정기간행물의등록등에관한법률 제16조가 위헌이 아님을 밝히고 있다.

경우라면 헌법재판소는 기본권 충돌해결이론을 참고하여, 사인간의 기본권 충돌을 해결할 법을 미리 만들어 놓지 못한 입법부에게 입법촉구를 할 수 있을 것이다.

기본권 충돌의 실제에 대한 이상의 서술을 볼 때 기본권 충돌의 논의와 (특히 헌법 제37조 제 2 항에 의한) 기본권 제한의 논의는 무엇이 다른가 하는 의문이 제기된다. 기본권 질서는 민주적 입법자에 의하여 형성되고 그것을 행정부가 집행하며 그 법이 문제가 있을 경우 헌법재판소의 규범통제를 받게 되는 것이 일반적인 모습이다. 앞서 본 바와 같이 기본권 충돌도 마찬가지의 해결과정을 거치게 되므로 기본권 충돌문제는 특별하게 다루어질 필요가 없는, 기본권 제한(정서) 논의의 일부라고도 할 수 있다.18) 한편 일반적인 기본권 제한의 문제는 기본권과 공익(예컨대 제37조 제 2 항의 국가안전보장, 질서유지, 공공복리) 간의 마찰이므로 기본권 충돌과 구분된다는 견해가 있을 수 있다. 그러나 개개인의 국민의 이익을 떠난 추상적인 공익이란 존재하지 않으므로 이러한 구별은 실제에 있어 불가능에 가깝다.19)

제 3 절 基本權의 對私人的 效力

Ⅰ. 基本權의 對私人的 效力의 意味와 背景

1. 기본권의 대사인적 효력의 의미

초기의 근대 입헌주의 헌법에서는 국가에 의한 기본권 침해를 방어하는 방법을 강구하는 것이 주된 관심사였다. 따라서 기본권은 대국가적 방어권으로 이해되었고 사인간의 관계에는 효력을 미치지 못하는 것으로 보는 것이

---

18) 물론 이론적인 측면에서 보면 구체적인 법적용에 있어서 기본권의 충돌상황에 대한 헌법적 이해를 통하여 그 판단의 깊이를 심화시킬 수 있다는 실익이 제시될 수 있다. 예컨대 민사법관이나 형사법관이 판결에 있어서 기본권의 의미를 되새겨 보고 양자가 충돌하는 경우의 적절하고 합리적인 해결이 무엇인가라는 관점을 동원한다면 좀 더 균형 있는 판단을 할 수 있을 것이다.

19) 허위보도를 한 언론에게 손해배상을 명하는 법률이 있다고 하자. 이 법률은 공익을 위하여 언론의 자유를 제한하고 있지만, 그 공익이라는 것은 결국 허위보도로 침해될 수 있는 사인의 이익의 잠재적 총합이라고 할 수 있다.

일반적이었다. 그러나 산업화가 진행되면서 사회적 강자와 거대단체에 의해 사회적 약자의 기본권이 침해되고 사회적 갈등이 점차 첨예화되었다. 이에 따라 국가에 의한 사회적 약자의 기본권 보호의무의 필요성이 강하되고, 시 회국가 및 사회적 법치국가를 실현하기 위해 사회적 강자나 거대단체에 의한 사인의 기본권 침해를 국가가 구제할 의무를 져야 한다는 요청이 대두된다. 이러한 배경 하에서 기본권은 국가뿐 아니라 사인도 구속한다는 대사인적 효 력이론이 등장하게 된다. 앞서 설명한 사인 간의 기본권 충돌사안은 일반적 으로 대등한 개인 간의 기본권 질서의 법적 조율의 문제를 말하는 것이라면, 여기서 말하는 기본권의 대사인적 효력은 주로 입법자가 미처 예상하지 못한 대등하지 않은 당사자, 예컨대 거대 단체와 그에 속한 개인 또는 그와 관계 하는 개인 간의 문제를 해결하기 위한 시도이다.

　　기본권의 대사인적 효력의 문제는 기본권은 ① 사인간의 거래와 같은 사 적 자치의 규율을 받는 법률관계에도 적용되는가, ② 그리고 적용된다면 그 범위는 어디까지일 것인가라는 문제로서, 기본권의 효력을 사법관계에까지 확장시키는 문제이다. 이를 기본권의 수평적 효력이라고도 한다. 다만 이러한 대사인적 효력은 언제나 문제되는 것은 아니다. 당연히 국가에 대하여만 주 장할 수 있는 기본권(예컨대 사법절차나 형사절차와 관련된 기본권 등)은 아예 문 제가 되지 않는다.

2. 기본권의 대사인적 효력 인정의 이론적 전제

　　기본권의 대사인적 효력[20]을 인정하기 위한 이론적 전제는 기본권이 주 관적 권리인 동시에 객관적 가치질서의 성질을 가진다는 기본권의 이중성이 론이라고 하겠다. 물론 더 정확하게 표현하자면 기본권의 양면성이 아니라, 그 내용 중 하나인 기본권의 객관적 가치질서성의 승인이 대사인적 효력 인 정의 이론적 전제라고 해야 할 것이다.[21] 즉 기본권은 단지 국가에 대한 효 력을 발하는 것이 아니라, 국가 법질서의 궁극적인 가치이며 국가의 통합에

---

20) 이러한 점을 주관적 공권성에 비교하여 주관적 사권성이라고 지칭하는 경우가 있으나 기 본권의 객관적 가치질서성은 권리로서의 성격을 넘어서는, 질서로서의 성격까지 포괄하는 것이라는 점에서 적절한 용어는 아니라고 생각한다.

21) 대사인적 효력 인정의 이론적 전제로 기본권의 객관적 가치질서성을 제시하지 않고 헌법 적 상황의 변화에 따른 현실적 필요성을 제시하는 듯한 견해도 있다(권영성, 325쪽).

있어 핵심적인 가치라는 것을 인정하게 됨으로써 기본권은 국가에 대한 관계
뿐만 아니라 사인 간에 있어서도 관철되어야 하는 것이 되는 것이다.

한편 개인의 자유로운 영역, 즉 사적 영역 안에서 개인의 행동이나 타인
과의 관계를 통하여 기본권은 구체적으로 실현되는 것이 보통이다. 따라서
기본권이 자유로운 영역을 인정할 뿐이고 구체적인 실현은 방임하고 있다면
이는 기본권의 구체적인 실현에 있어 매우 부족한 것이다. 기본권의 객관적
가치질서성을 근거로 한 기본권의 대사인적 효력은 자유로운 영역을 방임하
는 것을 넘어 그 자유영역 안의 구체적인 기본권 실현까지도 올바르게 질서
짓기 위한 노력으로 이해될 수 있다.

Ⅱ. 基本權의 對私人的 效力의 認定與否에 관한 學說

1. 독일의 이론

(1) 학　　설

기본권의 대사인적 효력에 관한 본격적인 논의는 독일에서 이루어졌다.
먼저 대사인적 효력을 부인하는 견해는 공법과 사법이 이분되어 있고 기본권
은 본래 국가권력에 대한 방어권으로서 인정된 것이므로 기본권이 사인 상호
간에는 직접 효력이 미치지 않는다고 본다. 이 견해는 ① 기본권은 연혁적으
로 국가의 침해로부터 개인의 자유를 보장하기 위하여 인정된 것이며, ② 사
법관계는 사적 자치의 원칙이 지배하므로 기본권의 제 3 자효를 긍정하면 사
적 자치나 계약 자유가 부당하게 침해될 것이며, ③ 기본권에 대한 사인의
침해는 일반 법률로써 구제가 충분하고 기본권의 대사인적 효력을 인정하면
사법을 파괴하게 된다는 점을 근거로 들고 있다.

이러한 대사인적 효력 부인설을 정면으로 반대하는 입장은 직접효력설이
다. 이 견해는 법질서전체의 통일성을 전제로 기본권은 사법상의 매개수단
없이도 사인 간에 직접 효력을 지닌다고 본다. 다만 기본권이 사인 간에 적
용된다고 하여도 모든 기본권이 사인 간에 효력을 지닌다고 보지는 않고 헌
법의 명문규정이 있거나, 기본권의 성질상 사인 간에 직접 적용될 수 있는
기본권만 직접 효력을 갖는다고 한다. 모든 기본권 규정이 모든 사인 상호
간의 관계에 적용된다면 계약자유나 사적 자치는 부정될 수밖에 없으므로 특

별한 기본권에 한하여 한정적으로 직접적인 효력을 인정하는 견해이다. 물론 사인 간에 적용되더라도 그 강도는 국가와 개인 사이에서와 같은 강도로 적용되는 것이라고 보지는 않는다. 이 견해는 ① 헌법은 공법·사법영역을 포괄하는 최고규범이므로, 법질서의 통일성 차원에서 기본권은 사법영역, 사법관계에서도 직접 적용될 수밖에 없다는 것과, ② 기본권은 공권력에 대한 주관적 공권뿐 아니라 사인에 대한 주관적 사권을 부여하므로, 주관적 사권의 일반조항과 같은 매개물 없이 직접 사인 간에 적용된다는 것, ③ 사인은 객관적 법원리 또는 제도적 보장으로서의 기본권에 구속된다는 것 등을 논거로 삼는다.

이러한 직접적용설과는 달리 기본권의 대사인적 효력을 인정하면서도 사적 관계에서는 기본권이 단지 간접적으로만 적용된다고 주장하는 이른바 간접적용설이 있다. 간접적용설의 입장에서는 직접적용설은 공사법의 이원체계를 파괴하는 것으로 사적 자치와 모순되며, 사법의 독자성을 침해할 우려가 있다고 한다. 이 견해는 법질서 전체의 통일성 유지와 사법질서의 독자성을 동시에 존중하고자 하는 것이다. 기본권의 객관적 가치질서의 성격은 모든 생활영역에 이른바 방사효를 미치는데 이것은 사법상 일반조항을 매개로 이루어진다. 여기서 말하는 사법상 일반조항이란 우리 민법 제 2 조 또는 제103 조에 나타나는 신의성실, 권리남용금지 등의 규정을 지칭하는 것이다. 이 이론은 ① 기본권은 주관적 방어권의 성격과 모든 법영역에 적용되는 객관적 가치질서성을 포함하며, ② 국가는 국가권력에 의한 기본권의 침해를 방지할 의무가 있음은 물론 제 3 의 개인이나 단체에 의한 기본권의 침해도 방지할 의무가 있고, ③ 기본권은 절대적 가치로서의 도덕적 가치를 그 전제로 한다는 것 등을 근거로 들고 있다.

(2) 비판과 정리

먼저 효력부인설은 기본권의 효력을 대국가적인 것으로 한정하는 것은 오늘날의 거대기업이나 단체에 의한 기본권 침해가 빈번한 현실에 적합하지 않으며, 기본권 규정과 사법규정이 하나의 헌법질서에 포섭되고 있다는 이른바 법질서의 통일성에 부합하지 않아 문제가 있다. 직접효력설은 사적 자치도 헌법이 인정하는 중요한 가치임에도 불구하고 이를 부당히 침해할 위험이 있는 이론이라는 점과 사인상호 간의 법률관계는 대등한 기본권 주체간의 법률관계가 오히려 원칙적이고 이는 국가와 사인 간의 관계와 성질상 상당히 다를 수 있다는 것을 지나치게 도외시하였다는 점에서 비판을 받게 된다. 결국 효력부인설과 직접적용설의 절충적 견해라고 할 수 있는 간접적용설이 가장 합리적인 이론이라고 할 수 있다.

2. 미국의 이론

한편 미국에서는 기본권은 대국가적 효력만을 가지므로 사인에 대하여는 원칙적으로 그 효력을 미칠 수 없다는 전제에서 논의를 시작하였다. 따라서 미국 연방대법원은 기본권의 자연권성을 전제로 하여 사인의 행위를 국가행위로 간주하기 위한 매개고리를 찾기 위한 노력으로 여러 가지 판례이론을 만들어 냈다. 이것을 국가유사설(Theory of looks like government)이라고 하는데, 국가유사설은 사인에게도 기본권의 효력을 미치게 하려면 사인의 행위를 국가의 행위와 동일시하거나 적어도 국가작용인 것처럼 의제되지 않으면 안 된다는 것을 말한다. 사인의 행위가 국가와 어떠한 형태로든 관련되어 있는 흔적만 있으면 국가행위화시켜 사인의 행위에 기본권의 효력을 미치게 하고 있다. 이러한 이론으로는 국가시설을 임차한 사인이 이 시설을 이용하여 개인의 기본권을 침해했을 때 그 침해행위를 국가행위로 간주하여 기본권 침해를 구제하는 국가재산이론(1962년의 Turner v. City of Memphis사건), 사인 간에 기본권 침해가 발생했을 때 법원의 판결로 그 기본권 침해가 집행된 경우 그 집행을 국가행위로 간주하여 기본권 침해를 구제하자는 사법적 집행이론(1948년 Shelly v. Kraemer), 국가재정원조, 토지수용권, 세금감면 등의 국가원조를 받고 있는 사인의 행위를 국가행위와 동일시하여 이에 대한 기본권을 적용시키는 국가원조이론(Steele. v. Louisville and Nashville), 국가로부터 특별한 권한을 부여받아 그 한도 내에서 국가의 광범위한 규제를 받으면서 국가와 밀접한 관계가 있는 사적 단체의 행위를 국가행위와 동일시하는 특권부여이론(1952년 Public Utilities Commission v. Pollak사건) 등이 있다.

국가유사설은 국가가 관여한 사법행위에만 헌법규정이 미친다고 하나 그 한계를 명확하게 긋기 곤란하기 때문에 한편으로는 국가와 도저히 관련성을 찾을 수 없는 경우에는 기본권을 전혀 적용할 수 없지만 다른 한편으로는 거의 모든 사적 행위가 국가와 관련을 맺게 되는 현대사회에 있어서는 모든 사안에 기본권을 적용하여야 한다는 문제점이 지적된다. 물론 기본권의 대사인적 효력에 관한 일관된 이론을 만들기 어렵다는 점을 감안하면 미국의 경우처럼 문제되는 사건마다 하나씩 선례를 축적해 나아가는 방식으로 이론을 구성하는 것이 무의미한 것은 아니다.22)

Ⅲ. 現行憲法에서의 基本權의 對私人的 效力

현행헌법상 명문의 규정이 있거나 그 성질상 사인 간에도 직접 적용될 수 있는 기본권이 있다는 주장이 있다. 이러한 견해는 보통 인간의 존엄과 가치·행복추구권, 언론출판의 자유, 노동3권, 참정권 등을 들고 있다.23) 반면 이 중에서 우리 헌법의 노동3권 규정은 독일기본법의 단결권조항24)과는 다르기 때문에 사인 간 직접적용된다고 볼 수 없으며, 인간의 존엄과 가치 등의 조항은 구체적인 기본권성을 인정하기 곤란하다고 비판하고, 헌법 제21조 제4항의 "言論·出版은 他人의 名譽나 權利 또는 公衆道德이나 社會倫理를 침해하여서는 아니 된다. 言論·出版이 他人의 名譽나 權利를 침해한 때에는 被害者는 이에 대한 被害의 賠償을 請求할 수 있다"는 규정만이 직접적용될 수 있는 것이라는 입장도 있다.25)

죄형법정주의, 사전영장주의, 이중처벌금지원칙, 연좌제금지, 무죄추정의 원칙 등의 신체의 자유를 보장하기 위한 기본원리들은 성질상 국가에 대하여만 행사될 수 있는 기본권이며, 사인에 대하여 주장될 수 없다. 또 신체의 자유를 보장하기 위한 사법절차적 권리, 즉 불리한 진술거부권, 변호인의 도움을 받을 권리, 공정한 재판을 받을 권리 등도 국가에 대하여만 주장될 수 있다. 청원권, 국가배상청구권, 재판청구권, 형사보상청구권, 범죄피해자구조청구권 등의 국가에 대한 청구권적 기본권, 선거권, 공무담임권, 국민투표권 등의 참정권은 국가에 대하여만 행사 가능하다.

---

22) 최대권, 191쪽.
23) 김철수, 326쪽.
24) 독일기본법 제9조 제3항은 "근로조건과 경제조건의 유지와 개선을 위하여 단체를 결성할 권리는 누구에게나 그리고 모든 직업에도 보장된다. 이 권리를 제한하거나 방해하려는 협정은 무효이며, 이를 목적으로 하는 조치는 위법이다"라고 규정하고 있다.
25) 허영, 260쪽.

직접적용될 수 있는 기본권과 국가에 대하여만 주장할 수 있는 기본권을 제외하고 예컨대 평등권, 사생활의 비밀, 양심의 자유, 신앙의 자유 등의 대부분의 기본권은 사법상의 일반조항을 통하여 간접적용된다고 볼 수 있다.

Ⅳ. 對私人的 效力 論議의 實際

이상 논의한 기본권의 대사인적 효력 논의는 의외로 한정된 영역의 논의임을 주목할 필요가 있다. 앞서 본 바와 같이 사인과 사인 간의 일반적인 기본권 갈등상황은 기본권의 충돌(나아가 기본권질서의 정서)과 관련되어 이미 해결이 모색되었다. 이를 제외한 (이른바 협의의) 대사인적 효력논의는 보다 특수한 영역에서의 논의이다.

A은행의 취업규칙에는 "여행원은 결혼하는 경우에는 퇴직한다"고 규정되어 있고 甲은 그러한 취지를 알고 "결혼할 때에는 퇴직한다"는 각서까지 쓰고 채용되었으나 결혼 후 퇴직하지 아니하자 A은행은 위 각서와 취업규칙에 따라 갑을 해고 하였다.26)

이 사례는 기본권의 대사인적 효력이 문제되는 대표적인 상황을 말해 주고 있다. A은행과 甲은 자신들의 의지에 의하여, 즉 사적 자치에 의하여 취업조건을 정하고 고용계약을 맺었다. 사적 자치는 사적 거래행위의 거래당사자들이 자신들의 의사결정권에 의하여 구체적인 법률행위를 하도록 헌법질서가 만들어 놓은 일종의 공백영역이다. 원칙적으로 법질서는 사적 자치의 영역에 더 이상의 규율을 하지 않게 된다.27) 그럼에도 불구하고 A은행이라는 우월적 지위에 있는 사적 당사자가 甲이라는 열악한 사정에 있는 자의 기본권(사례에서는 주로 평등권)을 침해하는 양상이 드러나게 되고, 따라서 甲은 이를 다투기 위한 수단을 찾으려 할 것이다. 아마 甲은 평등권 침해의 여지가 있는 고용계약과 취업규칙, 해고의 무효를 다투게 될 것이다. 이를 다투기 위

---

26) 1993년 제35회 사법시험 2차 기출문제.
27) 물론 기본권의 대사인적 효력의 취지를 고려하여 사적 자치를 제한하거나 재구성하는 구체적인 입법이 등장하게 될 것이라는 점을 부인할 수 없다. 하지만 이 역시 기본권 질서의 정서에 관한 문제로 환원되어 질 것이다.

해서 민사법원을 찾아가 헌법상 평등조항을 원용하여 해고무효를 주장하는 소송을 제기할 것이다. 이것이 바로 기본권의 대사인적 효력이 문제되는 전형적인 사안이다.

그런데 사안을 판단하는 민사법관은 헌법상 평등권 조항을 원용하기보다는 아마 민법 제103조를 원용하기 쉽다. 만약 사건의 진행이 이와 같다면 굳이 기본권의 대사인적 효력을 말할 필요도 없을 것이다. 왜냐하면 이 사건 판례에는 헌법상 평등권에 관한 언급이 전혀 들어 있지 않을 수도 있기 때문이며, 간접효력설에 따를 때 그것이 부당하다고 말할 수도 없기 때문이다.

결국 우리 현실에서 기본권의 대사인적 효력논의는 민사법관이 민법 제103조 등의 일반조항을 운용함에 있어서 헌법적 가치를 고려하라는 잠정적 명령에 불과하다고 볼 수 있다.[28] 다만 재판에 대한 헌법소원이 허용되어서 이 사례에 대한 민사법원의 판결을 다시 헌법재판소에서 판단하게 되는 경우라면 아마도 반드시 기본권의 논증이 들어갈 것이고 기본권의 대사인적 효력 논의는 비로소 현실적인 의미를 갖게 될 것이다.

또 이러한 문제가 누적되는 경우에는 입법자가 스스로 개인 간의 사적 자치를 제한하는 입법을 할 것이다. 예컨대 앞선 사례에서 노동관계법이 고용계약의 사적 자치를 제한하여, 성차별적 계약을 하지 못하도록 입법을 할 것이다.[29] 이 경우에는 앞서 본 기본권의 충돌과 마찬가지로 기본권 정서의 문제와 유사한 결론에 이르게 된다.

---

28) 인간의 존엄과 가치와 같은 헌법상의 가치 · 이상 · 목표 등이 민법 등의 하위규범에 의하여 실현되어야 하는 것임은 물론이고 헌법의 시각에서 볼 때 민법 등이 헌법상의 가치 등을 체현하고 혹은 실현하는 것은 너무나 당연한 것이므로 간접적용설은 새삼스러울 것이 없다는 견해(최대권, 190쪽)는 이와 같은 맥락을 잘 드러내고 있다고 본다.

29) 현재 남녀고용평등과 일 · 가정 양립 지원에 관한 법률은 제11조 제2항에서 "사업주는 여성 근로자의 혼인, 임신 또는 출산을 퇴직 사유로 예정하는 근로계약을 체결하여서는 아니 된다"라고 규정하고 이를 위반할 경우 5년 이하의 징역 또는 3천만원 이하의 벌금에 처하도록 하고 있다(동법 제37조 제1항 참조).

제 4 장   基本權의 制限

우리 헌법 제37조 제2항은 기본권을 법률에 의하여 제한할 수 있다는 것을 규정하고 있다. 그러나 이 조항을 바라보는 시각이 언제나 일치하지는 않는다. 헌법은 개별적 기본권을 보장하고 있고, 국가에게 국민의 기본권을 최대한으로 보장할 의무를 부과하고 있으나, 헌법에 규정된 기본권이라 하여 아무런 제한 없이 절대적으로 보장될 수는 없으며 국가의 존립이나 헌법적 가치질서의 보호를 위해서 필요한 경우에는 기본권을 제한할 수 있는 방법을 마련해 놓고 있는데 이것이 바로 제37조 제2항이라는 설명이 종래 일반적인 것이었다. 이러한 입장은 국가와 사회를 완전히 분리된 영역으로 파악하고 자유로운 사적 영역을 국가가 침해하지 않기만 하면 된다는 순수한 자유주의적 기본권관에 상당부분 기초를 두고 있는 것이다. 그러나 국민이 주권자가 되어 법질서를 형성하는 민주주의 국가를 전제하고 있는 통합론적 기본권관에 의할 경우 이러한 이해는 상당히 수정된다. 헌법 제37조는 선험적으로 주어진 국민의 기본권적 자유영역에 대한 제한이 아니라, 국가공동체가 질서를 유지하고 공존해 나아가기 위한 기본권 질서를 구체화하는 것으로 파악된다.[1] 이러한 이해에 따르면 민주적 입법자는 이 조항의 엄격한 요건을 준수하면서 국민의 기본권 제한만을 하는 것이 아니라, 우리 헌법이 규정하고 있는 기본권 규정을 구체적으로 실현해 나아가는 것이다.

이러한 시각차이는 단지 제37조의 해석에 대해서만 발생하는 것이 아니고, 기본권과 관련된 국가작용의 전반에 대하여 적용되는 것이다. 이러한 관점의 차이에 따라 기본권과 관련된 국가작용을 기본권의 '제약과 침해'로 볼 것인지, 기본권 질서의 '구체적 실현 내지 정서(整序)'로 볼 것인지 태도가 나뉜다고 할 것이다.

[1) 이러한 취지로는 허영, 274쪽; 강경근, 326쪽.

이러한 양자의 시각에는 나름의 장단점이 있다. 국가는 실제로 종종 강제력을 동원하여 자유로운 상태의 국민을 침해하는 모습을 보이기도 한다. 이 경우 전자의 견해가 더 유용하다. 하지만 오늘날의 국가는 과거와는 달리 국민의 생활을 간섭하여 기본권을 직극적으로 침해하는 경우보다, 적극적으로 간섭하지 않아(국민에게 필요한 급부를 제공하지 않아) 국민의 기본권을 충실히 보장하지 못하게 되는 상황이 더 많다. 이러한 경우에는 후자의 입장이 더 효과적이다. 그런데 앞서 본 바와 같이 오늘날의 민주주의적 국가를 전제로 할 때 예외적인 상황을 제외하고는 헌법 제37조 제 2 항의 기본권 제한을 비롯한 기본권을 둘러싼 국가의 작용은 기본권 질서의 구체적 실현이라는 맥락에서 파악하는 것이 타당할 것이다. 이하에서 사용하게 되는 제한이라는 개념은 따라서 기본권 질서의 구체화 내지 정서의 의미도 함께 내포하고 있는 것이다.

제 1 절   基本權의 保護領域, 基本權의 內在的 限界,
憲法에 의한 基本權 制限

I. 基本權의 保護領域

1. 기본권의 보호영역의 개념

기본권은 특별한 생활현실을 그 보호대상으로 하는바 기본권에 의하여 보호되는 생활영역을 기본권의 보호영역이라고 한다. 기본권의 보호영역확정은 기본권 제한의 선결과제라고도 할 수 있다.[2] 하지만 기본권을 자연권 내지 천부인권으로 바라보고 헌법 제37조 제 2 항이 기본권을 제한하는 것에 불과하다고 볼 경우 기본권의 보호영역이라는 개념을 특별히 상정할 필요가 없다. 인간의 존엄과 가치 등의 포괄적인 규정을 이용하여 개인의 자유영역을 포괄적으로 보호하는 것으로 보면 충분하기 때문이다. 하지만 기본권을 구체적으로 형성되어야 하는 실정헌법적 권리로 파악할 경우에는 각각의 기

---

2) 김철수, 329쪽.

본권의 보호영역이 가급적 확정되어야 한다. 기본권의 보호영역은 주로 헌법 질서가 배경으로 삼고 있는 특정 국가의 역사적 상황, 특히 인권의 침해역사를 기준으로 구체화된다. 기본권의 일반이론에서 보호영역을 다루는 까닭은 현실적으로 나타나는 기본권에 관한 문제에 궁극적인 해결책을 제공해 주기보다는 사전에 개별기본권 규정을 올바르게 해석하는 틀을 마련할 수 있게 하기 때문이라고 할 것이다.

기본권의 보호영역은 반드시 헌법의 해석에 의하여 확정되어야 하고, 법률에 의하여 확정되어 기본권 보장의 범위가 입법자에 의하여 결정되면 안 된다는 견해가 있을 수 있다. 그러나 이러한 설명은 두 가지 점에 문제가 있다. 하나는 법적으로 구체화되기 이전에 선험적으로 규정되어 있는 기본권의 보호영역이 있다고 보는 것이다. 기본권을 민주주의 질서 내에서 구체화하고 실현해야 되는 대상으로 볼 경우 이러한 설명은 문제가 있다. 또 다른 문제는 법률제정자인 입법자가 제1차적인 헌법해석자라는 사실을 도외시한 점이다. 헌법학의 학리적 해석도, 헌법재판소의 유권해석도 입법자에 의한 헌법해석보다 일반적으로 우선할 수 없다는 점에서 이러한 설명에는 문제가 있다.

또 보호영역은 객관적으로 확정되어야 하며, 가치평가 또는 형량과 무관하게 이루어져야 한다고 설명하기도 한다. 가치판단은 보호영역의 확정단계가 아니라 제한단계에서 행해지는 것이 타당하기 때문이라는 것이다. 그러나 앞의 헌법해석에서 본 바와 같이 완전히 객관적인 기본권조항의 해석은 불가능하다. 또 기본권의 보호영역이 선재해 있는 것이 아니라 올바르게 구체화되어야 하는 것이라는 점에서 보호영역의 확정이 객관적이고 몰가치적이라는 선언적 주장만을 하는 것보다, 보호영역의 구체화절차에서 개입되는 주관적 이익들이 공정한 절차를 통해 올바르게 조절되도록 노력하는 것이 더 합리적일 것이다.

2. 기본권 질서의 정서와 보호영역과의 관계

앞서 본 바와 같이 기본권질서의 정서는 우선 전체 법질서가 개개인의 기본권이 보호되는 영역이 마찰을 일으킬 경우 이를 상호 조정한다는 의미라고 할 것이다. 이러한 상호조정은 필연적으로 관계당사자 일방 또는 다수의 기본권영역의 제한을 야기한다. 따라서 기본권질서의 정서는 대부분 일정한 기본권 제한현상을 수반하게 된다. 따라서 기본권질서 정서와 보호영역 간에 일정한 상관관계가 존재한다. 기본권 보호영역이 넓을수록 타인의 권리 등과 상충되는 면이 많아지는 게 당연하므로, 이 경우 제한되는 빈도가 많아지고 제한의 폭도 넓어지게 된다. 반면 보호영역이 좁을수록 제한의 필요성은 적어지고 제한의 정도도 낮아진다.

기본권질서를 정서하는 방식에는 여러 가지가 있다. 기본권질서 정서의 방식을 분류하고 파악하는 방법은 매우 다양하겠으나 여기에서는 ① 기본권의 내재적 한계, ② 헌법에 의한 기본권의 제한, ③ 법률에 의한 기본권 제한, ④ 국가긴급권에 의한 기본권 제한, ⑤ 특별권력관계에 있어서의 기본권 제한 등으로 나누어 살펴보도록 한다.

Ⅱ. 基本權의 內在的 限界

1. 기본권 내재적 한계의 의미

기본권의 내재적 한계란 기본권 자체 내에 존재하는 일정한 한계를 의미한다. 기본권의 내재적 한계는 기본권을 구체적으로 정서하기 위해 적극적으로 가해지는 것이 아니라 기본권의 보호영역 자체가 일정부분 제한·축소되는 것을 의미하는 것이므로 기타의 기본권 제한방식과 구별된다. 기본권의 내재적 한계는 일정한 필요성에 의하여 개발된 개념이다. 즉 기본권의 법률유보에는 일반적 법률유보형식과 개별적 법률유보라는 두 가지 형식이 있는데, 개별적 법률유보방식을 택하고 있는 독일기본법의 기본권에는 법률유보가 없는 것과 법률유보가 있는 것이 있다. 법률유보 없는 기본권은 이른바 절대적 기본권으로서(양심, 종교, 학문, 망명, 청원과 관련된 기본권) 법률로써 제한을 할 수 없기 때문에, 기본권의 제한의 필요성이 불가피한 예외적인 경우를 해결하기 위하여 내재적 한계이론이 대두된 것이다. 우리나라 헌법은 헌법 제37조 제 2 항에서 일반적 법률유보를 두고 있으므로 독일의 내재적 한계이론을 수용함에 있어서 주의가 요청된다. 즉 우리나라에서는 헌법 제37조에 의한 기본권 제한가능성이 일반적으로 인정되기 때문에 내재적 한계이론이 필요한 경우는 드물다고 하겠다. 오히려 헌법학 이론에 의하여 비공식적으로 때로는 자의적으로 이루어질 수 있는 내재적 한계이론에 의한 기본권 제한보다 헌법 제37조 제 2 항에 의한 공개적이고 엄격한 기본권 제한이 타당한 결론을 도출할 수도 있다.[3]

만약 기본권의 내재적 한계이론의 존재가치를 인정한다면 기본권의 내재적 한계는 기본권에 대한 불가피한 제한을 정당화하는 이론인 반면에 기본권의 제한은 기본권의 제한 가능성을 전제로 제한의 기준과 방법, 한계를 따지는 것이라는 점에서 차이가 있다.[4] 다시 말하면 법률에 의한 기본권 제한은 기본권의 내재적 한계를 그 이념적 출발점으로 하고 있는 것은 사실이지만, 모든 기본권의 제한이 기본권의 내재적 한계에 의해서 정당화되는 것이 아니라는 점을 명심할 필요가 있다.

2. 기본권 내재적 한계의 학설

기본권의 내재적 한계가 무엇인지는 명확하지 않다. 독일에서는 ① 독일 기본법 제 2 조 제 1 항의 인격을 발현할 권리의 한계로서 제시된 타인의 권리, 헌법질서, 도덕률의 세 가지가 기본권의 내재적 한계라고 하는 3한계 이론, ② 개별적인 기본권의 개념을 확정하는 것을 통하여 기본권의 내재적 한계를 인정하려는 개념내재적 한계이론(예술의 자유에서 예술, 종교의 자유에서 종교의 개념 등을 확정함에 의하여 한계를 인정한다), ③ 보다 높은 공동체이익의 보호를 위하여 기본권의 제한이 필요하다는 것으로서, 국가존립의 보장을 기본권의 내재적 한계로 보는 국가공동체 유보이론 등의 여러 학설이 제시되어 왔다.

우리나라에서는 개인의 자유는 제한이 없다고 하더라도 무제한 행사할 수 없고, 따라서 자유와 권리는 그 내재적 한계 내에서만 보장된다고 보아 기본권의 내재적 한계를 인정하는 것이 일반적이다.[5] 하지만 우리 헌법은 독

---

3) 내재적 한계에 따른 기본권 제한의 경우는 법치국가적 보호수단이 요구되지 않게 되며, 법률유보에 구속을 받지 않게 되고 제한되는 기본권 조항을 적시할 필요도 없으며, 비례의 원칙도 존중될 필요가 없는바, 기본권 제한이 아니라 그 기본권에는 이러한 한계가 있다는 것을 단지 선언적으로 확인하는 것에 지나지 않으므로 기본권의 내재적 한계를 확대시키는 것은 문제가 있다는 견해도 이와 같은 맥락이다.

4) 허영, 276쪽.

5) 우리 헌법재판소는 "성적 자기결정권도 국가적·사회적 공동생활의 테두리 안에서 타인의 권리, 공중도덕, 사회윤리, 공공복리 등을 존중하여야 할 내재적 한계가 있다. 따라서 국가안전보장, 질서유지, 공공복리를 위하여 제한할 수 있다(헌재 1990. 9. 10. 89헌마82)"고 하면서 기본권의 내재적 한계를 인정하는 듯한 견해를 보이고 있지만 사실 헌법 37조 2항의 기본권 제한을 재확인하고 있다.

일과 달리 법률에 의하여도 제한될 수 없는 이른바 절대적 기본권을 인정하고 있지 않기 때문에 내재적 한계의 논증형식이 불필요하며, 또 입법자의 권한을 벗어난 기본권의 과도한 제한의 우려가 있고, 또 기본권의 내재적 한계가 기본권의 본질내용 보장의 의미를 퇴색시킬 수 있다는 점 때문에 부정적으로 바라보는 견해도 있다.6)

생각건대 독일 기본법과는 달리 대부분의 경우 기본권의 내재적 한계를 인정할 필요는 없으나 한정된 영역에서 내재적 한계이론은 이용될 수 있다. 먼저 어의(語義)의 한계 내에서 일정한 한계를 인정하는 개념내재적 한계를 생각해 볼 수 있다. 종교의 자유에 있어서 종교, 예술의 자유에서 예술의 의미를 규정지으면서 일정한 한계를 발견할 수 있는 것이다.7) 한편 기본권이 헌법이 보호하는 다른 가치와 충돌하는 경우, 즉 헌법의 통일성과 헌법이 추구하는 전체적인 가치질서와의 충돌시 조화적인 해석을 통해 기본권의 내재적 한계를 인정하는 이른바 실제적 조화의 원리 내지는 규범조화적 해석이론이 내재적 한계로 적용될 여지도 있을 것이다.8)

다만 이와 같은 내재적 한계는 법률제정 이전의 헌법해석과정과 법률에 대한 위헌판단 등의 한정된 영역에서 원용되어야 한다. 만약 직접적인 기본권 제한의 근거로 원용되는 경우에는 '의심스러운 때에는 자유의 이익으로'라는 명제와 헌법 제37조 제 2 항의 취지를 위반하게 될 것이다.

Ⅲ. 憲法에 의한 基本權 制限

헌법에 의한 기본권 제한이란 헌법규정이 직접 기본권 제한을 명시적으로 규정함으로써 기본권을 제한하는 경우를 말한다. 이 경우 기본권 제한을 위한 별도의 입법조치는 불필요하게 된다. 헌법에 의한 기본권 제한을 헌법

---

6) 허영, 272쪽. 그러나 이 견해도 법률의 규제권 밖에 있는 기본권이 다른 기본권 또는 헌법에 의해 보호되고 있는 다른 헌법적 가치와 충돌을 일으키는 경우 그 구체적인 문제를 해결하기 위한 수단으로 원용되는 때에 국한하여 내재적 한계가 문제될 수 있다고 보고 있다.

7) 물론 이러한 한계는 기본권 규정의 자연스러운 해석에서 나타나는 것이라고도 할 것이므로 기본권의 내재적 한계로 특정하여 고찰할 필요가 있는 것인지 의문이 생길 수 있다.

8) 그러나 앞서 설명한 바와 같이 기본권의 보호영역이라는 것은 선험적으로 확정되어 있는 것이 아니라는 점에서 기본권의 내재적 한계를 이용하여 보호영역을 제한하는 시도도 의미가 적다고 본다.

직접적 제한, 헌법유보, 헌법적 한계라고 부르기도 한다.9)

　　이러한 헌법에 의한 기본권 제한은 그 형태에 따라 일반적 제한과 개별적 제한으로 구분하여 볼 수 있는데, 일반적 제한이란 모든 기본권을 대상으로 하는 헌법직접적 제한방식이다. 우리나라에는 존재하지 않지만 일본헌법10) 등에는 규정이 되어 있다. 개별적 제한은 개별적인 기본권조항에 그를 제한하는 헌법규정을 두는 방식이다. 예컨대 국민의 재산권을 보장하면서 그 행사를 공공복리에 적합하도록 제한한 것이라든가(제23조 제 2 항), 군인·군무원 등의 배상청구권의 제한을 규정한 것(제29조 제 2 항) 등이 이에 속한다 할 수 있다. 한편 명시성 여부에 따라 분류하기도 하는데 명시적 제한은 헌법규범이 명시적으로 직접 기본권을 제한하는 경우를 말한다. 앞의 일반적·개별적 제한이 모두 이에 속한다. 반면 사리적(事理的) 제한은 헌법규범이나 법률에 의해 명시적으로 제한되지 않는 기본권이라도 기본권 상호간의 관계에서 사리상 제한되는 것을 말한다. 이러한 제한은 헌법의 통일성의 측면에서 나타나게 된다.

　　이러한 기본권의 헌법적 제한은 헌법제정권자가 스스로 기본권 제한을 명시함으로써 입법권자가 기본권 제한에서 갖는 재량권을 축소시키는 기능을 한다. 헌법이 명시적으로 기본권을 제한하는 경우 입법자가 헌법에 의하여 그어진 한계를 일반법률로 규정하더라도 이는 입법자 자신이 이 기본권을 제한하는 것이 아니라 입법자는 단지 이미 그어진 한계를 선언적으로 확인하는 데 불과하며, 입법자는 헌법이 그은 한계 내에서 구체적 형성을 할 수 있을 뿐이다. 그러므로 입법자가 헌법에 의하여 제한된 기본권을 구체적으로 형성하는 경우 그에 대한 합헌성 심사는 법률유보가 있는 기본권을 구체화시키고 현실화시키는 경우보다는 더욱 엄격하게 행해진다. 또한 개별기본권 행사로 인해 상충하는 법익과 조화를 실현하는 기능을 하며, 기본권의 남용을 방지하는 역할도 수행한다.

---

9) '유보'라는 말은 미룸, 맡겨둠 등을 의미하는 단어라는 점에서 헌법의 직접적 제한을 헌법유보라고 지칭함은 타당하지 않다. 헌법적 한계라는 말도 앞서 설명한 내재적 한계라는 용어와 혼동될 우려가 있으므로 사용을 지양하는 것이 좋다.
10) 일본국 헌법 제12조: "이 헌법이 국민에게 보장하는 자유 및 권리는 국민의 부단한 노력에 의하여 보유하지 않으면 안 된다. 또한 국민은 이것을 남용해서는 안 되며, 항상 공공의 복지를 위해서 이것을 이용하는 책임을 갖는다."

제 2 절   法律에 의한 基本權의 制限

I. 法律에 의한 基本權 制限의 意味

1. 법률유보

우리 헌법상 기본권 제한의 일반적인 형식은 바로 법률에 의한 기본권 제한(헌법 제37조 제 2 항)이다. 이를 법률유보라고 한다. 절대군주제 하에서 군주는 의회의 동의 없는 과세권·집행권을 행사하여 기본권을 침해하였다. 이에 대한 반성으로서 근대 입헌주의 하에서는 시민의 대표인 의회가 제정한 법률은 시민의 일반의사이므로 이에 근거하여서만 기본권을 제한할 수 있다는 법률유보가 성립하게 된 것이다.

법률유보는 법률에 의하지 아니하고는 기본권을 제한할 수 없다는 의미로 이해된다. 이렇게 사용될 때 법률은 기본권 제한의 방패의 역할을 함으로써 기본권을 강화시켜 주는 역할을 하게 되는바 법률유보를 기본권 제한의 한계로 이해하게 된다. 이를 법률유보의 순기능적 이해라고 한다.

그러나 법률유보가 법률에 의하기만 하면 기본권 제한이 가능하다는 의미로, 즉 기본권 제한의 수권으로만 이해하게 된다면 이는 기본권 침해를 오히려 손쉽게 해 주는 역할을 하게 될 수도 있다. 이러한 역기능에 대응하기 위하여 우선 입법권을 기본권에 엄격히 기속시키는 방법을 생각할 수 있을 것이다. 위헌법률심판과 헌법소원심판 등의 헌법재판제도를 도입, 활성화하고, 일부의 법률유보를 헌법이 직접 규정하는 방법도 생각해 볼 수 있다. 또 일반적 법률유보를 개별적 법률유보로 전환하는 방법이 있으며, 비례성 원칙과 본질내용침해금지를 성문헌법상 명문으로 규정하는 것도 그 대책으로서 강구될 수 있을 것이다. 어쨌든 법률유보의 의미는 법률에 의하기만 하면 기본권을 얼마든지 제한할 수 있다는 뜻이 아니라, 법률에 의하거나 근거하지 않고서는 기본권을 제한할 수 없다는 뜻이라고 이해되어야 한다.[11)]

---

11) 헌법재판소는 기본권 제한입법의 수권규정과 기본권 제한입법의 한계규정으로 보고 있다. 동 조항은 규정형식으로는 일반적 법률유보조항으로 보이나 그 내용면에서는 기본권 제한입법의 한계조항의 성격을 지니고 있다고 본다(헌재 1990. 9. 3. 89헌가95).

2. 법률유보의 유형

법률유보는 우선 일반적 법률유보와 개별적 법률유보로 나뉜다. 기본권의 일반적 법률유보란 헌법규정의 일정한 기준에 따라 법률로써 모든 기본권을 제한하는 방식으로 현행헌법 제37조 제 2 항이 이에 해당한다. 한편 독일 기본법은 일반적 법률유보규정을 두고 있지 않다. 반면 개별적 법률유보는 헌법이 제한 가능한 기본권만 개별적으로 법률로써 제한하도록 하는 방식이다. 현행헌법상 신체의 자유(제12조 제 1 항)에 관한 규정이 이에 해당된다. 또 단순법률유보와 가중적 법률유보로 나뉜다. 단순법률유보는 직접 법률에 의하거나 법률에 근거하여 기본권을 제한하는 방식이다. 가중법률유보는 헌법규정 가운데 명시된 특정의 전제조건이나 특정의 목적에 따라서만 법률로 기본권을 제한하는 방식으로 헌법 제12조 제 2 항 후문의 법률과 적법한 절차에 의하지 아니하고는 처벌, 보안처분, 강제노역을 받지 아니한다는 규정은 가중적 법률유보이다.

한편 법률유보는 기본권 제한적 법률유보와 기본권 형성적 법률유보로 구분되기도 한다. 헌법 제37조 제 2 항상의 법률유보는 기본권 제한적 법률유보를 나타낸다고 한다. 하지만 기본권 중에는 사회적 기본권이나 참정권적 기본권 등 법률에 의해 비로소 그 내용이 형성되거나 그 권리의 행사절차가 구체적으로 확정되는 것들이 상당수 있다. 이처럼 법률에 의한 구체적 형성을 필요로 하는 기본권에 있어, 헌법이 그 형성의 권한을 입법자에게 부여하는 것을 기본권 형성적 법률유보라 한다. 기본권의 형성과 기본권의 제한은 양자가 구체적인 상황에서 혼동되는 경우가 있다. 예컨대 제23조 제 1 항 제 2 문처럼 재산권의 내용과 한계를 입법자가 정하도록 하는 경우 기본권의 제한과 구체적 형성 사이의 경계는 유동적이어서 상호 구별하기가 쉽지 않다. 특히 기본권 제한은 곧 기본권 질서의 구체화 내지 정서를 의미한다는 점에서 이러한 구분은 매우 상대적이다.

Ⅱ. 法律에 의한 基本權 制限의 要件

1. 수단적 요건 ─법률

제37조 제 2 항은 기본권을 제한하는 법률은 국회가 제정한 형식적인 법률에 의하여 가능함을 규정하고 있다.12) 따라서 형식적 법률이 아닌 기타의 명령, 관습법 등에 의한 제한은 원칙적으로 부정된다.

이러한 법률은 우선 일반성을 가진 법률일 것이 요구된다. 법률의 일반성은 규범 수신인이 불특정 다수인이라는 의미와 법률에 의해 포섭되는 사례가 불특정다수라는 의미를 포괄한다. 이러한 일반성을 요구하는 이유는 평등의 원칙 때문이다. 즉 입법자가 자의적으로 차별대우하거나 혜택을 주는 것을 방지하기 위함이다. 이러한 요청 때문에 종래에는 처분적 법률이나 개별사건법률로는 기본권을 제한하지 못한다고 보아왔다. 하지만 처분적 법률이나 개별사건법률에 대한 이해가 오늘날 점차 변하고 있으며, 이들 법률의 합헌성이 부분적으로 인정되고 있다.13) 더불어 기본권을 제한하는 법률은 명확해야 하며, 불명확한 법률에 의해서는 기본권을 제한하지 못한다. 불명확한 법률은 일정한 법률목적을 달성하는 데 필요한 범위를 넘어서 과도하게 기본권을 제한하기 때문에 위헌이다.14)

하지만 예외적인 경우 기본권 제한이 법률 이외의 수단에 의하여도 가능함을 헌법은 인정하고 있다. 예컨대 일정한 비상사태 하에서 긴급명령·긴급

---

12) 헌법은 법치주의를 그 기본원리의 하나로 하고 있으며, 법치주의는 행정작용에 국회가 제정한 형식적 법률의 근거가 요청된다는 법률유보를 그 핵심적 내용의 하나로 하고 있다. 그런데 오늘날 법률유보원칙은 단순히 행정작용이 법률에 근거를 두기만 하면 충분한 것이 아니라, 국가공동체와 그 구성원에게 기본적이고도 중요한 의미를 갖는 영역, 특히 국민의 기본권실현과 관련된 영역에 있어서는 국민의 대표자인 입법자가 그 본질적 사항에 대해서 스스로 결정하여야 한다는 요구까지 내포하고 있다(의회 유보원칙)(헌재 1999. 5. 27. 98헌바70).

13) 우리 헌법재판소도 처분적 법률과 개별사건 법률의 필요성과 합헌성을 인정하는 태도를 취하고 있다고 볼 수 있다(헌재 1998. 3. 26. 93헌바12; 헌재 1996. 2. 16. 96헌가2 등).

14) "법규의 적용범위가 과도하게 광범위해지면 어떠한 경우에 법을 적용하여야 합헌적인 것이 될 수 있는가, 즉 법을 적용하여도 좋은 경우와 적용하여서는 안 되는 경우가 법 집행자에게도 불확실하고 애매해지는 사태가 온다. 이러한 의미에서도 과도한 광범성은 잠재적인 명확성 결여의 경우로 볼 수 있기 때문에 형벌법규에 관한 명확성의 원칙에 위배되는 한 가지 예에 해당될 수 있다. 이리하여 어떠한 것이 범죄인가를 법제정 기관인 입법자가 법률로 확정하는 것이 아니라 사실상 법 운영 당국이 재량으로 정하는 결과가 되어 법치주의에 위배되고 죄형법정주의에 저촉될 소지가 생겨날 것이다"(헌재 1990. 4. 2. 89헌가113).

재정경제명령으로 기본권을 제한할 수 있다. 또 원칙적으로 법률 외의 명령·
규칙·조례로 기본권을 제한할 수 없으나, 법률의 위임이 있으면 법률의 위
임한도 내에서 명령·규칙·조례로써 기본권을 제한할 수 있다. 더불어 법률
의 효력을 갖는 조약과 일반적으로 승인된 국제법규는 국내법과 동일한 효력
을 가지므로 조약과 국제법규에 의해서도 기본권을 제한할 수 있다.

2. 기본권 제한입법의 목적상 요건

우리 헌법은 제37조 제 2 항에서 기본권의 제한이 국가안전보장, 질서유
지, 공공복리를 위한 목적 하에서 제한될 수 있음을 규정하고 있다. 먼저 '국
가안전보장'은 제 4 공화국헌법에서 처음 규정되어 지금까지 그대로 유지되고
있는 문언이다. 기존의 제 3 공화국 이전의 헌법에서는 질서유지와 공공복리
의 요건만 규정하였으며 국가안전보장이 질서유지의 개념에 포함된다고 보았
던 것을, 제 4 공화국에서 따로 분리하여 규정한 것이다. 이러한 국가안전보장
은 연혁적인 배경에서 볼 때, 외부로부터 국가의 존립과 안전 그리고 이와
관련되는 내부적 안전과 존립을 보장하는 데 국한된다고 보는 것이 적절하
다. 즉, 국가안전보장이란 외부로부터 국가의 독립, 영토의 보전, 헌법에 의해
설치된 국가기관의 유지를 뜻한다고 해석한다.15) 국가안전보장을 위해 기본
권을 제한하는 법률로는 형법상의 내란·외환죄 등과 국가보안법상의 제규정
및 군사기밀보호법 등이 있다.

또 '질서유지'의 개념에 대하여는 국가안전보장이 별도의 목적으로 규정
되어 있으므로 이를 제외하는 좁은 의미로 이해하는 것이 타당하겠다. 따라
서 질서유지란 내부에 있어서의 국가의 존립과 안전의 보장을 의미하며 더
나아가 경찰법적 의미의 공공질서까지를 포함한다고 볼 수 있다. 경찰법적
의미의 공공질서란 "이를 준수하는 것이 그때그때의 지배적인 사회적 인식

---

15) "헌법 제37조 제 2 항은 '국민의 모든 자유와 권리는 국가안전보장·질서유지 또는 공공
복리를 위하여 필요한 경우에 한하여 법률로써 제한할 수 있으며, 제한하는 경우에도 자유
와 권리의 본질적인 내용을 침해할 수 없다'고 하는 이른바 일반적 법률유보조항을 두고
있는바, 국가의 안전보장은 헌법상 중요한 국가적 법익의 하나로서 위의 규정 외에도 헌법
제 5 조 제 2 항, 제39조 제 1 항, 제66조 제 2 항, 제69조 등이 국가의 안전보장과 관련이 있
는 것이다. 헌법 제37조 제 2 항에서 기본권 제한의 근거로 제시하고 있는 국가의 안전보장
의 개념은 국가의 존립·헌법의 기본질서의 유지 등을 포함하는 개념으로서 결국 국가의
독립, 영토의 보전, 헌법과 법률의 기능, 헌법에 의하여 설치된 국가기관의 유지 등의 의미
로 이해될 수 있을 것이다"(헌재 1992. 2. 25. 89헌가104).

및 윤리의식에 비추어 공동생활을 위한 불가결의 전제로서 인식되는 규율들의 총체적 개념"을 말한다. 질서유지를 위해 기본권을 제한하는 법률로는 형법, 경찰법, 집회및시위에관한법률, 경찰관직무집행법, 도로교통법, 성범죄처벌법, 최업병사용능의처벌에관한법률, 성매매알선등행위의처벌에관한법률 등의 많은 법률이 있다.

마지막으로 공공복리란 목적요건이 있다. 공공복리의 개념은 관점에 따라 다르게 이해될 수 있기 때문에, 매우 불확정적이고 다의적이다.16) 그러나 사회·국가적인 관점에서 바라보는 우리 헌법상의 공공복리는 기본적으로 개인의 이익을 인정하지만, 공동체 전체의 입장에서 이를 사회정의에 맞게 조정한 국민 공동의 이익이라고 정리될 수 있을 것이다. 즉 공공복리는 개인과 대립되는 것이 아니라 개인을 포함한 국민의 전체적인 복리를 뜻한다. 이러한 목적을 위해 제정된 법률로는 소비자보호법, 국토의계획및이용에관한법률, 학원의설립·운영및과외교습에관한법률, 공익사업을위한토지등의취득및보상에관한법률, 하천법, 산림기본법, 도시공원및녹지등에관한법률, 건축법, 도로교통법 등 많은 법률이 존재한다.

3. 기본권 제한입법의 방법상 요건

우리 헌법 제37조 제 2 항은 "필요한 경우에 한하여"라는 표현을 쓰고 있다. 이 표현이 비례성의 원칙 또는 과잉금지원칙을 의미한다고 보는 것이 일반적인 견해이다. 과잉금지의 원칙 또는 비례성 원칙이라 함은 국가의 권력은 무제한적으로 행사되어서는 아니 되고, 이는 반드시 정당한 목적을 위하여 그리고 또한 이러한 목적을 달성하기 위하여 필요한 범위 내에서만 행사되어야 한다는 법치국가 원리의 일반적 원칙을 말한다.

기본권 제한의 법률유보는 행정권이나 사법권으로부터 기본권을 보호해

---

16) 헌법재판소는 "질서유지 또는 공공복리를 위하여 구속제도가 헌법 및 법률상 이미 용인되어 있는 이상, 미결수용자는 구속제도 자체가 가지고 있는 일면의 작용인 사회적 격리의 점에 있어 외부와의 자유로운 교통과는 상반되는 성질을 가지고 있으므로, 증거인멸이나 도망을 예방하고 교도소 내의 질서를 유지하여 미결구금제도를 실효성 있게 운영하고 일반 사회의 불안을 방지하기 위하여 미결수용자의 서신에 대한 검열은 그 필요성이 인정된다고 할 것이고, 이로 인하여 미결수용자의 통신의 비밀이 일부 제한되는 것은 질서유지 또는 공공복리라는 정당한 목적을 위하여 불가피할 뿐만 아니라 유효적절한 방법에 의한 최소한의 제한으로서 헌법에 위반된다고 할 수 없다(헌재 1995. 7. 21. 92헌마144)"고 한다.

주는 기능을 한다. 그러나 법률유보는 입법권자가 법률로써 기본권을 함부로 제한하여 침해할 수도 있는 역기능을 가진다. 헌법 제37조 제 2 항의 비례성원칙은 입법자가 추구하는 공익 이상으로 사익(즉 기본권)을 침해하는 입법을 금지함으로써 입법에 의한 기본권 침해를 방지하는 특별한 기본권 보호기능을 한다. 나아가 비례성원칙은 기본권 제한 법률에 대한 헌법재판소의 위헌성 판단의 심사기준이기도 하다. 결국 비례성 심사는 기본권의 제한을 통하여 달성하려는 목적과 이 목적을 달성하기 위하여 공권력이 선택한 수단의 상호관계를 통제함으로써 기본권 제한의 합헌성통제를 구조화·합리화하는 역할을 수행한다.

비례성원칙은 다시 적합성, 필요성, 협의의 비례성이라는 세 가지 부분원리로 구분된다.17) 먼저 ① 적합성은 방법의 적절성, 수단의 상당성 또는 수단의 적합성 등으로도 표현된다. 적합성의 요건은 입법자가 선택한 수단이 입법목적의 실현을 용이하게 하거나 촉진할 것을 요구한다. 입법목적이 완전히 실현되는 것을 요구하는 것은 아니며, 부분적인 실현을 하는 경우에도 적합성요건이 충족된다고 본다. 따라서 일반적으로 헌법재판 등의 사법적 통제에서는 수단이 전혀 부적합한지의 여부만을 통제하며, 어느 입법조치가 적합성요건을 충족하여 위헌으로 선언되는 경우는 그리 흔치 아니하다. ② 필요성원칙은 피해의 최소성 또는 최소침해성으로도 표현되며, 기본권을 최소한으로 제한하는 수단을 택할 것을 요구하는 것을 말한다. 즉, 기본권을 덜 제한하는 수단을 통해서 동일한 결과나 더 나은 결과를 가져올 수 있는 경우에는 필요성요건은 충족되지 않는다. 필요성의 원칙의 기준이 무엇인가에 대하여, 기본권 제한조치의 경우에는 그 제한이 관련자에게 미치는 효과를 중심으로 판단하되 일반인에 미치는 불이익의 정도를 동시에 고려하고, 수혜적

---

17) 우리 헌법재판소는 "그 입법목적이 헌법 및 법률의 체제상 그 정당성이 인정되어야 하고 (목적의 정당성), 그 목적의 달성을 위하여 그 방법이 효과적이고 적절하여야 하며(방법의 적절성), 입법권자가 선택한 기본권 제한의 조치가 입법목적달성을 위하여 설사 적절하다 할지라도 보다 완화된 형태나 방법을 모색함으로써 기본권의 제한은 필요한 최소한도에 그치도록 하여야 하며(피해의 최소성), 그 입법에 의하여 보호하려는 공익과 침해되는 사익을 비교형량할 때 보호되는 공익이 더 커야 한다(법익의 균형성)"(1997. 8. 21. 93헌바51 등 다수의 판례)고 하여 비례성원칙을 4가지 부분원칙으로 구성된 것으로 보고 있다. 학설도 이러한 태도를 따르고 있는 듯하다(권영성, 349쪽). 그러나 비례성원칙이란 목적과 수단 사이의 비례적 합여부를 따지는 것이며, 따라서 목적의 정당성에 대한 판단은 비례성 판단에 우선하게 되어야 한다는 점에서 4가지 부분원리로 구성되어 있다는 입장은 문제가 있다고 본다.

조치의 경우에는 어떤 수단이 일반에 가장 적은 불이익을 유발하는가를 기준으로 판단하여야 한다. 여러 가지 기본권 제한수단에 대하여 필요성요건과 관련하여 입법자에게 평가의 여지가 주어지며, 따라서 기본권을 적게 제한하는 다른 수단들이 있다는 것이 '명백하게' 확인될 때에만 그 법률은 필요성원칙을 위배하여 위헌이라고 할 수 있다. ③ 협의의 비례성은 수단이 달성하려는 목적과 상당한 비례관계에 있어야 할 것을 요구하는 원칙이다. 즉 개인의 기본권에 대한 제한을 통하여 초래된 희생이 일반을 위하여 달성하고자 하는 효용보다 커서는 안 된다는 것이다.[18]

이러한 비례성원칙 외에도 여러 가지 개별 기준들이 제시되고 있다. 그중 가장 대표적인 것이 이른바 이중기준의 원칙이다.[19] 이중기준의 원칙은 경제적·재산적 권리를 제한하는 공권력 행사의 위헌성판단보다는 문화적·정치적 권리를 제한하는 공권력 행사의 위헌성판단에 대해 더욱 엄격한 심사가 이루어져야 한다는 원칙을 말한다. 이중기준의 원칙 또한 우리 헌법상 인정되는 비례성원칙이 구체화되는 여러 형태 중의 하나라고 이해될 수 있을 것이다.

Ⅲ. 基本權 制限立法의 內容上 限界

우리 헌법 제37조 제 2 항은 기본권을 제한하는 경우에도 기본권의 본질적인 내용을 침해할 수 없음을 규정하고 있다. 이것이 바로 기본권 제한입법

---

18) 위헌법률심판에서 가장 빈번하게 사용되는 판단기준은 협의의 비례성이라고 할 것이다. 대부분 문제되는 법률이 적합성이나 필요성 단계에서 걸러질 정도로 명백히 위헌적인 경우는 오히려 드물기 때문이다. "만 19세 미만의 청소년들은 우리나라의 교육제도에 따라 상당수가 고등학교 또는 대학의 저학년에 재학중인 학생들이고 그렇지 않은 경우에도 상당수가 생업이나 군복무에 갓 종사하기 시작한 사람들이어서 이들이 무절제한 음주를 할 경우 그 학업성취 및 직업 등에의 적응 그리고 심신의 건전한 성장과 발전에 중대한 지장을 받을 위험이 매우 크고, 그로 인하여 그 개인은 물론 국가와 사회가 모두 큰 피해를 입게 되므로 이들에게 술을 팔지 못하게 하는 위 법률조항은 그 합리성이 인정되고, 나아가 식품접객업자인 청구인이 위 법률조항으로 인하여 만 19세 미만의 자에게 술을 팔지 못하여 받게 되는 불이익의 정도와 청소년에 대한 술의 판매를 규제하여 청소년이 건전한 인격체로 성장하는 데 기여하게 되는 공익을 비교할 때에 전자의 불이익은 그렇게 크다고 볼 수 없는 반면, 후자의 공익은 매우 크고 중요한 것이라고 인정되어 위 법률조항이 청구인의 직업수행의 자유를 과도하게 제한하여 이를 침해하는 것이라고 할 수 없다(헌재 2001. 1. 18. 99헌마555)"는 판례는 협의의 비례성 판단을 잘 보여 주고 있다.

19) U.S. v. Carolene Products Co. 사건에서 Stone 판사가 주장한 이론이다(김철수, 353쪽).

의 내용상 한계를 표현하고 있다는 데에 견해가 일치한다.

　그러나 기본권의 본질적 내용이 무엇인가를 밝히는 것은 쉬운 일이 아니다. 이에는 다시 두 가지 구별되는 태도가 존재한다. 먼저 상대설은 본질적 내용을 고정적인 것이 아니라 가변적인 것으로 보는 입장들을 총칭한다. 본질적 내용이란 기본권 제한에 의하여 달성하려는 법익이 구체적 상황에서 더 보호할 가치가 있느냐에 따라 결정된다. 본질적 내용은 비례의 원칙에 기초하여 법익을 형량하여 확정되며 그때그때의 필요에 따라 보다 넓게 또는 보다 좁게 이해할 수 있다. 따라서 본질적 내용금지원칙은 비례원칙에 포섭되므로 본질적 내용금지원칙은 확인적 의미를 가진다. 이 견해에 따르면 기본권 제한의 정도는 경합하는 이익에 달려 있으며, 만약 국가적 이익을 고려하여 필요한 경우 기본권을 완전히 배제하는 데까지 제한할 수 있다는 결론에 이르는 것이다. 반면 절대설은 기본권은 절대적으로 침해할 수 없는 핵심영역이 있고 침해할 수 없는 한계가 본질적 내용이라고 한다. 이 침해할 수 없는 내용을 인간의 존엄성으로 보는 견해가 있고(존엄성설), 기본권이 공권력에 의한 제한으로 그 핵심영역이 손상되거나 그 실체의 온전성을 상실하는 경우 본질적 내용이 침해되었다고 보는 견해가 있다(핵심영역설).

　기본권의 본질내용이 무엇인지를 관념론적으로 명확히 설명하는 것은 가능하지 않다. 기본권의 보호영역을 선험적으로 특정하는 것이 불가능한 것과 마찬가지의 맥락이다. 결국 개별적인 사안에 따라 그 구체적인 내용이 설정되게 마련이다. 따라서 본질적 내용의 침해금지는 우리 헌법에 있어서 단지 선언적 의미를 갖는다고 할 것이다. 다만 입법자는 법률에 의한 제한을 통해 기본권을 사실상 공동화(空洞化)시킬 우려가 있기 때문에, 이 규정은 공동화의 방지를 위한 경고의 의미를 지닌다.[20]

---

20) "재산권의 본질적인 내용이라는 것은 재산권의 핵이 되는 실질적 요소 내지 근본적 요소를 뜻하며, 재산권의 본질적인 내용을 침해하는 경우라고 하는 것은 그 침해로 인하여 사유재산권이 유명무실해지거나 형해화(形骸化)되어 헌법이 재산권을 보장하는 궁극적인 목적을 달성할 수 없게 되는 지경에 이르는 경우라고 할 것이다(헌재 1990. 9. 3. 89헌가95)"라고 하는 등 헌법재판소는 대체로 절대설을 따르고 있는 듯하지만, "生命權 역시 憲法 제37조 제 2 항에 의한 일반적 법률유보의 대상이 될 수밖에 없는 것이나, 生命權에 대한 제한은 곧 生命權의 완전한 박탈을 의미한다 할 것이므로, 死刑이 比例의 원칙에 따라서 최소한 동등한 가치가 있는 다른 생명 또는 그에 못지 아니한 公共의 利益을 보호하기 위한 불가피성이 충족되는 예외적인 경우에만 적용되는 한, 그것이 비록 생명을 빼앗는 刑罰이라 하더라도 憲法 제37조 제 2 항 단서에 위반되는 것으로 볼 수는 없다"(헌재 1996. 11.

제 3 절   基本權 制限의 特殊問題

Ⅰ. 非常事態下에서의 基本權 制限

정상적으로 법질서가 운용될 수 없는 상황 즉 국가비상사태의 경우에는 예외적인 수단에 의하여 기본권이 제한될 수도 있다. 먼저 헌법 제76조 제 1 항에 의하면, "대통령은 내우·외환·천재·지변 또는 중대한 재정·경제상의 위기에 있어서 국가의 안전보장 또는 공공의 안녕질서를 유지하기 위하여 긴급한 조치가 필요하고 국회의 집회를 기다릴 여유가 없을 때에 한하여 최소한으로 필요한 재정·경제상의 처분을 하거나 이에 관하여 법률의 효력을 가지는 명령을 발할 수 있다"고 규정하고 있다. 재정·경제상의 명령·처분에 의하여는 재산권, 근로 3 권, 직업의 자유 등 경제분야와 관련된 기본권이 제한될 수 있다. 또 헌법 제76조 제 2 항은 "대통령은 국가의 안위에 관계되는 중대한 교전상태에 있어서 국가를 보위하기 위하여 긴급한 조치가 필요하고 국회의 집회가 불가능한 때에 한하여 법률의 효력을 가지는 명령을 발할 수 있다"며 긴급명령권을 규정하고 있다. 긴급명령에 의해 제한될 수 있는 기본권은 경제적 기본권을 포함한 모든 기본권이다.

비상사태의 규율 중 가장 대표적인 것은 바로 계엄에 관한 헌법적 규율이다. 현행헌법은 계엄에 관하여 "대통령은 전시·사변 또는 이에 준하는 국가비상사태에 있어서 병력으로써 군사상의 필요에 응하거나 공공의 안녕질서를 유지할 필요가 있을 때에는 법률이 정하는 바에 의하여 계엄을 선포할 수 있다"고 규정하며(제77조 제 1 항), 비상계엄이 선포된 때에는 법률이 정하는 바에 의하여 영장제도, 언론·출판·집회·결사의 자유, 정부나 법원의 권한에 관하여 특별한 조치를 할 수 있다고 규정하고 있다(제77조 제 3 항). 이러한 헌법적 규정을 구체화하고 있는 계엄법 제 9 조에서는 "비상계엄지역 안에서 계엄사령관은 군사상 필요한 때에는 체포·구금, 압수·수색, 거주·이전, 언론·출판·집회·결사 또는 단체행동에 대하여 특별한 조치를 할 수 있다"고 규정하고 있는데, 헌법에 규정되지 아니한 '거주·이전의 자유', '단체행동의

---

28. 95헌바1)고 하여 비례원칙을 적용하여 생명권의 본질인 생명의 유지를 박탈할 수 있다고 보았으므로 이 경우는 상대설에 가까운 입장이라 볼 수 있다.

자유'에 대하여 하위법인 계엄법이 보다 폭넓은 기본권 제한을 규정한 것에 대하여 위헌여부가 문제되고 있다. 이 외에도 비상계엄 하에서는 민간인도 군사법원의 재판을 받을 수 있으며(제27조 제 2 항, 제110조), 비상계엄 하의 군사재판은 일정한 범죄에 한하여 사형선고의 경우를 제외하고는 단심재판이 허용된다(제110조 제 4 항).

Ⅱ. 特別權力關係

1. 특별권력관계의 의미

특별권력관계란 일반권력관계에 대응하는 개념으로서, 법규정이나 당사자의 동의 등 특별한 법적 원인에 의거하여 성립하고 공법상의 특별한 목적 달성에 필요한 한도 내에서 한쪽이 다른 쪽을 포괄적으로 지배하고 다른 쪽이 이에 복종하는 것을 내용으로 하는 공법상의 관계이다. 국가와 공무원의 관계, 국·공립학교와 학생의 관계, 교도소와 수형자의 관계, 국·공립병원과 전염병환자와의 관계, 군대와 군복무자의 관계 등이 대표적인 특별권력관계의 예이다. 고전적으로 특별권력관계에 속해 있는 사람은 절대적으로 국가에 복종하는 법률관계에 속하는 사람이었다. 따라서 법률에 의한 기본권 제한의 원칙이 존중될 필요가 없고 이 관계의 행정상 처분행위는 사법심사의 대상이 되지 않는다. 특별권력관계에서는 권리제한이나 의무부과에 법률을 대신하는 행정규칙으로도 충분하다고 보았으므로, 특별권력관계는 법으로부터 자유로운 영역이며 기본권이 적용되지 못하는 영역이라고 설명한 것이다.

그러나 이것은 군주국에 부합하는 이론이며 오늘날 민주주의 국가에서는 많은 문제를 야기한다. 따라서 특별권력관계라는 용어도 오늘날에는 특수신분관계, 특수지위이론, 특별행정법관계 등의 용어로 순화되어 사용되고 있다. 특별권력관계를 기본관계와 내부관계(경영수행관계·직무수행관계)로 나누어, 적어도 특별권력관계의 설정·변경·존속에 직접적인 영향을 미치는 기본관계에서 이루어지는 행정작용은 기본권 제한의 요건이 준수되어야 하는, 법이 침투할 수 있는 영역으로 보아 사법심사의 대상으로 보는 견해는 의미가 있다고 하겠다.[21] 특별권력관계, 즉 특수한 신분관계는 헌법질서의 테두리 내에

---

21) 독일 연방헌법재판소는 이른바 수형자판결에서, 수형자의 기본권을 제한하기 위해서는

서 헌법에 의해 설정된 특수한 생활관계일 뿐이다. 특수한 신분관계를 원활히 유지하기 위해 일반인과는 다른 불가피한 기본권 제한이 인정될 여지는 존재한다. 하지만 그러한 제한은 실제적 조화의 방법에 따라 그 정당성 여부가 평가되어야 한다. 특수한 신분관계와 기본권이 서로 조화될 수 있는 합리적인 범위 내에서 기본권의 제한이 허용되나, 기본권 제한에 관한 일반적 한계원칙이 특수한 신분관계에도 준수되어야 한다고 할 것이다.

2. 특별권력관계에서의 기본권 제한

물론 특별권력관계에 있는 국민은 공적 임무를 수행하거나 공적 시설을 이용하는 자이기 때문에 (단순한 경영수행관계상의 기본권 제한 외에도) 일반 국민보다 더 많은 기본권 제한을 받는다는 것을 부인할 수는 없다. 그렇다면 특별권력관계 하에서 일반권력관계의 국민과 달리 얼마나 어떠한 방식으로 기본권이 더 제한될 수 있는지가 문제된다. 먼저 특별권력관계가 법규에 의하여 강제적으로 성립된 경우에는 헌법에 관계설정에 관한 근거규정이 있거나 혹은 헌법이 최소한 그것을 전제하고 있어야 기본권 제한이 가능하다. 또 특별권력관계가 합의로 성립된 경우, 즉 공무원의 복무관계, 학생의 재학관계와 같이 특별권력관계가 당사자 간 합의에 따라 성립한 경우에도 역시 최소한 법률상의 근거가 있어야 기본권 제한이 가능하다. 따라서 원칙적으로 일반인의 기본권 제한과 다르지 않다. 다만 기본권 제한의 구체적인 방법과 정도는 특별권력관계의 설정목적과 성질 및 기능 등에 따라 구체적으로 검토하여야 할 것이다.

일반 국민과는 달리 특별권력관계에 속하는 국민에게 인정되는 특별한 기본권 제한은 여러 곳에 산재해 있다. 우선 헌법은 "공무원인 근로자는 법률이 정하는 자에 한하여 단결권·단체교섭권 및 단체행동권을 가진다(제33조 제2항)"고 하고 있으며 "군인·군무원·경찰공무원 기타 법률이 정하는 자가 전투·훈련 등 직무집행과 관련하여 받은 손해에 대하여는 법률이 정하는 보상 외에 국가 또는 공공단체에 공무원의 직무상 불법행위로 인한 배상은 청구할 수 없다(제29조 제2항)"고 규정하고 있다. 또 "군인 또는 군무원이 아닌

반드시 법률의 근거가 있어야 한다는 점을 분명히 하여 법률에 의한 기본권의 제한원칙이 특별권력관계에도 적용된다는 점을 최초로 확인했다.

국민은 대한민국의 영역 안에서는 중대한 군사상 기밀·초병·초소·유독음식물공급·포로·군용물에 관한 죄 중 법률이 정한 경우와 비상계엄이 선포된 경우를 제외하고는 군사법원의 재판을 받지 아니한다(제27조 제 2 항)"는 제한을 두고 있기도 하다. "비상계엄 하의 군사재판은 군인·군무원의 범죄나 군사에 관한 간첩죄의 경우와 초병·초소·유독음식물공급·포로에 관한 죄 중 법률이 정한 경우에 한하여 단심으로 할 수 있다. 다만, 사형을 선고한 경우에는 그러하지 아니하다(제110조 제 4 항)"는 규정도 이에 해당한다.

헌법 외에도 정당법과 국가공무원법 등은 공무원의 정당가입과 정치적 활동을 제한하는 규정(정당법 제 22조, 국가공무원법 제65조)을 두고 있으며 공무원은 대통령이나 국회의원에 입후보하기 위해서는 일정기간 이전에 반드시 사임하여야 한다(공직선거법 제53조)는 제한도 두고 있다. 국·공립학교의 학생, 수형자, 입원중인 전염병환자 등에 대하여도 각각 교육법, 행형법, 전염병예방법 등에서 그 기본권 제한에 대한 특별규정을 두고 있다. 이 외에도 법률에 의한 군인·군무원 등의 거주·이전의 자유의 제한, 표현의 자유의 제한, 제복의 착용강제 등이 특별권력관계에서의 법률상의 기본권 제한으로 볼 수 있다.

3. 특별권력관계와 사법적 통제

특별권력관계이론의 의미가 가장 명확하게 나타나는 부분은 바로 사법적 통제와 관련한 부분에서이다. 특별권력관계로서 인정되어 기본권이 제한되는 경우에는 고전적 이론에 따르면 원칙적으로 사법적 구제수단을 강구할 수 없었기 때문이다. 특별권력관계에 있어서의 처분(명령, 강제, 징계 등)을 사법적 통제의 대상으로 할 수 있는가에 대하여는 견해가 대립하고 있었다. 과거에는 법률상의 규정이 없으면 사법적 통제가 인정되지 않는다는 부정설이 지배적이었으나, 오늘날에는 긍정하는 견해가 일반적이다. 긍정설도 다시 제한적 긍정설과 전면적 긍정설로 나뉜다.

오늘날 특별권력관계에서 기본권 제한입법의 한계를 넘은 기본권 제한의 경우에는 원칙적으로 사법심사의 대상이 된다. 다만 공무원 등의 업무수행과 관련된 불가피한 기본권 제한인 경우 이를 위한 사법심사가 일부 부정되는 경우도 있을 것이다.22) 따라서 부분적 긍정설이 타당하다.

---

22) 대법원은 국립교육대학 재학중인 학생에 대한 퇴학처분에 대하여 원고가 당해 퇴학처분
   의 취소를 다투는 행정소송을 인용한 바 있다(대법원 1991. 11. 12. 선고 91누2144 판결).
   또한 헌법재판소는 "경찰공무원을 비롯한 공무원의 근무관계인 이른바 특별권력관계에 있
   어서도 일반행정법관계에 있어서와 마찬가지로 행정청의 위법한 처분 또는 공권력의 행사·
   불행사 등으로 인하여 권리 또는 법적 이익을 침해당한 자는 행정소송 등에 의하여 그 위
   법한 처분 등의 취소를 구할 수 있다"고 보아, 특별권력관계 하의 기본권 제한에 대한 사
   법심사의 대상성을 긍정하였다(헌재 1993. 12. 23. 92헌마247).

제5장   基本權의 侵害와 救濟

기본권 제한이 그 요건을 위반한 경우나 부당한 경우에는 합헌적·합법적인 기본권 제한이 아닌 위법·위헌적인 기본권 침해로 나타난다. 기본권이 최종적·실효적으로 보장되기 위해서는 기본권 침해에 대한 구제절차가 잘 정비되어야 한다. 이러한 구제방법 중에는 사전예방적인 수단과 사후구제적인 수단이 있을 수 있다. 물론 기본권의 침해는 일어나고 나서 사후적으로 구제하는 것보다는 사전적으로 예방하는 것이 더 타당할 것이다. 그렇다고 하여 사후적 구제방법이 덜 중요하다는 것은 아니다.

제1절   一般的인 基本權 侵害와 救濟

I. 立法機關에 의한 基本權의 侵害와 救濟

1. 일반적인 경우

입법권은 기본권의 수호자로서의 역할을 수행하지만 동시에 기본권의 침해자가 될 수도 있다. 즉 입법기관은 기본권을 침해하는 법률을 제정함으로써 기본권을 침해할 수 있다. 이러한 입법기관의 침해에 대한 사전예방적 수단으로는 먼저 기본권의 내적 공동화에 대한 대책이 제시될 수 있다. 기본권의 내적 공동화란 입법자가 법률유보를 남용하거나 과도하게 사용함으로써 기본권을 내부적으로 공동화시켜 기본권을 사실상 유명무실하게 만드는 것을 의미한다. 이러한 내적 공동화를 방지하여야 기본권을 실효적으로 보호할 수 있다는 것은 두말할 여지가 없다. 기본권의 내적 공동화를 막기 위한 중요 방법

중의 하나가 헌법 제37조 제 2 항의 본질적 내용의 침해금지이다. 즉 입법자는 기본권의 본질적 내용까지 제한하여 기본권을 유명무실하게 만들어서는 아니 된다. 또 법률에 의한 기본권 제한이 일반성과 명확성을 가진 형식적 의미의 법률로써만 기본권을 제한하도록 하는 것은 법률 이외의 용이한 방법으로 쉽게 기본권을 제한하지 못하게 하여 기본권의 내적 공동화를 방지한다.

　　이러한 기본권 제한의 요건을 통한 방법과는 달리 위헌입법으로 인하여 기본권 침해의 우려가 있으나 구체적으로 적용되지 아니한 상태에서 법의 위헌성을 심사할 수 있는 추상적 규범통제제도가 인정되기도 한다. 이것은 기본권의 침해를 사전에 어느 정도 예방할 수 있는 기본권보호제도이지만, 현행 헌법은 채택하지 아니하였다. 그 밖에도 대통령의 법률안 거부권행사 또는 법률안에 대한 서명·공포 거부행위 역시 입법에 의한 기본권 침해에 대해 사전예방적 역할을 수행한다고 볼 수 있으나, 현실적으로 실효성이 크다고는 평가되지 않는다. 입법예고제도 역시 입법에 의한 침해를 사전에 예방하는 역할을 수행한다.

　　입법권에 의한 기본권 침해에 대한 사후구제적 방법으로는 우선 위헌법률심사제와 같은 구체적 규범통제가 중요하다. 기본권이 구체적으로 침해되고 그 법률의 위헌여부가 재판의 전제가 된 경우 법원의 직권 또는 소송당사자의 신청에 의한 결정으로 헌법재판소에 위헌여부의 심판을 제청하고 헌법재판소가 당해 법률을 최종적으로 위헌이라고 결정하면 이 위헌적 법률에 의해 침해된 기본권이 구제될 수 있다. 그 밖에도 위헌적 입법이 직접적·현재적으로 기본권을 침해하는 경우 집행행위를 기다릴 필요 없이 바로 그 법률에 대한 헌법소원에 의하여 기본권을 구제할 수 있다. 또한 위헌적 입법에 기초한 공권력의 행사 또는 불행사로 기본권이 침해된 경우 헌법소원의 방법으로 기본권을 구제할 수 있다. 더불어 입법부에 대한 청원은 사전예방적 기본권구제 방법이기도 하지만 또한 사후적 구제방법으로도 기능할 수 있을 것이다.

2. 입법부작위에 의한 기본권 침해와 구제

　　이상의 일반적인 입법에 의한 기본권 침해는 기본권을 침해하는 법률을 적극적으로 제정하였기 때문에 발생하는 문제이다. 이와는 달리 입법을 소극적으로 하지 않아서, 즉 입법부작위의 경우 발생하는 기본권 침해는 보다 특

수하게 다루어진다. 입법부작위는 다시 진정입법부작위와 부진정입법부작위
로 나뉜다.

진정부작위에 의한 기본권 침해는 입법에 관한 헌법상의 수권위임이 있
었음에도 입법기관이 입법을 하지 않아 기본권을 침해한 경우를 말한다. 자
유권의 실현을 위해서는 원칙적으로 국가의 작위의무를 요하지 않으므로 자
유권에서는 입법부작위로 인한 기본권 침해문제가 거의 발생하지 않고 기본
권 실현을 위해 작위의무가 있는 적극적 권리인 사회적 기본권이나 청구권에
서 주로 문제된다. 부진정부작위(입법개선의무위반)에 의한 기본권 침해는 입
법은 하였는데 기본권 보장을 위한 법규정의 내용·범위·절차 등이 불완전
또는 불공정하여 그로 인해 기본권을 침해한 경우이다.

진정입법부작위에 의한 기본권 침해에 대한 구제방법으로는 청원, 헌법
소원 심판청구 등이 제시될 수 있다. 부진정입법부작위에 의한 기본권 침해
에 대하여도 청원권의 행사를 통하여 구제가 가능할 수 있다. 하지만 헌법재
판소는 부진정입법부작위에 대한 헌법소원을 인정하지 않고 있다. 기본권 보
장을 위한 법규정이 불완전하여 자체를 대상으로 하여 그것이 헌법위반이라
는 적극적인 헌법소원을 제기함은 별론으로 하고 부진정입법부작위를 헌법소
원의 대상으로 삼을 수 없다고 하는 것이다.[1]

Ⅱ. 行政府에 의한 基本權 侵害와 救濟

행정부는 실제로 가장 빈번하게 기본권 침해의 문제를 발생시킨다. 이것
은 행정기관이 직접적으로 국민과 관계하여 법을 집행하고 있기 때문에 불가
피한 현상이다. 이러한 기본권 침해를 대체적으로 나누어 보면 위헌적 법령
을 집행·적용하여 기본권을 침해하는 경우, 잘못된 법령의 해석에 의하여

---

[1] 헌법재판소는 "입법부작위에 대한 헌법소원은 헌법에서 기본권 보장을 위해 법령에 명시
적인 입법위임을 하였음에도 입법자가 아무런 입법조치를 하고 있지 않거나, 헌법해석상
특정인에게 구체적인 기본권이 생겨 이를 보장하기 위한 국가의 작위의무 내지 보호의무
가 발생하였음이 명백함에도 입법자가 아무런 입법조치를 취하고 있지 않은 경우가 아니
면 원칙적으로 인정될 수 없으며, 기본권 보장을 위한 법규정이 불완전하여 그 보충을 요
하는 경우에는 그 불완전한 법규 자체를 대상으로 하여 그것이 헌법위반이라는 적극적인
헌법소원을 함은 별론으로 하고 입법부작위를 헌법소원의 대상으로 삼을 수 없다(헌재 96.
6. 13. 93헌마276)"고 하고 있다.

기본권을 침해하는 경우, 적극적 행정행위에 의한 기본권 침해의 경우, 법률을 집행하지 아니하여, 즉 행정부작위에 의해 기본권을 침해하는 경우 등이 있으며, 가장 심각하고 많은 기본권의 침해는 수사기관에 의한 위법·부당한 인신구속이나 수색에서 나타나고 있다고 하겠다.

이러한 기본권 침해의 구제는 우선 행정기관 스스로에 의해 이루어지기도 한다. 즉 청원·행정심판·형사보상제도·행정상 손해배상제도에 의하여 기본권 침해를 구제할 수 있다. 한편 민원사무 처리에 관한 법률은 민원사무 처리에 관한 기본적인 사항을 규정하여 민원사무의 공정한 처리와 민원행정제도의 합리적 개선을 도모함으로써 국민의 권익을 보호함을 목적으로 제정되어 있고(동법 제 1 조 참조), 부패방지 및 국민권익위원회의 설치와 운영에 관한 법률은 국민권익위원회를 설치하여 고충민원의 처리와 이에 관련된 불합리한 행정제도를 개선함으로써 국민의 기본적 권익을 보호하고 행정의 적정성을 확보에 이바지함을 목적으로 제정되어 있다(동법 제1조 참조).

하지만 이러한 구제는 보통 충분한 것은 되지 못한다. 가장 강력한 구제는 물론 법원을 비롯한 사법부에 의하여 이루어진다. 행정소송의 제기, 명령·규칙심사, 형사보상청구권 행사를 통하여 기본권구제수단을 확보할 수 있다. 현행헌법은 헌법재판소를 설치하여 적극 운영하고 있어서 헌법소원심판, 탄핵심판 등의 제기에 의하여 기본권구제를 받을 수 있다.

한편 입법부의 법률개정, 청원의 처리, 탄핵소추의결을 통하여 기본권 침해를 구제받을 수 있다. 의회에 의해 임명된 자가 의회의 위임을 받아 집행부의 업무수행과 관련된 비리나 민원 등을 독립적으로 조사·보고함으로써 국민의 기본권을 보호하려는 제도인 옴부즈만 제도가 유용할 것이라는 의견이 많다. 위법·부당한 행정작용에 대해 옴부즈만이 취할 수 있는 것은 그 시정권고에 그치고 당해 조치를 직접 취소하거나 변경하는 권한은 없어서 사법부에 의한 구제보다는 소극적일 것으로 예상되지만 국회의 국민대표기관으로서의 성격과 국민 여론과의 밀접한 관련성에 비추어 볼 때 의미 있는 제도가 될 수 있을 것이라고 본다.

Ⅲ. 司法機關에 의한 基本權의 侵害와 救濟

　　사법부가 국민의 기본권 침해시 가장 중요한 구제절차를 담당하고 있다고 하더라도 사법부가 국민의 기본권을 침해하는 현상도 종종 발생한다. 이러한 침해는 우선 정당한 이유 없이 재판을 지연함으로 인하여 신속한 재판을 받을 권리를 침해당하거나 재판절차에 있어서 정당한 이유 없이 형사피고인의 진술기회를 박탈당하는 경우에 나타난다. 또 법령해석의 잘못, 위헌적인 법령의 적용, 사실판단의 잘못 등에 의한 기본권침해가 발생하기도 한다. 위헌적·위법적 대법원규칙을 제정하여 국민의 기본권을 침해할 수도 있다.

　　이러한 침해의 구제수단으로 가장 먼저 사법부 자체에 의한 방법을 고려할 수 있다. 법령의 해석이나 사실판단의 잘못으로 인하여 기본권이 침해되었을 경우, 상급법원에 상소하거나 재심청구를 하고 비상상고나 비상항고를 함으로써 기본권의 보호를 받을 수 있는 심급제가 인정되고 있어서 재판에 의한 침해가능성을 최소화하고 있다. 한편 법원의 재판을 헌법소원의 대상으로 삼을 수 있는지에 대하여 논의가 있다. 우리 헌법재판소법은 원칙적으로 헌법소원의 대상에서 재판을 제한하고 있으나, 헌법재판소가 위헌이라고 결정한 법률을 적용한 재판은 예외적으로 헌법소원의 대상이 된다는 해석을 헌법재판소는 하고 있다.2) 대법원규칙이 기본권을 직접 침해한 경우에 헌법소원의 대상이 된다. 대통령에 의한 기본권 침해 구제수단으로서 사면권이 기능한다고 보는 견해도 있다. 그러나 현행 법체계 하에서 사면권이 기본권 구제기능을 할지, 과연 실효성이 있는 것인지에 대해서는 다소 의문이 있다.

제 2 절 國家人權委員會에 의한 基本權 救濟

　　2001년 5월 국가인권위원회법이 제정되고, 2002년에는 그 사무처가 구성되어 본격적인 활동을 개시하였다. 국가인권위원회는 국가인권위원회법 제 1 조에서 밝히고 있는 바와 같이 "모든 개인이 가지는 불가침의 기본적 인권을 보호하고 그 수준을 향상시킴으로써 인간으로서의 존엄과 가치를 실현하고

---

2) 헌재 97. 12. 24. 96헌마172등.

민주적 기본질서의 확립에 이바지함"을 목적으로 하고 있다.

Ⅰ. 人權法의 制定과 國家人權委員會의 設立

국가인권위원회를 설립하려는 시도는 오래 전부터 있어 왔다.[3] 이미 1993년 비엔나 세계인권대회를 계기로 정부 및 민간단체에서 국가인권기구의 설립에 관한 논의가 있었으나, 그 구체적인 움직임은 1998년 김대중 정부가 출범하면서 본격화되었다. 이에 따라 법무부는 주도적으로 인권법안에 대한 시안을 마련하였다. 이후 인권법 제정과 관련하여 각종 인권단체, 대한변호사협회 등은 토론과정을 거치면서 인권법 시안에 관한 여러 가지 의견을 제시하였으며, 법무부는 여러 차례의 수정을 거쳐 많은 개선을 시도하였다. 이후 1999년에는 법무부가 기존의 시안을 수정한 인권법안을 제출하여 국무회의를 통과하게 되었다. 이 법안은 기존의 시안에 비하여 독립성 강화와 관련하여 많은 개선이 이루어진 것이었다. 특히 이사회제도를 삭제하고, 민법상 재단법인 준용규정을 삭제하였으며, 정관변경에 관한 법무부장관의 인가권을 폐지

---

[3] 과거 우리나라의 인권현실은 후진국의 수준에 머물고 있었다고 지적되었다. 특히 국민의 민주화에 대한 열망이 어느 정도 관철되기 이전인 1980년대 후반까지는 정권에 의한 인권침해의 사례가 빈발하였고 그 문제의 심각성 또한 매우 컸던 것이다. 이에 대하여 국제사회는 우리나라의 인권문제에 대하여 많은 권고를 해 왔다. 특히 1992년 7월, "시민적·정치적 권리에 관한 국제규약"에 따라 정부가 인권이사회에 제출한 보고서에 대해 인권이사회의 Wennergren 위원은 "한국의 헌법이 표면적으로는 법치주의의 민주적 상태에서 요구되는 모든 것을 포함하고 있는 것처럼 보인다 할지라도, 그 상황은 전적으로 명확한 것은 아니다 …"라는 의견을 내놓았으며, 종래부터 우리나라는 국제사회에서 인권후진국으로 분류되어 왔다. 특히 국제사회는 우리나라에 인권기구의 설치를 권고하였다. UN은 "인권보장과 향상을 위한 권고 및 요구사항" 중 "한국에 대한 요구사항" 제 4 항 가.에서 "1992년 3월 3일 국제연합 인권위원회 결의 1992/54로 국내인권기구의 지위에 관한 원칙이 정하는 바에 따라 인권의 보호와 향상에 관하여 연구, 조사, 건의 및 교육과 홍보 등의 기능을 담당하는 독립적인 인권위원회를 설치하기 위한 법률을 제정할 것"(유엔세계인권대회를 위한 민간단체공동대책위원회, '93 유엔세계인권대회자료집, 98쪽 참조)을 포함하였다. 국제사회는 이러한 국가인권기구의 모델을 상세히 제시하였다. 그 중 대표적인 것으로는 1978년 Guidelines for the Structure and Functioning of National Institution, 1991년 유엔 인권센터에서 제정한 1992년의 Principles relating to the Status of National Institutions(이른바 파리원칙)이 있다. 그 후 1995년 유엔 인권센터는 '국가인권기구의 설치와 강화를 위한 교본'(A Handbook on the Establishment and Strengthening of Effectiveness National Institutions for the Promotion and Protection of Human Rights)을 발간하였다(이에 대한 상세한 내용은 문준조, "외국의 인권위원회 설치법률에 관한 비교법적 연구," 한국법제연구원 연구보고 2000-01, 2000, 17쪽 이하).

하였다. 또 등록과 국고지원에 관한 규정을 대폭 수정하였다. 그 밖에도 조사
대상 인권침해행위를 확대하는 등, 권한강화의 면에도 개선된 것이었다. 그러
나 이러한 개선에도 불구하고 특히 인권위원회의 법적 형태와 조사권 등의
권한의 문제에는 여전히 많은 비판적 의견이 제시되었다. 특히 여러 인권단
체와 변호사단체 등은 이 법안에 대한 철회를 요구하는 등의 심각한 비판을
제기하였다.4)

　이러한 지루했던 설립과정에 마침표를 찍게 된 계기는 국가인권위원회를
국가기구로 하자는 시민사회의 의견을 당시 여당이 수용하기로 결정한 사건
이다. 이후 2001년 5월 24일 국가인권위원회법이 법률 제6481호로 공포되었
으며, 같은 해 10월 9일 위원장과 위원들이 임명되고 2002년에 비로소 사무
처가 제 모습을 갖춤으로 인하여 본격적인 활동에 들어갔다. 그러나 이러한
과정에서도 수많은 갈등과 문제점이 표출되었으며, 여전히 많은 문제들이 해
결을 기다리고 있는 실정이다.5)

Ⅱ. 國家人權委員會의 地位

　국가인권위원회는 헌법체계상 어떠한 지위를 보유하고 있는지가 문제된
다. 인권위원회가 헌법이 예정하고 있는 기존의 인권보장 내지는 기본권보장
메커니즘에 새롭게 더하여진 조직이라는 사정 때문에, 인권위원회의 헌법상
지위와 역할을 밝히는 것은 쉽지 않다. 우리 헌법은 제10조에서 인간의 존엄
과 가치가 우리 헌법에 있어서의 최고 이념이 된다는 점을 밝히는 이외에
(인권과 구별되는 의미의) 국민의 기본권을 보장할 의무를 확인하고 있다. 국가
인권위원회법 제 1 조도 "모든 개인이 가지는 불가침의 기본적 인권을 보호하
고 그 수준을 향상시킴으로써 인간으로서의 존엄과 가치를 실현하고 민주적
기본질서의 확립에 이바지함"을 국가인권위원회의 목적으로 규정하고 있다.

---

4) 당시의 이러한 비판적 의견에 대하여는 조용환, "알리바이 인권기구?: 법무부 인권법안의
　　내용과 문제점," 인권과 정의 제273호, 1999, 10-53쪽 참조.
5) 2005년 7월 국가인권위원회법 개정에 의하여 국민의 기본권을 보호하고 신장하기 위하
　　여 여성가족부 등 여러 부처에 분산되어 있는 차별시정기능을 통합하여 국가인권위원회에
　　서 수행하게 되었다. 이에 따라 평등권 침해의 차별행위로서 성희롱 행위가 명시되는 등의
　　개정이 있었다(동법 제 2 조 제 3 호 참조).

그런데 헌법 제10조의 '기본적 인권'이라는 개념과 국가인권위원회법 제
1 조의 '기본적 인권'의 의미가 완전히 동일한 것이라고 볼 경우, 국가인권위
원회는 기본적 인권을 보장하는 기존의 모든 국가조직과 목적과 업무가 중복
될 우려가 있다. 이러한 인권위원회의 목적의 포괄성으로 인하여 사실상 각
종국가기관의 모든 관할 영역에 개입하여 감시·감독하거나, 기존의 국가작
용을 대체함으로써 사실상의 상위기관으로서 기능할 가능성이 있다. 그러나
국가인권위원회의 권한이 법적으로 또는 사실적으로 헌법상 인정되는 기본권
보호를 완전히 대체한다거나 그 권한이 무한정 확대될 수 있다고 생각해서는
안 된다. 특히 우리나라와 같이 성문헌법에 의하여 상세한 기본권 목록이 정
비되어 있고, 그에 대한 국가의 역할이 비교적 특정되어 있는 경우 더욱 그
러하다. 국가인권위원회라는 단일 기관은 이러한 복잡다단한 국가활동을 대
체할 수도 없고, 모든 국가기관의 상위기관으로서 모든 영역에 간섭하는 것
은 바람직하지도 않다. 결국, 헌법 제10조의 '기본적 인권'은 기본권을, 국가
인권위원회법 제 1 조의 '기본적 인권'은 인권을 지칭하는 말이라고 해석하여
국가인권위원회는 기존의 국법상 기본권보장체계에 더하여진 보충적인 기본
권 구제의 역할을 수행하는 기구로 파악하여야 한다.

Ⅲ. 國家人權委員會의 構成 및 權限

1. 국가인권위원회의 구성

국가인권위원회의 인적 구성을 살펴보면 다음과 같다. 국가인권위원회는
위원장 1인과 3인의 상임위원을 포함한 11인의 인권위원으로 구성된다(법 제
5 조 제 1 항). 이들의 선출방식은 먼저 국회가 상임위원 2인을 포함한 총 4인
의 위원을 선출하도록 되어 있으며, 대통령이 4인, 대법원장이 3인을 지명하
도록 되어 있다. 법상으로는 인권위원이 "인권문제에 관하여 전문적인 지식
과 경험이 있고 인권의 보장과 향상을 위한 업무를 공정하고 독립적으로 수
행할 수 있다고 인정되는 사람 …"일 것을 요구하고 있다(동조 제 3 항). 이들
중 위원장은 위원 중에서 대통령이 임명하도록 되어 있고, 위원장과 상임위
원은 정무직 공무원으로 임명하며, 위원은 특정 성(性)이 10분의 6을 초과해
서는 안 된다(동조 제 5 항-제 7 항). 국가인권위원회를 구성하는 여러 가지 물적

조직으로는 위원회(법 제5조 이하), 소위원회(제12조), 자문기구(제15조), 사무처(제16조) 기타 징계위원회(제17조) 등이 있다.

2. 국가인권위원회의 권한

국가인권위원회법은 제19조에서 업무범위를 정하고 있다. "1. 인권에 관한 법령(입법과정중에 있는 법령안을 포함한다)·제도·정책·관행의 조사와 연구 및 그 개선이 필요한 사항에 관한 권고 또는 의견의 표명, 2. 인권침해행위에 대한 조사와 구제, 3. 차별행위에 대한 조사와 구제, 4. 인권상황에 대한 실태조사, 5. 인권에 관한 교육 및 홍보, 6. 인권침해의 유형·판단기준 및 그 예방조치 등에 관한 지침의 제시 및 권고, 7. 국제인권조약에의 가입 및 그 조약의 이행에 관한 연구와 권고 또는 의견의 표명, 8. 인권의 옹호와 신장을 위하여 활동하는 단체 및 개인과의 협력, 9. 인권과 관련된 국제기구 및 외국의 인권기구와의 교류·협력, 10. 그 밖에 인권의 보장과 향상을 위해 필요하다고 인정하는 사항"을 수행하도록 예정되어 있다.

이러한 업무수행을 위하여 국가인권위원회는 여러 가지 권한을 보유하게 되는데, 특히 다른 국가기관과의 여러 가지 의사소통과 협력을 할 수 있는 권한이 인정된다. 법 제20조에서는 관계국가행정기관 또는 지방자치단체와의 협의를 규정하고 있으며, 제21조에서는 정부보고서 작성시 위원회의 의견청취를 규정하고 있다. 제22조에서는 관계기관에 대한 자료제출 및 사실조회를 할 수 있는 권한을 인정하고 있으며 제28조에서는 법원 및 헌법재판소에 대한 의견제출을 규정하고 있다.

또 인권과 관련된 연구활동 및 홍보활동과 관련된 권한이 부여된다. 인권교육과 홍보에 관하여 법 제26조는 규정하고 있으며, 각종 학교교육과 임용시험, 교육과정에 인권에 관한 내용을 포함시킬 수 있도록 하고 있다. 제27조에서는 인권도서관을 인권위원회가 운영할 수 있도록 하고 있다.

구체적인 인권침해와 차별행위의 시정을 위하여 조사권과 권고권 등이 인정된다. 법 제24조에서는 구금·보호시설 등에 대한 방문조사권을 인정하고 있고, 법 제4장에는 인권침해 및 차별행위의 조사와 구제와 관련하여 직권조사(제30조 제3항), 시설수용자의 진정권(제31조), 진정의 처리절차(제32조, 제33조, 제33조, 제38조) 등을 규정하고 있다. 진정의 처리와 관련된 조사에 관하여는 수사기관의 협조(제34조), 조사의 방법(제36조), 질문·검사권(제37조) 등을 규정하고 있으며, 진정에 대한 조사 이후의 진정의 기각(제39조), 합의의 권고(제40조), 조정(제41조, 제42조, 제43조) 등을 규정하고 있다. 특히 진정 조사 이후의 구제조치 등에 관하여는 구제조치 권고(제44조), 고발 및 징계권고 (제45조), 긴급구제조치 권고(제48조) 등을 규정하고 있다.

IV. 國家人權委員會와 警察權과의 關係

1. 경찰권과 관계설정에 있어서의 문제점

경찰의 수사과정에는 대부분 인권침해의 위험이 상존하고 있다고 보아야 한다. 따라서 국가인권위원회법은 제30조의 조사대상규정에서 "국가기관, 지방 자치단체… 또는 구금·보호시설의 업무수행(국회의 입법 및 법원·헌법재판소의 재판을 제외한다)과 관련하여 헌법 제10조 내지 제22조에 보장된 인권을 침해 당한 경우"를 들고 이러한 수사기관 등의 인권침해에 적극적으로 대처할 것임을 선언하고 있다고 할 수 있다. 이러한 경우 경찰권은 국가인권위원회의 조사 대상으로 포착되고 자연스럽게 갈등상황에 도달하게 될 것임을 예상할 수 있다.

반면에 경찰은 사인이나 국가의 범죄행위로 구성이 되는 인권침해에 대하여 실질적이고 효과적인 사법적·행정적인 경찰력을 보유하고 있다. 오히려 국가인권위원회보다 더 직접적으로 또 더 광범위하게 인권옹호의 역할을 수행한다고도 할 수 있는 것이다. 특히 경찰만큼의 강제적인 수사권이나 인력, 노하우를 보유하고 있지 못한 국가인권위원회로서는 자신의 인권보호 업무수행을 위해서 경찰의 협조가 간절히 필요한 상황이라고도 말할 수 있다. 이러한 경우 경찰과 인권위원회는 협조의 관계가 될 것이다.

2. 원칙적인 보조기관으로서의 지위

국가인권위원회와 일반적인 다른 국가기관과의 관계정립에 대하여 UN의 국내인권기구설립권고안은 다음의 점을 대원칙으로서 제시하고 있다. 국가기관에 의한 인권보장에 틈새 내지는 허점이 생길 수 있기 때문에 국내인권위원회를 만들도록 권고하면서 이러한 점에서 인권위는 국가기관의 인권보장기능을 대체하거나 경합해서는 안 되고 오직 국가기관을 보충해야 한다고 권고

하고 있는 것이다.

이에 의하면 국가인권위원회는 다른 국가기관과의 관계에 있어 보충적인 지위에 머무는 것이 원칙이라고 할 수 있다.[6] 이러한 제안은 국가인권위원회가 현실적인 인권보장필요성을 위해 기존의 국가기구의 설립보다 이후에 설치될 수밖에 없는 현실과, 더욱 효과적인 역할 수행을 위해서는 불필요한 마찰은 필요 없다는 고려에 의한 것이라고 할 수 있을 것이다.

그러나 실제로 이러한 보충적인 역할의 적정점을 확정하기란 쉽지 않다. 특히 현실적으로 발생할 수 있는 갈등과 경합의 가능성은 아무리 제도를 정비한다고 하더라도 국가인권위원회 설치에 본질적으로 수반되는 현상이라고 할 수 있다.

3. 경찰권과의 바람직한 관계설정

현재 인권위원회가 다루고 있는 인권침해사건에서 상당부분을 차지하고 있는 것이 경찰에 의한 인권침해의 문제이다. 그런데 현행법은 인권위원회보다 경찰권에 권한관계에 있어 우위를 부여하고 있지 않은가 하는 생각이 들게 한다. 먼저, 인권위의 조사대상에서 피해자의 고소나 제 3 자의 고발에 의해 검찰이나 경찰이 수사를 개시했거나 이미 수사를 종결한 인권침해 사안을 통째로 제외하고 있다는 것은 문제가 된다(법 제33조 제 2 항). 또 인권위의 조사방법으로 서면조사를 우선하고 있다는 점도 경찰을 소환하여 조사할 가능성을 배제하고 있다고 하겠다(법 제36조). 아울러 경찰은 수사자료의 제출을 거부할 수 있는 통로도 규정되어 있으며(법 제36조 제 7 항), 참고인의 허위증언이 있을 경우 이에 대하여 대처할 수단이 마련되어 있지도 않다.

이러한 규정들은 물론 기존의 국가기관인 경찰과의 마찰을 최소화하기 위한 시도라는 측면에서 의미가 있을 것이다. 그러나 이러한 경우 인권위원회는 경찰의 잘못된 의도에 따라서 법상 규정된 권한을 사실상 행사할 수 없게 되는 경우가 발생할 여지가 있는 것이 사실이다. 추후에 실제 상황을 통하여 구체적으로 검토해 보아야 할 부분이라고 생각하지만, 현행법상의 이러

---

6) 헌법재판소도 국가인권위원회는 제대로 운영되고 있는 기존의 국가기관들과 경합하는 것이 아니라 보충하는 방법으로 설립되고 운영되는 것이 바람직하다는 입장을 밝힌 바 있다(헌재 2004. 8. 26. 2002헌마302 전원재판부).

한 제한이 다소 완화될 필요성이 있을 것으로 보인다.[7]

V. 國家人權委員會의 發展方向

1. 인권위원지명의 문제점과 개선방향

우리 국가인권위원회는 독립성 제고를 위한 많은 고심이 반영된 결과물이라고 할 수 있다. 그러나 국가인권위원회는 국회가 선출한 인권위원 4인, 대법원장이 지명한 인권위원 3인, 그리고 대통령이 지명하는 인권위원 4인, 총 11인의 인권위원으로 구성한다. 위원장 외에 상임위원 3인을 두도록 되어 있는데 대통령이 위원장과 상임위원 1인을 지명한 것이고, 국회의 여당과 제1야당이 각각 상임위원 1인씩을 지명한 것이다. 여기서 지적할 수 있는 것은 대통령과 여당이 지명할 수 있는 인권위원의 수가 너무 많은 것이 아닌가 하는 문제이다. 대통령과 여당이 임명할 수 있는 숫자가 과반수를 넘는 것으로 볼 수 있으며, 또 대법원장의 임명권도 대통령이 가지고 있다는 점을 감안하면, 문제점이 좀 더 가중되는 것이라고 할 수 있다. 인권위원회가 자칫 정부의 의향에 따라 눈치를 보게 된다면 그것은 커다란 문제가 될 수 있다. 따라서 균형 있는 지명권한의 분배로 이러한 위험성을 사전에 방지하는 것이 좋다.

그 하나의 방법으로 대법원장이 지명하는 인권위원 3인 이외의 8인의 위원을 국회 교섭단체 의석수에 비례하여 선출하여 그 중 위원장과 1인의 상임위원만을 대통령이 지명하고, 국회의 여당과 제1야당의 각각 상임위원 1인씩을 지명한다면 보다 국민의 의사에 근접하는 인권보장 활동이 가능하리라고 본다.

2. 업무의 폭주와 그에 대한 대책

국가인권위원회에 수많은 진정사건이 접수되고 있으며, 그에 따라 업무가 폭주하고 있다는 지적이 있다. 이러한 문제를 해결하기 위해서는 먼저 국가인권위원회의 조직에 가장 효율적으로 인력을 배치하여 적극적으로 사건과 사무를 처리하도록 하여야 할 것이다. 업무의 수행과정에 있어서의 경험을 바탕으로 인력의 배정을 적절히 하고 직제를 조정하는 등의 조치가 필요하다

---

7) 이관희, "국가인권위원회의 현황과 발전방향," 공법연구 제31집 제 3 호(2003), 27쪽.

고 할 수 있다. 그런데 이러한 해결은 단지 미봉책에 불과할 것이라고 본다. 그렇다고 인권위원회의 인적·물적 자원을 무조건 증대시키는 것도 오늘날 추구되는 이른바 '작은 정부'의 지향에 어긋날 소지가 있으며, 국가예산의 적정분배라는 측면에서도 바람직하지는 못하다. 이러한 문제를 해결하기 위해서 인권NGO 등과의 밀접한 업무분담을 생각해 볼 수 있다. 특히 인권위원회가 활동하는 업무 중 상당부분은 이미 인권NGO가 이미 시행해 왔던 업무인 경우가 많으며, 실제로 노하우도 인권위원회보다 더 많이 확보되어 있을 가능성도 크다. 따라서 이러한 시민사회부문의 자원을 효과적으로 결집시키고, 잘 활용하게 만드는 것이 인권위원회의 효과적인 활동에 결정적인 기여가 될 가능성도 있다.

그런데 이러한 문제의 해결이 단순히 양적인 자원의 확보라는 측면에서만 모색되어지는 것은 아니다. 특히 현재의 진정사건 등의 조사절차와 관련하여 그 조사에 있어서의 진실성이 확보되지 않는다면 문제가 커질 수밖에 없다고 하겠다. 즉 거짓되고 부정확한 주장만이 난무하는 경우 인권위원회의 업무는 더욱 복잡해지고, 나아가 효과적인 활동을 할 수 없게 될 것이다. 이를 위하여 진정이나 참고인 등의 증언에 어느 정도의 진정성을 확보할 수 있는 강제장치가 요구되는 측면도 있다. 그러나 현행 국가인권위원회법은 거짓된 정보를 제공하는 자에 대한 벌칙을 두고 있지는 않으며 다만 과태료를 규정하고 있다(법 제63조). 국가인권위원회법 제 6 장에 규정된 여러 가지 벌칙조항이 이러한 경우에 효과적인 제재수단이 될 수 있을 것인지에 대하여 연구를 통한 해명이 필요하다고 할 것이다. 나아가 인권담당 특별검사 등의 제도를 마련하여 인권위원회에 좀 더 강력한 권한을 부여하는 방안도 생각해 볼 여지가 있다.

3. 교육·홍보·연구활동에의 노력

이러한 국가인권위원회의 독특한 업무분야로 생각할 수 있는 것은 우선 법상 규정되어 있는 인권교육과 홍보활동이라고 할 수 있다. 특히 인권보장에 있어서 가장 중요하고 가장 궁극적인 열쇠는 국민의 인권감수성이라고 말해지기도 한다.[8] 국가인권위원회가 다른 국가기관보다 훨씬 더 능률적으로

---

8) 곽노현, "국가인권위원회의 법과 현실: 운영 첫해의 경험을 중심으로," 한국헌법학회 제23

수행할 수 있는 업무는 국민의 인권감수성을 보다 직접적으로 제고시키는 일, 즉 인권교육과 홍보라고 할 수 있다. 또 이러한 업무는 다른 국가기관과의 업무의 중복이나 마찰이 벌어지기 힘든 영역이라고 할 수 있을 것이다. 따라서 앞으로는 인권침해와 차별행위의 진정접수와 조사, 시정권고 등의 활동과 더불어 인권의 교육과 홍보에 더 많은 노력이 경주되어야 할 것이다. 그런데 이러한 인권의 교육과 홍보를 위해서는 체계적인 인권보장에 관한 연구가 필요하다고도 할 수 있다. 따라서 시민단체나 대학 기타 연구기관과의 연계 하에 지속적이고 치밀한 연구를 지원하고 수행하는 것도 매우 중요하다고 하겠다.

회 학술대회 자료집, 2002, 20쪽.

제3부

基本權 秩序의 核心價値
―人間의 尊嚴과 價値, 幸福追求權, 平等權

한/국/민/주/헌/법/론

제1장 人間의 尊嚴과 價値, 幸福追求權

제1절 人間의 尊嚴과 價値

I. 人間尊嚴의 意味

1. 민주주의의 근본이념

현행헌법 제10조는 "모든 국민은 인간으로서의 존엄과 가치를 가지며, 행복을 추구할 권리를 가진다. 국가는 개인이 가지는 불가침의 기본적 인권을 확인하고 보장할 의무를 진다"고 규정한다. 이는 민주주의 국가운영의 근본이념을 표현한 것으로 현행헌법에서 실질적으로 가장 높은 규정이다. 결국 민주주의 국가운영의 궁극적 목표는 모든 국민이 정치·경제·사회·문화 등 모든 면에서 구체적으로 인간의 존엄을 느낄 수 있도록 하는 것임을 명심할 필요가 있다.

인간의 존엄은 인류의 정신사적으로 볼 때 인류의 성인이신 석가와 예수를 비롯하여 많은 사상가·철학자가 강조한 내용이지만, 그것이 사회제도적 보장의 기본이념으로 등장하게 된 것은 프랑스 대혁명 등 18세기 말 근대 시민혁명 이후의 일이다. 즉 근대 시민혁명의 사상적 배경이 된 계몽사상이 바로 합리적인 이성을 가진 인간의 존엄성을 최고의 가치로 존중하는 것이었고 바로 그것을 선언한 것이 인권선언이요 근대 헌법상[1]의 기본권 보장인 것이다.

우리 헌법에서 인간의 존엄이 처음 규정된 것은 1962년 헌법에서부터이었지만[2] 그 규정 여하에 관계없이 인간의 존엄성 보장이 민주주의의 근본이

---

1) 1776년 미국독립선언과 Virginia주 헌법, 1787년 미국 연방헌법, 1791년 프랑스 헌법 등이다.

2) 인간의 존엄이라는 헌법규정은 제2차 세계대전 후 전쟁기간중에 전체주의나 군국주의에

념임은 민주주의 이론상 의심의 여지가 없다 할 것이다. 그리하여 현행헌법
상 인간의 존엄은 기본권 보장의 상징적 표현으로서 제11조 내지 제36조의
개별 기본권은 모든 국민의 인간의 존엄을 실현하기 위한 최소한의 인권을
규정한 것이고, 제 3 장 이하의 통치구조 규정은 모든 국민의 인간의 존엄을
실현하기 위한 국가권력의 기능구조라고 할 것이다.

　　인간의 존엄성 보장은 국가권력과의 관계에서뿐만 아니라 민주주의가 보
편화된 오늘날에 있어서는 특히 사인간의 관계에서도 존중되고 강조되어야
한다. 즉 기업 등 사적 단체와 그에 속해 있는 개인 간의 관계에서는 물론
순수 개인과 개인과의 관계에서도 진정으로 인간의 존엄성이 존중될 때 민주
주의는 한 차원 높게 성숙되는 것이라 할 수 있는 것이다. 자본주의가 고도
로 발달되어 인간성이 점차 상실되어 가는 치열한 경쟁사회에서 인간의 존엄
성을 확인하고 지키는 것이 현대사회에 있어서 우리의 과제라 할 것이다.

2. 인간의 존엄과 '자주적(自主的) 인간상'

　　모든 국민의 인간의 존엄성을 보장하기 위하여 우리 헌법은 어떠한 인간
상을 전제로 하고 있는 것일까. 헌법상의 인간상 문제이다.

　　먼저 개인주의에서 개인은 고립적 · 이기적 · 독립적 인간을 의미한다. 반
면 전체주의에서의 개인은 자기의 독자적 지위를 갖지 못하고 단순한 국가권
력의 객체로 격하된 인간을 의미하게 된다. 우리 헌법이 예상하고 있는 인간
이란 고립된 인간도 아니고 독자적 지위를 전혀 갖지 못하는 국가권력의 수
단이나 도구로 이해되는 인간도 아니다. 바로 인간의 고유한 독립적 가치를
유지하면서 사회에 구속되며 사회와 일정한 관계를 갖는 인격주의에서 바라
보는 인간을 의미한다. 이러한 인간은 자신의 고유한 독립적 가치의 주체로
서 동시에 사회공동체의 주체로서 사회공동생활을 책임 있게 형성해 나가야
할 공동체구속성을 갖는, 즉 주체성과 사회성을 겸비한 '자주적 인간'을 의미

의해 이루어진 대량학살 · 강제고문 · 테러 · 국외추방 · 인간실험 등의 비인간적인 만행을 반
성하기 위하여 국제연합헌장(1945년), 세계인권선언(1948년), 국제인권규약 등 여러 국제조
약에서 선언되기 시작하였고 독일이나 일본, 그리스, 스페인, 터키와 같은 국가에서는 헌법
에 이를 규정하였다. 우리 헌법은 제 5 차 개정에서 독일기본법 제 1 조 "인간의 존엄은 불
가침이다"의 영향을 받아 인간의 존엄과 가치에 관한 규정을 처음으로 도입하였고, 1980
년 헌법에서 행복추구권이 추가되었다.

하게 된다.3)

현행헌법 전문에서 정치·경제·사회·문화의 모든 영역에 있어서 각인의 기회를 균등히 하고 능력을 최고도로 발휘하게 하며(주체성), 자유와 권리에 따르는 책임과 의무를 완수하게 할 것을 규정하고 있다. 국가공동사회를 전제로 하는 한 모든 국민의 인간의 존엄성이 제대로 보장되기 위해서는 자주적 인간상 중 특히 사회성이 강조된다. 자신의 인간의 존엄만을 지나치게 주장하고 타인의 인간의 존엄과 사회질서를 무시하는 분위기가 팽배할 때 결국 자신의 인간의 존엄도 보장받을 수 없는 것이기 때문이다. 여기에서 민주시민으로서의 민주적 시민윤리(시민의식)가 강조된다. 즉 공공심, 질서의식·준법정신, 관용과 타협, 인간애 등 국가의 주인으로서 인간의 존엄성을 인정받을 만하게 행동해야 한다는 논리이다.

민주주의는 법치주의를 기반으로 하는 것이지만 법치주의는 준법정신 등 민주적 윤리의식이 전제될 때 성공할 수 있는 것이기 때문에 결국 민주시민 없이는 민주주의 없다(keine Demokratie ohne Demokrat). 또는 한 나라의 민주주의 성숙도는 그 사회의 민주적 윤리의식4)의 성숙도에 비례한다는 결론에 이르게 된다. 요컨대 어떻게 민주적 윤리의식을 제고시킬 것인가가 문제인 것이다.

3. 문화행위로서 민주적 시민윤리(시민의식) 제고

결국 모든 국민의 민주적 윤리의식 제고는 교육을 통해서 가능한데 가정교육, 학교교육, 사회교육, 등이 그것이고, 교육을 민주주의 국가의 백년대계(百年大計)라고 하는 이유이다.

그런데 여기에서는 교육으로서 '문화행위'를 통한 민주적 시민윤리(시민의식)제고를 강조한다. 일찍이 백범 김구 선생께서는 1947년 '나의 소원'을 발표하면서 독립된 대한민국이 물질적으로 부강한 나라가 아니라 정신적으로 아름다운 '문화국가'가 되기를 간절히 염원하셨다. "문화란 우리 스스로를 행

---

3) 허영, 322쪽.
4) 민주주의의 성공적인 국가운영을 위하여 민주적 시민윤리와 더불어 민주적 공직윤리(公職倫理)라는 민주적 윤리의식 즉 공인의식(公人意識)이 강조된다. 국민전체의 봉사자로서의 공무원은 '무사공평(無私公平)의 법집행으로써 국리민복(國利民福)의 실현'이라는 명제가 그것이다(졸저 제Ⅱ권, 제1부 제1장 공무원제도 제1절 Ⅱ.1.(2)참조). 국민으로부터 수임받은 공직자로서 당연한 자세이지만, 살신성인(殺身成仁)의 공인의식이 아쉽다.

복하게 할 뿐만 아니라 남도 행복하게 할 수 있는 힘이 있다"라고 문화행복
론을 설파하시면서 '문화행위를 통한 인간정신 고양'을 강조하셨다. 즉 유교
의 인의(仁義), 불교의 자비(慈悲), 기독교의 사랑 등의 정신조차도 인간은 문
화감성을 갖고 있는 문화적 존재이기 때문에 문화행위를 통해서 고양된다는
것이다. 그러면서 "선비여, 시를 읽어라" 라고 인간정신수양을 강조하셨는데
이는 시를 인간이 가장 쉽게 접근할 수 있는 '문화행위의 기본'으로 본 것이
아닌가 사료된다.

그러므로 우리는 '시를 기본으로 하는 문화행위'를 통해서 인간정신, 즉
민주적 시민윤리 제고를 시도해 봐야 한다. 여기에서 우리 헌법 총강 마지막
제 9 조 문화국가주의를 모든 국민의 문화감성을 제고시키는 방향으로 해석하
고자 하는 이유이다. 즉 모든 국민의 문화감성의 제고야말로 진정으로 인간
의 존엄성이 보장되는 선진민주주의 달성의 지름길이기 때문이다.[5]

Ⅱ. 出生 前·死亡 後 人間의 尊嚴

인간의 존엄과 가치에서 말하는 인간은 '생존중의 자연인'을 전제로 한
다. 생존중의 자연인인 한 예외 없이 인간의 존엄과 가치의 향유주체가 된다.
그러나 생존을 하고 있다고 보아야 하는지 아닌지에 대한 판단이 쉽지 않은
경우가 있는데, 바로 출생 전의 생명에 대한 판단이 그것이다.

먼저 출생 전의 태아가 인간의 존엄의 향유주체가 될 수 있다고 보는 것
이 일반적이며,[6] 최근 헌법재판소도 민법 제 3 조에 관한 위헌소원사건에서
태아의 기본권 주체성을 인정하였다.[7] 특히 우리 형법은 제269조와 제267조
에서 태아를 살해하는 행위라고 할 수 있는 낙태행위를 처벌하고 있는데, 이
것은 헌법을 정점으로 하는 우리 법질서가 출생 전의 태아를 존엄한 인간으
로서 바라보기 때문이라고 하겠다. 물론 낙태행위의 획일적인 처벌이 반드시
타당한 것인가에 대해서는 논란이 있는데 이것은 태아의 존엄성에 대한 이의

---

5) 졸저, 문화공무원을 꿈꾸며(애송시선집), 고려문화사, 2014. 1.
   졸고, "문화융성시대 열려면 백만공무원이 적극나서야" 법률저널, 2015. 1. 3.
   졸고, "문화융성의 국정지표가 국정운영의 중심이 되,어야 한다," 법률저널, 2016. 2. 5.
6) 김철수, 403쪽; 권영성, 377쪽; 강경근, 365쪽; 성낙인, 286쪽.
7) 헌재 2008. 7. 31. 2004헌바81. 하지만 다른 판례에서 초기배아의 기본권 주체성은 인정
   하지 않았다. 헌재 2010. 5. 27. 2005헌마346.

가 아니고 태아의 생명권과 임부의 자기결정권과의 갈등에서 나타나는 문제
이다. 이 문제에 관하여 미국 연방대법원[8]과 독일 연방헌법재판소[9]는 상반된
입장을 보이는 등 해결의 실마리를 찾지 못하고 있다.

그런데 수정란이나 배아 등을 존엄한 인간으로 바라볼 것인가의 문제가
새롭게 대두되고 있다. 특히 최근 유전공학의 발달로 인하여 수정란과 배아
등이 실험대상으로 되고 있으며, 이와 관련된 경제적 이익이 매우 큰 것으로
밝혀짐으로써 문제는 증폭되고 있다. 일부 견해는 임신 직후 일정기간 전(이
를테면 14일)의 수정란 또는 배아는 법질서에서 말하는 인격체(Person)가 아니
고 단지 물질적인 인간(Mensch)일 뿐이라고 하여 이들에게 존엄성이 없음을
주장하기도 한다. 그러나 일단 수정이 되어 향후 완전한 인격체로서의 인간
이 될 개연성이 높은 수정란과 배아는 인간의 존엄의 향유 주체가 된다는 것
을 부인해서는 안 될 것이다.

이러한 논란의 와중에 우리나라는 2004년 생명윤리 및 안전에 관한 법
률을 제정하여 일정한 규율을 시도하고 있다. 특히 이 법 제29조는 "… 발생
학적으로 원시선이 나타나기 전까지만 체외에서" "1. 불임치료법 및 피임기
술의 개발을 위한 연구, 2. 근이영양증 그 밖에 대통령령이 정하는 희귀·난
치병의 치료를 위한 연구, 3. 그 밖에 심의위원회의 심의를 거쳐 대통령령이
정하는 연구"를 실시할 수 있음을 선언하고 있다.

한편 사자 즉 인간의 시체에 대하여 인간으로서의 존엄을 인정할 것인지
에 대하여 논의가 있다. 가족관계와의 관련 하에 존엄성이 제한적으로 인정
된다는 견해[10]가 있는가 하면, 사체를 산업용으로 이용하는 것과 같은 경우
에 예외적으로 인정한다는 견해[11]도 있다. 더불어 사체에 존엄과 가치를 인

---

8) 미국 연방대법원은 Roe v. Wade 사건(U.S. 113[1973])에서 낙태권을 사생활보호로부터
   도출하면서 사생활보호는 태아의 생명에 우선하며, 낙태금지는 사생활권을 침해하므로 일
   정한 경우에만 낙태를 허용하고 있는 형법은 위헌이라고 하였다. 이 결정에서 임부는 임신
   후 3개월 동안은 자유롭게 낙태할 수 있으며, 4-6개월에서는 국가가 낙태를 금할 수는 없
   으나 임부보호를 위하여 낙태시행에 관한 규정을 둘 수 있고, 그 이후에는 낙태를 금지할
   수 있으나 이 경우에도 임부의 건강을 위하여 필요한 경우에는 예외를 인정하여야 한다고
   하고 있다.
9) 1974년 독일 형법 제218조a는 임신 후 12주 내에서는 원칙적으로 낙태를 허용하면서 예
   외를 인정하였는데 1975년 독일 연방헌법재판소는 이 조항을 태아의 생명권을 침해한다고
   보아 위헌 선언하였다(BVerfGE 39, 1ff.).
10) 김철수, 404쪽.
11) 권영성, 377쪽.

정하는 것은 무리라고 보는 견해도 대두되고 있다. 생각건대 장례, 망자(亡者)
의 안식과 유언 등에 관한 법적 규정들이 현행법상 존재하는 바와 같이, 인
간의 존엄성은 사후에도 어느 정도 작용한다고 보는 것이 타당할 것이다.12)
헌법재판소는 친일반민족행위자진상규명법 사건에서 사자의 경우에도 인격적
가치에 대한 중대한 왜곡으로부터 보호되어야 한다고 하였다.13)

Ⅲ. 人間의 尊嚴과 價値의 實現

1. 인간의 존엄과 가치의 법적 성격

(1) 근본규범으로서 인간의 존엄과 가치

인간의 존엄과 가치는 우리 헌법의 최고의 객관적 가치로서 헌법의 최고
구성원리이며, 근본규범의 성격을 지니고 있다. 인간의 존엄과 가치는 우선
개인 대 국가의 관계에서 개인을 위하여 국가가 존재해야 하는 反전체주의
원리와, 인간의 가치가 어떤 법적 법익보다도 우선한다는 인간우위의 원리를
그 내용으로 한다.14) 또 인간의 존엄과 가치의 보장은 우리 헌법이 지향하는
최고의 실천원리이므로 첫째 입법·사법·행정 등의 모든 국가작용의 목적이
되며, 둘째 국가활동에 대한 가치판단의 기준이 되고, 셋째 모든 법의 해석기
준이 되고, 넷째 법의 흠결이 있는 경우에는 법의 보완원리가 된다. 이것은
근본규범의 적극적 작용의 측면을 말한다. 소극적 작용의 측면에서 인간의
존엄과 가치는 민주헌법국가가 넘을 수 없는 한계를 형성하므로 첫째 헌법개
정의 한계를 이루는데, 인간의 존엄을 배제하거나 이에 부합하는 내용을 후
퇴시키는 헌법개정은 허용되지 않는다. 둘째 기본권 제한입법의 한계로서 기
능하게 된다.15) 특히 기본권 제한입법과 관련하여 인간의 자유영역이 더 중
요한 영역과 덜 중요한 영역으로 구분할 수 있다면 그 판단기준은 인간의 존
엄성이 되며, 따라서 인간의 존엄성을 실현하는 데 불가결하고 근본적인 자
유는 더욱 강하게 보호되고 이에 대한 제한은 엄격히 심사되어야 하는 반면,

---

12) 최근 사체의 진피조직을 소재로 하는 제품(상품명 '알로덤')을 이용하는 각종 성형수술이
    늘어가고 있다. 사체를 의료산업에 이용하고 있는 예이며, 인간의 존엄과 관련하여 향후 문
    제의 소지가 있다고 생각한다.
13) 헌재 2009. 9. 24. 2006헌마1298.
14) 권영성, 375쪽.
15) 김철수, 395쪽.

존엄성실현에 부차적인 자유는 공익상의 이유로 더 광범위한 제한이 가능하다고 할 수 있다.

(2) 인간의 존엄과 가치의 기본권성

인간의 존엄과 가치는 우선 객관적 헌법원리 내지 근본규범으로서의 성격을 갖는다는 것은 앞서 설명한 바와 같다. 그런데 인간의 존엄과 가치는 기본권의 장에 존재하는 규정이다. 또 '존엄권'이라는 말이 흔하게 사용되고 있는 점에 비추어 당연히 우리 헌법상의 주관적 공권 중 하나로 보는 경우가 많다. 그렇다면 인간의 존엄 규정은 구체적인 기본권성을 갖는 것일까?

이를 인정하는 견해에 의하면 인간의 존엄과 가치는 일종의 자연권 또는 천부인권으로서 성격을 가지며, 전(前)국가적인 권리, 시대와 장소를 초월하여 인간이 보편적으로 가지는 권리라는 주장을 한다. 나아가 인간의 존엄과 가치 그리고 행복추구권을 통일적 개념으로 또는 불가분의 긴밀한 관계에 있는 것으로 파악하여, 이러한 권리들이 모두 합하여 하나의 포괄적 기본권으로 규정된 것이며 또한 주(主)기본권인 동시에 협의에 있어서의 인간의 존엄과 행복추구권도 함께 보장하고 있다고 본다.16) 존엄권이 주관적 권리로서 인정되는 경우, 인간의 격을 부정하는 즉 인간을 동물이나 물건으로 취급하는 것 또는 물적 재화의 가치를 인간의 가치보다 높게 평가하는 것을 배제하도록 요구할 권리가 있게 된다고 본다.17) 우리 헌법재판소도 인간의 존엄과 가치·행복추구권을 모든 기본권 보장의 종국적 목적이라고 하면서 동시에 개별적 기본권의 성격을 지닌다는 입장을 보이고 있다.18) 반면 헌법 제10조는 다른 기본권과 같은 독자적인 내용을 가진 구체적 권리가 아니라 다른 모든 기본권의 전제가 되는 기본원리를 선언한 것뿐이라고 보는 견해도 있다. 따라서 인간의 존엄과 가치는 기본권 보장의 가치지표로서 모든 기본권의 이념적·정신적 출발점이며 그 구성원리에 해당한다는 것이다.19) 존엄과 가치는 기본권의 연원으로 자연법적 원리가 헌법적 원리로서 자리매김을 한 것이며, 기본권의 전제가 되는 헌법상의 기본원리일 뿐이라고 한다.

---

16) 인간의 존엄과 가치의 기본권성은 부인하나 행복추구권은 포괄적 기본권으로서 그 권리성을 인정하는 이른바 절충설이 있다.
17) 김철수, 405쪽.
18) 예컨대 헌재 1990. 9. 10. 89헌마82.
19) 허영, 325쪽 이하.

우리 헌법상 기본권은 역사적으로 구체적인 위험 하에 처해 있던 기본권 보호영역을 중심으로 규정되어 있으며, 국가 질서 내의 구체적 정서를 요구하는 실정법적 권리의 특성을 갖는다고 할 것이다. 인간존엄은 그 개념의 추상성으로 말미암아 도무지 어떠한 구체적 보호영역을 전제로 하고 있는지 확인할 수가 없다. 인간의 존엄과 가치를 기본권으로 인정할 경우 그 밖의 기본권 규정들은 인간의 존엄과 가치의 한 부분을 의미하게 되며 각각의 고유한 의미를 상실하게 된다. 따라서 일차적으로 인간의 존엄과 가치는 모든 기본권의 보장원리를 선언한 것이며, 헌법 제10조 제 1 문 전단은 구체적 기본권을 보장한 것이 아니라 모든 기본권의 이념적 전제가 되고 모든 기본권 보장의 목적이 되는 객관적 헌법원리를 규범화한 것으로 보아야 한다. 즉 인간으로서의 존엄과 가치가 모든 기본권의 근원 내지 핵이 되는 것이고 제11조-제37조 제 1 항까지의 그 밖의 기본권 규정들과는 목적과 수단이라는 유기적 관계에 있다고 이해함이 타당할 것이다. 헌법재판소는 상시적으로 양팔을 사용할 수 없도록 금속수갑과 가죽수갑을 착용하는 것이 인간의 존엄성을 침해한다고 하였다.[20]

2. 인간의 존엄과 가치의 파생적 기본권

인간의 존엄과 가치를 주관적 공권으로서 파악하는 입장에서는 인간의 존엄으로부터 나오는 여러 가지 파생적 기본권을 제시한다.[21] 우리 헌법재판소도 이러한 입장에 서 있다. 이러한 파생적 기본권 중 대표적인 것이 생명권이다. 인간의 생명은 가장 고귀한 것으로서, 생명에 관한 권리는 너무나 당연한 것으로 여겨졌으므로 근대헌법은 이를 명문화할 필요가 없었고 다만 버지니아 권리장전 등이 이에 관하여 규정하였을 뿐이었다. 그러나 나치와 군국주의의 경험과 그에 대한 반성에서 생명권을 명문으로 규정할 필요성이 인식되었고, 우리는 이러한 생명권을 헌법 제10조 제 1 항에서 도출할 수 있다고 보는 견해이다. 또 인간의 존엄성이란 인간이 인격자로서 정체성을 가지고 있다는 것을 보장하는 것이며, 따라서 개인과 관련된 모든 권리보장과 모든 의무는 인간이 인격자가 되도록 하는 것을 가능하게 하는 것이 되어야 한

---

20) 헌재 2003. 12. 18. 2001헌마163.
21) 예컨대 김철수, 408쪽.

다고 하면서, 이른바 일반적 인격권을 인간의 존엄과 가치로부터 도출해야 한다는 견해도 있다.[22] 또 인간의 존엄과 가치로부터 개인이 사적인 특정한 사항에 대하여 자기 스스로의 행동 등을 결정할 수 있는 권리인 이른바 자기 결정권을 도출하기도 한다. 예컨대 음주, 흡연, 생명, 신체 등에 대한 결정권을 가지는 것을 말한다.[23]

　인간의 존엄과 가치를 구체적인 기본권으로 인식할 경우 원칙적으로 헌법상의 모든 기본권이 존엄권의 내용에 포섭될 수 있고, 만약 이미 기본권으로 규정된 상태에서는 인간의 존엄과 가치가 보충적으로만 적용된다고 보게 된다는 것은 앞서 본 바와 같다. 이렇게 이해할 경우 개별기본권과 인간의 존엄과 가치의 관계가 모호해지고 각각의 고유한 의미는 희박해질 위험이 있다.[24] 기본권 규정으로 아직 포섭되지 않은 권리들만을 도출하는 도구로 인간의 존엄과 가치를 사용한다고 하더라도 헌법 제37조 제 1 항의 열거되지 않은 권리와의 관련이 모호해진다. 따라서 이러한 대부분의 권리들은 구태여 인간의 존엄과 가치를 구체적인 권리로 해석하지 않고도 기타의 기본권과 제37조 제 1 항의 규정을 적절하게 해석함으로써 도출하는 것이 타당하다.[25] 오히려 인간의 존엄과 가치가 우리 헌법의 최고 이념, 최고의 객관적 가치질서라고 충실하게 해석하는 것이 헌법의 전체적인 규범력 강화에 부합할 것이라고 본다.

---

22) 특히 우리 헌법재판소는 1991년 9월 16일 정기간행물의등록등에관한법률 제16조 제 3 항에 대한 헌법소원에서 정정보도청구권은 일반적 인격권에 바탕을 두고 있으며, 일반적 인격권은 헌법 제10조의 인간의 존엄과 가치에서 유래한다고 판시한 바 있다.

23) 존엄사는 의사가 환자에게 약물을 주사하는 안락사와 달리 환자가 스스로 약물을 복용해 죽음을 맞는 것이다. 안락사는 네덜란드, 룩셈부르크, 벨기에, 알바니아 등 4개국과 캐나다 퀘벡주에서, 존엄사는 네덜란드, 룩셈부르크, 스위스 등 3개국과 미국 오리건, 몬태나, 버몬트, 워싱턴, 뉴멕시코주에서 각각 합법화됐다. "뇌종양으로 고통스럽게 살아가느니 존엄사를 택하겠다"며 자신이 죽을 날짜를 예고한 브리타니 메이너드 씨(29세)가 당초 약속한 날에 의사가 처방한 약물을 먹고 생을 마쳤다. 존엄사 지지단체인 '연민과 선택'의 숀 크롤리 대변인은 2일 밤 "그가 1일 포틀랜드 자택에서 가족과 친구들에게 둘러싸인 채 평화롭게 숨을 거뒀다"고 발표했다(동아일보 2014. 11. 4).

24) 실제로 기존의 학설은 명문의 규정이 없는 기본권, 예컨대 생명권의 헌법적 근거를 제10조에서 찾는 입장, 제10조의 인간의 존엄에서 찾는 입장, 제10조 행복추구권에서 찾는 입장, 제10조와 제12조에서 찾는 입장, 제12조에서만 찾는 입장 등 여러 갈래로 나뉘고 있으며 지극히 혼란스러운 양상을 보여 주고 있다.

25) 물론 헌법 제37조 제 1 항의 구체화과정에서 인간의 존엄과 가치가 제시해 주는 기본권 보장의 방향성은 중요한 역할을 하게 될 것이다.

3. 예외적 기본권성

그렇다면 인간의 존엄과 가치는 아예 기본권으로서 기능할 수 없는 것인가? 이 말은 인간의 존엄과 가치의 (포괄적이지 않은) 구체적이 보호영역이 존재할 수 있는지의 의문과 관련되어 있다. 앞서 본 일제시대의 위안부 사건이나 양민학살 사건 등과 같이 극도의 인간성 침해상황을 우리 헌법의 여타의 기본권 규정은 예정하고 있지 않다. 이렇게 도저히 예상할 수 없는 집단학살, 인신매매 등과 같은 인권침해상황을 인간의 존엄과 가치는 자신의 고유한 보호영역으로 포착할 수 있을 것으로 보이며, 그와 같은 영역에서는 부분적으로 인간의 존엄과 가치에 구체적 기본권성이 인정되는 것은 가능할 것이라고 본다.26)

제 2 절 幸福追求權

I. 幸福追求權의 意味와 解釋의 곤란성

흔히 행복추구권이란 자연권이고 포괄적인 권리라고 하며, 모든 국민과 외국인에게도 주체성이 긍정되는 권리라고 말한다.

행복이란 무엇인가? 사전적 의미로는 '복된 운수'를 뜻하고 '행복하다'라는 말은 '마음에 차지 않거나 모자라는 것이 없어 기쁘고 넉넉하고 푸근함, 또는 그런 상태'를 지칭하는 것으로 되어 있다. 헌법에서 사용하고 있는 용어는 전반적으로 매우 추상적이다. 그러나 행복이라는 용어는 추상적일 뿐만 아니라 매우 주관적이기도 하다. 어떤 사람은 행복으로 느끼는 것이 다른 어떤 사람에게는 전혀 행복이 아닐 수도 있기 때문이다. 보통 행복추구권이란 안락하고 만족스러운 삶을 추구할 수 있는 권리 또는 고통이 없는 상태나 만족감을 느낄 수 있는 상태를 실현하는 권리라고 설명되고 있다.27) 그러나 과연 이것이 법적인 의미에서의 권리로서 적절한 것인지 많은 의문이 제기된다.

---

26) 물론 이러한 상황에서는 기본권이 아니라 일종의 인권으로서의 기능을 하는 것이 아닌가 하는 의문이 있을 수 있다.

27) 권영성, 380쪽; 강경근, 373쪽; 성낙인, 289쪽.

행복추구권은 로크(J. Locke)에 의해서 연유된 개념이라고 한다. 미국의 버지니아주 권리선언 제 1 조는 "사람은 행복과 안전을 추구하는 수단을 수반하며, 생명과 자유를 향유하는 권리를 가진다"라고 규정하였으며, 1947년 일본헌법 제13조에서도 "모든 국민은 생명, 자유, 행복을 추구할 권리를 가진다"고 규정하였다. 우리나라 헌법에서는 1980년 개정된 제 8 차 개헌에서 최초로 행복추구권을 규정하고 있다. 우리나라의 행복추구권 규정 도입에 대해서는 전체적인 기본권질서에 대한 진지한 고찰 없이 성급하게 수용되었다는 비판이 있다.[28]

Ⅱ. 幸福追求權의 法的 性格

인간의 존엄과 가치와 마찬가지로 행복추구권에 대하여도 과연 이것을 구체적 기본권으로 인정할 수 있는지에 대하여 의견이 대립하고 있다. 행복추구권은 자연권이며 포괄적 권리의 성격을 지녔다고 보는 것이 우리 헌법재판소와 일반적인 학설의 입장이다. 행복추구권은 다른 모든 기본권을 포괄하는 권리, 즉 모든 다른 기본권이 그로부터 도출되어 나올 수 있는 모권이라고 설명하기도 하고, 소극적 방어권임과 동시에 적극적이고 능동적인 성격을 지닌 복합적 권리라고 보기도 한다. 일부 견해는 행복추구권을 독립된 권리로 보지 않고 '인간의 존엄과 가치'와 행복추구권을 하나의 기본권으로 파악하여 이러한 포괄적 권리성을 인정하기도 하며,[29] 행복추구권을 포괄적 기본권으로 보고 기본권 전반에 대한 총칙적 규정이라고 보는 입장도 있다.

반면 행복이라는 용어의 세속성과 상대성 때문에 규범적인 차원에서 쉽사리 기본권으로서의 성격을 인정하기 어렵고, 따라서 행복추구는 기본권의 문제로서 다루어지기보다는 인간의 본능의 문제로 다루어져야 할 사항이기 때문에 처음부터 규범화의 대상이 될 수 없다고 보는 견해가 있다.[30] 또 행복추구권은 구체적인 기본권이라고 할 수는 없다고 보고 그것은 오히려 모든 자유권적 기본권의 이념과 가치로서의 의의를 가지며 따라서 모든 자유권은

---

28) 허영, 327쪽.
29) 김철수, 399쪽.
30) 허영, 327쪽.

이 행복추구권의 정신적 기조 위에서 해석 적용되는 것이라고 보는 견해도
있다. 전자의 입장이 행복추구권의 규범적 효력 자체를 부인하는 것이라면
후자의 입장은 규범적 효력은 인정하되 구체적 기본권으로서의 성격을 부정
하는 견해라고 하겠다.

　행복추구권을 구체적 기본권이라고 보기도 힘들고, 그렇다고 인간의 존
엄과 가치 외의 또 다른 기본권 질서의 핵심적 가치를 인정할 필요성도 크지
않다. 하지만 행복추구권이 헌법조항으로 규정되어 있는 만큼 그의 해석을
포기할 수도 없다. 이에 대하여 현행헌법상 인간의 존엄과 가치와 행복추구
권 사이의 관계와 독일 기본법 제 1 조의 인간의 존엄과 제 2 조의 인격의 자
유발현 사이의 유사한 관계를 포착하여 좁은 범위의 개인적 인격영역에 관계
되는 (인간의 존엄과 가치와 결합된 의미의) 일반적 인격권을 인정해 볼 수 있으
며, 나아가 새로운 기본권적 보호를 요하는 행동영역과 관련되는 일반적 행
동자유권도 포섭된다고 보는 견해가 있다.31) 이러한 이해가 현재로서는 가장
합리적이라고 본다.

Ⅲ. 幸福追求權의 內容

1. 일반적 인격권

　행복추구권의 대표적인 발현형태는 바로 일반적 인격권이다. 일반적 인
격권을 명시하고 있는 헌법규정이 없어서 학설은 헌법 제10조에서 찾는 견해
와 제17조에서 찾는 견해가 대립하고 있으나 앞선 설명에 따를 때 헌법 제
10조, 그 중에서도 행복추구권의 발현형태로 파악함이 타당하다. 물론 이때의
행복추구권은 인간의 존엄과 가치와 밀접한 관련을 맺는다고 이해할 수도 있
지만, 일반적 인격권의 직접적인 도출근거는 행복추구권이라고 해석하는 것
이 좀 더 명확할 것이다.

---

31) 김선택, 행복추구권과 헌법에 열거되지 아니한 권리의 기본권 체계적 해석, 안암법학 창간
　　호, 1993, 189쪽 이하 참조. 또 행복추구권은 헌법 제37조 제 1 항과 결합하여 헌법에 열거되
　　지 아니한 기본권과 동등한 권리들을 기본권보호체계 내에 끌어들이는 작용을 한다고 설명
　　한다. 이 경우 제37조 제 1 항의 열거되지 않은 권리가 일반적 행동의 자유로서의 행복추구권
　　속으로 해소될 위험이 있는데, 이를 극복하기 위해서는 행복추구권이 열거되지 않은 권리보
　　다 더 넓은 구성요건을 갖는 '일반적' 행동의 자유라는 점을 강조해야 한다고 한다.

헌법재판소는 정기간행물의등록등에관한법률 제16조 제 3 항에 대한 헌법소원사건에서 정정보도청구권은 일반적 인격권에 바탕을 둔 것으로 이것은 헌법 제10조에서 나온다는 결정을 하였다. 그런데 이 판례에서는 "인간의 존엄성에서 유래하는 개인의 일반적 인격권"이라는 용어를 사용하여[32] 헌법재판소가 인간의 존엄과 가치로부터 인격권을 도출한 것인지, 인간의 존엄과 가치와 관련된 행복추구권에서 인격권을 도출한 것인지, 아니면 인간의 존엄과 가치와 행복추구권을 구분하지 않는 견해를 택한 것인지 확인하기 곤란하다. 아울러 친생부인의 소의 제소기간을 '출생을 안 날로부터 1년'으로 제한하고 있는 민법 제847조 제 1 항에 대한 위헌심판사건에서 父가 子와의 사이의 친생자관계가 존재하지 아니한다는 사실을 알고 있었는지의 여부와는 관계없이 일률적으로 출생을 안 날을 기준으로 정한 것은 부의 인격권과 행복추구권을 침해한 것이라고 하였다.[33] 이 판례도 인격권과 행복추구권이 병존하는 듯한 표현을 사용하고 있어서 인격권을 인간의 존엄과 가치의 내용으로 파악하는 것으로 보이나 이는 문제가 있다고 생각한다.

헌법재판소는 아울러 자기결정권이라는 기본권을 인정하고 있는데, 자기결정권은 인간의 존엄과 가치 및 행복추구권에서 도출되는 것으로 파악하고 있다. 예컨대 간통죄를 규정한 형법 제241조에 대한 헌법소원심판사건에서 헌법재판소는 "헌법 제10조는 … 모든 기본권을 보장의 종국적 목적(기본이념)이라 할 수 있는 인간의 본질이며 고유한 가치인 개인의 인격권과 행복추구권을 보장하고 있다. 그리고 개인의 인격권·행복추구권에는 개인의 자기운명결정권이 전제되는 것이고, 이 자기운명결정권에는 성행위여부 및 그 상대방을 결정할 수 있는 성적 자기결정권이 또한 포함되어 있으며 …"라고 하고 있다. 또 국세청장에게 주류판매업자는 희석식소주의 100분의 50 이상을 주류판매업자가 소재하는 같은 지역의 제조장으로부터 구입하도록 명하게 하고 있는 주세법 제38조의 7의 위헌여부에 대하여 자도소주구입명령제도는 소주판매업자의 직업행사의 자유를 제한하는 것이며, 이는 능력경쟁을 통한 시장점유를 억제함으로써 소주제조업자의 기업의 자유를 제한하고, 소비자가 자

---

32) 헌재 1991. 9. 16. 89헌마165. 학설은 일반적으로 인간의 존엄과 가치로부터 도출되는 것으로 보고 있는 것 같다. 이는 앞서 설명한 바이다.
33) 헌재 1997. 3. 27. 95헌가14.

신의 의사에 따라 자유롭게 상품을 선택할 수 있는 자기결정권을 지나치게
침해하여 위헌이라고 하고 있다.[34]

그런데 자기결정권이라는 것은 일반적 인격권의 일 내용이라고 보는 것
이 자연스럽다. 따라서 "인간의 존엄과 가치 → 인격권", "인간의 존엄과 가치
+ 행복추구권 → 자기결정권"이라는 도식적 이해는 근거가 미약하고 타당하지
못하다. 요컨대 인간의 존엄과 가치와 관련을 맺는 행복추구권에서 일반적
인격권이 도출되는 것이며 일반적 인격권의 내용으로 자기결정권이 있다고
보는 것이 옳을 것이다.

2. 일반적 행동의 자유

행복추구권에서 도출할 수 있는 기본권으로는 일반적 행동의 자유가 있
다. 우리 헌법재판소는 화재로인한재해보상과보험가입에관한법률 제 5 조 제 1
항에 대한 헌법소원사건에서 행복추구권에는 일반적 행동자유권과 개성의 자
유로운 발현권이 포함되어 있으며, 사법상 계약자유의 원칙은 일반적 행동자
유권으로부터 도출된다고 보았다.[35] 아울러 경사기간 중 일체의 주류 및 음
식물의 접대를 금한 가정의례에관한법률 제 4 조에 대한 판단에서 가정의례의
참뜻에 비추어 합리적인 범위 안에서 명령으로 정한 사항은 처벌하지 않도록
하고 있는데, 어떻게 어느 만큼 접대하는 것이 법이 금한 행위인지를 알 수
없어 일반적 행동자유권을 침해한 위헌이라고 하였다.[36]

3. 기타의 기본권 도출

많은 견해는 앞서 말한 일반적 인격권과 일반적 행동자유 외에도 행복추
구권에서 휴식권·휴무권·안면권·일조권·스포츠권 등이 포함된다고 보고
있다. 그 밖에도 일상적인 생활에서 평화상태를 향유할 수 있는 권리를 말하

---

34) 헌재 1996. 12. 26. 96헌가18.
35) 헌재 1991. 6. 3. 89헌마204. 그런데 이 판례에서 말하는 개성의 자유로운 발현이란 무엇
    을 의미하는지 모호하다. 인격의 자유로운 발현을 의미하는 일반적 인격권을 달리 표현한
    것으로 보이는데 다른 판례에서는 인간의 존엄에서 이를 도출하고 있다. 헌법재판소 판례
    에서 나타나는 인간의 존엄과 가치·행복추구권 이해의 혼란을 보여 준다.
36) 헌재 1998. 10. 15. 98헌마168. 기부금품의 모집을 제한하고 있는 기부금품모집금지법 제
    3 조에 대한 판단에서 기부금품의 모집목적을 제한하면서 당해 목적에 해당하는 경우에도
    내무부장관 등에게 허가를 얻도록 하고, 허가여부를 행정청의 자유로운 재량에 맡긴 것은
    행복추구권을 침해하고 있다고 본 판례도 있다(헌재 1998. 5. 28. 96헌가5).

는 평화적 생존권37)이나, 자기의 신체를 평온한 상태로 보장받을 수 있는 권리를 의미하는 신체불훼손권도 행복추구권에 의하여 보장된다고 한다. 예를 들어, 태형과 같은 신체형, 일방적인 불임시술, 수형자에 대한 의학적 실험 등에 대한 금지뿐만 아니라 침략적 전쟁에 강제로 동원되지 아니할 권리 등이 이에 포함된다고 하는 것이다.

이렇게 행복추구권을 포괄적이고 보충적인 권리로 보고, 이로부터 구체적인 기본권을 도출하는 것은 기본권 논증에서 매우 편리할 수 있다. 우리 헌법이 명시하고 있지 않지만 필요한 기본권을 행복추구권을 이용하여 도출하는 것은 기본권 보장의 목적을 위해 하등 문제될 것이 없으며 오히려 유리한 것이라고 할 수도 있다. 그러나 이러한 해석에 의할 경우 무엇이 행복추구권의 내용에 포섭되는 것이고 그렇지 않은 것인지는 아무도 예상할 수 없게 된다. 이 경우 행복추구권이라는 추상적 개념은 권한 있는 해석자나 권력자에 의하여 자의적으로 규정되게 될 것이며, 이러한 과정은 도저히 바람직한 것이라고 할 수는 없다. 따라서 행복추구권으로부터 구체적 권리를 도출하는 태도는 자제되어야 하고, 만약 해결할 수 없는 기본권 보장의 흠결이 발견된다면 헌법 제37조 제1항의 '열거되지 않은 기본권'조항을 이용하여 해결함이 타당하다고 본다. 행복이라는 추상적 개념의 해석을 통해 기본권을 도출하기보다는 구체적인 보호영역을 전제로 하는 특정한—열거되지 않은— 기본권을 포착하여, 일정한 공론화과정(예컨대 여론 등을 통한 국민의 문제제기)과 합의과정(예컨대 입법절차)을 통해 이를 확정하는 것이 민주적 헌법국가를 배경으로 하는 기본권 이해에 부합할 것이라고 본다.38)

---

37) 하지만 헌법재판소는 최근의 판례변경을 통하여 청구인들이 평화적 생존권이란 이름으로 주장하고 있는 평화란 헌법의 이념 내지 목적으로 추상적인 개념에 지나지 아니하고, 평화적 생존권은 이를 헌법에 열거되지 아니한 기본권으로서 특별히 새롭게 인정할 필요성이 있다거나 그 권리내용이 비교적 명확하여 구체적 권리로서 실질에 부합한다고 보기 어려워 헌법상 보장된 기본권이라고 할 수 없다고 하였다.(헌재 2009. 5. 28. 2007헌마369)

38) 열거되지 않은 기본권에서 도출하든, 행복추구권에서 도출하든 차이가 없다고 말할 수 있다. 그러나 추상적인 행복추구라는 개념 안에 선재하는 실체가 있어서 그것을 확인하려는 자세보다, 열거되지 않은 기본권이라는 완전히 개방된 개념을 전제로 그것을 구체화하고 설득하려 하는 자세에서 나오는 논증이 좀 더 열린 논증이 될 가능성이 있다. 특히 헌법 제37조 제1항과 제2항의 조문위치를 볼 때 헌법 제37조 제1항의 열거되지 않은 권리가 선험적인 실체를 가지고 있는 것이 아니라 민주적 정치과정에서 구체화의 대상이 됨을 말해 주고 있다고 볼 수 있다.

제 2 장 平 等 權

제 1 절 法의 一般原則으로서 平等

I. 正義로서의 平等

1. 정의와 평등의 상관관계

법에 있어서 정의라는 개념은 매우 핵심적인 것이다. 법의 기본이념으로 정의와 법적 안정성, 합목적성을 들어 왔으며, 이 중 정의가 법의 핵심적 이념으로 받아들여지고 있다. 이를 기초로 흔히 정의로운 법을 정법, 정의롭지 못한 법을 악법이라고 하면서 악법을 과연 존중해야 하는가를 가지고 오랜 세월 인류는 고민해 왔다.

그런데 정의라는 말과 평등이란 말은 서양 철학에 있어서 동일한 개념으로 인식되어 왔다. 흔히 정의로운 질서는 평등이 관철된 질서, 각자에게 정당한 각자의 몫을 주는 질서로 받아들여지고 있다. 정의라는 개념만큼이나 추상적이고 개방적인 것은 없다. 어떠한 법, 어떠한 행동이 과연 정의로운 것인가 그렇지 않은 것인가는 판단자에 따라 실제로 매우 다양한 결론에 이를 수 있다. 따라서 정의라는 말이 법률용어로 사용되는 경우는 극히 드물다. 하지만 정의와 같은 개념으로 받아들여지는 평등은 법률용어로서 광범위하게 사용되고 있다. 평등(정의)이라는 개념을 명확하게 하기 위한 시도는 인류의 역사만큼이나 오랫동안 지속되어 왔다. 그러나 오늘날까지도 같은 것은 같게 다른 것은 다르게 대우한다는 명제가 평등의 의미로 받아들여지고 있을 뿐 여전히 명확하지는 않다.

2. 헌법에서의 정의

전통적 사회학 이론들에 의하면 법은 형식적으로 권력자가 제정한 사회의 강제력 있는 규칙으로 이해된다.[1] 이러한 견해를 따른다면 법은 아무런 지향점이 없는 단순한 강제력의 체계에 머무르게 될 것이며, 정의라는 개념 또한 의미 없는 것이 될 것이다. 오늘날의 법사회학에서도 법이 경제적 토대 위에 서 있는 상부구조에 속하는 것이며, 결국 근대법이 주변적인 현상에 머무는 것이라고 본 맑스의 견해에 따르는 경우 정의와 법의 관계는 자연 멀어질 수밖에 없다.[2]

그러나 법은 끊임없이 사회와 교류하면서 그 생명력을 얻는 것이고, 법이 단순히 권력자의 억압에만 머무르고 그 내용이 올바르지 못한 것이라면 그것은 언젠가 국민의 저항에 의하여 무너지고 말 것이다. 따라서 법에 있어서의 올바름을 나타내는 정의는 필수 불가결한 존재가 된다. 이러한 법의 이념으로서의 정의는 실정법의 가치규준이 되고 입법자의 목표가 된다는 점에서 의의를 갖는다. 기존의 법과 그로 인하여 만들어진 제도가 과연 올바른지를 판단하는 데 사용되고, 앞으로 입법자가 법을 제정하려 할 때에도 그것이 정의에 합당한가는 언제나 검토해야 하는 것이다. 이러한 점에서 정의는 소극적인 작용과 적극적인 작용 양자 모두를 수행하고 어떠한 법이 올바른 것인가를 말해 주는 총체적인 규준으로서 작용하는 것이다.

정의가 법의 이념이라는 점에 합의를 한다고 하더라도 그것이 구체적으로 헌법에서 어떠한 의미를 가질 것인지에는 논란이 있을 수 있다. 법실증주의에 의하면 정의는 상대적인 것이라고 말을 한다.[3] 즉 권한 있는 의회가 제정한 법에 비추어 정의가 판단되는 것이며 법 앞의 형식적 평등에 의하면 충분히 정의로울 수 있다는 것이 그들의 논리적 결론이 될 것이다. 반면 결단주의에 따를 경우 주권자, 결단의 힘이 있는 자의 의사에 적합한 것, 다시

1) 김도현, "연구노트: 막스베버의 법의 개념," 법과사회 16·17호, 1999, 373쪽 이하.
2) 나아가 루만에 의하여 대표되는 기능주의적 관점 하에서는 법은 단지 고립된 독립적인 체계에 불과하므로 사회와 법의 상호관계는 완전히 사라지고 법에 있어 정의의 의미도 퇴색된다(J. Habermas[한상진·박영도 역], 사실성과 타당성, 2000, 79쪽 참조).
3) 실제로 켈젠은 객관적인 법이론을 설정하고 정의는 상대적인 것이라고 말하고 있다(한스 켈젠[민준기 역], 일반 국가학, 75쪽 이하 참조).

말해 그에게 있어서의 근본법(Grundgesetz)⁴⁾에 합당한 것이 정의가 될 것이다. 그러나 이러한 결론은 타당하지 않다. 현대에 있어서의 정의는 모든 국민이 그것을 정의로운 질서로 받아들이고, 무엇이 정의롭고 정의롭지 못한지에 대하 판단기준이 되어야 한다. 결국 정의의 의미 또한 우리가 합의하는 민주주의 헌법질서 내지는 헌법의 가치를 통해 이해되어야 하고,⁵⁾ 이를 통하여 구체화되는 것이라고 보는 것이 타당하다.⁶⁾

Ⅱ. 憲法의 平等原則과 그 具體化

1. 헌법상 평등원칙

이상 살펴본 헌법상 정의의 요청은 다름 아닌 평등의 이념으로 구체화되고 있다. 물론 우리 헌법은 제11조에서 개인의 권리로서 평등권을 규정하고 있지만, 평등은 개인의 권리로서만이 아닌 국가생활 전반에 있어서 견지되어야 하는 객관적 원리가 되는 것이다. 이를 우리는 헌법상 평등원칙이라고 지칭할 수 있다.⁷⁾ 평등원칙이 우리 헌법에서는 어떻게 실현되고 있는지를 개략

---

4) C. Schmitt, *Verfassungslehre*, 1928(Neudruck 1954), S.42f.; 그는 근본법을 "…, welche den jeweils politish einflussreichen Personen oder Gruppen politish besonders wichtig ersheinen"이라고 표현한다.

5) 그렇다면 인간의 존엄과 정의는 어떠한 관계를 가지고 있을까? 정의는 매우 추상적이며 주관적인 개념이라고 할 수 있다. 마찬가지로 인간의 존엄도 매우 추상적이다. 따라서 양자의 외연을 측정하여 그 포함관계를 따지는 것은 애초에 무의미한 작업일 수도 있다. 그러나 민주주의에서의 법은 헌법의 가치 내에서 의미가 부여되는 것이다. 단순히 통치의 편의를 위한, 또는 일부 지배계층의 이해를 도모하는 법은 논리적으로 존재할 수 없으며 결국 인간의 존엄과 가치라는 헌법의 근본적 가치에 봉사할 수 있는 것이어야 한다. 따라서 그러한 법의 이념인 정의도 인간의 존엄과 가치를 보장할 수 있는 내용이 되어야 하며 인간의 존엄과 가치를 구체화하는 방법 중의 하나를 제시하고 있는 것이라고 이해해야 할 것이다.

6) 이러한 점에서 법의 이념으로서의 정의는 우리가 법으로 승인하고 그것을 따르도록 하는, 합법성을 초월한 일종의 정당성의 의미로 이해될 수 있다. 물론 정당성의 의미 또한 매우 복잡하며 정의와 정당성이 동일한 의미라고 할 수도 없다. 다만 비슷한 맥락으로 이해가 가능하다고 보는 것이다. K. Hesse는 헌법이 반드시 정당성을 근거짓는 것이 아니라고 보면서, 합법성과 정당성이 반드시 일치하지 않음을 말하고 있다(Grundzüge des Verfassungsrecht, 20. Aufl., 1995, Rn. 35). 그러한 정당성의 내용을 채워 주는 것은 결국 법의 최고원칙(oberste Prinzipien)이라고 할 것이며, 우리의 민주주의 헌법은 이것을 표현하고 있는 것이라고 말할 수 있다. 따라서 정당성을 이해하기 위해서는 (단순히 헌법조문이 아닌) 헌법의 가치와 질서를 고려하지 않을 수 없는 것이다.

7) 예컨대 평등원칙의 요청에 의하여 국가의 모든 입법·집행·사법의 활동은 국민에게 평등하게 작용되어야 한다. 개인이 평등권을 원용하여 주장하던 그렇지 않던 국가는 평등원칙에 따라 불편부당하게 활동해야 할 의무를 갖는다. 따라서 평등원칙은 평등권이라는 주

적으로 살펴보면, ① 국가의 기본적인 조직원리로서 기능하고,8) ② 국가조직
의 활동원리로서 기능하며,9) ③ 국가조직의 통제원리로서도 기능한다는 것을
알 수 있다.10)

　　이러한 국가기관의 조직·활동·통제에 있어서의 평등원칙의 실현에도
불구하고 가장 궁극적인 평등원칙의 작용은 바로 국가를 비롯한 모든 국가생
활이 국민의 평등권 실현에 이바지하도록 하는 데 있다.11) 즉 평등원칙은 객
관적 가치질서로서 모든 국가작용의 목표로 기능하게 되는 것이다. 이러한
점이 가장 잘 드러나는 것은 바로 입법자에의 평등에의 구속, 즉 법 내용의
평등이라고 할 수 있다. 이미 정해진 실정법에 개인이 균일하게 복종하는 것
만이 문제되는 것이 아니며, 그 실정법 자체가 실질적으로 평등한 것이어야
하는 것이다.

　　관적인 권리로서만 머무는 것이 아니라, 우리 헌법상 인정되는 포괄적이고 매우 기본적인
　　원칙으로서 기능하는 것을 확인할 수 있다.
　8) 특히 우리나라와 같은 민주적 헌법국가를 지향하는 입장에서 그 의미는 더욱 크다. 먼저
　　민주주의에서의 주권자는 모든 국민인데, 이 모든 국민이 평등한 지위를 점하는 것으로 보
　　아야만 비로소 국민주권에서 말하는 주권자라고 할 수 있는 것이다. 또 각 국가기관의 구
　　체적 구성에 있어서도 평등의 원칙은 적용되게 마련이다. 만약 국가기관의 조직이 극복할
　　수 없는 신분제적 관념을 전제로 삼는 경우에는 이것은 군주시대의 왕실이나, 가신조직에
　　지나지 않게 될 것이다. 따라서 국가기관 상호간, 국가기관 구성원 상호간의 기본적인 평
　　등관념이 견지되어야 하는 것이다. 물론 업무의 수행을 위한 상급기관, 상급자의 존재가
　　부정된다는 의미는 아니다.
　9) 오늘날 대부분의 의사결정은 일개인의 독단적 판단에 의하여 결정되는 예는 오히려 예외
　　라고 하겠다. 기관구성원이나 기타 전문가의 의견을 충분히 듣고, 토론하게 되어 있으며,
　　궁극적으로 다수결에 의하여 결정되는 것이 일상적인 상황이라고 하겠다. 이러한 다수결적
　　방식은 평등원칙을 전제로 하지 않고서는 도저히 의미가 없는 것이다.
10) 평등하지 못한 기관구성이나 활동은 불법적인 것으로 받아들여지고, 선거에 의한 정치적
　　책임이나 징계법상의 여러 가지 법적 책임을 지게 될 것이다.
11) 단계적 제도개선을 해 나아가는 경우 불가피하게 발생하는 불평등상황은 평등원칙 위반
　　이라고 볼 수 없다. 헌법재판소는 "헌법이 규정한 평등의 원칙은 국가가 언제 어디에서 어
　　떤 계층을 대상으로 하여 기본권에 관한 상황이나 제도의 개선을 시작할 것인지를 선택하
　　는 것을 방해하지는 않는다. 말하자면 국가는 합리적인 기준에 따라 능력이 허용하는 범위
　　내에서 법적 가치의 상향적 구현을 위한 제도의 단계적 개선을 추진할 수 있는 길을 선택
　　할 수 있어야 한다. 이러한 점은 그 제도의 개선에 과다한 재원이 소요되거나 이 사건에서
　　와 같이 전제되는 여러 제도적 여건을 동시에 갖추는 데에는 기술적인 어려움이 따르는 경
　　우에 더욱 두드러진다. 그것이 허용되지 않는다면, 모든 사항과 계층을 대상으로 하여 동시
　　에 제도의 개선을 추진하는 예외적 경우를 제외하고는 어떠한 개선도 평등의 원칙 때문에
　　그 시행이 불가능하다는 결과에 이르게 되어 불합리할 뿐 아니라 평등의 원칙이 실현하고
　　자 하는 가치와도 어긋나기 때문"이라고 하고 있다(헌재 1990. 6. 25. 89헌마107).

2. 평등원칙의 구체화

평등원칙의 구체적 내용은 매우 추상적이다. 첨예하게 이해가 대립되는 미묘한 현실 속에서 어떤 것이 '정의롭다', '평등하다'라고 단언하기는 실로 어려운 것이다. 그렇다면 우리에게 현실적으로 구체화되는 헌법적인 평등원칙이란 무엇인가를 살펴볼 필요가 있다. 헌법질서에서 정의를 구체화하는 가장 첫 단계는 의회의 입법절차를 통해서이다. 물론 국민의 직접적인 정의판단을 이론적으로 상정할 수 있겠지만 오늘날 대의제 민주주의 하에서는 많은 어려움이 따른다. 법으로서 구체화된 정의는 다음으로 행정부의 집행으로 구체화되며, 오늘날 실질적 법치주의 하에서는 입법에 대한 규범통제에서도 정의의 구체화는 이루어진다.

이러한 구체화 과정은 헌법의 해석과정과 일치하는 부분이 크다. 특히 오늘날의 개방적 헌법해석이론은 이러한 점을 잘 보여 주고 있다.12) 정의와 평등이 법의 이념이며 따라서 다른 개념에 기초하고 있는 것이 아니더라도 적어도 헌법질서 내에서의 평등원칙은 헌법해석의 과정 내에서 구체화되지 않을 수 없다. 결국 구체적인 영역 또는 사건에서 끊임없이 구체화되는 과정에서 적극적으로 발견해야 하는 개념이 된다.

제 2 절   平等權의 意味와 內容

I. 平等原則의 중요한 構成部分으로서 平等權

1. 평등권의 연혁과 전개

우리 헌법은 주관적 권리로서의 평등권을 규정하고 있는데 이것은 우리 헌법이 수용하고 있는 평등원칙의 한 구성부분이라고 볼 수 있다. 그러나 우리 헌법질서는 평등원칙 중에 개인의 권리로서의 평등권을 부각시켜 규정하고 있고, 실제로 문제 상황에서 개인의 평등권 행사는 전체적인 평등질서 실현에 매우 의미가 깊다.

---

12) P. Häberle(계희열 역), "헌법해석자들의 개방사회," 헌법의 해석, 1993, 219쪽.

평등에 관한 체계적인 인식은 고대 그리스에서 정의의 관념과 결부되어 나타났으며, 대표적인 예로서 아리스토텔레스의 평균적 정의와 배분적 정의의 구별을 들 수 있다. 이후 중세시대의 평등사상은 신 앞의 평등으로 나타났다가, 근세에 들어와 세속적 영역에도 적용되어야 한다는 주장으로 발전하며, 그 결과 모든 인간의 생래적 평등으로 발전하게 된다. 이에 기초하여 근대국가의 성립 이후 평등의 이념은 법 앞의 평등으로 발전하였다. 근대의 볼프(M. Wolff)·로크(J. Locke) 등은 평등권의 확립에 기여하였고, 생래적 평등의 개념이 1776년 6월 미국의 버지니아 권리장전에서 최초로 선언된다. 이후 '법 앞의 평등'이라는 개념이 1793년 프랑스 헌법 등 각국 헌법에 규정된다.

18·19세기 근대의 평등사상은 기회균등, 즉 원인과 출발에서의 평등을 의미하는 추상적이고 형식적인 주로 신분적·정치적 분야의 평등이었다. 그러나 그러한 근대의 평등사상은 자본주의의 문제점인 소득격차의 심화와 대기업의 횡포 등의 부작용을 초래하였다. 이로 인해 20세기 이후 오늘날에는 추상적이며 형식적인 '자유의 평등'만이 아닌, 사회적·경제적 원인에 의한 실업과 빈곤 등을 제거하여 모든 국민으로 하여금 인간다운 생활을 가능하게 하는 이른바 '생존의 평등'이 요구되고 있다. 이는 실질적 평등과 결과에서의 평등을 실현하고자 하는 것이다. 1919년 독일의 바이마르 헌법에 최초로 실질적 평등이 명시되어 세계 각국의 헌법에 영향을 주었으며, 미국은 1964년 민권법을 통하여 소수인종, 여성 등에게 모든 활동영역에 있어서 우선적인 기회를 부여하는 적극적인 평등실현정책(Affirmative Action)을 채택하고 있다.

2. 평등권의 법적 성격

평등의 주관적 공권성을 부인하고, 헌법 제11조는 국민에게 어떤 권리를 부여한 것이 아니라, 국민이 생활관계에서 불평등하게 취급당하는 일이 없어야 한다는 기본원리를 선언한 것이라고 보는 입장이 있을 수 있다. 반면 헌법 제11조는 주평등권으로 규정한 것이고, 헌법 각 조는 개별적 평등권을 규정한 것이라고 보아 평등의 주관적 공권성을 인정하는 입장이 있다.[13] 그러

---

13) 김철수, 447쪽. 이 견해는 우리 헌법재판소는 "검사의 불기소처분이 자의적으로 행사된 경우에 그 피해자는 헌법 제11조에 규정된 평등권과 헌법 제27조 제2항에 규정된 재판절차진술권이 각 침해되었음을 이유로 헌법소원 심판을 청구할 수 있다"(헌재 1992. 7. 23. 91헌마209)고 판시한 것을 근거로 주관적 공권성을 인정하고 있다고 판단하고 있다.

나 평등권의 법적 성격을 주관적 공권인지 아닌지 일도양단(一刀兩斷)적으로 판단하려는 시도는 타당하지 않다.

평등권이라는 말은 일차적으로 국가가 개인의 평등을 침해하는 경우에 국가에 대해서 방어와 보효를 적극적으로 주장할 수 있는 주관적 공권이라고 할 수 있다. 또 평등권은 모든 자유권적 기본권을 균등하게 실현하는 역할을 하기 때문에 기본권 전반에 공통으로 작용해야 할 기능적·수단적인 권리로서 포괄적 기본권의 일종으로 볼 수 있다. 그러나 평등권도 기본권의 이중성 이론에 의할 때 객관적 가치질서로서의 성격도 가지게 된다. 평등은 헌법의 최고의 원리의 하나로서 헌법해석의 기준인 동시에 국가권력의 기본적인 원리가 되는 것이며, 헌법개정에 의해서도 폐지될 수 없는 헌법개정의 한계인 동시에 헌법제정권력을 구속하는 힘을 가지고 있다. 이러한 평등의 객관적 가치질서성의 측면을 표현하는 것이 다름 아닌 앞서 설명한 평등원칙으로서의 평등이라고 할 수 있을 것이다.14) 평등은 주관적 권리인 평등권으로서의 의미보다는 오히려 평등원칙으로서의 의미가 더 중요하고 핵심이 되는 것이라고 할 수 있다. 평등이라는 개념의 특징상 구체적인 보호영역을 전제로 그 기능을 발휘하는 일반 기본권과는 구별되는 것이라고 하겠으며, 이것은 평등이 포괄적 기본권이기 때문이라고 하기보다는 헌법의 기본적 원칙으로서 평등원칙이라는 특성을 가지고 있기 때문이라고 설명하는 것이 적절하다.

Ⅱ. 平等權의 內容

1. 모든 국민은 법 앞에 평등하다

(1) '법'과 '평등'의 의미

'법 앞의 평등'이라고 할 때의 '법'은 일체의 성문법과 불문법을 의미하는 것으로 관습법, 조리, 판례 등도 포함하는 광의의 법이다. 법 앞의 평등의 의미에 대한 학설에는 법 내용 평등설인 입법자 구속설과 법 적용 평등설인 입법자 비구속설이 있다. 법 적용 평등설은 형식적 평등과 형식적 법치주의를 기초로 하며, '법 앞에'라는 의미는 행정과 사법을 구속한다는 것이다. 법

---

14) 우리 헌법재판소는 평등이 기본권보장에 관한 헌법의 최고원리이자, 기본권 중의 기본권이라고 하여 이러한 이중적 성격을 인정하고 있다(헌재 1989. 1. 25. 88헌가7).

내용 평등설은 실질적 평등과 실질적 법치주의를 기초로 하며, '법 앞에'라는 의미는 모든 국가작용, 즉 입법·사법·행정을 구속한다는 것이다. 법의 적용과 해석을 아무리 평등하게 하더라도, 법 내용 자체가 불평등하면 그 결과가 불평등하게 될 것이므로 법 앞의 평등은 입법까지 구속해야 한다는 법 내용 평등설이 타당하다. 우리나라 헌법재판소도 이러한 입장을 보이고 있다.15)

'법 앞의 평등'에서 '평등'의 의미를 해석함에도 상이한 관점이 존재한다. 먼저 절대적 평등설은 어떠한 차별도 무조건 금지된다는 입장이다. 오늘날에 와서는 봉건적 신분사회를 타파하고 근대 시민국가를 창설할 당시의 혁명적 이데올로기로서의 의미밖에 없다고 평가된다. 상대적 평등설은 모든 사람을 평등하게 취급하되 정당한 이유가 있는 경우에는 합리적 차별을 인정하는 입장을 말한다. 앞선 정의와 평등의 관련에 대한 설명에 비추어 볼 때 획일적 무차별적 대우를 의도하는 절대적 평등설은 결코 정의롭지 못한 결론을 도출할 것임에 분명하다. 반면 평등한 것은 평등하게, 불평등한 것은 불평등하게 합리적으로 차별하여 대우하는 것이 정의의 이념에 부합하게 된다.16) 다만 합리적 차별인지 불합리한 차별인지 구분하는 기준은 여전히 모호하다.

(2) 평등판단의 기준

종래 평등판단의 기준, 즉 어느 경우에 어느 정도의 차별을 인정할 수 있는가의 기준에 대하여 이른바 자의금지와 합리성이라는 기준이 대두되었다. 전자는 독일에서의 기준이며 후자는 미국에서의 기준이라고 설명되어진다. 또 합리적 차별인지 아닌지 판단기준으로 인간존엄성설과 입법목적설이라는 학설이 대두되기도 한다. 전자는 차별이 인간의 존엄이라는 인격주의 이념에 적합한가를 기준으로 하여야 한다는 것이며, 후자는 차별이 정당한 입법목적으로 달성하기 위하여 불가피하고 사회통념상 적정한가를 기준으로 하여야 한다고 보는 이론이다. 그런데 이러한 여러 가지 이론은 그야말로 일응의 기준일 뿐이며, 구체적 상황에서 시대의 평균적 정의감정에 의하여 판단될 수밖에 없다고 본다. 논증의 필요에 따라 각 기준들은 중복하여 사용되

---

15) 헌재 1992. 4. 28. 90헌마24.
16) 정치적 영역에서는 절대적 평등이 사회적·경제적 영역에서는 상대적 평등이 강조된다는 설명이 있다. 그러나 절대적 평등이란 완전경쟁의 이상처럼 실험실에서나 가능한 이념적 상황이지 현실에서는 결코 구현될 수 없는 것이라고 보아야 하겠다.

기도 하고 선별적으로 사용될 수도 있다. 이러한 점을 헌법재판소는 "차별이 인간의 존엄성 존중이라는 헌법원리에 반하지 아니하면서 정당한 입법목적을 달성하기 위하여 필요하고도 적정한가를 기준으로 판단하여야 한다"고 하여 보여 주고 있다 17)18)

일반적으로 평등권에 대한 제한이 합리적 차별의 범위에서 이루어졌는가를 심사하는 경우 이른바 자의금지원칙을 사용하여, 비교적 넓은 입법형성의 자유를 인정하여 왔다. 하지만 남녀차별·인종차별 등의 비중이 큰 사안의

---

17) 헌재 1997. 8. 21. 94헌마2.

18) 평등판단이 잘 드러난 사례로는 주세법 제38조의 7 등에 대한 위헌법률심판사건 판례(헌재 1996. 12. 26. 96헌가18)가 있다. 이 판례에서 "평등의 원칙은 입법자에게 본질적으로 같은 것을 자의적으로 다르게, 본질적으로 다른 것을 자의적으로 같게 취급하는 것을 금하고 있다. 그러므로 비교의 대상을 이루는 두 개의 사실관계 사이에 서로 상이한 취급을 정당화할 수 있을 정도의 차이가 없음에도 불구하고 두 사실관계를 서로 다르게 취급한다면, 입법자는 이로써 평등권을 침해하게 된다. 그러나 서로 비교될 수 있는 두 사실관계가 모든 관점에서 완전히 동일한 것이 아니라 단지 일정요소에 있어서만 동일인 경우에 비교되는 두 사실관계를 법적으로 동일한 것으로 볼 것인지 아니면 다른 것으로 볼 것인지를 판단하기 위하여는 어떠한 요소가 결정적인 기준이 되는가가 문제된다. 두 개의 사실관계가 본질적으로 동일한가의 판단은 일반적으로 당해 법률조항의 의미와 목적에 달려 있다. 이 사건 법률조항의 의미와 목적을 독과점규제 및 중소기업의 보호로 볼 때, 그 중소기업이 주조회사냐 다른 제조기업이냐 하는 것은 본질적인 차이가 될 수 없고, 단지 기업의 형태가 중소기업이고 그 상품시장에 시장지배적 지위나 독과점적 현상이 존재한다는 것이라면, 주조회사와 다른 제조기업은 본질적으로 동일한 것으로 즉 법적으로 동일하게 판단해야 하는 것으로 된다. 구입명령제도는 '독과점규제와 중소기업의 보호'의 관점에서 시장지배적 재벌기업과 경쟁해야 하는 본질적으로 동일한 상황에 처한 다른 모든 중소기업을 제외하고 오로지 소주시장의 중소기업만을 보호하려고 하는 것이므로, 이 사건 법률조항이 규정한 구입명령제도가 자의적인 것이 아니라고 하기 위하여는 이러한 차별을 정당화할 수 있는 합리적인 이유가 존재해야 한다. 그러나 본질적으로 동일한 사실관계를 그 중소기업이 소주제조업자냐 아니면 다른 제조업자냐에 따라 달리 취급함에 있어서 객관적으로 납득할 만한 이유를 찾아볼 수 없다. 지방의 소주제조업자를 구입명령제도를 통하여 꼭 존속시켜야 할 이유로는 오로지 지방의 소주제조업자의 존속 자체가 스스로 공익을 의미하는 경우, 예컨대 지역소주가 국가적으로 포기할 수 없는 전통적·문화적 유산이라든지 아니면 국민일반의 이익을 위하여 불가결한 공익으로 격상한 경우를 생각해 볼 수 있으나, 소주는 그 어느 것에도 해당한다고 보기 어렵다. 따라서 구입명령제도가 독과점규제와 중소기업의 보호란 입법목적을 실현하기 위한 수단이라면, 소주판매업자에 대하여만 구입의무를 부과함으로써 소주판매업자와 다른 상품의 판매업자를 서로 달리 취급하는 것을 정당화할 수 있는 합리적인 이유가 존재하지 않는다. 또한 생산자와 소비자 사이의 상품이동으로 말미암아 물류비증가와 교통량의 체증이 발생하는 것은 소주뿐이 아니라 다른 모든 다른 상품의 경우도 마찬가지이므로, 입법목적을 물류비증가와 교통량체증의 방지로 본다고 하여도 소주와 다른 상품, 따라서 소주판매업자와 다른 상품의 판매업자, 소주제조업자와 다른 상품의 제조업자를 구분하여 달리 규율할 합리적인 이유도 찾아볼 수 없다. 따라서 소주시장과 다른 상품시장, 소주판매업자와 다른 상품의 판매업자, 중소소주제조업자와 다른 상품의 중소제조업자 사이의 차별을 정당화할 수 있는 합리적인 이유를 찾아볼 수 없으므로 결국 이 사건 법률조항은 평등원칙에도 위반된다"라고 하고 있다.

경우에는 비례성원칙에 의한 엄격한 심사에 의할 것이 요구되어진다. 이러한 이유로 특별히 평등을 요구하고 있는 경우나 차별적 취급으로 기본권에 대한 중대한 제한을 초래하게 되는 경우에는 엄격한 심사척도가 적용되어야 하고 그렇지 않은 경우에는 완화된 심사척도가 적용되어야 한다는 견해가 주장되고 있다. 엄격한 심사척도란 차별취급의 목적과 수단의 엄격한 비례관계를 심사하는 것을 의미하며(비례성원칙에 따른 심사), 완화된 심사란 자의금지원칙에 따른 합리성 심사를 의미한다고 한다. 특히 우리 헌법재판소는 이러한 분화된 심사척도를 적용한 예가 있으며, 학설도 일률적으로 엄격한 심사요건을 충족하여야 하는 것으로 보는 견해를 보완한 것으로 타당하다는 평가를 내리고 있다.

　물론 이러한 평등권 제한의 합헌성 문제 판단의 기준은 매우 다양하게 구체화될 수 있다. 실제로 미국 연방대법원은 2단계 기준, 3단계 기준 등으로 세분화하여 심사를 하고 있다. 하지만 심사기준의 세분화가 모든 문제를 해결해 주는 것은 아니다. 예컨대 어떠한 경우에 어떠한 기준을 적용하여야 하는 것인지를 확인하는 것도 쉬운 일은 아니기 때문이다. 심사기준의 세분화가 판단과 논증에 있어 보조적 수단이 된다는 점에서 유용성을 인정할 수는 있으나, 그것이 절대적인 기준은 아님을 인식해야 할 것이다.

2. 차별금지사유와 차별금지영역

(1) 차별금지사유

　헌법 제11조는 "누구든지 성별·종교 또는 사회적 신분에 의하여 차별을 받지 아니한다"라고 규정하고 있다. 여기서 열거된 차별금지사유인 성별·종교·사회적 신분이라는 것이 열거적이냐 예시적이냐가 문제되는데, 예시적 규정으로 보는 것이 일반적인 견해이다. 따라서 학력이나 건강, 정치관, 연령,[19] 출신지역, 또는 인종, 언어 등의 사유로 불합리한 차별을 해서는 안 되는 것이 원칙이다.

　이를 구체적으로 살펴보면 ① 성별에 의한 차별금지는 남녀평등을 의미

---

19) 국적법을 개정하여 구법상 부가 외국인이기 때문에 대한민국 국적을 취득할 수 없었던 한국인 모의 자녀에 대하여 한국국적을 취득하게 하면서 신법시행 전 10년 동안에 태어난 자에게만 그 효력이 미치게 한 신 국적법 부칙 제 7 조 1항을 위헌이라고 선언한 사례가 있다(헌재 2000. 8. 31. 97헌가12).

하며, 공법뿐만 아니라 사법의 영역에서도 성에 관한 가치판단을 기초로 하는 차별대우를 허용하지 않는다는 것을 의미한다.[20] 특히 헌법 제36조 제 1 항은 혼인과 가족생활에 있어서의 양성의 평등과 국가의 보장의무를 규정한다. 그러나 단순히 성을 근거로 한 차별이 아니라 남녀의 객관적인 생물학적 또는 기능적 차이에 근거한 차별이라든가 그 밖의 합리적 이유에 의한 차별은 허용된다. 예컨대 여성근로자에게만 생리휴가를 주는 것은 부당한 차별이 아니다. 또 ② 종교로 인한 차별을 금지하고 있다. 우리 헌법은 제11조와는 별도로 종교의 자유를 보장함으로써 모든 종교에 대하여 균등한 기회를 부여하고 국교를 인정하지 않을 뿐만 아니라 정교분리의 원칙을 규정함으로써 국가는 모든 종교에 대하여 중립의무를 부담한다(제20조). 이와 같이 우리 헌법은 제도적으로 종교의 평등을 보장하고 이를 차별근거로 삼는 것을 배제하고 있다. 우리나라에서는 외국의 경우와 같이 종교에 의한 차별이 현실적으로 크게 문제되는 경우는 드물지만, 사기업에서의 근무관계라든가 사립학교의 입학관계 등에서 문제될 여지는 있다. ③ 사회적 신분에 의한 차별이 금지된다. 사회적 신분이 무엇인가에 대하여는 ⅰ) 출생과 더불어 형성되는 사회적 지위, 예컨대 인종, 존·비속, 가문 등을 의미하는 선천적 신분설[21]과 ⅱ) 선천적 신분을 포함하여 후천적으로 획득한 신분, 즉 전과자, 부자, 사용자, 근로자, 상인, 농민 등의 일정한 사회적 평가를 수반하는 것으로 보는 후천적 신분설[22](다수설)이 대립하고 있다. 사회적 신분을 선천적 신분에만 국한하는

---

20) 양성간의 불평등문제가 심각했던 것은 민법 중 친족법과 상속법분야에서였다. 1989년 민법개정을 통하여 신분법상의 차별이 많이 개선되었으며(출가녀의 상속분을 4분의 1에서 1로, 친족의 범위를 남자와 동일하게 함 등), 헌법재판소는 민법 제809조 제 1 항에 규정되어 있던 동성동본금혼에 대한 위헌법률심판에서 헌법재판소는 금혼의 범위를 남계혈족에 한하고 있는 것은 성별에 의한 차별이라고 하여 헌법불합치결정을 내린 바 있다(헌재 1997. 7. 16. 95헌가6 등).

21) 헌법재판소는 상속세법 제29조의4 제 2 항에 대한 위헌심판사건에서 배우자 및 직계존비속간의 부담부증여에 대한 증여세 과세가액산정에 있어 수증자가 부담할 채무액을 비공제하는 것은 증여당사자 사이의 특수한 신분관계가 있다는 이유로 차별한 것이므로 위헌이라고 하였다(헌재 1992. 2. 25. 90헌가69).

22) 우리 헌법재판소도 후천적 신분도 사회적 신분에 포함될 수 있다는 입장을 보이고 있다. 헌법재판소는 누범을 가중처벌하는 것이 전과자라는 사회적 신분을 이유로 차별대우를 하는 것이 되어 헌법상의 평등의 원칙에 위배되는 것이 아닌가 하는 의문이 생길 수 있으나, 누범을 가중처벌하는 것은 전범에 대한 형벌의 경고적 기능을 무시하고 다시 범죄를 저질렀다는 점에서 비난 가능성이 많고 누범을 가중하여 처벌하는 것은 사회방위 범죄의 특별예방 및 일반예방 더 나아가 사회의 질서유지의 목적을 달성하기 위한 하나의 적정한 수단이기도 하는 것이므로 이는 합리적 근거 있는 차별이어서 평등의 원칙에 위배되지 않는다

것은 지나치게 협소한 해석이며, 평등의 원칙을 보다 적극적으로 실현하기 위해서는 후천적으로 획득한 신분에 의한 차별도 허용되지 않는다고 보는 것이 타당하다.

(2) 차별금지영역

또 우리 헌법 제11조는 "政治的·經濟的·社會的·文化的 生活의 모든 領域에 있어서 차별을 받지 아니한다"라고 규정하여 차별금지의 영역을 제시하고 있다. 이를 구체적으로 살펴보면 먼저 ① 정치적 영역에서 차별이 금지된다.23) 정치적 영역에서의 평등은 근대헌법이 평등조항을 규정한 이래 기타 영역에 비해 잘 실현되고 있다. 선거와 투표에 있어서의 평등권은 국민이라는 표지와 최저연령에 의해서만 제한될 수 있으며, 성별, 출신지역, 재산, 교육 등에 의한 차별은 인정되지 않는다. 피선거권에 있어서도 마찬가지이다. 선거의 평등과 관련해서는 선거구의 인구편차문제와 선거운동에 있어서의 평등문제 등이 제기된다.24) 또한 정당의 기회균등의 문제 역시 정치

고 한다(1995. 2. 23. 93헌바43). 이 밖에도 경찰공무원법이 국가공무원법보다 다소 넓은 임용결격과 당연퇴직사유를 설정하였다 하더라도 합리적 차별이며(헌재 1998. 4. 30. 96헌마7), 형법이 선고유예의 요건을 정함에 있어 전과여부를 그 기준으로 한 것도 합리적 차별이고(헌재 1998. 12. 24. 97헌바62), 재개발조합의 임원에게는 고도의 청렴성이 요구되므로 그 임원을 공무원으로 의제하는 것도 합리적 차별이라 하였으나(헌재 1997. 4. 24. 96헌가3등), 부동산 강제경매절차에서 신청인이 금융기관이라는 이유만으로 발송특례를 허용한 것은 평등에 반한다고 하였다(헌재 1998. 9. 30. 98헌가7등).

23) 헌법재판소는 구 국회의원선거법 제55조의3에 대한 헌법소원사건에서 정당후보자에게 정당연설회를 허용하고 2종의 소형인쇄물을 더 배부할 수 있도록 한 것을 평등권위반이라고 보았다(헌재 1992. 3. 13. 92헌마37). 또 선거의 공정성과 공직의 직무전념의무를 보장하고 포말후보의 난립 방지를 위하여 공무원담임권의 제한이 필요하다고 하면서, 국회의원 등은 차기 선거에 입후보가 거의 예견되는바 만일 90일 전까지 의원직 등을 모두 그만 두도록 한 경우에는 의회 등의 활동에 결정적인 해를 줄 것이 분명하며 다만 공직선거및선거부정방지법 제53조 제 1 항이 적용되지 않는 기초의회의원이 광역의회의원선거에 입후보하는 경우(그 반대의 경우에도) 등은 일반적으로 보아 상기 위험성이 적다고 본 입법자의 판단을 평등의 원칙에 위배라고 볼 수 없다고 하였다(헌재 1995. 3. 23. 95헌마53).

24) 우리 헌법재판소는 1995년에서 다수의견은 평균인구의 상하 60%(4:1)를 초과하면 위헌이라고 보았고, 소수의견은 이와 더불어 도시유형·농어촌유형 선거구별 인구편차가 상하 50%(3:1)를 초과하면 위헌이라고 보았다(헌재 1995. 12. 27. 95헌마224). 그런데 2001년에는 인구편차가 3:1 이상이면 위헌이라는 견해로 변화하였다(헌재 2001. 10. 25. 2000헌마92등).
  또한 2014년에는 인구편차의 허용한계를 2:1로 한층 강화하여 이를 넘어서는 선거구는 선거권과 평등권을 침해하여 위헌이라고 판단하였다. "인구편차 상하 33⅓%를 넘어 인구편차를 완화하는 것은 지나친 투표가치의 불평등을 야기하는 것으로, 이는 대의민주주의의 관점에서 바람직하지 아니하고, 국회를 구성함에 있어 국회의원의 지역대표성이 고려되어야 한다고 할지라도 이것이 국민주권주의의 출발점인 투표가치의 평등보다 우선시 될 수는 없다. 특히, 현재는 지방자치제도가 정착되어 지역대표성을 이유로 헌법상 원칙인 투표가치

적 영역에서 중요한 의미를 가지며, 정당의 설립 및 활동과 관련하여 나타
나게 된다. 공무담임권에 있어서도 모든 국민은 평등한 권리를 가지며, 공무
담임과 관련한 비합리적으로 차별하는 법률은 위헌이다. 두 번째로 ② 경제
적 영역이 제시되고 있다. 경제적 영역에서의 평등은 모든 사람을 경제적으
로 똑같이 평등하게 취급하는 것을 의미하는 것이 아니다. 우리 헌법상 경
제적 평등이란 사회적 시장경제질서의 틀 안에서의(제119조) 평등을 의미한
다. 경제적 약자의 보호와 평등의 실현과 관련하여 경제적 평등을 구체적으
로 어떻게 실현하는가가 문제된다. 구체적인 경우 예컨대 담세율, 고용, 임
금, 국가적 급부의 제공, 자금조성, 국토개발 등에 있어서 어떻게 하는 것이
평등에 부합하는가는 획일적으로 정해질 수 없고 구체적인 상황에 따라 각
각 달리 판단될 수밖에 없다. 경제적 영역에 있어서의 평등은 결국 국가가
이를 실현하여야 할 책임이 있다.25) 셋째로 ③ 사회적 영역에서 차별이 금

의 평등을 현저히 완화할 필요성이 예전에 비해 크지 아니하다. 또한, 인구편차의 허용기준
을 완화하면 할수록 과대대표되는 지역과 과소대표되는 지역이 생길 가능성 또한 높아지는
데, 이는 지역정당구조를 심화시키는 부작용을 야기할 수 있다. 같은 농·어촌 지역 사이에
서도 나타날 수 있는 이와 같은 불균형은 농·어촌 지역의 합리적인 변화를 저해할 수 있
으며, 국토의 균형발전에도 도움이 되지 아니한다. 나아가, 인구편차의 허용기준을 점차로
엄격하게 하는 것이 외국의 판례와 입법추세임을 고려할 때, 우리도 인구편차의 허용기준
을 엄격하게 하는 일을 더 이상 미룰 수 없다. 이러한 사정들을 고려할 때, 현재의 시점에
서 헌법이 허용하는 인구편차의 기준을 인구편차 상하 33⅓%를 넘어서지 않는 것으로 봄
이 타당하다. 따라서 심판대상 선거구구역표 중 인구편차 상하 33⅓%의 기준을 넘어서는
선거구에 관한 부분은 위 선거구가 속한 지역에 주민등록을 마친 청구인들의 선거권 및 평
등권을 침해한다"(헌재 2014. 10. 30. 2012헌마192 등).

25) 연체대출금에 관한 경매절차에서 법원의 경락허가결정에 대하여 항고하고자 하는 자에게
경락대금의 절반을 공탁하도록 한 금융기관의연체대출금에관한특별조치법 제 5 조의2에 대
한 위헌심판에서 금융기관인 은행에게는 아무런 제한조건 없이 항고를 허락하면서 금융기
관으로부터 돈을 빌린 자에게는 상당금액의 공탁을 명하고 있는 것은 합리적 이유 없이 은
행을 우대한 것으로 위헌이라고 하였다(헌재 1989. 5. 24. 89헌가37). 또 회사정리절차진행
중에도 금융기관은 정리계획에 따른 변제유예를 거부하고 성업공사를 통해서 경매신청을
할 수 있도록 한 금융기관의연체대출금에관한특별조치법 제 7 조의3에 대한 위헌심판에서
회사정리절차는 회사를 갱생시키기 위한 것으로 정리절차가 개시되면 모든 채권자는 자신
의 채권행사를 일정기간 금하도록 하는데, 유독 금융기관에 대해서만은 정리절차가 진행
중에도 언제든지 경매를 신청할 수 있도록 한 것은 일반채권자에 비하여 금융기관에게 특
권을 부여한 것으로 위헌이라고 하였다(헌재 1990. 6. 25. 89헌가98). 국가에 대한 재산청구
소송에서 가집행선고를 금하고 있는 소송촉진등에관한특례법 제 6 조에 대한 위헌심판사건
에서 국가의 개인에 대한 재산청구소송에서는 가집행선고를 허락하면서 개인의 국가에 대
한 재산청구소송에서만 가집행선고를 금하는 것은 국가를 합리적 이유 없이 우대하는 것이
므로 위헌이라고 하였다(헌재 1989. 1. 25. 88헌가1). 잡종재산에 대하여까지 시효취득을 금
지하고 있는 국유재산법 제 5 조 제 2 항을 다툰 사건에서 사권을 규율하는 법률관계에 있
어서는 그가 누구냐에 따라 차별대우가 있어서는 아니 되며, 비록 국가라 할지라도 국고작

지된다.26) 봉건적인 신분의 소멸로 인하여 오늘날에는 원칙적인 의의만을 가진다 할 수 있다. 그러나 경우에 따라 인종이나 언어 또는 종교 등의 이유로 사회적 영역에서의 차별이 심각한 문제가 되기도 한다. 우리나라의 경우 사회적 영역에서 제기될 수 있는 평등의 문제는 혼인과 가족에 있어서의 양성의 차별(제36조 제1항), 적자와 서자의 차별, 출신지역에 따른 차별 등이 어느 정도 현실성을 가진다고 할 것이다. 또한 공공시설이나 교통수단 또는 주거의 이용 등에 있어서의 차별은 금지된다. 마지막으로 ④ 문화적 영역의 차별이 금지된다.27) 문화적 영역에서 우선 문제되는 것은 교육의 기회균등이다(제31조 제1항).28) 교육의 기회균등의 보장이 능력에 따른 차별을 부인하는 것은 아니다. 문화적 영역에 있어서의 평등은 이 밖에 문화활동에 참여할 수

용으로 인한 민사관계에 있어서는 사경제적 주체로서 사인과 대등하게 다루어져야 한다는 헌법의 기본원리에 반한다고 하였다(헌재 1991. 5. 13. 89헌마97). 또 국가에 대하여 인지첩부를 면제하고 있는 인지첩부및공탁제공에관한특례법 제2조를 합헌이라 하였고, 상소 시 두 배·세 배의 인지를 인상하고 있는 것을 자력이 부족한 자에 대한 차별이 아니라고 하여 합헌으로 선언하였다(헌재 1994. 2. 24. 91헌가3). 중대한 과실로 인한 실화의 경우에만 배상책임을 긍정하고 있는 실화책임에관한법률의 위헌여부를 다툰 사건에서 현대사회에서 발생하는 수많은 불법행위유형 중에서 유독 실화의 경우에만 가해자를 더 보호하고, 피해자는 덜 보호하는 결과가 됨으로써 불법행위의 유형에 따라 상호간 또는 피해자 상호간에 차별이 발생한다 하더라도 이 법이 적용되는 통상의 실화와는 성격을 달리하므로 그로 인한 차별이 반드시 합리적인 이유가 없는 차별이라고 할 수 없다고 하였다(헌재 1995. 3. 23. 92헌가4). 또 임차인의 보증금에 대하여 우선변제권을 인정한 주택임대차보호법 제3조의2 제1항은 임차주택의 소유자, 후순위권리자, 양수인에 대한 합리적 차별이라고 하였고(헌재 1998. 2. 27. 97헌바20), 금융기관과 사인 간의 소비임치계약을 사인 간의 소비임치나 소비대차와 달리 취급하여 형사상제재를 가한 특정경제범죄가중처벌등에관한법률 제9조 제1항은 합리적 근거가 있다고 하였으며(헌재 1999. 7. 22. 98헌가3), 택지소유상한제의 도입이 불가피하더라도 택지소유의 경위나 목적을 묻지 않고 과다한 택지소유자를 모두 동일하게 취급하는 택지소유상한에관한법률 제2조는 위헌이라고 하였다(헌재 1999. 4. 29. 94헌바37등).

26) 헌법재판소는 변호사법 제10조 제2항에 대한 위헌심판사건에서 재직기간이 적은 변호사의 개업지를 제한하는 것은 재직기간에 따른 차별로 위헌이라고 하였다(헌재 1989. 11. 20. 89헌가102). 또 1980년해직공무원의보상등에관한특별조치법 제4조에 대한 헌법소원사건에서 특별채용의 대상을 6급 이하의 공무원에게만 허용하는 것을 합헌이라고 하였다. 또 같은 법에 있어서 해직된 공무원의 보상액산출기간을 정하면서 해직 후 이민간 경우를 보상대상에서 제외하고 있는 것을 합헌이라고 하였다(헌재 1993. 5. 13. 90헌바22).

27) 헌법재판소는 교육공무원법 제11조 제1항에 대한 헌법소원사건에서 교사신규채용시 국·공립교육대학 및 사범대학 졸업자에게 우선권을 주도록 한 것은 출신학교에 따른 차별로 위헌이라고 하였다(헌재 1990. 10. 8. 89헌마89).

28) 미 연방대법원의 흑백인공학문제와 관련된 판례를 살펴보면 우선 Plessy v. Ferguson 사건에서 "분리하나 평등하게(separate but equal)"라는 보수적 입장을 취했으나, Brown v. Board of Education 사건에서는 이를 부인하고 흑백인공학을 실질적으로 인정하였다.

있는 기회균등의 보장, 즉 문화권 또는 문화적 참여권의 평등한 보장이 중요하다. 문화적 평등권과 관련하여 오늘날과 같은 사회국가에 있어서는 특히 평등한 문화향유권이 보장되어야 하는데, 이는 물론 넓은 형성의 여지 하에 있게 된다.

3. 평등권의 구현형태

헌법 제11조 제 2 항은 사회적 특수계급의 제도는 인정하지 아니하며, 어떠한 형태로도 이를 창설할 수 없다고 규정하고 있다. 또한 동조 제 3 항에서 훈장 등의 영전은 이를 받은 자에 대하여만 효력이 이 있고, 어떠한 특권도 이에 따르지 아니한다고 규정하여 영전일대의 원칙을 규정하고 있다. 한편 훈장에 수반되는 연금의 지급이나 국가유공자 또는 군경유가족에 대한 구호는 위헌이 아니다. 아울러 헌법은 제11조의 일반적 평등규정 이외에도, ① 근로관계에 있어서의 여성의 차별금지(제32조 제 4 항), ② 혼인과 가족관계에 있어서의 양성의 평등(제36조 제 1 항), ③ 교육의 기회균등(제31조 제 1 항), ④ 선거에 있어서의 평등(제41조 제 1 항, 제67조 제 1 항), ⑤ 경제질서에 있어서의 균형성(제119조 제 2 항, 제123조 제 2 항) 등을 별도로 규정하여, 평등권의 실현을 보다 강화하고자 하였다.

4. 평등권의 효력과 제한

평등조항과 평등권의 효력은 모든 국가기관에 효력이 미치는 대국가적 효력과, 동시에 사인 간에도 효력이 미치는 대사인적 효력을 수반한다. 따라서 평등권의 주체인 자연인 및 법인, 법인격 없는 단체 등이 평등권을 침해받는 경우에는 국가기관 및 사인에 대하여 이를 주장할 수 있다. 아울러 국가적 도움을 필요로 하는 경제적·사회적 약자에 대하여 우선적 처우나 적극적 조치를 부여함으로써 실질적 평등을 추구하려는 새로운 노력을 적극적 평등실현조치라고 할 수 있다. 미국 연방대법원의 인도주의적 노력에 의하여 발달한 것이라고 평가된다.[29]

헌법에 의하여 평등권이 제한되는 경우 대체로 그 제한을 정당화할 만한 사유를 갖고 있거나 경우에 따라서는 정책적 고려에서 제한되기도 한다. 현

---

29) Bakke 판결, Weber 판결, Fullilove 판결 등이 대표적이라고 한다.

행헌법상의 제한으로는 ① 군·경 등의 국가배상청구권의 제한(제29조 제2항), ② 군인 또는 군무원 등에 대한 군사재판(제27조 제2항, 제110조 제4항), ③ 현역 군인의 문관임용제한(제86조 제3항), ④ 공무원과 방위산업체근로자의 근로 3 권 제한(제33조 제2항, 제3항), ⑤ 국가유공자의 우선취업(제32조 제6항) 등이 있으며, 이외에 정당과 일반결사의 차별과 국회의원·대통령과 일반국민과의 차별 등을 들 수 있을 것이다.

평등이 헌법에 의하여 제한되는 경우는 오히려 예외적인 것이며, 보통은 법률에 의하여 제한될 가능성이 많다(헌법 제37조 제2항). 평등을 법 내용의 평등까지 포함한다고 볼 때, 입법자는 평등원칙에 따라 입법을 해야 하며, 입법자에게는 공정한 기준에 따라 평등하게 법률을 제정할 과제가 부여된다. 평등권은 원칙적으로 헌법 제37조 제2항에 의하여 국가안보·질서유지·공공복리를 위해서 법률로써 제한해야 한다는 요건을 준수해야 한다. 그리고 이 경우 그 본질적인 내용은 제한할 수 없다. 그러나 평등권의 구체적 실현에는 상대적으로 넓은 입법 형성여지가 인정된다. 따라서 비례성을 준수하지 않더라도 자의적이지 않은 제한이면 충분한 경우도 있음을 앞서 설명하였다. 평등권을 제한하는 법률로는 ① 공무원법에 의한 공무원의 정치활동제한, ② 군사관계법에 의한 군인·군무원의 영내거주 및 집단행위제한, ③ 행형법에 의한 수형자의 통신과 신체의 자유 등의 제한, ④ 출입국관리법에 의한 외국인의 체류와 출국의 제한 등이 있다. 이러한 제한들은 합리적이며 정당한 것으로 추정되지만, 어디까지나 상대적이라 볼 수 있다.

제 3 절 平等의 問題狀況

평등과 관련된 헌법적 문제들은 무궁무진하다. 평등권 이외의 자유권적 논증에도 언제나 평등의 문제는 제기되게 마련이다. 양성평등의 문제나 장애인 차별, 외국인 노동자의 차별 이외에도 지역적 차별, 인종에 대한 차별 등 흔히 접할 수 있는 문제만 해도 모두 열거하기 힘들다. 이것은 평등이 정의와 다름 아닌 개념이고 그로 인해 매우 포괄적인 논증수단이 되기 때문이다. 따라서 평등과 관련된 모든 쟁점을 검토한다는 것은 애초에 불가능하므로 여기서는 양성평등과 관련된 몇 가지 쟁점만을 개관해 보도록 하겠다.

I. 제대군인 가산점제도와 평등

제대군인 가산점제도는 채용시험에서 제대군인에게 일정한 가산점을 부여하는 제도로서 '제대군인지원에관한법률' 등에 의하여 규정된 것이었다. 채용시험시 제대군인에게 일정한 가산점을 부여하면 같은 시험에서 경쟁하는 다른 응시자(군에 갈 수 없는 남성이나 여성, 장애인)는 그만큼의 불이익을 받게 된다. 제대군인에게 가산점을 부여하는 것은 제대군인이 다른 응시자와 사실적으로 불평등하다는 것을 전제로 한다. 그리고 이러한 불평등을 극복하기 위하여 다른 응시자와 법적으로 차별적으로 대우하려면 그럴 만한 충분한 근거가 제시되어야 한다.[30] 이러한 차별적 취급이 과연 타당한 것인지를 다투는 헌법재판이 이루어졌었다.[31]

헌법재판소는 우선 가산점제도는 헌법 제32조 제 4 항이 "여자의 근로는 특별한 보호를 받으며, 고용·임금 및 근로조건에 있어서 부당한 차별을 받지 아니한다"고 규정하여 '근로' 내지 '고용'의 영역에 있어서 특별히 남녀평등을 요구하고 있고, 헌법 제25조에 의하여 보장된 공무담임권이라는 기본권의 행사에 중대한 제약을 초래한다는 점에 비추어 엄격한 심사척도를 적용하여야 하는 사례로 판단하였다. 즉 합리적 이유의 유무를 심사하는 것에 그치지 아니하고 비례성원칙에 따른 심사, 즉 차별취급의 목적과 수단 간에 엄격한 비례관계가 성립하는지를 기준으로 한 심사를 해야 함을 주장하였다. 그리고 가산점제도는 결국 여성들과 같이 가산점을 받지 못하는 사람들을 6급 이하의 공무원 채용에 있어서 실질적으로 거의 배제하는 것과 마찬가지의 결과를 초래하기 때문에 목적의 정당성, 수단의 적정성, 피해의 최소성, 법익의 균형성이라는 비례성원칙을 위배하고 있어서 위헌이라고 판단하였다.[32][33]

---

30) 이준일, "법적평등과 사실적 평등," 안암법학 제12호, 2001, 16쪽.

31) 헌재 1999. 12. 23. 98헌마363.

32) 본 판결에서 참조한 통계의 내용은 다음과 같다. 1998년도 7급 국가공무원 일반행정직 채용시험의 경우를 분석하여 보면, 합격자 99명 중 제대군인가산점을 받은 제대군인이 72 명으로 72.7%를 차지하고 있는 데 반하여, 가산점을 전혀 받지 못한 응시자로서 합격한 사람은 6명뿐으로 합격자의 6.4%에 불과하며, 특히 그 중 3명은 합격선 86.42점에 미달하였음에도 이른바 여성채용목표제에 의하여 합격한 여성응시자이다. 그러므로 가산점의 장벽을 순전히 극복한 비제대군인은 통틀어 3명으로서 합격자의 3.3%에 불과함을 알 수 있다.

그런데 2008년 12월 2일 국회 국방위원회가 군 가산점 제도를 부활시키는 병역법 개정안을 의결하여 다시 논란이 재연되었다. 국방위가 의결한 개정안은 군 복무를 마친 사람에게 채용시험의 과목별 득점 2.5% 내에서 가산점을 주도록 되어 있다. 위헌 논란을 피하기 위해 가산점의 비율을 폐지되기 전의 5%에 비해 크게 줄였다는 것이 개정안을 발의한 쪽의 주장이다.[34] 그러나 가산점의 부활을 반대하는 쪽은 반영비율이 문제가 아니라 가산점 제도 자체가 문제라고 주장하고 있다.

이 제도를 반대하는 쪽은 헌법재판소가 밝힌 위헌결정 이유에 근거하고 있다. 군 복무는 국민이 마땅히 해야 할 국방의 의무를 다하는 것일 뿐 병역의무 이행을 특별한 희생으로 보고 이를 보상하는 법률은 위헌이며, 특히 군 가산점 제도가 여성과 장애인에 대한 차별이라는 것이다.

헌법재판소는 남성에게만 병역의무를 부과하는 것이 평등권을 침해하지 않는다고 하였다.[35] 참고로 현재 이스라엘, 노르웨이 등 10여개국이 여성징병제를 실시한다. 북한에선 여자들도 7년간 의무복무를 한다.

한편, 1998년도 7급 국가공무원 검찰사무직의 경우 합격자 15명 중 가산점을 전혀 받지 못한 응시자로서 합격한 사람은 단 1명뿐이다.

33) 반대의 입장을 보인 미국 판례로는 Personnel Administrator of Massachusetts v. Feency가 있는데, 이 판례에서는 메사츄세스 법률이 공무원을 채용함에 있어 군복무를 마친 자에게 우선권을 주도록 하고 있는 것을 다툰 사건으로 공무원 채용에 있어서 제대군인에 우선권을 준 것은 여성에 대한 차별이라고 볼 수 없다고 하고 있다.

34) 2014년 12월 민관군 병영혁신위원회 안은 군 복무를 마친 사람에게 공무원, 공기업 취업 시 만점의 2%내에서 보상점을 주자는 것이다. 1999년 헌법재판소가 만점의 3-5%를 주던 군 가산점제도에 위헌결정을 내린 것을 의식했다. 2011년 국방부가 2.5% 가산점 안을 내놨을 때 여성단체의 시뮬레이션에 따르면 제대군인의 0.0004%만 혜택을 받았다.

35) 이 사건 법률조항은 헌법이 특별히 양성평등을 요구하는 경우나 관련 기본권에 중대한 제한을 초래하는 경우의 차별취급을 그 내용으로 하고 있다고 보기 어려우며, 징집대상자의 범위 결정에 관하여는 입법자의 광범위한 입법형성권이 인정된다는 점에 비추어 이 사건 법률조항이 평등권을 침해하는지 여부는 완화된 심사기준에 따라 판단하여야 한다. 집단으로서의 남자는 집단으로서의 여자에 비하여 보다 전투에 적합한 신체적 능력을 갖추고 있으며, 개개인의 신체적 능력에 기초한 전투적합성을 객관화하여 비교하는 검사체계를 갖추는 것이 현실적으로 어려운 점, 신체적 능력이 뛰어난 여자의 경우에도 월경이나 임신, 출산 등으로 인한 신체적 특성상 병력자원으로 투입하기에 부담이 큰 점 등에 비추어 남자만을 징병검사의 대상이 되는 병역의무자로 정한 것이 현저히 자의적인 차별취급이라 보기 어렵다. 한편 보충역이나 제2국민역 등은 국가비상사태에 즉시 전력으로 투입될 수 있는 예비적 전력으로서 병력동원이나 근로소집의 대상이 되는바, 평시에 현역으로 복무하지 않는다고 하더라도 병력자원으로서 일정한 신체적 능력이 요구된다고 할 것이므로 보충역 등 복무의무를 여자에게 부과하지 않은 것이 자의적이라 보기도 어렵다. 결국 이 사건 법률조항이 성별을 기준으로 병역의무자의 범위를 정한 것은 자의금지원칙에 위배하여 평등권을 침해하지 않는다(헌재 2010. 11. 25. 2006헌마328).

Ⅱ. 여성할당제

할당제는 잠정적인 우대조치의 하나로서 여성에 대한 차별을 제거하기 위한 법적·정치적 수단으로서 여성참여의 몫이 일정한 비율에 도달할 때까지 여성이 일정한 요건 하에서 우선적으로 고려되는 조치를 말한다. 할당제의 종류로는 경직된 할당제, 자격과 관련된 할당제, 목표할당제 등이 있다. 경직된 할당제는 일정 직위나 자리의 일정 비율을 무조건적으로 여성에게 할애하는 할당제의 형태이고, 자격과 관련된 할당제는 동일 자격 또는 동일가치의 자격시 여성을 우선적으로 고려하는 '동일가치의 자격시의 할당제'와 규정된 비율이 달성될 때까지 여성이 그 직에 필요한 최소한의 자격만을 구비하면 다른 후보자들의 자격과는 관계없이 여성을 임용하는 '최소자격요건 할당제'를 말한다. 목표할당제는 일정기간 내에 법령이 규정한 비율로 특정 직위에 여성을 임용하는 방법을 말한다.[36]

우리나라는 1995년 여성의 사회참여확대를 위한 방안의 하나로 점진적 목표할당제에 해당하는 "여성공무원채용목표제"를 채택하였고, 당시 총부처는 이에 따라 5급 행정직과 외무직, 7급 행정직의 공채에서 여성합격자의 비율을 1996년 10%, 1997년 13%, 2000년 20%의 점진적 목표율을 설정하고 여성 합격자의 비율이 목표율에 미달하는 경우에, 성적순에 의해 목표 미달 인원만큼 여성을 추가합격시키기로 하였다. 이를 위하여 공무원임용시험령을 개정하여 근거규정을 두고 총무처예규에 세부적인 내용을 규정했다. 여성의 추가합격의 경우에도 지나치게 성적이 나쁜 여성의 합격을 막기 위해 5급 시험의 경우 합격선보다 3점, 7급 시험에서는 합격선보다 5점 이내에 미달할 때에는 추가합격 대상에서 제외하기로 했는데 이와 같은 공무원할당제는 1996년 시행되었다. 이후 지방공무원 임용시, 공무원의 승진시에도 할당제의 도입이 진행되었고, 최근에도 국회의원, 고위 공직자 등의 지위에 여성의 진출을 확보하려는 방안이 꾸준히 대두되고 있다. 참고로 헌법재판소는 제대군인가산점위헌판결에서 여성공무원채용목표제와 가산점제도는 제도의 취지,

---

36) 김영미·박현미, "할당제의 합헌성에 관한 연구," 한국여성개발원 연구보고서 210-2, 1997, 6-7쪽.

기능을 달리하는 별개의 제도라고 판단하였다.[37)

　　할당제는 사회적 현실에 있어서 여성의 실질적 평등을 실현하기 위해 남성의 형식적인 법적 평등을 침해한다. 할당제는 다시 말해 평등의 실현을 위한 평등의 침해라고 표현할 수 있다. 이렇게 남성의 평등권을 침해하는 여성 우대적인 할당제는 누구든지 성별에 의해 차별받지 아니한다는 우리 헌법의 평등권 개념과 정면으로 배치되는 것이 아닌가 하는 의문이 들게 된다. 이러한 헌법적 문제제기는 이른바 적극적 평등실현 조치 전반과 관련하여 수반되게 마련이다. 다만 헌법 제11조 제1항은 형식적 평등이 아닌 실질적 평등을 의미하며, 성별과 관련하여 법적 차별금지를 넘어서서 사회적 현실에 있어서의 여성과 남성의 실질적 평등실현의무도 포함하고 있다고 해석한다면 할당제를 비롯한 여성우대조치들은 여성과 남성의 실질적 평등실현을 달성하기 위해 국가에게 헌법적으로 부과된 의무의 달성수단의 하나로 인정될 수 있다.[38)

---

37) 헌재 1999. 12. 23. 98헌마363.
38) 여성할당제가 진정 양성의 실질적 평등에 기여하는 제도가 되게 하기 위해서는 아직도 많은 과제가 남아 있다. 특히 여성할당제가 시혜적·은혜적 조치로서 운영되게 된다면 이것은 여성의 열악한 지위를 고착화시키는 수단이 될 수도 있다.

제 3 장   基本權의 相關槪念으로서 義務와 責任

제 1 절   權利와 責任의 相關關係

I. 共存을 위한 個人의 努力

우리 헌법의 핵심가치는 인간의 존엄을 비롯한 기본권 보장이다. 따라서 국가질서의 생성과 존립의 근거는 바로 인간의 존엄에서 발견할 수 있다. 우선적으로 우리의 국가질서는 국민의 기본권을 보장하는 데 최선을 다해야 한다.

그러나 이러한 헌법정신이 모든 국민이 이기적으로 단지 자신만의 권리를 주장하기만 하는 것을 허용하는 것은 아니다. 만약 국가 질서가 개인 간의 권리투쟁으로만 점철된다면 기본권 보장을 위해 존재해야 할 국가질서 자체가 존립하기 어려워진다. 물론 근대 자유주의 질서는 애초에 개인의 이기심에 기초하고 있는 것이며, 또 자유라는 것은 타인의 자유를 침해하지 않는 한에서만 인정되는 것이라고 한다면 이러한 문제제기는 불필요한 것일 수도 있다. 오히려 국가지상주의나 전체주의적 사고방식을 끌어들여 국민의 기본권 보장이 약화되게 하는 보수적 논리라고 비난할 수도 있다. 그러나 국가라는 공동체의 유지를 위해서는 훨씬 복잡하고 많은 조건이 필요하다는 것을 부인하기는 힘들며, 따라서 그러한 조건 충족에 개별적인 고민과 노력이 존재하지 않는다면 그 국가는 존립하기 어렵게 된다.

II. 權利와 義務의 關係

우리의 민주적 법치국가 질서가 국민 개개인의 기본권 보장을 최고의 목적으로 삼고 있고, 그에 반하여 국민들 개개인도 국가질서 하의 공존을 위하여 일정한 노력을 하여야 한다는 점은 이상 밝힌 바와 같다. 그렇다면 이러한 권리와 의무의 상호관계, 즉 기본권과 기본의무 상호간의 관계는 어떠한 것일까?

권리와 의무가 일정한 대응관계, 심지어 대칭관계를 이루고 있다고 주장할 수 있다.[1] 특히 사회주의 국가에서는 권리와 의무의 통일성이 강조되고 있다고 한다. 그러나 이러한 권리와 의무의 대칭관계는 인정하기 곤란하다. 달리 표현하면 기본권과 기본의무가 궁극적으로 공동의 목적을 추구하는 것이라고 하겠지만, 양자가 동등한 지위에 있는 것이라고 이해될 수는 없는 것이다.[2] 국가공동체의 일정한 목적을 상정하고 그것을 위한 고유한 의무를 국민에게 부과하는 방식의 논리는 전체주의적 법질서의 특징과 다르지 않다.

권리와 의무의 관계의 해명은 우리 헌법의 기본이념 내지는 근본가치가 인간의 존엄이라는 점에서 실마리를 발견할 수 있다. 즉 우리 헌법은 국민의 기본권보장을 최고의 목적으로 삼고 있으며, 그 목적을 위해서 모든 국가의 제도가 존립할 수 있는 것이다. 따라서 국민의 기본의무도 바로 국민의 기본권 보장을 위한 것이기 때문에 존재할 수 있는 것이라고 보아야 한다. 요컨대 국민의 권리와 의무는 일정한 상관관계를 갖는 것을 인정할 수는 있지만, 그 관계는 등가적 관계가 아니다. 오히려 국민의 의무는 궁극적으로 국민의 권리보장을 위해 존재한다고 할 것이다.

---

1) 전통적인 시각은 국가와 국민의 법적인 결합관계를 말해 준다. 한 지역에 존재하는 개인들이 평화의 유지, 자유의 보장을 위해 서로 사회계약을 맺으며 그 사회계약의 결과가 국가와 국민의 관계는 일종의 계약의 주체로서 관념 지어지게 된다. 또 이러한 계약관계를 (문서이건 아니건) 일정한 합의의 형태로 규정하는 것은 인권헌장을 비롯한 전체적인 법질서가 될 것이다. 이러한 관점에서 국가와 국민의 현실적인 관계는 일반적인 법률관계, 마치 사법상의 계약관계와 다르지 않다고도 할 수 있다. 즉 국민의 권리와 의무, 그에 대응하는 국가의 권한과 책임이 (주관적인) 등가성을 유지하면서 교환되는 것이라고 보는 것이다. 만약 이러한 균형이 깨어지는 경우 국가는 성립되지 않을 것이며 동시에 국민도 존재할 수 없게 된다.
2) 장영수, "헌법체계상 기본의무의 의의와 실현구조," 고려대 법학논집, 1997, 73쪽.

제 2 절   國民의 基本義務

I. 基本義務의 意義

국민의 기본의무는 통치권의 대상으로서의 국민의 지위에서 지는 의무를 말하는 것으로서 특히 헌법이 규정하고 있는 의무를 의미한다.[3] 국민의 의무를 헌법에 명시하는 이유는 궁극적으로 국민의 자유를 보장하기 위해서라는 것은 앞서 밝힌 바와 같다. 국민의 의무는 1791년 프랑스혁명 헌법에서 최초로 규정되었다. 20세기의 현대적 의무는 1919년 독일의 바이마르 헌법이 최초이다. 국민의 의무에는 납세의무·국방의무와 같은 고전적 의무와 교육·근로·환경보전·재산권행사의무 등의 현대적 의무가 포함된다.

국민의 의무와 인간의 의무로 나누어 고찰하는 견해가 있다.[4] 이것은 기본권이 국민의 권리와 인간의 권리로 나뉘는 것에 대응하여 설명하려는 시도로 보인다. 그러나 기본적 의무는 국민의 재산과 자유를 보장하기 위한 제도로서, 前국가적인 인간의 의무가 아니라 국민의 실정법상의 의무를 지칭하는 것이라고 보는 것이 타당하다. 즉 헌법과 법률에서 의무로 규정한 법적 의무만이 의무이고, 국민의 기본의무는 국가적 공동체를 형성하고 유지하기 위한 국민의 실정법상의 의무를 의미할 따름이다. 따라서 무제한적인 의무 개념을 상정하는 것은 불가능하다.

II. 國民의 基本義務의 內容

1. 고전적인 국민의 의무

(1) 납세의 의무

납세의 의무는 국방의 의무와 더불어 고전적 의무이며, 국가가 존립하고 그 과제를 이행하기 위해 필요한 비용을 충당하기 위하여 국가구성원이 부담하여야 하는 경제적인 기여의무를 의미한다. 조세라 함은 국가 또는 지방자

---

3) 김철수, 1003쪽; 권영성, 698쪽; 허영, 589쪽; 강경근, 660쪽; 성낙인, 564쪽.
4) 예컨대 김철수, 1004쪽; 이 견해는 사회복지를 향상시키기 위한 의무를 인간의 의무로 파악하는 듯하다.

치단체 등 공권력의 주체가 그 과세권에 의하여 재정조달의 목적으로 반대급부 없이 일반국민으로부터 강제적으로 부과·징수하는 과징금을 말한다. 헌법 제38조에서는 "모든 국민은 법률이 정하는 바에 의하여 납세의무를 진다"고 규정하고 있다.

납세의무의 주체는 원칙적으로 국민이다. 여기에는 법인도 포함되며, 외국인의 경우도 국내에 재산을 가지고 있거나 과세대상이 되는 행위를 한 때에는 과세대상이 될 수 있다. 납세의무는 자의적 과세로부터 재산권을 보장하는 소극적인 성격을 가질 뿐만 아니라 국가공동체의 재정을 형성하는 적극적인 성격을 가지고 있다.

헌법 제59조의 조세법률주의의 원칙은 과세요건과 징수절차 등의 과세권 행사는 법률로써 규정되어야 한다는 것을 말한다. 조세법률주의는 조세징수로부터 국민의 재산권을 보호하고 법적 생활의 안정을 도모하려는 것으로, 과세요건법정주의·과세요건명확주의·소급과세금지의 원칙 등을 그 핵심적 내용으로 한다. 이때의 법률에는 법률의 효력을 가진 명령도 포함된다고 볼 수 있다. 조세법률주의에서의 조세의 종목과 세율은 명령이나 조례에 의해서 변경할 수 없으나, 법률의 위임이 있는 경우에는 조례에 의해서도 변경이 가능하다.5)

(2) 국방의 의무

헌법 제39조에서 규정하는 양대 의무의 하나인 국방의 의무는 외침으로부터 국가의 존립과 안전 및 영토의 보존을 수호하여 국가의 정치적 독립성과 완전성을 수호하는 데 필요한 역무를 제공하거나 기타 국방상 필요한 군사적 조치에 협력할 의무를 의미한다. 이는 일방적 징집으로부터 국민의 신체의 자유를 보장한다는 소극적 성격과 국민이 스스로 국가공동체를 방어한

---

5) 헌법재판소는 모든 주주를 과점주주로 보아 제 2 차 납세의무자로 한 국세기본법 제39조 제 2 호에 대한 헌법소원심판에서 '법인의 경영을 사실상 지배하는 자' 또는 '100분의 51 이상의 주식에 관한 권리를 실질적으로 행사하는 자' 이외의 과점주주에 대하여 제 2 차 납세의무를 부담케 하는 것은 그 범위 내에서 위헌이라고 하였다(헌재 1997. 6. 26. 93헌바49등). 또 양수인의 제 2 차 납세의무를 규정하고 있는 국세기본법 제41조에 대한 위헌소원사건에서 사업양수인의 제 2 차 납세의무제도는 사업양도인의 재산으로 조세채권의 만족을 얻을 수 없을 때 담보재산을 취득한 양수인에게 부족액에 대하여 보충적으로 납세책임을 지우는 것으로 정당하나, 양수인에게 무제한의 책임을 지우도록 하는 것은 부당하므로, 양수한 재산의 가액을 초과하여 제 2 차 납세의무를 지게 하는 범위 내에서 헌법에 위반된다고 하였다(헌재 1997. 11. 27. 95헌바38).

다는 적극적 성격을 동시에 가지고 있다.

국방의무의 내용은 법률에 의하여 구체화되어야 하지만, 국방에 필요한 병력을 직접적으로 또는 간접적으로 제공하여야 할 의무가 기본적인 내용이다. 직접적인 병력제공이무란 군인으로서의 징집연령에 달한 경우에 징집에 따를 의무를 의미하며, 간접적인 병력제공의무란 기타 국방상 필요한 군사적 조치에 협력할 의무(예비군복무, 민방위, 전시 군수품지원을 위한 노력동원의무, 군 작전상 불가피한 수용·사용·제한을 수인할 의무 등)를 의미한다. 국민개병의 원칙에 의해서 대한민국의 남성은 병역의무(직접적 국방의 의무)를 지며, 간접적 의무의 주체는 모든 국민이다. 한편 헌법은 국민개병주의의 실현을 제고하고 군복무의식을 고취하기 위하여 제39조 제 2 항에 "누구든지 병역의무의 이행으로 불이익한 처우를 받지 아니한다"고 규정하여 불이익처우금지를 명시하고 있다.6)

2. 현대적 의무

(1) 교육의무

헌법 제31조 제 2 항에 의해서 모든 국민은 보호하는 자녀에게 적어도 초등교육과 법률이 정하는 교육을 받게 할 의무를 진다. 현행법상 의무는 6년의 초등교육과 3년의 중등교육을 실시하도록 하고 있다. 교육의무의 주체는 우리나라의 국민으로서 교육을 받아야 할 취학아동을 가진 친권자 또는 후견인이다.

(2) 근로의무

헌법 제32조 제 2 항에 의해서 모든 국민은 근로의 의무를 진다. 국가는 근로의무의 내용과 조건을 민주주의원칙에 따라 법률로 정한다고 규정하고 있다. 근로의무는 소극적인 성격을 가지는 것으로, 생활권 보장을 위한 윤리적 의무로 보는 견해가 일반적이다. 이와 관련하여 제32조 제 2 항 후단에 의

---

6) 헌법재판소는 "국방의 의무는 외부 적대세력의 직·간접적인 침략행위로부터 국가의 독립을 유지하고 영토를 보전하기 위한 의무로서, 현대전이 고도의 과학기술과 정보를 요구하고 국민전체의 협력을 필요로 하는 이른바 총력전인 점에 비추어 ① 단지 병역법에 의하여 군복무에 임하는 등의 직접적인 병력형성의무만을 가리키는 것이 아니라, ② 병역법·향토예비군설치법·민방위기본법·비상대비자원관리법 등에 의한 간접적인 병력형성의무 및 ③ 병력형성 이후 군작전명령에 복종하고 협력하여야 할 의무도 포함하는 개념이다"라고 하고 있다. 아울러 전투경찰순경으로서 대간첩작전을 수행하는 것도 넓은 의미에서 헌법 제39조 소정의 국방의 의무를 수행하는 것으로 볼 수 있어서 이를 통해 받은 불이익은 병역의무의 이행을 원인으로 하여 행하여진 불이익한 처우라고 볼 수 없어 헌법 제39조 제 2 항에 해당하는 불이익이 아니라고 하였다(헌재 1995. 12. 28. 91헌마80).

하여 근로의 의무의 내용과 조건이 법률로써 구체적으로 규정될 때에는 그 의무는 법적 의무가 된다는 견해가 있으나, 이에 대하여 헌법이 정한 의무가 윤리적 의무라면 헌법 하위의 법률이 이 윤리적 의무를 법적 의무로 전환시키는 것은 옳지 않다는 비판이 가능하다.

(3) 환경보전의무

헌법 제35조 제1항에 의해서 "국민은 환경보전을 위하여 노력해야 한다"라고 규정하고 있다. 산업화에 따른 심각한 자연환경의 파괴는 환경보전의 문제를 헌법차원의 문제로 격상시켰으며, 우리 헌법은 국민의 기본권으로서 환경권을 보장함과 동시에 국민에게 환경보전의무를 부과하고 있다. 환경보전의무는 국민의 의무인 동시에 국가의 의무이기도 하다.

(4) 재산권 행사의 의무

재산권의 행사는 공공복리에 적합하게 행사하여야 한다. 즉 우리 헌법은 재산권의 보유자에게 그 재산권을 공공복리와 조화될 수 있도록 행사해야 할 기본의무를 부과하고 있다. 재산권행사의 의무는 재산권의 사회적 구속성에 기초한 것으로, 권리내재적 제약의 성격을 가진다. 또한 제23조 제3항의 내용은 공공필요시의 재산권이양의무를 아울러 규정한 것으로 해석될 수 있을 것이다.

(5) 헌법에 열거되지 아니한 기본의무

헌법 및 법률에 대한 복종의무는 헌법국가가 존립하기 위한 법적 전제로서 비록 헌법에 명시되지는 않았지만 국가공동체의 모든 구성원에게 부과되어 있는 당연한 의무이다.[7] 이와 더불어 모든 사람이 평등한 자유를 향유할 수 있으려면 각자의 자유행사가 타인들의 자유행사와 조화를 이룰 수 있어야 한다.

나아가 허용된 위험을 감수할 의무를 인정하기도 한다. 이는 사회적 현실에서 사용이 허용된 과학기술에 불가피하게 수반되는 위험을 감수할 의무를 말한다. 이 의무의 헌법적 근거는 국가가 사회국가적 활동을 원활히 하기 위하여 경제적 성장을 위한 상이한 대책을 세워야 할 과제를 부담하고 있다는 데 있다.

그 밖에도 증언의무는 법정에서 사실이나 상태에 관하여 개인이 직접 지각하거나 들은 대로 증언함으로써 법원의 진실발견에 조력할 의무이다. 이

---

7) 허영, 590쪽.

의무는 법치국가원리와 밀접한 관계를 지니며, 즉 사법제도의 원활한 기능보
장에 그 헌법적 근거가 있다.

Ⅲ. 基本義務의 具體化

헌법상 기본의무가 규정되어 있다고 하더라도 그 조항만으로 무제한하게
국민의 권리를 제한하거나 침해할 수는 없다. 물론 헌법에 기본의무가 규정
됨으로 인하여 기본의무 부과의 당위성 내지 필요성을 국가가 일일이 증명할
필요성은 감소할 것이다. 하지만 어느 정도 기본의무를 부과할 것인가의 문
제와 관련해서는 복잡한 형성과정이 필요하다. 즉 헌법규정 자체만으로 의무
가 부과되는 것이 아니고, 구체적인 입법과 집행을 통해서만 기본의무부과도
가능하다는 것이다.

이러한 맥락에서 헌법에서 인정하고 있지는 않지만 법으로 인정되고 있
는 여러 가지 제한과 헌법에 규정되어 있는 기본의무 사이의 관계는 다소 모
호해진다. 헌법상 기본의무도 법질서에 의한 구체화과정을 거쳐야 하기 때문
이다. 이러한 점에 비추어 볼 때 기본의무부과는 헌법 제37조 제 2 항의 기본
권 제한과 다르지 않다는 논리도 성립 가능하다. 헌법 제37조 제 2 항은 기본
권을 제한할 경우 목적과 방법, 정도 등의 요건을 규정하고 있으며, 그러한
고려는 국민에 대한 의무부과에도 적용될 수 있을 것이기 때문이다.8) 하지만
의무부과의 논리와 기본권 제한의 논리가 완전히 일치하는 것은 아니며 일정
한 차이점을 부인할 수는 없다. 예컨대 조세부과를 일반적인 재산권 제한과
동일시하여 모든 사안에 정당한 보상이 주어져야 한다고 한다면 도무지 국가
의 재정적 수요는 충족될 수 없을 것이기 때문이다. 다만 국민에 대한 의무
부과에 있어서도 그 목적이 궁극적으로는 국민의 기본권 보장을 위한다는 데
에 있으며, 무조건·무제한의 의무부과가 아니라 법치국가적 고려에 따른 요
건을 준수해야만 한다는 요청은 양자가 공통적이라고 본다.

---

8) 장영수, "헌법체계상 기본의무의 의의와 실현구조," 법학논집, 75쪽 이하.

제 3 절 市民의 責任問題

I. 市民責任의 意味와 그 認定範圍

1. 시민책임의 개념과 의의

우리 헌법의 가장 기본적이고 핵심적인 가치가 인간의 존엄과 가치를 비롯한 기본권 보장이라는 점을 밝히고 그러한 핵심가치를 추구하기 위하여 국민에게 부과되는 헌법상의 기본의무에 대하여도 살펴보았다. 그런데 이러한 기본의무 논의와는 별도로 오늘날 시민의 책임(Bürgerverantwortung)에 관한 논의가 등장하고 있다. 이것은 오늘날 시민사회와 시민단체 등의 역할이 강조되면서, 그와 함께 대두되고 있는 개념이다.

책임(Verantwortung)이라는 말은 어원적으로 '질문에 답한다'라는 의미를 가지고 있으며, 예로부터 판결문에도 자주 등장하여, Fichte의 무신론에 관한 재판에서의 변론서에도 등장한다고 한다.9) 그런데 오늘날 말하고 있는 시민책임은 국가사회에서 시민들이 능동적 · 적극적 · 자기희생적 역할을 하여야 한다는 것, 즉 시민으로서의 덕성 · 시민으로서의 책임 · 공동체의식 · 연대의식 · 타인에 대한 배려 · 관용 등을 총동원하고 모든 개인들 · 집단들 · 비정부기구(NGO)를 비롯한 사회단체들로 하여금 긴밀한 네트워크 안에서 협동하고 조율하도록 하며, 시민사회의 통합이 이루어지고 시민의식 및 민주적 투쟁문화를 통해 있을 수 있는 견해차이가 문명화된 방식으로 조정될 수 있는 광장을 형성하여야 한다는 것을 말하고 있다.

이러한 시민책임의 논의는 오늘날 현대국가에서 벌어지고 있는 여러 문제들과 그러한 문제해결의 노력을 저해하는 시민들의 정치적 무관심 등을 배경으로 발생한 논의라고 하겠다. 물론 근대 이후 민주주의 헌법은 개인에게 이러한 책임을 부과하는 것을 제도적으로 거부하고 있다. 이것은 특히 '자유선거의 원칙', 즉 선거는 의무가 아니라는 점을 우리 헌법이 선언하고 있는 점에서 알 수 있다. 그럼에도 불구하고 현대국가의 여러 문제점을 해결하기

---

9) D. Merten, "Bürgerverantwortung im demokratischen Verfassungsstaat," *VVDStRL*, Heft 55, 1995, S. 13.

위한 돌파구로서 시민책임의 논의는 매우 의미 깊다고 하겠다.

2. 시민책임의 인정조건

시민책임의 논의와 관련하여 사상 대표적인 것은 이른바 공화주의적 시민책임론이라고 할 수 있다.[10) 이 개념은 시민책임을 일원적·전체적·통일적인 것으로 이해하고 있다. 즉 그에 따르면 국가는 협동적이고 또 자율적인 공동체의 자유롭고 평등한 구성원으로서 공익을 지향하는 시민들의 자결의 실천에 기초하고 있다고 한다. 이러한 주장은 표면적으로는 대의제의 사실상의 또는 추정적인 결함에 대한 비판을 토대로 하고 있으나 그 근본배경에는 무엇보다도 지배 없는 사회라는 이상에 대한 열망, 정치를 통하여 삶의 의미를 발견할 수 있다는 욕구가 놓여 있다고 한다. 이 관념은 사적·개인적인 이익보다는 항상 공익실현을 위하여 헌신할 것을 요구하는 등 시민에게 매우 까다로운 도덕적 의무를 부과하게 된다.

하지만 이러한 관념은 우리의 헌법질서와 부합하지 않는 측면이 크다. 모든 국민에게 그러한 엄격한 도덕적 책임을 부과할 수도 기대할 수도 없다는 현실적 문제점은 별론으로 하고라도, 개인의 자유로운 영역을 인정하여 기본권 보장을 수행하는 구조가 여전히 의미 없는 것이 아니며, 특히 우리 헌법이 윤리적으로 완전한 이성적 인간이 아닌, 이른바 오성적 인간을 전제로 하고 있다는 점 등에 비추어 보면 이러한 점을 알 수 있다.

따라서 시민책임이라는 관념은 보다 소극적으로 확정될 필요가 있다. 즉 민주적 헌법국가에서 시민책임은 법을 통해서 한정되고 세분화되어 항상 개인별로 구체적으로 부과되는 것이 원칙인 것이다. 개인들은 그러한 책임만을 감당할 수 있으며 그러한 책임만이 사회적으로 실효성을 가질 수 있다.[11)

Ⅱ. 市民責任의 具體化

시민이 공직자로서 행동하는 경우 그에게 주어지는 책임성은 비교적 명

---

10) 이에 대한 소개로는 정태호, "헌법국가에서의 시민의 책임," 인권과 정의 제316집, 2002, 46쪽 이하.

11) 정태호, "헌법국가에서의 시민의 책임," 인권과 정의 제316집, 2002, 46쪽.

확하다고 할 것이다. 즉 시민이 국가조직의 일부로서 국가를 위하여 직무상의 권한을 행사하는 경우에 직무상의 책임을 지게 되며, 자신에게 맡겨진 공직의 테두리 안에서 공공복리를 실현하여야 할 직접적인 책임을 부담한다. 달리 말하면 공무원으로서 자신의 직무상의 행위의 합법성에 대한 책임을 지고 있다. 직무상의 책임은 민주적 정당성의 연관을 토대로 하고 있다. 그러한 책임은 권한질서와 조직법을 통해서 기능별 · 사항별 · 지역별로 세분화되고 개별공무원별로 구체화될 것이다. 그런데 이러한 공직자로서의 책임은 오히려 예외적인 경우라고 하겠다. 공직자가 아닌 일반 시민에게도 직 · 간접적인 책임이 인정될 여지는 있는 것이다.

1. 자유권의 행사와 시민의 책임

소극적 지위라는 말은 보통 국민의 자유권적 기본권을 누리고 있는 지위를 말한다고 할 것이다. 자유권적 기본권은 종래 주관적 공권, 방어권 등으로 이해되고 있으며, 이것은 일정한 자유영역이 국민에게 부여되고 그 영역에서 국민은 그야말로 마음대로 할 수 있는 자유를 누리고 있음을 의미한다고 하겠다.

하지만 오늘날의 기본권 이해, 즉 객관적 가치질서로서의 기본권의 법적 성격을 인정하는 관점에서 보면 자유권이 단지 마음대로 할 수 있는 여지를 뜻하는 것만은 아니다. 즉 모든 국가권력은 국민의 기본권을 보장하기 위해서만 생성되고 존립할 수 있는 것이며, 국민이 그 기본권을 행사하는 것은 바로 국가질서의 존립과 연관되는 중요한 행위가 된다. 이러한 점에서 보면 국민이 소극적 지위에서 자유권을 행사하는 것도 시민책임 논의에서 말하는 책임의 범주에 포섭될 수 있다.

2. 민주적 의사형성과 시민의 책임

시민책임이 특히 강조되는 영역은 민주적 의사형성과정에 시민이 참여하는 경우, 다시 말하면 정치적 기본권들을 행사하는 영역에서이다. 정치적 기본권의 출발점이라고 할 수 있는 언론의 자유와, 선거권, 정당 참여권 등의 보다 직접적인 정치적 기본권의 행사에 있어서 시민에게는 일정한 책임이 주어진다. 이러한 책임이 부과되는 이유는 오늘날 만연하고 있는 이른바 정치적 무관심과 관련이 깊다. 우리나라에서도 투표율은 급격하게 떨어지고 있으며,[12] 지방자치단체와 관련된 선거에서는 누가 출마하였는지도 모르고 지나치는 경우가 비일비재하다. 물론 이러한 정치적 기본권의 행사여부는 원칙적으로 국민에게 자유로 주어져 있다. 그럼에도 불구하고 시민이 정치적 참여를 등한시할 경우 잘못된 대표가 신출될 가능성이 높고, 실사 그 대표가 문제가 없더라도 충분히 민주적 정당성을 부여받을 수도 없다는 점에서 문제는 매우 크다. 나아가 대의기관이 활동함에 있어서의 언론의 자유, 집회·결사의 자유를 통한 시민의 적극적인 참여와 관련하여 시민의 책임은 더욱 강조된다. 현재에도 많은 역할을 수행하고 있는 시민단체의 의미는 이러한 맥락에서 파악될 수 있다.

물론 이러한 시민책임을 인정할 경우 어느 정도 구체화할 수 있고, 또 어느 정도 강제하거나 촉구할 수 있는가의 문제를 해결하는 것은 쉬운 일이 아니다. 만약 강제로 정치참여를 강제하는 경우에는 그것은 전체주의 국가와 다르지 않게 될 것이기 때문이다. 다만 잠정적으로 국가는 시민책임의 수행을 방해하지 말아야 하고 가급적 장려하는 방향으로 나아가야 한다는 것을 말할 수는 있다고 본다. 예컨대 시민단체의 활동과 관련하여 일정한 혜택을 부여한다든가, 선거에 참여하는 것이 보다 용이하게 하여야 한다는 요청을 시민책임 논의와 연관지을 수 있는 가능성은 있다고 하겠다.

---

12) 참고로 우리나라의 대통령선거 투표율 추이는 다음과 같다. 제 2 대 투표율 88.1%, 제 3 대 투표율 94.4%, 제 4 대 투표율 97.6%, 제 5 대 투표율 85.0%, 제 6 대 투표율 83.6%, 제 7 대 투표율 79.8%, 제13대 투표율 89.2%, 제14대 투표율 81.9%, 제15대 투표율 80.7%, 제16대 투표율 70.8%, 17대 투표율 63.0%, 18대 투표율 75.8%, 19대 투표율 77.2%이다.

제4부 ▶ 個人의 自由領域에 대한 保護

제1장 人身의 保護에 관한 基本權

　　자유권적 기본권은 가장 전통적인 기본권이며, 인간의 기본적 인권으로
서 가장 먼저 인정되던 목록이라고 할 수 있다. 과거 군주를 중심으로 한 절
대왕권의 기본권 침해를 방어하는 기본권으로서 인정되었던 것이다.[1] 그러나
자유권적 기본권은 역사적 상황이나 국가나 기본권구조를 바라보는 관점에
따라 그 개념규정이 상이하다.[2] 이러한 이해의 변화는 특히 자유권적 기본권
의 법적 성격에 대한 논의에서 두드러진다. 최근까지도 자유권적 기본권은
국가 이전에 보장되는 천부적인 자연권이라고 설명되고 있다. 이에 따르면

---

[1] 자유권은 1215년 영국의 대헌장에서 최초 유래한 것으로 개인의 신체 및 재산에 대하
　여 국가공권력으로부터 침해나 간섭을 받지 아니할 소극적·방어적 권리를 의미한다. 자
　유권적 기본권은 개인주의·자유주의·합리주의·인문주의 등 근대의 시대정신을 기초로
　하여 형성되었으며, 근대입헌주의 헌법은 자유권적 기본권을 절대적으로 보장하는 데 노
　력하였다.

[2] 켈젠은 자유권의 권리성(실정권성)을 부인하고 자유권을 단순한 반사적 이익으로 규정하
　였으며, 국가만이 진정한 자유를 향유하며 자유는 법의 반사적 효과에 불과한 것으로 보았
　다. 즉 국가적 법질서가 인간의 모든 행동을 구속하는 것은 아니기 때문에 국민은 법질서
　에 의해 구속되지 않는 영역을 갖게 되며 이 영역 내에서는 자유로울 수 있다는 것이다.
　옐리네크는 국가에 대한 개인의 지위를 네 가지로 나누고, 그 중 자유권을 국민의 국가에
　대한 소극적 지위에 대응하는 실정권으로 규정하였다. 그에 의하면 개인의 자유는 법률안
　에서의 자유로 국가의 법에 의해서 제한가능하다고 보았다. 칼 슈미트는 자유권을 초국가
　적·전국가적 권리로 규정하는 자연권론자들의 이론을 받아들여, 개인의 자유영역은 배분
　의 원리에 따라 국가 이전에 주어진 것으로 전제되며 이 개인의 자유는 원칙적으로 무제
　한적인 데 반해 이 자유의 영역을 침해하는 국가의 권한은 원칙적으로 제한된다고 보았다.
　또한 이 자유의 영역 내에서의 자유는 무제한적인 자유로서, 국가가 침해할 수 없는 '국가
　로부터 자유로운 영역'을 말한다고 하였다. 기본권은 국가 이전에도 이미 존재하는 권리이
　므로 기본권의 본질적인 내용을 침해해서는 안 된다고 강조하였다. 스멘트는 자유권을 국
　가를 향한 자유로 규정하였으며, 기본권은 가치체계 또는 객관적 법질서로 보았다. 즉 자
　유권을 소극적으로 국가권력을 제한하고 통제하는 방어권으로만 보는 것이 아니라 적극적
　으로 정치적 생활공동체인 국가를 구성하는 실질적 요소로 보았던 것이다. 해벌레는 슈미
　트가 자유를 전국가적 무제한의 자유로서 "자유는 결코 제도일 수 없다"고 하며 자유와
　제도를 엄격하게 구별하는 것에 반해, "모든 자유는 제도일 수밖에 없다"고 주장하며 자유
　를 제도로 설명하고자 하였다.

자유권은 국가나 국법에 의해 창설되는 것이 아니라 천부적·초국가적 권리로서 자연법상 인간이 당연히 누리는 권리이며, 헌법은 다만 이를 재확인할 뿐이라는 것이다. 또 자유권은 포괄적 권리성을 가진다고 설명되기도 한다. 국민의 자유와 권리는 헌법에 열거되지 아니한 이유로 경시되지 아니한다는 헌법 제37조 제1항은 자유권의 포괄성을 재확인한 규정으로 해석한다. 자유권은 국가공권력에 의한 침해시에 이를 방어하는 소극적인 권리라고 하는 것이다.3) 그러나 자유권이 이미 선재되어 있는 확정된 자연권이며, 단지 소극적인 방어권이라는 설명은 이제 설득력이 적다.

> 1999. 6. 30. 경기도 화성군 씨랜드 청소년수련원에서 화재가 발생하여 수련중이던 어린이 19명과 인솔교사 4명 등 23명이 사망하였다. 불이 난 건물이 컨테이너 가건물로 방화시설이 전혀 없었고, 수용인원을 초과하여 수용하였고, 불이 날 당시 교사들이 어린이들과 함께 있지 않았고, 화재신고가 늦어 소방차의 출동이 지체되어 인명피해가 더욱 커진 것으로 밝혀졌다.

이 사례는 자유권적 기본권의 대표격인 생명과 신체의 자유와 관련하여 다루어지고 있지만,4) 꼼꼼하게 살펴보면 방어해야 할 국가의 침해가 없어서, (전통적 이해에 따를 때) 자유권으로서의 생명권과 관련하여 설명하기 곤란하다. 그러나 우리는 국가가 국민의 생명을 적극적으로 보호하기 위하여 일정한 작위를 하도록 요구할 필요도 있다. 즉 국가는 어린이 수련에 있어서 일정한 안전조치를 명령하는 법규를 만들어야 하고, 미리 소방시설들을 갖추도록 요구하거나 필요한 경우 지원하는 등의 적극적 작용을 하여야 한다. 이 경우 생명권이라는 자유권적 기본권은 국민이 국가에 대하여 작위를 요청하

---

3) 권영성, 402-404쪽; 아울러 자유권과 사회권을 구별하면서, "① 자유권은 개인주의, 자유주의 및 시민적 법치국가, 자유방임국가, 야경국가를 사상적 기초로 함에 비하여, 사회권은 단체주의 및 복지국가, 사회적 법치국가를 그 기초로 한다. ② 자유권은 소극적·방어적 자연권성을 기초로 하는 전국가적·초국가적인 인간의 권리인 데 비하여, 사회권은 적극적 권리로서 실정권적인 국민의 권리이다. ③ 자유권은 모든 국가기관을 직접 구속하는 데 비하여, 사회권은 입법권을 주로 구속한다. ④ 자유권에서의 법률유보는 기본권 제한적 법률유보를 의미하나, 사회권에서는 기본권형성적 법률유보를 의미한다. ⑤ 자유권은 소극적 권리로서 국가로부터의 침해나 간섭을 배제하는 것을 주된 내용으로 하는 데 비하여, 사회권은 적극적인 권리로서 국가의 급부나 배려를 요구하는 것을 그 주된 내용으로 한다"는 등의 도식적인 구분논의가 이루어져 왔다(권영성, 638쪽 참조).

4) 대한변호사협회, "1999년도 인권상황개관," 인권보고서 제14집, 2000, 19쪽.

는 근거로서 기능할 수 있어야 한다.[5]

　생각건대 자유권적 기본권의 성격도 기본권의 이중적 성격이라는 논의
틀에서 법적 성격을 해명함이 타당하다고 할 것이다. 자유권은 한편으로는
공동체의 객관적 질서의 기본요소이며 다른 한편으로는 개인의 주관적 권리
이다. 즉 자유권은 국가공동체의 객관적 질서의 기본요소로서 국가와 국민의
부단한 형성이 요청되는, 확정되지 않은 대상이기도 하다. 이로써 자유권은
적극적 보호나 급부를 청구할 수 있는 권리의 근거가 될 수 있다. 물론 자유
권은 국가에 대한 방어권으로서의 성질도 가진다. 국가공동체의 헌법적 질서
는 주관적 권리로서의 개별자유권이 구체적으로 실행될 수 있고 또 그렇게
될 때 비로소 현실화된다. 주관적 공권과 객관적 가치질서라는 두 가지 성격
은 기능적으로 상호 보완적 관계에 있는 것이다

제 1 절　生命權과 身體의 不可毁損性

　우리 헌법은 제12조 등에서 신체의 자유보장에 관한 실체적·절차적 규
정을 두고 있다. 그러나 신체의 자유 보장에 있어서 오히려 그 전제가 된다
고 할 수 있는 생명과 신체의 불가훼손성에 대하여는 규정을 두고 있지 않
다. 아마도 헌법은 생명과 신체의 불가훼손성은 너무나 당연한 것이라고 보
아 규정을 둘 필요성을 느끼지 못했는지 모르지만, 이로 인하여 생명권 등의
헌법적 근거조문이 무엇이냐에 대한 논란이 계속되고 있다.

I. 生 命 權

1. 생명권의 의미와 헌법적 근거

　헌법상 기본권보장이 인간의 존엄을 가장 근본적인 이념으로 하고 있다
면, 인간의 생명보다 우선적으로 보장되어야 하는 기본권은 없다고도 할 수

---

　5) 이러한 예는 드물지 않게 발견된다. 예컨대 오늘날 학문의 자유는 학문활동에 대한 국가
　　의 침해를 금지하는 의미에만 머무르는 것이 아니며, 학문활동에 대한 국가의 적극적 지원
　　을 요청하는 의미도 갖는다.

있다. 살아가는 데 있어 인간이 인간답게 살 수 있게 하는 여러 가지 기본권 보장이 필요한 것도 사실이지만, 이 또한 인간이 생명을 붙이고 있어야 가능한 이야기이다.

인간이라면 성별·인종 등 그 어떤 이유에서건 차별받지 않고 생명권의 보장이 인정된다. 따라서 인간의 사회적 가치를 판단하거나 우생학적 고려를 하여 인간의 생명을 유린하는 것은 어떠한 이유에서건 인정될 수 없다. 물론 이러한 생명권 보장에 있어 생명 또는 생존의 의미가 무엇인가는 아직까지도 논란이 되고 있는 문제임에 틀림없다. 즉 태아나 배아가 과연 인간인지, 인간으로서 생명을 가지고 있다고 보아 그의 생명권을 보장해 주어야 하는 것인지 등의 문제는 쉽사리 해결하기 곤란한 문제이며, 향후 과학기술의 발전 양상에 따라 그 법적 판단도 달라질 여지가 많은 것이라고도 할 수 있다.6) 그럼에도 불구하고 생명권 보장의 중요성에 비추어 인간의 생명을 직접적으로 침해할 수 있는 행위는 원칙적으로 부정적으로 보아야 할 것이다.

생명권에 관한 헌법의 명문규정이 없는 탓에 헌법적 근거가 무엇인가에 대하여 논란이 있다.7) 헌법 제10조와 제12조, 제37조 제 1 항 등에서 구하는 입장,8) 헌법 제10조 인간의 존엄에서 구하는 입장,9) 제12조의 신체의 자유에서 구하는 입장,10) 행복추구권에서 구하는 입장 등이 있다. 사실 헌법적 근거가 무엇인가를 밝히는 것은 앞서 말한 바와 같이 생명권이 당연히 전제되어 있다고 볼 경우 그다지 중요한 문제가 아닐 수도 있다. 다만 기본권 규정은 각자의 보호영역에서 가급적 독자적인 의미를 갖도록 하는 것이 기본권규정의 규범력 제고에 도움이 될 것이라는 생각에서 생명권은 헌법 제37조 제 1 항의 열거되지 않은 기본권 중의 하나로 보는 것이 타당할 것이라고 생각한다. 헌법에서 규정한 바와 같이 열거되지 않았다고 하여 경시되어서는 안 된다.11)

2. 생명권의 내용과 제한·한계

생명권은 국가의 침해에 대한 배제요구(소극적 생명권)에 국한되는 것이

---

6) 자세한 내용은 앞의 "제 3 부 제 1 장 제 1 절 Ⅱ. 2. 출생 전·사망 후 인간의 존엄" 참조.
7) 참고로 독일기본법 제 2 조 제 1 항과 일본헌법 제13조에는 명문의 규정이 있다.
8) 권영성, 407쪽.
9) 김철수, 408쪽.
10) 허영, 346쪽.
11) 장영수, 600쪽.

아니고, 국가에 대한 보호청구(적극적 생명권)의 성격까지 갖는다. 이로 인하여 국가가 생명을 단축시키거나 박탈하는 것은 금지되고, 나아가 사인인 제 3 자에 의해 생명이 침해되는 것까지도 방지해야 한다는 의무를 지게 된다.[12] 아울러 국가에 대하여 죽어 가는 생명의 연장을 요구할 수 있는 생명의 조성청구권이 있는가에 논의가 있다. 일반적으로 국가의 생명에 대한 조성의무까지 부과하는 것은 무리하고 본다.

생명권은 일종의 절대적 기본권으로서 법률유보에 의한 제한이 부자연스러운 기본권이라고 하겠다. 그러나 정당한 이유 없이 타인의 생명을 부인하거나 그에 못지않은 중대한 공익을 침해한 경우에 생명에 대한 가치평가가 불가피한 경우가 있다. 따라서 법률유보에 의한 생명권 제한(즉 사형제도)은 제37조의 비례원칙을 준수하는 한 일단 가능한 것이라고 하겠다. 그러나 이 경우 제한당하는 생명가치와 대등한 가치를 보호하기 위한 것이어야지 자유나 재산 등을 보호하기 위한 제한이어서는 안 된다. 또 사회적으로 생존가치가 없다고 인정되는 자에 대한 도태적 안락사와 같은 것도 절대로 인정될 수 없다. 이러한 생명권 제한이 헌법 제37조 제 2 항의 본질내용 침해금지와 어떻게 부합될 수 있는지 문제가 되기도 한다. 생명을 제한한다면(즉 사망에 이르게 한다면) 본질적인 것이건 비본질적인 것이건 아무것도 남지 않기 때문이다. 이것은 헌법상 본질내용침해금지를 이른바 상대설에 의하여 이해해야 하는 근거가 된다.[13]

3. 생명권과 관련된 문제

(1) 사형제도

우리 헌법재판소는 "모든 인간의 생명은 자연적 존재로서 동등한 가치를 갖는다고 할 것이나 그 동등한 가치가 서로 충돌하게 되거나 생명의 침해에 못지아니한 중대한 공익을 침해하는 등의 경우에는 국민의 생명·재산 등을 보호할 책임이 있는 국가는 어떠한 생명 또는 법익이 보호되어야 할 것인지

---

12) 낙태에 의한 태아의 생명침해에 대한 국가의 보호의무 또는 앞서 말한 수련시설 등의 안전확보 의무 등을 예로 들 수 있다.

13) 참고로 특별한 의무수행을 하여야 하는 직업인(군인·경찰관·소방관 등)에게 타인의 생명을 구하기 위하여 생명의 희생을 요구할 수 있는가 문제된다. 이들에게 비례의 원칙을 어긋나는 정도로 희생을 요구할 수는 없지만 일정한 정도 내에서 생명을 무릅쓸 의무를 부과할 수 있다고 보는 것이 일반적인 견해이다(김철수, 429쪽; 권영성, 411쪽; 허영, 347쪽; 강경근, 369쪽; 성낙인, 321쪽).

그 규준을 제시할 수 있는 것이다. 인간의 생명을 부정하는 등의 범죄행위에 대한 불법적 효과로서 지극히 한정적인 경우에만 부과되는 사형은 죽음에 대한 인간의 본능적 공포심과 범죄에 대한 응보욕구가 서로 맞물려 고안된 필요악으로서 불가피하게 선택된 것이며 지금도 여전히 제 기능을 하고 있다는 점에서 정당화될 수 있다. 따라서 사형은 이러한 측면에서 헌법상의 비례의 원칙에 반하지 아니한다 할 것이고, 적어도 우리의 현행헌법이 스스로 예상하고 있는 형벌의 한 종류이기도 하므로 아직은 우리의 헌법질서에 반하는 것으로 판단되지 아니한다"14)라고 하여 사형제도의 합헌성을 인정하였고 이러한 태도는 계속 이어지고 있다.15)

사실 우리 헌법은 제110조 제 4 항 등에 의하여 간접적으로 사형을 인정하고 있다. 그리고 인간의 존엄이나 생명권 보장이 반드시 사형제도의 위헌성을 근거 짓는다고 단정하기도 곤란하다. 생명권도 헌법 제37조 제 2 항 상의 목적·방법·정도의 요건을 충족시키는 경우, 그 제한이 가능한 기본권이라고 할 것이라고 할 수 있기 때문이다. 결국 국민의 보편적인 사형제도에 대한 생각과 형사정책적 방향 등에 의하여 기본권 제한의 비례성 판단기준이나 본질적 내용에 대한 판단기준이 변경될 수 있으며 그에 따라 사형의 위헌성 여부에 대한 판단은 앞으로 달라질 수 있는 것이라고 볼 수밖에 없다. 다만 사형제도가 형벌로서의 기능이 생각보다 미약하거나 전무하며, 오판의 위험과 피해회복의 불가능성을 갖는다는 점에 비추어 향후 폐지하는 방향으로 개선하는 것이 바람직할 것이라는 견해가 있다.16)

---

14) 헌재 1996. 11. 28. 95헌바1.

15) 헌재 2010. 2. 25. 2008헌가23.

16) 사형제 존폐를 둘러싼 논의는 30여년 넘게 전개됐다. 지난 1989년 사형제 위헌심판청구가 헌법재판소에 제기된 이후 제15대 국회부터 현 국회까지 사형제 폐지 법안이 제출되지 않은 적이 없다. 형벌로써 사형이 없어지지는 않았지만 현재 우리나라는 사실상 사형제 폐지국가에 속한다. 97년 12월 23명을 사형을 집행한 이후 현재 미집행자 61명이 그대로 남아있기 때문이다. 세계 138개 국가가 사형제를 폐지하거나 집행을 미루고 있다. 물론 미국과 일본도 사형제가 남아있다. 그러나 미국도 17개 주에서는 사형이 폐지된 상태고 미시간주는 세계 최초로 사형을 폐지했다. 아예 유럽연합은 사형 폐지를 가입 요건으로 규정하고 있을 정도다. 90년대 이후 30여개국이 사형폐지국 대열에 합류했다. UN은 2002년 사형의 범죄예방효과를 조사, 사형제도가 살인억제력을 가진다는 가설을 수용하는 것은 신중하지 못하다고 지적한 바 있다. 오판 가능성이 있고 정치적으로 남용될 가능성이 있다는 것도 사형제 폐지의 근거이다. 미국에서는 DNA 증거로 100명이 넘는 사형수들에 대한 판결이 뒤집히기도 했다. 재심 결과, 무죄 선고를 받은 1974년 2차 인혁당 재건위 사건은 대표적인 정치적인 남용 사례다. 한편 사형제 존치 주장은 사형을 집행한 94부터 97년까지 연

(2) 생명권의 포기와 관련된 문제

생명권의 주체라고 하더라도 자신의 생명권을 자유롭게 처분할 수 없다고 한다. 우리 형법은 촉탁·승낙에 의한 살인죄와 자살방조죄 등의 자살관여죄의 위법성을 인정하고 있어서, 생명을 포기하는 행위가 금지되고 있음을 간접적으로 밝히고 있다. 그러나 우리나라는 IMF 외환위기가 한창이던 1999년에 자살률은 10만 명당 16.1명으로 세계 평균 16명보다 조금 높았으나 2005년에는 10만명 당 26명을 기록, 10년전인 1995년에 비해 2배 이상 많아졌다(2017년에는 10만명 당 24.3명으로 OECD 자살률 2위이다). 우리나라의 경우 자살을 기도한 사람은 실제 자살자의 10배정도 된다고 한다. 분명 헌법상 생명권의 포기는 금지되고 있으나 늘어나고 있는 자살자의 증가를 법적으로 막을 방법은 존재하지 않는다. 이미 죽은 사람을 처벌할 수는 없기 때문이다. 생명권의 포기라는 문제는 어쩌면 법이 완전히 해결할 수 없는 법 이전의 문제라고 볼 수 있다.

(3) 소위 '존엄사(尊嚴死)' 문제

소위 '존엄사(尊嚴死)'란 임종 단계에 들어섰을 때 생명연장 치료를 하지 않고 자연스럽게 죽음을 맞도록 하는 것으로 생명 유지를 위한 약물 투여나 인위적 영양 공급 중단 범위에 따라 '소극적 의미의 안락사'로도 분류된다.[17]

회생의 가망이 없는 환자가 생명에 대한 자기결정권을 행사하여 생명유지조치를 원하지 아니함을 명백히 표시한 경우에는 살인죄를 구성하지 않는 것으로 보아야 한다는 견해가 있다.[18] 그러나 극심한 고통을 겪고 있는 불치

평균 607명이 살인죄로 기소됐지만, 사형 집행을 중단한 98년부터 2007년까지 연평균 800여명이 살인죄로 재판에 넘겨진 것도 사형 집행의 효과로 거론된다. 또한 사형수의 생명권도 중요하지만, 피해자 가족들의 억울한 심정을 생각하면 이들에 대한 법의 처단은 필요하고, 현행법에서 엄연히 규정하고 있는 사형제도에 의해 사형이 확정된 경우라면 사형을 집행해야 한다는 것이다.

17) "인간의 존엄성은 결코 인간생명을 희생시키는 정당화 사유가 될 수 없다. 존엄사라는 개념을 사용해서는 안 되는 이유이다. 따라서 법원이 존엄사를 허용하면서 인간의 존엄성 보장에 관한 헌법조문을 근거로 제시한 점도 잘못이다." 허영, 존엄사 핵심은 '소극적 안락사'(동아일보 2009년 제27171호).

18) 권영성, 410쪽. 이른바 '연명치료의 중단', '존엄사' 문제이다. 외국에서는 오래 전부터 말기환자의 의사결정을 존중해 '자기 생명에 대한 사전유언'을 합법화하는 자연사법을 만들었다. 이 법은 환자 자신이 말기이거나 죽음이 임박했다고 진단되는 경우에는 의사에게 기계적인 또는 인공적인 생명연장 시술을 보류하거나 중단하도록 하는 사전유언장 작성을 허용하고 있다. 환자가 비록 의식불명인 상태이거나 혼수상태가 되더라도 이미 작성한 생전

병 환자가 스스로의 생명을 포기하고자 하는 상황도 이해 못할 바 아니지만 만약 안락사가 허용되어 남용되기 시작한다면 합법적인 살인행위와 다름없어 질 위험이 있기 때문에 이것은 신중하게 판단해야 하는 문제라고 하겠다.[19]

───────────────

유언의 내용대로 의료진이 시행하게 함으로써 계속해서 자신의 삶에 대한 통제력을 행사할 수 있도록 하려는 것이다. 이인영, "죽음을 선택할 권리," 중앙일보 시론(2007. 6. 13).

19) 대법원은 '환자의 사전의료지시' 또는 연명치료 중단을 구하는 환자의 의사를 추정할 수 있는 경우 연명치료를 중단할 수 있다고 판단하였다.

"(가) 의학적으로 환자가 의식의 회복가능성이 없고 생명과 관련된 중요한 생체기능의 상실을 회복할 수 없으며 환자의 신체상태에 비추어 짧은 시간 내에 사망에 이를 수 있음이 명백한 경우(이하 '회복불가능한 사망의 단계'라 한다)에 이루어지는 진료행위(이하 '연명치료'라 한다)는, 원인이 되는 질병의 호전을 목적으로 하는 것이 아니라 질병의 호전을 사실상 포기한 상태에서 오로지 현 상태를 유지하기 위하여 이루어지는 치료에 불과하므로, 그에 이르지 아니한 경우와는 다른 기준으로 진료중단 허용 가능성을 판단하여야 한다. 이미 의식의 회복가능성을 상실하여 더 이상 인격체로서의 활동을 기대할 수 없고 자연적으로는 이미 죽음의 과정이 시작되었다고 볼 수 있는 회복불가능한 사망의 단계에 이른 후에는, 의학적으로 무의미한 신체 침해 행위에 해당하는 연명치료를 환자에게 강요하는 것이 오히려 인간의 존엄과 가치를 해하게 되므로, 이와 같은 예외적인 상황에서 죽음을 맞이하려는 환자의 의사결정을 존중하여 환자의 인간으로서의 존엄과 가치 및 행복추구권을 보호하는 것이 사회상규에 부합되고 헌법정신에도 어긋나지 아니한다. 그러므로 회복불가능한 사망의 단계에 이른 후에 환자가 인간으로서의 존엄과 가치 및 행복추구권에 기초하여 자기결정권을 행사하는 것으로 인정되는 경우에는 특별한 사정이 없는 한 연명치료의 중단이 허용될 수 있다. 한편, 환자가 회복불가능한 사망의 단계에 이르렀는지 여부는 주치의의 소견뿐 아니라 사실조회, 진료기록 감정 등에 나타난 다른 전문의사의 의학적 소견을 종합하여 신중하게 판단하여야 한다.

(나) 환자가 회복불가능한 사망의 단계에 이르렀을 경우에 대비하여 미리 의료인에게 자신의 연명치료 거부 내지 중단에 관한 의사를 밝힌 경우(이하 '사전의료지시'라 한다)에는, 비록 진료 중단 시점에서 자기결정권을 행사한 것은 아니지만 사전의료지시를 한 후 환자의 의사가 바뀌었다고 볼 만한 특별한 사정이 없는 한 사전의료지시에 의하여 자기결정권을 행사한 것으로 인정할 수 있다. 다만, 이러한 사전의료지시는 진정한 자기결정권 행사로 볼 수 있을 정도의 요건을 갖추어야 하므로 의사결정능력이 있는 환자가 의료인으로부터 직접 충분한 의학적 정보를 제공받은 후 그 의학적 정보를 바탕으로 자신의 고유한 가치관에 따라 진지하게 구체적인 진료행위에 관한 의사를 결정하여야 하며, 이와 같은 의사결정 과정이 환자 자신이 직접 의료인을 상대방으로 하여 작성한 서면이나 의료인이 환자를 진료하는 과정에서 위와 같은 의사결정 내용을 기재한 진료기록 등에 의하여 진료 중단 시점에서 명확하게 입증될 수 있어야 비로소 사전의료지시로서의 효력을 인정할 수 있다.

(다) 한편, 환자의 사전의료지시가 없는 상태에서 회복불가능한 사망의 단계에 진입한 경우에는 환자에게 의식의 회복가능성이 없으므로 더 이상 환자 자신이 자기결정권을 행사하여 진료행위의 내용 변경이나 중단을 요구하는 의사를 표시할 것을 기대할 수 없다. 그러나 환자의 평소 가치관이나 신념 등에 비추어 연명치료를 중단하는 것이 객관적으로 환자의 최선의 이익에 부합한다고 인정되어 환자에게 자기결정권을 행사할 수 있는 기회가 주어지더라도 연명치료의 중단을 선택하였을 것이라고 볼 수 있는 경우에는, 그 연명치료 중단에 관한 환자의 의사를 추정할 수 있다고 인정하는 것이 합리적이고 사회상규에 부합된다. 이러한 환자의 의사 추정은 객관적으로 이루어져야 한다. 따라서 환자의 의사를 확인할 수 있는 객관적인 자료가 있는 경우에는 반드시 이를 참고하여야 하고, 환자가 평소 일상생활을 통하여 가족, 친구 등에 대하여 한 의사표현, 타인에 대한 치료를 보고 환자가 보

결론적으로 '존엄사' 법률에 근거하여 존엄사심의위원회를 구성해야 한다. 이 법률에 환자의 생존가능성과 환자의 자기결정권이 명문화되어야 한다. 또한 환자의 추정적 승낙에 관한 규정이 있어야 한다. 법원은 존엄사심의위원회가 이러한 기준들을 정확하게 판단했는지 최종적으로 판단하는 사법기관이 되어야 한다. 헌법재판소는 죽음에 임박한 환자에게 '연명치료 중단에 관한 자기결정권'이 헌법상 보장된 기본권이라고 판단하였다.[20)

Ⅱ. 身體의 不可毀損性 保障

생명권과 마찬가지로 헌법상 명문규정은 없으나 당연히 인정되어야 할 기본권 중의 하나가 바로 신체의 불가훼손성의 보장이다. 신체의 불가훼손성도 생명권과 마찬가지로 인간의 존엄보장이나 신체의 자유보장에 있어 당연히 전제되는 기본권이라고 할 수 있으며, 헌법 제37조 제1항의 열거되지 않

인 반응, 환자의 종교, 평소의 생활 태도 등을 환자의 나이, 치료의 부작용, 환자가 고통을 겪을 가능성, 회복불가능한 사망의 단계에 이르기까지의 치료 과정, 질병의 정도, 현재의 환자 상태 등 객관적인 사정과 종합하여, 환자가 현재의 신체상태에서 의학적으로 충분한 정보를 제공받는 경우 연명치료 중단을 선택하였을 것이라고 인정되는 경우라야 그 의사를 추정할 수 있다.

(라) 환자 측이 직접 법원에 소를 제기한 경우가 아니라면, 환자가 회복불가능한 사망의 단계에 이르렀는지 여부에 관하여는 전문의사 등으로 구성된 위원회 등의 판단을 거치는 것이 바람직하다."(대법원 2009. 5. 21. 선고 2009다17417 전원합의체 판결)

20) '연명치료 중단, 즉 생명단축에 관한 자기결정'은 '생명권 보호'의 헌법적 가치와 충돌하므로 '연명치료 중단에 관한 자기결정권'의 인정 여부가 문제되는 '죽음에 임박한 환자'란 '의학적으로 환자가 의식의 회복가능성이 없고 생명과 관련된 중요한 생체기능의 상실을 회복할 수 없으며 환자의 신체상태에 비추어 짧은 시간 내에 사망에 이를 수 있음이 명백한 경우', 즉 '회복 불가능한 사망의 단계'에 이른 경우를 의미한다 할 것이다. 이와 같이 '죽음에 임박한 환자'는 전적으로 기계적인 장치에 의존하여 연명할 수밖에 없고, 전혀 회복가능성이 없는 상태에서 결국 신체의 다른 기능까지 상실되어 기계적인 장치에 의하여서도 연명할 수 없는 상태에 이르기를 기다리고 있을 뿐이므로, '죽음에 임박한 환자'에 대한 연명치료는 의학적인 의미에서 치료의 목적을 상실한 신체침해 행위가 계속적으로 이루어지는 것이라 할 수 있고, 죽음의 과정이 시작되는 것을 막는 것이 아니라 자연적으로는 이미 시작된 죽음의 과정에서의 종기를 인위적으로 연장시키는 것으로 볼 수 있어, 비록 연명치료 중단에 관한 결정 및 그 실행이 환자의 생명단축을 초래한다 하더라도 이를 생명에 대한 임의적 처분으로서 자살이라고 평가할 수 없고, 오히려 인위적인 신체침해 행위에서 벗어나서 자신의 생명을 자연적인 상태에 맡기고자 하는 것으로서 인간의 존엄과 가치에 부합한다 할 것이다. 그렇다면 환자가 장차 죽음에 임박한 상태에 이를 경우에 대비하여 미리 의료인 등에게 연명치료 거부 또는 중단에 관한 의사를 밝히는 등의 방법으로 죽음에 임박한 상태에서 인간으로서의 존엄과 가치를 지키기 위하여 연명치료의 거부 또는 중단을 결정할 수 있다 할 것이고, 위 결정은 헌법상 기본권인 자기결정권의 한 내용으로서 보장된다 할 것이다(헌재 2009. 11. 26. 2008헌마385).

은 기본권 중의 하나라고 보는 것이 타당할 것이다.[21] 신체의 불가훼손성 보장은 일단 국가와 사인 등에 의한 침해를 방어하는 소극적 의미를 갖는다고 본다. 왜냐하면 신체의 완전성을 제고한다는 의미에서의 보건과 관련된 권리는 헌법 제36소 세 3 항이 별도로 규정하고 있기 때문이다.

신체의 불가훼손성 보장으로 인하여 본인의 승낙이 없는 신체의 완전성 훼손이 금지된다. 따라서 가혹행위와 육체적 학대행위는 일체 금지된다. 태형이나 화형 같은 신체형벌이 금지되고, 거세나 불임수술, 수형자에 대한 의학적 실험, 모발의 절단, 전기쇼크시술 등도 신체를 훼손하는 행위로서 금지된다. 다만 이러한 보장도 헌법 제37조 제 2 항의 요건을 충족하는 경우 제한의 가능성이 완전히 배제되지는 않는다. 예컨대 전염병 예방정책상의 강제적인 의료행위 등은 예외적으로 허용될 가능성이 있다.

제 2 절   身體의 自由를 保障하기 위한 一般的 手段

신체의 자유라 함은 법률과 적법절차에 의하지 아니하고는 신체적 완전성과 신체활동의 임의성을 침해당하지 아니하는 자유를 말한다. 신체완전성은 신체의 생리적 기능과 그 외형적 형상이 물리적인 힘이나 심리적인 압박에 의하여 침해당하지 아니할 자유를 말하며 신체활동의 임의성은 자기의 뜻에 따라 임의로 신체활동을 할 수 있는 자유를 말한다. 이러한 신체의 자유는 정신적 활동에 관한 자유와 더불어 인간의 시원적 요구인 동시에 인간 생존을 위한 최소한의 조건이다. 그러므로 그것이 보장되지 않으면 그 밖의 자유나 권리의 향유는 말할 것도 없고 인간의 존엄성의 유지와 민주주의 그 자체의 존립마저 불가능한 것이 되고 만다. 전제군주시대에 있어서 군주의 자의에 의한 국가형벌권의 남용으로 인한 인권침해의 역사를 상기해 볼 때 그것은 명백하다. 국가권력에 의한 부당한 인권침해가 자행될 때 국민의 참여를 기반으로 하는 민주주의 분위기가 깨지는 것이다.[22]

---

21) 헌법재판소는 헌법 제12조의 신체의 자유는 신체의 안전성이 훼손당하지 아니할 자유를 포함하는 것으로 밝힌 바 있다(헌재 2004. 12. 16. 2002헌마478).
22) 이관희, "신체의 자유의 절차적 보장," 법정고시 제 5 호, 1996, 46쪽.

이러한 신체의 자유를 제한하거나 침해하는 것은 주로 국가의 인신구속에 의하여 자행되어 왔다고 할 것이다. 따라서 우리 헌법상 신체의 자유보장도 국가 특히 수사기관에 의한 인신의 자유 제한과 관련된 영역을 주로 보호영역으로 포착하고 있다고 볼 수 있다. 이 기본권은 1215년 영국의 대헌장에서 최초로 규정된 이래 세계 대부분 국가의 헌법에 명문화되었다. 우리나라 헌법에서는 헌법 제12조 및 제13조에 신체의 자유보장에 관한 규정을 비교적 상세하게 명시하고 있다. 단일조문으로는 가장 길게 신체의 자유에 관한 규정을 두고 있는 것은 우리나라의 민주적 국가운영에 있어서 신체의 자유의 보장이 갖는 중대한 의미를 반증하고 있는 것이라 볼 수 있다. 신체의 자유는 이른바 인간의 권리로서 외국인도 당연히 기본권 주체성이 인정되는 기본권 중의 하나라고 하겠다. 헌법재판소는 신체의 자유는 정신적 활동의 자유와 더불어 헌법이념의 핵심인 인간의 존엄과 가치를 구현하기 위한 가장 기본적인 자유로서 모든 기본권 보장의 전제조건이라고 판시하였다.23)24)

Ⅰ. 身體의 自由制限에 관한 法律主義와 罪刑法定主義

죄형법정주의란 "법률 없으면 범죄 없다," "범죄의 성립과 처벌은 법률에 의해야 한다"는 원칙을 말한다. 이것은 형법상의 적극적 일반예방기능과 개인의 자유와 권리를 보호함을 이념으로 하는 근대 형법의 기본원리이다. 여기에서의 법률은 형식적 의미의 법률만을 의미하며, 명령·조례·규칙은 원칙적으로 포함하지 아니한다. 국민에 대한 형사처벌이 함부로 이루어지지 못하게 하기 위한 원칙이기 때문이다. 요컨대 죄형법정주의는 법치국가의 요소로서 근대형법의 기본원리인 것이다.

죄형법정주의는 자유주의, 개인주의 등 근대헌법의 기본이념을 기초로

---

23) 헌재 1992. 4. 14. 90헌마82.
24) 이러한 신체의 자유는 보통 실체적 보장과 절차적 보장으로 구분하여 검토하는 것이 보통이다(김철수, 529쪽; 권영성, 416쪽; 성낙인, 324쪽). 그러나 이러한 구분이 절대적인 것은 아니다. 오히려 실체적 보장이 절차적 내용을 담기도 하고, 절차적 보장은 실체적 보장과 불가분의 관계에 있는 경우도 많다. 이러한 이유로 여기에서는 기존의 방식과는 달리 신체의 자유에 대한 일반적 보장과 형사절차와 관련된 보장으로 나누어 검토해 보기로 한다.

하고 있으며, 최초로 명문화한 것은 1215년 영국의 대헌장이다. 그 이후에 1776년 미국의 버지니아 권리장전 및 1787년 미국 연방헌법, 1789년 프랑스 인권선언 등에 명시되었으나, 사회주의 국가에서는 죄형법정주의를 인정하지 아니하였으나, 1918년 레닌 헌법은 죄형법정주의를 파기하여 국민의 기본권 보장을 무시하는 결과를 야기하였다. "법률과 적법한 절차에 의하지 아니하고는 처벌·보안처분 또는 강제노역을 받지 아니한다"는 헌법 제12조 제 1 항의 규정과 헌법 제13조 제 1 항의 "모든 국민은 행위시의 법률에 의하여 범죄를 구성하지 아니하는 행위로 소추되지 아니한다"는 규정은 우리 헌법상 죄형법정주의를 명시한 것으로 인정된다.

이러한 죄형법정주의는 다시 여러 가지 파생원칙으로 구성된다. 먼저 ① 관습형법의 금지 또는 형벌법규법률주의 원칙이 있다. 이 원칙은 형벌은 성문화된 법률에 의하여 규정되어야 한다는 원칙을 말한다. 범죄의 구성요건을 성문법률로 분명하게 규정하지 않으면 어떤 행위가 처벌을 받을 행위인지를 예측할 수 없을 뿐만 아니라 명확성·법적 안정성을 기할 수 없으며 국가형벌권의 자의적 행사를 막을 수 없게 되기 때문에 명령·규칙 등의 행정법규 내지는 관습법에 의한 처벌은 금지되는 것이다. 다음으로 ② 형벌법규소급효의 금지원칙이 있다. 이 원칙은 사후법률에 의한 처벌을 금지한다는 것을 말한다. 소급효를 인정할 경우 국민의 법적 안정성과 신뢰보호의 원칙은 물론 국가법질서의 안정성 자체가 타격을 입을 수 있기 때문이다. 다만 예외적으로 신법과 구법이 경합하고 신법이 더 경한 처벌을 규정하고 있을 때에는 신법이 소급하여 적용된다.25) 다음으로 ③ 절대적 부정기형의 금지의 원칙이 있다. 이 원칙은 기한의 한정 없는 형벌의 부과를 금지하는 것이다. 따라서

---

25) 헌법재판소는 개별사건법률이 평등에 위반되는 자의적인 입법이라는 의문이 있으나 차별적 규율이 합리적인 이유로 정당화될 수 있는 경우에는 합헌으로 볼 것이며, 형벌불소급원칙은 '언제부터 어떠한 조건 하에' 형사소추가 가능한가라는 형벌의 가벌성 문제이지, '얼마동안 가능한가'의 문제가 아니므로, 공소시효의 소급적용은 형벌불소급원칙에 언제나 위반되는 것은 아니라 할 것이고, 공소시효가 이미 완성된 경우(소위 진정소급입법)라 하더라도 (미완성인 경우에는 시효의 소급적용이 헌법상 정당화될 수 있다) 올바른 헌정사의 정립을 위한 과거청산의 요청이라는 공익이 심히 중대한 반면 공소시효에 의하여 보호되는 개인의 신뢰이익을 보호해야 할 필요성이 상대적으로 적은 경우에는 소급입법을 정당화할 수 있다고 해석하여 5·18민주화운동등에관한특별법 제 2 조를 합헌이라고 하였다(다만 공소시효가 이미 완성된 경우에도 소급이 가능하다는 합헌의견이 4명, 한정위헌의견이 5명으로 위헌선언의 6인 정족수를 충족하지 못하여 합헌선언을 하였다: 헌재 1996. 2. 16. 96헌바7).

단순히 "피고인을 징역에 처한다"는 판결은 금지되는 것이다. 다만 형사정책적으로 기한의 한정이 있는 상대적 부정기형은 부분적으로 인정할 수 있을 것이다. 다음 ④ 명확성의 원칙이 있다. 법률이 범죄와 형벌을 명확하게 규정하여 법률을 적용해야 한다는 원칙을 말한다. 명확성의 원칙은 누구나 법률이 처벌하고자 하는 행위가 무엇이며 그에 대한 형벌이 어떠한 것인지를 예견할 수 있고 그에 따라 자신의 행위를 결정지을 수 있도록 구성요건이 명확할 것을 요구하는 것이다.26) 하지만 일반적·추상적 성격을 갖는 법규범의 본질에 비추어 다소 광범위하고 어느 정도의 범위에서는 법관이 보충적 해석을 필요로 하는 개념을 사용하여 규정하였다 하더라도 그 적용단계에서 다의적으로 해석될 우려가 없다면 명확성의 원칙에 위배되지 아니한다고 해야 할 것이다.27) 그 밖에 ⑤ 유추해석의 금지가 있는데, 이 원칙은 법률의 규정이

---

26) 헌법재판소는 "형사처벌의 대상이 되는 범죄의 구성요건은 형식적 의미의 법률로 명확하게 규정되어야 하며, 만약 범죄의 구성요건에 관한 규정이 지나치게 추상적이거나 모호하여 그 내용과 적용범위가 과도하게 광범위하거나 불명확한 경우에는 국가형벌권의 자의적인 행사가 가능하게 되어 개인의 자유와 권리를 보장할 수 없으므로 죄형법정주의의 원칙에 위배된다"라고 하였다(헌재 1995. 9. 28. 93헌바50).

27) 헌법재판소는 정부관리기업체의 간부직원을 공무원으로 간주하여 처벌하고 있는 특정범죄가중처벌등에관한법률 제4조에 관한 헌법소원사건에서, '정부', '관리', '기업체'라고 하는 것이 추상적이고 광범위하며, 수뢰죄와 같은 신분범에 있어 그 주체에 관한 규정이 지나치게 광범위하고 불명확하다면 명확성을 결여한 것으로 죄형법정주의에 위반된다고 하였다(헌재 1995. 9. 28. 93헌바50). 아울러 헌법재판소는 정당한 명령을 준수할 의무가 있는 자가 이를 위반한 경우에 명령위반죄로 처벌할 수 있도록 한 군형법 제47조에 대한 헌법소원사건에서 이는 군의 특수성에 기인한 것이며, 다소 광범위한 개념을 사용하였다 하더라도 통상의 해석방법에 의하여 형벌법규의 보호법익, 금지된 행위, 처벌정도를 알 수 있다면 그 점만으로 죄형법정주의의 명확성원칙에 위반된다고 할 수 없다고 보아 합헌이라고 하였다(헌재 1995. 5. 25. 91헌바20). '도로의 구부러진 곳'을 앞지르기 금지장소로 규정한 도로교통법 제20조의2 제2호에 대한 위헌사건에서 위 규정에 '위험을 초래할 정도로', '시야를 가린', '전망할 수 없는' 등의 내용을 추가하는 것이 명확성을 더욱 담보할 수 있다 할지라도 위 규정이 불명확한 개념은 아니어서 명확성의 원칙에 반하지 않는다고 하였다(헌재 2000. 2. 24. 99헌가4). "약국을 관리하는 약사 또는 한약사는 보건복지부령으로 정하는 약국관리에 필요한 사항을 준수하여야 한다"는 법 제19조 제4항을 위반한 자를 벌금에 처하도록 한 약사법 제77조를 다툰 사건에서 약국관리에 필요한 사항이라는 처벌법규의 구성요건에 관하여 보다 구체적인 기준이나 범위를 정함이 없이 그 내용을 모두 하위법령에 포괄적으로 위임함으로써 약사로 하여금 준수하여야 할 사항의 내용이나 범위를 구체적으로 예측할 수 없게 하고 있을 뿐만 아니라, 나아가 헌법이 예방하고자 하는 행정부의 자의적 행정입법을 초래할 여지가 있어 포괄위임입법금지원칙 및 명확성원칙에 위반된다고 보아 위헌이라고 하였다(헌재 2000. 7. 20. 99헌가15). 이 밖에도 우리 헌법재판소는 '영화의 제작을 업으로 하는 자', '위력', '업무', '방해', '허위사실의 유포나 위계', '노동운동', '군사상 기밀', '선거운동에 이용할 목적', '허가 없이 근무장소 또는 지정장소를 일시 이탈하거나' 등은 불명확한 개념이 아니라고 하였으나, '가정의례준칙의 참 뜻에 비추어 합리적

없는 경우 그와 유사한 사항을 규율하고 있는 형사법규를 유추하여 형벌을
가하는 것을 금지하는 원칙을 의미한다. 형사법규가 없는 사항에서는 죄형법
정주의 원칙상 당연히 무죄가 되어야 한다. 이 원칙은 유추해석방법이 널리
사용되는 민사법규와 확연히 구별되는 것이다.[28][29]

Ⅱ. 身體의 自由의 節次的 保障

1. 적법절차의 의의와 내용

적법절차는 헌법상의 규정을 기다릴 것 없이 법치국가의 본질적 내용의
하나라고 볼 수 있다. 적법절차원리란 누구든지 법률에 의하지 아니하고는
체포·구속·압수·수색 또는 심문을 받지 아니하며, 법률과 적법한 절차에
의하지 아니하고는 처벌·보안처분 또는 강제노역을 받지 아니한다는 것을
말한다. 적법절차의 개념은 1215년 영국의 대헌장 제39조에서 자유인은 그
동료의 합법적 재판에 의하거나 국법에 의한 것이 아니면 체포·감금·구류
등을 당하지 아니한다고 규정한 것이 최초의 유래라고 한다. 그 이후에 1628

인 범위' 등의 표현은 명확성원칙에 반한다고 하였다.
28) 헌법재판소는 불기소처분에 대한 헌법소원은 재정신청과 유사한 취지의 제도이므로 재정
신청이 있는 경우에는 재정결정이 있을 때까지 공소시효의 진행을 정지한다는 형사소송법
제262조의2를 유추적용할 수 있는가에서 유추해석을 허용하면 법률이 보장한 피의자의 법
적 지위의 안정을 법률의 근거 없이 침해하는 것이므로 이를 허용할 수 없다고 하였다(헌
재 1993. 9. 27. 92헌마284).
29) 위임입법의 근거와 한계에 관한 헌법 제75조는 처벌법규에도 적용되나, 법률에 의한 처
벌법규의 위임은 헌법이 특히 인권을 최대한 보장하기 위하여 죄형법정주의와 적법절차를
규정하고 법률에 의한 처벌을 강조하고 있는 기본권보장 우위사상에 비추어 바람직하지 못
한 일이므로, 그 요건과 범위가 보다 엄격히 제한되어야 한다. 따라서 구성요건·형벌의 종
류·형벌의 상한과 폭에 관한 명확한 기준이 처벌의 근거법률에서 제시되어야 하며, 그것
도 긴급한 필요가 있거나 법률로써 자세히 정할 수 없는 부득이한 사정이 있는 경우에 한
정되어야 하고, 예측가능성의 유무를 판단함에 있어서는 당해 특정조항 하나만을 가지고
판단할 것이 아니고 관련 법조항 전체를 유기적·체계적으로 종합하여 판단하여야 한다.
헌법재판소는 법정형의 폭이 지나치게 넓어서는 안 된다고 하는 것도 죄형법정주의의 한
내포에 속한다고 하였고, 막연히 포괄적으로 '각령의 규정에 위반한 행위'를 구성요건으로
하도록 한 것이나 건축법상의 용도제한에 관하여 아무런 구체적 기준을 정함이 없이 명령
에 위임한 것을 위헌이라고 하였으나, '어구의 선적·사용에 관한 제한 또는 금지'와 '어구
의 제한 또는 금지'에 관하여 필요한 사항을 대통령령에 위임한 것이나, '쌓아놓는 행위'라
는 행위태양만을 규정하고 대상이나 기간에 관하여는 언급이 없이 대통령령에 위임한 것은
합헌이라고 하였다. 법률의 위임이 있는 경우 조례로서 벌칙을 정할 수 있고(지방자치법
제15조), 과태료는 죄형법정주의의 대상이 되지 않는다.

년 영국의 권리청원, 미국의 연방수정헌법 제 5 조와 1947년 일본헌법에서도 명시되었다.30) 적법절차의 관념은 영국에서는 자연적 정의를 기초로 한 것으로 오랜 역사를 통하여 확립된 제도이지만, 우리나라에서는 현행헌법에서 최초로 명시하였다. 현행헌법은 제12조 제 1 항 제 2 문에서 "누구든지 … 법률과 적법한 절차에 의하지 아니하고는 처벌·보안처분 또는 강제노역을 받지 아니한다"라고 하고 있으며 동조 제 3 항에서는 "체포·구속·압수 또는 수색을 할 때에는 적법한 절차에 따라 검사의 신청에 의하여 법관이 발부한 영장을 제시하여야 한다"라고 하여, 적법절차에 관한 규정을 두고 있다.

적법절차(due process of law)에서 적(due)이라는 의미는 적정성 내지는 정당성을 의미하는 것으로 해석된다. 이로 인하여 적법절차의 의미는 단순히 형식적인 법에 적합할 것뿐만 아니라 그 절차를 규율하는 법 자체의 실체적 법률내용이 합리성과 정당성을 갖춘 것이어야 한다는 실질적 의미로 확대해석된다.31) 즉 '법이 정하는 절차'의 보장으로만 볼 것이 아니라 '적정한 법에 의한 적정한 절차'의 보장으로 보아야 할 것이다. 만약 법 자체가 잘못되어 있는 경우 적법절차의 원칙을 따라 법이 준수되더라도 국민의 신체의 자유보장은 요원해질 것이기 때문이다. 이것은 법치주의 원칙이 형식적 법치주의에서 실질적 법치주의 원칙으로 확대되는 양상과 같은 맥락이다. 법(law)은 실정법만을 의미하는 것이 아니라 넓은 의미에서의 법규범을 의미한다고 본다. 그러므로 여기에서의 법은 명령이나 조례·규칙 등을 포함하며 심지어 법의 이념이라고 할 수 있는 정의·합목적성 등의 개념도 포함하고 있다고 하겠다. 절차(process)는 원래 권리의 실질적 내용을 실현하기 위하여 채택해야 할 수단적·기술적 순서나 방법을 말한다. 따라서 형사절차뿐만 아니라 광범위한 행정절차 등에도 확대 적용된다.32)

30) 특히 적법절차는 영미법계의 나라에서는 인권보장의 가장 핵심적인 헌법원리로 기능하고 있다고 하겠다. 이에 대하여 자세한 것은 Louis Fisher, *American Constitutional Law*(2nd Ed., 1995), pp. 817-820.
31) 헌법 제12조 제 3 항 본문은 동조 제 1 항과 함께 적법절차원리의 일반조항에 해당하는 것으로서, 형사절차상의 영역에 한정되지 않고 입법·행정 등 국가의 모든 공권력의 작용에는 절차상의 적법성뿐만 아니라 법률의 실체적 내용도 합리성과 정당성을 갖춘 실체적인 적법성이 있어야 한다는 적법절차의 원칙을 헌법의 기본원리로 명시하고 있는 것이다 (1992. 12. 24. 92헌가8).
32) 헌법재판소는 적법절차는 모든 국가작용(입법·사법·행정)을 지배하는 헌법적 원리라는 점에서 입법작용의 제한원리에 그치는 과잉입법금지와는 구별된다고 하고 있다(헌재 1992.

2. 적법절차의 적용범위와 대상

헌법 제12조 제 2 항 제 2 문은 "적법한 절차에 의하지 아니하고는 처벌·
보안처분 또는 강제노역을 받지 아니한다"고 規定하고 있는데, 이것이 적법
절차의 대상을 열거한 것인지 예시한 것인지에 대하여 견해가 대립한다. 예
시설에 따라 적법절차가 신체적·정신적·재산상의 불이익이 되는 모든 제재
(질서벌, 징계벌, 집행벌 등)에 적용된다고 보는 것이 보다 철저한 인권보장이라
는 측면에서 바람직하다고 본다. 또한 오늘날의 행정국가화 경향으로 인하여
행정권이 국민의 자유와 권리를 침해할 위험성이 증대되고 있는 현실을 생각
할 때, 행정절차(예컨대 전염병예방법상의 강제수용의 경우)에도 적법절차의 원리
가 적용되어야 할 것이다.33) 물론 행정절차의 경우에는 사법절차에 있어서처
럼 적법절차의 원리가 엄격하게 적용되는 것은 사실상 곤란할 것이다.

정리하자면 ① 적법절차는 소송절차에 있어서 적정한 고지와 청문이 보장
될 것을 요구하며, 특히 형사절차에 있어서 당사자에게 혐의사실, 소의 개시
등을 고지할 것을 요구한다. 이외에도 충분한 구술기회, 반대신문의 절차, 변호
인의 조력을 받을 권리, 신속한 공개재판을 받을 권리 등이 보장되어야 한다.
② 적법절차는 사법뿐만 아니라 행정절차에도 적용된다. 적정한 고지와 공정한
청문은 행정절차에 있어서 필수적으로 요청되며, 행정작용에 의한 기본권침해
의 경우 이를 사법적으로 구제하는 것 역시 적법절차의 당연한 내용으로 이해
된다.34) ③ 나아가 적법절차는 입법을 포함한 모든 절차의 적정성으로 이해되
며, 공권력은 자유나 재산과 관련하여 적정하게 행사되어야 할 뿐만 아니라 그
내용·방식·목적 등이 적정성을 가져야 한다는 것으로 이해된다.35)

---

12. 24. 92헌가8).

33) 김철수, 547쪽; 권영성, 424쪽; 강경근, 413쪽; 성낙인, 330쪽.

34) 헌법재판소는 이에 따라 변호사 자신에게 변명의 기회를 주지 않은 채 법무부장관이 일
방적으로 변호사업무를 정지시킬 수 있는 것에 대하여 위헌이라고 하였다(헌재 2000. 6.
29. 99헌가9).

35) 헌법재판소는 피고인에게 불출석에 대한 개인적 책임을 물을 수 없는 경우까지 궐석재판
을 할 수 있도록 한 것에 대하여(헌재 1996. 1. 25. 95헌가5), 책임 없는 사유로 출석하지
못한 피고인에 대하여 증거조사도 없이 곧바로 유죄판결을 선고할 수 있도록 한 것에 대하
여(헌재 1998. 7. 16. 97헌바22), 재판이나 청문의 절차도 없이 압수한 물건을 국고에 귀속
시킬 수 있도록 한 것에 대하여(헌재 1997. 5. 29. 96헌가17) 적법절차에 위반된다고 하였
다. 또 구 사회보호법 제 5 조에서 규정한 필요적 보호감호처분은 법관의 선고 없이 행하여
지는 것이기 때문에 적법절차의 원리에 위배되는 위헌적인 조문이라는 결정을 내렸다(헌재

Ⅲ. 連坐制의 禁止

연좌제는 근대 이전에 널리 이용되던 수단이다. 조선시대에 역모 등의 중대범죄가 드러난 경우 광범위한 가족과 친족 등을 함께 처벌하던 것이 바로 연좌제의 예라고 하겠다. 근대 형법에 자기책임의 원칙 내지는 형사책임의 개별화 원칙 등이 확립됨에 의하여 연좌제는 법체계에서 추방되기에 이른 것이다. 우리 헌법상 연좌제의 금지는 제5공화국 헌법에서 최초로 규정된 것으로, 현행헌법 제13조도 제3항에 "자기의 행위가 아닌 친족의 행위로 인하여 불이익한 처우를 받지 아니한다"고 명시하고 있다.

그런데 헌법 제13조 제3항은 '형벌'의 연좌제만 금지하는 것이 아니라 '불이익한 처우'의 연좌제도 금지하고 있다. 불이익한 처우는 국가기관에 의한 모든 불이익을 의미하는 것으로서, 우리 헌법상 연좌제의 금지는 신체의 자유의 보장에만 국한되는 것이 아니라 다른 기본권의 보장에도 적용되며, 예컨대 해외여행, 취업, 관허사업 등과 관련하여 거주·이전의 자유, 직업의 자유 등에도 적용된다.36)

헌법 제13조 제3항에서는 연좌제를 금지하고 있으나, 공직선거법에서는 공명선거구현을 위하여 동법 제265조에 선거사무장, 선거사무소의 회계책임자 또는 후보자의 직계존·비속 및 배우자가 당해 선거에서 매수 및 이해유도죄 내지 당선무효유도죄 또는 기부행위의 금지제한 등의 위반죄를 범함으로 인하여 징역형의 선고를 받은 때에는 그 후보자의 당선은 무효로 한다고 명시하여 일종의 연좌제를 채택하고 있다. 헌법재판소는 배우자의 중대 선거범죄를 이유로 한 후보자 당선 무효규정이 합헌이라고 판단하였다.37)

1989. 7. 14. 88헌가5등). 반면 도로교통법이 정하는 음주측정은 목적의 중대성, 측정의 불가피성, 처벌의 요건과 정도에 비추어 적법절차에 반하지 않으며(헌재 1997. 3. 27. 96헌가11), 임의적 성격이며 구속력 없는 청문절차에 불과한 주민투표를 법률제정과정에서 실시하지 아니하였다 하더라도 적법절차의 위반이 아니라고 하였다(헌재 1994. 12. 29. 94헌마201).
36) 과거 권위주의 시대에 정부 등의 취업심사에서 애용되었던 '신원조회'와 같은 제도는 헌법이 연좌제를 엄격하게 금지하고 있는 취지에 위반되는 것이라고 볼 것이다.
37) 헌재 2005. 12. 22. 2005헌마19.

제 3 절 刑事司法에서의 身體의 自由保障[38]

Ⅰ. 刑事司法節次上 身體의 自由保障의 前提

국민의 신체의 자유가 국가의 수사·공판·집행 등과 관련된 형사절차의 집행 그 자체로 침해되는 예가 많다는 점에 비추어 그러한 절차가 적정하게 이루어지도록 하기 위한 절차적 보장이 오히려 강조되는 측면이 없지 않다. 우리 헌법은 이러한 이유에서 형사절차에 있어서의 신체의 자유보장에 비교적 많은 조문을 할애하여 규율하고 있다.

형사사법절차는 수사를 비롯하여 공판과 집행 등의 과정을 포괄한다. 각각의 과정에 특수하게 인정되는 보호가 있는가 하면, 그렇지 않고 전과정에 포괄적으로 인정되어야 하는 것이 있다. 이렇게 형사사법절차 전반에 적용되는 것으로서 여기서는 무죄추정의 원칙과 변호인의 조력을 받을 권리를 다루고자 한다.

1. 무죄추정의 원칙과 민주주의 국가운영과의 관계

(1) 무죄추정의 원칙

과거 전제군주시대를 자백편중의 유죄추정의 시대라고 한다면 근대 시민혁명 이후 형사절차법의 지도이념은 역시 형사피의자·피고인의 무죄추정의 원칙이다. 입법례로는 프랑스인권선언 제 9 조와 1948년 세계인권선언 제11조 제 1 항이 있고, 현행헌법은 "형사피고인의 유죄의 판결이 확정될 때까지는 무죄로 추정된다"(제27조 제 4 항)라고 규정하고 현행 형사소송법 제275조의2도 이에 관한 규정을 하고 있다. '죄를 범하였다고 의심할 만한 상당한 이유'가 있기 때문에 수사의 대상이 되거나(피의자), '소추당한 자'라고 할지라도 범죄인으로 간주하지 말라는 무죄추정의 요청은 민주주의에서 인간의 존엄성에 대한 깊은 배려요, 수사기관과 법관의 기본자세와 마음가짐에 대한 원칙이다.

무죄추정이란 형사사건의 절차와 관련하여 아직 공소의 제기가 없는 피의자의 경우는 물론 공소가 제기된 피고인의 경우에도 유죄판결이 확정되기

전까지는 원칙적으로 무죄인으로 다루어져야 하고 그 불이익은 필요한 최소한에 그쳐야 한다는 것을 말한다. 헌법 조문상으로는 형사피고인으로 규정되어 있으나, 피의자도 당연히 무죄추정을 받는다고 해석한다. 여기서 유죄판결이란 실형의 판결, 형의 면제, 선고유예, 집행유예가 모두 포함된다. 무죄추정에 따라 유죄판결이 있기 전까지는 피의자·피고인을 범죄인과 동일한 처우를 하는 것을 허용하지 않는다. 또한 무죄추정의 원칙은 형사상의 불이익한 처분이 금지되는 것뿐만 아니라 그 밖의 기본권 제한과 같은 불이익도 금지됨을 의미한다.39)

　　무죄추정의 원칙에 의해 도출되는 것은 다음과 같다. ① 수사·재판과정에 있어서 도주·증거 인멸의 우려가 없는 경우에는 불구속수사·불구속재판을 원칙으로 하고, ② 기소사실의 입증책임은 피의자 또는 피고인이 아닌 기소자에 있고, ③ 범죄혐의에 관하여 입증이 없으면 "의심스러운 때에는 피고인의 이익을 위하여"(in dubio pro reo)라는 원칙에 따라 하고, ④ 유죄의 예측 아래 무리한 진실추구(헌법 제12조 제 7 항 전단에 규정된 고문·폭행·협박·구속의 부당한 장기화·기만)를 하여서는 아니 되고, 필요 이상의 강제조치(모욕적 언동, 부당한 조치나 처우)를 하여서는 아니 된다는 것이다.40)

(2) 민주주의 국가운영과의 관계

　　근대 시민혁명 이후 무죄추정의 원칙의 확립으로 신체의 자유의 보장에 있어서 절차적 중요성은 민주주의 국가운영에 있어서 아무리 강조되어도 지나침이 없다 할 것이다. 이는 범인과 증거의 발견·수집을 위한 국가공권력의 발동인 수사절차에서 볼 때 보다 뚜렷이 나타난다. 즉 수사관이 범죄피의자를 어떠한 모습으로 대하느냐는 한 나라의 인권보장의 분위기를 단적으로 표현하는 것이라 볼 수 있기 때문이다. 임의동행을 빙자한 강제연행, 불법적

---

39) 헌재 1990. 11. 19. 90헌가48.

40) 헌법재판소는 형사사건으로 기소된 변호사에게 법무부장관이 업무정지명령을 내릴 수 있도록 규정한 변호사법 제15조는 무죄추정의 원칙 등에 위배된다고 판시한 바 있다(헌재 1990. 11. 19. 90헌가48). 또 사립학교법 제58조의2 제 1 항 단서에 대한 위헌심판사건에서 형사사건으로 기소되었다는 사실만 가지고 직위해제를 하도록 한 것은 무죄추정의 원리에 위반되어 위헌이라고 하였으나, 형사사건으로 기소된 자에게 임면권자가 직위를 부여하지 않을 수 있도록 한 것은 합헌이라고 하였다(헌재 1994. 7. 29. 93헌가3). 또 압수한 관세범칙물건을 국고에 귀속토록 한 관세법 제215조는 유죄판결이 확정되기도 전에 무죄추정을 받는 자의 소유에 속한 압수물건을 국고에 귀속하도록 한 것이므로 무죄추정의 원칙에 위반된다고 하였다(헌재 1997. 5. 29. 96헌가17).

인 보호조치 등 자백편중의 수사분위기는 아무리 피의자의 혐의가 짙다 하더라도 그것을 바라보는 국민의 시각은 비판적일 수밖에 없고 국가공권력을 불신하게 된다. 그것은 국민 누구나 그러한 불행이 언제 자기주위에 닥칠지 모르기 때문이나. 한마디로 석법설자를 위반하고 부리한 진실추구를 하는 수사행태는 국민의 참여를 바탕으로 하는 한 나라의 국민화합의 민주주의 분위기를 깨는 결과를 초래하게 되는 것이다. 그러므로 범죄수사에 있어서 무죄추정의 원칙에 입각한 적법절차의 준수는 피의자를 구제한다는 관점이 아니라 국가공권력의 문화적·도덕적 수준을 확보하여 국민의 신뢰를 얻어야 한다는 민주주의적 국가운영의 관점에서 강조되어야 할 것이다. 그것은 "국가는 결코 더러운 손으로 범인을 검거해서는 아니 된다," "열 사람의 범인을 놓치더라도 한 사람의 무고한 시민을 처벌해서는 아니 된다"는 논리이기도 하다. 그 결과로 범죄인이 법망을 뚫고 도망갈 수 있다. 그러나 민주주의적 국가운영의 궁극적 목표는 범죄의 완전한 소탕에 있는 것이 아니고 모든 국민의 인간의 존엄과 가치를 보장하는 것이기 때문에 그러한 결과를 어느 정도 예상하여야 한다. 쥐(범인)를 몇 마리 잡기 위해 민주주의라는 큰 독을 깰 수는 없는 것이다.[41] 또한 민주주의는 고도의 시민윤리를 바탕으로 하기 때문에 시민이 죄를 범한 경우에는 자기의 죄에 대하여 솔직히 시인하고 응분의 죄를 받을 것을 기대하고 만약 범죄인이 양심을 속이고 자백을 회피하는 경우에도 수사관은 무리한 진실추구를 하여서는 아니 되며, 과학적 수사를 해서 증거를 찾든지, 시민의 적극적인 참여를 유도하여 증거를 찾든지 해야 한다는 것이다. 따라서 민주주의 국가운영에 있어서 규범과 현실의 괴리는 특히 수사 절차 면에서 뚜렷이 나타나게 마련이고, 그 괴리는 모든 법집행관이 국민이 공감할 수 있는 법집행으로 메워 줘야 한다.

---

41) 선진제국의 범죄검거율은 결코 30-50%를 넘지 않는다(우리의 경우는 70-80%). 그러면 범죄로부터 피해자의 생명과 재산은 어떻게 보장되는가. 그것은 '사회가 있는 곳에 범죄가 있는' 것이기 때문에 사회보장적 차원에서 국가가 보상(헌법 제30조의 범죄피해자구조청구권)해 주어야 하며, 개인도 범죄에 쉽게 노출되지 않도록 주의를 게을리하지 말아야 하고, 더 나아가 주위의 이웃들과 연대하여 자율방범능력도 키워 나가야 한다.

2. 변호인의 조력을 받을 권리

(1) 의의와 내용

변호인의 조력을 받을 권리에서의 변호인의 조력은 충분한 조력을 의미하는 것으로, 변호인의 조력을 받을 권리의 주요 내용은 구속당한 피의자·피고인과 변호인과의 접견교통권을 말한다. 변호인이란 피의자나 피고인의 방어력을 보충하기 위해서 선임된 자로서 당사자 대등의 원칙, 즉 무기 대등의 원칙을 구현하여 피의자 및 피고인의 인권보장을 구현하기 위해서 인정된 제도이다. 변호인의 선임은 자기의 비용으로 선임하는 사선변호인과 법원에서 선임하는 국선변호인으로 나누어 볼 수 있다.

변호인의 조력을 받을 권리는 변호인선임권(형사소송법 제30조), 변호인선임의뢰권(동법 제90조), 접견교통권(동법 제34조), 소송기록열람권(동법 제35조) 등을 통해서 보장되고, 형사피고인에게는 일정한 사유가 있는 경우에는 국선변호인을 붙여야 한다.[42] 변호인의 조력을 받을 권리 중에 핵심적인 내용으로 그 철저한 보장이 요구되는 것이 바로 접견교통권이다. 하급심판례로는 검찰이 변호인 접견을 허용하지 않은 채 작성한 구속피의자 신문조서의 증거능력을 부인한 경우가 있으며, 우리 대법원도 수사상 필요 때문에 변호인접견권을 제한하는 것은 허용될 수 없다는 판결을 했다.[43] 한편 변호인접견권은 구속된 자와 변호인의 대화내용에 대하여 비밀이 완전히 보장되고 교도관이나 수사관 등 관계 공무원의 부당한 간섭이 없어야 가능하다 할 것이다. 우리 헌법재판소도 구속피의자 또는 미결수의 변호인접견시 관계공무원이 입회해서 녹취·청취·촬영하는 등 개입하는 행위는 위헌이라고 결정했다.[44]

---

[42] 경제적 자력이 부족하여 변호사를 선임할 수 없는 사람에게는 변호인의 조력을 받을 권리는 형식적인 선언에 불과하다. 이를 실질적으로 보장하기 위하여 국선변호인제도가 규정되어 있다. 하지만 현실적으로 국선변호인제도가 얼마나 실질적으로 운영되고 있는지에 대하여는 의문이 있다. 국선변호인의 보수현실화 등의 노력으로 국선변호인제도가 궁박한 처지에 있는 피의자의 인권보호에 효과적인 대책이 되도록 하여야 할 것이다.

[43] 대법원 1990. 2. 13. 자 89모37 결정. 이에 대한 미연방대법원의 대표적 판례는 Escobedo v. Illinois, 378 U.S. 478(1964). 1995년 발표된 대검 검찰제도 개선안에서는 "피의자를 신문중이거나 현장검증 등으로 변호인접견이 어려울 때에는 신문이나 검증이 끝나는 즉시 변호인과의 접견을 허용토록 하는 등 변호인 접견교통권을 전면 보장토록 하고 있다.

[44] 헌재 1992. 1. 28. 91헌마111. 이 밖에도 헌법재판소는 미결수용자가 변호인 등에게 보낸 서신의 검열 등을 다툰 헌법소원사건에서 미결수용자가 변호인 이외의 제3자에게 서신을 제한 없이 발송할 수 있게 한다면 증거인멸의 부탁, 출소 후의 보복 등 각양각색의 협박편

(2) 변호인의 권리와 의무

변호인의 조력을 받을 권리와 관련하여 변호인 자신의 권리와 의무도 검토해 볼 필요가 있다. 변호인과 피의자 및 피고인의 접견교통권은 변호인이 가장 고유한 권리로서 어떠한 경우에도 제한할 수 없다. 변호인의 접견교통권은 국가안전보장, 질서유지, 공공복리를 위해서도 제한될 수 없다고 판시한 바 있다.45) 기타의 변호인의 권리에는 피고인신문권, 소송기록열람권, 상소심에서의 변론권, 공판기일출석권, 증거조사참여권, 증인신문권, 증거보전참여권, 강제처분참여권 등이 있다.

다른 한편 변호사는 공익의 실현자로서 변호인의 의무는 직무수행의무·비밀엄수의무와 같은 보호자적 지위에서 수반되는 의무와 신속한 재판에 협력할 의무, 진실의무 및 품위유지의무와 같은 공익적 지위에서 수반되는 의무가 있다.

(3) 변호인 조력권 관련 판례

(가) 구금된 피의자에 대한 피의자신문시 변호인의 참여를 요구할 권리가 있는지 여부

형사소송법이 아직은 구금된 피의자의 피의자신문에 변호인이 참여할 수 있다는 명문규정을 두고 있지는 아니하지만, 변호인 조력권을 규정한 헌법규정에 비추어, 구금된 피의자는 피의자신문을 받음에 있어 변호인의 참여를 요구할 수 있고 그러한 경우 수사기관은 이를 거절할 수 없는 것으로 해석하여야 하고, 이렇게 해석하는 것은 적법절차주의를 선언한 헌법의 정신에도 부합한다.46)

(나) 불구속 피의자가 피의자신문을 받을 때 변호인의 참여를 요구할 권리가 있는지 여부

우리 헌법상 명문의 규정은 없지만 불구속 피의자의 경우에도 변호인의

지가 그대로 발송될 수 있고, 많은 사람이 수사 및 재판과정에서의 증언 또는 진술을 기피하는 등 공정한 사법제도가 운영될 수 없게 될 위험이 있으므로 증거의 인멸이나 도망을 예방하고 교도소 내의 질서를 유지하기 위하여 미결수용자의 서신에 대한 검열은 그 필요성이 인정된다고 할 것이지만, 변호인과의 서신교환에 있어 그 비밀이 보장되어야 하므로, 이에 대한 검열은 위헌이라고 하였다(헌재 1995. 7. 21. 92헌마144).

45) 헌재 1992. 1. 28. 92헌마111.

46) 대법원 2003. 11. 11. 자 2003모402 결정.

조력을 받을 권리는 우리 헌법에 나타난 법치국가원리, 적법절차원칙에서 인정되는 당연한 내용이다. 피의자·피고인의 구속 여부를 불문하고 변호인의 조력자로서의 역할은 변호인선임권과 마찬가지로 변호인의 조력을 받을 권리의 내용 중 가장 핵심적인 것이고, 변호인과 상담하고 조언을 구할 권리는 변호인의 조력을 받을 권리 그 자체에서 막바로 도출되는 것이다.47)

(다) 변호인의 조력을 할 권리

헌법 제12조 제4항은 변호인의 조력을 받을 권리를 헌법상의 기본권으로 격상하여 이를 특별히 보호하고 있거니와 변호인의 '조력을 받을' 피구속자의 권리는 피구속자를 '조력할' 변호인의 권리가 보장되지 않으면 유명무실하게 된다. 그러므로 피구속자를 조력할 변호인의 권리 중 그것이 보장되지 않으면 피구속자가 변호인으로부터 조력을 받는다는 것이 유명무실하게 되는 핵심적인 부분은, '조력을 받을 피구속자의 기본권'과 표리의 관계에 있기 때문에 이러한 핵심부분에 관한 변호인의 조력할 권리 역시 헌법상의 기본권으로서 보호되어야 한다.48)

(라) 구속된 피의자 또는 피고인이 변호인 아닌 '타인'과 접견할 수 있는 권리

구속된 피의자 또는 피고인이 갖는 변호인 아닌 자와의 접견교통권은, 피구속자가 가족 등 외부와 연결될 수 있는 통로를 적절히 개방하고 유지함으로써 한편으로는 가족 등 타인과 교류하는 인간으로서의 기본적인 생활관계가 인신의 구속으로 인하여 완전히 단절되어 파멸에 이르는 것을 방지하고 다른 한편으로는 피의자 또는 피고인의 방어를 준비하기 위하여, 반드시 보장되지 않으면 안 되는 인간으로서의 기본적인 권리에 해당하므로 이는 성질상 헌법상의 기본권에 속한다고 보아야 할 것이다.49)

(마) 미결수용자의 가족이 미결수용자와 접견할 권리

미결수용자의 가족이 미결수용자와 접견하는 것 역시 헌법 제10조가 보장하고 있는 인간으로서의 존엄과 가치 및 행복추구권 가운데 포함되는 헌법상의 기본권이라고 보아야 할 것이다. 가족구성원의 한 사람이 미결수용되어 있는 경우에 다른 가족이 그 수용된 가족을 찾아 만나보는 것은 가장 자연스

---

47) 헌재 2004. 9. 23. 2000헌마138.
48) 헌재 2003. 3. 27. 2000헌마474.
49) 헌재 2003. 11. 27. 2002헌마193.

러운 인간의 정리이고 또 마땅한 도리이므로 이러한 만남을 추구하는 가족의 행동은 인간으로서의 존엄과 가치를 형성함과 동시에 행복추구권의 한 발현이 되기 때문이다.50)

Ⅱ. 逮捕 · 拘束과 관련된 保護手段

1. 영장제도

(1) 영장제도의 원칙과 예외

"체포 · 구속 · 압수 또는 수색을 할 때에는 적법절차에 따라 검사의 신청에 의하여 법관이 발부한 영장을 제시하여야 한다(제12조 제 3 항)."51) 이 영장제도는 범죄수사로 인한 부당한 인권침해와 신체의 자유의 침해를 막자는 데의의가 있다. 따라서 수사기관의 임의가 아닌 제 3 자적인 법관이 발부한 영장의 제시가 있어야 한다는 것이 헌법상의 원칙이다. 따라서 우리 헌법에 검사의 신청이 규정된 것은 법체계상 문제가 있고(형사소송법의 규정으로도 충분하다), 비교 헌법적으로도 세계에서 유독 우리 헌법만이 검사의 신청을 헌법사항으로 하고 있는 점을 유의할 필요가 있다.

한편 영장의 성격에 대하여는 법관의 수사기관에 대한 허가장이냐 명령장이냐의 학설 대립이 있지만 허가장이라고 보는 것이 옳다. 영장주의의 예외로는 ① 현행범인인 경우와 긴급체포를 요하는 장기 3년 이상의 형에 해당하는 죄를 범하고 도피 또는 증거인멸의 염려가 있을 때(제12조 제 3 항 단서), ② 대통령이 비상계엄을 선포한 경우(제77조 제 3 항)이다. 그러나 현행범인이라도 경미한 죄인 경우에는 주거가 불명한 때에만 영장 없이 체포가 가능하고(형사소송법 제214조) 긴급체포의 경우에도 사후영장(48시간, 형사소송법 제200조의4)이 필요함은 물론이다.

또한 영장제도는 인신의 자유에 대한 제한을 최대한 억제하려는 것이기 때문에 인신의 자유를 되도록 쉽게 제한하는 데 목적이 있는 이른바 별건체포 · 구속의 수사방법은 허용되지 않는다. 한편 사전영장주의가 행정상의 즉

---

50) 헌재 2003. 11. 27. 2002헌마193.
51) 헌법 제12조 제 3 항의 영장주의는 수사단계에서 피의자를 체포 · 구속함에 있어 법관으로부터 영장발부를 받아야 하는 것이며, 법원이 직권으로 피고인을 구속할 수 있도록 한 공판단계에서의 영장발부에 관한 헌법적 근거는 헌법 제12조 제 1 항이라고 할 것이다.

시강제에도 적용되는가가 문제된다. 행정상의 즉시강제(임검·위험방지를 위한 출입 등)는 순수하게 행정목적 달성을 위한 것이기 때문에 영장제도가 적용될 여지가 없는 것이지만, 그것이 형사소추와 관련이 있을 때에는 당연히 영장을 발부받아야 할 것이다.[52]

(2) 영장제도의 비교법적 고찰 및 개선점

영미나 독일·프랑스 등의 선진국에서는 정식구속영장이거나 경찰이 일종의 긴급체포권을 갖고 계속구금은 체포 후 대체로 24시간 이내에 피의자를 법관 앞에 인치하여 치안판사로부터 사후영장을 발부받은 경우에만 가능하다. 일본의 경우는 체포전치주의에 의하여 구속하기 위해서는 일단 경찰 또는 검찰이 법관으로부터 체포장을 발부받아 체포하고 정식구속영장은 경찰이 48시간 이내에 검찰에 송치하고 검찰이 그로부터 24시간 이내에 청구하도록 되어 있다. 물론 사후에 영장을 청구하는 긴급체포제도도 마련되어 있다.[53]

그런데 우리의 과거 영장에 의한 통상구속제도는 그 구속사유가 너무 엄격하여 피의자를 조사한 후가 아니면 구속사유에 해당하는가를 판단할 수 없기 때문에 수사를 위한 제도라고 하기보다는 수사를 완결한 후에 행하는 종국적인 강제처분인 구금으로서의 성격을 띠지 않을 수 없었다. 그러므로 수사기관이 행하는 임의동행이나 보호유치가 강제연행이나 불법감금으로 변질돼 탈법적인 수사가 되는 면이 없지 않았다. 긴급구속의 경우도 장기 3년 이상에 해당하는 죄의 식별곤란, 경찰이 검찰의 승인을 받아야 하는 등 까다로운 점이 많아 거의 활용되지 못하고 있었다. 또 구속영장에 대한 법관의 심사도 오로지 서면에 의존하기 때문에 형식적이어서 인권침해의 우려가 많았다. 이러한 문제점에 대한 반성으로 1995년에 일본식 체포장제도[54]와 영장의

52) 헌법재판소는 무죄판결이 선고된 경우 구속영장의 효력상실여부를 검사에게 의존케 하는 것이나(헌재 1992. 12. 24. 92헌가8), 보석허가결정에 즉시항고를 허용하는 것(헌재 1993. 12. 23. 93헌가2)은 법관에게 영장발부의 판단을 맡기려는 영장주의에 반한다고 하였다. 또 음주측정은 성질상 강제될 수 있는 것이 아니며, 궁극적으로 당사자의 자발적 협조가 필수적인 것이므로 이는 법관의 영장을 필요로 하는 강제처분이라고 할 수 없다고 하여 영장이 필요 없다고 하고 있다(헌재 1997. 3. 27. 96헌가11).
53) 이재상, 각국의 구속제도, 형사정책연구원, 1991, 13쪽 참조.
54) 제200조의2(영장에 의한 체포) ① 피의자가 죄를 범하였다고 의심할 만한 상당한 이유가 있고, 정당한 이유 없이 제200조의 규정에 의한 출석요구에 응하지 아니하거나 응하지 아니할 우려가 있는 때에는 … 사법경찰관은 검사에게 신청하여 검사의 청구로 관할지방법원 판사의 체포영장을 발부받아 피의자를 체포할 수 있다 ….

사전실질심사제[55] 및 긴급구속을 대체하는 긴급체포제도[56]를 골자로 하는 형사소송법개정안이 국회를 통과되어 1997년부터 시행되고 있다.[57] 이러한 제도개선은 체포장제도의 도입으로 보다 간편한 피의자신병확보방안이 합법적으로 마련되어 강제연행이나 불법감금의 폐해를 제도적으로 방지하고, 단기간 허용되는 체포의 경우에는 구속이 가지는 낙인적 효과를 감소하겠다는 목적으로 이루어진 것이다. 특히 문명국이라면 법관에 의한 영장의 사전적 실질심사는 필수적인 것인데 체포장 제도는 법관의 피의자 심문을 가능하게 하기 때문에 영장의 사전적 실질심사제의 전제조건이 된다는 점에서 큰 의의가 있다. 다만 우리는 일본의 체포전치주의와는 달리 체포장과 정식구속영장을 선택적으로 할 수 있도록 되어 있다.

이러한 사전적 영장실질심사제에 의하여 체포·긴급체포된 피의자에 대하여 구속영장을 청구받은 지방법원판사는 지체 없이 피의자를 심문해야 하고 특별한 경우 이외에는 청구받은 다음날까지 심문해야 한다(2007년 6월 1일 개정, 2008년 1월 1일 시행, 그 이전에는 피의자, 그 변호인 등이 원하는 경우에만 하였다). 그 외의 피의자에 대하여 구속영장을 청구받은 판사는 피의자가 죄를 범하였다고 의심할 만한 이유가 있는 경우에 구인을 위한 구속영장을 발부하여 피의자를 구인한 후 심문하여야 한다(형사소송법 제201조의 2 제 2 항).

2007년 형소법 개정으로 법관의 영장에 대한 사전적 실질심사가 국제기준에 맞게 필요적인 것이 되었고, 피의자를 체포하는 경우에는 피의사실의

---

55) 제200조의2 ⑤ 체포한 피의자를 구속하고자 할 때에는 체포한 때부터 48시간 이내에 제201조의 규정에 의하여 구속영장을 청구하여야 하고, 그 기간 내에 구속영장을 청구하지 아니하는 때에는 피의자를 즉시 석방하여야 한다.
제201조의2(구속영장청구와 피의자심문) ① … 체포된 피의자에 대하여 구속영장을 청구받은 판사는 지체 없이 피의자를 심문할 수 있다. 이 경우 특별한 사정이 없는 한 구속영장이 청구된 날의 다음날까지 심문하여야 한다.

56) 제200조의3(긴급체포) ① 검사 또는 사법경찰관은 피의자가 사형·무기 또는 장기 3년 이상의 징역이나 금고에 해당하는 죄를 犯하였다고 의심할 만한 상당한 이유가 있고, … 긴급을 요하여 지방법원판사의 체포영장을 받을 수 없는 때에는 그 사유를 알리고 영장 없이 피의자를 체포할 수 있다. 이 경우 긴급을 요한다 함은 피의자를 우연히 발견한 경우 등과 같이 체포영장을 받을 시간적 여유가 없는 때를 말한다.

57) 1997년 개정법 시행 이후 교통사고 등 과실범 및 수표부도, 행정법규 위반사범 등에 대해 불구속 수사가 확대되고 있으며 구속률이 (1997) 5.4%, (1999) 4.5%, (2000) 4.4%, (2001) 4.2%, (2002) 3.7%로 계속 감소 추세에 있다고 한다. 그러나 긴급체포제도가 남용되는 사례 등이 여전히 나타나고 있으며(연합뉴스 2002년 8월 28일자), 반대로 사회적 물의를 일으키고 있는 풍속범죄나 뇌물죄, 환경범죄 등의 구속률은 턱없이 낮아 비판을 받고 있다.

요지·체포의 이유와 변호인을 선임할 수 있음을 말하고 변명할 기회를 주고 (동법 제200조의 5), 긴급체포의 경우에도 사후영장을 즉시 청구하는 것을 원칙으로 하면서 48시간 내에 청구토록 하는(동법 제200조의4 제1항) 등 합리적 개선이 이루어졌다고 보여진다.[58] 다만 체포장은 간편한 신병확보방안이므로 일본식으로 사법경찰도 청구할 수 있는 것으로 하여 수사의 효율화를 기해야 할 것이다.

2. 구속이유 등 고지제도 및 묵비권

(1) 구속이유 등 고지제도

구속이유 등 고지제도는 인신의 자유를 위하여 결정적인 의미를 갖는 것으로 구체적으로 두 가지 제도를 그 내용으로 한다. 하나는 형사피의자에 대한 체포·구속이유 및 변호인 의뢰권의 고지제도이고,[59] 다른 하나는 형사피의자의 가족 등에 대한 체포·구속의 이유와 체포·구속의 일시·장소에 대한 통지제도이다. 이는 선진제국에서 판례법 및 제정법으로 규정된 것을 현행헌법이 도입하고 있는 것이며 현행 형사소송법에 구체화되어 있다(제72조, 제87조 등).

(2) 묵 비 권

묵비권과 진술거부권은 동일한 개념으로 용어의 명칭상 차이일 뿐이다. 묵비권은 피의자 및 피고인에게 인정되는 것으로 자기에게 형사상 불리한 내용에 대하여 진술을 거부할 수 있는 권리이며, 미국 헌법의 자기부죄금지의 특권에서 유래된 제도이다. 미국 연방대법원은 미란다 사건[60]에서 묵비권을

---

58) 그러나 법원과 경찰서의 거리, 경찰의 수사인력, 법관의 업무과중 및 절차의 번잡 등 현실적 여건을 고려한다면, 미국 등에서와 같이 정식판사가 아닌 '영장전담' 치안판사제도를 도입하여 경찰서에 상주하면서 현장감 있게 영장발부 여부를 판단해야 할 것이다.

59) 2007년 형소법 개정으로 "제200조의5(체포와 피의사실 등의 고지) 검사 또는 사법경찰관은 피의자를 체포하는 경우에는 피의사실의 요지, 체포의 이유와 변호인을 선임할 수 있음을 말하고 변명할 기회를 주어야 한다"를 신설했다.

60) Miranda v. Arizona 384 U.S. 436(1966): 미국 연방대법원이 16세의 소녀를 애리조나주한 극장앞에서 유괴, 들판으로 끌고가 강간한 혐의로 기소된 미란다에 대한 주 법원의 유죄판결을 파기한 판결이다. 경찰의 신문과정에서 범행을 자백하고 진술조서에 서명까지 한 미란다가 신문시 변호사의 조력을 받을 권리와 묵비권이 있음을 고지받지 못했기 때문에 유죄의 증거로 채택할 수 없다는 이유였다. 5 : 4 판결로 4명의 대법관은 절차상의 하자만을 이유로 명백한 범죄자를 풀어줄 수는 없다고 주장했다. 공교롭게도 이 판결 이후 미국에서는 강력범죄가 급증했고 그리하여 1968년 미국은 종합범죄 통제 및 가로안전법

고지하치 아니하고 신문하여 얻은 자백의 증거능력을 불인정하였다. 이와 같이 묵비권의 보장은 체포·구속 당시의 진술거부권의 고지제도와 밀접한 관련이 있다.

묵비권은 보통 피의자 또는 피고인이 수사절차 또는 공판절차에서 수사기관이나 법원의 신문에 대하여 진술을 거부할 수 있는 권리를 말한다. 이 권리는 형사상 유죄판결의 기초가 되는 사실이나 불리한 내용, 즉 진술로 인하여 형량이 무거워질 우려가 있을 때 거부할 수 있으나, 민사상·행정상 불이익의 경우 또는 단순히 자기의 명예나 성실성이 훼손될 염려가 있는 경우에는 묵비권이 인정되지 아니한다. 다만 묵비권은 국회에서의 신문절차에서도 인정되며, 증인이나 감정인도 이 권리를 가진다. 그 밖에 헌법재판소의 묵비권 관련판례로서 도로교통법상의 신고의무와 음주측정강제에 대한 것이 있다.61)

(3) 미란다 경고(Miranda Warnings)원칙에 대한 이해

미란다 경고(Miranda Warnings)는 상술한 미국 연방대법원 판결로써 확립된 원칙으로써 신체속박적 상태 하에서의 신문(custodial interrogation), 즉 피의자를 자유롭게 떠날 수 없게 한 상태에서 신문을 하는 경우에 '묵비권'(right to remain silent)과 '변호인의 도움을 받을 권리'(right to the presence of an attorney)를 피의자에게 알려 줘야 한다는 것이다. 우리 형사소송법 제72조는 변호인 조력권 만을 규정하고 있을 뿐 묵비권에 대한 언급은 없다. 다만 형소법(2007. 6.

(Omnibus Crime Control & Safe Street Act)을 제정하고, 피의자의 자발적 자백 여부에 대한 판단을 법관에게 위임하여 미란다 판결을 완화시켰다(Martin Shapiro·Rocco J. Tresolini, *Amerian Constitutional Law*, 1983(6th Ed.), p. 649).

61) 헌법재판소는 도로교통법 제50조 제 2 항에 대한 위헌심판사건에서 신고의무를 경찰공무원으로 하여금 교통질서의 유지 및 안전(교통사고의 발생을 알리고 피해자의 구호, 교통질서의 회복을 위한 조치를 취하고 사고로 인한 소통장해를 제거)을 위하는 등 도로교통법의 취지와 목적에 한정하여 해석하고 형사책임과 관련되는 사항에는 적용되지 않는 것으로 해석하는 한 묵비권을 침해하는 것이 아니라고 하여 한정합헌을 선언하였다(헌재 1990. 8. 27. 89헌가118). 주취운전의 혐의자에게 호흡측정기에 의한 측정에 응할 것을 요구하는 것의 위헌여부에 관하여 호흡측정기에 의한 측정에 응하는 것이 형사상 불리한 것이 되는 것은 의문의 여지가 없으나, 호흡측정에 응하도록 요구하고 이를 거부할 때 처벌하는 것이 진술강요에 해당하는 것인지 문제가 된다고 하면서, 진술이란 언어적 표출을 의미하는 데 반하여 호흡측정은 신체의 물리적·사실적 상태를 그대로 드러내는 행위에 불과하며, 호흡측정은 진술서와 같은 진술의 등가물로도 평가될 수 없는 것이고 신체의 상태를 객관적으로 밝히는 데 초점이 있을 뿐, 신체의 상태에 관한 당사자의 의식·사고·지식 등과는 아무런 관련이 없는 것이므로, 진술거부권조항에 위배되지 않는다고 하였다(헌재 1997. 3. 27. 96헌가11).

1. 개정) 제244조의3[62])에서 신문시 묵비권 고지의무를 규정하고 있는데 이는 모든 피의자에게 해당되는 것이 아니라 검사 또는 사법경찰관의 출석요구를 받은 피의자에게 한정된 것이므로 예컨대 체포 이후 신문 전에는 묵비권에 대하여 일체 언급을 하지 않아도 된다는 점에서 미국의 경우와 다르다.

3. 체포·구속적부심사제도

체포·구속적부심사제도는 1679년 영국의 인신보호법에 의해서 유래된 제도이다. 체포·구속적부심사제도란 구속영장에 의하여 구속된 피의자에 대하여 구속의 적당유무를 결정하는 제도로서 법관이 발부한 영장에 대한 재심절차 내지 항고적 성격을 갖는다. 구속적부심사제도는 수사기관에 의하여 불법·부당하게 구속되어 있는 피의자를 구제하기 위한 제도이며, 궁극적으로 국민의 신체와 자유를 보장하기 위한 제도이다. 또한 체포된 자에 대해서도 구속적부심사청구를 인정하고 있다. 우리나라에서는 1948년 3월 미군정법령 제176호에 의하여 구속적부심사제도로 도입되었고 건국헌법이 이를 직접 규정하였다. 1972년의 유신헌법에서는 이 제도가 폐지되었고 1980년 헌법에서 다시 부활되었다. 이전에는 법률유보조항을 두고 제한적으로 실시되었으나, 현행헌법은 이 법률유보조항을 삭제하여 모든 피구속자에게 구속적부심사청구를 가능하게 하였고 심사대상의 제한을 받지 아니하도록 하였다.

현행헌법은 누구든지 체포 또는 구속을 당한 때에는 적부의 심사를 법원에 청구할 권리를 가진다고 선언하고 있다(제12조 제 6 항). 그러나 형사소송법 제214조의 2에서는 피의자에 대해서만 체포·구속적부심사제를 인정하고 있다. 체포·구속적부심사의 청구사유는 체포·구속의 적부이며, 체포·구속의

---

62) 제244조의 3(진술거부권 등의 고지) ① 검사 또는 사법경찰관은 피의자를 신문하기 전에 다음 각 호의 사항을 알려주어야 한다. 1. 일체의 진술을 하지 아니하거나 개개의 질문에 대하여 진술을 하지 아니할 수 있다는 것 2. 진술을 하지 아니하더라도 불이익을 받지 아니한다는 것 3. 진술을 거부할 권리를 포기하고 행한 진술은 법정에서 유죄의 증거로 사용될 수 있다는 것 4. 신문을 받을 때에는 변호인을 참여하게 하는 등 변호인의 조력을 받을 수 있다는 것
② 검사 또는 사법경찰관은 제 1 항에 따라 알려 준 때에는 피의자가 진술을 거부할 권리와 변호인의 조력을 받을 권리를 행사할 것인지의 여부를 질문하고, 이에 대한 피의자의 답변을 조서에 기재하여야 한다. 이 경우 피의자의 답변은 피의자로 하여금 자필로 기재하게 하거나 검사 또는 사법경찰관이 피의자의 답변을 기재한 부분에 기명날인 또는 서명하게 하여야 한다.

불법과 부당이 포함된다. 체포·구속적부심사의 청구권자에는 피의자 또는 그 변호인, 법정대리인, 배우자, 직계친족, 형제자매나 동거인, 가족 또는 고용주가 해당된다(형사소송법 제214조의 2 제1항). 그리고 피의자를 체포 또는 구속한 검사 또는 사법경찰관은 피의자나 그가 지정하는 청구권자에게 구속적부심을 청구할 수 있음을 알려야 한다(제2항 신설, 2007년 개정). 이러한 청구를 받은 법원은 청구서가 접수된 때부터 48시간 이내(2007년 개정)에 체포 또는 구속된 피의자를 심문하고 수사관계서류와 증거물을 조사하여 그 청구가 이유 없다고 인정한 때에는 결정으로 이를 기각하고, 이유 있다고 인정한 때에는 결정으로 체포 또는 구속된 피의자의 석방을 명하여야 한다(동조 제4항). 체포영장 또는 구속영장을 발부한 법관은 체포·구속적부심사의 심문·조사·결정에 관여하지 못한다. 다만 체포영장 또는 구속영장을 발부한 법관 외에는 심문·조사·결정을 할 판사가 없는 경우에는 그러하지 아니하다(동조 제12항). 구속된 피의자에게 변호인이 없는 때에는 국선변호인을 붙여야 한다(동조 제10항). 한편 동조는 보증금 납입을 조건부피의자석방제도를 두어 구속적부심사 청구시 법원이 구속된 피의자를 보증금의 납부를 조건으로 석방할 수 있게 하고 있다(동조 제7항). 체포·구속적부심사제에 대한 법원의 결정에 대해서는 수사의 지연을 방지하고 심사의 신속성을 구현하기 위해서 기각결정·석방결정을 불문하고 항고할 수 없다(동조 제8항).

체포·구속적부심제도가 사전영장제도에 대한 사후교정적 수단으로서 그 의미와 가치가 큰 것은 분명하지만, 법원의 결정에 대하여 검사나 피의자가 항고 등의 수단으로 다툴 수 없다는 점, 형사피의자에게만 허용하고 피고인에게는 허용하고 있지 않다는 점 등은 앞으로 개선해 나아가야 할 과제로 보인다.

한편 헌법재판소는 실무적으로 악용의 소지가 현저했던 소위 '전격기소'에 대해서 구속된 피의자가 적부심사청구권을 행사한 경우 검사는 그 적부심사절차에서 피구속자와 대립하는 반대 당사자의 지위만을 가지게 됨에도 불구하고 헌법상 독립된 법관으로부터 심사를 받고자 하는 청구인의 '절차적 기회'가 반대 당사자의 '전격기소'라고 하는 일방적 행위에 의하여 제한되어야 할 합리적인 이유가 없고, 검사가 전격기소를 한 이후 청구인에게 '구속취소'라는 후속절차가 보장되어 있다고 하더라도 그에 따르는 적지 않은 시

간적·정신적·경제적인 부담을 청구인에게 지워야 할 이유도 없으며, 기소이
전단계에서 이미 행사된 적부심사청구권의 당부에 대하여 법원으로부터 실질
적인 심사를 받을 수 있는 청구인의 절차적 기회를 완전히 박탈하여야 하는
합리적인 근거도 없기 때문에, 입법자는 그 한도 내에서 적부심사청구권의
본질적 내용을 제대로 구현하지 아니하였다고 보아야 한다고 하여 헌법불합
치결정을 내린 바 있다.[63]

Ⅲ. 刑事裁判節次와 관련된 保護手段

1. 고문의 금지

고문은 말할 것도 없이 이와 유사한 마취분석도 위헌이다. 거짓말 탐지
기의 사용은 본인의 명시적 동의가 있고, 과학적 수단에 의하여 합리적이고
신빙성이 있도록 실시되는 경우에만 허용되는 것으로 보아야 한다. 이러한
고문금지를 철저히 보장하기 위하여 헌법 제12조 제7항은 ① 피고인의 자
백이 고문[64]·폭행·협박·구속의 부당한 장기화 또는 기망 기타의 방법에
의하여 자의로 진술된 것이 아니라고 인정될 때,[65] 이를 유죄의 증거로 삼거
나 이를 이유로 처벌할 수 없다는 자백의 증거능력 제한과, ② 정식재판에
있어서 피고인의 자백이 그에게 불리한 유일한 증거일 때 이를 유죄의 증거
로 삼거나 이를 이유로 처벌할 수 없다는 자백의 증명력 제한을 규정하고 있
다. 이는 피고인의 인권옹호와 진실발견이라는 두 가지 형사소송의 이념을
조화·구현하기 위하여 규정된 것이다.

이것은 다시 말해 임의로 진술된 것이거나 보강증거가 있는 자백만이 증

---

63) 헌재 2004. 3. 25. 2002헌바104.

64) 피고인의 검찰에서의 자백은 피고인이 검찰에 연행된 때로부터 약 30시간 동안 잠을 재
우지 아니한 채 검사 2명이 교대로 신문을 하면서 회유한 끝에 받아낸 것으로 임의로 진술
한 것이 아니라고 의심할 만한 이유가 있는 때에 해당하므로 형사소송법 제309조의 규정에
의하여 그 피의자신문조서는 증거능력이 없다(대법원 1997. 6. 27. 선고 95도1964 판결).

65) 임의성 없는 자백의 증거능력을 부정하는 취지가 허위진술을 유발 또는 강요할 위험성이
있는 상태 하에서 행하여진 자백은 그 자체가 실체적 진실에 부합하지 아니하여 오판의 소
지가 있을 뿐만 아니라 그 진위 여부를 떠나서 자백을 얻기 위하여 피의자의 기본적 인권
을 침해하는 위법부당한 압박이 가하여지는 것을 사전에 막기 위한 것이므로, 그 임의성에
다툼이 있을 때에는 그 임의성을 의심할 만한 합리적이고, 구체적인 사실을 피고인이 입증
할 것이 아니고 검사가 그 임의성의 의문점을 해소하는 입증을 하여야 한다(대법원 1999.
1. 29. 선고 98도3584 판결).

거능력과 증명력을 가질 뿐, 임의성 없는 자백과 보강증거 없는 불리한 유일한 자백은 증거능력 또는 증명력을 가질 수 없다는 것을 말하는데,66) 임의성 없는 진술이라 함은 고문·협박·폭행·구속의 부당한 장기화 등 증거의 수십과성에서 위법성이 없는 것을 의미한다. 다만 즉결심판에서는 자백이 유일한 증거인 경우에도 유죄로 할 수 있다.67) 증거능력에 대하여는 형식적으로 법정되어 있기 때문에 법관의 자유판단이 허용될 수 없으나, 증명력에 관한 한 법관의 자유심증주의가 적용된다.

2. 위법수집증거배제의 원칙

불법의 과실은 불법이라는 독수독과(毒樹毒果)의 원칙68)에 따라 고문에 의한 자백뿐만 아니라 고문에 의한 자백으로 수집된 증거에 대하여도 증거가치를 부정 또는 제한해야 되느냐가 문제된다. 미국 연방대법원의 판례로서 확립된 소위 '위법수집증거배제의 원칙'69)의 현실적 적용이 문제되는 것이다. 우리나라 판례에서는 이 법칙을 부정한 경우로서 "압수물은 압수절차가 위법이라 하더라도 물건 자체의 성질형상에 변경을 가져오는 것이 아니므로 그 형상 등의 증거가치에는 변함이 없다 할 것이므로 증거능력이 있다"고 한 판례70)가 있는가 하면, 이 법칙을 인정한 판례71)도 있다. 그러나 개정(2007. 6. 1) 형사소송법 제308조의2에서 "적법한 절차에 따르지 아니하고 수집된 증거는 증거로 할 수 없다"고 명문화했고, 대법원도 종래 판례를 변경하여 위법수집증거배제 원칙을 채택했다.72) 그러나 대법원은 위법하게 수집된 증거물이라 해도 예외적으로 증거능력을 인정하게 되는 경우가 있을 것이라고 했다. 즉 형식적으로는 절차위반이지만 실질적으로는 증거능력을 부정할 만큼 위법하

---

66) 자백에 대한 보강증거는 직접증거가 아닌 간접증거나 정황증거도 보강증거가 될 수 있다(대법원 1993. 2. 23. 선고 92도2972 판결; 대법원 1990. 2. 25. 선고 90도191 판결).
67) 즉결심판에 관한 절차법 제10조 참조.
68) 1961년 Mapp 판결에서 강조된 표현이다(Wallace Mendelson, *The American Constitution and The Judicial Process*, 1980, pp. 302-305).
69) Mapp v. Ohio, 367 U.S. 643(1961); Escobedo v. Illinois 378 U.S. 478(1964); Miranda v. Arizona 384 U.S. 436(1966) 등의 판례로 확립된 원칙이다. 이러한 판례들이 줄을 이은 1960년대를 미국 형사법의 혁명시대라고 한다.
70) 대법원 1968. 9. 17. 선고 68도932 판결
71) 대법원 1992. 6. 23. 선고 92도682 판결.
72) 대법원 2007. 11. 15. 선고 2007도3061 판결.

다고 할 수 없을 때에는 예외적으로 증거능력을 인정할 수 있다는 취지이다. 따라서 앞으로 구체적 사건에서 많은 판결례가 축적되어 갈 것으로 본다.

3. 신속한 공개재판을 받을 권리

모든 국민은 신속한 재판을 받을 권리를 가짐은 물론, 모든 형사피고인은 원칙적으로 지체 없이 공개재판을 받을 권리를 가진다(헌법 제27조 제 3 항). 다만 국가의 안전보장 또는 안녕질서를 방해하거나 선량한 풍속을 해할 염려가 있는 예외적인 경우만은 법원의 결정으로 심리만은 비공개재판으로 받을 수도 있다. 그러나 재판의 판결은 반드시 공개해야 한다(제109조). 신속한 재판을 받을 권리와 공개재판을 받을 권리는 인신구속의 부당한 장기화를 막고73) 객관적인 진실발견을 위한 매우 중요한 절차를 뜻할 뿐만 아니라 재판의 공정성을 보장하는 데에도 절대적으로 필요하다.

4. 일사부재리의 원칙

일사부재리의 원칙이란 무죄가 된 행위와 이미 처벌이 끝난 행위에 대하여는 다시 처벌할 수 없다는 것이다. 즉, 동일한 범죄에 대하여 거듭(이중) 처벌받지 아니한다는 것으로서, 행정권이나 사법권으로부터 국민의 신체의 자유를 보장하기 위한 제도이다. 우리 헌법 제13조 제 1 항 후단은 "동일한 범죄에 대하여 거듭 처벌받지 아니한다"라고 규정하고 있다.

일사부재리의 원칙은 무죄가 된 행위나 일단 처벌된 행위에 대해서는 그 어떠한 경우에도 이중으로 처벌할 수 없다는 실체적 확정력을 강조한 헌법상의 원칙이다. 일사부재리의 원칙은 형식적 재판인 공소기각의 판결이나 공소기각의 결정에는 적용되지 아니하며, 유죄판결·무죄판결·면소판결과 같은 실체재판에만 적용된다. 이와 같은 맥락에서 헌법재판소는 형벌과 보호감호·보안처분을 병과하는 것과 누범과 상습범의 가중처벌은 일사부재리 원칙에 위배되지 않는다고 판시한 바 있다.74) 주의할 것은 이중처벌이 금지된다고

---

73) 우리 헌법재판소는 구속기간을 최장 50일까지 연장할 수 있도록 규정한 국가보안법 제19조의 일부내용은 신속한 재판을 받을 권리를 침해하는 위헌이라고 결정한 바 있다(헌재 1992. 4. 14. 90헌마82).
74) 헌재 1989. 7. 14. 88헌가5등(물론 보호감호제도 등이 사실상 이중처벌의 내용과 효과를 가지고 있어서 많은 사회적 문제점을 야기하고 있다는 것을 부인할 수는 없다). 이 밖에도

하여 국가가 일체의 이중적 제재나 불이익처분을 과할 수 없다는 것을 의미하는 것은 아니라는 점이다. 헌법재판소는 이러한 관점에서 보안관찰제도가 합헌[75]이라고 보았으며, 확정된 보호감호를 종전의 사회보호법에 따라 집행하도록 한 것이 이중처벌 위배가 아니라고 보았다.[76]

　　일사부재리와 구별되는 것으로서 이중위험금지의 원칙이 있다.[77] 이중위험금지의 원칙은 미국 연방수정헌법 제 5 조에 규정된 것으로 공판절차가 일정한 단계에 도달하면 다시 그 절차를 반복할 수 없다는 원칙으로서, 영미법계에서 유래된 것이다. 이중위험금지의 원칙은 절차적 효력과 관계되는 것인데 비하여, 일사부재리의 원칙은 대륙법계에서 유래된 것으로 실체적 효력과 관계된다. 일사부재리의 원칙은 판결이 확정되어야 효력이 발생하나, 이중위험금지의 원칙은 공판절차가 일정한 단계에 도달하면 효력이 발생하는 것으로, 검사의 상소를 인정하지 아니하고 피고인의 포기를 인정한다는 점에서 더 넓은 범위의 이중적 불이익 부과를 금지하고 있는 것으로 이해된다.

Ⅳ. 刑事司法節次에 있어서 檢察과 警察의 民主的 役割

　　형사사법절차와 관련하여 신체의 자유보장 실현에 가장 실질적으로 중요한 역할을 수행하는 직책이 검찰과 경찰이라는 점을 강조해야 할 것이다. 신체의 자유의 절차적 보장은 법제도의 완비로서만 이루어지는 것이 아니고 검찰과 경찰이 민주화되어 그 법집행이 국민의 기본권을 제대로 보장할 수 있

　　헌법재판소는 건축법 제56조의2 제 1 항에 대한 헌법소원사건에서 무허가건축행위로 형벌을 받은 자에게(건축법 제54조 제 1 항) 위법건축물에 대한 시정명령에 위반한 경우 과태료를 부과하도록 한 것은(건축법 제56조의2), 전자는 무허가건축행위를 한 건축주 등의 행위자체를 벌하려는 것이고 후자는 위법건축물을 막고 행정명령의 실효성을 확보하기 위하여 제재를 가하는 것이므로 이중처벌에 해당되지 않는다고 하였다(헌재 1994. 6. 30. 92헌바38). 헌법재판소는 누범을 가중처벌하고 있는 형법 제35조에 대한 헌법소원사건에서 누범에 대한 가중처벌은 전범에 대하여 처벌을 받았음에도 다시 범행을 하는 경우에 전범과 후범을 일괄하여 다시 처벌하는 데에 있으므로 일사부재리원칙에 위반되지 않으며, 상습범 처벌의 대상은 이미 처벌받은 전범이 아니라 후범이며, 상습성의 위험성 때문에 가중처벌하는 것이므로 일사부재리원칙에 위반되지 않는다고 하였다(헌재 1995. 2. 23. 93헌바43).

75) 헌재 1997. 11. 27. 92헌바28.
76) 헌재 2009. 3. 26. 2007헌바50.
77) 미연방헌법 수정 제 5 조: … nor shall any person be subject for the same offence to be twice put in jeopardy of life or limb …(… 누구든지 동일범행에 대하여 재차 생명 또는 신체에 대한 위험을 받지 아니한다 …).

는 방향이어야 할 것이다. 그런데 검찰과 경찰의 민주화의 요체는 정치적 중립성과 수사권의 합리적 배분에 있다.

1. 검찰과 경찰의 정치적 중립

모든 국민의 인간의 존엄성을 보장하고자 하는 민주주의 국가운영의 요체는 법치주의의 구현에 있고, 그 법치주의 실현을 위해서 검·경의 정치적 중립을 기반으로 하는 민주적인 엄격한 법집행이 무엇보다 전제되어야 한다. 그간 검·경의 법집행은 권력에의 편향성 등으로 공정성을 잃어 법치주의 근간을 흔드는 경우가 있었고 민주주의 국가운영에 대한 국민의 염원에 큰 실망을 안겨 주기도 했다. 그러므로 검·경은 무엇보다 정치적 중립의 확고한 자세확립이 필요하다. 물론 검·경의 정치적 중립은 법집행자의 그러한 의지가 중요한 것이지만 제도적 장치 또한 치밀하게 마련되어야 한다. 검·경의 정치적 중립은 법치주의를 기반으로 하는 민주주의 국가운영에 사활이 걸린 중대한 문제이므로 그 제도적 장치를 헌법상 통치구조적 차원에서 다루려는 이유이다.78) 검·경의 정치적 중립 없이는 법치주의도 민주주의도 존재할 수 없기 때문이다.

2. 검·경간 수사권의 합리적 배분(경찰수사권 독립론)

집중된 권력은 남용되게 마련이기 때문에 권력을 분산시키고 상호간에 견제와 균형을 이루게 하는 것이 민주주의 원칙임은 재언을 요하지 않는다. 그런데 우리 검찰은 세계에서 유례를 찾을 수 없을 정도로 지나치게 많은 권한이 집중되어 있어 문제가 된다. 수사권의 독점적 지위는 물론 기소재량권, 공소취소권 등 형사 사법 전 분야에 무소불위의 힘을 가지고 있다 하여도 과언이 아니다.79) 경찰의 수사권 독립은 그러한 검찰 권력의 분산과 견제를 통한 검찰 기능의 정상화, 한편으로 경찰 자체 기능의 정상화와 발전을 위하여

---

78) 제Ⅱ권 제3부 제2장 '검경의 정치적 중립과 수사권의 합리적 배분' 참조.
79) 우리나라 검찰은 실제 수사 면에서도 공직자 비리 등 정치적 사건, 대형 경제사건, 부정선거·노동 등 공안사건 등 국가 중요범죄는 직접 하고 있기 때문에 검찰 스스로가 우리 사회 흐름에 심대한 영향을 미칠 수 있는 거대한 권력집단으로 자리잡고 있어 '검찰공화국', '검찰팟쇼'라는 말이 나오고, 그러한 이유로 검찰은 정치권이 반드시 손아귀에 넣어야 하는 기관이 되어 버렸고 아울러 준사법기관으로서 오직 법과 양심에 따라 직무를 수행해야 할 검찰이 정치권의 '연장된 팔'로 전락하고 말았다(서보학, "수사권 중립을 위한 수사권의 합리적 배분," 한국헌법학회 제24회 학술대회 자료집, 2002, 69쪽).

절실한 과제이다.

경찰의 수사권 독립은 검찰 수사권과 완전히 별개로 하자는 의미는 아니다. 수사의 준칙을 정하는 일반적 지휘 및 지시, 공소유지에 필요한 범위 내에서 수시보인 지시, 검찰 스스로 인지한 사건에 대하여는 수사보조 지시 등은 당연히 인정해야 한다. 단지 경찰 본래의 기능인 수사기능을 경찰 스스로의 권한과 책임으로 수행하여 민주주의적이면서도 효율적인 수사행정을 이룩해 보자는 것이다. 결국 그러한 경찰 수사권 독립의 요체는 경찰 인지사건의 경우 경찰이 검찰에 사건을 송치하기 전까지 일체의 간섭을 받아서는 아니된다는 것이다. 그렇다 하더라도 검찰의 사건 지휘는 검찰에 사건이 송치된 이후 공소제기 전까지 공소의 제기·유지를 위하여 보강수사로써 얼마든지 가능하다. 이 시기에 경찰수사과정에서의 위법·부당한 행위는 엄중한 법적·행정적 책임을 물을 수 있겠지만 보강수사의 방법은 검찰과 경찰이 상명하복 관계가 아니고 상호간의 의견을 조정하고 합의하는 협력관계가 되어야 한다. 영·미는 경찰 수사권이 완전히 독립되어 있고 영장청구도 경찰이 독립적으로 한다. 우리도 구속영장 이외에 체포장은 일본에서와 같이 경찰이 청구할 수 있도록 하는 것이 효율성을 높일 수 있다고 본다.[80]

이상의 경찰수사권의 독립론에 대하여 민주주의 원칙으로 보아서 인정하지만 경찰의 법적 소양, 자질부족, 인권침해 우려 등의 이유로 시기 상조론이 있는데 이에 대하여는 일본의 예가 답이 될 것이다. 이웃 일본은 '맥아더'에 의한 민주화 정책의 일환이었지만 1948년 일제 경찰의 수준을 가지고도 해내어 검·경이 제자리를 찾고 세계적 수준의 검·경으로 발전한 것을 참고로 삼아야 할 것이다. 우리의 경우 현재 70여 년의 경찰의 경험으로 얼마든지 가능하며,[81] 아직도 검찰의 지휘·감독을 받아야 한다는 논리는 기득권을 유지하려는 구실에 불과하다. 서구 선진국에서의 검·경간의 수사권의 합리적 배분은 검·경의 자질이 되어서가 아니고 그것이 민주주의의 제도적 원칙이기 때문이라는 점을 상기할 필요가 있다. 경찰수사권이 독립되어 경찰의 수사기능이 정상화될 때 경찰은 비약적 발전을 할 것이고 권한 있는 곳에 신뢰

---

80) 헌법 제12조 제 3 항의 검찰의 영장신청독점권을 개정삭제해야 하지만 그 이전에라도 검찰이 체포장청구권을 수사행정의 효율상 경찰에 위임할 수 있다고 본다.
81) 이관희, "한국경찰의 정치적 중립," 연곡 김철수 교수 회갑기념논문집, 1990 참조.

가 있는 것이므로 국민의 신뢰도 한층 높아질 것이다.

3. 경찰수사권 독립 후 효율적인 인권보장 효과

경찰이 수사권 독립 후 독립적으로 수사를 해서 그 결과를 이해관계인에게 직접 알리면서 동시에 검찰에 사건을 송치하게 되면 국민(이해관계인)은 지금보다 두 가지 면에서 나은 권익보장을 받게 된다.

첫째는 국민은 경찰의 수사결과를 빨리 알게 된다. 현재는 검사의 지휘를 받느라 1-4주 이상 지연되는 경우가 많은데 법적인 불안정 상태 장기화가 바로 인권침해인 것이다.

둘째는 경찰수사 결과에 대하여 이의가 있는 경우에 한 번 더 검찰의 심사를 받을 수 있다. 이러한 체제를 갖추게 되면 경찰은 보다 책임 있게 수사를 하게 되고, 검찰은 그 일이 반감되면서 보다 중요한 수사에 집중할 수 있어서 그야말로 검·경 모두에 윈-윈 전략이고 효율적인 수사행정체제가 확립된다. 여기에서 경찰수사 결과를 국민에게 직접 알리려면 독립적 수사주체가 되어야 하고 검찰의 사전지휘 배제가 불가피하다. 검찰은 사전지휘 대신에 송치 후 사후통제로서 기소 전 충분한 검토를 할 수 있고 더구나 인권에 중요한 영장청구권을 검찰이 갖고 있기 때문에 인권보장에 문제가 없다.82) 다만 경찰은 책임 있는 수사행정체제를 갖추기 위하여 근본적인 구조개혁이 필요하고 그로써 국민의 기대에 부응할 수 있는 수사능력의 획기적 발전을 기할 수 있을 것이다.83)

---

82) 2011. 7. 18. 형소법이 개정되어 경찰수사개시진행권은 인정되었으므로(제196조 제 2 항 신설) 제 1 항에 검찰의 포괄적 지휘규정이 그대로 있다하더라도 경찰수사개시진행 결과를 검찰에 송치함과 동시에 독자적으로 이해관계인에게 알릴 수 있다고 본다.

83) 이관희. "국민을 위한 경찰수사권독립의 이유와 방안," 수사연구(2005. 6) 참조.

제 2 장 私生活의 保護에 관한 基本權

　　인간의 삶은 보통 사적인 영역과 공적인 영역으로 구분되어진다. 과거 권위주의 시대에는 사적인 생활은 경시되고 공적인 활동만이 강조되는 경향이 있었다고 하겠다. 개인의 내밀한 영역이 국가의 목적 또는 공익이라는 이름하에 함부로 감시당하고 침해당하고 폭로되었으며, 국민들도 국가목적과 공익의 당위성만을 고려하여 개인의 그 같은 피해에는 별다른 관심을 기울이지 않은 것 같다. 그러나 인간에게 있어서 사생활은 매우 본질적인 것이다. 인간이 자신의 사적 영역을 보호받는다는 것은 존엄한 존재로서 인간이 그의 인격을 발현하기 위한 전제조건이라고 할 것이며, 사적 영역의 강력한 보호 없이는 공적인 영역에서의 올바른 활동도 기대하기 힘들다.

　　이러한 고려에서 우리 헌법도 제17조에서 사생활과 비밀의 자유, 제16조에서 주거의 자유, 제18조에서 통신의 자유를 규정하고 있다. 특히 제17조의 사생활과 비밀의 자유 보장은 우리 헌법상의 사생활의 보호에 관한 기본권의 총론적 내용을 포함하고 있다고 하겠다.

제 1 절 私生活의 秘密과 自由

Ⅰ. 私生活의 秘密과 自由의 意義

　　국가인권위원회가 교육인적자원부와 전교조가 첨예하게 대립해온 교육행정정보시스템(NEIS)의 일부 영역에 대해 인권침해 소지가 있다며 이를 삭제할 것을 권고·파장이 예상된다 … 인권위는 12일 10명의 위원 전원이 참석한 가운데 전원위원회를 열고 "27개 영역 중 교무·학사, 보건, 입(진)학 영역의 대부분이 헌법

상 권리 및 국제인권협약의 기준을 위반한 것으로 판단돼 제외할 것을 권고한
다"고 밝혔다. 인권위는 또 교원인사 영역 중 병력, 혈액형, 가족관계 등 27개
세부항목이 인권침해 소지가 있다며 NEIS에서 제외할 것을 권고했다. 인권위는
"제외된 항목은 학교종합정보관리시스템(CS)을 이용할 수밖에 없다"며 개인정보
누출로 인한 인권침해가 없도록 CS의 보안상 결함을 보완할 것도 권고했다.[1]

이른바 정보화사회가 도래함에 따라 개인적 정보는 보다 적극적으로 수
집되고 있으며, 수집된 정보는 고도로 디지털화 · 집중화되고 있다. 이러한 정
보는 기업이나 정부의 업무효율성에 큰 기여를 하며, 그 자체로 커다란 이윤
을 창출하기도 한다. 그러나 이러한 현상은 효율성 증대의 순기능만이 있는
것이 아니며, 이른바 정보인권이라는 말로 대표되는 프라이버시권의 현대적
문제 발생을 가중시키고 있다.[2]

사생활의 비밀의 자유는 개인의 특정한 고유영역을 보호법익으로 하는
기본권으로서, 사생활의 내용을 공개당하지 아니할 권리 및 사생활의 자유로
운 형성과 전개를 방해받지 아니할 권리를 포함한다.[3] 사생활의 비밀과 자유
는 인간으로서의 존엄성을 유지하고 인격의 자유로운 발현을 실현하는 기본
적인 자유권 중의 하나이다. 사생활의 비밀과 자유는 19세기 말엽부터 미국
에서 프라이버시권이라는 이름하에 하나의 권리로 인정되기 시작하였다. 특
히 1890년에 발표된 미국의 워렌(S. D. Warren)과 브렌다이즈(L. D. Brandeis)의
"The Right to Privacy"라는 논문을 통하여 독립된 권리로 인정되었다. 한편
독일에서는 이에 관하여 명시적인 헌법규정을 두지는 않았으나, 사생활의 비
밀의 자유가 일반인격권에 포함되어 있다고 본다. 즉 독일기본법 제 2 조 제 1
항에 인격의 자유로운 발현권을 규정하며 이에 사생활의 자유가 포함된다고
본다. 일본에서도 프라이버시에 관한 명문규정은 없으나, 인간존중의 한 내용

---

1) 경향신문 2003년 5월 12일자. 한편 서울특별시 교육감 등이 졸업생의 성명, 생년월일 및
   졸업일자 정보를 교육정보시스템(NEIS)에 보유하는 행위에 대한 헌법소원에서 헌법재판소
   는 졸업증명서 발급업무에 관한 민원인의 편의 도모, 행정효율성의 제고를 위하여 개인의
   존엄과 인격권에 심대한 영향을 미칠 수 있는 민감한 정보라고 보기 어려운 성명, 생년월
   일, 졸업일자 정보만을 NEIS에 보유하고 있는 것은 목적의 달성에 필요한 최소한의 정보만
   을 보유하는 것이라 할 수 있다고 보아 기각결정을 내렸다(헌재 2005. 7. 21. 2003헌마282).
2) 이 밖에도 전자주민카드, 방범을 위한 폐쇄회로 카메라 설치 등은 개인의 프라이버시를
   심각하게 위협할 수도 있는 수단들이다.
3) 김철수, 621쪽; 권영성, 445쪽; 허영, 380쪽; 강경근, 495쪽; 성낙인, 406쪽.

으로 해석하고 있다.4) 우리나라 헌법에서는 사생활의 비밀의 자유를 제 5 공화국헌법에서 최초로 명문화하였다. 현행헌법 제17조도 "모든 국민은 사생활의 비밀과 자유를 침해받지 아니한다"라고 규정하고 있다.5)

사생활의 비밀과 자유는 일신전속적 권리로 파악되며, 그 주체는 내·외국인을 포함한 자연인이고 법인이나 사자(死者)에게는 인정되지 않는 것으로 본다. 단 법인의 명칭이나 상호 등이 타인에 의하여 영업적으로 이용당하는 경우에는 권리침해를 인정하여야 하며, 그 한에서 제한적으로 법인에게 이 기본권의 주체성을 긍정할 수 있다고 한다.6) 사생활 비밀과 자유는 사적인 생활을 보호하는 인격권으로서 국가권력이나 사인에 대하여 소극적·방어적 권리를 내재한 자유권의 성격을 가지고 있다.

Ⅱ. 私生活의 秘密과 自由의 內容

1. 사생활의 비밀의 불가침

먼저 사생활의 비밀의 불가침이란 사생활의 비밀을 침해당하지 않는다는 것으로서, 구체적으로 성명권·초상권·비밀권 등을 침해당하지 아니할 권리를 의미한다. 다양한 방식의 사생활 침해에 대한 권리는 다시 몇 가지로 유형화될 수 있다. 첫째로 개인의 은거(隱居)나 독거(獨居) 또는 사사(私事)에의 침입금지를 주장할 수 있는 권리이다. 본인의 의사에 반하여 감시·도청 등으로 사생활을 탐지·교란하거나 사생활의 평온을 방해하는 행위는 금지된다. 또한 거짓말 탐지기·마취분석 등의 부정한 방법을 통하여 정보를 얻는 방법 역시 금지된다. 둘째 사사(私事)의 공개 금지가 있다. 개인의 난처한 사적 사항을 본인의 의사에 반하여 무단으로 공개하는 것을 금지한다. 즉 개인의 신체적 특징, 성관계와 같은 개인이 비밀로 하고자 하는 사항을 신문, 방송, 인

---

4) 사생활의 비밀의 자유를 헌법상에 명문화한 국가는 스페인, 포르투갈, 이집트, 터키 등을 들 수 있으며, 1976년에 발효된 국제인권규약에서도 프라이버시권을 명시하고 있다.
5) 공판정에서 진술을 하는 피고인·증인 등도 인간으로서의 존엄과 가치를 가지며(헌법 제10조), 사생활의 비밀과 자유를 침해받지 아니할 권리를 가지고 있으므로(헌법 제17조), 본인이 비밀로 하고자 하는 사적인 사항이 일반에 공개되지 아니하고 자신의 인격적 징표가 타인에 의하여 일방적으로 이용당하지 아니할 권리가 있다. 따라서 모든 진술인은 원칙적으로 자기의 말을 누가 녹음할 것인지와 녹음된 기기의 음성이 재생될 것인지 여부 및 누가 재생할 것인지 여부에 관하여 스스로 결정한 권리가 있다(1995. 12. 28. 91헌마114).
6) 권영성, 447쪽.

터넷 등으로 공개하는 것을 금지하는 것이다. 셋째 오해의 소지가 있는 사적 사항의 공표금지가 있다. 이는 허위의 사실을 공표하거나 사실을 과장 또는 왜곡하여 공표함으로써 타인으로 하여금 특정인을 사실과 다르게 인식하도록 만드는 것을 의미한다. 이러한 오해의 소지가 있는 공표는 통상인의 감수성에 비추어 수인할 수 없을 정도에 이르게 될 경우 프라이버시의 침해에 해당되어 금지된다. 넷째로 인격적 징표의 영리적 이용 금지를 말할 수 있다. 성명·초상·경력 등과 같은 인격적 징표를 영리의 목적으로 이용하는 행위는 인격적 이익을 침해하는 행위로서 금지된다.[7]

특히 현대사회의 전자과학기술의 발달과 정보화사회 정착에 따라 사생활의 자유 불가침이라는 것은 오늘날 더욱 큰 문제로 대두되고 있다. 특히 "타인의 컴퓨터에 침입, 그 속에 축적되어 있는 각종 귀중한 정보를 빼내거나 없애는 행위"인 이른바 해킹은 개인의 사적 정보의 유출을 가속시키고 있다.[8] 정보통신망이용촉진및정보보호등에관한법률은 제48조 제1항에서 "누구든지 정당한 접근권한 없이 또는 허용된 접근권한을 넘어 정보통신망에 침입하여서는 아니 된다"라고 하고 있으며 제71조에서는 이와 같은 행위를 한 자를 5년 이하의 징역 또는 5천만원 이하의 벌금에 처하는 규정을 두고 있다.

2. 사생활의 자유의 불가침

사생활의 자유의 불가침이란 먼저 사생활의 자유로운 형성과 전개, 즉 사생활의 자율을 방해 또는 간섭받지 아니할 권리를 의미한다. 예컨대 주거지역에서 가옥형태를 일정한 규격으로 강제하거나, 산책·등산 등 취미생활을 부당하게 간섭하고 방해하거나, 의복이나 모발의 형태를 일정한 것으로 강요하는 행위는 원칙적으로 금지된다.

또 개인의 평온한 사생활을 적극적으로 방해 또는 침해하거나 소극적으로 감시 또는 교란함으로써 불안이나 불쾌감을 유발해서는 안 된다. 예컨대 일정한 도청시설 등을 장치하여 사생활의 평온을 해치는 것은 이에 의하여

---

7) 물론 이러한 이용이 사생활의 비밀을 침해하는 것이 되려면 이용된 명의·사진 등이 본인의 것과 일치해야 하고, 이용에 영리적인 목적이 있어야 하며, 그것이 흔한 것이 아니어야 한다.

8) 자세한 내용은 정영화, "인터넷상 개인정보보호 및 분쟁해결에 관한 연구," 인터넷법연구 제1호, 2002, 22쪽 이하 참조.

금지된다. 그러한 교란이 통상인의 수인할 한계를 넘을 정도이고, 방해교란의 대상이 사적 사항이거나 사적 이익으로 인정되는 것이라면 그러한 침해행위는 불법적인 것이 된다.

3. 자기정보관리통제권

자기정보관리통제권이란 자기에 관한 정보를 수집·분석·열람·사용·점검 등을 요구할 수 있는 권리를 의미한다. 오늘날의 정보화사회에서 개인의 정보는 쉽게 확산될 수 있고, 본인이 인식하지 못하는 사이에 유통·공개되어 개인의 사생활을 크게 침해할 수 있으며, 특히 잘못된 개인정보가 공개·유통되는 경우 개인의 사생활과 인격권은 크게 침해될 수 있다. 따라서 개인의 사생활과 인격권을 보호하기 위해서는 이러한 권리가 인정되어야 한다. 자기정보관리통제권은 자기정보열람청구권, 정정청구권, 사용중지권, 삭제청구권을 그 내용으로 한다. 즉 ① 개인에 관한 정보의 자의적 수집이 배제되어야 하고, ② 자신에 관한 정보가 잘못되었는지를 확인할 수 있도록 자유로운 열람을 요구할 수 있어야 하고, ③ 만약 자신에 관한 정보에 오류가 있는 경우에 그 정정·사용중지·삭제 등을 요구할 수 있어야 하고, ④ 이러한 요구가 보장될 수 있는 제도가 마련되어야 한다는 것이다.9)

이미 외국에서는 자기정보관리통제에 관한 많은 법이 제정되어 있다. 예컨대 미국의 프라이버시법(1974년), 독일의 연방정보보호법(1977년), 프랑스의 정보처리축적자유에관한법률, 영국의 정보보호법(1984년), 일본의 개인정보에관한법률(1988년) 등이 제정되어 있는 것이다. 우리나라도 1994년 공공기관의개인정보보호에관한법률을 제정하여 공공기관에 의한 개인정보의 무단 사용이나 유출 등을 방지하여 왔다. 그러나 2011년 개인정보보호법을 제정하여 공공부문뿐만 아니라 민간부문까지도 망라하여 개인정보 보호에 관한 사항을 규정하고 있다. 이 법은 개인정보의 처리 및 보호에 관한 사항을 정함으로써 개인의 자유와 권리를 보호하고, 나아가 개인의 존엄과 가치를 구현함을 목적으로 한다(제1조). 또한 개인정보를 "살아 있는 개인에 관한 정보로

---

9) 헌법재판소는 자기정보통제관리권과 관련하여 피고인이 형사피고사건이 확정된 후 소송기록에 대하여 열람·복사를 요구하는 것은 특별한 사정이 없는 한, 원칙적으로 허용하여야 한다는 견해를 제시한 바 있다(헌재 1991. 5. 13. 90헌마113).

서 성명, 주민등록번호 및 영상 등을 통하여 개인을 알아볼 수 있는 정보(해당 정보만으로는 특정 개인을 알아볼 수 없더라도 다른 정보와 쉽게 결합하여 알아볼 수 있는 것을 포함한다)"라고 정의하고(제2조 제1호), 개인정보 보호의 원칙(제3조), 정보주체의 권리(제4조), 개인정보 보호위원회(제7조), 개인정보의 수집·이용(제15조), 개인정보의 수집 제한(제16조), 민감정보의 처리 제한(제23조), 고유식별정보의 처리 제한(제24조), 영상정보처리기기의 설치·운영 제한(제25조), 개인정보의 열람(제35조), 개인정보의 정정·삭제(제36조), 개인정보의 처리정지(제37조), 개인정보 분쟁조정위원회(제40조), 집단분쟁조정(제49조), 단체소송의 대상(제51조) 등에 관한 규정을 두고 있다.[10]

헌법재판소는 국가가 개인의 지문정보, 수집, 보관, 전산화 및 범죄수사 목적으로 이용하는 것이 개인정보자기결정권을 과잉제한 하는 것이 아니라고 하였으며,[11] 검사의 불기소처분정보를 보존하도록 하는 규정이 개인정보자기결정권을 제한하지만 침해하는 것은 아니라고 하였다.[12]

Ⅲ. 私生活의 秘密과 自由의 制限과 限界

사생활의 비밀과 자유도 무제한적으로 보장되는 것은 아니며, 헌법 제37조 제 2 항에 의해서 제한될 수 있다. 즉, 국가의 안전보장·질서유지·공공복리를 위하여 필요한 경우에 한하여 법률로써 제한할 수 있으며, 제한하는 경우에도 자유와 권리의 본질적인 내용은 침해할 수 없다.

사생활의 비밀이 제한되는 예를 구체적으로 살펴보면 먼저 국정감사·조사의 경우를 들 수 있다. 국회의 국정감사·조사과정에서 사생활의 비밀과 자유가 침해될 수 있으며, 이로 인한 제한은 불가피하다. 그러나 그 권한의 행사는 감사나 조사에 필요한 최소한에 국한되어야 하며, 현행 국정감사 및 조사에 관한 법률은 제 8 조에서 감사 또는 조사는 개인의 사생활을 침해하여서는 안 된다고 규정하고 있다. 또 사생활의 비밀의 자유는 범죄수사에 있어

---

10) 그 외에도 정보통신서비스 이용자의 개인정보를 보호하기 위한 "정보통신 이용촉진 및 정보보호등에 관한 법률" 및 신용정보 보호를 위한 "신용정보 이용 및 보호에 관한 법률" 이 민간부문에서 시행되고 있다.
11) 헌재 2005. 5. 26. 99헌마513.
12) 헌재 2009. 10. 29. 2008헌마257.

서도 자주 마찰을 일으키며, 범죄수사과정에서 개인의 사생활의 비밀과 자유
는 심각하게 침해될 수 있다. 예컨대 증거보전을 위하여 사진을 촬영하거나
범죄수사를 위하여 전화를 도청하는 등의 경우 사생활의 비밀이 침해된다.
수사권의 행사로 인하여 사생활의 비밀과 자유가 제한되는 것은 불가피하지
만 그 행사는 수사에 필요한 최소한에 국한될 때 사생활의 비밀과 자유의 제
한도 최소한에 그치게 된다. 물론 범행과 관련된 사생활의 경우 보호가치가
적다고 하겠으므로, 범인을 공개수사하기 위하여 성명·신상·동기 등을 공표
하는 것은 일단 허용된다고 본다. 아울러 행정조사·행정법상의 공표제도와
도 문제가 되는데, 행정의 원활한 수행을 위하여 행정기관이 개인에 관한 정
보를 수집·저장하고 사용하는 것은 오늘날의 행정국가에서 필수적이다. 그
러나 행정자료의 수집 등의 과정에서 개인의 사생활의 비밀과 자유는 노출되
고 침해될 위험에 있으며, 더욱이 행정의 전산화가 급속히 진행되면서 개인
에 관한 정보가 쉽게 유출되고 확산될 수 있게 되었다. 따라서 필요 이상의
개인정보를 수집해서는 안 되고, 이 정보를 유출시켜서도 안 될 것이다. 한편
행정법상의 새로운 의무이행을 확보하기 위한 수단인 공표제도는 사생활의
비밀의 자유를 침해하는 것이 아니다. 국세징수사무처리규정에 의하여 고액
조세체납자의 명단을 공개하는 것은 가능하다. 헌법재판소는 4급 공무원 병
역면제사유인 질병명을 관보게재하는 것에 잠정적용 헌법불합치 판결을 내렸
고,13) 공직선거 후보자 등록시 금고 이상의 형의 범죄경력에 실효된 형을 포

---

13) 이 사건 법률조항은 사생활 보호의 헌법적 요청을 거의 고려하지 않은 채 인격 또는 사
    생활의 핵심에 관련되는 질병명과 그렇지 않은 것을 가리지 않고 무차별적으로 공개토록
    하고 있으며, 일정한 질병에 대한 비공개요구권도 인정하고 있지 않다. 그리하여 그 공개
    시 인격이나 사생활의 심각한 침해를 초래할 수 있는 질병이나 심신장애내용까지도 예외
    없이 공개함으로써 신고의무자인 공무원의 사생활의 비밀을 심각하게 침해하고 있다. 우리
    현실에 비추어 질병명 공개와 같은 처방을 통한 병역풍토의 쇄신이 필요하다 하더라도 특
    별한 책임과 희생을 추궁할 수 있는 소수 사회지도층에 국한하여야 할 것이다. 4급 공무원
    이면 주로 과장급 또는 계장급 공무원에 해당하여 주요 정책이나 기획의 직접적·최종적
    결정권을 가진다고는 할 수 없고, 사회의 일반적 관념에 비추어 보면 평범한 직업인의 하
    나에 불과한 경우도 많을 것이다. 이런 점에서 이들의 병역정보가 설사 공적 관심의 대상
    이 된다 할지라도 그 정도는 비교적 약하다고 하지 않을 수 없고, 그렇다면 공무원 개인을
    위한 정보 보호의 요청을 쉽사리 낮추어서는 아니되며 그 정보가 질병명과 같이 인격 또는
    사생활의 핵심에 관련되는 것일 때는 더욱 그러하다. 결론적으로, 이 사건 법률조항이 공적
    관심의 정도가 약한 4급 이상의 공무원들까지 대상으로 삼아 모든 질병명을 아무런 예외
    없이 공개토록 한 것은 입법목적 실현에 치중한 나머지 사생활 보호의 헌법적 요청을 현저
    히 무시한 것이고, 이로 인하여 청구인들을 비롯한 해당 공무원들의 헌법 제17조가 보장하
    는 기본권인 사생활의 비밀과 자유를 침해하는 것이다(헌재 2007. 5. 31. 2005헌마1139).

함시키는 공선법 제49조 제4항 제5호에 대하여 공무담임권 침해가 아니라고 판시하였다.[14)]

사생활의 비밀의 자유와 관련하여 가장 문제가 되는 것은 무엇보다 표현의 자유와의 관계에서이다. 사생활의 비밀은 현실적으로 표현의 자유와 많이 충돌하며, 특히 언론매체에 의해 많이 침해된다. 이러한 양자가 충돌을 해결하기 위하여 공적 인물이론·공공이익이론·권리포기이론 등 여러 가지 해결방안이 제시되고 있다.[15)] 이러한 여러 가지 이론들이 사생활의 비밀과 자유와 표현의 자유간의 마찰상황 해결에 있어서 많은 도움을 주는 것이 사실이지만 모든 사안을 해결하기 위한 절대적인 수단은 아니다. 결국 구체적인 상황에서 양 기본권간의 실제적 조화에 따른 규율이 필요할 것이다.

제 2 절   住居의 自由

I. 住居의 自由의 槪念과 意義

주거의 자유란 인간의 가장 기본적인 자유 중의 하나이며, 프라이버시와 관련된 기본권 보호 중에 핵심적 지위를 차지하고 있다. 주거의 자유는 자기가 거주하는 곳의 평온함이 국가기관에 의해서 불법수색이나 불법압수를 당하지 아니할 권리를 말한다.[16)] 또한 사인 및 사적인 단체로부터 침해당하지 아니할 권리도 포함한다. 주거의 자유는 사생활의 비밀과 자유에 포함되는 개념이라고 할 수 있으며, 사생활의 비밀과 자유보다는 협의의 개념이라고 할 수 있다.

주거의 자유는 고대 로마의 주거의 신성불가침과 영국 Common Law상의 주거존중사상에서 유래된 자유권이며, 주거의 불가침이 처음 기본권으로 인정된 것은 1776년 버지니아 권리장전 제10조였고, 이후 거의 모든 헌법이 이를 규정하고 있다. 우리나라 헌법에서는 건국헌법에서부터 명문화하였다. 주거의 자유를 보장하기 위한 압수·수색의 영장주의를 최초로 규정한 헌법

---

14) 헌재 2008. 4. 24. 2006헌마402.
15) 권영성, 453쪽.
16) 김철수, 615쪽; 권영성, 458쪽; 허영, 376쪽; 강경근, 501쪽; 성낙인, 406쪽.

은 1962년 개정된 제 3 공화국헌법이다.

주거의 자유는 자연인의 권리로서 내국인이든 외국인이든 불문하고 인정된다. 법인이나 권리능력 없는 사단에도 주체성을 인정할 것인지에 대하여는 견해가 대립되는데, 학교나 공장 등의 복합시설물에 있어서의 주거의 자유의 주체는 교장17)이나 공장장과 같은 생활공간의 장이 되며, 주택이나 숙박시설의 객실의 경우에는 현실적인 거주자가 주체가 된다고 본다. 원칙적으로 주거의 자유는 직접적인 권한 있는 소유자를 보호하지만, 주거 내에 세입자나 임차인이 거주하는 경우 이들이 주거의 자유의 보호를 받게 된다.18) 참고로 개인의 사생활을 영위하는 장소를 침입하는 자를 처벌하는 주거침입죄(형법 제319조)도 사실상의 주거의 평온을 보호법익으로 하고 있다.

Ⅱ. 住居의 自由의 內容

1. 주거의 불가침

헌법 제16조에서 말하는 '주거'는 현재의 거주유무와는 관계없이 널리 사생활을 영위하는 장소를 말하며, 동산이든 부동산이든 불문한다. 주거에 해당하는 것은 호텔이나 여관의 객실, 대학강의실, 대학입시장, 교수연구실, 휴가중의 텐트, 선박, 기거용 자동차 등을 들 수 있으나, 영업중인 상점, 극장, 역 대합실, 버스터미널 등은 주거에 해당되지 아니한다.

불가침이란 권원 없이 사적 공간을 침해할 수 없다는 것을 말한다. 거주자의 승낙 없이 또는 그 의사에 반하여 주거에 침입하는 것뿐만 아니라,19) 주거 내에 도청장치 등을 설치하여 주거의 평온을 침해하는 것도 금지된다.20)

---

17) 대학교가 교내에서의 집회를 허용하지 아니하고 집회와 관련된 외부인의 출입을 금지하였는데도 집회를 위하여 그 대학교에 들어간 것이라면 비록 대학교에 들어갈 때 구체적으로 제지를 받지 아니하였다고 하더라도 대학교 관리자의 의사에 반하여 건조물에 들어간 것으로서 건조물침입죄가 성립한다(대법원 2004. 8. 30. 선고 2004도3212 판결).

18) 예컨대 임차인의 동의 없이 임대인의 동의만으로 행한 주택에 대한 가택수색, 투숙자의 동의 없이 여관주인의 승인만으로 행한 여관방수색은 불법이다.

19) 대법원 판례는 타인의 처와 간통할 목적으로 그 처의 동의하에 주거에 들어간 경우에도 주거침입죄가 성립하고(대법원 1984. 6. 26. 선고 83도685 판결), 대학강의실은 누구나 자유롭게 출입할 수 있는 곳이 아니므로 일반인이 대학강의실에 출입하는 것도 주거침입죄가 성립한다고 한다(대법원 1992. 9. 25. 선고 92도1520 판결).

20) 주거침입죄는 사실상의 주거의 평온을 보호법익으로 하는 것이므로 그 주거자 또는 간수자가 건조물 등에 거주 또는 간수할 권리를 가지고 있는가의 여부는 범죄의 성립을 좌우하

정당한 이유 없이 주거에 침입하는 경우 형법상 주거침입죄가 성립한다.

2. 영장제도의 문제

주거에 대한 압수나 수색21)을 할 때에는 검사의 신청에 의하여 법관이 발부한 영장을 제시하여야 한다. 영장발부에는 범죄의 혐의가 있거나 수사하기 위한 증거물의 발견·보전의 필요성이 있어야 하며, 압수할 물건과 수색할 장소가 영장에 명시되어야 한다. 다만 예외적으로 현행범을 체포하기 위한 가택의 수색, 체포현장에서의 압수나 수색, 긴급체포시의 압수나 수색시에는 영장 없이 주거에 대하여 압수나 수색을 할 수 있다(형사소송법 제216조).

이와 관련하여 행정조사 등의 경우에도 영장이 필요한지에 대하여 논의가 있다. 헌법의 영장주의에 관한 규정은 연혁적으로 볼 때 형사사법권의 남용으로부터 국민의 자유권을 보장하기 위한 목적 아래 발전하였으므로 행정목적의 수행을 위한 행정상의 즉시강제에는 그 헌법상의 영장주의가 타당하지 아니하다고 보는 견해가 있다. 반면 헌법이 보장하는 영장제도는 널리 국가권력의 부당한 행사로부터 국민의 자유와 권리를 보장하기 위한 절차적 보장수단으로서 특별한 예외적 규정이 없는 한 영장주의는 행정상 즉시강제에서도 일반적으로 적용된다는 견해도 있다. 또 많은 학설은 행정상 즉시강제에 영장주의가 일반적으로 적용되는 것으로는 보지 아니하고 다만 부분적으로 또는 일정한 경우에만 적용된다고 보고 있다. 생각건대 영장제도는 원칙적으로 적용되어야 하나, 예외적으로 순수한 행정목적을 위한 세무조사·방화조사·위생조사에는 적용되지 않는다고 보아야 할 것이다

Ⅲ. 住居의 自由의 制限과 限界

주거의 자유는 헌법 제37조 제 2 항의 규정에 따라 국가안전보장·질서유

는 것이 아니며, 점유할 권리 없는 자의 점유라고 하더라도 그 주거의 평온은 보호되어야 할 것이므로, 권리자가 그 권리를 실행함에 있어 법에 정하여진 절차에 의하지 아니하고 그 건조물 등에 침입한 경우에는 주거침입죄가 성립한다(대법원 1987. 11. 10. 선고 87도 1760 판결).

21) 압수란 점유자의 소지품 등을 강제로 취득하는 것이고, 수색이란 사람이나 물건을 발견하기 위하여 물건·장소에 대하여 행하는 강제검색을 의미한다.

지·공공복리를 위해서 법률로써 제한될 수 있다. 예컨대 장물을 압수하기 위한 가택출입, 화재시 인화물질을 제거하기 위한 가택출입 등은 정당한 제한으로서 허용된다. 다만 제한하는 경우에도 법률이 규정한 목적의 달성을 위해 필요한 최소한에 그쳐야 하고, 자유의 권리의 본질적인 내용은 침해할 수 없다. 주거의 자유라는 보호법익과 제한의 법익은 실제적 조화의 원리에 따라 동시에 최대한으로 실현되도록 하여야 한다. 현행법상 제한을 인정하는 법률로는 경찰관직무집행법, 소방기본법, 우편법, 감염병의 예방 및 관리에 관한 법률, 마약류관리에관한법률, 조세범처벌법 등이 있다.

제 3 절   通信의 自由

I. 通信의 自由의 槪念과 意義

통신기술의 발달과 함께 통신을 어떠한 목적에서건 엿들을 수 있는 기술도 함께 발달하고 있다. 특히 최근에는 휴대전화의 보급에 따른 도청논란이 연일 계속되고 있다. 현행헌법 제18조는 "모든 국민은 통신의 비밀을 침해받지 아니한다"고 규정하고 있다. 통신의 자유는 사생활의 비밀의 자유, 양심의 자유, 정치적 표현의 자유와 밀접한 관련이 있는 기본권의 하나이다. 통신이란 전화, 팩스, 텔렉스, 서신 등과 같은 의사전달의 매개체와 물품을 통하여 문자, 음성, 영상 등의 형식으로 전달 또는 교환하는 것이다. 또한 통신의 '비밀의 불가침'은 발신자와 수신자 사이의 의사나 정보의 전달 또는 교환이 당사자의 의사에 반하여 제 3 자에 의해 인지되어서는 안 된다는 것을 의미한다.[22] 통신의 자유의 주체는 국민과 법인이고 외국인도 포함된다고 하겠다. 서신의 경우 송수신인 모두가 주체가 된다.

서신 및 전화 등의 비밀침해금지를 최초로 명시한 헌법은 1831년의 헷센주헌법이며, 이후 1849년의 프랑크푸르트헌법과 1919년 바이마르공화국 헌법에서 이를 규정하였다. 우리나라 헌법에서 통신의 자유는 건국헌법 이래 계속적으로 규정하고 있으며, 세계인권선언과 국제인권규약에서도 이에 대한

---

22) 김철수, 631쪽; 권영성, 465쪽; 허영, 386쪽; 강경근, 504쪽; 성낙인, 420쪽.

규정을 두어 국제적 차원에서의 보장을 도모하고 있다. 한편 미국과 일본의 헌법에서는 통신의 자유에 관한 규정을 명시하고 있지 않다.

Ⅱ. 通信의 自由의 內容

1. 통신의 자유의 보호내용

헌법 제18조에서 말하는 통신이란 격지자 간의 의사의 전달뿐만 아니라 물품의 수수까지 포함하는 넓은 의미의 개념이다. 통신의 자유가 보호하는 내용은 매우 광범위하며, 이는 통신수단을 기준으로 하여 서신의 비밀, 우편의 비밀, 전신의 비밀로 나누어질 수 있다.

여기서 서신이란 우편경로를 통하지 아니하고 행해지는 전달 및 교환을 말하며, 서신의 비밀이란 발신자와 수신자 이외의 제3자, 특히 공권력이 신서의 내용을 인지하려는 것에 대한 보호를 의미한다. 서신의 비밀보호의 범위에는 봉함된 편지 · 엽서 · 전보 등이 포함되나 신문 · 서적 · 소포 등은 이에 포함되지 않는 것으로 해석된다. 한편 우편의 비밀의 보호영역에는 우편에 의해 전달되는 모든 발송물의 왕래가 포함된다. 우편의 비밀의 보호범위는 발송물의 내용에만 국한되는 것이 아니라 우편 이용시설, 송 · 수신자, 운송의 종류와 방법 등 우편왕래의 모든 자료도 포함된다. 우편의 비밀의 목적은 우편에 의한 연락의 비밀을 지키는 데 있으며, 특히 체신기관이 국가적 독점 하에 있는 현실에서 그 존재의 의를 가진다. 전신의 비밀은 유 · 무선전자파를 매체로 한 모든 개인적 연락을 포함한다. 즉 전화, 전보, 팩스, 영상통신과 같은 수단을 통한 연락을 보호한다.

2. 침해형태

통신의 자유는 타인의 통신물에 대한 열람 · 개봉 · 누설 · 정보탐지를 금지하는 통신비밀의 불가침을 의미한다. 먼저 서신의 비밀은 서신의 개봉 기타 방법에 의하여 그 내용을 인지하는 경우에 침해된다. 우편의 비밀은 국가기관 또는 체신기관이 우편물의 내용을 인지하는 경우 또는 제3자에게 그 내용이나 우편왕래의 자료를 알리는 경우 침해된다. 전신의 비밀은 특히 국가기관이나 정보기관에 의해 도청될 때 침해되기가 쉽다. 도청[23]이 국가안전보

---

23) 각종 통신수단의 발달에 따라 유선전화를 비롯하여 이동전화, 인터넷 이용이 급증함에 따

장 또는 범죄수사를 위하여 법적으로 인정된 범위 내에서 행해지는 경우는 문제되지 않으나, 그 범위를 넘어서는 경우에는 문제될 수 있다. 따라서 편지 · 전신 · 전화에 대한 검열 내지 도청을 행하는 것은 통신의 자유를 침해하는 것으로 허용되지 아니한다.

이와 관련하여 살펴볼 것은 전화의 역탐지나 업무 도중 알게 된 범죄사실을 통보하는 것이 정당한 것인가의 문제이다. 전화의 역탐지란 전화의 발신장소를 탐지하는 것으로, 전화를 통한 협박 등의 현행범인의 발신장소에 대한 역탐지나 녹음은 영장 없이도 가능하다고 해석된다. 또 전화교환수가 업무수행중에 범죄사실을 청취하여 수사기관에 통보하는 것은 통신비밀자유의 침해가 아니라고 할 것이다.[24]

Ⅲ. 通信의 自由의 制限과 限界

통신의 자유는 대국가적 효력과 동시에 대사인적 효력을 지닌다. 통신의 자유를 침해한 자는 형법 제316조의 비밀침해죄에 의해 처벌된다. 통신의 자유는 헌법 제37조 제 2 항에 의해서 제한이 가능하다. 단, 본질적인 내용은 제한할 수 없다. 통신의 자유를 제한하는 법률을 고찰하면 다음과 같다.

먼저 채무자 회생 및 파산에 관한 법률 제484조 제2항은 파산관재인은 그가 수령한 우편물 또는 전보를 개봉할 수 있다는 것을 규정하고 있다. 형

라 통신내용에 대한 도 · 감청의 사례가 빈발하고 있다. 도청이 행해지면 대상자의 사생활은 물론이고 그와 접촉하고 있는 모든 사람들이 감시의 대상이 되어 그들의 사생활도 무차별적으로 노출될 우려가 있다. 현행법상 도청은 엄격하게 금지되지만 범죄수사 등을 위한 여러 가지 합법적인 감청이 허용되고 있다. 이러한 법적 규제에도 불구하고 국가 스스로에 의해 불법적 도청이 이루어지고 있다는 의혹이 제시되고 있다. 특히 국가정보기관이 적법절차를 무시하고 암암리에 이동통신을 감시한다는 의심이 증폭되고 있다. 도청은 국가기관에 의해서 행해질 뿐만 아니라 산업기밀을 빼내기 위한 기업들의 도청, 심부름센터 등 신용정보업체들의 도청이나 통신업체직원들의 정보유출 등도 문제가 되고 있다. 이로 인하여 국민들의 불안감은 점점 높아지고 있으며, 이를 위한 대책마련이 시급한 상황이다(자세한 내용은 대한변호사협회, 도 · 감청 등의 현황과 대책, 인권보고서, 제14집, 2000, 252쪽 이하).

24) 권영성, 466쪽. 아울러 발신자전화번호통보제도도 소개되고 있다. 발신자번호 표시는 이미 대중화되어 있는데, 현재의 제도는 자신이 원하지 않는 경우 표시제한을 할 수 있게 되어 있어 일단 법적으로 문제가 되지 않는다고 하겠다. 다만 전기통신사업법 제54조의2는 송신인의 송출거부의사표시가 있는 경우에도 전기통신에 의한 폭언 · 협박 · 희롱 등으로부터 수신인을 보호하기 위하여 수신인의 요구가 있는 경우에는 송신인의 전화번호 등을 수신인에게 알려 줄 수 있는 것으로 하고 있다.

의 집행 및 수용자의 처우에 관한 법률 제43조는 수용자는 다른 사람과 서신을 주고받을 수 있지만 ① 형사소송법이나 그 밖의 법률에 따른 서신의 수수금지 및 압수의 결정이 있는 때, ② 수형자의 교화 또는 건전한 사회복귀를 해칠 우려가 있는 때, ③ 시설의 안전 또는 질서를 해칠 우려가 있는 때는 그러하지 아니하다고 규정하고 있다. 또한 같은 교정시설의 수용자 간에 서신을 주고받으려면 소장의 허가를 받아야 하며, 소장은 수용자가 주고받는 서신에 법령에 따라 금지된 물품이 들어 있는지 확인할 수 있다. 원칙적으로 서신검열은 허용되지 않지만 ① 서신의 상대방이 누구인지 확인할 수 없는 때, ② 형사소송법이나 그 밖의 법률에 따른 서신검열의 결정이 있는 때, ③ 제1항 제2호 또는 제3호에 해당하는 내용이나 형사 법령에 저촉되는 내용이 기재되어 있다고 의심할 만한 상당한 이유가 있는 때, ④ 대통령령으로 정하는 수용자 간의 서신인 때에는 검열할 수 있다.25) 전파법 제80조 제 1 항은 대한민국의 헌법 또는 헌법에 의하여 설치된 국가기관을 폭력으로 파괴할 것을 주장하는 통신을 발한 자는 1년 이상 15년 이하의 징역에 처한다고 규정하고 있다. 통신비밀보호법 제 7 조는 정보수사기관의 장은 국가안전보장에 대한 상당한 위험이 예상되는 경우 또는 대테러활동에 필요한 경우에 한하여 그 위해를 방지하기 위하여 필요한 경우에 내국인에 대해서는 고등법원 수석부장판사의 허가를 얻어서 제한할 수 있도록 하고 있다. 외국인인 경우에는 대통령의 승인을 얻어서 통신제한조치를 할 수 있는데, 이 경우에 통신제한조치의 기간은 4월을 초과하지 못한다. 단 고등법원 수석부장판사의 허가 또는 대통령의 승인을 얻어 4월의 범위 안에서 기간을 연장할 수 있다. 범죄혐의자에 대한 검사의 통신제한조치기간은 2월을 초과하지 못한다. 단, 법원의 허가를 얻어서 2월의 범위 안에서 기간을 연장할 수 있다. 국가보안법 제 8 조는 국가의 존립·안전이나 자유민주적 기본질서를 위태롭게 한다는 정을 알면서 반국가단체의 구성원 또는 그 지령을 받은 자와 회합·통신 기타의 방법으로 연락을 한 자는 10년 이하의 징역에 처한다. 형사소송법 제107조는 법원은 필요한 때에는 피고사건과 관계가 있다고 인정할 수 있는 것에 한정

---

25) 헌법재판소는 "수용자의 서신에 대한 검열은 국가안전보장·질서유지 또는 공공복리라는 정당한 목적을 위하여 부득이할 뿐만 아니라 유효 적절한 방법에 의한 최소한의 제한이며, 통신비밀의 자유의 본질적 내용을 침해하는 것이 아니어서 헌법에 위반된다고 할 수 없다"고 하고 있다(헌재 2001. 11. 29. 99헌마713).

하여 우체물 또는 통신비밀보호법 제2조제3호에 따른 전기통신에 관한 것으로서 체신관서, 그 밖의 관련 기관 등이 소지 또는 보관하는 물건의 제출을 명하거나 압수를 할 수 있다고 규정하고 있다.

헌법재판소는 미결수용자의 변호인 아닌 자와의 서신을 검열하는 행위는 미결수용자의 통신비밀의 자유를 침해하는 것이 아니라고 하였고,26) 사인이 감청설비를 판매하려면 '정보통신부장관의 인가를 받아야 한다'는 통비법 제10조 제 1 항에 대하여 합헌결정하였다.27)

---

26) 헌재 1995. 7. 21. 92헌마144.
27) 헌재 2001. 3. 21. 2000헌바25.

제3장 精神的 自由權

제1절 宗敎의 自由

I. 宗敎의 自由의 意義

종교란 인간의 유한성을 자각하여 절대자에게 의지하고 신봉하는 것을 말한다고 본다. 다른 말로는 신과 피안의 세계 즉 영생(永生)에 대한 우주관적 확신이라고 표현하기도 한다. 인간의 영생에 대한 의지 또는 욕구 때문에 종교의 자유는 자유권 중에서도 선구적인 역할을 수행한 것으로서 인간의 정신세계에 기초를 두고 있으며 개인의 내면적 정신을 핵심적인 내용으로 하고 있는 것이다. 종교의 자유는 기본권의 역사에 있어서 가장 오래된 것일 뿐만 아니라 기본권 보장의 역사에 있어서 매우 중요한 역할을 하였으며 양심의 자유와 더불어 정신적 자유의 기초를 확립하였다고 평가된다. 그러나 여전히 기본권 보장의 대상이 되는 종교란 과연 무엇인지 실제로는 분명하지 않은 경우가 많다.[1]

연혁적으로 보면 신에 대한 의지 및 신봉은 인간의 역사와 더불어 시작되었으나, 이것은 항상 자유롭게 인정되지만은 않았다. 종교 간의 갈등, 정치권력과 종교의 밀착, 그리고 그에 따른 정치권력의 종교에의 개입과 탄압은 종교의 자유를 심각하게 침해하여 왔다. 특히 중세 이래 이단규정에 의한 종교탄압과 정치세력과 결탁된 종교의 타락과 부패는 많은 문제를 야기하였으

---

1) 종교는 과학의 방법적 기초가 되는 자연법칙의 기원을 철학적으로 추구하고 과학의 전제가 되는 물질세계의 기원이나 목적과 같은 물질 이전의 세계를 철학적이나 신학적으로 다루어 '초과학적'이지만, 미신은 현존하는 물질세계를 전제로 하면서 과학의 방법적 기초가 되는 자연법칙을 부인하거나 역행하려는 것이기 때문에 '비과학적'이다. 미신은 내세지향성보다 복을 빌고 액운을 면하려는 현세지향성이 강하다(허영, 402쪽).

며 이를 극복하여 종교의 자유를 확립하기까지는 오랜 시간과 많은 노력이
필요했다. 최초로 1647년 영국의 인민협정에서 종교의 자유가 규정되기는 하
였으나 발효되지는 못하였고, 1776년 미국 버지니아 권리장전에서 국교부인과
징교분리의 원칙을 최초로 헌법싱 규정되있다. 이후 긱국의 헌법에시 본걱직
으로 헌법상 규정하게 되어 오늘날 거의 예외 없이 종교의 자유를 규정하고
있다. 우리나라에서는 1948년 제헌헌법에서 최초 규정하여 오늘에 이르고 있
으며, 현행헌법 제20조에서 國敎不認定 및 政敎分離原則을 명문화하고 있다.

종교의 자유의 주체는 성질상 자연인이다. 즉 내국인과 외국인은 종교의
자유의 주체가 된다. 한편 미성년자에 대해서는 언제부터 부모의 교육권에서
독립하여 종교의 자유의 행사능력을 갖게 되는지가 문제되는데, 독일의 경우
는 만 14세 이상의 청소년에게 신앙선택의 자유를 법적으로 보장하고 있다.
법인은 그 성질상 내심의 자유인 신앙의 자유의 주체는 될 수 없으나, 종교
적 집회·결사·선교 등 종교적 행위의 자유에서는 예외적으로 그 주체성이
인정된다.

Ⅱ. 宗敎의 自由의 內容

종교의 자유는 보통 신앙의 자유와 종교행위의 자유, 종교교육의 자유,
종교적 집회·결사의 자유를 그 내용으로 하고 있다고 설명된다. 우선 신앙
의 자유는 종교의 자유의 핵심적인 내용으로서, 신과 피안의 세계에 대한 내
면적 확신을 의미하는 신앙을 가지거나, 가지지 아니할 자유를 의미한다. 신
앙의 자유는 신앙을 형성함에 있어서 어떠한 형태의 국가적 영향력의 행사도
금지하며, 모든 형태의 국가에 의한 신앙의 강제를 금지한다. 신앙의 자유는
신앙결정의 자유, 무신앙의 자유, 개종의 자유, 신앙고백의 자유, 신앙고백을
이유로 불리한 처분을 당하지 아니할 자유를 포함한다.2)

종교적 행위의 자유란 내심의 신앙을 여러 가지 형태로 외부에 표명하고
신앙에 따라 행동하며 신앙을 실천하는 자유를 말한다. 종교의 자유는 내심

---

2) 미국 판례는 공직취임에 신의 존재를 믿는다는 선서를 강요하는 것이나(Torcaso v.
Watkins), 공립학교에서 행해지는 기도문이나 성서의 낭독(Engel v. Vitale)은 위헌이라고
하고 있다.

의 자유에 국한되지 않고 외부적 행위의 자유까지 보장될 때 비로소 완전한
것이 될 수 있다. 종교적 행위의 자유에는 신앙고백의 자유와 예불·독경·기
도와 같은 종교의식의 자유 등이 있으며, 후술하는 종교적 집회·결사의 자
유, 포교의 자유, 종교교육의 자유도 이에 포함된다고 볼 수 있다.3) 헌법재판
소는 아프가니스탄 등 테러위험이 있는 해외 위난지역에서 여권사용을 제한
하는 것이 종교의 자유에 대한 제한이 아니라고 하였으며,4) 학교 정화구역내
의 종교단체의 납골시설의 설치·운영을 금지하는 것이 종교의 자유에 대한
제한이지만 침해는 아니라고 판시하였다.5)

　　종교적 집회란 종교적인 뜻을 같이하는 신자들이 회합하는 것인 데 비하
여, 종교적 결사란 종교적인 뜻을 같이하는 신자들이 단체를 구성할 수 있는
자유를 의미한다. 이에 따라 자유로운 집회의 개최와 자유로운 단체의 형성
이 인정됨은 물론 이 집회 및 단체에 참가·가입하고 탈퇴하는 자유가 보장
된다. 종교적 집회·결사의 자유는 헌법 제21조에 규정된 집회·결사의 자유
보다 특별한 보호를 받는다.

　　종교교육의 자유란 종교적 교리에 기초하여 가정이나 학교에서 교육할
수 있는 자유를 말한다. 특히 특정 종교의 교육 또는 종교적 이념의 전파를
목적으로 사립학교를 설립하거나 이러한 사립학교에서 특정 종교교육을 실시
하는 것은 허용된다. 사립학교의 경우에도 대학의 경우와 같이 입학대상자에
게 대학에 대한 선택권이 주어진 경우에는 채플과 같은 학교에서의 종교교육
이 문제되지는 않겠지만, 현재 중·고등학교와 같이 자유선택에 의하여가 아
니라 강제로 배정된 사립학교에서 특정종교의 교육을 실시하는 것은 다른 종
교를 가진 학생의 종교의 자유를 침해하는 것이 될 소지가 있다.6) 아울러 자
기가 신봉하는 종교를 전도하는 포교의 자유가 인정된다. 포교의 자유는 무

---

3) 미국 판례는 일요일휴업법(McGowan v. Maryland)을 합헌이라고 하였으나 토요일에 일하
　지 않는 안식교도에 대한 실업수당지급거절(Sherbert v. Verner)은 위헌이라고 하였다.
4) 헌재 2008. 6. 26. 2007헌마1366.
5) 헌재 2009. 7. 30. 2008헌가2.
6) 헌법재판소는 종교단체가 운영하는 학교 및 학원 형태의 교육기관에 대해 학교설립인가
　및 학원설립등록을 받도록 하고 있는 교육법 제85조 제1항, 학원의설립·운영에관한법률
　제6조에 대한 위헌소원사건에서, 종교단체가 교단 내부의 순수한 성직자 양성기관을 운영
　하는 것은 종교교육의 자유에 의해 보호되나 그것이 학교나 학원이라는 교육기관의 형태
　를 취할 경우 교육법 등의 규제를 받게 한 것이 종교의 자유를 침해한 것으로 볼 수 없다
　고 하였다(헌재 2000. 3. 30. 99헌바14).

종교인에 대해서만이 아니라 다른 종교의 신자에 대해서도 포교할 수 있는
자유를 포함한다. 또한 다른 종교를 비판하거나 종교상의 개종을 권유하는
것도 포교의 한 형태로 볼 수 있다.7)

Ⅲ. 宗敎의 自由의 效力과 制限

신앙의 자유는 어떠한 경우에도 제한할 수 없는 절대적 자유권이라고
한다.8) 물론 신앙이란 순수한 내심의 영역의 문제인 것이 보통이므로 제한이
허용되더라도 사실상 제한이 불가능한 것이라고 보는 것이 더 정확한 표현일
것이다. 종교의 자유는 대국가적 효력과 동시에 대사인적 효력도 내재하고
있다. 그러므로 사용주는 근로자에 대하여 종교의 자유를 보장해야 하며, 종
교상의 이유 때문에 차별대우를 해서는 안 된다. 그러나 종교단체의 내부적
징계결의, 즉 교인으로서 준수해야 할 규정을 위배하는 자에게 종교적인 징
계나 제재를 가하는 것은, 사법부의 심사대상이 되지 아니하며 그 결의의 효
력은 인정된다고 본다.9)

내심의 자유로서의 신앙의 자유와는 달리 종교적 행위의 자유는 그 행위
가 외부적으로 표현되기 때문에 다른 법익과 충돌을 일으킬 수 있으며 따라
서 제한이 불가피하다. 우리 헌법상 종교의 자유는 헌법 제37조 제2항에 따
라 국가안전보장·질서유지 또는 공공복리를 위하여 필요한 경우 법률로써
제한될 수 있다. 그러나 법률에 의하여 종교의 자유를 제한할 때에도 종교적
집회·결사의 보호와 같이 특별한 배려가 요청되는 경우가 있다. 또 제한하
는 경우라도 종교의 자유의 본질적 내용을 침해하여서는 안 된다.

Ⅳ. 國敎의 否認과 政敎分離의 原則

헌법에서 정교분리의 원칙을 규정하는 것은 종교와 국가의 결합이 종교
의 타락과 국가의 파멸을 초래하였다는 역사적 교훈과 체험에서 비롯된 것이

7) 대법원 1996. 9. 6. 선고 96다19246 판결.
8) 권영성, 483쪽.
9) 대법원 1981. 9. 22. 선고 81다276 판결.

다. 현행헌법 제20조에 규정되어 있는 종교의 자유(제 1 항)와 국교부인, 정교
분리원칙과의 관계에 관하여, 종교의 자유규정이 국교의 부인과 정교분리의
원칙을 당연히 포함하고 있다고 해석하는 입장과 제20조 제 2 항의 원칙은
독자적 원칙이라고 보는 입장이 나뉘고 있다. 전자의 입장은 자유권이 이중
적 성격을 지니고 있으므로 종교의 자유 역시 정교의 분리 없이는 보장될 수
없으며, 따라서 종교의 자유만을 규정하는 경우에도 정교의 분리는 당연히
이에 포함되는 것으로 보는 반면,[10] 후자의 입장은 정교분리의 원칙이 제도
보장으로서 국교제도에 의한 역사적 폐해를 고려하여 완전한 종교의 자유를
보장하기 위해 정교의 분리가 필수적이기 때문에 이를 규정하여 종교의 자유
를 간접적으로 보장하는 것이라고 본다.[11]

이를 구체적으로 살펴보면 정교분리원칙의 가장 첫번째 의의는 국가가
특정 종교를 지정하여 특별히 보호하고 각종의 특권과 특혜를 부여하는 것은
헌법상 금지된다는 것이다. 즉 국가가 특정종교를 우대하거나 차별하는 것은
금지되며, 국가에 의하여 종교교육이나 종교적 활동이 이루어지는 것 또한
금지된다. 예컨대 국·공립학교에서의 종교교육과 공무원에 대한 종교강제,
국가행사의 특정종교의식준수 등은 금지된다.[12]

그러나 정교분리의 원칙이 국가와 종교가 아무런 관계를 가져서는 안 된
다는 의미가 아니다. 다만 종교에 대하여 중립을 지켜야 한다는 것을 의미하
는 것이다. 이와 관련하여 종교법인에 대한 면세조치와 문화재보호를 위한
사찰에의 국가지출이 문제될 수 있으나, 법인에 대한 일반적 면세조치라는
점 및 문화재보호라는 별개의 법익이라는 점에서 정당화되는 것이다.

반대로 종교도 국가(정치)에 대하여 간섭해서는 안 된다. 즉 종교가 정치
에 간섭·관여하고 종교단체가 단체의 존립목적과 달리 전적으로 모든 정치
적 문제에 관여하는 것은 금지된다. 그러나 종교가 종교적 이해관계에 관련
되는 문제 또는 국민적 관심사에 관해 정치의사형성과정에서 활동하는 것까
지 금지되지는 않는다.

---

10) 허영, 408쪽.
11) 권영성, 485쪽.
12) 참고로 크리스마스나 석가탄신일의 공휴일제, 크리스마스트리를 만들기 위해 국가나 지
　　방자치단체의 예산을 사용하는 것 등은 문제가 되지 않는다고 본다. 이미 순수한 종교적
　　행사라는 성격을 넘어서 대중화되고 세속화된 행사이기 때문이다.

제 2 절   良心의 自由

Ⅰ. 良心의 自由의 意義

양심의 자유는 인간을 인간답게 만들고 인간의 존엄성과 가치를 갖게 할 뿐만 아니라 공동체의 민주적 질서를 형성하는 데 그 기초를 이루는 기본권이다.[13] 양심은 종교적 확신을 의미하는 신앙보다는 넓은 개념이지만, 사상보다는 협의의 개념으로서 헌법 제19조에서의 '양심'은 널리 개인의 인격형성에 관계되는 내심에서의 가치적·윤리적 판단까지 포함하는 개념이다.[14]

프로이센 헌법은 1850년 최초로 양심의 자유를 규정하였으며, 종교의 자유의 한 부분으로서 명시하였다. 이후 독일의 바이마르공화국 헌법에서는 양심의 자유를 종교의 자유로부터 분리하여 개별적 자유권으로 규정하였다. 오늘날 세계 각국의 헌법은 거의 모두 양심의 자유를 규정하고 있으며, 국제적 차원에서도 양심의 자유의 보호를 규정하고 있다(세계인권선언 제18조, 국제인권B규약 제18조). 우리나라는 제헌헌법에서 양심의 자유를 신앙의 자유와 동일하게 명시하였으나, 1962년의 제 3 공화국 헌법에서는 개별적 자유권으로 규정하였다. 현행헌법에서는 양심의 자유를 "모든 국민은 양심의 자유를 가

---

13) 김철수, 675쪽; 권영성, 474쪽; 허영, 390쪽; 강경근, 426쪽; 성낙인, 338쪽.

14) Herzog는 "양심은 선악과 정사에 관한 생각 내지는 믿음을 의미하는바, 구체적 상황에 처하여 어떻게 행동하는 것이 옳은 것인가를 말해 주는 인간의 내면에 있는 법원이다."라고 하고 있다. 한편 헌법재판소는 "헌법 제19조는 '모든 국민은 양심의 자유를 가진다'라고 하여 양심의 자유를 기본권의 하나로 보장하고 있다. 여기에서의 양심은 옳고 그른 것에 대한 판단을 추구하는 가치적·도덕적 마음가짐으로, 개인의 소신에 따른 다양성이 보장되어야 하고 그 형성과 변경에 외부적 개입과 억압에 의한 강요가 있어서는 아니 되는 인간의 윤리적 내심영역이다. 보호되어야 할 양심에는 세계관·인생관·주의·신조 등은 물론, 이에 이르지 아니하여도 보다 널리 개인의 인격형성에 관계되는 내심에 있어서의 가치적·윤리적 판단도 포함될 수 있다. 그러나 단순한 사실관계의 확인과 같이 가치적·윤리적 판단이 개입될 여지가 없는 경우는 물론, 법률해석에 관하여 여러 견해가 갈리는 경우처럼 다소의 가치관련성을 가진다고 하더라도 개인의 인격형성과는 관계가 없는 사사로운 사유나 의견 등은 그 보호대상이 아니라고 할 것이다"라고 설명하고 있다(헌재 2002. 1. 31. 2001헌바43). 또 "음주측정에 응해야 할 것인지, 거부해야 할 것인지 그 상황에서 고민에 빠질 수는 있겠으나 그러한 고민은 선과 악의 범주에 관한 진지한 윤리적 결정을 위한 고민이라 할 수 없으므로 그 고민 끝에 어쩔 수 없이 음주측정에 응하였다 하여 내면적으로 구축된 인간양심이 왜곡·굴절된다고 할 수도 없다. 따라서 음주측정요구와 그 거부는 양심의 자유의 보호영역에 포괄되지 아니하므로 이 사건 법률조항을 두고 헌법 제19조에서 보장하는 양심의 자유를 침해하는 것이라고 할 수 없다"라고 하였다(헌재 1997. 3. 27. 96헌가11).

진다"라고 규정하고 있다.

양심의 자유는 종교의 자유와 더불어 인간내심의 자유로서 정신적 자유는 물론 모든 자유의 근원으로서 최상급의 기본권이라고 한다.[15] 양심의 자유는 양심의 형성과 활동에 있어서 국가의 간섭이나 침해에 대한 방어권으로서 주관적 공권일 뿐만 아니라, 동시에 객관적인 가치질서로서 이중적 성격을 지닌다. 이러한 객관적 측면에 의하여 양심의 자유는 민주주의질서와 법치국가질서의 기초로서, 나아가 국가적 헌법질서의 기초를 이루는 요소로서의 성격을 지닌다. 양심의 자유의 주체는 모든 자연인이며, 내국인만이 아니라 외국인과 무국적자도 그 주체가 되는 인간의 권리라고 하겠다.[16] 양심의 자유는 인간의 권리이므로, 법인 또는 법인격 없는 단체에게는 인정될 수 없다.

Ⅱ. 良心과의 구별개념

양심의 자유를 보장함에 있어 우선 문제가 되는 것은 과연 보호해야 할 양심이란 무엇인가이다. 양심의 개념은 신앙의 개념과 구분된다. 양심은 인간의 윤리적 · 도덕적 영역에 속하는 문제인 반면, 신앙은 인간의 본질을 고차원적 차원에서 이해하고자 하는 형이상학적 사고체계라고 할 수 있다. 양심이 윤리적 차원에서 관찰되는 개념이라면, 신앙은 종교적 차원에서 관찰되는 개념이다. 양심은 또 사상과 구별된다. 사상과 양심 모두 인간의 내심에 있어서의 정신작용을 말하는 것이며, 사상도 단순한 지식에 그치는 것이 아니고 하나의 가치관을 기초로 하는 체계적 사고를 지칭하기도 하므로 양자를 구분하는 것은 사실상 쉽지 않은 경우가 많다. 그럼에도 불구하고 사상은 다른 사람들의 사상 등과 마찰할 때 설득을 통한 변화의 가능성이 있는 반면 양심은 그러한 것이 불가능한 경우가 많다는 점에서 차이가 있다.[17]

한편 헌법은 제46조 제 2 항에서 국회의원의 양심, 헌법 제103조에서 법관의 양심을 규정하고 있다. 이러한 직업적 양심은 사회적 · 객관적 양심으로

---

15) 권영성, 474쪽.
16) 미성년자의 기본권 주체성도 인정되지만, 그 행사능력을 언제부터 인정할 것인가에 대한 문제는 남는다.
17) 허영, 391쪽.

서 직무수행과 관련된 양심이라는 점에서 개인적·주관적 양심을 의미하는
헌법 제19조의 양심의 자유와 차이점을 가진다. 만약 직업적 양심과 개인의
주관적 양심이 충돌한다면 직업적 양심을 우선할 것이 요청된다.[18]

Ⅲ. 良心의 自由의 內容

1. 양심결정의 자유와 양심유지의 자유

양심결정의 자유란 자기 자신의 가치관에 의해서 사물의 가치판단을 결
정하는 것을 보장한다. 이를 양심형성의 자유라고도 하는데, 양심결정시 국가
기관이나 사인의 간섭 없이 자유로운 사고에 의해서 이루어져야 한다는 것을
의미한다. 물론 양심결정의 자유가 개인의 양심의 결정에 있어서 외부로부터
일체의 영향이 배제되어야 한다는 것을 의미하는 것은 아니며, 교육과 도덕
관 등이 인간의 존엄성을 존중하는 한에서 영향력을 행사하는 것은 부인할
수 없다. 그러나 내면적 확신을 형성하는 과정에 있어서 선전·세뇌·약물·
최면·마취분석과 같이 인간의 존엄성을 존중하지 않는 영향력의 행사를 통
해 양심의 자유를 침해할 수 없다.

양심결정의 자유와는 달리 소극적으로 자신이 형성한 양심을 유지할 수
있는 양심유지의 자유도 보장된다. 양심유지의 자유는 다시 침묵의 자유와
양심추지금지, 양심에 반하는 행동을 강제당하지 않을 자유로 세분된다. 침묵
의 자유는 자기의 양심을 외부에 표시하는 것을 강제당하지 아니할 자유를
의미하는 것이다. 침묵의 자유는 형성된 양심, 즉 양심상의 결정을 침묵할 수
있다는 것이고 자기가 알고 있는 객관적 사실에 대해 침묵할 수 있다는 것을
의미하지 않기 때문에, 범죄수사 또는 재판절차에 있어서 사실에 관한 증인
의 증언거부나 신문기자의 취재원에 대한 증언거부 등은 침묵의 자유에 의하
여 보호되지 않는다. 또 일정한 행동을 하도록 강제하여 양심을 간접적으로
표명하도록 하고, 그 행동을 통해 내면의 양심을 추정하는 양심추지는 금지
된다. 따라서 십자가 밟기나 공직자 임용시 충성선서 등은 이에 의하여 금지

---

18) 양심의 범위를 어떻게 볼 것인가에 관하여, 내심의 자유 중 윤리적 성격만을 의미하는
   것으로 보는 윤리적 양심설과 윤리적 성격에만 국한될 필요가 없고 모든 내심의 자유를 의
   미하는 것으로 보는 사회적 양심설이 제시되고 있다. 사회적 양심설은 헌법 제19조의 양심
   의 개념에는 사상도 포함된다고 보게 된다.

된다. 아울러 양심에 반하는 행동을 강제당하지 않을 자유도 양심유지의 자유와 관련하여 살펴볼 수 있다. 사죄광고제도나 양심적 집총거부 등의 사례에서 이것이 문제되는바 아래에서 상술하기로 한다.

2. 양심실현의 자유의 인정여부

양심실현의 자유는 형성된 양심을 적극적으로 표명하고 그에 따라 행동할 자유, 즉 작위의 자유를 의미한다. 이것이 헌법상의 양심의 자유에 의해 보호되는가에 대하여는 견해가 대립한다. 일반적 견해는 이를 부정적으로 이해한다. 양심의 자유의 보호대상은 내심의 영역에 국한되고 외부영역은 제외된다는 전제 하에, 양심의 형성의 자유만이 보호영역에 속하고 양심의 활동의 자유는 제외되는 것으로 본다. 반면 긍정하는 견해는 양심의 자유의 보호대상은 내심의 영역만이 아니고 외부영역도 포함된다고 한다.19) 양심의 자유의 보호영역을 양심의 형성의 자유에만 국한한다면 양심의 자유를 법적으로 보장하는 의미가 없다는 데에 근거한다. 한편 이 문제를 절충적으로 이해하는 견해는 양심실현의 자유를 적극적 자유와 소극적 자유로 분류하여 소극적 자유는 양심의 자유의 보호영역에 속하는 것으로 보기도 한다.20)

양심의 자유에 양심실현을 제외한다면 양심의 자유의 의미는 현저하게 감소할 것이다. 따라서 양심의 자유의 의의를 살리기 위해 양심실현의 자유를 포섭하고자 하는 입장도 이해할 수 있다. 그러나 양심실현의 자유를 인정한다면, 도대체 "양심의 자유에 의하여 보호되지 않는 행동이란 것이 있는가?"라는 의문에 직면하게 된다. 모든 행동을 자신의 양심의 명령에 따른 행

---

19) 헌법 제19조가 보호하고 있는 양심의 자유는 양심형성의 자유와 양심적 결정의 자유를 포함하는 내심적 자유뿐만 아니라, 양심적 결정을 외부로 표현하고 실현할 수 있는 양심실현의 자유를 포함한다고 할 수 있다. 내심적 자유, 즉 양심형성의 자유와 양심적 결정의 자유는 내심에 머무르는 한 절대적 자유라고 할 수 있지만, 양심실현의 자유는 타인의 기본권이나 다른 헌법적 질서와 저촉되는 경우 헌법 제37조 제 2 항에 따라 국가안전보장·질서유지 또는 공공복리를 위하여 법률에 의하여 제한될 수 있는 상대적 자유라고 할 수 있다. 그리고 양심실현은 적극적인 작위의 방법으로도 실현될 수 있지만 소극적으로 부작위에 의해서도 그 실현이 가능하다 할 것이다(헌재 1998. 7. 16. 96헌바35).

20) 대법원은 "양심의 자유에는 이러한 양심 형성의 자유와 양심상 결정의 자유를 포함하는 내심적 자유뿐만 아니라 소극적인 부작위에 의하여 양심상 결정을 외부로 표현하고 실현할 수 있는 자유, 즉 양심상 결정에 반하는 행위를 강제받지 아니할 자유도 함께 포함되어 있다"고 하여 소극적 양심실현의 자유까지만 인정하고 있다(대법원 2004. 7. 15. 선고 2004도2965 전원합의체 판결).

동이라고 주장한다면 다른 기본권 규정들은 무의미해질 것이고, 인간의 모든
행위는 일단 양심의 자유에 의하여 보장되는 것으로 논리구성을 해야 할 것
이기 때문이다.[21) 양심이라는 말이 고도로 추상적인 개념이라는 점에 비추어,
이를 지나치게 확대적용하려 하는 논의는 의미가 적다.

Ⅳ. 良心의 自由의 制限과 限界

양심실현도 양심의 자유의 보호대상이라고 본다면 외부적 제한은 논리적
으로 가능할 수 있다. 즉 양심을 실현하는 행위가 다른 사람의 기본권을 침
해하거나 국가의 기본질서에 위배되는 경우에는 헌법 제37조 제 2 항에 의해
서 제한이 가능하다. 그러나 양심실현의 자유를 부인하는 입장에 따르면 애
초에 이러한 문제는 발생하지 않는다. 일반적으로 내심적 자유로서 양심의
자유는 외적 제한을 가하는 것이 사실상 불가능한 기본권이라고 하면서, 헌
법 제37조 제 2 항, 즉 국가안보 · 질서유지 · 공공복리를 위해서도 제한할 수
없는 절대적 권리라고 설명된다.[22) 그러나 내심적 양심의 자유가 제한되는
경우를 전혀 상정할 수 없는 것은 아니다. 특히 양심유지의 자유와 관련하여
이를 제한하는 사례는 빈번한 편이다. 이러한 제한에 있어서 헌법 제37조 제
2 항의 요건은 엄수되어야 한다.[23)

양심의 자유와 관련된 제한으로 경향기업이라는 것이 문제된다. 경향기
업이란 정신적 · 이념적 목적실현을 위한 단체[24)로서 경향기업이 구성원의 사
상 · 신조를 고용조건으로 삼는 것은 가능하다고 본다. 아울러 법을 따르는

---

21) 부정적으로 보는 입장에서는 양심실현은 주로 표현의 자유에 의하여 보호되는 것으로 보
면 된다고 하고 있다.
22) 이를 인정하는 견해를 이른바 내면적 무한계설이라고 한다.
23) 헌법재판소는 전투경찰대설치법 등에 대한 헌법소원사건에서 "공격적인 양상으로 변한
시위진압임무에 투입되어 정신적 · 육체적 고통을 겪어 왔고, 국민들의 항의와 비난으로 인
하여 윤리적 · 도덕적인 자괴감을 떨치지 못하고 있다 하더라도, 공격적인 양상의 시위진압
방식은 그때그때의 시위의 양상에 즉응하여 법률에 근거한 경찰공무원의 임무로서 행하여
지는 시위진압업무의 성질상 불가피한 것이거나 시위진압을 지휘하는 자의 재량으로 결정
될 사항이므로 시위진압방식이 공격적인 양상을 취함으로써 청구인의 개인적 경험이나 윤
리관 · 도덕관과 어긋난다고 하여 그러한 사실만 가지고 이 사건 진압명령이 넓은 의미의
국방의 의무를 수행하기 위하여 경찰공무원의 신분을 가지게 된 청구인의 행복추구권 및
양심의 자유를 침해하였다고 볼 수도 없다"고 하였다(헌재 1995. 12. 28. 91헌마80).
24) 예컨대 종교교단이 세운 학교, 신문사, 선교단체 등이 이에 해당한다.

것이 자신의 인격적인 존재가치의 파멸을 의미하게 되어, 양심의 소리에 따라 법규범에 반하는 행동을 한 양심범을 처벌하는 것도 양심의 자유에 대한 제한이라고 할 수 있다. 그러나 양심범의 특수성을 구체적인 사안에서 충분히 고려해야 하겠지만[25] 원칙적으로 그 위법성을 부인하는 것은 불가능하다.

V. 良心의 自由의 問題狀況

1. 사상전향제도와 준법서약서의 문제

사상전향제도와 준법서약서 모두 이른바 양심범의 문제와 연결된 제도이다. 양심범이란 법적 개념은 아니며, 법률적 개념으로는 정치범·확신범이라는 용어를 사용하는 것이 보통이다. 이른바 양심수라는 말은 국제사면위원회(Amnesty International)에 의해서 마련된 인권기준에서 "폭력을 행사하지도 또 그 주장을 펴지도 않았는데도 사상·언어·인종·종교 등을 이유로 투옥된 사람들"을 가리켜 '양심(良心)의 수인(囚人)'이라고 한 데서 공식적인 개념화가 이루어진 것이라고 보인다.

이러한 양심수의 문제는 20세기 이후 사상전향제도와 이를 통한 사상탄압으로 인하여 더욱 불거지게 되었다. 선·후진국을 막론하고 사회주의 체제가 압박해 들어오면서 이를 저지하기 위한 국가의 양심수에 대한 사상전향 강제가 이루어지기 시작하였다. 우리나라의 경우 사상전향제는 일본 국왕에 대한 충성서약에서 비롯된 것으로, 인간 내면의 생각을 법이나 제도로 바꾸려는 일제 식민지의 지배수단으로 일제 때부터 사상범에 대해서 유지해 온 제도이다.[26] 이것이 해방 후에는 남북분단과 냉전시대 하에서 반공이라는 이름으로 사상규제가 강행되면서 주로 체제저항운동과 반대파 및 비판적 지식인에 대한 탄압으로 악용되면서 정권의 유지수단인 탄압체제로 굳어진 비극적 산물이다. 이러한 사상전향제도는 지난 1998년 폐지되기에 이른다. 당시

---

25) 허영, 398쪽.
26) "보안처분기간의 갱신 여부를 결정함에 있어 처분 대상자의 신념이나 사상을 신문하고 전향의 의사를 확인하는 것은 그 대상자가 같은 법 제6조 제1항 소정의 '죄를 다시 범할 현저한 위험성'의 유무를 판단하기 위한 자료를 수집하는 과정에 불과할 뿐 전향의 의사를 강요하는 것이 아니므로 이를 두고 양심의 자유를 보장한 헌법규정에 반한다고 볼 수 없다" (대법원 1997. 6. 13. 선고 96다56115 판결).

정부측의 입장에 따르면27) 사상전향제도는 우리 헌법이 보장한 양심의 자유
를 침해하는 것이며, 인권국가로서의 우리나라의 이미지를 훼손시킬 뿐 그
실효성은 없고, 사상전향제도의 폐지로 안보에 허점이 생길 것이라는 주장은
지나친 걱정이리는 점 등이 사상전향제도의 폐지이유이다.

그러나 사상전향제도는 이른바 준법서약서제도에 의하여 대체되었다. 이
제도의 내용은 사상전향제도의 근거가 되었던, 공안사범교화요강(법무부령 제
227호)을 개정해 처벌받게 된 경위, 대한민국 헌법과 법률을 준수하겠다는 명
확한 의지의 표현, 장래의 생활계획, 기타 하고 싶은 말 등 네 가지를 적게
한다는 것이다. 그러나 예상외로 많은 문제점이 제기되자 정부의 입장은 이
네 가지 항목을 다 쓸 필요는 없고 법질서 준수의지만 나타내면 된다는 유연
성을 보였다.28) 그런데 이것도 전향제를 폐지한 것은 진일보한 것이지만 준
법서약제도는 옷만 바꿔 입은 전향제로서 위헌의 소지가 있고, 만약 준법서
약서에 응하지 않을 경우 마치 국법질서를 준수하지 않겠다는 의사로 독해된
다면 역시 양심의 자유를 침해하는 것이라는 비판이 제기되었다. 즉 준법의
거부가 양심상의 결정에 따른 경우에는 준법서약을 강제하는 것 또한 양심의
자유를 침해할 수 있다는 것이다. 또 시국사범들에게만 준법서약을 요구하는
것은 평등원칙에도 위반된다. 물론 이러한 비판론에 대하여 "법도 안 지키겠
다는 것인가?"라는 재비판이 가해졌고,29) 이에 따라 찬반양론이 첨예하게 대
립하여 왔다.

이러한 비판적 의견에 힘입어 2003년 7월 7일 법무부 정책위원회는 국
가보안법이나 노동법 위반 사범을 가석방시키기 위한 전제조건으로 규정돼
있는 '준법서약제'를 폐지하기로 의결하였다. 준법서약제가 사상의 변경을 강
요해 양심의 자유를 침해한다는 비판을 받고 있는 반면 형사정책적 실효성이
없고 인권침해 논란만 불러일으키는 만큼 폐지해야 한다는 공감대가 형성됐

---

27) 동아일보 1998년 7월 30일자 참조.

28) 자세한 내용은 이금옥, "준법서약서 또 다른 전향제도인가," 민주법학 제15호, 1999, 144
쪽 이하.

29) 헌법재판소는 2002년 4월 "준법서약서 제출이 양심의 자유와 평등권을 침해한다"는 내용
의 헌법소원에 대해 "헌법적 의무를 확인하는 것에 불과하며 양심의 영역을 건드리는 것은
아니다"라며 합헌결정을 내리기도 했다(98헌마425 등 병합). 그러나 2인의 재판관이 반대의
견을 개진했는데, 여기서 생각되어야 할 것은 우리의 제도가 북쪽보다 우위에 있다는 것은
더 이상 증거가 필요 없는 공지의 사실이고 그 비교우위의 핵심은 이 땅에는 다른 사상에
대한 관용이 있다는 사실일 것이다.

다는 것이 폐지의 이유이다. 양심의 자유보장이라는 측면에서 준법서약서의 폐지는 바람직한 발전이라고 보여진다.[30]

2. 양심적 집총거부의 문제

양심에 반하는 집총병역을 도저히 수행할 수 없음에도 불구하고 이를 수행해야 한다면, 이는 양심에 반하는 행동을 강제당하지 않을 권리의 침해가 될 수 있다. 그러나 남북한이 분단되어 있는 특수한 현실적 상황을 고려하여 우리나라 대법원과 헌법재판소[31] 판례는 양심적 집총거부에 대하여 종교상의 교리를 이유로 병역의무를 거부하는 것은 종교와 양심의 자유에 속하는 것이 아니라며 인정하지 않고 있다.[32] 그런데 최근 헌법재판소는 명시적 판례변경에 대한 언급 없이 헌법 제37조 제2항의 비례원칙은 모든 국가작용의 한계를 선언한 것이므로 국방의 의무를 형성하는 입법이라 할지라도 그에 대한 심사는 헌법상 비례원칙에 의해야 한다고 하였다.[33] 양심의 자유라는 헌법상

---

30) 하지만 이러한 법무부의 폐지결정에 대하여 찬반양론은 아직도 대립하고 있다. 환영하는 입장과 "해외에 체류중인 일부 반체제인사들의 경우 여전히 준법서약서를 써야 입국이 가능한 것"으로 되어 있는 것에 비추어 오히려 부족하다고 보는 입장, 준법서약서의 폐지가 안보와 관련하여 우려된다는 입장 등이 제기되고 있다.

31) 양심의 자유의 경우 비례의 원칙을 통하여 양심의 자유를 공익과 교량하고 공익을 실현하기 위하여 양심을 상대화하는 것은 양심의 자유의 본질과 부합될 수 없다. 양심상의 결정이 법익교량과정에서 공익에 부합하는 상태로 축소되거나 그 내용에 있어서 왜곡·굴절된다면, 이는 이미 '양심'이 아니다. 따라서 양심의 자유의 경우에는 법익교량을 통하여 양심의 자유와 공익을 조화와 균형의 상태로 이루어 양 법익을 함께 실현하는 것이 아니라, 단지 '양심의 자유'와 '공익' 중 양자택일 즉, 양심에 반하는 작위나 부작위를 법질서에 의하여 '강요받는가 아니면 강요받지 않는가'의 문제가 있을 뿐이다. 이 사건 법률조항을 통하여 달성하고자 하는 공익은 국가의 존립과 모든 자유의 전제조건인 '국가안보'라는 대단히 중요한 공익으로서, 이러한 중대한 법익이 문제되는 경우에는 개인의 자유를 최대한으로 보장하기 위하여 국가안보를 저해할 수 있는 무리한 입법적 실험을 할 것을 요구할 수 없다. … 현 단계에서 대체복무제를 도입하기는 어렵다고 본 입법자의 판단이 현저히 불합리하다거나 명백히 잘못되었다고 볼 수 없다(헌재 2004. 8. 26. 2002헌가1).

32) 대법원 1985. 7. 23. 선고 85도1094 판결.

33) 이 사건 법률조항은, '국민의 의무인 국방의 의무의 이행을 관철하고 강제함으로써 징병제를 근간으로 하는 병역제도 하에서 병역자원의 확보와 병역부담의 형평을 기하고 궁극적으로 국가의 안전보장이라는 헌법적 법익을 실현하고자 하는 것'으로 그 입법목적이 정당하고, 입영을 기피하는 현역 입영대상자에 대하여 형벌을 부과함으로써 현역복무의무의 이행을 강제하고 있으므로, 이 같은 입법목적을 달성하기 위한 적절한 수단이다. 또한 병역의무와 관련하여 대체복무제를 도입할 것인지의 문제는 결국 '대체복무제를 허용하더라도 국가안보라는 중대한 공익의 달성에 아무런 지장이 없는지 여부'에 대한 판단의 문제로 귀결되는바, 남북이 대치하고 있는 우리나라의 특유한 안보상황, 대체복무제 도입 시 발생할 병력자원의 손실 문제, 병역거부가 진정한 양심에 의한 것인지 여부에 대한 심사의 곤란성,

중요한 기본권의 최대한 보장을 위해 엄격한 심사기준인 비례성 원칙을 따르는 것은 당연한 것으로, 2004년의 '양심의 자유'와 '공익'간 양자택일의 문제로 본 헌재의 판례는 법리적으로 옳지 않다는 비판이 있어왔다. 2011년의 비례성 심사에 따른 헌재의 판례가 양심의 자유에 대한 심사기준으로 옳은 것으로 판단한다.

한편 독일에서는 양심에 반하여 집총병역을 강제받지 아니한다는 규정을 기본법 제4조 제3항에 명문화하여 양심적 집총거부를 인정하고 있으며, 병역 거부자에게는 대체적 민간 역무를 부과하고 있다. 그러나 특정한 전쟁·조건·무기로 수행하는 전쟁을 거부하는 상황조건부 병역거부는 인정하지 않고 있다.

최근 우리나라에서도 이러한 양심적 병역거부에 대한 관심이 높아지고 있다. 이 문제는 헌법상 인정되는 병역의 의무와 또한 헌법상 인정되는 양심의 자유34)가 정면으로 충돌되는 양상을 나타내기 때문에 그 해결이 쉽지 않을 전망이다. 양심의 형성·유지·실현 등은 기본권 또는 인권에 의하여 그 보장이 철저할 것이 요구된다고 하겠다. 나아가 양심적 병역거부에 대하여 여

사회적 여론이 비판적인 상태에서 대체복무제를 도입하는 경우 사회 통합을 저해하여 국가 전체의 역량에 심각한 손상을 가할 우려가 있는 점 및 종전 헌법재판소의 결정에서 제시한 선행조건들이 아직도 충족되지 않고 있는 점 등을 고려할 때 대체복무제를 허용하더라도 국가안보와 병역의무의 형평성이라는 중대한 공익의 달성에 아무런 지장이 없다는 판단을 쉽사리 내릴 수 없으므로, <u>양심적 병역거부자에 대하여 대체복무제를 도입하지 않은 채 형사처벌 규정만을 두고 있다고 하더라도 이 사건 법률조항이 최소침해의 원칙에 반한다고 할 수 없다.</u> 양심적 병역거부자는 이 사건 법률조항에 따라 3년 이하의 징역이라는 형사처벌을 받는 불이익을 입게 되나, 이 사건 법률조항이 추구하는 공익은 국가의 존립과 모든 자유의 전제조건인 '국가안보' 및 '병역의무의 공평한 부담'이라는 대단히 중요한 공익이고, 병역의무의 이행을 거부함으로써 양심을 실현하고자 하는 경우는 누구에게나 부과되는 병역의무에 대한 예외를 요구하는 것이므로 병역의무의 공평한 부담의 관점에서 볼 때 타인과 사회공동체 전반에 미치는 파급효과가 대단히 큰 점 등을 고려해 볼 때 이 사건 법률조항이 법익균형성을 상실하였다고 볼 수는 없다. 따라서 이 사건 법률조항은 양심의 자유를 침해하지 아니한다.

34) 그러나 양심적 병역거부가 양심의 자유와 어떠한 관련을 맺고 있는가를 바라보는 시각은 매우 다양하다. 양심의 형성인가, 실현인가, 아니면 부작위에 의한 실현인가, 단순한 침묵인가, 오히려 적극적인 실현인가에 대하여 실제로 학설이 대립하고 있다. 일반적인 견해는 양심적 병역거부를 부작위에 의한 양심실현으로 보고있다고 하겠다(예컨대 한인섭, "양심적 병역거부: 헌법적·형사법적 검토," 인권과 정의, 제309호, 2002, 13-35[19]쪽). 하지만 병역거부를 모두 양심의 자유로 설명하는 시도는 문제가 없지 않다. 즉 이 경우 양심의 의미는 무엇인가, 양심적 거부를 인정할 경우 그 양심은 누가 평가할 것인가의 문제가 남아 있게 된다. 그러나 이른바 양심적 병역거부가 기본권적인 근거를 갖는다는 점에는 이의가 없다고 생각한다.

러 국제적 결의는 이를 인정할 것을 선언하고 있다.[35] 그러나 국가법질서 내에서 구체적인 기본권이 과연 얼마나 실현될 수 있는 것인지에 대하여는 상당히 많은 문제점이 존재하며, "절대적으로 보장되어야 하는 양심의 자유→ 양심의 자유에 의하여 도출되는 병역거부권→ 절대적으로 보장되는 양심적 병역거부"라는 도식은 쉽게 이루어지지 않는다. 국가와 국민의 관계에 있어서는 양자의 권리와 의무의 등가성이 어떠한 지점에서 균형을 맞출 수 있는 것인지는 언제나 유동적인 것이라고 할 수 있으며, 결국 국가의 (국방정책 등과 관련된) 제반 여건과 국민의 의식·감정 등에 의존하여 정해질 수밖에 없다.

이와 관련하여 최근 헌법재판소는 양심적 병역거부자에 대한 대체복무제를 규정하지 아니한 병역법 조항이 과잉금지원칙을 위반하여 양심적 병역거부자의 양심의 자유를 침해한다고 결정하였다. "병역종류조항이 규정하고 있는 병역들은 모두 군사훈련을 받는 것을 전제하고 있으므로, 양심적 병역거부자에게 그러한 병역을 부과할 경우 그들의 양심과 충돌을 일으키는데, 이에 대한 대안으로 대체복무제가 논의되어 왔다. 양심적 병역거부자의 수는 병역자원의 감소를 논할 정도가 아니고, 이들을 처벌한다고 하더라도 교도소에 수감할 수 있을 뿐 병역자원으로 활용할 수는 없으므로, 대체복무제를 도입하더라도 우리나라의 국방력에 의미 있는 수준의 영향을 미친다고 보기는

---

35) 유엔의 1948년 세계인권선언 제18조는 양심의 자유를 인정하고 있으며, 1978년 결의안은 군사활동에 관한 참여거부권을 비교적 명확하게 규정하고 있다고 한다. 특히 유엔인권위원회 1998년 결의는 "① 양심적 병역거부권은 종교적·도덕적·윤리적·인도주의적 또는 이와 유사한 동기에서 발생하는 심오한 신념 또는 양심에서 유래하는 것으로, 이미 군복무를 하고 있는 사람도 양심적 병역거부권이 있다. ② 양심적 병역거부권은 세계인권선언 제18조 등에 기초한 정당한 권리행사이다. ③ 양심적 병역거부권을 보장하는 제도가 없는 국가는 양심적 병역거부자의 신념에 차별을 하지 않고 양심적 병역거부가 특정한 사안에서 타당한지를 결정할 임무를 맡을 독립적이고 공정한 의사결정기관을 마련하여야 한다. ④ 또한 징병제를 채택하고 있는 국가에 대하여 양심적 병역거부자를 위하여 양심적 거부의 이유에 부합하는 다양한 형태의 대체복무를 도입하되 그 대체복무는 공익적이고 형벌적 성격이 아닌 비전투적 또는 민간성격이어야 한다. ⑤ 국가는 양심적 병역거부자를 구금하거나 반복적으로 형벌을 받지 않도록 하여야 한다. ⑥ 국가는 양심적 병역거부자를 경제·사회·문화·시민 또는 정치적 권리 등의 측면에서 차별해서는 안 된다. ⑦ 양심적 병역거부로 인하여 박해를 받아 그 나라를 떠난 사람들을 난민으로서 보호하여야 한다. ⑧ 양심적 병역거부권과 양심적 거부자의 지위신청에 대한 정보가 병역에 영향을 받는 모든 사람들에게 쉽게 제공될 수 있도록 하여야 한다. ⑨ UN사무총장에게 본 결의를 UN회원국, UN전문기관, 관련 정부간 기구 및 비정부기구에 통보할 것을 요청한다"라고 선언하였다(오재창, "국제인권법상 양심적 병역거부권의 인정과 국내의 최근동향," 인권과 정의 제309호, 36-44[37]쪽 참조).

어렵다. 국가가 관리하는 객관적이고 공정한 사전심사절차와 엄격한 사후관
리절차를 갖추고, 현역복무와 대체복무 사이에 복무의 난이도나 기간과 관련
하여 형평성을 확보해 현역복무를 회피할 요인을 제거한다면, 심사의 곤란성
과 양심을 빙자한 병역기피사의 증가 문제를 해결할 수 있으므로, 대체복무
제를 도입하면서도 병역의무의 형평을 유지하는 것은 충분히 가능하다. 따라
서 대체복무제라는 대안이 있음에도 불구하고 군사훈련을 수반하는 병역의무
만을 규정한 병역종류조항은, 침해의 최소성 원칙에 어긋난다. 병역종류조항
이 추구하는 '국가안보' 및 '병역의무의 공평한 부담'이라는 공익은 대단히
중요하나, 앞서 보았듯이 병역종류조항에 대체복무제를 도입한다고 하더라도
위와 같은 공익은 충분히 달성할 수 있다고 판단된다. 반면, 병역종류조항이
대체복무제를 규정하지 아니함으로 인하여 양심적 병역거부자들은 최소 1년
6월 이상의 징역형과 그에 따른 막대한 유무형의 불이익을 감수하여야 한다.
양심적 병역거부자들에게 공익 관련 업무에 종사하도록 한다면, 이들을 처벌
하여 교도소에 수용하고 있는 것보다는 넓은 의미의 안보와 공익실현에 더
유익한 효과를 거둘 수 있을 것이다. 따라서 병역종류조항은 법익의 균형성
요건을 충족하지 못하였다. 그렇다면 양심적 병역거부자에 대한 대체복무제
를 규정하지 아니한 병역종류조항은 과잉금지원칙에 위배하여 양심적 병역거
부자의 양심의 자유를 침해한다. 헌법재판소는 2004년 입법자에 대하여 국가
안보라는 공익의 실현을 확보하면서도 병역거부자의 양심을 보호할 수 있는
대안이 있는지 검토할 것을 권고하였는데, 그로부터 14년이 경과하도록 이에
관한 입법적 진전이 이루어지지 못하였다. 그사이 여러 국가기관에서 대체복
무제 도입을 검토하거나 그 도입을 권고하였으며, 법원에서도 양심적 병역거
부에 대해 무죄판결을 선고하는 사례가 증가하고 있다. 이러한 사정을 감안
할 때 국가는 이 문제의 해결을 더 이상 미룰 수 없으며, 대체복무제를 도입
함으로써 기본권 침해 상황을 제거할 의무가 있다".[36]

3. 양심의 자유와 사죄광고

우리 민법은 불법행위로 인한 손해배상과 관련하여 제764조에서 名譽毁
損의 境遇의 特則을 두어 "他人의 名譽를 毁損한 者에 對하여는 法院은 被

---

36) 헌재 2018. 6. 28. 2011헌바379 등.

害者의 請求에 依하여 損害賠償에 갈음하거나 損害賠償과 함께 名譽回復에 適當한 處分을 命할 수 있다"라고 규정하고 있다. 이 조항에 따라 종래 사죄광고를 명하는 판결이 종종 내려졌다. 그런데 사죄광고란 타인의 명예를 훼손하여 비행을 저질렀다고 믿지 않는 자에게 본심에 반하여 사과를 강제하는 것을 의미한다. 명예훼손에 대한 민사상의 구제로서 사죄광고를 명하는 판결의 경우에 양심상 이를 도저히 수용할 수 없지만 사죄광고라는 행위를 할 수밖에 없다면 양심에 반하는 행동을 강제당하지 않을 자유가 침해되는 것이므로 위헌의 소지가 있었던 것이었다.

이에 헌법재판소는 민법 제764조가 사죄광고를 포함하는 취지라면 그에 의한 기본권제한에 있어서 그 선택된 수단이 목적에 적합하지 않을 뿐만 아니라 그 정도 또한 과잉하여 비례의 원칙이 정한 한계를 벗어난 것이고, 헌법 제37조 제 2 항에 의하여 정당화될 수 없는 것으로서 헌법 제19조에 위반되는 동시에 헌법상 보장되는 인격권의 침해에 이르게 된다고 하였다. 민법 제764조 명예회복에 적당한 처분에 사죄광고를 포함시키는 것은 헌법에 위반된다는 의미는, 동조소정의 처분에 사죄광고가 포함되지 않는다고 하여야 헌법에 위반되지 아니한다는 것으로서, 이는 동조와 같이 불확정개념으로 되어 있거나 다의적인 해석가능성이 있는 조문에 대하여 한정축소해석을 통하여 얻어진 일정한 합의적 의미를 천명한 것이며, 그 의미를 넘어선 확대는 바로 헌법에 위반되어 채택할 수 없다는 뜻이라고 판결하여 사죄광고제도의 위헌성을 밝힌 바 있다.[37]

제 3 절　學問의　自由와　藝術의　自由

I. 學問의　自由

1. 학문의 자유의 의의

모든 국민은 헌법 제22조 제 1 항에 의하여 학문의 자유를 가진다. 학문이란 자연에 대한 법칙이나 진리를 탐구하는 인간의 일체의 활동을 의미하는 것

---

37) 헌재 1991. 4. 1. 89헌마160.

으로, 다원성, 개방성, 독자성, 자율성을 수반하는 정신적 기본권이라고 할 수 있다. 나아가 학문의 자유는 인격의 자유로운 발현, 문화국가의 기초확립에 기여하는 역할을 한다. 17세기 영국의 베이컨과 밀턴이 학문의 자유를 주장하여 오늘날 대부분의 국가에서 이를 보장하고 있다. 성문헌법상 최초의 학문의 자유는 1849년 독일의 프랑크푸르트 헌법에서 규정되었으며, 이후 거의 모든 국가에서 규정하고 있다. 우리나라에서는 건국헌법에서부터 이를 규정하고 있다.

학문의 자유는 주관적 공권인 동시에 객관적 가치질서로서의 성격을 가진다. 즉 연구와 교수(가르침) 및 연구결과의 발표나 학문활동을 위한 집회·결사에 있어서 국가의 간섭이나 침해에 대해 방어할 수 있는 주관적 공권의 성격을 지님과 동시에 사회의 지적 수준을 향상하고 문화국가질서를 적극적으로 형성하게 하는 객관적 가치질서로서의 역할을 한다. 특히 대학의 자유는 대학의 제도적 자주성의 보장이라는 점에서 객관적 요소로서의 성격이 뚜렷이 나타난다. 학문의 자유의 주체는 국민과 외국인을 포함한 자연인 및 대학이다. 국·공립대학의 경우에는 공법인임에도 그 주체성이 인정된다. 연구목적의 조직도 그 주체가 될 수 있으며 법인격을 반드시 지닐 필요도 없다.

2. 학문의 자유의 내용

학문의 자유는 먼저 학문연구의 자유를 그 내용으로 한다. 이것은 진리를 탐구하는 행위로서 학문적 연구주제 등과 관련하여 국가공권력에 의한 부당한 간섭을 받지 아니하는 것을 의미한다. 학문연구의 자유는 헌법 제37조 제2항에 의해서 제한되기 곤란한 기본권이다. 다만 연구의 장소나 방법 등과 관련하여 핵이나 독극물 등과 같은 위험물질의 취급이 공공의 안녕질서 및 기타법익과 충돌될 수 있다. 이 경우 제한이 불가피할 수 있지만, 일차적으로 연구자의 양식과 자기책임에 맡기는 것이 학문의 자유의 확대차원에서 바람직하다.[38]

---

38) 위험물질과 관련된 제한과는 별도로 최근 배아복제 등과 관련하여 윤리적 제한이 문제되는 사례가 늘고 있다. 1997년 2월 영국에서 6년생 양의 체세포에서 채취한 유전자를 핵이 제거된 다른 암양의 난자와 결합시켜 이를 대리모 자궁에 이식하여 새끼양 돌리를 낳게 하여 세계 최초로 포유동물을 복제하는 데 성공했다. 그러나 2003년 2월 노화에 따른 폐질환으로 복제한 지 6년 반 만에 안락사시켰다. 이러한 실험은 성인의 체세포를 떼어내 자신과

　학문의 자유의 두 번째 내용으로 강학의 자유 내지 교수(가르침)의 자유
가 제시된다. 이것은 피교육자를 대상으로 자유롭게 강의를 할 수 있는 자유
를 의미하며, 구체적으로 강학의 대상·형식·내용·방법·시간과 장소를 누
구의 지시나 감독을 받지 않고 자유로이 선택할 수 있는 것을 말한다. 그 주
체는 대학이나 고등교육기관에 있는 교육담당자에 한하고, 초·중·고 교사나
일반 국민에게는 인정되지 아니한다.39) 강학의 자유에는 대학의 강단 등에서
발표하는 자유와 학설의 자유를 포함한다.

　학문의 자유의 한 내용으로 학문연구결과 발표의 자유와 학문적 집회·
결사의 자유가 제시된다. 전자는 연구결과를 외부에 발표하는 것을 자유로이
할 수 있는 것으로, 특정 집회에서 발표하거나 논문 등을 통해서 발표하는
자유를 의미한다. 연구결과발표의 자유는 표현의 자유의 한 형태이지만 그것
이 학문성을 가진 내용의 발표인 한 일반적인 표현의 자유와는 달리 학문의
자유로서 특별히 보호되어야 한다. 즉 표현의 자유에 대하여 특별법적 지위
를 가진다. 학문연구결과 발표의 자유는 상대적 기본권으로서 필요한 범위
내에서 제한 가능하다. 헌법재판소는 교과서 검정·인정 제도의 합헌성을 판
단한 바 있다.40) 또 학문적 집회·결사의 자유는 공동으로 연구를 하거나 연
구결과를 발표하기 위하여 집회를 개최하거나 단체를 결성하는 자유를 말한
다. 학문적 집회의 자유란 학문적인 모임을 자유롭게 가질 수 있는 자유임에
비하여, 학문적 결사의 자유는 학문적인 단체를 구성할 수 있는 자유를 의미
한다. 학문적 집회·결사의 자유는 일반적 집회·결사의 자유보다 특별한 보
호를 받는다.

　　같은 인간을 만들 수 있는 이론적 가능성을 열어 놓았고 인간 복제에 관한 윤리문제는 종
　　교계를 중심으로 확산되었다. 열성인자를 가진 사람도 자기 수준에 맞는 완성의 의미를 가
　　지고 있기 때문에 유전자 조작을 허용할 수 없고, 인간 복제로 벌어질 복잡한 문제를 감안
　　하지 않은 채 의학적으로 가능하다고 해서 인간이 신의 영역인 생명의 창조를 시도하는 것
　　은 잘못이라는 것이다.
39) 헌법재판소는 "진리탐구의 자유와 결과발표 내지 수업의 자유는 같은 차원에서 거론하기
　　가 어려우며, 전자는 신앙의 자유·양심의 자유처럼 절대적인 자유라고 할 수 있으나, 후자
　　는 표현의 자유와도 밀접한 관련이 있는 것으로서 경우에 따라 헌법 제21조 제4항은 물
　　론 제37조 제2항에 따른 제약이 있을 수 있는 것이다. 물론 수업의 자유는 두텁게 보호되
　　어야 합당하겠지만 그것은 대학에서의 교수의 자유와 완전히 동일할 수는 없을 것이며 대
　　학에서는 교수의 자유가 더욱 보장되어야 하는 반면, 초·중·고교에서의 수업의 자유는 제
　　약이 있을 수 있다고 봐야 할 것이다"라고 하였다(헌재 1992. 11. 12. 89헌마88).
40) 헌재 1992. 11. 12. 89헌마88.

3. 대학의 자유(자치)

(1) 개   념

학문은 역사적으로 대학에서 주로 행해졌기 때문에 대학의 자유가 보장
되지 않고는 학문의 자유가 실현될 수 없다. 대학의 자유 내지 자치란 학문
연구와 교육이라는 대학 본연의 임무를 달성하기 위하여 대학의 운영에 관한
모든 사항을 대학의 교수회를 중심으로(교수주체설) 외부의 간섭 없이 자율적
으로 결정할 수 있는 자유를 말한다. 즉 대학이 인사·학사·시설·재정 등
대학과 관련된 모든 사항을 자주적으로 결정하고 운영할 자유를 의미한다.
대학의 자치의 헌법적 근거에 대하여는 제31조 제 4 항의 "대학의 자율성은
법률이 정하는 바에 의하여 보장된다"라는 규정에서 찾는 견해와 제22조 제
1 항과 제31조 제 4 항의 양 규정에서 찾는 견해가 대립된다. 대학의 자치는
학문의 자유의 핵심적 내용이라고 할 것이므로, 현행헌법 제31조 제 4 항은
대학의 자치의 직접적인 근거규정이라기보다는 그 보완규정으로 보는 것이
타당하다. 대학의 자치는 구체적으로 ① 교수의 임용과 보직 등을 자주적으
로 결정하는 것, ② 학생의 선발, 학생의 전형과 성적평가, 교수의 내용과 방
법, 학점의 인정, 학위의 수여, 학생의 징계 및 포상 등을 자주적으로 결정하
는 것, ③ 연구와 교수를 위한 시설과 그 관리 및 재정의 배정 등에 관해 자
주적으로 결정하는 것 등을 내용으로 하고 있다.41)

(2) 학생의 자치

대학의 자치에 학생의 자치가 포함된다고 보는 것이 일반적 견해이다.
다만 여기에서의 대학의 자치라 함은 대학자치의 중심인 교수회의 자치와 대
등한 관계에서 학교운영에 참가한다는 의미가 아니고, 학문연구와 교육의 효
과로서 보장될 수 있는 학생회와 과외활동의 자치적 운영 등을 말한다 하겠

---

41) 헌법재판소는 1994학년도 신입생선발입시안에 대한 헌법소원사건에서 "서울대학교가 1994
학년도 대학입학고사주요요강을 정함에 있어 인문계열의 대학별고사과목에서 국어(논술), 영
어, 수학을 필수과목으로 하고 한문 및 불어, 독어, 중국어, 에스파냐어 등 5과목 중 1과목
을 선택과목으로 정하여 일본어를 선택과목에서 제외시킨 것은 교육법 제111조의2 및 앞으
로 개정될 교육법시행령 제71조의2의 제한범위(법률유보) 내에서의 적법한 대학의 자율권
행사이다"라고 하였다(헌재 1992. 10. 1. 92헌마68등). 또 대학교수의 임용기간이 만료되면
임용권자가 재임용 유무를 결정할 수 있도록 규정한 것은 학문의 자유를 위배한 것은 아니다
(헌재 1997. 7. 16. 96헌바511).

다. 물론 대학의 인사·학사·재정·질서 등에 관하여 학생회의 발언권은 존
중되어야 하지만 그 결정참여권에는 일정한 한계가 있을 수밖에 없다. 소위
'학원의 민주화' 내지 '대학민주주의'를 내세워 대학 내의 모든 기구에 대학
구성원이 동률로 참여할 것을 주장하고 나오는 일부 움직임을 경계할 필요가
있다. 대학의 자치는 학문연구의 실적을 높이기 위한 것이지 통치형태에 관
한 민주주의 원리를 대학 내에 실험해 보기 위한 것이 아니기 때문이다.[42]

또한 학생회의 자치에도 일정한 한계가 있음은 물론이다. 일본이나 구미
각국에서 성행하고 있는 학교교사 점거 등을 통한 정치적 활동은 명백히 학
생회의 자치의 한계를 일탈한 것이다. 대학이 인정한 학내단체, 대학이 허가
한 학내집회라 해도 특별한 자유와 자치를 향유하는 것은 아니다. 학생의 본
분과 일반시민으로서의 규율에 어긋나지 않는 한에 있어서 학생의 자치는 인
정되어야 할 것이다.

(3) 경찰권과의 관계

오늘날 학내의 질서유지를 위하여 경찰권의 개입이 문제된다. 대학의 학
문연구와 교육활동이 경찰권의 영향 하에 놓이게 되면, 창조적인 대학으로써
의 활동이 정체될 뿐만 아니라 교수와 학생 사이에 자유로운 학문적 교류도
방해될 수밖에 없다. 따라서 학내에서 문제가 발생한 경우에는 원칙적으로
대학이 연구와 교육의 입장에서 대처하여야 한다. 그것이 대학의 능력의 한
계를 넘는 것이라고 판단되는 경우에만 비로소 경찰권이 개입할 수 있어야
하고, 그 판단의 우선권을 대학 측에 부여하여야 한다.[43] 따라서 경찰이 대
학 내에서 단순한 정보수집활동을 넘어서 보다 구체적인 경찰권 행사를 하기
위하여 대학 당국에 사전동의를 구해야 한다고 본다.

---

42) 허영, 418쪽.
43) 동경대학의 Popolo 극단이 대학의 허가를 받고 연극발표회를 개최하였는데, 경찰관이 입
   장권을 구입하여 발표회장에 사복을 하고 참석한 것을 학생들이 발견하고 경찰관을 감금하
   여 사죄문을 쓰게 하였다고 하여 기소된 사건에서 일본 최고재판소는 학내에서의 학생들의
   집회라 하더라도 학문연구와 무관한 집회일 경우 학문의 자유나 대학의 자치에 의하여 보
   호되지 않는다고 하여 학생들의 불법행위를 인정하였다(最大判 1963. 5. 22. 刑集 17卷 4
   號). 한편 그에 대한 제 1 심판결(東京地判 1954. 5. 8. 刑集 17권 4호 428쪽)과 동 항소심판
   결(東京高裁 1956. 5. 8)에 의하면, "학문의 자유와 대학자치의 본질상 학내에 있어서 경비
   정보활동을 엄격히 제한하여, 학내의 질서유지는 제 1 차적으로 대학에 의하여 자주적으로
   행해지지 않으면 안 된다"라는 견해로써, 본건에 있어서 경찰관이 학내에 출입한 것과 학
   생서클인 극단 Popolo座 공연장에 입장한 것은 위법이라 하였다.

4. 학문의 자유의 제한과 한계

학문연구를 위하여 불온서적을 소지하는 것은 범죄를 성립시키지 않는 것이 원칙이다. 학문연구의 자유는 헌법 제37조 제2항에 의해서도 제한하기 곤란하지만, 강학의 자유, 학문연구결과발표의 자유, 학문적 집회·결사의 자유, 대학의 자유는 그 제한이 가능하다. 학문의 자유는 이론적으로 법률에 의한 제한이 가능하더라도 학문의 자유의 성질상 법률에 의한 제한은 가급적 자제되어야 한다. 단 제한이 불가피한 경우에도 제37조 제2항상의 요건을 엄수하여 제한의 법익과 보호의 법익이 동시에 최적의 실효성을 나타날 수 있도록 비례적으로 정서되어야 하고 그 본질적인 내용은 침해할 수 없다.

Ⅱ. 藝術의 自由

1. 예술의 자유의 의의

예술이란 미를 추구하는 인간의 창조적인 행위를 의미한다. 그리고 이러한 행위를 보장하는 것이 바로 헌법상 예술의 자유이다. 그러나 실제에 있어 예술이 무엇인지 명확히 구분하는 것은 쉬운 일이 아니다. 종교의 자유나 양심의 자유에서 그러했던 것과 같이 예술의 자유도 예술이 무엇인가를 확인하는 작업에서부터 문제가 발생한다. 일단 예술은 자기목적적인 것이라고 본다. 따라서 극장의 간판과 같은 상업적 목적인 상업광고물과 단순한 기능적 능력 발휘에 의하여 이루어지는 것은 예술의 자유에 의해 보호되지 않는다. 또 예술작품은 그 주안점이 표현에 있지, 전달에 있지 않다는 점에서 표현의 자유와는 구별된다고 한다.[44]

예술의 자유는 1919년 독일의 바이마르공화국 헌법에서 최초로 규정되었으며, 예술적 창작, 표현과 관련되는 행위에 대한 국가의 간섭과 영향, 침해에 대한 방어권으로서 주관적 공권인 동시에 문화국가의 정신을 구현하는 객관적 가치질서로서의 성격도 가진다. 예술의 자유는 자연인만이 그 주체가 될 수 있는 기본권이며, 외국인이나 무국적자에게도 인정되는 권리이다. 한편 미술관·박물관과 같은 단체 또는 법인에 대하여는 예술의 자유의 주체가 될

---

44) 허영, 422쪽.

수 없다고 보는 견해와 예술의 자유의 주체가 될 수 있다고 보는 견해가 대
립한다.45)

2. 예술의 자유의 내용

예술의 자유는 예술창작의 자유와, 예술 표현의 자유, 예술적 집회·결사
의 자유 등을 그 세부내용으로 하고 있다. 예술창작의 자유란 예술과 관련되
는 소재 등을 자유롭게 선택할 수 있는 자유를 포함한 예술작품의 창작과정
전체의 자유로움을 보장한다. 예술창작의 자유는 예술의 자유 중에서 가장
기본적이고 핵심적인 자유권이자 법률로써 제한하기 어려운 권리이다. 그리
고 예술창작의 자유는 전문예술인에게만 부여되는 것이 아니라 모든 사람에
게 부여된다. 헌법이 예술의 자유를 보장하는 이유는 예술창작을 통한 인격
의 자유로운 발현을 보장하려고 하기 때문이다. 예술적 표현의 자유란 예술
가가 예술작품을 외부에 표현하는 자유를 의미한다. 즉 예술품을 전시장에서
전시하거나 공연장 등의 공간에서 공연하는 것이다. 예술표현은 예술창작과
불가분의 관계를 가지며, 예술창작에 봉사하는 기능을 수행한다. 국가에서 예
술경향에 대하여 간섭하는 것은 예술의 자유에 관한 본질적인 내용을 침해하
는 것이다. 한편 예술품과 관련한 경제적 활동에 대하여는 예술의 자유가 아
닌 재산권에 의해 보장되며, 예술작품에 대한 비평은 예술의 자유가 아닌 언
론의 자유에 의해 보장된다고 하겠다. 예술적 집회·결사의 자유는 예술활동
을 위하여 집회를 개최하고 결사를 조직할 수 있는 자유를 의미한다. 예술적
집회·결사의 자유는 헌법 제21조에 규정된 집회·결사의 자유보다도 특별한
보호를 받는다.

3. 예술의 자유의 제한

예술의 자유도 헌법 제37조 제2항에 의한 제한의 대상이 된다. 예술창
작의 자유의 경우 이러한 법적 제한이 곤란하지만, 영화나 연극 등을 통한
예술적 표현의 자유나 집회·결사의 자유행사는 그 대중성이나 직접성 때문
에 상대적으로 강한 규제를 받기도 한다. 그러나 이러한 제한도 자의적으로

---

45) 헌법재판소는 음반제작업자도 예술의 자유를 향유하는 것으로 보아 예술의 자유에 대한
단체의 기본권 주체성을 인정할 수 있는 여지를 주고 있다(헌재 1993. 5. 13. 91헌바17).

이루어져서는 안 되며, 비례의 원칙에 적합하게 이루어져야 한다. 헌법재판소
는 공연윤리위원회에서 영화상영 전에 사전심의를 받도록 하고 이에 위반하
는 경우에 제재하는 것은 사전검열에 해당하는 것으로 위헌이라고 하면서,
다만 청소년 등에 대한 영화상영이 부적절한 경우와 영화의 상영으로 인한
실정법위반을 사전에 예방하기 위하여 유통단계에서 효과적으로 관리할 수
있도록 미리 등급을 심사하는 것은 사전검열이 아니라고 하였다.46)

---

46) 헌재 1996. 10. 4. 93헌가13.

제4장 經濟的 基本權

제1절 居住·移轉의 自由

I. 居住·移轉의 自由의 意義

거주·이전의 자유는 인간존재의 본질적 자유 중 하나라고 할 수 있으며, 자기의 의사에 의하여 자유롭게 주거지를 설정할 수 있는 자유를 의미한다.[1] 거주·이전의 자유는 인격의 자유로운 발현, 정신적 자유의 보완 등의 역할을 하기도 하지만 무엇보다도 사회·경제생활영역에서 매우 중대한 의의를 지닌다. 즉 경제생활을 영위할 수 있는 곳으로 거주·이전할 수 있는 자유를 주로 보장하는 것이다. 따라서 거주·이전의 자유는 경제적 기본권의 성격과 정신적 기본권의 성격을 동시에 내재한 자유권이다.[2] 거주·이전의 자유와 가장 밀접한 기본권은 직업선택의 자유라 할 수 있다. 이것은 1919년 독일 바이마르 헌법에서 최초로 규정되었으며, 현행헌법 제14조에서는 "모든 국민은 거주·이전의 자유를 가진다"고 명시하여 보장하고 있다.

거주·이전의 자유의 주체는 자연인만이 아니라 법인도 그 주체가 된다. 또한 권리능력 없는 사단도 그 주체가 된다. 자연인 중 외국인 또는 무국적자도 그 주체가 될 수 있는가가 문제된다. 거주·이전의 자유는 인간의 권리가 아니라는 이유로 그 주체는 국민만이 될 수 있으며 외국인과 무국적자는 그 주체성이 부인된다고 보는 것이 일반적인 견해이다.[3] 다만 외국인의 경우

---

1) 김철수, 583쪽; 권영성, 460쪽; 허영, 452쪽; 강경근, 525쪽; 성낙인, 428쪽.
2) 거주·이전의 자유는 국민의 자유로운 생활형성의 전제를 보장한다는 점에서, 국가의 수사권으로부터 신체의 활동의 자유를 보장하는 신체의 자유와 구별되어야 한다.
3) 다만 외국인 등은 행복추구권(인격의 자유로운 발현 및 행동의 자유)을 근거로 하여 거주·이전의 자유를 간접적으로 향유할 수 있다고 하는 견해도 있다. 그러나 행복추구권을 이렇게 포괄적인 기본권으로서 확대인정한다면 행복추구권으로 보장될 수 없는 권리란 존

에도 입국의 자유는 부정되나 출국의 자유는 인정된다고 본다.

Ⅱ. 居住·移轉의 自由의 內容

거주·이전의 자유의 내용은 거주·이전하고자 하는 지역이 국내이냐 국외이냐에 따라 나누어 고찰해 볼 수 있다. 먼저 국내 거주·이전의 자유는 대한민국의 모든 지역으로 자유롭게 이전할 수 있는 자유를 의미한다. 헌법규정상 대한민국의 영토는 한반도와 그 부속도서로 규정되어 있으나, 대한민국의 통치권은 현실적으로 휴전선 이남에만 미치므로 북한지역으로의 거주 및 이전에 대해서는 국가보안법에 의해서 제한된다. 다만 북한지역으로 여행 등을 하기 위해서는 남북교류협력에관한법률의 규정에 의해서 통일부장관의 승인을 받아야 한다. 반드시 경제적 목적(예컨대 직업이나 영업상 이유)으로 거주·이전하는 것만 보호되는 것이 아니고, 휴양이나 관광목적의 이전도 보호된다.

국외 거주·이전의 자유에는 국외이주의 자유, 해외여행의 자유, 귀국의 자유가 있다. 국외이주는 자발적 의사에 의해서 이루어져야 하며, 강제이주 또는 강제출국은 원칙적으로 금지된다. 현행 해외이주법(제 6 조)은 해외이주를 신고사항으로 하고 있는데 이는 거주·이전의 자유의 침해는 아니라고 본다. 해외여행의 자유와 관련하여 여권법이나 출입국관리법에 의한 출입국의 제한은 필요하지만, 그 내용이 사실상 출국의 허가제나 마찬가지이거나 여권의 발급이 극히 어렵다면 거주·이전의 자유가 침해가 된다. 다만 병역미필자의 출국을 제한하는 것은 헌법위반이 아니라고 본다. 입국의 자유란 출국한 사람이 우리나라로 다시 돌아올 수 있는 자유를 의미한다.[4] 이와 관련하여 대한민국의 영토이면서도 대한민국의 통치권이 미치지 못하는 북한지역의 주민이 자유롭게 대한민국에 귀순할 자유의 근거가 있는지가 문제된다. 일부 견해는 북한주민의 귀순이 정치적 망명권의 행사라고 하는데,[5] 북한주민도 국내관계에서는 대한민국의 국민이라는 점에서 거주·이전의 자유가 근거가

재하지 않게 될 것이다.

4) 해외여행 및 해외이주의 자유는 필연적으로 외국에서 체류 또는 거주하기 위해서 대한민국을 떠날 수 있는 '출국의 자유'와 외국체류 또는 거주를 중단하고 다시 대한민국으로 돌아올 수 있는 '입국의 자유'를 포함한다(헌재 2004. 10. 28. 2003헌가18).

5) 홍성방, 435쪽.

된다고 봄이 타당하다.

아울러 모든 국민은 자유롭게 국적을 변경할 수 있는 자유를 가진다.[6] 즉 대한민국의 국민은 언제든지 또한 어떤 이유에서든지 일방적 의사에 의해 자유롭게 국적을 포기하고, 또 어떤 나라의 국적이든 자유롭게 취득할 수 있 다. 그러나 이것이 무국적의 자유를 인정하는 것은 아니다. 참고로 현행헌법 은 망명자에 대한 정치적 비호권을 규정하고 있지 않다.[7]

Ⅲ. 居住·移轉의 自由의 制限

거주·이전의 자유는 그 제한의 정도와 한계를 규정하여 제한할 수 있는 상대적 기본권으로서 헌법 제37조 제 2 항에 의해서 제한할 수 있다. 다만 거 주·이전의 자유를 제한하는 경우에도 본질적인 내용은 제한할 수 없다. 국가 안보상의 이유로 국가보안법은 북한지역으로의 여행을 제한하고 있으며, 치안 유지를 위하여 소년법이나 사회보호법이 그 거주지를 제한하고 있다. 국민보 건상의 이유로 감염병의 예방 및 관리에 관한 법률 등이 제한을 하기도 한다. 이 밖에도 부모의 자녀에 대한 거소지정권(민법 제914조), 부부의 동거의무(민 법 제826조), 파산자·재소자·군인·군무원 등의 거주지 제한도 현행법상 인정 되는 제한이다.

사법상 계약으로 거주·이전의 자유를 제한하는 경우가 문제된다. 사적 자치의 원칙에 의하여 원칙적으로 가능하겠지만, 그것이 기본권을 과도하게 제한하는 경우, 기본권의 대사인적 효력에 의하여 민법 제103조에 의한 계약 무효가 선언될 수 있다. 또 대도시의 인구집중을 막기 위해 입주를 막는 입 법이 문제되기도 한다. 대법원과 헌법재판소는 대도시의 인구집중을 억제하 고 공해방지를 위하여 등록세를 중과세하는 지방세법 제138조가 합헌이라고 하였다.[8] 아울러 대규모 국토개발과 관련하여 생활의 영위를 사실상 불가능 하게 하거나, 강제이주되는 경우가 문제될 수 있다. 다목적 댐을 만들기 위하

---

6) 거주·이전의 자유에는 국외에서 체류지와 거주지를 자유롭게 정할 수 있는 '해외여행 및 해외 이주의 자유'를 포함하고 덧붙여 대한민국의 국적을 이탈할 수 있는 '국적변경의 자유' 등도 그 내용에 포섭된다고 보아야 한다(헌재 2004. 10. 28. 2003헌가18).

7) 거주·이전의 자유는 소극적으로 장소를 변경하지 아니할 자유, 즉 한 장소에서 강제퇴 거 또는 강제이주되거나 추방당하지 아니할 자유를 보장한다.

8) 헌재 1998. 2. 27. 97헌바79.

여 마을이 수몰되는 경우가 그 예가 될 수 있는데, 일정 부분에 있어 이른바 '고향의 권리'가 인정될 여지가 있다.9) 한편 헌법재판소는 "약사법 제37조 제 2 항의 규정에 의하여 한약업사의 영업지역을 제한하는 것은 국민건강이 유지 향상을 위한 것으로, 한약업사의 거주·이전의 자유를 침해하는 것이 아니다"라고 판시하였다.10)

제 2 절   職業의 自由

I. 職業의 自由의 意義

직업이란 인간이 생활하는 데 필요한 생활의 기본적인 수요를 충족시키기 위해서 행하는 활동을 말한다. 직업의 자유는 직업을 선택하는 자유뿐만 아니라, 자기가 결정한 직업에 계속적으로 종사하거나 자율적으로 그것을 변경할 수 있는 자유를 의미하며, 거주·이전의 자유와 불가분의 관계를 형성한다. 직업의 자유의 현대적 의의는 단순히 인간의 생활수단을 보호하는 데 그치지 아니하며, 인격의 자유로운 발현과 인간의 존엄성을 보장할 뿐만 아니라 자유로운 사회·경제질서를 형성하는 기본적 요소가 된다는 데에 있다.11)

직업의 자유는 다른 기본권에 비해 그 명시적인 규정이 뒤늦게 이루어졌다. 1776년의 버지니아 권리장전이나 1789년 프랑스인권선언에는 그 규정이 없었으며, 이후의 헌법에 부분적인 내용을 담은 규정을 두기도 하였다.12) 1849년의 프랑크푸르트헌법에서 최초로 규정되었으나 시행되지 못하였고, 이후 1919년 독일의 바이마르헌법에서 규정한 이래 세계 각국의 헌법들이 이를 수용하였다. 우리나라에서는 제 5 차 개헌에서 최초로 직업의 자유가 규정되었으며 현행헌법은 제15조에서 "모든 국민은 직업선택의 자유를 가진다"라는 규정을 두고 있다. 현행헌법은 직업선택의 자유를 규정하고 있으나, 앞서 말한 직업의 자유의 의의에 비추어 이를 직업과정 전반의 기본권적 보호로

---

9) 허영, 453쪽.
10) 헌재 1991. 9. 16. 89헌마23.
11) 김철수, 590쪽; 권영성, 561쪽; 허영, 452쪽; 강경근, 529쪽; 성낙인, 431쪽.
12) 예컨대 프랑스의 1793년 헌법.

서, 즉 직업의 자유 보장으로서 이해함이 타당하다.

직업의 자유에서 말하는 직업이란 무엇인가를 밝히기 위해 몇 가지 개념 징표들이 제시되기도 한다. 첫째 생활수단성이 있을 것이 요구되는데, 따라서 단순한 취미활동은 직업이 될 수 없다. 생활수단성이 인정되는 하나 이상의 직업을 가질 수도 있고, 직업이 반드시 생계를 충분히 보장할 수 있는 활동 이어야 하는 것은 아니다. 두 번째로 계속성이 있을 것이 요구된다. 물론 어느 정도의 계속성을 의미하는 것이지, 종신적이어야 할 것을 요구하는 것은 아니며, 임시적인 활동을 배제하는 것도 아니다. 세 번째로 공공무해성이 요구되기도 한다. 즉 직업은 사회적으로 해롭지 않고 가치 있는 활동이어야 한다.13) 헌법에서 말하는 직업의 개념은 원칙적으로 개방적이어야 하며, 전통적으로 인정된 직업의 종류에만 국한되어서는 안 되고 시대적 및 사회적 환경의 변화에 따라 출현하는 다양한 직업도 포괄할 수 있는 것이어야 한다.

직업의 자유는 근대 시민사회의 출범과 동시에 인정된 것으로 개인의 경제생활의 터전이 되며, 자유로운 인격발전에 이바지하게 할 뿐 아니라, 자유주의적 경제사회질서의 요소가 되는 기본권이라고 평가된다. 따라서 직업의 자유도 주관적 공권으로서의 성격과 객관적 가치질서로서의 성격을 갖는다.14) 직업의 자유는 국민과 법인15)이 향유의 주체이며, 외국인은 제한적으로 인정된다. 그러나 공법인은 직업의 자유를 보장해야 하는 위치에 있기 때문에 인정되지 않는다. 또 직업의 자유는 대국가적 효력과 동시에 대사인적 효력도 갖는데, 퇴직 후 비밀유지의무나 겸업금지의무를 과도하게 부과하는 경우 직업의 자유 제한으로 인정될 여지가 있다.

Ⅱ. 職業의 自由의 內容

직업의 자유의 내용으로는 직업결정의 자유, 직업수행의 자유를 들 수

---

13) 헌재 1993. 5. 13. 92헌마80 참조.

14) 직업의 선택 혹은 수행의 자유는 각자의 생활의 기본적 수요를 충족시키는 방편이 되고, 또한 개성신장의 바탕이 된다는 점에서 주관적 공권의 성격이 두드러진 것이기는 하나, 다른 한편으로는 국민 개개인이 선택한 직업의 수행에 의하여 국가의 사회질서와 경제질서가 형성된다는 점에서 사회적 시장경제질서라고 하는 객관적 법질서의 구성요소이기도 하다 (헌재 1993. 5. 13. 92헌마80).

15) 법인의 설립은 그 자체가 간접적인 직업선택의 한 방법이기도 하다(헌재 1996. 4. 25. 92 헌바47).

있다. 먼저 직업결정의 자유는 좁은 의미의 직업선택의 자유라고 말할 수 있
다. 이것은 개인이 외부의 영향을 받지 아니하고 자기의 의사에 따라서 직종
을 결정 및 이직할 수 있는 자유를 의미한다. 또 여러 개의 직업을 동시에
가질 수 있는 겸직의 자유도 포함된다.16) 무직의 자유도 포함된다고 보는데,
이것이 헌법상 근로의 의무와 모순되는 것이 아닌지 문제될 수 있다. 근로의
의무가 규정되어 있다고 하여 국민에 대한 강제노동을 규정한 것은 아니므로
무직업의 자유와 모순되는 것은 아니라고 본다. 따라서 자기가 향유하고 있
는 직업을 자기의 의사에 의해서 이탈할 수 있는 이른바 직업이탈의 자유도
보장된다. 직업교육장결정의 자유도 이에 포함된다. 직업교육과 직업선택은
상호 불가분의 관계를 갖고 있고 직업교육은 직업선택의 전제가 되기 때문에
직업교육과 관련된 기본권이 직업결정의 자유에 포함된다고 보는 것이다.

직업수행의 자유란 직업 또는 영업활동상의 모든 자유를 의미하며, 자기가
결정한 직업의 개업·계속·폐업 등을 할 수 있는 자유를 의미한다.17) 이 자유
는 활동의 장소·기간·형태·수단 및 그 범위와 내용의 확정 등을 포함한다.
헌법재판소는 변호사 개업지를 제한하는 규정에 대해 위헌결정하였고,18) 학교
환경위생구역 안에서의 당구장시설 금지규정에 한정위헌 결정19)을 내린바 있다.

개인이 그가 선택한 직업을 구체적으로 수행하는 공간적 장소인 직장을
자유롭게 선택할 수 있는 '직장선택의 자유'도 넓은 의미의 직업행사의 자유
에 포함된다고 볼 수 있다. 참고로 영업의 자유와 직업수행의 자유는 어떠한
관계인지 문제된다. 영업의 개업, 존속, 폐업과 관련된 자유와는 달리 자본과
상품의 생산, 거래 처분을 의미하는 영업의 자유는 직업의 자유라고 하기보
다는 재산권보장에 따른 경제적 활동의 자유라고 보는 것이 타당할 것이다.

---

16) 헌법재판소는 "일반적으로 겸직금지규정은 당해 업종의 성격상 다른 업무와의 겸직이 업
무의 공정성을 해칠 우려가 있을 경우에 제한적으로 둘 수 있다 할 것이므로 겸직금지규정
을 둔 그 자체만으로는 위헌적이라 할 수 없으나, 행정사법 제35조 제1항 제1호는 행정사
의 모든 겸직을 금지하고, 그 위반행위에 대하여 모두 징역형을 포함한 형사처벌을 하도록
하는 내용으로 규정하고 있으므로 공익의 실현을 위하여 필요한 정도를 넘어 직업선택의
자유를 지나치게 침해하는 위헌적 규정이다"라고 판시하였다(헌재 1997. 4. 24. 95헌마90).
17) 헌법 제15조에 의한 직업선택의 자유는 자신이 원하는 직업 내지 직종을 자유롭게 선택
하는 직업선택의 자유와 그가 선택한 직업을 자기가 결정한 방식으로 자유롭게 수행할 수
있는 직업수행의 자유를 포함하는 개념이다(헌재 1993. 5. 13. 92헌마80).
18) 헌재 1989. 11. 20. 89헌가102.
19) 헌재 1997. 3. 27. 94헌마196.

직업의 자유는 특정 직종의 독점과 양립할 수 없으므로 자유경쟁과 밀접한 관련을 맺는다.[20] 즉 경쟁의 자유는 직업의 자유에 포함되며, 따라서 다른 기업과의 경쟁 속에서 국가의 간섭 없이 기업활동을 할 수 있다.[21] 다만 사회적 시장경제질서에서는 무제한적인 경쟁이 아닌 조정된 질서 안에서의 자유경쟁을 의미한다.

III. 職業의 自由의 制限

직업선택의 자유는 국가안전보장·질서유지·공공복리를 위해서 필요한 경우에는 법률에 의해서 제한할 수 있다. 직업선택의 자유를 제한하는 경우에도 비례의 원칙을 준수해야 하며, 본질적인 내용을 침해해선 안 된다.[22] 국가안전보장을 위해 방위산업물자 생산자는 장관의 지정을 받아야 하는 제한을 받고, 질서유지를 위해 고물상 영업, 직업소개업 등은 허가를 받도록 되어 있다. 공공복리를 위해 담배, 홍삼은 독점 판매가 이루어지고 있다. 이와

---

20) 직업의 자유가 인정된다고 해서 독점의 자유가 인정되는 것은 아니다(헌재 1997. 10. 30. 96헌마109).

21) 헌법재판소는 주세법 제38조의 7 등에 대한 위헌심판에서 "직업의 자유는 영업의 자유와 기업의 자유를 포함하고, 이러한 영업 및 기업의 자유를 근거로 원칙적으로 누구나가 자유롭게 경쟁에 참여할 수 있다. 경쟁의 자유는 기본권의 주체가 직업의 자유를 실제로 행사하는 데에서 나오는 결과이므로 당연히 직업의 자유에 의하여 보장되고, 다른 기업과의 경쟁에서 국가의 간섭이나 방해를 받지 않고 기업활동을 할 수 있는 자유를 의미한다"라고 하였다(헌재 1996. 12. 26. 96헌가18).

22) 헌법재판소는 ① 사법서사법 개정에 있어 경합자환산규정을 두지 않아 서기직종사기간이 주사직종사기간으로 환산되지 않도록 한 것(헌재 1989. 3. 17. 88헌마1), ② 한약업사의 영업지역 제한(헌재 1991. 9. 16. 89헌마23), ③ 약사법이 개정되면서 한약사가 아닌 약사의 한약조제를 금지하고 개정법률 시행 당시에 1년 이상 한약을 조제하여 온 약사는 2년 간만 한약을 조제할 수 있도록 한 것(헌재 1991. 9. 16. 89헌마231), ④ 의료기사에게 의사의 지시를 받아야 자신의 업무를 수행할 수 있도록 한 것(헌재 1996. 4. 25. 94헌마129), ⑤ 유료직업소개사업을 허가사항으로 하는 것(헌재 1996. 10. 31. 93헌바14), ⑥ 국산영화의 의무상영규정(헌재 1995. 7. 21. 94헌마125), ⑦ 자동차매매업자와 자동차제작판매자 등에게 자동차등록신청을 대항할 수 있도록 한 것(헌재 1997. 10. 30. 96헌마109), ⑧ 노래연습장의 18세 미만자 출입제한(헌재 1996. 2. 29. 94헌마13), ⑨ 비변호사에 대해 일체의 법률사무취급을 금지하는 것(헌재 2000. 4. 27. 98헌바95) 등은 직업의 자유를 침해하는 것이 아니라고 하였다. 반면 ① 18세 미만자의 당구장 출입제한(헌재 1993. 5. 13. 92헌마80), ② 검찰총장의 퇴임 후 2년 공직취임 제한규정(헌재 1997. 7. 16. 97헌마26), ③ 건축사가 업무범위를 위반하여 업무를 행한 경우를 필요적 등록취소사유로 한 것(헌재 1995. 2. 23. 93헌가1), ④ 법무사자격시험의 실시여부를 대법원규칙에 맡긴 것(헌재 1990. 10. 15. 89헌마178) 등은 직업의 자유를 침해하는 것이 아니라고 하였다.

같이 신고제, 등록제, 자격제, 허가제, 특허제 등의 수단을 통하여 직업의 자유는 제한되고 있다.

직업의 자유 제한이 합헌적인 것인지 아닌지를 판단하는 기준으로 이른바 딘게이론이라는 것이 제시된다. 단계이론은 직업의 자유 제한입법의 비례적합성 심사를 구체화한 것으로서, 1958년 독일 연방헌법재판소의 약국판결을 통해서 확립된 이론이다.[23] 단계이론은 직업선택의 자유를 직업수행의 자유와 직업결정의 자유로 나누어서 제한의 정도와 한계에 차등을 두어 이를 3단계로 구체화하고 있다.

직업의 자유에 대한 제1단계 제한은 처음부터 취업금지나 직업박탈과 다를 바 없는 직업선택의 자유를 제한하는 것이 아니라 그 침해가 가장 경미한 직업행사의 자유를 제한하여 제한의 목적을 달성해야 한다고 한다. 직업수행의 자유를 제한하는 것으로, 주유소의 공휴일 영업제한이나 개인택시 등의 부제운행, 유흥업소의 영업지 제한 등과 구체적인 영업상의 행위를 제한하는 것 등이 있다. 직업행사의 자유를 제한하는 데 있어서 입법자는 상대적으로 가장 큰 형성의 자유를 갖는다.

제2단계는 직업선택의 자유를 제한하는 경우에도 먼저 일정한 주관적 허가조건을 근거로 제한하여 제한의 목적을 달성해야 한다는 것을 말한다. 즉 직업의 성질상 일정한 전문성·기술성·숙련성 등을 요구하는 경우에 면허제 및 자격제와 같은 요건을 구비하도록 하여 직업선택의 자유를 제한하는 것을 의미한다. 개인의 신용조사나 대학입시제, 변호사·의사의 자격 요구 등이 주관적 사유에 의한 직업결정의 자유에 해당한다. 제2단계 관련 판례군으로는 제1종 운전면허 시력을 0.5이상 요구하는 것에 대한 합헌결정,[24] 법학전문대학원 도입의 합헌결정,[25] 학원강사에게 대학졸업 이상의 자격을 요구하는 것에 대한 합헌 결정[26] 등이 있다.

제3단계는 개인의 능력이나 자격 등과 상관없이 제한의 목적달성을 위하여 객관적인 사유에 의해서 제한하는 것은 최후의 제한수단으로서 이용되어야 한다는 것을 말한다. LPG가스판매허가제와 같이 특정 직종의 보호나

23) BVerfGE 7, 377.
24) 헌재 2003. 6. 26. 2002헌마677.
25) 헌재 2009. 2. 26. 2008헌마370.
26) 헌재 2003. 9. 25. 2002헌마519.

기존의 영업허가권자 등을 보호하기 위해서 제한하는 방법이 이에 해당한다. 이는 가장 심각한 제한이면서 가장 위헌적인 요소를 가지고 있다. 그러므로 이러한 제한은 공익에 대한 명백하고 현존하는 위험성을 예방하기 위한 제한 인 경우에 한하여 인정되어야 한다.27) 제 3 단계 관련 판례군으로는 경비업자 의 경업금지 규정에 대한 위헌결정,28) 비영리법인만 지적측량업무를 대행토 록 한 규정에 대한 잠정적용 헌법불합치결정,29) 대한지적공사는 지적측량업 무 범위에 제한이 없는 반면, 지적측량업자는 도해측량을 할 수 없도록 한 것의 합헌결정30) 등이 있다.

제 3 절   財産權의 保障

Ⅰ. 財産權 保障의 意義

1. 재산권 보장의 의의

현행헌법 제23조는 제 1 항에서 모든 국민의 재산권은 보장되고 그 내용 과 한계를 법률로써 정하도록 규정하고 있다. 제 2 항에서는 재산권의 행사는 공공복리에 적합하도록 하여야 한다는 이른바 사회적 구속성 조항을 두고 있 으며, 제 3 항에서는 공공필요에 의한 재산권 제한을 인정하는 동시에 그에 정당한 보상을 지급해야 할 것을 규정하고 있다. 아울러 헌법 제13조 제 2 항 은 소급입법에 의한 재산권 박탈금지 조항을 두고 있으며, 제22조는 저작자 · 발명가 등의 무체재산권의 보호를 인정하고 있다. 재산권의 보장은 ① 인격 의 자유로운 발현의 수단으로서 공동체 내에서의 책임 있는 경제생활을 영위 하도록 하고, ② 자유로운 경제질서 및 사회질서의 기초를 이루며, ③ 사회국

---

27) 이러한 단계이론이 직업의 자유의 제한에 대한 일정한 기준을 제시하여, 의미가 크다는 것을 부인할 수는 없다. 그러나 가장 자제되어야 할 객관적 사유로 인한 직업선택의 자유 제한인 국회의원 등의 겸직금지는 단계이론이 말하는 바와 같이 엄격한 기준에 의해서만 이루어지는 것은 아니다. 단계이론도 그 자체로 절대적인 이론은 아니며 개별적인 비례성 원칙 적용을 유형화한 것에 지나지 않음이 지적되기도 한다(장영수, 784쪽).

28) 헌재 2002. 4. 25. 2001헌마614.

29) 헌재 2002. 5. 30. 2000헌마81.

30) 헌재 2007. 6. 28. 2004헌마262.

가의 실현의 불가결의 요소로서 작용하고, ④ 정치적 변화에 관계없이 개인의 재산권적 지위를 보장하여 사회적 평화의 보장수단으로서 기능한다는 데에 그 의의를 찾을 수 있다.31)

근내 소기 새산권은 신성불가침의 인권으로 인정되었다. 이로써 계약자유의 원칙과 더불어 근대사회의 법률적 지주가 되었고, 자본주의경제질서의 원동력이 되었다. 1778년 미국의 버지니아 권리장전은 "모든 국민은 생래적 불가침권의 재산권을 소유한다"라는 재산권보장규정을 명시하여 재산권의 신성불가침과 절대성을 인정하고 있다. 아울러 1789년 프랑스 인권선언도 "소유권은 불가침의 신성한 권리로서 그 누구로부터도 침해받지 아니한다"는 소유권 절대주의 원리를 선언하고 있다. 그러나 20세기 이후 자본주의에 수반되는 폐해, 이를테면 빈익빈 부익부의 현상 등 그 구조적 모순은 자본주의의 근간을 이루고 있는 재산권의 신성불가침성에 대한 심각한 의문을 제기한 것이다. 급기야 1919년 독일 바이마르 헌법은 "소유권은 의무를 수반한다. 소유권행사는 동시에 공공복리에 적합하여야 한다"(제153조 3항)라고 규정하여 재산권 행사의 공공복리의무를 최초로 명문화하였다. 소유권의 절대성·불가침성에 바탕한 자본주의체제가 부의 불평등과 빈곤계층의 양산을 초래하게 되자, 재산권의 자연법적 연원과 그 사회적 기능 사이의 긴장을 조정하고자 하는 시도가 나타났으며, 바이마르 헌법은 이러한 측면에서 재산권의 사회적 구속성을 명문화하게 된 것이다. 사유재산제도를 전제로 하고 재산권에 대한 많은 제약가능성을 열어놓고 있는 사회적 구속성은 자본주의가 그 구조적 모순을 극복하고 수정자본주의를 바탕으로 하는 사회(복지)국가로써 그 체제를 유지해 나가기 위한 불가피한 선택이다. 각종 조세(양도소득세 등)에 의하여 개인의 재산권을 제한하고 그에 의한 국가재정 등으로 모든 국민의 인간다운 생활(헌법 제34조 1항)을 비롯한 사회적 기본권(헌법 제31조 내지 제36조)의 보장과 실질적 평등을 위하여 노력하는 것이 현대 사회(복지)국가의 모습이다. 또한 민주적 시민의식 수준이 높아져서 비영리재단법인 설립이나 기부문화32)

---

31) 김철수, 640쪽; 권영성, 543쪽; 허영, 470쪽; 강경근, 510쪽; 성낙인, 439쪽.

32) 미국의 자선·복지·교육 관련기간 연합단체인 Independent Sector가 실시한 조사에 따르면 미국 성인인구의 44%에 해당하는 8390만명이 1주일 평균 3.6시간의 자원봉사활동을 하고 미국 가정의 89%는 각종 사회·자선단체에 일정액의 기부금을 내는 것으로 조사됐다. 이들 가정에서 내는 연평균 기부금은 1620달러로 수입의 3.1%에 해당하는 금액이다.

의 정착 등 개인재산의 사회환원 경향이야말로 자본주의가 그 구조적 모순을 근본적으로 극복하고 모든 계층의 국민이 화합하여 살 수 있는 유일한 길이다. 개인재산이라는 것은 모든 사람이 도와줘서 사회에서 형성된 것이기 때문에 너무나도 당연한 일이기도 하다.

2. 법적 성격과 주체

재산권 보장의 법적 성격은 무엇인지에 관하여 여러 견해가 제시될 수 있다. 재산권은 주관적 공권이라고 보는 이른바 자유권설, 헌법상 재산권 보장은 권리의 보장이 아니며 개인이 재산을 소유할 수 있는 제도, 즉 사유재산제를 보장하는 것으로 보는 제도보장설, 재산권 보장은 한편으로는 사유재산제의 보장이나 동시에 개인에게 재산상의 권리를 보장하는 것이라는 권리·제도동시보장설이 그러한 것이다. 권리와 제도를 함께 보장한다는 권리·제도동시보장설이 다수적 견해이다. 헌법재판소도 재산권의 보장은 개인이 기본권 보장과 사유재산제도 보장의 이중적인 의미를 내재하고 있다고 판시한 바 있다.[33]

그러나 제도보장설이 현행헌법의 설명을 위해서 그다지 적합한 수단이 아니라는 것을 전제로 할 때 이러한 설명에 의문이 제기될 수 있다. 오히려 재산권도 기본권의 이중적 성격을 갖는다는 전제에서 국가권력에 대한 방어 및 보호청구권의 근거가 되는 주관적 권리임과 동시에, 사유재산제도와 같은 객관적 법제도를 보장하여 경제·사회질서를 형성하는 중요한 요소로서 공동

Microsoft사 회장인 빌 게이츠는 수백억 달러를 기부해 재단을 설립한 후 보건·교육환경 개선에 막대한 지원을 하는 초대형 자선사업가에서부터 1년에 수십 $ 단위의 기부금을 내는 사람에 이르기까지 크고 작은 자선활동이 미국인들의 생활에 깊이 스며들어 있다. 그런데 한국갤럽이 조사한 바에 따르면 우리의 이웃에 대한 기부는 2003년 1048명 대상 중 52%가 '자선적 기부'를 한 적이 있다 하여, 2000년 57%·2001년 53%에 비하여 기부가 점차 줄고 있다 한다. 한편 KDI(한국개발연구원)의 '소득분배 국제비교를 통한 복지정책의 방향' 보고서(2003.10)에 의하면 2000년 소득 기준으로 국내 도시가구 10.1%(약 470만 명)가 최저생계비에 미달하는 '절대빈곤층'으로 분류됐다. 이 보고서는 "상대빈곤율(중위 소득의 40% 이하 가구 비율)지표로 따져보면 한국은 11.53%로 OECD회원국 30개 가운데 멕시코(16.3%)를 제외하곤 가장 높은 수준"이라고 지적했다(조선일보 2004. 1. 1. 1면, 6면). 사실 사회에서의 가난의 문제는 국가의 지원만으로는 불가능하고 기업·단체는 물론 국민 개개인이 '개미군단'처럼 자발적으로 이웃에 대해 기부를 하는 행위가 일상화되고, 기부는 공동체 안정을 위해 가진 사람들이 져야 할 최소한의 의무라고 본다.

33) 헌재 1993. 7. 29. 92헌바20.

체질서의 불가결한 객관적 요소라고 설명함이 타당하다고 본다.

재산권의 보장은 직업의 자유의 기능적인 전제가 되는 것으로 볼 수 있다. 왜냐하면 직업을 통해 벌어들인 소득을 보유할 수 있도록 하는 것이 재산권이기 때문이다. 따라서 직업의 자유와 마찬가지로 재산권의 주체도 국민·법인·외국인이며, 외국인은 국제조약과 국제법이 정하는 바에 따라서 제한적으로 인정되고 있다. 미성년자의 경우도 원칙적으로 재산권의 주체가 되지만 그 행사능력은 민법상의 법률행위능력을 갖추게 될 때 가지게 되는 것으로 해석된다.

Ⅱ. 財産權 保障의 內容

1. 보호의 객체 —재산

재산권 보장의 객체는 바로 재산이다. 그러나 무엇이 재산인가를 확인하는 것은 쉽지 않다. 헌법적 의미의 재산권이란 사적 유용성과 그에 대한 원칙적 처분권을 포함하는 모든 재산가치 있는 권리를 의미한다고 일단 말할 수 있다. 하지만 과거에는 재산으로 인정되었던 것이 이제는 재산으로 인정되지 않는 경우도 있고 그 반대의 예도 있다. 특히 현대국가에서는 과학기술의 발달이나 사회구조의 급속한 변화에 따라 재산권의 범위도 점차 확대되어가는 추세를 보이고 있다. 또 과거에는 물건에 대한 사적 소유권이 재산권의 주된 내용이었으나, 현대산업사회에 있어서는 생산재의 사법적 활용의 문제보다는 각종 수급권의 공공적 배분의 문제가 보다 부각되기도 한다. 소유권을 대신할 수 있는 공공적 대체물의 확보가 점점 더 중대한 의미를 가지게 되는 것이다. 이러한 상황에서 재산에 대한 헌법적 개념정의가 도대체 가능한 것인지, 가능하다고 하더라도 과연 의미가 있는 것인지 문제된다.

이러한 이유로 헌법에서는 재산권의 내용과 한계를 법률이 규정하도록 하고 있으며, 따라서 법률이 재산권이라 규정하는 모든 것이 헌법 제23조의 보호객체가 되는 재산이 된다. 따라서 재산의 의미는 민법 등의 개별법에 의해 확인하게 된다. 그러나 재산권의 내용과 한계가 법률의 규정에 유보된다고 하여 이를 전적으로 입법자의 처분에 맡기는 것은 아니다. 그 내용과 한계의 규정이 합헌성을 유지하려면 헌법에 의하여 주어진 비례의 원칙, 평등의 원칙, 재산권의 사회적 구속성 등의 여러 요소들을 존중하여야 한다. 재산권의 개념은 시대에 따라 계속 변천하고 있으며, 그 규정시점에 따라 그 내용과 한계가 다를 수 있다. 입법자는 재산권의 내용과 한계를 확정함에 있어서 헌법이 재산권 보장에 부여한 목적과 기능 및 헌법의 전체 체계의 테두리 내에서 확정하여야 하며, 결국 사회적 및 경제적 발전과 공정한 사회질서에 대한 지배적 관념에 의하여 결정되는 것이다.

이러한 점을 고려할 때 헌법적 재산의 개념은 민법상의 소유개념과 완전히 동일한 것이 아니며 보다 확대된 것이라고 이해할 수 있다. 즉 헌법 제23조에 규정된 재산권은 경제적 가치가 있는 공·사법상의 권리를 총괄하고 있으며 그 재산의 많고 적음은 불문한다. 물론 구체적 권리가 아닌 단순한 이익이나 재화의 획득에 관한 기회는 재산권 보장의 대상이 아니다.34)

구체적으로 살펴보면 다음과 같다. 먼저 헌법상의 재산권에는 재산가치 있는 사법상 및 공법상의 권리가 모두 포함된다. 민법상의 소유권을 비롯한 물권과 각종 채권, 그리고 상속권이 이에 포함된다는 데에는 이의가 없다. 헌법재판소는 상속권,35) 주주권,36) 유언의 자유,37) 망은행위로 인한 증여자의 해제권38) 등을 재산권으로 인정하였다. 또한 광업권·어업권과 같은 특별법상의 권리도 포함된다.39) 또 헌법상의 재산권에는 또한 공법상의 권리도 포함된다. 즉 공무원이나 군인의 봉급청구권, 각종 사회보험청구권과 같이 재산가치 있는 공법상의 권리도 재산권의 보호대상에 포함된다. 그러나 재산가치 있는 공권이 권리주체인 개인의 노력이나 희생에 기반을 둔 것이 아니고, 전적으로 개인을 위한 생존배려적 차원에서 국가가 일방적으로 법률에 의거하

---

34) 헌법재판소는 '환매권'(헌재 1994. 2. 24. 92헌가15등), '정당한 지목을 등록함으로써 토지수요자가 얻는 이익'을 재산권의 내포로 보았으나, 단순한 이익이나 재화취득의 기회 등은 재산권 보장의 대상이 아니라고 하면서 약사의 한약조제권이란 그것이 타인에 의하여 침해되었을 때 방해를 배제하거나 원상회복 및 손해배상을 청구할 수 있는 권리가 아니라 법률에 의하여 약사의 지위에서 인정되는 하나의 권능에 불과하며, 의약품을 판매하여 얻게 되는 이익이란 장래의 불확실한 기대이익에 불과한 것으로 약사의 한약조제권은 헌법상 재산권의 범위에 속하지 아니한다고 하였다(헌재 1997. 11. 27. 97헌바10).
35) 헌재 1998. 8. 27. 96헌가22.
36) 헌재 2008. 12. 26. 2005헌바34.
37) 헌재 2008. 12. 26. 2007헌바128.
38) 헌재 2009. 10. 29. 2007헌바135.
39) 한편 기업체가 그를 구성하고 있는 물건 및 권리와는 별도로 재산권 보장의 대상이 되는지가 문제된다. 기업체의 가치는 인적·물적 수단들의 조직적이고 유기적인 결합에 있고 기업체 자체가 기업가의 개인적 능력과 노력에 의해서 성립되었을 뿐만 아니라 그 자체로서 기업가의 삶을 보장하므로, 기업체도 재산권의 보장대상에 포함된다고 봄이 타당하다.

여 부여하는 경우는 재산권의 보호대상이 될 수 없다.

아울러 상표권, 의장권, 특허권, 저작권 등과 같은 재산적 가치가 있는 무체재산권도 재산권의 보호객체가 된다. 특히 우리 헌법은 학문과 예술의 자유라는 정신적 기본권과 관련하여 지적 재산권에 대한 별도의 보호를 규정하고 있다. 문제는 나날이 새로운 재산적 가치 있는 권리들이 등장하고 있으며, 이 중 어느 것이 보호되어야 하는 재산권인지 그렇지 않은 것인지를 나누는 것이 쉽지 않다는 데에 있다. 예컨대 정보화사회의 도래 및 컴퓨터 기술의 발달로 인한 소프트웨어화된 저작물은 어느 정도의 보호를 받아야 하는 것인가의 문제가 그러한 것이다. 생각건대 일정한 노동이나 투자가 투입되어 산출된 결과물이라면 그것의 형태가 어떠하건 재산권으로서 가급적 넓게 보호하는 것이 타당하다고 본다. 물론 헌법 제23조 제1항의 규정에 의할 때 이러한 재산권으로의 인정은 일정한 입법적 수용을 거쳐야 한다.

2. 사유재산권의 보장

헌법상 재산으로 인정되는 객체에 대하여 사적으로 소유할 수 있는 권리가 인정된다. 단지 소유할 수 있는 권리만에 한정되는 것이 아니며 재산권 행사를 둘러싼 처분과 사용 등의 모든 권한을 보장한다. 사유재산권의 보장이란 개인의 사유재산을 국가공권력에 의해서 국유화하거나 공유화하는 것을 금지한다는 것을 의미하며, 궁극적으로 생산수단의 사유를 인정하는 것이다. 이는 일차적으로 재산가치 있는 권리의 구체적인 법적 지위의 존립을 공권력에 의한 박탈이나 여타의 침해행위로부터 보호하는 재산권의 독립보장을 그 내용으로 한다.

한편 헌법 제13조 제2항은 모든 국민은 소급입법에 의하여 재산권을 박탈당하지 아니할 권리를 가진다는 것을 특별히 규정하고 있는데, 이것은 재산권 보장의 하나의 모습이라고 하겠다. 과거의 사실 또는 법률관계를 대상으로 하는 소급입법과 관련된 논리는 헌법재판소에 의하여 다시 구체화된 바 있다. 즉 과거에 완성된 사실 또는 법률관계를 규율의 대상으로 하는 진정소급효입법과 이미 과거에 시작하였으나 아직 완성되지 아니하고 진행과정에 있는 사실 또는 법률관계를 대상으로 하는 부진정소급효입법으로 나눈 것이다. 전자는 입법권자의 입법형성권한보다 당사자가 구법질서에 기대했던 신뢰보호와 법적 안정성을 도모하기 위해 특단의 사정이 없는 한 구법에 의하여 이미 얻

은 자격 또는 권리를 새 입법을 함에 있어 존중해야 한다. 반면 후자는 구법
질서에 대하여 기대했던 당사자의 신뢰보호보다는 광범위한 입법형성권을 경
시해서는 안 될 것이므로 특단의 사정이 없는 한 새 입법을 하면서 구법관계
내지 구법상의 기대이익을 존중하여야 할 의무가 발생하지 않는다고 한다.40)

사유재산권을 보장한다는 말은 객관적 법제도로서 사유재산제도를 헌법
적으로 보장하는 의미이다. 따라서 사유재산제도의 보장은 입법자의 자의적
형성에 의해 사유재산권의 존속과 기능이 위협받는 것을 방지하고, 헌법이
규율하는 핵심적 규범들을 보장하도록 요청한다. 사유재산제도의 핵심적 내
용은 공동체생활과의 조화와 균형의 범위 내에서 보장되며, 어떠한 경제정책
적 또는 사회정책적 형성에 의하여도 배제될 수 없다. 헌법재판소는 토지거
래허가제도에 대하여 합헌결정하였다.41)

Ⅲ. 財産權의 社會的 拘束性

1. 사회적 구속성의 의미와 성격

우리 헌법은 제23조 제 2 항에서 "재산권의 행사는 공공복리에 적합하도
록 하여야 한다"고 규정함으로써 사회적 구속성이라는 재산권 행사의 규범적
한계를 설정하고 있다. 앞서 본 바와 같이 19세기 이후 자유주의 재산권사상
이 야기한 문제점을 극복하기 위하여 사회적 연대성을 강조하는 것과 같은
맥락에서 헌법에 편입된 규정이라고 하겠다. 체계적으로 보면 재산권의 사회
적 구속성은 재산권의 내용과 한계의 확정에 있어서 헌법적 기준이 되므로
동조 제 1 항 제 2 문과 논리적 및 헌법체계적 관련이 존재한다. 동조 제 3 항
과 비교할 때 재산권의 사회적 구속성이란 말은 재산권의 주체에 대하여 일
정한 보상 없이 특정한 범위 내에서 적절한 제한조치를 할 수 있다는 것을

---

40) 하지만 이러한 태도는 이후 신뢰보호의 이익과 새 입법을 통해 구현하고자 하는 공익적
목적으로 종합적으로 비교·형량하여야 한다는 입장으로 수정되었다. 아울러 엄격하게 금
지되는 진정소급효 입법도 예외적으로 일반국민이 소급을 예상할 수 있었거나, 법적 상태
가 불확실하고 혼란스러웠거나 하여 보호할 만한 신뢰의 이익이 적은 경우, 소급입법에 의
한 당사자의 손실이 없거나 아주 경미한 경우, 신뢰보호의 요청에 우선하는 심히 중대한
공익상의 사유가 소급입법을 정당화하는 경우에는 허용이 된다고 본다(상세한 내용은 헌재
1996. 2. 16. 96헌가2등 참조).
41) 헌재 1989. 12. 22. 88헌가13.

의미한다.42)

사회적 구속성은 일차적으로 입법자에게 재산권의 존중과 더불어 재산권의 사회적 의무를 존중할 권리와 의무를 부여한다. 나아가 이 규정은 일반국민에게도 공공복리에 적합하지 않은 일정한 재산권 행사를 법률상 금지하기도 하고, 적극적으로 재산권의 행사가 공공복리에 적합하도록 명령하기도 하는 직접적 효력을 가진 규범으로 이해된다.

우리 헌법재판소도 재산권의 사회적 제약을 강조하는 것은 재산권의 절대적 보장에서 배태되는 사회적 폐단을 최소화함과 아울러 사유재산제도의 기본이념을 보호하려는 것으로서 사유재산제도의 유지·존속을 위한 사유재산제도의 최소한의 자기희생으로 이해하며, 동시에 사유재산제도의 보장은 타인과 더불어 살아가야 하는 공동체 생활과의 조화와 균형을 흐트러뜨리지 않는 범위 내에서의 보장이기 때문이라고 한다.

2. 사회적 구속성의 내용과 한계

사회적 구속성 조항의 규정을 보면 재산권의 행사가 공공복리에 적합하여야 함을 말하고 있다. 결국 사회적 구속성의 내용을 알기 위해서는 공공복리라는 개념의 의미를 파악해야 한다. 이를 위해 헌법 제37조 제 2 항의 공공복리 개념과 구분해 보는 것이 의미 있다. 일부 견해는 제37조 제 2 항의 공공복리는 기본권제한 사유로서 헌법이 유보한 제약이므로 엄격하게 해석하여야 하는 반면 제23조 제 2 항의 공공복리는 특별한 법률에 의한 유보로서 재산권의 사회성을 전제로 하는 것이므로 정책적 제약까지도 인정하는 것이라고 한다. 그러나 제23조 제 2 항은 아무런 보상도 받지 못하는 재산권 박탈의 상황을 규정하고 있다고 보이므로 이를 무조건 완화적으로 해석할 것은 아니라고 생각한다.

한편 사회적 구속성에 의한 무보상의 재산권 제한인가, 아니면 재산권 수용에 의한 요보상의 재산권 제한인가를 판단하는 것은 간단하지 않은 문제이다. 이를 판단하기 위해서 사회적 구속성과 재산권 수용 양자는 어떤 관련이 있는가를 우선 살펴야 한다. 이에 대한 이론이 바로 경계이론과 분리이론

---

42) 예를 들면, 광견병에 걸린 개를 공권력에 의해서 보상 없이 살해하거나 유해음식물을 폐기처분하는 것을 들 수 있다.

이다. 경계이론이란 양자의 관계를 양적인 것으로 보아 재산권의 제한 정도
가 적으면 사회적 구속이고 크면 재산권 수용이라고 본다.43) 반면 분리이론
은 양자는 질적으로 다른 것으로서 처음부터 보상이 필요한 재산권 수용인
경우가 있고, 보상이 필요 없는 사회적 구속성의 사안이 있다는 것을 전제로
하고 있다.44)

양자 중 어떤 이론이 더 올바른 것인지 쉽게 판단할 수는 없다. 대부분
의 사안은 경계이론에 의하여, 즉 침해의 정도에 따라 판단하는 것이 간명하
다. 그러나 재산권 침해가 매우 큼에도 불구하고 사회적 구속으로 보아야 하
는 사안도 있다. 이러한 사안을 설명하기 위해서는 분리이론이 더 타당하다.
그러나 분리이론은 분리의 기준점을 명확하게 제시하지는 못한다는 점에서
경계이론과는 반대의 난점을 갖는다.

3. 개발제한구역과 토지(주택)공개념의 문제

도시의 무질서한 확산을 방지하고, 도시주변의 자연환경을 보전하여 도
시민의 생활환경을 확보하기 위해 1971년 서울지역을 효시로 도시 주변지역
에 대한 개발제한구역을 설치해 왔다.45) 개발제한구역으로 설정되면 이 구역
내에서는 건축물의 신축·증축, 용도변경, 토지의 형질변경 및 토지분할 등의

---

43) 종래 재산권에 대한 제한효과가 개별적이냐 일반적이냐에 따라 사회적 구속과 재산권 수
    용을 구분하던 사회적 기속이론(기존의 공익을 유지하기 위한 경우는 사회적 기속성에 해
    당되어 보상을 필요로 하지 않으며, 새로운 공익을 창출하는 경우에 보상을 필요로 한다는
    견해), 특별희생이론(제한이 일반성을 갖춘 경우에는 사회적 기속성에 의한 제한으로 보아
    무보상을 원칙으로 하지만, 특별희생에 해당되는 경우에는 보상을 필요로 한다는 견해), 기
    대가능성이론(이른바 '수인한도'라는 기준을 제시하는 견해로서, 침해가 수인한도의 범위
    내이면 사회적 기속성에 의한 제한으로 보고 수인한도의 범위를 초과한 경우는 보상을 필
    요로 한다고 한다), 사적 유용성이론(수용 이후에 사적 유용성이 남아 있게 되면 보상을 필
    요치 않는 사회적 기속성에 의한 제한으로 보고, 수용에 의하여 사적 유용성이 상실된 경
    우에는 반드시 보상이 되어야 한다고 보는 견해), 상황기속이론(공공침해에 의하여도 대상
    물이 현 상태로 보존될 경우에는 사회적 기속성에 따른 제한으로 보아 무보상을 원칙으로
    하지만, 공공침해에 의하여 대상물이 다른 상태로 전환되는 경우에는 반드시 보상을 필요
    로 한다는 견해) 등은 적어도 사회적 구속성과 관련된 경우에는 경계이론을 이론적 전제로
    하고 있다고 본다.
44) 자세한 내용은 장영수, 760쪽.
45) 1972년 8월에는 수도권 개발제한구역이 2배로 확대되어 서울의 광화문 네 거리를 중심으
    로 반지름 30km 이내의 6개 위성도시를 총망라한 68.6㎢지역이 개발제한구역이 되었다. 그
    밖에 개발제한구역으로 지정된 도시는 부산·대구·춘천·청주·대전·울산·마산·진해·충
    무·전주·광주·제주 등 13개 도시이다.

재산권 행사가 제한된다. 개발제한구역 지정으로 인해 지역주민에 대한 보상 없는 재산권 박탈이 사실상 이루어진 것이다. 그렇다면 개발제한구역으로의 지정행위는 헌법 제23조 제 2 항에 의한 보상이 필요없는 재산권의 사회적 구속에 해당하는 것인가, 아니면 심각한 재산권 제한으로서 동조 제 3 항에 의한 보상을 해야 하는 수용에 해당하는 것인가가 문제된다.

우리 헌법재판소는 개발제한구역을 지정할 수 있도록 한 도시계획법 제 21조를 다툰 사건에서, 구역지정 후 토지를 종래의 목적대로 사용할 수 있는 경우의 재산권 제한은 토지소유자가 수인해야 하는 사회적 제약의 범주에 속하나, 종래의 목적대로 사용하지 못하는 경우에 발생하는 재산권 제한은 사회적 제약을 넘는 것으로 이에 대하여 보상이 없는 것은 위헌이라고 하여 헌법불합치결정을 하였다. 그러나 여기서의 보상은 금전적 보상 이외에 그린벨트해제와 같은 보상적 수단을 포함한다고 보았다.46) 생각건대 개발제한구역을 지정함으로써 추구되는 공익은 인정하지만, 획일적 · 전면적으로 해당 지역주민의 재산권 행사를 심각하게 침해한 것은 결코 바람직하지 못했다. 비례성원칙에 합당한 제한만을 해야 하며, 제한하는 경우에도 그것이 과도한 경우에는 정당한 보상을 해야 한다.

한편 최근 서울 강남지역 아파트를 중심으로 일어나고 있는 부동산경기 과열양상에 대처하기 위해 이른바 주택공개념과 관련된 제도를 도입해야 한다는 주장이 이어지고 있다. 주택공개념이란 기존의 토지공개념과 같은 맥락에서 사용되는 용어이다. 토지공개념이 어떤 의미인가에 이견이 있을 수 있으나 일반적으로 다음과 같이 정의된다. 자본주의 경제에서는 소유권의 불가침을 인정한 기반 위에서 경제가 운용되는데, 토지의 경우는 가용면적이 상대적으로 제한되고 토지소유와 토지를 사용하려는 욕구는 점차적으로 증가함으로써 공급이 항상적으로 수요에 미달할 가능성을 안게 된다. 이에 따라 토지에 대한 투기현상이 잠재적으로 항상 존재한다. 이러한 문제로 인해 토지가 공공재(公共財)라는 생각에 바탕을 두고 기존의 토지소유권 절대사상에 변화를 가하는 개념이 토지공개념이다. 이러한 공개념 관련제도는 개인의 사적 재산권을 보상 없이 박탈하고 분배하는 결과를 야기할지도 모른다는 우려가 있다. 즉 우리 헌법상 사유재산제도의 근간을 무너뜨릴 수 있는 사회주의적

---

46) 헌재 1998. 12. 24. 89헌마214.

발상이라는 비판이다. 그러나 우리 헌법은 제23조 제 2 항에서 재산권의 사회적 구속성을, 헌법 제122조는 "국가는 국민 모두의 생산 및 생활의 기반이 되는 국토의 효율적이고 균형있는 이용·개발과 보전을 위하여 법률이 정하는 바에 의하여 그에 관한 필요한 제한과 의무를 과할 수 있다"는 것을 규정하고 있어서 토지공개념을 정당화할 수 있는 근거를 마련하고 있다고 본다. 헌법재판소는 개발제한구역을 지정하는 규정[47]과 유휴토지 등에 대하여 토지초과이득세를 부과하는 법률에 대하여 합헌결정[48]을 내렸다.

Ⅳ. 財産權의 制限

1. 재산권의 일반적 제한

원칙적으로 재산권은 기타 기본권과 마찬가지로 제37조 제 2 항의 일반적인 법률유보에 의하여 제한될 수 있다. 그러나 헌법 제23조는 각 항에서 재산권의 제약과 관련된 내용을 스스로 규정하고 있기 때문에 일반적 법률유보는 사실상 별 의미가 없게 된다. 즉 제23조 제 1 항 제 2 문은 재산권의 내용과 한계를 법률이 정하도록 하고 있으며,[49] 제 2 항은 사회적 구속성에 의한 한계,[50] 제 3 항은 공용침해와 관련된 내용을 규정하고 있기 때문이다. 이외에도 재산권은 제76조에 따라 대통령의 긴급재정·경제명령에 의해 제한될 수 있으며, 비록 예외적이기는 하나 제126조에 따라 국방상 또는 국민경제상 긴절한 필요가 있는 경우 사영기업이 국유 또는 공유로 이전되거나 그 경영이 통제 또는 관리될 수 있다. 또한 제120조 제 2 항과 제122조에 따라 국토와 자원은 법률에 의하여 제한될 수 있다.

---

47) 헌재 1998. 12. 24. 89헌마214.

48) 헌재 1994. 7. 29. 92헌바49.

49) 헌법상의 재산권 보장은 재산권형성적 법률유보에 의하여 실현되고 구체화하게 된다. 따라서 재산권의 구체적 모습은 재산권의 내용과 한계를 정하는 법률에 의하여 형성된다. 헌법이 보장하는 재산권의 내용과 한계를 정하는 법률은 재산권을 제한한다는 의미가 아니라 재산권을 형성한다는 의미를 갖는다. 이러한 재산권의 내용과 한계를 정하는 법률의 경우에도 사유재산제도나 사유재산을 부인하는 것은 재산권 보장규정의 침해를 의미하고 결코 재산권형성적 법률유보라는 이유로 정당화될 수 없다(헌재 1993. 7. 29. 92헌바20).

50) 입법자는 헌법 제23조 제 1 항 제 2 문에 의거 재산권의 내용과 한계를 구체적으로 형성함에 있어서는 헌법 제23조 제 1 항 제 1 문에 의한 사적 재산권의 보장과 함께 헌법 제23조 제 2 항의 재산권의 사회적 제약을 동시에 고려하여 양 법익이 균형을 이루도록 입법하여야 한다(헌재 1998. 12. 24. 89헌마214등).

2. 재산권의 공용침해(수용·사용·제한)와 보상

헌법 제23조 제 3 항은 "공공필요에 의한 재산권의 수용·사용·제한 및 그에 대한 보상은 법률로써 하되, 정당한 보상을 지급하여야 한다"고 규정하고 있다. 헌법은 공공복리의 관점에서 이러한 재산권에 대한 제약을 허용하고 있으며, 이것이 재산권의 본질적 내용침해금지규정에 위배되지 않고 재산권보장과 양립할 수 있는 이유는 재산권적 지위의 가치가 '보상'을 통하여 유지되고 있기 때문이다. 헌법상 규정된 재산권 제한의 유형을 살펴보면, ① '수용'이란 공공필요에 의하여 재산권의 전부 또는 일부에 대한 귀속주체가 변경되는 재산권 박탈행위이고, ② '사용'은 재산권의 귀속주체에 대한 변경을 야기하지 아니하면서 공공필요를 충족시키기 위하여 재산권의 객체를 일시적·강제적으로 사용하는 행위를 말한다. ③ '제한'이란 재산권자의 재산권 객체에 대한 사용·수익 등을 공공필요에 의하여 제한하는 행위를 의미한다. 이러한 재산권 제한의 유형들은 '공용침해'라는 개념으로 포괄될 수 있으며, 제23조 제 3 항의 요건과 형식을 갖춘 합헌적인 재산권제약만이 이러한 공용침해에 해당된다.

제23조 제 3 항의 요건을 구체적으로 살펴보면 다음과 같다. 첫째 공용침해는 오직 공공필요에 의해서만 행해질 수 있다.[51] 즉, 재산권의 법적 지위의 박탈이나 기타 제약이 일반적으로 공적 과제의 달성에 기여할 뿐만 아니라, 그것이 그러한 과제의 달성을 위안 최종적 수단으로서의 성격을 가질 것을 요한다. 또한 공공필요는 공익이 개인의 재산권존립에 대한 이익보다 우위를 차지할 가치가 있을 때 존재한다. 따라서 단순히 국가의 재정수입을 늘리기 위한 공용침해나 재분배를 위한 공용침해는 허용될 수 없다. 둘째 공용침해는 국회가 제정한 형식적 의미의 법률에 의해 이루어져야 한다.[52] 그러

---

[51] 여기서 공공필요라는 개념과 헌법 제37조 제 2 항의 공공복리라는 개념은 어떻게 구별될 것인가. 공공필요·공공복리 모두 지나치게 추상적인 개념이므로 양자를 구별하는 것은 사실상 무의미하다고 하겠다. 다만 제23조 제 3 항의 경우 정당한 가치보상을 전제로 하고 있으므로, 동조의 공공필요는 정책적 이유까지 포함하는 보다 넓은 개념으로 파악하는 것이 타당하다.

[52] 국가에 의한 토지취득을 규정하는 대표적인 법으로는 종래 토지수용법(1962. 1. 15. 제정 법률 제965호)과 공공용지의취득및손실보상에관한특례법(1975. 12. 31. 제정 법률 제2847호)이 있었다. 그런데 이 법들은 2002년 "토지수용법과 공공용지의취득및손실보상에관한특례법으로 이원화되어 있는 공익사업 용지의 취득과 손실보상에 관한 제도를 통합함으로써 손실보상에 관한 절차와 기준을 체계화하고 각종 불합리한 제도를 개선하여 국민의 재산권을 충

나 행정권이 법률의 수권에 근거하여 개인의 구체적인 재산권을 박탈하거나 제한하는 이른바 행정공용침해도 위헌적인 것은 아니다.53) 입법자는 공용침해를 허용하는 목적과 요건을 법률로써 확정하여야 한다. 한편 현행헌법 제23조 제3항은 공용침해와 그 보상 간에는 불가분의 관계가 있음을 확인하는 불가분조항(결부조항)의 형식을 취하고 있다. 즉 공용침해의 근거와 그에 대한 보상의 기준·방법·범위가 동일한 법률에 상호 불가분적으로 규정되어야 한다. 이와 같이 재산권에 대한 침해가 법률적 근거 없이 행하여지거나 법률에 그에 대한 보상규정이 없는 경우에는 제23조 제3항의 공용침해라고 할 수 없고 위헌적인 것이 된다. 그리고 그 보상액은 정당한 보상이어야 한다. 보상액의 지급기준과 관련하여 역대 헌법은 상당보상, 완전보상, 입법보상, 이익형량 보상 등 여러 가지의 형태를 규정하였다. 현행헌법은 정당한 보상을 규정하고 있는데, 과연 어느 정도의 보상액이 정당한 것인가에 대하여 이견이 있을 수 있다. 일반적으로 정당한 보상이란 완전보상을 의미한다고 본다.54)

재산권을 제한하는 경우에도 비례의 원칙은 준수되어야 하며,55) 그 본질적인 내용을 침해할 수 없다. 따라서 사유재산제도를 전면 폐지하거나 사유재산제도를 사실상 무의미하게 만드는 경우, 예컨대 재산권이 무상몰수되거나 박탈되는 경우, 소급입법에 의하여 재산권이 박탈되는 경우 또는 재산권이 지나친 제한으로 유명무실해지는 경우는 재산권의 본질적 내용의 침해가 되어 금지된다.

실히 보호함과 아울러 공익사업의 효율적인 추진을 도모하기 위해" 법률 제6656호 공익사업을위한토지등의취득및보상에관한법률로 통폐합되었다.
53) 헌법재판소는 법률의 위임에 의하여 제정되고 위임의 한계를 벗어나지 아니하는 한 조례로도 재산권을 제한할 수 있다고 한다(헌재 1995. 4. 20. 90헌마264).
54) 헌법재판소도 정당보상을 피수용재산의 객관적 재산가치를 완전하게 보상하는 완전보상으로 이해하면서, 기준지가 내지 공시지가를 그 기준으로 하되 개발이익을 배제하고 공시기준일로부터 재결시까지의 시점보정을 인근 토지의 가격변동률과 도매물가상승률에 의하도록 한 것은 정당보상원리에 반하지 않는다고 하고 있다(헌재 1990. 6. 25. 89헌마107).
55) 헌법재판소는 무등록음반판매업자 등이 점유하는 일체의 음반물을 필요적으로 몰수하도록 하는 것은 과잉입법금지의 원칙에 위배된다고 판시하였다(헌재 1995. 11. 30. 94헌가3).

제 5 부 民主的 政治秩序 내의 基本權

한/국/민/주/헌/법/론

제1장 言論 · 出版의 自由

제1절 現行憲法上 言論 · 出版의 自由

　　종래 일반적인 태도는 언론 · 출판(및 집회 · 결사)의 자유를 자유권적 기본권, 그 중에서도 정신적 자유의 부분에서 다루었다.[1] 그러나 오늘날 언론 · 출판의 자유는 개인이 마음대로 말할 수 있는 자유영역을 보장한다는 의미에 머무르지 않는다. 즉 광장에서 소리 지를 권리 또는 편지를 쓰고 길거리에 포스터를 붙일 권리로만 볼 수 없다. 오히려 언론 · 출판의 자유는 현대 대중민주주의 현실에서 결정적인 역할을 하고 있다는 점에 착안하여 민주주의원리와의 밀접한 기능적 관련성을 갖는 정치적 기본권으로서 의미가 우선 부각되는 것이다.[2]

　　민주주의는 여론정치이며, 언론의 자유는 여론(사회)형성적 기능을 한다는 점에서 민주시민의 정치적 기본권이요 인간의 존엄상 당연히 요청되는 기본권이다. 한 사회의 언로(言路)는 인체의 동맥과 같아서 적정량의 정보(피)가 흘러야 건강한 사회로 기능하게 되고, 그것이 막히면 유언비어가 판치는 비정상적인 사회가 되는 것이다. 또한 언론의 자유는 집권여당과 권력에 대한 비판을 가함으로써 권력남용을 견제하고, 평화적 정권교체를 가능케 하는 민주주의의 안전판이다.

　　그리하여 민주주의는 언론의 자유를 최대한 보장하는 것을 원칙으로 하여 미국수정헌법 제1조는 "연방의회는 … 언론 · 출판의 자유를 제한하는 법률을 제정할 수 없다"는 그러한 의미를 함축하고 있다. 그러나 언론의 자유라 하여 결코 절대무제약(絶對無制約)할 수는 없는 것이어서 미국에서는 명예

---

1) 대표적으로 권영성, 486쪽 이하 참조.
2) 정치적 기본권 중 하나로 언급하는 견해로는 계희열(중), 549쪽 참조.

훼손(libel, slander) · 외설(猥褻)의 언사(obscene indecent language) 및 폭언(fighting word) 등 민 · 형사 판례(common law: 보통법)로써 구체적으로 제약이 가하여지고,[3] 우리나라에서는 헌법 제37조 제 2 항(법률유보)에 의하여 형법 · 민법 · 신문법 · 방송법 등 법률로써 제약된다.

Ⅰ. 言論 · 出版의 自由의 意義

1. 언론 · 출판의 자유의 개념

현행헌법 제21조는 언론 · 출판의 자유를 규정하고 있다. 언론 · 출판이란 불특정 다수인에게 자기 자신의 신념이나 가치 등을 언어나 문자와 같은 상징체계를 통하여 발표하는 자유를 의미한다. 언론의 자유는 대화 · 연설 · 담화 등과 같은 구술에 의한 사상의 발표인데 비하여, 출판의 자유는 문서 · 사진 · 조각 등과 같은 유형화된 매체를 통한 표현을 의미한다. 오늘날 언론 · 출판의 자유는 자기 자신의 신념이나 가치 등의 발표뿐만 아니라 알 권리, Access권, 언론기관의 자유까지 포함하는 넓은 의미로 사용하고 있다. 즉 언론 · 출판의 자유는 단순히 표현하는 자유만이 아닌 커뮤니케이션과 관련된 전체 의사과정을 보호대상으로 삼고 있다.[4]

일찍이 밀톤, 스피노자 등은 사상의 자유와 관련하여 언론 · 출판의 자유를 주장하였다. 영국에서는 1649년 영국의 인민협정에 의해 최초로 출현하여 1695년 검열법 폐지를 통하여 확립되기에 이른다. 헌법상 최초로 명문규정을 둔 것은 1776년 미국의 버지니아 권리장전이며, 이후 1789년 프랑스 인권선언 등 각국의 헌법에서 이를 명문화하게 되었다. 오늘날에는 세계인권규약 및 국제인권규약에서 언론의 자유를 규정하여 국제적 차원에서도 이를 보장하고 있다.

---

3) Robertson v. Baldwin, 165 U.S. 295(1895).
4) 일반적으로 헌법상의 언론 · 출판의 자유의 내용으로서는, 의사표현 · 전파의 자유, 정보의 자유, 신문의 자유 및 방송 · 방영의 자유 등을 들고 있다. 이러한 언론 · 출판의 자유의 내용 중 의사표현 · 전파의 자유에 있어서 의사표현 또는 전파의 매개체는 어떠한 형태이건 가능하며 그 제한이 없다. 즉 담화 · 연설 · 토론 · 연극 · 방송 · 음악 · 영화 · 가요 등과 문서 · 소설 · 시가 · 도화 · 사진 · 조각 · 서화 등 모든 형상의 의사표현 또는 의사전파의 매개체를 포함한다. 그러므로 음반 및 비디오물도 의사형성적 작용을 하는 한 의사의 표현 · 전파의 형식의 하나로 인정되며, 이러한 작용을 하는 음반 및 비디오물의 제작은 언론 · 출판의 자유에 의해서도 보호된다고 할 것이다(헌재 1993. 5. 13. 91헌바17).

우리나라 현행헌법은 제21조에서 언론·출판의 자유를 선언하면서(제 1 항) 그 허가나 검열은 금지하고(제 2 항), 통신·방송 등의 시설기준과 신문의 기능보장을 위하여 필요한 사항은 법률로 정하고(제 3 항), 언론·출판이 타인의 명예나 권리 또는 공중도덕이나 사회윤리를 침해하여서는 아니 되며, 타인의 명예나 권리를 침해한 때에는 피해자는 피해배상청구권을 갖는다(제 4 항)라고 규정하고 있다. 제헌헌법과 유신헌법(1972)에서는 "법률에 의하지 아니하고는 언론·출판의 자유를 제한받지 아니한다"라는 개별적 법률유보 조항을 두어 헌법적 보장형식이 미약하였고, 4·19헌법(1960)에서는 그러한 개별적 법률유보조항을 삭제하면서, "언론·출판에 대한 허가를 규정할 수 없다"(제28조 제 2 항 단서)고 하였다. 박정희 대통령 당시의 헌법(1962)에서는 공중도덕과 사회윤리를 위한 영화와 연애에 대한 검열(제18조 제 2 항)이라든지 신문과 통신의 발행시설기준 법정(제18조 제 4 항) 등이 추가 규정되고, 전두환 대통령 당시의 헌법(1980)에서는 그러한 제한규정은 삭제되었지만 언론기본법을 제정하여(1980) 언론에 대한 보장과 규제를 동시에 추구하였다.

우리나라는 1962년 이후 전통적으로 언론에 관한 기본법으로 정기간행물등록에관한법률(정간법)과 방송법이 있는데, 1980년 상기 언론기본법에 통폐합되었다가 1987년 이후 다시 분리되었다. 그러나 노무현 대통령의 참여정부 하에서 2005년 정간법은 폐지되고 그 대신 신문등의자유와기능에관한법률(신문법)과 언론중재및피해구제에관한법률(언론중재피해구제법)이 제정되었다. 다시 이명박 대통령 정부에 들어와서 신문등의진흥에관한법률(2009년)과 잡지 등 정기간행물의진흥에관한법률로 되었다(2008년).

2. 언론·출판의 자유의 현대적 의미

추상적으로 규정되어 있는 기본권을 해석함에 있어서 무의식적이든 의식적이든 간에 국가를 바라보는 관점 내지는 기본권을 바라보는 관점의 영향을 받게 된다.5) 언론의 자유도 마찬가지이다. 법실증주의나 결단주의와 같이 국가를 이미 존재하는 것으로 보고, 국가와 사회의 영역을 이분법적으로 바라보는 시각에서는 기본권은 원칙적으로 국가에 대한 방어적 권리로만 이해될

---

5) E-W. Böckenförde, "Grundrechtstheorie und Grundrechtsinterpretation," *NJW*, Heft 35, 1974, S. 1529f.

것이고, 언론의 자유도 국가의 침해를 배제하는 것에서 주된 의미를 찾게 될 것이다. 즉 정신적 자유권으로서의 방어권으로 이해될 것이다.

그러나 통합론에 따르면 기본권이 단순히 주관적 공권에만 머무른다고 보지 않는다. 즉 기본권은 한 국가의 국민들이 헌법에 의하여 합의하는 개별적인 정치적 가치를 말하게 되며, 헌법은 이러한 가치를 확립하고 있는 규정을 통해 특정되는 것이라고 본다.6) 이른바 객관적 가치질서성이 승인되는 것이다. 또 민주주의와의 관련성이 강조되는데, 국가는 기본권 보장을 실현하는 사실적 가치공동체이어야만 민주적일 수 있다고 본다.7) 이러한 통합론의 맥락에서 언론·출판의 자유의 의의는 변화한다. 기본권을 보장하는 국가를 구성하고, 국가가 기본권을 보장하도록 통제하는 본질적인 민주주의 과정에서 언론·출판의 자유는 본질적인 지위에 놓이게 된다.8) "언론출판의 자유는 특별한 의미를 가지며, 사회에 있어서의 인격성의 직접적인 표현으로서 가장 우선적인 인권 중의 하나이고, 자유민주적 기본질서에서는 그것은 전적으로 구성적인 것이며, 따라서 그것은 국가질서의 기능능력에 있어서 필수적인 이념과 이익의 자유로운 토론을 보장하는 정신적 투쟁"9)이라는 독일연방헌법재판소의 판례가 널리 승인되어 있다.10) 요컨대 언론의 자유는 민주주의의 전제이며 존립요건이고, 다른 모든 자유의 기초가 되며, 인간의 존엄성과 인격의 자유로운 발현을 가능하게 하는 중요한 의의를 갖는다고 할 수 있다.11)

---

6) R. Smend, *Das Recht der freien Meinungsäußerung, Staatsrechtliche Abhandlungen*, 3. Aufl., 1994, S. 91.

7) C. Möllers, *Staat als Argument*, 2000, S. 112.

8) 특히 스멘트는 언론·출판의 자유가 양심의 자유, 사상의 자유와 매우 밀접한 관련이 있으며, 이것은 올바른 의사와 정치적 윤리성을 위한 수단이 되고, 정치적 공동생활의 가장 중요한 전제이자 형식이 된다고 보고 있다. 이를 통해 언론·출판의 자유의 특히 공적 제도로서의 본질에 대하여 제도적으로 승인하고 있다(R. Smend, *Das Recht der freien Meinungsäußerung, Staatsrechtliche Abhandlungen*, 3. Aufl., 1994, S. 95f.).

9) BVerfGE 12, S. 113f.

10) 예컨대 콘라드 헷세(계희열 역), 독일헌법원론, Rn. 387; 계희열(중), 392쪽; R. Ricker, *Freiheit und Aufgabe der Presse*, 1983, S. 11 등 참조.

11) 계희열, "헌법상 언론·출판의 자유," 고려대 법학논집 제34집, 1998, 1-2쪽. 일반적인 견해는 언론·출판의 자유는 민주주의의 구성원리이면서 주관적 공권의 성질을 가진 것으로 인격의 자유로운 발현과 여론형성의 중개적 기능을 담당하는 기본권으로서, 그 법적 성격은 자유권적 기본권의 성격과 입법에 의해서도 헌법의 내용을 침해·훼손하는 것을 금지하는 제도적 보장 또는 객관적 가치질서의 구성요소의 성격을 동시에 내재하고 있다고 설명한다. 언론·출판의 자유는 그 개별내용에 따라 법적 성격의 차이가 나타날 수 있는데, 의사표현의 자유와 알 권리에 있어서는 신문의 자유에 있어서 보다 주관적 권리의 요소가 강

Ⅱ. 言論·出版의 自由의 內容

1. 의사표현의 자유

의사표현의 자유란 자기의 주관적인 의사를 외부로 자유롭게 전달할 수 있다는 자유이다. 이 자유는 자신의 의사를 표현하고 전파할 적극적 자유만이 아니라 표현·전파하지 아니할 수 있는 소극적 자유도 포함한다. 자유로운 의사의 표현과 전달이 보장되지 아니하면 자유로운 의사형성, 나아가 민주주의의 실현이 불가능해지므로, 이 자유는 자유민주주의적 국가질서의 기본적 전제가 된다.

의사표현의 자유에 있어서 의사의 개념은 넓게 이해되어야 하며, 이에는 자신의 의견, 확신, 평가, 판단, 예견, 모든 사물적 대상에 대한 태도표명 및 가치판단 등이 포함된다. 의사는 그것이 원칙적인 것이든 비원칙적인 것이든, 또는 동의하는 것이든 비판하는 것이든 무관하고, 그것이 공적 사항에 관한 것이든 사적 사항에 관한 것이든, 또는 정치적·비정치적인 것을 불문한다. 즉 사고의 과정을 거친 주관적 평가로서 의사형성에 도움이 되는 모든 표현이 의사이다.

그런데 '사실'의 주장이나 평가도 의사의 개념에 포함되는가가 문제된다. 일반적으로, 순수하게 객관적인 사실의 전달, 예컨대 통계자료의 전달과 같은 것은 의사의 표현이 아니라고 보고 의사표현의 자유와 구별되는 개념으로 파악한다.[12] 그러나 사실의 주장이나 전달도 주장하는 또는 전달하는 사람의 가치판단을 수반하지 않는 것이 없으며, 사실을 선택하고 제시하는 경우 이미 독자적인 평가적 의사가 개입되었기 때문에 의사표현에 포함된다는 반론이 가능하다. 의사의 표현과 전파의 방법은 언어·문자·서화 등 어떠한 방법에 의하든 상관없다. 따라서 상징적 표현도 언론·출판의 자유에 포함된다.[13]

하게 나타나는 데 반해 방송 내지 방영의 자유에 있어서는 객관적 요소의 측면이 지배적이라고 한다.

12) 이러한 맥락에서 독일 기본법 역시 의사표현의 자유와 보도의 자유를 구별하여 규정하고 있다. 참고로 의사표현의 자유는 말하는 사람의 사상을 존중함으로써 표현된 내용의 주관적인 경향을 존중하려는 것이며, 보도의 자유는 단순한 사실의 전달을 통하여 국민의 알 권리를 충족시켜 주고, 의사형성의 자료를 제공해 줌으로써 여론형성에 간접적으로 이바지하는 데 의의가 있다는 점에서 양자를 구분하는 견해가 있다(허영, 547쪽).

13) 상징적 표현이란 비언어적 방법에 의한 표현을 의미하며, 1960년대 이후 미국에서 논의된 개념으로 언론·출판의 한 유형이다. 상징적 표현의 사례를 들면, 월남전 반대의 표현으

2. 알 권리(=정보의 자유)

알 권리란 일반적으로 접근할 수 있는 정보원으로부터 방해받지 않고 정보를 수집하고 수집된 정보를 취사선택하여 활용할 수 있는 자유를 의미한다. 알 권리에서 말하는 일반적으로 접근할 수 있는 '정보원'(情報源)이란 모든 정보의 주체, 즉 정보를 소지하고 있는 사람이나 기관을 의미한다. 이에는 의사·사실 또는 공적 사항·사적 사항을 불문한다. '일반적으로 접근할 수 있는'이란 정보원이 일반에게, 즉 불특정다수인에게 정보를 공급해 주기에 기술적으로 적합하고 또한 공급해 주도록 정해진 경우를 의미한다. 출판물·방송·영상매체·전시물·전단 등이 이에 해당된다.

독일에서는 기본법 제 5 조 제 1 항에 알 권리를 직접 규정하고 있으며, 미국에서도 1966년에 제정·시행되고 있는 정보자유법(Freedom of Information Act: FOIA)에 정보공개의 의무를 규정하고 있다.[14] 그런데 현행헌법에서는 알 권리를 직접 규정하고 있지 않아 그 근거규정에 대하여 논란이 있다. 일부 견해는 알 권리의 근거규정으로 헌법 제10조의 인간의 존엄과 가치로부터 도출되는 일반적 인격권을 제시하기도 한다. 그러나 인간의 존엄과 가치의 구체적 기본권성에 대하여 소극적으로 보아야 한다는 점과 언론·출판의 자유는 의사소통 전과정을 보호영역으로 삼고 있다는 점에 비추어 알 권리의 근거규정도 제21조에서 찾는 것이 타당하다.[15]

알 권리는 민주적 의사형성과 자유민주주의 질서의 전제이므로 알 권리의 대상이 되는 정보는 최대한 공개되어야 하며, 정보제공에 대한 일반적 금지는 명백한 위헌이 된다. 특히 행정의 공개와 관련한 문제가 빈발하고 있는데, 알 권리는 원칙적으로 국가권력으로부터 정보의 수집이나 수령 등을 방

로 병역등록카드를 법원에서 불태운 사건(O'brien사건), 월남전 반대방법으로 흑색완장을 하고 단식을 행한 사건(Tinker사건), 성조기를 길거리에서 불태운 사건(Street사건), 징병제 반대문구 상의를 착용하고 법원복도에서 시위를 행한 사건(Cohen사건) 등을 들 수 있다.

14) 이외에도 회의공개법(Government in the Sunshine Act, 1976)에서 정부의 중요정책의 결정과정인 모든 회의의 공개를 요구하며, 정부윤리법(Ethics in Government Act, 1978)에서 정책결정의 책임부서에 있는 정치인·고급공무원·법관 등의 자산수입의 공개를 요구하고 있다. 한편 사생활보호법(Privacy Act, 1974)에서는 정부가 수집한 자기에 관한 정보를 알 권리가 있으며, 그 자기정보를 정부가 함부로 이용할 수 없도록 요구하고 있다.

15) 우리 헌법재판소도 알 권리의 근거조문으로 제21조를 들고 있다(헌재 1991. 5. 13. 90헌마133).

해받지 아니할 권리 및 국가기관에 대하여 정보공개를 청구할 수 있는 권리 (국정정보공개청구권)를 포함한다.

3. Access권

Access권은 국민들이 자기의 사상표현을 위하여 언론기관에 접근할 수 있는 권리를 의미한다. Access권은 좁은 의미로는 반론권이나 해명권을 의미하지만, 넓은 의미로는 광고주 등이 언론기관을 이용할 수 있는 권리까지 포함한다. 보통 Access이라고 하면 협의의 개념, 즉 반론권의 의미로 사용된다. Access권은 헌법에 직접 규정되어 있지는 않으나 헌법상 당연히 인정되는 것으로 해석된다. Access권은 언론매체에 보다 많은 국민을 접근하게 하여 민주적 여론형성을 위한 보완적 기능을 수행하며, 반론이나 해명을 통하여 언론매체의 보도를 통제하며 공정보도를 가능하게 하는 기능을 한다. Access권은 국민과 국가의 관계에서가 아니라 국민과 언론매체의 관계에서 발생하는 문제이므로, 언론·출판의 자유를 공동체의 객관적 질서요소로 파악할 때 그 효력을 가질 수 있게 된다. 다만 Access권은 허용됨에도 불구하고 언론매체의 보도의 자유와 충돌할 우려가 높으므로, 양자의 기본권 간의 실제적 조화점을 찾는 것이 중요하다.

한편 우리의 현행법은 이러한 Access권의 의미로 정정보도, 반론보도, 추후보도 청구라는 용어를 사용하고 있다(언론중재및피해구제등에관한법률 제14조 내지 제17조). 언론기관의 보도에 의해서 신용이나 명예 등을 훼손당한 경우에 청구할 수 있는 권리로서 언론매체에 의한 기본권침해를 효과적으로 구제하기 위한 것이다. 정정보도는 사실적 주장에 관한 언론보도가 진실하지 아니함으로 인하여 피해를 입은 자가 언론사에 청구하는 것이고, 반론보도는 진실여부와는 관계없이 헌법상 보장된 인격권이나 사생활권에 기해서 반박의 기회를 주는 것이고,16)

---

16) 헌법재판소는 "정기간행물의등록등에관한법률상의 정정보도청구권은 정기간행물의 보도에 의하여 인격권 등의 침해를 받은 피해자가 반론의 게재를 요구할 수 있는 권리, 즉 이른바 반론권을 뜻하는 것으로서 헌법상 보장된 인격권, 사생활의 비밀과 자유에 그 바탕을 둔 것이며, 나아가 피해자에게 반박의 기회를 허용함으로써 언론보도의 공정성과 객관성을 향상시켜 제도로서의 언론보장을 더욱 충실하게 할 수도 있다는 뜻도 함께 지닌다"고 하고 "현행 정정보도청구권제도는 언론의 자유와는 비록 서로 충돌되는 면이 없지 아니하나 전체적으로 상충되는 기본권 사이에 합리적 조화를 이루고 있으므로, 언론의 자유의 본질적 내용을 침해하거나 언론기관의 재판청구권을 부당히 침해하는 것으로 볼 수 없어 헌법에 위반되지 아니한다"라고 판시하였다(헌재 1991. 9. 16. 89헌마165).

추후보도는 범죄혐의가 있다거나 형사상 조치를 받았다고 보도된 자가 그에 대한 형사절차가 무죄판결 또는 이와 동등한 형태로 종결된 때에 청구된다.

정정보도 등의 청구에는 언론사의 고의·과실이나 위법성을 요하지 않아서(농 제14조 제 2 항) 언론의 기능을 지나치게 위축시키고 결과적으로 국민의 알 권리를 제한하게 된다 하여 위헌심판이 제청됐으나(2006. 1. 20. 서울중앙지법. 국가정보원이 조선일보를 상대로 제기한 정정보도청구소송에서) 합헌으로 결정됐다(헌재 2006. 6. 29). 피해자 아닌 제 3 자에 의한 시정권고(구법 제32조 제 2 항)도 문제됐으나 합헌결정 됐는데 언론의 자유보도를 위해서 현행 개정법(2009. 2. 6)에서는 삭제했다.

그러나 정정보도청구소송을 민사집행법의 가처분절차에 의해 재판하도록 한 규정(구법 제26조 제 6 항)은 위헌이라 했다. 즉 언론의 피해에 대한 신속한 권리구제라는 측면에 과도하게 치우쳐 적법절차의 원리에 어긋난다고 판단했다. 가처분절차에 의해서 엄격한 증명이 아닌 소명[17]만으로 정정보도청구를 인정한다면 언론의 보도기능이 매우 위축될 것이라는 점이다. 그리하여 현행 개정법에서는 정정보도는 민사소송법상의 소송절차에 따르고, 반론보도와 추후보도는 민사집행법의 가처분절차에 의하도록 했다.

4. 언론기관의 자유

언론·출판의 자유는 언론기관의 자유를 포함한다. 국민의 의사소통 전 과정을 살펴볼 때, 언론기관은 의사소통을 매개하는 중요한 역할을 하기 때문에 언론기관의 자유는 언론의 자유의 실질적이고도 핵심적 내용이 된다.[18]

(1) 설립의 자유

현행헌법 제21조 제 3 항은 언론기관시설기준 법정주의를 규정하여 부실

---

17) 증명은 법관의 합리적 의심을 배제할 정도의 입증 노력을 말하며, 소명은 개연성을 심어 줄 정도의 입증노력을 말한다.
18) 언론기관의 자유는 민주주의에서의 지속적인 토론의 과정에서 정보를 창출하고, 공적 토론을 올바르게 이끄는 효력을 발생하게 한다. 언론기관의 자유가 보장되는 과정에서 공적 의견은 현실화된다. 즉 대부분의 논쟁은 언론의 주장과 반대주장에서 표명되는 것이고, 그 분명한 윤곽을 획득하게 되기 때문이다. 이로써 시민의 판단과 결정의 부담을 경감시키기도 한다. 특히 대의제 민주주의 하에서 언론매체는 국민과 그에 의해 선출된 의회와 정부의 대표자 사이의 항시적인 결합조직 및 통제조직으로서 등장하게 된다. 따라서 독일연방헌법재판소는 언론기관의 자유가 현대민주주의에 있어 불가결한 것이라고 확인하였다(BVerfGE 20, S. 174f.).

한 언론기업의 출현으로 인한 폐해와 언론사의 무분별한 난립을 방지하고 있다. 이를 근거로 신문등의진흥에관한법률과 방송법 및 잡지등정기간행물진흥에관한법률은 언론기관의 설립에 있어서 일정한 제한규정을 두고 있다. 정기간행물의 등록제, 방송의 허가제, 뉴스통신의 허가제 등이 그것이다. 법인이 아닌 자는 정기간행물 중 일간신문이나 일간주간신문을 발행할 수 없다. 그리고 특정인에 대하여는 정기간행물 및 인터넷신문의 발행인 또는 편집인, 방송국의 장이나 편성책임자가 될 수 없다(신문법 제13조; 방송법 제13조). 즉 대한민국 국민이 아닌 자, 일정한 죄를 범한 자, 외국의 법인이나 단체 등은 제한되고 있다. 한편 여론의 다양성을 보장하고 신문 산업의 진흥을 위하여 한국언론진흥재단과 언론진흥기금을 설치하고 있다(신문법 제29조, 제34조).

(2) 취재의 자유

자유로운 취재활동의 보장이야말로 언론기관의 생명임은 자명하다. 그러나 취재의 자유도 다른 법익, 예컨대 프라이버시·국가기밀유지 등에 제한을 받고, 형법이나 다른 법률에서 금지하는 방법으로 취재하는 행위 등이 허용될 수 없음은 당연하다. 취재의 자유에 취재원비익권(取材源秘匿權: 默秘權)을 어느 정도까지 보장할 것인가가 문제된다. 취재원비익권이란 기자 등이 은밀한 신뢰관계를 통하여 취재한 취재원을 공개당하지 않을 권리로써 진실보도와 공정보도를 위한 불가결의 전제조건이다. 따라서 취재원비익권은 현행법상 명문규정은 없지만, 헌법상 언론의 자유의 중요한 내용으로 인정되어야 한다.[19]

취재원비익권은 일차적으로 취재원의 성명을 비익하는 권리를 말한다. 그러나 이 권리의 본질에 비추어 단순히 취재원의 성명에 그치는 것이 아니라 공중에 대한 정보전파를 목적으로 내적인 신뢰관계를 통하여 얻어진 정보 자체에도 미쳐야 할 문제이고, 그것은 커뮤니케이션의 내용, 취재메모, 필름 등을 포함한다고 해석해야 할 것이다. 다만 이미 공표된 것이나 공중의 면전에서 취재된 것 등은 이 권리의 대상으로 될 필요가 없다.

---

19) 이관희, "언론의 자유에 있어서 취재원비익권의 법리," 경찰대논문집 제 5 집(1986), 274쪽. 독일연방헌법재판소의 견해에 따르면 취재원비익권은 취재의 자유의 본질적 내용에 해당한다(BVerfGE 25, 296(303ff.); Branzburg v. Hayes *et al.*, Judges, 408 U.S.665(1972). 미 연방대법원판례에서는 5 : 4 판결로 취재원비익권을 인정하지 않았다.

취재원비익권도 헌법 제37조 제 2 항에 의한 제한이 가능하다. 구체적으로 형사재판과 관련되어 문제되는데, 증거의 중요성과 공중에 대한 자유로운 정보유통이라는 언론의 공적 기능과를 비교형량 하여 결정하게 된다.

(3) 보도의 자유

보도의 자유가 언론기관의 자유에 핵심임은 두말 할 나위도 없다. 보도의 자유의 한계로써 허위보도가 문제된다. 허위보도에도 여러 가지 유형이 있는데, ① 고의(故意)이거나 보도내용의 진실여부를 전혀 검토하지 않는 등 중대(重大)한 과실(過失)의 경우는 보도의 자유로써 보호받을 수가 없고, ② 보도내용을 검토하는 과정에서 시간의 부족 등 경미(輕微)한 과실의 경우는 어느 정도 보호된다. 즉 형사책임은 면제되지만 정정(訂正)보도와 손해배상의 민사상의 의무는 성실히 이행해야 한다.

(4) 편집과 경영의 분리

자본주의가 발전하면서 기업이 소유와 경영을 분리하듯이 민주주의가 고도화되면서 언론기업에서 편집과 경영은 엄격히 분리되어 편집권의 독립이 요망된다. 보도의 자유는 편집의 자유를 전제로 하기 때문이다. 편집권은 편집인 등 편집종사자들만이 전속적으로 향유한다기보다 발행인 등과 상당부분 경합하여 향유한다고 본다.[20] 언론사내부에서 경영인과 편집인 및 기자들의 상호관계는 원칙적으로 사법상의 계약에 의하여 규율되지만, 편집권에 대한 과도한 간섭은 언론의 자유의 객관적 질서성에 의하여 일정한 제약을 받게 될 것이다(기본권의 사인간의 효력문제).

(5) 언론기업의 독과점규제

언론기업이 재벌 등에 의하여 독과점될 경우에 국민의 의사가 왜곡될 우려가 있음은 자명하다.

1) 대기업의 일반 일간신문 소유제한 등

신문 등의 진흥에 관한 법률 제18조 제 1 항에서는 "독점규제 및 공정거래에 관한 법률 제2조제2호에 따른 기업집단 중 자산총액 등 대통령령으로 정하는 기준에 해당하는 기업집단에 속하는 회사와 그 계열회사(대통령령으로 정하는 특수한 관계에 있는 자를 포함한다)는 일반일간신문을 경영하는 법인이

---

20) 박선영, 언론정보법연구 Ⅰ, 법문사, 2002, 58쪽.

발행한 주식 또는 지분의 2분의 1을 초과하여 취득 또는 소유할 수 없다."라고 규정하고, 제2항에서는 "일반 일간신문을 경영하는 법인의 이사(합명회사의 경우는 업무집행사원, 합자회사의 경우에는 무한책임사원을 말한다)중 그 상호간에 민법 제777조에 규정된 친족관계에 있는 자가 그 총수의 1/3을 넘지 못한다"라고 규정하고 있다.

2) 헌법재판소 위헌판결(헌재 2006. 6. 29. 2005헌마165등)[21]

헌법재판소는 언론사 한 곳이 신문시장의 30% 이상을 점유하거나, 상위 3개사가 60% 이상을 차지할 때 '시장지배적 사업자'로 규정한 조항(구신문법 제17조)에 대해 위헌결정을 내렸다. 신문점유율은 독자의 자연스러운 선택에 의한 것인 만큼 타 업종(공정거래법상 1개사 50%, 3개사 75%)보다 엄격한 규제를 하는 것은 부당하다는 취지에서다. 독자의 선택을 받은 신문이 시장에서 차지하는 비율을 문제 삼는 것은 옳지 못하다는 것이다. 또한 헌재는 시장지배적 사업자를 신문발전기금 수혜대상에서 제외하는 조항(동 제34조)도 기회균등원칙 위반으로 위헌이라 결정했다.

그리고 다른 일간지의 복수소유를 금지한 조항(동 제15조 제3항)에 대하여는 헌법불합치결정을 했다. 신문의 복수 소유가 언론의 다양성을 저해하지 않거나, 오히려 기여하는 경우도 있을 수 있기 때문이다. 실제로 신문시장에서 생존이 어려운 일간신문이 다른 일간신문의 지분을 취득해 생존하는 길이 열린다면 신문의 다양성에 기여하게 된다. 따라서 이 조항도 개정 현행법에서 삭제되었다. 그러나 신문사가 방송사를 겸영하지 못한다는 조항은 합헌이라 했다. 신문의 영향력이 감소하고 새로운 매체가 등장하고 있는 세계적 경향에서 보면 신문과 방송의 겸영 금지조항도 헌법불합치로 하여 국회가 이 문제를 다시 검토하도록 하는 것이 바람직하지 않았나 생각된다. 겸영금지 조항을 폐지한 개정 현행법이 이를 웅변으로 말해 주고 있다.

---

21) 헌재는 언론법률에 기념비적 판결을 내렸는데 그 이유는 크게 두 가지다. 첫째, 이 판결은 정상적인 사법절차에 의한 결정이라는 점이다. 이는 1980년 만들어진 언론기본법이 폐지되고 새로운 '정간법'이 제정되는데 7년의 민주화투쟁을 거친 것과 다른 경험이다. 그 만큼 우리의 민주주의가 성숙되었다는 뜻이다. 둘째, 헌재결정은 헌재 의도와는 관계없이 헌법의 권위에 기초하여 한국적 신문이론의 천명으로 받아들여진다는 것이다. 결정문은 모두 90쪽인데, 그 중 56쪽은 결정의 내용과 그 논리적 이유를 담았고, 나머지 34쪽은 소수 의견을 제시했다.

Ⅲ. 言論·出版의 自由의 制限과 그 限界

1. 언론·출판의 자유의 헌법적 한계

현행헌법은 언론·출판의 자유의 헌법적 한계[22]로서 '타인의 명예나 권리 또는 공중도덕이나 사회윤리'를 제시하고 있다(제21조 제4항).

(1) 타인의 명예·권리

1) 명예훼손(名譽毁損)

언론·출판이 타인의 명예를 훼손하는 경우에는 민사상 불법행위로서 손해배상책임을 지고(민법 제751조), 형사상 처벌된다(형법 제309조, 제312조). 다만 타인의 명예를 훼손한 언론·출판일지라도 '진실한 사실로서 오로지 공공의 이익에 관한 것인 때에는' 처벌받지 아니한다(형법 제310조).

2) 사생활(私生活)의 비밀침해

오늘날 통속적인 주간지·월간지·TV프로 등에서 Privacy권(제17조)의 침해가 쉽게 이루어지는데, 이 역시 불법행위로서 손해배상책임을 진다(민법 제751조).

(2) 공중도덕·사회윤리

형법상 음란문서반포죄(제243조)가 이에 해당된다. 대법원은 '음란성'의 개념을 "성욕을 자극 또는 흥분시키고 보통인의 정상적인 성적 수치심을 해하고 선량한 성적 도의관념에 반하는 것"이라 하고[23] 음란성의 유무는 "작성자의 주관적 의도가 아니라 객관적으로 판단해야 한다"고 한다.[24] 그리고 음란성의 판단대상은 "소설에 내포된 전체적 사상의 흐름이 음란할 것을 요한다"고 하여 전체적 고찰방법을 취하고 있다.[25] 이에 대하여 헌법재판소는 "'음란'이란 인간존엄 내지 인간성을 왜곡하는 노골적이고 적나라한 성표현으로써 오로지 성적 흥미에만 호소할 뿐 전체적으로 보아 하등의 문학적·예술적·과학적 또는 정치적 가치를 지니지 않는 것으로서 사회의 건전한 성도

---

22) 허영, 535쪽. 김철수 교수는 내재적 한계로 설명한다.
23) 대법원 1990. 10. 16. 선고 90도1485, 공 885, 2348.
24) 대법원 1991. 9. 10. 선고 91도1550, 공 907, 2562.
25) 대법원 1975. 12. 9. 선고 74도976.

덕을 크게 해칠 뿐 아니라 사상의 경쟁메커니즘에 의해서도 그 해악이 해소
되기 어려운 것"이라 한다.26)

2. 일반적 법률유보에 의한 제한

언론·출판의 자유도 헌법 제37조 제 2 항의 기본권 제한의 일반원칙에
따라 국가안전보장이나 질서유지 또는 공공복리 목적으로 법률로써 제한되
며, 그 정도는 필요최소한도에 그쳐야 하고, 언론·출판의 자유의 본질적 내
용을 침해해서는 아니 된다.

(1) 일반법에 의한 제한

언론·출판의 자유에 대한 제한의 일반법으로 '신문등의진흥에관한법률'
(신문법)과 '방송법'이 있다. 신문법은 일정한 경우에 시·도지사가 정기간행
물의 발행정지·등록취소심판청구 등을 할 수 있도록 하고 있고(제22조), 방송
법은 방송내용을 심의하기 위하여 방송위원회·방송심의위원회 등의 설치와
그 운영에 관한 사항을 규정하고 있다(제20조-제42조).

(2) 개별법에 의한 제한

1) 국가안전보장에 의한 제한

형법상 내란·외환죄를 선동 또는 선전하는 행위(제90조 제 2 항, 제101조
제 2 항), 국가보안법상 반국가단체의 목적수행을 위한 행위를 선동·선전, 찬
양·고무하는 행위(제 4 조 제 1 항 제 6 호, 제 7 조)를 처벌하는 규정을 두고 있
다. 이외에도 외교상 기밀누설죄(형법 제113조), 군사기밀보호법상 누설죄(제12
조-제14조)가 여기에 해당된다.

2) 질서유지를 위한 제한

상술한 명예훼손에 의한 민형사책임(민법 제751조; 형법 제307조), 형법상
음란문서반포죄(제243조)가 여기에 해당된다. 이외에도 계엄법상 비상계엄시
언론·출판의 자유에 특별한 조치를 취하는 것(제 9 조 제 1 항), 옥외광고물법
상 광고행위규제(제 5 조 제 2 항), 경범죄처벌법상 광고물무단첩부금지(제3조 제
1항 제9호) 등이 있다.

---

26) 헌재 1998. 4. 30. 95헌가16.

3) 공공복리를 위한 제한

일부 국민의 권리를 제한함으로써 다른 일부 국민의 복리를 가져온다는 것은 생각되기 어려우므로 공공복리의 향상을 위한 경우는 드물다 히겠으니, 방송법 제 5 조 제 2 항은 방송은 "국민의 화합과 조화로운 국가의 발전 및 민주적 여론형성에 이바지하여야 하며, 지역간·세대간·계층간·성별간의 갈등을 조장하여서는 아니 된다"고 규정하여 공공복리에 의한 제한을 두고 있다고도 볼 수 있다.[27]

3. 언론·출판의 자유의 제한의 한계

(1) 사전억제(허가 또는 검열)금지의 원칙

언론·출판의 자유가 갖는 비중에 비추어 의견을 표명하기도 전에 가해지는 사전적 제한은 매우 엄격하게 금지된다. 먼저 언론·출판에 대한 허가제는 금지된다. 반면 신문법상 등록제(제 9 조)는 무책임한 정기간행물의 난립을 방지하고 언론·출판의 공적 기능과 언론의 건전한 발전을 위한 것으로 허가제와 구별되고, 헌법이 보장하는 언론의 자유는 표현의 내용과 방법을 보장하는 것이지 이를 객관화하는 수단으로 필요한 객관적인 시설이나 언론기업의 기업인으로서의 활동까지 포함하는 것은 아니므로 등록제는 합헌이다. 또 등록사항이 엄격하여 실질적으로는 허가제와 마찬가지로 기능한다면 등록제는 위헌이 될 것이나, 보도의 수단으로 수반되는 기업이나 그에 따른 정기간행물의 발행에 필요한 외형적인 일정시설기준에 관한 것이라면 등록제는 합헌이고, 따라서 현행법상 등록제는 사전허가제를 규정한 것이 아니라고 하겠다.[28]

한편 언론·출판에 대한 사전검열은 인정되지 않으며, 따라서 언론·출판에 대한 다른 제한이 허용된다고 하더라도 검열을 수단으로 한 제한은 어떠한 경우에도 허용되지 않는다. 검열은 행정권이 주체가 되어 사상이나 의견 등이 발표되기 이전에 예방적 조치로서 그 내용을 심사·선별하여 발표를 사전에 억제하는 제도를 의미한다. 만약 검열제가 허용된다면 독창성과 창의성을 함유하고 있는 국민의 언론·출판의 자유를 침해할 것이기 때문이다. 일

27) 김철수, 687쪽.
28) 헌재 1992. 6. 26. 90헌가23 참조.

반적으로 허가를 받기 위한 표현물의 제출의무, 행정권이 주체가 된 사전심사절차, 허가를 받지 아니한 의사표현의 금지 및 심사절차를 관철할 수 있는 강제수단 등의 요건을 갖춘 경우에는 그 명칭에 구애받지 않고 검열에 해당된다.[29]

참고로 제3·4·5공화국헌법은 영화와 연극에 대하여는 특별히 검열이 가능하다는 규정을 두었다. 아마도 영화와 연극이 갖는 직접성과 파급효에 대비하여 이를 미리 통제하려 한 것이라고 하겠다. 그러나 현행헌법은 이를 삭제하였으므로 영화와 연극에 대하여도 검열은 부인된다. 다만 예술활동의 독자성과 창의성을 존중하는 의미에서 당국의 강제적 사전검열은 지양되어야 하겠지만, 예술인들 자신에 의한 자율적·임의적·권고적 사전심의는 허용된다고 하겠다.[30]

(2) 명백하고 현존하는 위험(Clear & Present Danger)의 원칙

사전검열이 금지된다고 하더라도 사후적인 검열과 같은 통제가 완전히 부정되는 것은 아니다. 즉 헌법 제37조에 의한 일반적인 제한이 가능하다. 물론 이러한 언론·출판의 자유제한은 언제나 매우 위험하고, 부정적이고, 위헌적인 자유침해가 될 여지도 있다. 따라서 사후적인 통제도 순수한 공중에 의한 통제이거나, 본질적으로 자율적인 통제기구일 것이 요구되기도 한다.[31]

그러면 어떤 경우에 어떠한 수단에 의하여 언론·출판의 자유는 제한될 수 있는 것인가. 이를 판단하기 위한 기준으로 여러 가지 이론이 제시되고 있다. 먼저 명백하고 현존하는 위험의 원칙이 있다. 표현의 자유제한은 그 표현으로 인하여 야기될지도 모르는 명백하고 현존하는 위험이 있는 경우

---

29) 헌재 1996. 10. 4. 93헌가13 참조. 한편 외국간행물수입배포에관한법률 제 7 조에서 문광부장관이 수입추천이나 배포를 제한, 내용삭제 등을 할 수 있도록 하고 있다.

30) 헌법재판소는 정기간행물의등록등에관한법률 제10조 제 1 항에 대한 헌법소원사건에서 간행물 2부를 즉시 공보처장관에게 납본하도록 하는 것이 사전검열이라고 할 수는 없다고 하였다(헌재 1992. 6. 26. 90헌가23). 또 영화법이 규정하고 있는 영화에 대한 심의제의 내용은 심의기관인 공륜이 영화의 상영에 앞서 그 내용을 심사하여 심의기준에 적합하지 아니한 영화에 대하여는 상영을 금지할 수 있고, 심의를 받지 아니하고 영화를 상영하는 경우에는 형사처벌까지 가능하도록 한 것이므로 이것은 명백히 사전검열제도를 채택하고 있다고 할 것이므로 위헌이라고 하였다(헌재 1996. 10. 4. 93헌가13). 한편 일정한 광고물설치를 위하여 허가를 받도록 한 옥외광고물등관리법 제 3 조를 다룬 사건에서, 이러한 제한은 광고물 등의 종류·모양 등의 제한을 하고 있을 뿐 내용을 심사·선별하여 사전통제하는 것이 아니므로 사전허가나 검열에 해당하지 않는다고 한다(헌재 1998. 2. 27. 96헌바2).

31) 유재천, "언론의 사회적 책임과 언론중재제도," 서강대 언론문화연구 제 7 집(1989), 107쪽.

에만 이루어져야 한다는 원칙으로 언론의 자유를 규제하는 조치의 합헌성을 판단하는 기준으로 작용하고 있다.[32] 명백하고 현존하는 위험의 원칙에서 명백이란 표현과 해악에 있어서의 직접적인 인과관계를 의미하고, 현존이란 언론과 위험 사이의 시간적 근접성을 의미하며, 위험이란 공익에 대한 해악 발생의 개연성과 필연성을 의미한다. 즉 언론의 자유는 해악의 발생이 확실하고 임박한 경우에만 제한될 수 있고, 단순히 위험한 경향(Bad Tendency)이 존재한다는 이유만으로 제한될 수 없다. 이러한 기준은 다른 자유권에 대한 언론의 자유의 상대적 우위를 인정하는 것으로서, 이를 최대한 보장한다는 의의를 지닌다. 그러나 위험의 명백성이나 현존성을 객관적으로 판단하기는 어려우며, 자칫 언론의 자유의 제한을 정당화시키는 근거가 되거나 사실상 위험한 경향만으로도 언론의 자유를 제한하는 결과를 초래할 수 있다는 비판이 있다.

(3) 명확성의 원칙 내지 '막연하므로 무효'(void for vagueness)[33]이론

언론·출판의 자유를 막연하게 제한하면 무효가 된다는 이론이다. 즉 언론의 자유를 제한하는 법률은 일반성과 명확성을 가진 법률이어야 하며, 불확정개념이나 막연한 용어를 사용하는 불명확한 법률로는 언론의 자유를 제한할 수 없다.

(4) '덜 제한적인 대체조치'(Less Restrictive Alternative: LRA)의 원칙

표현의 자유의 제한을 최소화해야 한다는 과잉금지의 원칙의 표현이다. 표현의 자유의 제한은 과중한 제재보다는 보다 완곡한 제재방법을 택해야 한다는 것이다.

(5) 이중기준의 이론

언론·출판의 자유는 정신적 기본권의 하나로서 경제적 기본권보다 우선적인 보호가치가 인정된다는 이중기준의 원칙이 존재한다. 따라서 이를 제한하는 경우에는 경제적 기본권보다 우선적인 보호를 해야 한다는 이론이다. 또 언론·출판의 자유를 제한하면 일단은 헌법위반으로 본다는 합헌성추정의 배제원칙이 있다. 이에 따를 때 그 위헌여부에 대한 입증책임은 해당 법률의

---

32) 이 원칙은 미국에서 판례를 통해 확립된 원칙으로서 1919년 미국의 Schenck v. U.S.사건에서 홈즈(Holmes) 판사에 의해 정립되었다.

33) Superior Films Inc. v. Department of Education, 346 U.S. 587(1954).

합헌을 주장하는 측에 있게 된다(입증책임전환이론).

Ⅳ. 言論의 社會的 責任과 言論媒體의 公的 責任

1. 언론의 사회적 책임

현행헌법 제21조 제4항은 "언론·출판은 타인의 명예나 권리 또는 공중도덕이나 사회윤리를 침해하여서는 아니 된다"라고 언론의 사회적 책임을 강조하고 있다. 그만큼 민주주의에서 차지하는 언론의 기능과 역할이 중요하기 때문에 그 책임을 강조하는 것이다. 우리나라의 과거 독재정권들은 언론을 통제·간섭하고, 권력의 하수인으로 만들기 위해 언론사 통폐합, 기자해직, 보도지침 하달, 광고탄압 등의 온갖 수단을 동원하였으며, 최근까지도 언론 길들이기라는 말이 심심치 않게 언급되고 있다. 그러할 때 흔히 동원되는 말이 '사회적 책임'이었다. 그러나 그 사회적 책임이라는 말이 언론이 자유에 대하여 많은 제한을 가하는 법적 책임으로 비화되어서는 결코 안 될 것이다. 오로지 언론의 기능과 역할을 제대로 수행해야 한다는 '윤리적 책임'정도로 보아야 할 것이다. 그렇다면 민주사회에서 언론의 기능과 역할은 무엇인가?

특히 정부와의 관계에서 볼 때 언론은 역시 비판기능을 제대로 해줘야 제 역할을 하는 것이 아닌가 한다. 대안제시까지 하면 더욱 좋겠지만 비판만 잘 하기도 쉽지 않은 것이다. 대안은 궁극적으로 위정자가 제시하는 것이고, 원리원칙을 논하는 것이 학자이고, 주인인 국민은 심판자인 것이 민주사회인 것이다. 위정자·학자·국민을 잘 어우러지게 하는 역할이 언론의 사회적 기능이라 할 것이다.

2. 언론매체의 공적 책임

우리 헌법은 제21조 제4항에서 이른바 언론의 사회적 책임을 강조하고 있다. 신문법 제3조에서는 인간의 존엄과 가치 및 민주적 기본질서의 존중을 강조하고 있다. 구 언론기본법(1980년)은 제3조는 언론의 공적 책임이라는 규정을 두었지만 대표적인 악법으로 평가되었던 언론기본법 자체가 폐지되었다(1987년). 한편 현행 방송법만이 제5조에서 방송의 공적 책임을 규정하고 있다.[34]

---

34) 第5條(放送의 公的 責任)

언론·출판의 자유 해석상 언론매체의 공적 임무를 도출하는 방식은 몇 가지로 나눌 수 있다. 첫 번째 견해는 기본권의 이중성 특히 객관적 가치질서성을 전제로 논의를 전개하는 방식이 있다. 언론의 자유 그리고 언론매체의 자유도 주관적 공권으로서의 성격과 함께 객관적 가치질서로서의 의미도 갖게 된다.35) 이에 따라 언론매체의 공적 임무라는 말은 언론매체의 자유의 객관적 가치질서의 의미를 강조하는 것이라는 결론을 도출한다. 공적 임무라는 개념을 통해 국가와 사회에 있어서의 언론매체의 지위와 기능에 관한 논의가 출발할 수 있으며, 동시에 언론법 규범의 해석에 있어 중요한 기능을 수행하게 되는 것이다.36) 한편 언론매체의 공적 임무가 C. Schmitt적인 제도적 보장의 한 내용이라고 보는 견해도 있다. 하지만 이 견해는 C. Schmitt적인 제도적 보장이라는 개념 자체가 가지고 있는 문제점37)은 차치하고라도, 자유로운 신문이란 일종의 사회적인 상태일 뿐 사법적 제도나 공법적인 제도도 아니며, 헌법에 명시되어 있지도 않다는 이유로 도무지 그러한 제도적 보장의 개념에 포섭될 수 없다는 비판이 있다.38)

3. 언론매체의 공적 임무의 내용

언론매체의 공적 임무의 내용으로 언론의 공적 임무를 수행할 수 있도록 하는 특권과 의무를 제시한다. 특권으로서는 정보요구권, 명예훼손과 허위보도에 대한 면책, 취재원에 대한 증언거부권,39) 의무로는 "① 신문(방송)은 인간의 존엄과 가치, 민주적 기본질서를 존중해야 한다. ② 신문은 공익사항에

---

① 放送은 인간의 존엄과 가치 및 민주적 基本秩序를 존중하여야 한다.
② 放送은 國民의 화합과 조화로운 國家의 발전 및 민주적 輿論形成에 이바지하여야 하며 지역간·세대간·계층간·성별간 갈등을 조장하여서는 아니 된다.
③ 放送은 타인의 名譽를 훼손하거나 權利를 침해하여서는 아니 된다.
④ 放送은 범죄 및 부도덕한 행위나 사행심을 조장하여서는 아니 된다.
⑤ 放送은 건전한 가정생활과 아동 및 청소년의 선도에 나쁜 영향을 끼치는 음란·퇴폐 또는 폭력을 조장하여서는 아니 된다.
35) 언론매체의 자유의 객관적 가치질서로서의 측면에 의하여 사법부와 행정부의 작용에 있어 기본권 합치적 작용을 하도록 명령하며, 입법부도 언론매체의 자유에 구속되는 법제정을 하도록 명령한다.
36) R. Ricker, *Freiheit und Aufgabe der Presse*, 1983, S. 13.
37) 제도적 보장론의 이론적 문제점에 대하여는 F. Klein, *Institutionelle Garantien und Rechtsinstitutsgarantien*, S. 8 참조.
38) B. Pieroth/B. Schlink, *Grundrechte, Staatsrecht* II, 15. Aufl., Rn. 72.
39) 계희열, "헌법상 언론·출판의 자유," 고려대 법학논집 제34집, 1998, 15쪽.

관하여 취재 · 보도 · 논평 기타의 방법으로 민주적 여론형성에 기여하여야 하며, 사회 각계각층의 다양한 의견을 균형 있게 수렴함으로써 그 공적 임무를 수행한다. ③ 신문은 타인의 명예나 권리 또는 공중도덕이나 사회윤리를 침해하여서는 아니 된다. 이 밖에 ④ 신문의 보도는 공정성과 공공성을 가져야 한다"는 것 등이 제시되고 있다.[40]

언론매체의 공적 임무 개념을 우리 현재의 문제상황에 적용해 볼 때 사상의 자유시장을 교란하는 행위를 규제하는 의미를 도출해 낼 수 있을 것이다. 신문의 발행부수 관리 또는 불공정거래행위 등 언론의 내용에 대한 규제가 아닌 시장과 관련된 규제는 현행법상 상대적으로 느슨하게 이루어지고 있다. 사상의 자유시장을 전제로 강력한 언론의 자유를 보장하는데, 그 언론을 이용하여 자유시장을 교란시키는 행위가 있다면 이는 반드시 교정되어야 한다고 본다. 물론 이러한 언론시장과 관련된 규제는 자칫하면 언론에 대한 심각한 탄압이 될 수 있다. 따라서 우선적으로 언론기업의 자율적인 개선을 촉구하는 가운데, 규제작용도 이루어져야 할 것이다.

제 2 절   뉴미디어와 관련된 表現의 自由

Ⅰ. 뉴미디어의 登場과 그 意味

1. 현대사회에서의 미디어 환경의 변화

세계 각국의 미디어환경이 크게 변화하고 있다. 특히 디지털화 · 광대역화 등 기술의 발전으로 뉴미디어의 변화가 대단히 빠르게 진행되고 있다. 종전에 몇 개에 불과하던 방송채널이 이제는 수백 개가 되는 상황이 전개되고 있으며, 일방향 전송에서 쌍방향 전송으로 커뮤니케이션 형태가 변화하고 있다. 더욱이 종전까지 각각 별도의 영역으로 존재해 왔던 방송과 통신분야가 벽을 허물고 서로 융합함으로써 기존의 미디어 질서를 근본적으로 변화시키는 계기가 되고 있다. 하나의 네트워크에서 방송과 통신서비스가 동시에 제공되고 있으며, VOD · 케이블 전화 등과 같은 새로운 서비스가 등장하고 있

---

40) 계희열, "헌법상 언론 · 출판의 자유," 고려대 법학논집 제34집, 1998, 16쪽.

다.41) 특히 20세기 말 등장한 인터넷은 극단적으로 미디어 환경을 변화시켰
다. 우리나라의 경우 세계 최고수준의 인터넷통신환경을 보유하고 있어서, 실
생활에 이미 인터넷은 깊숙이 침투하고 있다. 그 밖에 케이블TV나 디지털TV
도 내중화뇌고 있는 추세이다. 그런데 이러한 미디어환경의 변화는 단지 기
술의 발전만을 의미하는 것은 아니다. 방송법·통신법 등의 개별법령의 변화
뿐만 아니라, 국민 개개인의 국가생활·헌법생활에 상당한 영향을 미치고 있
다. 따라서 헌법학은 이제 '정보혁명'이라고 말할 수 있는 미디어환경의 변화
를 더 이상 관망하고 있을 수는 없게 되었다고 하겠다. 인터넷·뉴미디어 등
과 관련된 문제는 흔히 언론의 자유와 관련하여 다루어지는 경우가 보통이
다. 하지만 뉴미디어는 우리의 삶 전반을 변화시키고 있으며, 따라서 헌법에
규정된 많은 기본권뿐만 아니라 헌법질서 전반과 일정한 관련을 맺고 있다고
평가할 수 있다.

특히 인터넷언론기관의 등장은 새로운 언론매체로서 우리의 기존의 언론
기관과 다른 양상을 현출시키고 있다. 인터넷강국인 우리나라에서는 기존의
언론과 다른 인터넷신문인 오마이뉴스 등과 같은 인터넷언론이 등장하여
새로운 관심을 끌고 있다. 인터넷언론은 언론과 통신의 결합된 형태로서,
포탈사이트, 언론사닷컴, 인터넷신문과 블로그 등의 형태가 있으나 "정보의
제 1 차적인 뉴스제공자가 웹상에서 하루 1회 이상 그 정보내용을 갱신하여
여론을 전달할 목적으로 발행하는 전자적 형태의 신문"이라고 정의하는 경
우가 있는데 인터넷방송도 포함시켜야 하지만 이는 인터넷언론의 핵심이라
고 볼 수 없기에 신문이 주가 된다고 보는 것이 타당하고 현행 신문법에
인터넷신문42)을 포함하고 있는 입법취지와도 일치한다고 보인다. 다만 동법

41) 김대호, "방송법과 뉴미디어," 경희법학 제32권 제 1 호, 1997, 305쪽.
42) 신문 등의 자유와 기능보장에 관한 법률과 동법 시행령에서 이에 대해서 다음과 같이 규
   정한다.
    동법 2조 2호: "인터넷신문"이라 함은 컴퓨터 등 정보처리능력을 가진 장치와 통신망을
   이용하여 정치·경제·사회·문화·시사 등에 관한 보도·논평·여론 및 정보 등을 전파하
   기 위하여 간행하는 전자간행물로서 독자적 기사생산과 지속적인 발행 등 대통령령이 정하
   는 기준을 충족하는 것을 말한다.
    시행령 제2조(인터넷신문): 법 제 2 조 제 2 호에서 "독자적인 기사생산과 지속적인 발행
   등 대통령령이 정하는 기준"이라 함은 다음 각 호의 기준을 말한다.
   1. 독자적인 기사생산을 위한 요건으로서 주간게재기사 건수의 100분의 30 이상을 자체적
      으로 생산한 기사로 게재할 것
   2. 지속적인 발행요건으로서 주간 단위로 새로운 기사를 게재할 것

시행령 제 3 조의 5호에서 "기사 건수의 100분의 30 이상을 자체적으로 생산한 기사로 게재할 것"으로 정의함으로써 실질적인 영향력을 지닌 포털사이트나 블로그 등을 통제할 수 없다는 문제점을 지니고 있다.

하지만 공직선거법은 반론권이 인정되는 인터넷언론의 범위를 신문법상의 인터넷언론의 기준과는 다르게 보도·논평 등의 목적으로 선거관련기사를 보도하는 블로그를 포함한 모든 매체를 포함시키고 있다는 점에서 차이가 있다.

인터넷언론의 실익은 대선경선주자들의 초청토론회의를 개최할 수 있고, 일반적인 기사취재와 인터뷰에 혜택을 받는다. 그리고 보도분쟁의 경우 반론권 등의 언론중재의 대상이 되어서 분쟁해결절차가 좀 더 간편하고 신속하다. 그 밖의 언론사로서 지원금과 세제혜택도 받을 수 있다.

2. 민주주의정치질서에서 뉴미디어 ―이른바 전자민주주의

뉴미디어의 발전과 더불어 종종 접하게 되는 말이 이른바 전자민주주의이다.[43] 전자민주주의는 새로운 정보통신기술을 활용한 민주주의의 구현을 뜻한다. 이것은 직접민주주의(동일성 이론)가 이념적으로 추구하고자 하는 집회민주주의를 현대적으로 실현시키기 위한 시도라고 평가하기도 한다. 즉 현대의 정보통신수단(특히 인터넷)을 통해서 시민들의 희망과 요구가 정책결정과정에 흘러들어가게 하고, 컴퓨터의 도움을 받아 탈중앙집권적인 계획·결정체계 내지는 시민참여를 보장하려고 하는 시도라고 하는 것이다.[44]

그러나 전자민주주의의 의미를 이렇게 단순하게 평가할 수만은 없고 그 유형으로 다시 몇 가지를 들 수 있다.

첫 번째 유형인 정보제공형은 주요한 정치쟁점이나 정치과정과 관련된 뉴스·의견·토론자료 등을 공개·제공하는 것을 말한다.[45] 두 번째로 공론창출형은 쌍방향 미디어로서의 사이버스페이스를 정보통신 이용자(소위 네티즌)들의 민주적 공론창출의 장으로 활용하는 유형을 말한다. 이것은 주로 통신

---

43) 전자민주주의란 흔히 원격민주주의, 정보민주주의라는 용어와 혼재되어 사용되고 있다.

44) Helmut Krauch, *Computer-Demokratie*, 1972, S. 110.

45) 국가가 직접 운영하는 열린 정부와 국회 사이트를 비롯하여 지방자치단체, 정당 사이트, 정치인 개인 홈페이지들은 거의 모두 정보통신기반을 이용하여 행정 및 의정 정보를 신속하게 공개함으로써 국민들이 언제든지 필요한 정보를 손쉽게 검색할 수 있도록 한다는 것을 주요 목적으로 삼고 있다.

상의 게시판이나 포럼을 개설하는 방법에 의하여 이루어지고 있다. 이는 결국 인터넷·정보통신망을 사용한 여론형성과 다름없다고 할 수 있다.46) 세 번째로 전자투표형 모델은 이미 정보화의 단계가 실현되지 않았던 때부터 시노뇌였으며 국민들에게 의사결정권을 부여하고 일상적인 정책결정에 국민들이 직접 참여할 수 있게 한다는 점에서 볼 때 가장 실질적인 전자민주주의의 모델이라고 할 수 있다. 마지막으로 캠페인형 모델은 정보통신이용자들의 지속적인 네트워크에 대한 관심은 한편에서 공통의 관심과 목적을 중심으로 형성되는 가상 공동체로 발전되기도 하며, 다른 한편에서는 현실공간에서의 공동체가 사이버스페이스에서도 역시 형성된다는 모델이다.47)

전자민주주의의 시도는 오늘날 정보통신 기술의 발전을 이용한 새로운 의사형성 수단으로서, 특히 쌍방향성을 갖춘 자유로운 토론이 가능한 수단으로서 주목받고 있다. 또 의사형성의 신속성을 기함으로써 의사형성에 있어서의 능률성을 제고시키는 점도 무시할 수 없다. 하지만 이러한 시도에 문제가 없는 것은 아니다. ① 먼저 전자민주주의는 국민 개개인의 판단에 의존하는 것이므로 대의제가 추구하는 의사형성에 있어서의 전문성을 충족시키지 못한다. ② 다음 인터넷상의 자유로운 토론이 완전한 쌍방향성·상호성을 갖출 수 있으리라고는 생각할 수 없다. 또 인터넷상의 검열이나 통제가 현실적으로 이루어지고 있는 형편에서 서버의 관리자가 되는 정부나 권력자에 의한 일방적 통제가 가능하다는 위험도 존재하는 것이다. ③ 또 얼마간의 비용을 부담할 수밖에 없는 통신을 이용하여 모든 국민이 평등하게 정치에 참여할 수도 없다고 할 수 있으며, 만약 국민에 의한 직접적인 의사결정이 인터넷을 통해 이루어진다면 여러 가지 기술적인 요인(정보의 변조, 해킹 등)에 의하여

---

46) 특히 이러한 시도는 "전자민주주의란 현재의 대의정치를 대체하는 것이 아니라 국민과 정치지도자들 간의 정치적 정보와 의견을 돕는 커뮤니케이션 기술의 운용을 의미"하는 것이며, "자발성과 창조성을 가진 사회구성원들이 의사결정에 참여할 수 있는 공개적 커뮤니케이션 체계를 통해 공동체 단위로 민의를 수렴한다"는 점을 강조하는 전자민주주의의 전통적 이론에 가장 접근하고 있는 시도라고 할 수 있다.

47) 지역사회 공동체 스스로 네트워크를 구성하여 다양한 주민들의 참여를 보장함으로써 지역사회의 자치를 이루려는 시도인 이른바 커뮤니티 네트워크는 전자민주주의의 시도의 좋은 예이다. 미국의 클리블랜드의 프리넷, 샌프란시스코의 Well, 노스캐롤라이나의 Charlotte's Web 등이 그 예이다. 이러한 커뮤니티 네트워크는 네트워크를 통해 다양한 정보를 제공하고 지역사회의 이슈들에 대한 토론을 통해 여론을 형성, 실제 정책결정에 영향을 미치기 위해 로비 등의 활동을 벌이고 있다.

심각한 문제가 발생할 여지도 있는 것이다.

3. 뉴미디어의 발전에 따른 헌법적 과제

앞서 말한 바와 같이 뉴미디어의 발전에 따라 우리의 헌법생활 자체가 변화하고 있다. 따라서 우리는 헌법적으로도 뉴미디어의 의미가 무엇인지 가급적 정확히 파악해야 한다. 이를 기초로 뉴미디어를 둘러싸고 있는 기본권적 보호와 제한의 문제를 규명해야 할 것이다. 그러나 이러한 문제는 새로운 변화를 겪고 있는 우리에게 있어서는 과제로 남겨져 있는 것이라고 하겠다.

특히 강조해야 하는 점은 뉴미디어의 순기능뿐이 아닌 역기능도 간과할 수 없다는 것이다. 각종 범죄가 인터넷을 수단으로 사용하고 있으며, 청소년 보호문제 등의 심각성은 연일 보도되고 있다. 따라서 뉴미디어의 (헌)법적 자리매김을 정확히 하여 그러한 역기능을 체계적으로 방지하고 순기능을 충분히 발휘할 수 있도록 하여야 할 것이다. 순기능까지 저해하는 제한, 또는 역기능까지 묵인하는 보호는 바람직하지 않기 때문이다.

Ⅱ. 表現의 自由와 인터넷

1. 인터넷상의 표현행위의 의의

우리 헌법 제21조는 의사표현의 자유를 보장하고 있으며, 의사표현의 수단인 각종 매체도 그것이 어떤 것이든 헌법 제21조 제1항이 보장하는 언론의 자유의 보호대상이 된다. 따라서 인터넷 등의 새로운 매체도 의사를 표현하고 전파하는 형식의 하나로 인정되며, 온라인 매체를 통해 유통시킬 목적으로 제작하는 정보는 언론의 자유에 의하여 보호된다고 하겠다.

그러나 이러한 기본권적 보호는 여타의 기본권과 마찬가지로 무제한적인 것은 아니다. 분명 인터넷이라는 매체는 유용한 커뮤니케이션의 수단이긴 하지만, 여러 가지 문제점도 야기하고 있다. 따라서 민주사회에서의 필요 불가결한 기본권인 표현의 자유를 사이버공간에서도 가능한 극대화시키고 인터넷 등 온라인매체가 더욱 발전할 수 있도록 하여야 한다는 요청과 국가안전보장·질서유지·공공복리를 저해하는 경우 이를 제한하여야 한다는 요청이 갈등하고 있다고 할 수 있다.

2. 인터넷상의 표현의 자유와 제한

인터넷 등의 규제문제는 언론의 자유와 그에 대한 제한의 문제와 직결되는 면이 많다. 다만 유의할 것은 인터넷 등의 새로운 매체는 기존의 매체와는 다른 특성을 지니고 있기 때문에 온라인매체에 대한 규제문제를 다룸에 있어서는 그 매체적 특성을 잘 고려해야 한다는 것이다. 다시 말하면 기존의 매체를 중심으로 전개되어 온 언론의 자유에 관한 법리 내지 규제시스템이 온라인 매체에도 그대로 적용될 수 있는 것인지, 아니면 새로운 법리 내지 새로운 규제시스템이 개발되어야 하는 것인지 하는 문제가 대두되고 있다.

이와 관련하여 우선적으로 검토할 것은 과연 인터넷에서의 표현의 자유를 보장하는 수준과 정도를 어느 수준과 정도의 것으로 할 것인가의 문제이다. 구체적으로 말하면 사이버 공간에서의 표현의 자유를 인쇄매체와 동일한 정도로 보장할 것인지, 아니면 방송매체만큼만 보장할 것인지의 문제가 제기된다.[48] 인터넷은 그 발전과정을 보면 그 형성 자체가 외부의 개입 없이 자율적으로 이루어졌다고 하겠다. 또한 인터넷은 네트워크들의 네트워크이지만 각각의 네트워크들은 서로 독립해 있으며 개개의 네트워크를 관리하고 통제하는 중앙컴퓨터나 관리 네트워크는 존재하지 않는다. 그리고 인터넷상에서의 정보전송은 전 세계의 연결망을 이용하지만 어떤 의미에서도 인간행위의 개입 없이 자동적으로 이루어진다. 이와 같은 이유로 인터넷 등 온라인매체에 대해서는 정부에 의한 규제는 필요 없거나 규제해서는 안 된다는 것이 초창기의 지배적 견해였다. 하지만 온라인 매체에서도 음란정보와 같은 불법정보가 만연하거나 그 밖의 불법행위가 행해지고 있으며 또한 청소년유해정보에 대한 청소년의 접근이 아무런 통제 없이 이루어지고 있기도 하다. 따라서 온라인매체가 인간이나 사회에 미치는 효과나 영향이 분명히 존재한다는 점에서 온라인매체도 규제에서 자유로울 수는 없다는 것이 오늘날 지배적인 인식이다.

3. 인터넷상의 표현의 자유의 제한의 방식

다만 인터넷은 다른 기존의 매체와는 다른 특성을 보유하고 있어서 그 제한에 있어서도 여러 가지 특수한 모습이 나타난다. 특히 제한의 방식과 관

---

48) 이와 관련하여 헌재 2002. 6. 27. 99헌마480 참조.

련하여 특성이 두드러진다.49) 인터넷으로 인한 부작용을 억제하기 위한 제한 방식에는 어떠한 것이 가장 바람직한가에 대하여 의문이 제기된다. 그 중에서도 국가에 의한 규제를 의미하는 타율적 규제와 이용자 및 사업자를 포함하는 시민사회에 의한 자율적 규제 중 어느 쪽을 선택할 것이냐의 문제가 등장하게 된다. 인터넷이용사인 네티즌들은 그들 나름대로 인터넷의 효율성과 질서확립을 위해 사이버공간에서의 자율규범이라고 할 수 있는 소위 네티켓을 만들어 왔다. 물론 자율규범이라는 것은 국가가 제정한 법률과 비교해 볼 때 구속력이라든지 실효성은 미약하기 때문에 자율적 규제에는 분명히 한계가 있다. 반면에 국가에 의한 규제를 의미하는 타율적 규제도 첫째 국가의 관할권을 전제로 하는 것이기 때문에 국제적 매체인 인터넷에는 적절치 못하다는 점, 둘째 국가가 직접 나서서 인터넷상의 모든 컨텐츠에 대해 규제하는 것은 비용·현실성·기술적 한계 등의 문제 때문에 불가능할 것이라는 점, 셋째 국가에 의한 검열의 우려가 있다는 점 등 여러 가지 측면에서 문제가 있다고 할 수 있다. 이러한 의견대립을 검토함으로써 인터넷 등 온라인 매체의 경우에는 기존의 매체보다 자율적 규제가 강화되어야 한다는 점과 타율적 규제와 자율적 규제는 상호보완적인 것으로 이루어져야 한다는 점 등을 확인할 수 있을 것이라고 본다.50)

4. 인터넷상의 표현의 자유의 제한확대와 그 위험성

인터넷의 대중화와 더불어 최근 우리에게는 인터넷은 마치 필요악인 것처럼 비추어지기 일쑤이다. 인터넷을 통한 표현의 무절제성과 사회적 해악성

49) 이하의 내용은 권영성, 513-524쪽 이하 참조.
50) 따라서 온라인매체를 규제함에 있어서는 기존의 매체에서는 볼 수 없었던 여타의 기술적 규제가 필요하게 된다. 이러한 기술적 규제방식 중 가장 대표적인 것이 인터넷의 내용등급제라고 할 수 있다. 일반적으로 인터넷 내용등급제는 인터넷에서 유통되고 있는 컨텐츠들을 누드·성행위·폭력·언어 등의 일정한 범주별로 분류한 후, 그것을 전자적으로 표시하여 인터넷이용자로 하여금 필터링소프트웨어를 통해 자신의 정보선호도에 따라 정보의 접근을 스스로 통제할 수 있도록 하는 시스템이라고 말할 수 있다. 이러한 인터넷 내용등급제는 인터넷의 내용규제를 위한 여러 가지 방식들 중에 기술적 규제방식이면서 자율적 규제방식의 형태로 출발하였다. 인터넷 내용등급제의 등장은 이용자의 정보통제능력을 강화하는 기술의 발전을 그 배경으로 하는 것이다. 이러한 기술은 온라인상에서 청소년이 접근할 가능성이 있는 정보에 대해 이용자나 부모의 통제능력을 강화시키는 기술이다. 그것은 불건전한 정보로부터 청소년을 보호하기 위한 중요한 수단으로서 뿐만 아니라 인터넷상의 컨텐츠에 대한 정부검열의 대안으로서 등장한 것이다.

은 날로 늘어나고 있으며, 이를 규제하고자 하는 욕구는 여기저기에서 봇물을 이루고 있다. 이러한 제한대상은 크게 불법정보와 청소년유해정보로 나누어 고찰되고 있다. 불법정보란 법률에 의하여 민·형사상 책임을 지는 표현물을 의미한다. 반면 청소년유해정보란 제작 자체는 금지되지 않지만 청소년에게 유통시키는 경우에만 법적 제재가 가해지는 내용의 정보를 의미한다. 따라서 이러한 청소년유해정보는 금지의 대상이 아니라 관리의 대상이 되는 것이다.[51]

우리의 현행법체계는 인터넷상의 불법정보와 청소년유해정보의 유통을 억제하기 위해 여러 가지 규정을 두고 있으며 이는 증가추세에 있다고 하겠다. 물론 이러한 제한의 필요성은 수긍할 수 있는 바가 크다. 하지만 이러한 제한 확대는 필연적으로 민주주의에 있어 가장 핵심적인 기본권 중의 하나인 언론의 자유를 심각하게 제한할 우려 또한 내포하고 있다. 특히 우리 헌법은 국가의 사전검열을 엄격하게 금지하고 있다. 이러한 점에 비추어 인터넷매체상의 표현의 자유제한이 과도하게 되는 경우 우리의 기본권보장체계는 커다란 문제점을 안게 되는 것이다. 자율규제 또는 기술적 규제가 국가에 의한 규범적 규제보다 좀더 간접적이고 완화된 수단일 수도 있을 것이다. 그러나 그러한 간접적 규제가 오히려 남용되거나 탈법적으로 운영되면 더 큰 문제점을 야기할 수도 있고 차라리 국가의 공적인 절차를 통하여 이루어지는 것이 나을 수도 있다. 요컨대 인터넷매체의 특수성과 우리 헌법의 기본권보장체계 등을 고려하는 가운데 보장과 제한의 적정점이 끊임없이 모색되어야 한다.

---

51) 인터넷상의 청소년유해매체물 정보의 경우 18세 이용금지 표시 외에 추가로 '전자적 표시'를 하도록 하여 차단소프트웨어 설치시 동 정보를 볼 수 없게 한 동법시행령 제21조 제2항 및 '청소년유해매체물의 표시방법'에 관한 정보통신부고시는 청소년을 음란·폭력성 등을 지닌 유해한 정보로부터 보호하기 위한 것으로 과잉금지원칙에 반하여 표현의 자유를 침해하는 것은 아니다(헌재 2004. 1. 29. 2001헌마894).

제2장 集會 · 結社의 自由

제1절 集會 및 示威의 自由

Ⅰ. 集會 및 示威의 自由의 憲法的 意味와 內容

1. 집회 · 시위의 자유보장의 존재의의

민주주의는 여론정치로서 모든 국민의 의사가 골고루 국정에 잘 반영되어야 한다. 그러한 의미에서 개인적 표현의 자유인 언론 · 출판의 자유와 집단적 표현의 자유인 집회 · 시위는 가능한 최대한으로 보장되어야 한다. 특히 집회 · 시위는 대중 언론매체로부터 소외된 계층의 목소리를 직접적으로 위정당국에 전달한다는 데 그 존재의의가 있다.

또한 민주주의에 있어 공직자는 4년 내지 5년 만에 선거로 선출되는데 국민의 입장에서는 주권행사의 공백기간이 너무 길게 느껴지고, 그러한 공백을 메꾸는 중요한 수단이 바로 집회 · 시위이다. 즉 집회 · 시위를 통하여 국민들은 수시로 국가의사결정에 여론을 투입하여 정책의 경직성과 편향성을 통제 · 감시하고 시정을 유도하는 것이다.

집회 · 시위의 자유는 한국 현대사에서 특별한 위치를 차지해 왔다. 즉 헌법이 예정하는 민주주의적 방법과 절차에 의하여 국가의사가 결정될 수 없었던 정치환경 아래에서 집회 · 시위는 국민들이 권위주의 정권에 항거하는 가장 강력한 수단이었다. 과거 불법 시위가 국민의 정치적 지지를 받는 이유이기도 하였지만, 그러나 오늘날에 있어서는 그와 같은 의미는 거의 퇴색되었다 할 것이다.

한편 집회 · 시위의 자유행사가 중요한 만큼 여러 가지 문제점을 내포하고 있으며, 이것이 적절하게 규제되어야 한다는 점도 결코 간과되어서는 안

된다. 국가와 사회질서에서 소외되거나 소수자로 남아 있는 사람들이 운집한 경우 그들은 쉽사리 난중(亂衆)으로 전락하게 되며, 군중심리의 영향으로 쉽게 과격하고 폭력적으로 되어 버린다. 따라서 시위는 종종 폭동(riot)과 구분되지 않게 된다. 이러한 경우 집회·시위는 민주적 의사형성과정의 중요한 기본권이기는커녕 민주주의적 헌법질서를 파괴하는 존재가 되어 버린다. 설사 집회·시위가 폭동으로까지 전락하지 않고 비교적 평화롭게 진행된다고 하더라도 군중의 운집은 당연히 그에 참가하지 않는 시민들의 불편을 야기한다. 교통은 마비되고 시위에서 발생하는 엄청난 소음으로 인하여 주변의 주민들이나 상인들은 예기치 못한 물질적·정신적 피해를 입게 된다. 이러한 상황에서 우리는 집회·시위의 자유 행사를 최대한 보장하면서도 그로 인하여 민주주의의 파괴가 일어나거나 기타 시민들의 재산적·정신적 손해가 야기되지 않도록 적절하게 규율해야 한다는 요청에 직면하게 된다. 이를 위하여 헌법과 집회및시위에관한법률 등의 여러 법질서는 실제 집회·시위의 자유행사의 모습을 형성하고 구체화하고 있는 것이다.

2. 집회 및 시위의 자유의 (헌)법적 구체화

우리 헌법은 언론·출판의 자유와 함께 집회·시위의 자유를 보장하고 있다(제21조 제 2 항). 그러나 집회·시위가 보장된다고 하여 그것이 어떠한 경우이든 무조건 보장된다는 의미는 아니다. 집회·시위는 집단적 행위이고 공공질서에 미치는 영향도 심대하므로 언론·출판의 자유에 비하여 더 많은 제한을 받는다. 특히 오늘날처럼 민주적 헌법질서가 어느 정도 보편화되고 있는 현실에서 그러한 제한 필요성은 커지는 측면이 있다.

이러한 점에서 우리 헌법상 보장되는 것은 단순히 집회·시위의 자유가 아니라 '평화로운 집회 및 시위의 자유'라고 해석하여야 할 것이다. 미국 헌법(수정헌법 제 1 조: the right of the people peaceably to assemble)이나 독일기본법 (제 8 조 제 1 항: das Recht, ... friedlich und ohne Waffen zu versammeln)은 이에 관한 명문의 표현을 두고 있어서 해석상 아무런 문제가 없지만 집회의 자유에 관하여 상대적으로 매우 간결한 문언을 사용하고 있는 우리 헌법 제21조의 해석상 집회·시위의 평화성이 헌법의 보호범위 내에 있는 집회·시위의 전제조건인가에 관하여는 다툼이 있을 수 있다. 그러나 우리의 경우에도 집회·

시위의 평화성은 별다른 의문 없이 받아들여지고 있는 것이다.[1]

이러한 헌법적인 집회 · 시위 자유보장의 취지를 구체화하고 있는 개별법이 바로 집회및시위에관한에관한법률(이하 "집시법"이라 한다)이다. 이 법은 1962년 법률 제1245호로 제정되어 현재에 이르고 있다. 이 법은 "適法한 集會 및 示威를 최대한 保障하고 違法한 示威로부터 國民을 보호함으로써 集會 및 示威의 權利 보장과 公共의 安寧秩序가 적절히 調和"되게 함을 목적으로 하고 있으며(제 1 조) 모두 26개조에 걸쳐 집회 · 시위의 신고, 제한, 금지, 질서유지, 벌칙 등에 관하여 규정을 두고 있다.

Ⅱ. 現行 集示法의 內容과 爭點

현행 집시법의 주요 골격은 집회 · 시위의 자유가 현저히 제한되었던 권위주의적 시대상황에 따른 반사작용으로 1989년 제 5 차 개정시 만들어졌으며, 이때 집회의 자유를 대폭 신장하는 방향으로 법개정이 이루어졌고, 그 후 일부 개정으로 1989년 제 9 차 개정까지 있었다. 그런데 앞의 표에서 본 바와 같이 오늘날 집회 · 시위가 폭발적으로 증가하고, 그에 따라 불법 · 폭력 집회 · 시위가 만연함에 따라 심각한 교통소통 장애, 과도한 소음 등 일반국민들의 평온한 생활권을 과도하게 침해하거나 공권력의 무력화 등 사회불안을 야기하여 집회 · 시위의 자유를 보장하면서도 이로 인한 일반국민들의 피해를 최소화하는 방향으로 양자 간 조화를 도모하고, 우리 사회의 보다 성숙된 민주적 기본질서를 확립하는 데 기여하는 목적으로 경찰측의 의견이 많이 반영된 집시법개정안(개정법안)이 2003년 12월 11일 국회법사위, 12월 29일 국회본회의를 어렵게[2] 통과하여 2004년 3월 1일 시행되었다.

그런데 전국 시민 · 노동 · 사회단체가 개정집시법에 대하여 불복종운동을 선언했다. 새로운 집시법이 지나친 소음을 막고 주요도로 행진을 금지하는

---

1) 김승환, "집회 시위의 자유에 대한 변형적 규제," 서울대학교 BK21 법학연구단 공익인권법센터 주최 학술대회 집회 및 시위의 자유 자료, 2003, 8쪽.

2) 당시 열린우리당은 12월 19일 정책의원총회를 열고 "행자위안이 집회 · 시위의 자유를 본질적으로 침해해 수정동의안을 내야 한다"는 주장에 표결 끝에 당론으로 결정됐지만 반론도 만만치 않았다. 결국 본회의 표결 결과 수정동의안은 찬성 61명, 반대 121명으로 부결되고, 원안은 137대 37의 압도적 표차로 가결되었다.

등 과거와는 달리 집회를 상당한 수준으로 제한하기 때문이라는 것이 그 이유였다. 그러나 2004년 집시법의 개정은 그 동안 집회·시위에 많은 문제가 있었기 때문이었다. 종전의 일부 시위방식은 방종에 가까웠다. 확성기 사용으로 기업이나 상인이 생업에 엄청난 지장을 받았고, 도로는 차량이 통행하는 곳이지 시위장이 아닐진대 주말만 되면 간선도로가 시위대의 천국으로 변하곤 하였다. 학교와 군사시설 주변에서 학생들의 학습권과 군사시설의 보호를 위해서 집회·시위가 금지됨은 상식인데 민주주의를 위해서 조금은 시끄러움을 참아야 한다는 억지 논리를 폈던 것이다. 선진국으로 발돋움하려면 이제 시위문화도 한 단계 높아져야 한다. 개정법은 이를 위한 것이므로 불복종운동은 어불성설이었다.

이후 집시법은 기본적인 내용 변경 없이 2007년 5월 법령용어순화 작업의 일환으로 일부 표현과 조문 순서가 전면 개정되었다.

여기에서는 현행 집시법을 중심으로 집회·시위가 발생하고 마무리되는 시간의 순서에 따라 집회·시위 신고와 관련된 쟁점들, 구체적인 집회·시위의 실행과정에서 발생하는 쟁점들을 살펴보고, 이후에 채증활동 및 변형적 규제와 관련된 문제, 새로운 시위형태에 대한 규율의 문제들을 아울러 살펴보도록 하겠다.

1. 신고와 관련된 내용과 쟁점

(1) 사전신고 의무제의 정당성

우리 헌법 제21조 제 2 항은 "… 集會·結社에 대한 許可는 인정되지 아니한다"라고 규정하고 있다. 검열제도가 언론의 자유에 심각한 위해가 되므로 엄격히 금지되는 것처럼 집회·시위에 있어서도 사전허가제는 금지되고 있다. 그러나 사전적인 허가제가 금지된다고 규정했을 뿐이지 우리 집시법 제 6 조에서와 같은 사전신고제는 얼마든지 가능하다. 그러한 사전신고제는 허가제처럼 집회·시위의 개최여부가 공권력의 재량에 맡겨지는 것이 아니고, 신고를 하기만 하면 집회·시위의 자유를 행사할 수 있다는 점에서 원칙적으로 기본권제한이 아니라고 하겠다. 따라서 신고의무는 집회·시위주최자·집회·시위주관자·질서유지인과 국가기관 사이의(시민의 행정관청에의) 협력의무의 중심적인 관철수단이며, 신고의무를 헌법적으로 문제 삼는 것은 타당하지 못하다.3) 즉 신고의무는 예방적 위험방지라는 의미에서 경찰관청이 적시에 집회·시위개최사실을 알아야 한다는 필요성 때문에 인정되는 것이다. 앞서 말한 바와 같이 집회·시위는 중요성과 더불어 위험성도 내포하고 있다는 측면에서 국가기관이 위험에 대처할 수 있도록 국민에게 최소한의 의무를 부과하는 것이라고 이해된다.

하지만 사전신고제가 제8조의 금지통고와 연결되어 자의적으로 운영된다면 일종의 사전허가제가 되어 위헌을 면하기 어렵다. 특히 사전신고와 연결되는 집시법 제 7 조의 신고서의 보완통고나 제 8 조의 집회·시위 금지 또는 제한통고 규정이 마치 엄격한 심사규정처럼 운용된다면 위헌의 의심을 야기하는 측면이 있다. 결국 집회·시위의 현행법상 사전신고의무제도는 원칙적으로 합헌이며 정당한 것이라고 하겠지만, 궁극적으로 위헌적인지 아닌지의 문제는 실제의 법운용에 달려 있는 측면이 크다고 본다. 현행 사전신고제도가 경찰과 집회·시위를 하려고 하는 자 사이의 진정한 협력의 출발점이 되도록 이를 적절히 운용할 필요가 있다.

(2) 우발적 집회와 긴급집회의 보호

집회에는 일반적으로 주최자가 있는 것이 원칙이지만 필수는 아니다. 계획적이 아닌 우발적(偶發的)집회(Spontanversammlung)가 있을 수 있기 때문이다. 우발적 집회의 특징은 사전신고가 불가능하다는데 있기 때문에 모든 집회에서 사전신고가 없었다는 이유로 불법집회로 규정하고 해산을 명령하는 것은 집회의 자유의 본질적 내용을 침해하는 것으로 옳지 못하다. 우발적 집회라 하더라도 그 집회의 목적과 방법이 자유민주적 기본질서와 조화될 수 있고 평화적일 때 비록 신고가 없더라도 신고된 경우와 마찬가지로 보호되어야 한다고 본다. 왜냐하면 사전신고제도는 집회에 의하여 다른 법익이 침해

---

3) 신고제도는 원래 행정질서의 확립을 위한 제도이기 때문에 행정질서벌(과태료)로 충분하며 따라서 우리 집시법과 같이 형사처벌하는 것은 위헌이라는 견해도 있다. 박주민, 평화적 집회시위 문화정착을 위한 노력과 과제(한·미·중·일 국제학술세미나,경찰청·한국경찰학회 주최, 2006, 토론문), 206쪽. 이에 대하여 헌재 2009. 5. 28. 2007헌바22에서, "미신고 옥외집회의 주최는 단순히 행정질서에 장해를 줄 위험성이 있는 정도의 의무태만 내지 의무위반이 아니고 직접적으로 행정목적을 침해하고 나아가 공익을 침해할 고도의 개연성을 띤 행위라고 볼 수 있으므로 이에 대하여 행정형벌을 과하도록 한 집시법 규정은 집회의 자유를 침해한다고 할 수 없고, 그 법정형이 입법재량의 한계를 벗어난 과중한 처벌이라고 볼 수 없다"고 했다.

되는 것을 방지하기 위한 것이며 주무관청의 행정적 편의를 위한 것으로 볼 수 없기 때문이다.4) 긴급집회(Eilversammlung)는 계획적이고 주최자가 있다는 점에서 우발적 집회와 구별되지만, 긴급집회의 특성상 일반집회와 동일한 사전 신고를 요구하는 것은 부당하다. 따라서 신고가 가능해진 때 신고가 있으면 합법적인 집회로 평가해야 한다.5)

(3) 금지통고 운영상의 문제점

집시법 제 8 조 제 1 항에는 옥외집회 신고를 받은 후 48시간 내에 금지통고를 내릴 수 있는 바, 그 사유 중 제 5 조 제 1 항6) 제 2 호 '집단적인 폭행·협박·손괴·방화 등으로 공공의 안녕질서에 직접적인 위협을 끼칠 것이 명백한 집회 또는 시위'를 어떻게 운영하는가가 가장 문제된다. 아직도 그 조문의 표현이 모호하다 하여 위헌성이 있다 하지만7) 그것은 헌재 판결8)에 의하여 구체적으로 다져진 표현이다. 즉 조문 표현은 더 이상 개정할 필요가 없는 합헌이지만 현실적 적용이 자의적(恣意的)일 때 적용상의 위헌이 문제된다.9) 그러나 집단적 표현의 자유인 집회·시위는 개인적 표현의 자유인 언론·

---

4) BVerwGE 26, 135(138), 허영(이), 678쪽.

5) 같은 뜻 : BVerwGE 85, 69.

6) 절대적금지 집회로서 제 1 호는 '헌법재판소 결정에 의하여 해산된 정당의 목적을 달성하기 위한 집회 또는 시위'를 규정하고 있다.

7) 집시법 제 5 조 제 1 항의 절대적 집회금지사유가 지나치게 모호한 표현을 사용하고 있어 이를 남용할 우려가 있다는 견해로는 전광석, "자율적 집회 시위문화 정착 어떻게 할 것인가?" 치안연구소 2003년도 상반기 공청회 자료집, 2003, 45쪽. 한편 국가인권위원회는 2008. 2. 22. 집시법 제 8 조 1항(공공질서 위협을 이유로 한 금지통고) 등을 애매모호하다 하여 개정 또는 폐지할 조항으로 꼽아 국회의장에게 권고했다.

8) 헌재 1992. 1. 28. 89헌가8 결정(한정합헌). '현저히 사회적 불안을 야기시킬 우려가 있는' 집회·시위는 … 그 소정행위가 '공공의 안녕과 질서에 직접적인 위험을 가할 것이 명백한 경우에' 적용된다 할 것이므로 그러한 해석 하에 헌법에 위반되지 아니한다.

9) 김종철, 「집회의 자유와 입법자 및 경찰권」 헌법학연구, 제15권 제 3 호(2009. 9); 오동석, 「집회의 원천봉쇄와 집회의 자유」; 권두섭, 「자유로운 집회 보장을 위한 법률로의 전환」(집회의 자유의 내용과 한계 관련 긴급토론, 국가인권위원회, 2008. 7. 24); 김종철(앞의 논문, 49면)은 "법문상의 구성요건은 직접성 및 명백성의 요건을 두어 위헌시비를 우회하고 있으나 그 판단권을 경찰권에 유보함으로써 현실적용면에서 오남용의 위험이 있어 문제이다. 특히 정권안보적 차원에서 집회에 대한 선입견을 가지고 접근하게 될 때 직접성과 명백성을 완화하여 집행하게 되면 집회의 자유의 심각한 위축을 초래할 위험이 있다"는 법적용상의 위헌가능성을 주장한다. 그리고 오동석(앞의 논문, 11면)은 "아무리 법률상 표현을 '직접적인 위협의 명백성' 기준으로 하고 있다고 하더라도 집회·시위 주최자가 폭력성을 공공연히 표현하지 않는 이상 그 판단은 행정관청에 맡겨지는 점에서 사후판단이 아닌 사전판단은 허가제적 성격을 가지는 것이므로" 위헌이라고 한다. 권두섭(앞의 논문, 37면 이하)도 위헌 취지로 집시법을 "집회금지의 방법을 알려주는 법률"이라며 "금지통고제도 삭제, 통

출판의 자유와는 달리 구조적으로 공공의 장소를 사용하고 공공의 질서유지에 특별한 위험을 미칠 수 있기 때문에 질서유지의 책임기관인 경찰당국의 예민한 판단에 의존하는 것이 불가피한 것이다. 왜냐하면 한번 무너진 거리질서는 회복이 어렵고 그것은 국민다수의 평온한 삶에 결정적인 침해가 되기 때문이다. 따라서 그것은 임의적 재량이 아닌 기속(羈束)적 재량의 문제로서 사후 법원의 통제를 받게 하면 된다.[10] 결국 첨예하게 대립되는 시국치안(한·미 FTA, 미 쇠고기 수입 고시 파동 등)에서 경찰당국의 금지통고가 항시 문제된다. 여기에서 영국의 공공질서법 식으로 경찰이 경찰위원회에 금지 신청하여 그 결정으로 하는 방법도 거론될 수 있다.[11] 경찰이 여론에 민감할 수밖에 없는 금지결정에서 벗어나 오로지 엄정한 법집행을 하고자 함이지만 우리의 현실과는 거리가 있다.

한편 미국 연방대법원 판례[12]도 허가제 자체는 위헌이 아니며 허가의 기준이 협소하고 명확해야 한다고 하면서, 광범한 재량을 부여한 자의적(恣意的) 허가제만이 위헌이라는 것이다.[13]

그리고 '집단적인 폭행·협박·손괴·방화 등'의 표현은 예시적이 아닌 열거적인 것으로 엄격하게 제한적으로 해석해야 남용의 여지가 없다. 법원에서도 집회참가자 중 일부인 한총련이 과거 폭력시위를 주도한 적이 있어 한총련이 참가할 예정인 집회를 금지통고한 사건에서 "원고의 회원단체인 한총련이나 서총련이 종전에 개최한 집회에서 수차 집단적인 폭력행사가 있었다고 하더라

보제도로 변경, 형법규제로 전환"하는 새로운 집시법 제정을 주장한다. 이에 대한 반론으로 이관희, 「집시법 위헌론 합헌론 -복면금지 등 집시법 개정보안 등을 기대하며-」, 공법연구(제38집 제 3 호. 2012. 2)에서 "선진외국의 집시법 구조는 거의 사전허가제에 가까운 신고와 금지통고제도(워싱톤 D.C.와 일본 동경도 조례는 원칙적으로 허가제)로 운영되고 있음"을 강조하면서 '경찰당국의 기속재량에 의한 판단' 의 불가피성을 강조한다(119면).

10) 우리는 독일의 집시법 제14조 제 1 항 48시간 전의 신고제와 제15조 제 1 항의 금지통고 구조이나, 독일의 경우는 "공공의 안녕질서가 직접 위태롭게 될 우려가 있을 때"라는 표현으로 우리의 경우보다 경찰에 더 광범한 재량을 주고있는 것이다. 이관희, 전게논문, 116면 참조.

11) 그러나 경찰이 행진에 여러 가지 조건을 부과할 수 있는 바, 1986년 대처수상에 의해 대대적으로 개정된 공공질서법에는 보다 엄격한 조건부과를 통해서 사실상 특정 시위에 대한 금지의 효과를 가져 올 수 있다고 지적되고 있다. 표창원, 「집회·시위 금지통고의 문제점과 개선방안」 토론문, 국가인권위원회, 2006. 11, 132면.

12) Cox v. New Hampshire, 1941; Poulos v. New Hampshire, 1953; Cox v. Louisiana, 1965; Shuttlesworth v. City of Birmingham, 1969 등.

13) 이관희, 「집회의 자유의 법적 규제에 관한 연구」, 경대논문집, 제 7 집, 1988, 20-23면: 양건, 헌법강의 Ⅰ, 법문사(2007년), 488면.

도 그러한 사정만으로는 원고가 주최하는 이 사건 옥외집회에게 집단적인 폭
력행사가 있을 개연성이 명백하다고 단정할 수 없다"고 판시한 바 있다.[14]

(4) 집회 · 시위신고시간과 관련될 쟁점

집시법 제 6 조는 시위주최자가 48시간 전에 집회 · 시위신고서를 관할경
찰서장에게 제출하도록 규정하고 있다. 그러나 개최 48시간 전이라는 기간은
보완통고(제 7 조) · 금지통고(제 8 조)와 관련하여 시일이 다소 촉박한 면이 있
다. 기간이 너무 길어도 집회 · 시위의 자유에 심각한 제한이 될 수 있다. 하
지만 신고제도가 집회 · 시위를 하려는 자와 경찰관청의 협력의무를 나타내는
것이라고 할 때, 48시간은 그러한 협력을 위한 충분한 시간이 되지 못하는
것은 사실이다. 따라서 48시간의 시간을 72시간의 신고정도로 연장하자는 주
장은 의미가 있다.[15]

그런데 과거 법상 집회신고서는 집회 · 시위의 48시간 전에 제출하여야
한다는 종기(終期)에 대한 규정만 있을 뿐 시기(始期)에 대한 제한규정이 없으
므로, 특정 집회장소선점목적으로 장기간 집회신고만 하고 실제 개최하지 않
는 등[16] 경쟁적인 집회 · 시위를 방해할 목적으로 과거 법을 악용하는 사례가
빈발하여 경찰력도 낭비가 많다 한다. 그리하여 현행법에서는 '720시간(30일)
전부터 48시간 전'에 신고하도록 하여 특정장소선점목적의 사전집회신고를
차단하고, 한번 신고로 개최할 수 있는 기간을 28(30-2=28)일로 한정하였다.[17]

과거 법은 신고사항에 미비점이 있는 경우 신고서의 접수증을 교부한 때
부터 8시간 이내에 주최자에게 12시간을 기한으로 보완 · 통고하도록 되어 있
어 규정된 시한이 촉박, 심야 또는 새벽에 '통고서'를 전달하거나 보완이 이
루어지고 있어 신고접수관서와 주최측 모두에게 불편과 부담을 초래하므로,

---

14) 서울고등법원 1995. 1. 28. 95구6146 판결 참조.
15) 실제로 1973년 3월 12일 공포된 집시법 제 1 차 개정시(법률 제2592호)에는 72시간 전 신
    고제를 도입 · 운영한 경험이 있다. 일본은 대체로 72시간 전 신고제를, 영국은 행진시 6일
    전 신고를, 프랑스는 집단행동 전 만 15일에서 만 3일 사이에 신고하도록 규정을 두고 있
    다고 한다.
16) 2002년 신고일수(482, 375), 개최일수(32, 443): 개최율 6.7%(경찰청자료).
17) 집회 · 시위신고는 집회 · 시위개최 X일 전부터 48시간 전에 하도록 하고 신고시 집회 · 시
    위기간은 집회 · 시위개최일로부터 7일 이내로 한하면서 신고한 집회 · 시위가 종료한 후에
    재차 신고할 수 있는 것으로 규정하거나, 집회 · 시위개최결과에 따라 폭력성 내지 불법성
    이 없을 시에는 몇 회까지 자동으로 혹은 간단한 신고에 따라 연장될 수 있도록 하는 방
    안이 제시되기도 한다.

현행법에서는 집회·시위자의 권익강화 및 신고접수관서의 편의도모차원에서 '12시간 이내 24시간' 기한으로 개정하였다(제 7 조 제 1 항).

(5) 신고한 집회 미개최시 '통지'조항 신설

과거 법상 집회신고 후 개최하지 않는 사례가 빈번하여 타인의 집회권침해 및 미개최시 경찰력이 낭비되므로, 현행법에서는 제 6 조에 제 3 항·제 4 항·제 5 항을 규정하여 신고한 집회 미개최시에는 신고한 집회일시 전에 관할경찰관서장에게 철회신고서를 제출하고(집회의 자유를 고려 '취소통지' 않더라도 별도 제재조항을 두지 아니함), 집회취소통지가 있을 시 관할경찰관서장이 제 8 조 제 3 항의 규정에 의하여 금지통고를 받은 주최자에게 '집회취소통지'가 있었던 사실을 통지함으로써 당초 신고한 대로 개최할 수 있도록 보장하였다.[18] 이 경우 금지통고 등으로 인하여 시기를 놓친 경우에는 일시를 새로이 정하여 집회 또는 시위의 24시간 전에 관할경찰서장에게 신고하여야 한다.

(6) 불법·폭력시위시 잔여집회 등 금지

과거 법에 있어서 집회·시위의 금지통고는 신고서를 접수한 때로부터 48시간 이내에만 할 수 있도록 되어 있어(제 8 조 제 1 항) 이미 신고된 집회가 폭력·과격시위로 변질되는 경우, 잔여집회금지 등 불법·폭력집회에 대한 사전예방·차단이 필요함에도 과거규정으로는 불가하여 불법·폭력시위를 방치하는 현상을 초래하게 된다. 따라서 현행법에서는 제 8 조 제 1 항에 단서를 규정하여[19] 폭력시위로 변질시 남은 신고기간의 집회를 금지할 수 있도록 하였다.

---

18) 헌재는 경찰의 자의적인 집회신고 반려행위에 제동을 걸었다. 전국화학섬유산업노동조합 한국합섬 HK 지회가 낸 헌법소원사건(삼성 본관 앞에서 집회신고가 삼성생명 인사지원실에서 제출한 신고서와 시간·장소가 겹친다 하여 양측 모두에게 반려한 행위에 대한)에서 헌재는 7 대 2 의견으로 "집회의 자유는 반드시 법률로만 제한될 수 있고, 이 경우에도 본질적 내용을 침해하지 않는 최소한의 범위에 그쳐야 한다. 법률에 정해지지 않은 방법으로 이를 제한할 경우엔 그것이 과잉금지 원칙에 위배되는지 판단할 필요 없이 헌법에 위반된다"고 하면서 "남대문 경찰서는 집회신고 선순위를 다투는 상황에서 어느 한쪽에 접수 우선순위를 준다면 심각한 폭력사태가 발생할 수 있다는 이유로 집회신고를 모두 반려했다고 주장하지만, 이는 집회의 자유를 법률에 의해서만 제한할 수 있다는 원칙에 위배되는 것이고, 접수순위를 확정하려는 최선의 노력을 한 뒤 법에 따라 후순위로 접수된 집회를 금지해야 한다"고 결정했다(헌재 2008. 5. 29. 2007헌마712).

19) 단서: 다만, 집회 또는 시위가 집단적인 폭행·협박·손괴·방화 등으로 공공의 안녕질서에 직접적인 위험을 초래한 경우에는 남은 기간의 해당 집회 또는 시위에 대하여 신고서를 접수한 때부터 48시간이 지난 경우에도 금지통고를 할 수 있다.

(7) 신고내용의 범위와 관련된 쟁점

먼저 집시법상 신고사항이 지나치게 과도하다는 비판이 있다. 집시법 제
6 조와 동법시행규칙 제 2 조에서 규정하고 있는 신고사항은 약 22가지가 되
고, 이것이 곧바로 앞서 말한 보완통고 및 금지제한통고와 연결된다는 점을
감안한다면, 이러한 비판이 설득력이 없는 것이 아니다. 다만 우선적으로 생
각해야 할 것은 집회·시위신고의무가 경찰당국과 시위를 하려는 자의 협력
의무를 표현하고 있으므로, 그러한 협력이 잘 되게 하기 위해서 경찰은 시위
의 상세한 내용을 미리 숙지해 놓고 있을 필요도 있다는 것이다. 이 문제는
따라서 신고사항이 몇 개인가라는 형식적인 논의에 그칠 것이 아니며, 경찰
이 시위협력자로서의 자세를 갖추고, 신고 이후 당사자간의 협의절차를 마련
하며, 일방적인 (보완 또는 제한·금지)통고가 이루어지지 않도록 하여 서로간
의 신뢰를 쌓는 것이 시급한 과제라고 할 것이다.

신고의 내용에 시위용품까지도 포함하는 것이 바람직하다는 견해가 있
다. 소수자의 의사를 강력하게 표명하기 위하여 다종다양한 시위용품이 사용
된다. 가급적이면 새롭고, 때로는 다소 충격적인 소품을 사용하여 자신들의
의사를 표현하는 것은 원칙적으로 문제가 안 되며, 규제의 대상이 되지 않는
다. 문제는 시위용품에 따라 과격시위를 야기하거나 그 자체로 위험한 물건
일 수 있는 경우도 있다는 것이다. 화염병과 같이 극단적인 공격무기를 사용
하는 것은 이미 법 제16조 제 4 항에 의하여 제한되고 있으므로, 여기서는 문
제가 안 될 것이다. 여기에 해당하지 않는 도구, 예컨대 위험한 장소에서 화
형식을 거행하기 위한 도구나 지나치게 혐오스러운 물건을 사용한다면, 질서
유지의 측면에서 일정부분 제한할 수 있는 길을 열 필요가 있다. 따라서 신
고사항에 시위용품에 관한 사항까지 포함하여 규정하는 것이 바람직할 것이
며, 신고된 시위용품에 문제가 있을 경우 앞서 말한 신고와 개최 사이의 당
사자간 협의절차에 의하여 사전조율하는 것이 바람직할 것이다.

2. 시위의 실행에 따른 쟁점

(1) 교통소통장애제거를 위한 주요도로에서의 행진금지

과거 법은 제12조 제 1 항에서 "관할경찰관서장은 대통령령이 정하는 주

요도시의 주요도로에서의 집회·시위 또는 시위에 대하여 교통소통을 위하여
필요하다고 인정할 때에는 이를 금지하거나 교통질서유지를 위한 조건을 붙
여 제한할 수" 있도록 하고 있다. 다만 "집회·시위 또는 시위의 주최자가
질서유지인을 두고 도로를 행진하는 경우"(동조 제 2 항)에는 그러한 금지를
할 수 없다. 그러나 도심지 주요도로에서 질서유지인을 두고 '행진' 신고한
경우에도 도로점거·거리집회 등 불법시위로 변질되는 경우가 많고,[20] 이로
인한 교통소통장애 등으로 재산적·정신적 손해는 막대하다 하겠으며, 일반
시민의 극심한 불편을 초래하고 있는 것이다.[21]

그리하여 현행법에서는 제12조 제 2 항에 단서를 규정하여 질서유지인을
두는 경우에도 '당해도로와 주변도로'의 교통소통에 장애를 발생시켜 심각한
교통불편을 줄 우려가 있는 때에는 금지할 수 있도록 하였다. 이에 대하여
시민단체 등에서는 서울시내 주요도로 15개 등에서의 행진금지는 사실상 시
내에서 집회개회를 박탈하는 독소조항이라고 주장하고 있다.[22]

그러나 미국·영국·독일·일본 등 선진각국에서도 행진으로 인해 공공의
안녕과 질서가 침해될 우려가 있을 경우 금지할 수 있도록 하여[23] 행진에
대한 금지불가규정을 가진 외국입법례가 없다. 또한 집회·시위의 자유도 중
요하지만 도심에서의 다수인의 행진은 극심한 교통체증을 유발하여 집회와
무관한 일반시민들에게 회복하기 어려운 피해를 주고 있는 실정으로, 특히
도심지시위행진의 일부는 마치 도로점거로 체증을 유발해야만 시위의 목적을

---

20) 2003년에 일어난 도로점거시위만 해도 화물연대의 도로점거시위(동아일보 2003년 5월 6
   일자), 고양지역 택시운전사 밤샘 도로점거농성(동아일보 2003년 7월 19일자), 부안주민 고
   속도로 차량시위(동아일보 2003년 8월 17일자), 청진동 재개발반대 기습도로점거시위(동아
   일보 2003년 9월 8일자) 등 그 수를 모두 헤아릴 수가 없다.
21) 서울 종로구청은 2001년 3월 31일 민주노총 등 35개 단체의 종묘공원집회(1만 3천명 참석)
   로 인한 피해를 돈으로 따져 보았다. 교통정체로 인한 차량연료비와 손실된 시간에 해당하는
   가치비용(인건비성격)만 하루 17억 1천7백만 원이었다고 한다(중앙일보 2002년 3월 11일자).
22) 한편 국가인권위원회는 2008. 2. 22. 집시법 제 8 조 1항(공공질서 위협을 이유로 한 금지통
   고), 2항(다른 집회·시위와 장소가 겹치는 것을 이유로 금지통고), 제12조(교통소통을 위한 금
   지통고), 제9, 21조(상급 경찰기관의 재결정 권한) 등을 개정 또는 폐지할 조항으로 꼽아 국회
   의장에게 권고했다. 이에 대하여 저자는 앞의 논문(주9)에서 '경찰당국의 기속재량에 의한 판
   단'의 불가피성을 주장하면서 이에 대한 판례와 학문적 논의의 세계적 경향은 이미 1960년대
   말에 정리되었는데, "유독 우리나라에서만 끊임없이 문제제기되고 있고, 특히 상기 국가인권위
   원회의 집시법 개정 권고 결정(2008. 1. 28)은 그러한 면에서 심히 유감스럽다"라고 강조한다.
23) 미국 Washington, D.C. 조례, 영국 Public Order Act § 13, 독일 집시법 제15조 제 1 항,
   일본 東京都 '공안조례' 제 3 조 참조.

달성할 수 있는 것처럼 생각하는 상황에서 아무 죄 없는 시민과 인근상인들의 인내에도 한계점에 도달했다고 본다.[24][25]

(2) 질서유지선(Policeline)

집시법 제13조는 "신고를 받은 관할경찰서장은 집회 및 시위의 보호와 공공의 질서유지를 위하여 필요하다고 인정하면 최소한의 범위를 정하여 질서유지선을 설정할 수 있다"고 규정한다. 경찰은 질서유지를 위하여 법이 허용하는 일정부분의 재량을 갖는 것이고 경찰의 재량권행사로 설정된 폴리스

---

24) 김종철(앞의 논문 38-42면)은 '정치적'집회의 자유의 우월적 지위(preferred position)를 강조하면서 "헌정시스템 자체를 형성하고 그 민주적 본질을 형성하는 헌정시스템의 시원성(始原性)을 공유하는 기본권이므로 다른 자유에 대하여 우월적 지위를 가진다"라고 하면서 집회의 자유를 '3 · 1 독립운동' '4 · 19 민주항쟁' '1987년 6월 항쟁'의 기반이 되는 기본권으로 이해하고 있다. 그러나 그렇다고 하더라도(저항권과의 구별이 문제될 수 있음)다른 기본권보다 '우월적 지위'를 인정하는 것은 논리의 비약이라고 보여 진다. 그러므로 "집회의 자유는 그 '우월적 지위'에서 그 제한의 경우에도 '절차와 수단, 정도'에 있어 다른 자유와 권리에 비하여 강한 보호를 받는다"는 그의 주장은 논리적 타당성을 인정받기 어렵다고 본다. 그리고 그는 집회의 자유의 본질을 "다른 류의 자유권과 명확히 구별하기 위해 '관계적 자유'와 '원자적 자유'로 나누고, 관계적 자유는 집회의 자유와 같이 공동생활을 전제하고 타인에 영향을 미치는 것을 본질로 하는 자유"라고 하면서, "권리의 제한을 법률로써 제한함에 있어 … 관계적 자유는 원자적 자유와는 달리 타인의 권리나 이익에 불이익이 발생할 위험이 있다는 이유만으로 제한이 가능하지 않으며 … 침해위험의 직접성 · 구체성 · 명백성이 있어야 하고 그 정도가 매우 높은 수준에 이를 것을 요청한다"라고 한다. 그러나 모든 기본권은 인간의 사회공동생활을 전제로 하는 한, 정도에 차이가 있을 뿐 '관계적'이지 않을 수 없다고 본다. 따라서 '관계성'이 높을수록 타인의 권리침해에 대한 세심한 주의를 기울여야 한다는 논리도 성립될 수 있음을 간과해서는 안 된다. 또한 집회 · 시위의 자유의 본질은 참여자 모두의 공동의 이익을 관계당국과 타인에게 표현하고 알리는데 그쳐야지, 시민의 평온한 삶을 볼모로 '관철시키는'자유까지 인정되는 것은 아니라고 본다. 한편 오동석(앞의 논문 15-16면)은 "집회 · 시위로 인하여 교통의 정체로부터 초래되는 일시적 불편함 역시 타인의 기본권 행사의 결과로서 수인해야 하는 것이 민주적 시민의 덕목이자 인권을 끈으로 한 연대의식의 표명인 것으로서 관용의 대상이다"라고 하는데 시민의 '덕목과 관용'의 기준은 역시 시민의 '평온한 삶'이 되어야 한다고 본다. 또한 그는 "원칙적으로 모든 도로에서 집회 · 시위를 허용하되, 예외적으로 교통소통을 보장하기 위해서 집회 · 시위 시간과 방법 그리고 당해 도로의 교통상태를 종합적으로 고려하여 예외적인 경우에 한하여 도로의 차선 배분의 형식으로 제한하는 것만이 가능하도록 해야 할 것"이라고 주장하지만, 도로는 원칙적으로 차가 다니는 곳이므로 그야말로 원칙과 예외가 뒤바뀌었다 할 것이다.

25) 동지: 김철수, 헌법학신론, 752면; 허영, 한국헌법론, 565면; 권영성, 헌법학원론, 533면; 성낙인, 헌법학, 564면: 이관희, 한국민주헌법론 Ⅰ, 360면; 서정범, 「집시법상의 집회의 개념」, 공법학연구, 제8권 제2호, 2007. 5, 375면. 특히 한수웅은 "집회의 자유의 본질상 수인의무가 제3자에게 요구된다 하더라도 수인의 범위는 '평화적 시위목적을 달성하기 위하여 필요한 정도'에 제한되어야 한다"고 하면서, "결국 집회의 자유도 제3자와의 법익 제한의 문제에 직면할 때에는 법익교량의 문제로 해결되어야 한다"고 주장한다. 「집회의 자유와 '집회 및 시위에 관한 법률'집회금지장소규정에 대한 위헌성판단을 겸하여」, 저스티스, 제37권 제1호, 2004. 2, 32면.

라인은 민주시민이라면 마땅히 지켜야 할 것이다. 그러나 집회·시위를 어느 정도로 허용해야 하느냐는 사실 순수하게 경찰의 재량에만 맡기기에는 너무 중차대한 사안이다. 시위는 일종의 사회갈등의 분출이요 사회적으로는 불편을 초래하지만 이것이 지나치게 제약되면 정치적 자유의 기본인 표현의 자유가 제약돼 민주주의 자체에 위기를 초래하게 된다. 이런 까닭에 집회 및 시위에 대한 규제는 고도의 국가적·사회적 균형점에 위치해야 한다.

한편 경찰이 아무리 폴리스라인을 중심으로 새로운 시위질서를 확립하고자 하여도 시민사회와 시위대의 협조 없이는 불가능하다. 따라서 폴리스라인을 존중하는 문화를 형성해 가기 위해 경찰은 폴리스라인의 설정단계에서부터 시민사회와 여론의 공감대를 얻어야 할 것이다.

(3) 확성기 등 소음제한

시위의 목적이 자신들의 의사를 강력히 표명하는 데에 있기 때문에 어느 정도의 소음발생은 불가피한 것이다. 법도 이러한 사정을 감안하여 확성기의 사용이나 구호제창여부를 신고하도록 규정하고, 원칙적으로 허용하고 있다(집시법시행령 제 2 조). 시위에 참여하지 않는 시민에게는 동료시민으로서 어느 정도의 불편을 감수해야 할 시민정신이 요구된다고도 할 수 있다. 그러나 음향기술의 발달, 시위기술의 개발 등에 의하여 소음의 정도가 심각한 위해의 수준까지 높아진 것도 사실이다. 특히 병원이나 학교와 같은 정숙함이 요구되는 장소가 근처에 있는 경우 심각한 업무방해를 야기하게 되며, 시위가 자주 벌어지는 대로변 상권은 이러한 소음으로 인하여 많은 재산상의 손해를 입기도 한다.

그리하여 현행법에서는 "제14조(확성기 등 사용의 제한) ① 집회 또는 시위의 주최자는 확성기·북·징·꽹과리 등 기계·기구(이하 이 조에서 "확성기 등"이라고 한다)를 사용하여 타인에게 심각한 피해를 주는 소음으로서 대통령령으로 정하는 기준26)을 위반하는 소음을 발생시켜서는 아니 된다. ② 관할경찰서장은 집회 또는 시위의 주최자가 제 1 항의 규정에 따른 기준을 초과하는 소음

---

26) 2014년 10월 22일부터 광장과 상가주변의 소음 규제한도를 5dB씩 낮춰 주간 75dB, 야간 65dB로 하고, 그 동안 '주거 외 지역'으로 분류된 종합병원·공공도서관에도 앞으로 주거지역과 같은 기준(주간 65dB, 야간60dB)을 적용한다. 5분씩 두 차례 소음을 측정해 그 평균치를 적용하는 기존의 방식도 10분간 소음을 측정해 평균치를 추산하는 방식으로 바뀐다. 경찰은 소음이 기준치를 초과하면 확성기 등을 끄게 하는 등 권고조치를 하고, 이에 응하지 않으면 강제조치에 들어간다.

을 발생시켜 타인에게 피해를 주는 경우에는 그 기준 이하의 소음유지 또는 확성기 등의 사용 중지를 명하거나 확성기 등의 일시보관 등 필요한 조치를 할 수 있다"를 규정하고, 이를 위반한 자는 제24조 벌칙에 처하도록 하였다.

(4) 시위장소의 문제[27]

1) 사생활보호와 시위장소제한 문제

집시법 제 8 조 제 5 항에서 사생활의 평온에 심각한 피해가 발생할 수 있는 장소에서의 집회·시위가 금지되고 있는데, 그러한 장소제한이 너무나 소극적이라는 비판이 있다.[28] 즉 제 8 조 제 5 항은 주거지역이나 이와 유사한 장소에서 사생활의 침해가 우려되는 자가 사전에 요청을 하면 제한을 할 수 있도록 규정하고 있어서 집회·시위가 발생하는지도 모르고 있는 경우라면 속수무책으로 자신의 사생활을 침해받을 수밖에 없다. 또 주거지역이나 이와 유사한 장소에 해당하지 않는 사적 관리영역에서는 어떠한 제한을 하기가 곤란한 점도 있다. 따라서 집회·시위를 개최하고자 하는 자가 우선적으로 피해를 받을 우려가 있는 자의 동의를 받을 것을 요구하는 법개정이 요구된다는 것은 설득력이 있다.[29]

2) '학교'주변지역에서의 집회제한

집회시 유발되는 과도한 소음 등으로 인한 학습권 등 침해를 방지하기 위하여 학교주변을 주거지역수준으로 보호할 필요가 있다고 하여 현행법에서는 제 8 조 제 5 항 제 2 호 '신고장소가 초·중등교육법 제 2 조의 규정에 따른 학교의 주변지역으로서 집회 또는 시위로 인하여 학습권을 뚜렷이 침해할 우려가 있는 경우'를 규정하였다. 시민단체 등에서 독소조항이라고 반발하고 있으나 이 조항의 주된 보호법익은 '학습권'이고, 따라서 학교주변에서의 모든 집회를 금지할 수 있는 것이 아니라, '학습권'보호를 위해 관리자 등의 요

---

27) 집회의 자유는 집회의 시간, 장소, 방법과 목적을 스스로 결정할 권리를 보장한다. 집회의 자유에 의하여 구체적으로 보호되는 주요행위는 집회의 준비 및 조직, 지휘, 참가, 집회장소·시간의 선택이다. 그러나 집회를 방해할 의도로 집회에 참가하는 것은 보호되지 않는다. 주최자는 집회의 대상, 목적, 장소 및 시간에 관하여, 참가자는 참가의 형태와 정도, 복장을 자유로이 결정할 수 있다(헌재 2003. 10. 30. 2000헌바67).

28) 양태규, "집시법상의 문제점 및 그 개선방안에 관한 연구 —건전시위문화정착 측면중심으로," 치안정책연구 제15호(2001), 139쪽 이하.

29) 손동권, "평화적 집회 및 시위문화의 정착," 한국경찰학회 2000년 하계학술세미나 자료집, 28쪽.

청이 있는 경우에 한하여 제한하거나 금지토록 한 것으로 학과수업이 진행되는 동안에 수업진행에 방해가 되는 소음을 억제토록 제한하는 등 양자간에 조화를 이루고자 하는 것이다(대학교는 대상에서 제외).

3) '군사시설'주변지역에서의 집회제한

군사시설(국군과 국내주둔 외국군의 군사시설)은 무기 등을 다수 보유하고 있어 불특정다수인의 출입을 엄격히 통제해야 할 필요가 있는데, 그 주변에서의 집회가 주최측의사와는 달리 과격시위로 변질되거나 신고된 집회를 빙자하여 시설에 진입하거나[30] 위험물을 투척하는[31] 등 국가안보와 공공의 안녕질서 또는 집회자의 안전에 중대한 위험을 초래할 우려가 상존하기 때문이다.

그리하여 현행법에서는 제 8 조 제 5 항 제 3 호 '신고장소가 군사기지 및 군사시설보호법 제 2 조 제 2 호의 규정에 따른 군사시설의 주변지역으로서 집회 또는 시위로 시설이나 군작전의 수행에 심각한 피해가 발생할 우려가 있는 경우'를 규정하여, 군사시설 '주변지역'에서 시위를 단순히 못하게 하는 것이 아니라 그 진 · 출입문 및 담장 인근지역에서의 당해집회로 인해 군작전의 수행 등에 심각한 피해가 발생할 우려가 있는 경우에만 정문 옆으로 집회장소를 이전시킨다거나 담장에서 일정 거리를 두게 하는 등의 제한과 금지를 할 수 있다는 것이다.

4) 일정한 요건 하에 외교기관 등 100m 이내 집회금지불가

헌법재판소는 2003년 10월 30일 "외교마찰우려가 없는데도 외교기관인근에서의 집회와 시위를 금지한 집시법조항은 위헌"이라며 제기한 헌법소원 사건에서 재판관 7 대 2 의견으로 제11조에 대한 위헌을 선언했다. 재판부는 "과거 법규정으로는 외교기관 앞에서의 평화적인 항의집회나 외교기관과 인접한 공공기관 · 기업에 대한 항의집회가 불가능하다"며, "이는 헌법에 보장된 집회의 자유를 침해하는 것"이라고 밝혔다.[32]

---

30) 2003. 8. 7. 16 : 50경 한총련소속 대학생 등 15명이 경기도 포천군 영중면소재 미군훈련장에 기습진입하여 장갑차에 올라가는 등 불법시위로 3명이 구속되었다.
31) 2002. 11. 25. 07 : 50경 한총련소속 대학생 20여 명이 서울 대방동 미캠프그레이 정문에 화염병투척 후 도주하여 1명이 구속되었다.
32) 헌재 2003. 10. 30. 2000헌바67, 2000헌바83(병합). 이 판례에 의하여 집시법 제11조가 결정당일 효력을 상실하자 경비를 담당하는 경찰에 비상이 걸렸다. 대사관주변의 집회신고를 선점하기 위해 집회신고가 폭주하고 있으며, 이를 방해하기 위한 장기적 방어집회신고도 쇄도하였다고 한다(중앙일보 2003년 10월 31일자 참조).

상기 헌재 결정으로 집시법 제11조 제4호는 국내주재 외국의 외교기관이나 외교사절의 숙소 100m 이내 집회금지는 그대로 유지하되 ① 해당 외교기관이나 외교사절의 숙소를 대상으로 하지 아니하는 경우, ② 대규모 집회 또는 시위로 확산될 우려가 없는 경우, ③ 외교기관의 업무가 없는 휴일에 개최되는 경우에는 예외적으로 집회·시위를 허용하도록 규정하고 있다. 헌재결정은 100m 이내 집회를 일률적으로 금지하기보다는 당해 외교기관을 대상으로 하지 않는 등 일정한 경우는 허용해야 한다는 취지이기 때문이다.

대사관주변에서의 불법시위는 계속되는 실정이므로 비엔나협약상33)의 국가의무이행을 위하여 일정한 요건 하에 집회·시위제한이 불가피하지만, 당해외교기관을 대상으로 하는 집회인 경우에도 소규모 인원의 피켓팅 등으로 외교기관의 기능이나 안녕을 침해할 우려가 없을 때에는 금지할 수 없다. 결국 외교기관의 기능이나 안녕침해 여부에 관하여는 일응 그 집회를 관리하는 경찰에서 판단하는 것은 당연하며, 다만 법조문에 금지의 요건이 엄격히 제한되어 있어 자의적 판단여지를 최소화하고 있는 것이다.

5) 이른바 '성역시위'의 문제

시위장소와 관련하여 아울러 생각해 보아야 하는 것이 바로 종교시설이나 대학교 등에서 이루어지는 이른바 '성역시위'의 문제이다. 이러한 장소에서의 집회·시위가 과연 집시법에서 말하는 옥외집회에 해당하는지 아닌지, 즉 집시법에 의한 규제대상이 되는지 아닌지의 문제는 구체적인 상황에 따라 다르게 판단되어야 할 것이다.34) 문제는 이러한 장소에서의 시위가 필연적으로 그러한 장소를 다른 목적으로 이용하는 제3자의 이익을 침해한다는 것이다. 물론 과거에는 종교시설이나 대학교 등의 관리자가 일종의 시대적 사명감으로 가지고 시위대를 보호한 측면이 있었겠으나, 현재에는 과거의 그러한 관행을 그대로 받아들이기는 곤란한 사정이라고 하겠다. 특히 엄숙함과 정숙함이 요구되는 종교시설이나 대학교 등에서 소란하게 집회·시위를 개최한다

---

33) 외교관계에 관한 비엔나협약 제22조 제2항 "접수국은 어떠한 침입이나 손해에 대하여도 공관지역을 보호하며, 공관의 안녕을 교란시키거나 품위의 손상을 방지하기 위하여 모든 적절한 조치를 취할 특별한 의무를 가진다" 참조.

34) 종래 이 문제와 관련하여 대학구내 등의 장소가 옥외인가, 옥내인가의 논의가 있었다. 헌법재판소는 대학구내의 집회도 옥외집회로 결정하였다(헌재 1994. 4. 28. 91헌바14).

는 것은 바람직하지 못하다고 하겠으며, 이러한 경우의 시설관리자와 집회·
시위를 하고자 하는 자 간의 이해를 조절할 법적·제도적 장치가 요구된다고
할 것이다. 앞서 말한 사생활영역에 대한 침해문제와 같이 시설관리자 등의
사전동의를 요구하는 절차를 규정할 필요가 있다.

(5) 시위금지 시간의 문제

헌법재판소가 야간 옥외집회를 금지하는 현행 집시법(제10조)에 대하여
헌법불합치 결정을 내리면서 2010년 6월 30일까지 법을 개정하도록 했다.[35)]
그러나 그 후 법이 개정되지 않아 야간집회에 대한 규제규정은 공백상태가
되서 신고제(제6조 제1항)와 금지통고제(제8조 제1항)의 적용만을 받게 됐
다. 당시 한나라당은 일몰 후, 일출 전의 야간에는 시위를 하지 못하도록 된
규정을 오후 10시~다음날 오전 6시까지 금지하는 개정안을 냈다. 민주당은
야간 옥외 집회 금지 규정을 원칙적으로 삭제하고 '주거지역, 학교, 군사시설
주변'만 예외적으로 '밤 12시~오전 6시'까지 금지하는 개정안을 냈다. 하지만
여기에서 우선적으로 고려해야 할 것은 헌재가 헌법 불합치 결정을 내린 '취
지'이다. 그것은 야간 집회 제한이 불필요한 것이 아니라 너무 광범위하게
제한하는 바람에 사실상 집회의 자유가 제대로 보장이 안 된다는 것이다.

각종 여론조사 결과를 봐도 밤 10시 이후에는 제한해야 한다는 의견이
다수이고, 24시간 허용 의견은 20%에 그친다. 그러니 우리가 택해야 할 길은
무엇인지 자명하다. 실제 미국의 일부 주(州)나 도시, 프랑스·중국·러시아에
서도 야간 집회에 대하여 일정한 제한을 하고 있다. 영국이나 독일 등 선진
국에서 금지 규정이 없는 것은 시민들의 안정적 일상생활로 밤 10시 이후의
집회는 특별히 규정할 필요가 없기 때문이다.[36)]

---

35) 헌재 2009. 9. 24. 2008.헌가25; 헌법재판소는 재판관 5(위헌):2(불합치):2(합헌)의 의견으
로, 해가 뜨기 전이나 해가 진 후에는 옥외집회를 금지하고, 일정한 경우 관할경찰서장이
허용할 수 있도록 한 집시법 제10조 중 '옥외집회' 부분과 이에 위반한 경우 처벌하도록
한 집시법 제23조 제1호 중 '제10조 본문의 옥외집회' 부분은 헌법에 합치하지 아니하고,
위 조항들은 2010년 6월 10일을 시한으로 입법자가 개정할 때까지 계속 적용된다는 결정
을 선고하였다.

36) 이관희, 집시법 실종 −누가 야간질서 지켜주나(조선일보, 2010. 7. 2). 한편 헌재는 2014
년 3월 27일, 해가 진 후부터 같은 날 자정까지 시위를 허용하지 않은 '집회 및 시위에 관
한 법률(집시법)' 조항에 대해 한정위헌을 결정했다. 다만 관련 법률 조항이 모두 위헌은
아니고 자정까지 금지한 내용만 헌법에 위반된다며 재판관 6(한정위헌) 대 3(전부위헌) 의
견으로 한정위헌을 결정했다. 자정 이후의 금지를 합헌으로 결정한 이유에 대해서는 "모든

(6) 시위참가자제한의 문제

시위가 과격해지고 폭력적이 되는 이유로 상습적인 폭력시위전력자들이 참가하기 때문이라는 이유도 제시되고 있으며, 이를 방지하기 위한 법적 대응이 강구될 것이 요구되기도 한다. 어떤 사람이 참가하면 반드시 폭력적 시위가 될 것이라는 개연성이 농후한 경우, 그 사람의 참가를 배제하는 것은 합리적인 대처방안이 될 수도 있겠다. 그러나 이러한 규율을 실제로 실행하기에는 곤란한 점이 적지 않다. 과연 어떠한 절차를 통하여 그러한 상습적인 폭력시위자를 확정할 것인가. 폭력시위전력자가 반드시 또 다른 폭력시위를 저지를 것이라는 인과관계는 언제나 확정적인 것인가. 그러한 제한방식이 국민에게 인정된 집회 · 시위의 자유를 심각하게 침해하는 것은 아닌가.

이러한 여러 가지 점을 고려한다면 시위참가자를 애초에 배제해 버리는 방식의 규율이 얼마나 어려울 것인지를 알 수 있다. 개인적인 시위부적격자를 가려 미리 배제해 버리는 제한방식은 개인적 차원에서의 집회 · 시위의 사전허가제와 다르지 않을 것이고, 이러한 제한은 헌법적으로 위험하고 바람직하지 않다고 본다. 집회 · 시위를 평화적으로 개최하도록 하기 위한 다른 방식(기본권을 덜 침해하는 방식)이 우선 강구되어야 하겠다.

(7) 집회 · 시위자문위원회설치

집회신고에 대한 금지통고 여부를 경찰이 자체적으로 판단하고(제 8 조 제 1 항), 특히 금지통고시 이의신청에 대한 재결을 직근상급경찰관서의 장이 하고 있어(제 9 조 제 1 항) 공권력행사에 대한 신뢰확보에 논란의 소지가 있을 수 있다. 그리하여 현행법에서는(제21조) 각급경찰관서에 시민단체 등의 구성원과 주민대표, 법률전문가(교수 · 변호사) 등이 참여하는 '집회 · 시위자문위원

시간대에서 이 사건 법률 적용을 중지하면 공공의 질서 내지 법적 평화에 대한 침해의 위험이 높아진다"고 설명했다. 헌재는 "밤 12시 이후의 시위를 금지할 것인지 여부는 입법자가 결정할 수 있도록 여지를 남겨둔 것"이라고 말했다(2010헌가2, 2012헌가13) 이에 대해 대법원은 7월 10일 "해가 진 뒤 밤 12시까지 열린 시위를 금지한 부분은 헌재법에 따라 효력을 상실했기 때문에 해당 조항을 적용해 기소한 사건은 범죄로 인정되지 않는다"고 밝혔다. 헌재법 제47조는 위헌 결정이 난 법 조항은 그 즉시 효력을 상실하도록 규정하고 있다. 다만 대법원은 "법 조항을 특정하게 해석할 경우에만 위헌으로 선언하는 한정위헌 결정이 재판에 적용되는 강제성은 없다는 대법원의 기존 입장에는 변함이 없다"고 덧붙였다. 한정위헌은 헌재법 제47조에 규정된 위헌 결정이 아니라고 본 게 그동안 대법원의 판례였다.

회'(위원장포함 5인 이상 7인 이하 위원)를 설치·운영하여 객관성·신뢰성·공정성을 확보하고, 집회신고와 이의신청재결 등 집회·시위의 각 단계에서 객관적 자료를 토대로 주최측과 경찰 간에 자문·조정 등 교량역할을 수행토록 하고 있다.[37]

3. 채증활동 및 변형적 규제와 관련된 문제

시위의 현장에서 빠뜨릴 수 없는 광경이 바로 카메라를 들고 촬영을 하고 있는 경찰의 모습이다. 과거 권위주의 정권 하에서는 이러한 채증으로 인하여 또 다른 인권침해가 발생할 우려가 있었으며, 시위대는 초상권을 근거로 이에 강력히 저항하였다. 하지만 현재에 와서는 이러한 촬영이 법집행에 있어서 불가피한 채증활동이라는 점이 인정되는 반면, 공공장소에서의 촬영이므로 초상권침해의 정도는 크지 않다는 고려 때문에 새로운 각도에서의 접근이 필요하다고 하겠다.

다만 이러한 채증활동으로서의 촬영에 대한 독일식 법적 근거[38]가 없으며 따라서 이론적으로 해결할 수밖에 없다. 먼저 행정법적으로 범죄가 발생할 가능성이 높아 범죄의 실행으로 나아가는 것을 방지하기 위하여 또는 공공의 안녕질서에 대한 법익손상의 개연성을 차단하기 위하여 행정법의 일부분인 위험방지법 또는 질서행정법의 체계에서 검토되어야 한다. 즉 경찰관직무집행법(제 2 조)에 규정하는 일반적 수권조항에 근거하여 개인에 대한 위험방지목적의 촬영이 허용될 수 있고, 이 경우 일반적 수권조항의 본질과 비례원칙에 따른 제한이 준수되어야 한다.[39]

다음으로 집회·시위의 현장에서 위법한 행위가 있을 때 이에 대한 촬영은 형사소송법상 증거보전수단으로서 매우 중요하게 수행한다. 즉 불법시위가 있을 때 집단위법행위가 시간적·장소적으로 광범위하게 이루어질 경우

---

37) 미국 Washington, D.C. 경찰청은 변호사와 학생 및 전문적으로 교육을 받은 전문가들로 구성되는 '법률적 옵저버'(legal observer)제도를 두고, 집회·시위에 광범위하게 개입하고 자문 등의 역할을 수행하게 하고 있다.

38) 1989년 6월 9일 독일 집시법(Gesetz über Versammlungen und Aufzüge)개정으로 "공공의 안녕 혹은 질서에 대한 현저한 위험이 야기된다고 인정할만한 사실상의 근거가 있는 경우" 촬영 및 녹음을 할 수 있도록 했다(제12a조, 제19조).

39) 김성태, 「집회·시위 현장에서의 촬영에 대한 행정법적인 근거와 한계」 집회·시위 자유의 법적 문제와 합리적 대안(한국경찰법학회 제27차 학술회의, 2008. 9), 142면.

행동의 전모를 파악하는 것이 용이하지 않고 목격자 증언이 신뢰도가 떨어지게 되며, 특히 현장에 있는 경찰관이 증언을 하는 경우 증언의 신빙성을 다투는 경우가 많기 때문에 사진·비디오 촬영은 정확성과 객관성에서 다른 증거보다 우월성을 갖게 되며, 또한 시위대 안에 부리하게 늘어가지 않고도 채증활동을 할 수 있기 때문에 안전성에도 장점이 보인다. 다만 무분별한 촬영으로 사생활권이나 초상권을 침해할 가능성이 높기 때문에 독일식으로 법규정40)이 있는 것이 바람직하지만 명문의 규정이 없는 경우 이론적으로 해결할 수밖에 없다.41)

4. 새로운 시위형태에 대한 규율

이상의 기존의 집회·시위의 방법과는 다른 새로운 형태의 시위가 등장하고 있다. 이러한 새로운 현상을 어떻게 바라볼 것이며 어떠한 법적 대응이 가능한지에 관하여 논의가 필요하다.

먼저 최근 흔히 볼 수 있는 것이 이른바 일인시위라는 것이다. 우리 집시법은 제 2 조 제 2 호에서 '다수인'이라는 표현을 가지고 집회·시위의 의미에 대하여 말하고 있다. 집회·시위는 다중의 인원이 집합할 것을 요구하므로 어떠한 학설에 따르든 1인만으로 시위는 성립하지 않는다. 이러한 점을 감안하여 집회·시위가 성립하지 않도록 하고 집시법상의 규제를 받지 않기 위해 단 1인만이 각종의 방법을 동원하여 자신의 의사를 표명하는 시도를 이른바 일인시위라고 지칭하는 것이다.42)

그런데 이러한 일인시위가 일종의 릴레이 방식으로 이루어져 사실상 다수인의 집회·시위와 마찬가지이며, 실제로 불안감과 혐오감을 야기하는 점이 크다는 것을 지적하여 이를 집시법으로 규율할 것을 주장하는 견해가 있다. 하지만 앞서 강조한 바와 같이 집회·시위를 특별하게 보호하면서도 또 특별하게 규제하는 이유는 다수인의 군중이 모여 집단적으로 의사표현을 한다는 특성에서 기인한 것이다. 따라서 일인시위를 집시법상의 집회·시위로

---

40) 독일 형소법 제81조의b(피의자의 신원확인을 위한 촬영)와 제100조의c(수사기관의 비밀촬영) 참조.

41) 이에 대하여는 김재봉, 「불법 집회·시위 현장에서 사진·비디오 촬영의 형사소송법적 근거와 한계(전게 학술대회)」, 149면 이하 참조.

42) 국회나 법원 같은 공공기관 앞에서 이러한 일인시위가 빈발하고 있다. 이것은 집시법 제11조의 장소적 제한을 받지 않기 위한 방편으로 사용되는 것이다.

보는 것은 집시법의 규율목적에 비추어서 타당한 것이 아니다. 따라서 일인 시위의 문제는 집시법이 아닌 경범죄처벌법이나 일반 형법 등으로 규율함이 타당할 것이다.

아울러 최근 문제가 되고 있는 것이 이른바 사이버 시위의 문제이다. 사이버 시위란 리본달기, 게시판에의 의견개진, 새로고침 버튼 누르기, E-Mail 보내기 등의 방법으로 다중의 의사를 표현하는 것을 말한다. 이러한 새로운 형태의 의견개진 수단은 기존에 거리에 다수의 시민이 모여 구호를 부르고 행진하는 것과 다르지 않다는 점을 들어 기존의 집회·시위의 범주에 포섭하거나 유사한 규율을 하고자 하는 시도가 있다.43) 사이버 문화가 널리 퍼져가고 인터넷이 없으면 업무와 생활 모두가 마비상태에 이르게 될지도 모르는 현대를 살아가고 있는 입장에서 사이버 시위가 현실적 시위를 대체할지도 모른다는 예상을 해 보게 되는 것도 사실이다. 하지만 사이버 시위는 현실적으로 군중이 모이는 것이 아니며, 적극적으로 자신의 의사를 매체를 통해 표명하는 것에 불과하므로 기존의 집회·시위관념과 유사하게 접근하는 것은 무리라고 본다. 그렇다고 이를 언론·출판의 자유문제에 포함시켜 해명하기에도 너무나 새롭고 특수한 현상이다. 결국 사이버 시위에 관하여도 앞으로의 인터넷관련 이론과 법제의 발전에 따라 체계적인 규율방안을 강구해야 할 것으로 보인다.

또 문제되는 것은 바로 해상시위이다. 해상시위도 역시 과연 기존의 집회·시위의 관념에 포섭하여 해석할 수 있는지는 의문이다. 무엇보다 해상이라는 공간적 특수성이 도로나 광장에서 벌어지는 기존의 집회·시위와는 구별되는 특징을 야기한다. 해상시위에 관하여도 일정한 법적 규율이 필요하겠지만, 이 역시 기존의 집시법의 연장선상에서가 아니라 해상질서법 등에서의 규율로 대응함이 타당할 것이다.

---

43) 정찬모, "사이버 시위의 자유와 법적 규제," 서울대학교 BK21 법학연구단 공익인권법센터 주최 학술대회 집회 및 시위의 자유 자료집, 2003, 9쪽.

제 2 절   結社의 自由

I. 結社의 自由의 意義

결사의 자유라 함은 다수인이 동일한 목적을 위하여 자발적 · 계속적으로 단체를 형성할 수 있는 자유를 의미한다.44) 단체의 자유로운 구성 및 활동을 보장하는 결사의 자유도 집회의 자유와 마찬가지로 여론의 형성과 전파의 불가결한 수단으로서 언론의 자유와 밀접한 관련을 지닌다. 즉 결사의 자유는 여론의 형성, 정치의사의 예비형성, 소수자의 기회균등 보장 그리고 자유로운 정치과정의 중요한 전제이다. 헌법 제21조에 규정된 결사의 자유는 일반결사에 대한 보장이며 특수결사인 종교단체, 학술단체, 예술단체, 노동조합, 정당 등은 포함되지 않는다. 각각 종교의 자유, 학문의 자유, 근로 3 권, 참정권 등에 의하여 특수하게 보장되기 때문이다.

결사에 있어서 그 법형식은 어떤 것이든 무관하므로 민법상의 법인 · 사단 등 모든 단체가 결사의 개념에 포함된다. 결사의 자유가 무엇인지를 규명하려면 그 개념의 구체적 개별요소를 좀 더 자세히 고찰할 필요가 있다. 결사에 있어서의 '다수인'에 대하여는 최소 3인을 요한다는 견해도 있으나, 최소 2인 이상이면 족하다는 것이 일반적이다.45) 결사가 추구하는 '공동의 목적'은 넓게 이해되어야 한다. 공동의 목적에는 제한이 없으며, 주목적에 대한 동의만 있으면 충분하다. 또한 특정한 목적 또는 부수적 목적에 동의하여야 하는 것은 아니다. 단체의 결성은 자발적이어야 하며, 따라서 가입의 강제가 인정되는 공법상의 결사는 제21조의 보호를 받지 못한다. 결사는 상당한 기간 동안 계속성을 가져야 하며, 이는 일시적 집합인 집회와 구별되는 성질이다. 결사의 개념의 또 하나의 표지는 다수인 또는 단체의 구성행위에 의해 성립되는 결합이라는 것이다. 이는 외형상의 결합을 전제하며 특정의 형태를 요하는 것은 아니다. 또한 결사 내에서 형성된 의사인 조직의 의사에 그 구성원들이 복종하고 있다는 것도 개념요소가 된다.

---

44) 김철수, 756쪽; 권영성, 524쪽; 허영, 567쪽; 강경근, 491쪽; 성낙인, 395쪽.
45) 한편 상법상 1인회사가 인정되는 점을 들어 그 이유로 1인 결사도 가능하다고 보는 입장도 있다.

Ⅱ. 結社의 自由의 內容

결사의 자유는 단체의 설립의 자유를 보장한다. 즉 언제, 어떤 명칭으로, 어떤 형태의 단체를 결성할 것인지 등을 자유로이 결정할 자유를 보장한다. 설립에 대한 허가제나 여하한 형태의 사전통제는 배제된다. 그러나 행정의 효율성증대를 위한 등록제·신고제는 헌법에 위배되지 않으며, 설립에 관한 절차규정은 일단 무방하다. 물론 등록제 등의 절차규정이 과도하여 실질은 허가와 같은 경우라면 허용되지 않는다.

결사의 자유는 단체의 활동의 자율성을 보장하며, 단체생활을 스스로 자유롭게 형성할 권리를 보장한다. 구성원에 대한 단체의 제재권도 인정되며, 단체 내에서 구성원 개개인의 활동의 자유, 결사 자체의 활동의 자유, 구성원의 모집활동 등도 보장된다.

또 결사의 자유는 기존의 단체에 가입할 자유를 보장하며, 국가에 의한 방해나 간섭은 허용되지 않는다. 또한 결사의 자유는 스스로 언제든지 해산할 권리를 보장한다. 민법, 주식회사법 등이 규정하는 해산에 관한 질서규정은 무방하다. 한편 결사의 자유는 단체에 가입하지 않을 자유도 보장한다. 사법상의 결사에 관하여는 소극적 결사의 자유가 당연히 보장되는 것으로 보기 때문에 가입강제가 인정되지 않는다는 데 이론이 없다. 그러나 공법상의 결사에 관하여는 소극적인 결사의 자유가 보장되지 아니하며 가입강제가 허용된다고 봄이 다수적 견해이다. 즉 예외적으로 상공회의소·변호사회·의사회 등의 경우, 이러한 단체는 공익성을 기초로 하기 때문에 소극적 결사의 자유가 인정되지 않는 것이다.

Ⅲ. 結社의 自由의 制限과 限界

결사의 자유는 민주주의질서 등의 공동체의 전체적 질서를 구성하는 불가결의 요소이기 때문에 이를 본질적으로 제한하는 허가제는 헌법에 의해 금지된다(제21조 제 2 항). 그러나 결사의 자유도 무제한적으로 보장되는 기본권이 아니므로, 헌법 제37조 제 2 항에 의해서 제한될 수 있다. 특히 헌법에 대해 적대적이거나 자유민주적 기본질서에 위배되는 결사는 반드시 제한되어야 한다. 이외에도 대통령의 긴급명령 또는 계엄선포 등에 의하여 제한되기도 한다(제76조, 제77조). 그러나 제한의 경우에도 그 본질적 내용은 제한할 수 없으며, 가령 단체의 결성을 원천적으로 금지하는 입법, 私法的 결사에 대해 가입의 강제를 허용하는 입법 등은 결사의 자유의 본질적 내용을 침해하는 것이다.46)

독일연방기본법은 제9조에서 결사의 자유를 보장하면서도 "그 목적이나 활동이 형법에 위배되거나 헌법적 질서 또는 국제적 상호 이해의 사상에 반하는 결사는 금지된다"고 규정함으로써 불법적 결사는 기본권의 보호를 받을 수 없도록 하고 있다. 그리고 1964년 제정된 결사법(일명 사회단체규제법) 제3조에 따르면, 단체의 목적이나 활동이 헌법과 형법, 국제 질서에 위배될 때에는 활동 금지나 강제 해산을 명령할 수 있게 돼 있다. 이 경우 해당 단체의 소유 재산에 대한 압류 및 몰수 조치도 가능하다. 1993년까지 반국가·위헌 단체로 지정돼 해산된 단체는 377개에 달했다.47)

여기서 우리 헌법 체계에 중대한 법적 모순이 발생함을 유의해야 한다. 국가의 강력한 보호와 지원을 받는 정당은 일정한 절차에 따라 해산이 가능하지만, 국가 전복이나 변란(變亂) 목적으로 설립되고 이를 위해 공공연하게 활동한 사실을 법원이 인정해 반국가 단체나 이적 단체로 확정된 시민·사회단체에 대해선 강제 해산할 법적 근거가 없다는 것이다. 그 결과 이적 단체 구성원이 범죄를 저지르면 개인적으로 처벌받을 뿐, 소속 단체는 여전히 '진보적' 시민 단체인 양 행세하면서 기부금을 받아가며 버젓이 종북 전진기지로 활동하고 있다. 실형을 선고받은 자들도 복역 후 출소해서 이적 단체와 관련을 맺으며 위헌·반국가적 활동을 지속하는 악순환이 반복되고 있다. 이 때문에 지금 우리의 헌법적 가치인 자유민주적 기본 질서가 심각하게 위협받고 있다.

이제 숙주를 발본색원하는 근본 대책을 마련해야 한다. 국회는 대한민국

---

46) 헌법재판소는 "축산업협동조합법상 축산업협동조합은 그 목적이나 설립, 관리면에서 자주적인 단체로서 공법인이라고 하기보다는 사법인이라고 할 것이다. … 복수조합의 설립을 금지한 구 축산업협동조합법(1994. 12. 22. 법률 제4821호로 개정되기 전의 것) 제99조 제2항은 입법목적을 달성하기 위하여 결사의 자유 등 기본권의 본질적 내용을 해하는 수단을 선택함으로써 입법재량의 한계를 일탈하였으므로 헌법에 위반된다"고 하였다(헌재 1996. 4. 25. 92헌바47).

47) 제성호, 위헌·반국가단체 해산할 법적장치 마련해야(조선일보, 2014. 1. 9) 참조.

을 부정하고 파괴하려는 위헌·반국가 단체를 해산할 수 있는 법적 장치를 마련해 헌법 수호에 앞장서야 한다. 더불어 법조계는 기본권 남용 방지 및 방어적 민주주의 실현 차원에서 '결사의 자유' 범위와 한계에 관한 공론화를 모색해야 한다.

제3장 選擧權과 公務擔任權, 國民投票權

　　좁은 의미에서의 정치적 기본권은 전통적인 의미의 참정권을 의미하며, 국민이 국가기관의 구성과 국가의 정치적 의사형성과정에 직·간접적으로 참여할 수 있는 권리를 말한다. 한편 넓은 의미의 정치적 기본권은 참정권 이외에 국민이 정치적 의견을 자유로이 표명하거나 그 밖의 방법으로 국가의 의사형성에 협력하는 일련의 정치적 활동권을 의미하며, 이 경우 언론·출판의 자유, 집회의 자유, 결사의 자유, 정당설립과 활동의 자유도 이에 포함된다. 민주국가에서의 참정권은 국민주권의 원리를 실현하고 국가의 통치조직을 형성하는 기능을 수행하는 것으로, 국민들이 국가의 의사결정에 참여할 수 있는 일신 전속적인 주관적 공권을 말한다. 참정권의 기능은 국가권력 창설, 국민의 정치적 공감대 형성, 국가권력의 민주적 정당성 부여기능 등을 들 수 있다. 여기서는 참정권, 즉 좁은 의미의 정치적 기본권을 선거권과 공무담임권, 국민투표권을 중심으로 살펴본다.

제1절 選擧權과 公務擔任權

I. 選擧權의 意義와 內容

1. 선거권의 의의

　　선거권은 1781년 프랑스 헌법에서 처음으로 성문화되었지만, 보통선거권이 확립된 것은 비교적 최근이라고 할 수 있는 바이마르 헌법에서 처음으로 규정되었다. 현행헌법도 제24조에 선거권을 규정하고 있어서, 모든 대한민국 국민은 법률이 정하는 바에 의하여 선거권을 가지게 된다. 여기에서의 선거권이란 국민이 주권의 행사기관의 지위에서 국민들의 대표자를 선출할 수 있는 권리를 의미한다.[1] 선거권은 오늘날 민주주의국가에서 가장 중요한 참정권 중의 하나이다. 선거권은 국민이 직접 정치의사형성에 참여할 수 있는 중요한 제도일 뿐만 아니라 통치권 내지 국정의 담당자를 결정하는 주권의 행사수단이기 때문이다. 또한 통치의 정당성을 확보해 주며, 소수자의 기회균등과 소수자보호의 역할을 수행하기도 한다.

헌법상 선거권은 대통령 선거권(제67조 제1항), 국회의원선거권(제41조 제1항), 지방자치단체의 장과 지방의회의원선거권(제118조 제2항) 등을 그 내용으로 하고 있다.

2. 선거권의 주체

보통선거의 원칙에도 불구하고, 모든 국민이 선거권을 갖는 것은 아니다. 선거권은 우선 일정한 연령에 달한 국민만이 행사할 수 있다. 어느 정도 정치적 판단능력을 갖춘 국민만을 선거에 참여시킴으로써 통치의 정당성을 높일 뿐만 아니라 선거 자체의 정당성과 합리성도 높이기 위함이다. 현행헌법은 선거연령을 직접 규정하고 있지 않기 때문에 선거연령의 결정은 입법자의 입법형성권에 맡겨져 있다. 현행 공직선거법은 만 19세에 도달한 국민에게 선거권을 부여하고 있다(제15조).

이 밖에도 공직선거법은 금치산선고를 받은 자, 금고 이상의 형의 선고를 받고 집행이 종료되지 아니하거나 그 집행을 받지 아니하기로 확정되지 아니한 자, 선거범, 정치자금법상 정치자금 부정수수죄를 범한 자 또는 대통령·국회의원·지방의회의원·지방자치단체의 장으로서 그 재임중의 직무와 관련하여 형법상 수뢰, 사전수뢰, 알선수뢰·특가법상 알선수재죄를 범한 자로서, 100만원 이상의 벌금형의 선고를 받고 그 형이 확정된 후 5년 또는 형의 집행유예의 선고를 받고 그 형이 확정된 후 10년을 경과하지 아니하거나 징역형의 선고를 받고 그 집행을 받지 아니하기로 확정된 후 또는 그 형의 집행이 종료되거나 면제된 후 10년을 경과하지 아니한 자, 법원의 판결 또는 다른 법률에 의하여 선거권이 정지 또는 상실된 자 등의 선거권도 제한하고

---

1) 김철수, 975쪽; 권영성, 584쪽; 허영, 530쪽; 강경근, 618쪽; 성낙인, 468쪽.

있다(제18조).

3. 현행법상 선거권과 관련된 문제점과 개선방향

선거와 관련된 문제점은 국민의 선거권과 관련된 문제뿐만 아니라, 선거제도 전반의 문제점, 나아가 정치제도 전반의 문제점과 연결된다. 올바른 선거에 의한 올바른 대표의 선출이야말로 민주주의의 가장 기본적인 전제가 되기 때문이다. 이러한 전체적인 문제의 고려 속에서 결국 선거권의 문제점도 진단되고 개선이 모색될 수 있을 것이다.

우선 선거권을 국민에게 부여함에 있어 가능한 넓은 범위의 국민이 참여하도록 하는 제도가 되어야 한다. 과거 공직선거법상 선거권자를 만 19세 이상의 성인에게만 부여하고 있어서 문제가 되었다. 특히 국방의 의무는 만 18세부터 제 1 국민역으로서 부담함에 비추어(병역법 제 8 조 제 1 항), 선거권 연령을 반드시 만 19세 이상으로 할 필요는 없다는 의견이 제시되었다.[2] 반면 헌법재판소는 "입법자가 공직선거및선거부정방지법에서 민법상의 성년인 20세 이상으로 선거권연령을 합의한 것은 미성년자의 정신적·신체적 자율성의 불충분 외에도 교육적 측면에서 예견되는 부작용과 일상생활 여건상 독자적으로 정치적인 판단을 할 수 있는 능력에 대한 의문 등을 고려한 것이다. 선거권과 공무담임권의 연령을 어떻게 규정할 것인가는 입법자가 입법목적 달성을 위한 선택의 문제이고 입법자가 선택한 수단이 현저하게 불합리하고 불공정한 것이 아닌 한 재량에 속하는 것인바, 선거권연령을 공무담임권의 연령인 18세와 달리 20세로 규정한 것은 입법부에 주어진 합리적인 재량의 범위를 벗어난 것으로 볼 수 없다"고 판단한 바 있다.[3]

아울러 법상 인정되고 있는 선거권 결격사유가 지나치게 넓은 것이 아닌가 하는 의문도 든다. 금치산자나 선거범이 아닌 일반적인 수형자·전과자에게도 선거권을 인정하지 않는 것은 위헌의 여지가 있다고 하겠다.[4]

그런데 아무리 선거권자의 범위를 넓힌다고 해도 실제 투표율이 저조하

---

2) 강경근, 183쪽.

3) 헌재 1997. 6. 26. 96헌마89.

4) 선거권의 행사를 위하여 필요한 정보의 제공이 현실적으로 어려운 수형자에게 그 기간 동안 공민권의 행사를 정지시키는 것은, 형벌집행의 실효성 확보와 선거의 공정성을 위하여 입법자가 일응 추구할 수 있는 것으로서 입법목적의 정당성이나 방법의 적정성을 충족시킨다고 할 것이다(헌재 2004. 3. 25. 2002헌마411).

다면 가능한 많은 국민을 참여시켜, 가능한 높은 정도의 민주적 정당성을 확보하고자 하는 원래 목적은 달성되지 않는다. 국민이 적극적으로 선거에 참여할 수 있도록 많은 고려를 해야 하고, 특히 투표가 민주주의에 있어 소중한 권리임을 강조하는 계도활동도 필요하다.5) 물론 궁극적으로는 국민이 참여할 의욕이 생기게 하는 정치가 되어야 할 것이다.

Ⅱ. 公務擔任權

1. 공무담임권의 의의

앞서 살펴본 선거권이 공직자를 선출하는 적극적 행위의 측면을 보장하는 것이라면, 다음에는 선거에 의하여 또는 그 밖의 절차를 통하여 공직을 담당하는 사람의 기본권보장 측면을 살펴보아야 한다. 일반적으로 공무담임권은 법률이 정하는 바에 따라 선거·시험 등을 통하여 국민이 행정부·사법부·입법부 등 모든 국가기관에 취임할 수 있는 권리를 의미한다. 공무담임권의 보호영역에는 공직취임의 기회의 자의적인 배제뿐 아니라, 공무원 신분의 부당한 박탈도 포함된다.6) 여기서 '공무'란 광의의 의미로서 입법, 사법 및 행정은 물론 지방자치단체 등을 포함하는 모든 국가사무를 말한다.

따라서 공무담임권이란 선출직 공무원을 비롯한 모든 국가기관의 공무원으로서 공무를 담당할 권리를 말한다. 따라서 선출직 공무원이 될 수 있는 권리인 피선거권과 그 밖의 공무원이 될 수 있는 공직취임권으로 나누어 볼 수 있다. 그런데 현행헌법 제25조에서는 "모든 국민은 법률이 정하는 바에 의하여 공무담임권을 가진다"라고 규정하여 공무담임권을 포괄적으로 보장하고 있다.

헌법에 공무담임권을 규정하고 있다고 하여, 원하기만 하면 모든 국민을

---

5) 2002년 11월 26일 서울지법은 "국가가 실수로 사면·복권된 사실을 누락해 선거인 명부에 이름을 올리지 못하는 바람에 투표를 못했다"며 국가를 상대로 낸 손해배상 청구소송에서 "위자료 50만원을 지급하라"는 판결을 내린 바 있다. 투표권의 가치를 금전으로 환산하는 것이 가능한지는 의문이지만, 50만원 정도로 파악한 것은 다소 저평가한 것이 아닌지 의문이 든다.

6) 헌재 2002. 8. 29. 2001헌마788등. 참고로 헌법재판소는 공무담임권은 피선거권과 공직취임의 균등한 기회만을 보장할 뿐, 당선 또는 임명된 공직에서 그 활동이나 수행의 자유를 보장하는 것은 아니라고 하고 있다.

공무원으로 채용해야 한다는 것을 의미하지는 않는다. 따라서 시험이나 선거 등을 통하여 공무원이 되려고 하는 사람 중 적격자를 가려 뽑는 것이 제한되는 것은 아니다. 나아가 국가의 재정상태나 고용정책 등의 변화에 따라 공무원 선발은 불가피하게 영향을 받게 된다. 물론 이러한 제한이 자의적으로 이루어져서는 안 되며, 가능한 많은 수의 국민이 공직취임의 기회를 평등하게 갖도록 해야 할 것이다.

2. 피선거권

앞서 본 바와 같이 피선거권은 선출직 공무원, 즉 대통령, 국회의원, 지방자치단체장, 지방의회의원에 피선될 수 있는 권리를 의미한다. 피선거권은 특이하게도 연령이나 거주요건과 연결되고 있다. 예컨대 대통령은 만 40세 이상, 5년 이상 국내거주라는 요건을, 국회의원은 만 25세 이상이라는 요건을, 지방자치단체의원 및 지방자치단체장은 만 25세 이상, 60일 이상 해당관할구역에 거주라는 요건을 갖추어야 피선거권을 갖게 된다(공직선거법 제16조). 다만 이러한 제한은 지나치게 획일적인 것이라고 볼 수 있다. 근거가 박약한 기본권행사능력 제한보다는 선거과정을 통한 국민의 선택에 적격자와 부적격자의 판단을 맡기는 것이 일차적으로 타당하다.

이외에도 피선거권은 ① 금치산자, ② 금고 이상의 형의 선고를 받은 자로 그 형이 실효되지 않은 자, ③ 선거범, 정치자금법상 정치자금 부정수수죄를 범한 자 또는 대통령 · 국회의원 · 지방의회의원 · 지방자치단체의 장으로서 그 재임중의 직무와 관련하여 형법상 수뢰, 사전수뢰, 알선수뢰 · 특가법상 알선수재죄를 범한 자로서, 100만 원 이상의 벌금형의 선고를 받고 그 형이 확정된 후 5년 또는 형의 집행유예의 선고를 받고 그 형이 확정된 후 10년을 경과하지 아니하거나 징역형의 선고를 받고 그 집행을 받지 아니하기로 확정된 후 또는 그 형의 집행이 종료되거나 면제된 후 10년을 경과하지 아니한 자, ④ 법원의 판결에 의하여 선거권이 정지 · 상실된 자 등의 경우 제한된다(공직선거법 제19조). 선거권의 제한과 피선거권의 제한은 법상 거의 유사하다. 다만 금고 이상의 형이 실효되기 이전에는 피선거권이 인정되지 않는다는 점에서 다소 엄격하다.

3. 공직취임권

모든 국민은 또 선거직 이외의 공직에 취임할 수 있는 공직취임권도 갖는다. 선출직이 아닌 공직 취임에 관하여는 각각 해당법률, 예컨대 국가공무원법, 지방공무원법, 교육공무원법, 국회법, 법원조직법 등이 그 자격이나 임용요건 및 절차 등에 관하여 상세히 규정하고 있다.

공무담임권도 법률에 의하여 제한된다. 대표적으로 국가공무원법 제33조는 "1. 피성년후견인 또는 피한정후견인, 2. 파산선고를 받고 복권되지 아니한 자, 3. 금고 이상의 실형을 선고받고 그 집행이 종료되거나 집행을 받지 아니하기로 확정된 후 5년이 지나지 아니한 자, 4. 금고 이상의 형을 선고받고 그 집행유예 기간이 끝난 날부터 2년이 지나지 아니한 자, 5. 금고 이상의 형의 선고유예를 받은 경우에 그 선고유예 기간 중에 있는 자, 6. 법원의 판결 또는 다른 법률에 따라 자격이 상실되거나 정지된 자, 6의2. 공무원으로 재직기간 중 직무와 관련하여 형법 제355조(횡령, 배임) 및 제356조(업무상의 횡령과 배임)에 규정된 죄를 범한 자로서 300만원 이상의 벌금형을 선고받고 그 형이 확정된 후 2년이 지나지 아니한 자, 6의3. 형법 제303조(업무상위력 등에 의한 간음) 또는 성폭력범죄의 처벌 등에 관한 특례법 제10조에 규정된 죄를 범한 사람으로서 300만원 이상의 벌금형을 선고받고 그 형이 확정된 후 2년이 지나지 아니한 사람, 7. 징계로 파면처분을 받은 때부터 5년이 지나지 아니한 자, 8. 징계로 해임처분을 받은 때부터 3년이 지나지 아니한 자"를 결격사유로서 열거하고 있다.[7]

---

7) 참고로 헌법재판소는 자격정지 이상의 선고유예를 받고 그 선고유예기간중에 있는 자에 대하여 당연퇴직을 규정하고 있는 경찰공무원법 제21조와 제7조 제2항 제5호 규정이 공무담임권을 침해하지 않는다고 하였으며(헌재 1998. 4. 30. 96헌마7), 검찰총장 퇴임 후 2년 이내에는 법무부장관과 내무부장관직뿐만 아니라 모든 공직에의 임명을 금지하고 있는 검찰청법 제12조 제4항은 공무담임권을 침해하는 것으로서 헌법상 허용될 수 없다고 하였다(헌재 1997. 7. 16. 97헌마26).

제 2 절   國民投票權

I. 國民投票權과 그 밖의 直接民主制 手段

직접민주정치의 요소 중 하나인 국민투표권은 국가의 중요정책결정을 국민들이 직접적으로 결정할 수 있는 주관적인 공권을 의미한다. 우리 헌법은 제130조와 제72조에서 규정하고 있으며, 구체적인 사항을 국민투표법이 규율하고 있다.

직접민주주의의 수단으로서 국민투표 이외에 국민발안(Initiative)이나 국민소환(Recall)이 언급될 수 있다. 국민발안권이라 함은 국민이 헌법개정안이나 법률안을 제안할 수 있는 권리를 의미한다. 국민발안은 법안의 제안이 곧 국민투표에 부의되는 직접발안과 의회의 의결 후에 그것이 국민투표에 부의 되는 간접발안으로 분류된다. 국민발안제는 미국의 주 헌법, 스위스헌법 등에서 인정하는 예가 있으며, 과거 우리나라 제 2 차 개정헌법에서도 채택한 바가 있다. 국민소환이란 국민파면권이라고도 하며, 국민이 공직자를 임기만료 전에 해직시킬 수 있는 권리를 말한다. 국민소환제는 일정한 절차에 따라 일정수의 유권자가 소환청구를 하면 직접 파면의 효과가 나타난다. 미국의 몇몇 주에서 채택하고 있는 이 제도는 장점과 단점을 동시에 지니고 있으므로 그 채택에 있어서 신중을 기하여야 한다고 평가되고 있다.

II. 國民投票의 類型

1. 레퍼랜덤(Referendum)과 헌법 제130조

레퍼랜덤이란 국민이 헌법의 규정에 따라 일정한 중요사항을 직접 투표로써 최종적으로 확정하는 국민표결방식이다. 즉 헌법이나 법률의 입법절차에 직접 참가하는 국민투표이며, 필수적 국민투표의 유형으로는 스위스에서 최초로 도입되었다. 레퍼랜덤을 채택하는 국가는 일본, 스위스 등을 들 수 있다. 우리나라의 경우 현행헌법 제130조의 헌법개정안의 확정방법이 이에 해당한다. 제130조는 헌법개정안은 국회가 의결한 후 30일 이내에 국민투표에 붙여 국회의원 선거권자 과반수의 투표와 투표자 과반수의 찬성을 얻어야 한다고 직접 명문화하고 있다.

2. 플레비시트(Plebiscite)와 헌법 제72조

플레비시트란 통치권자가 특정한 사안에 대하여 국민의 의사를 묻거나 새로운 통치질서의 정당성이나 집권자의 계속집권 여부에 관하여 신임을 묻는 수단이다. 이것은 임의적 국민투표의 형태로서 고대 그리스 · 로마의 신임투표로부터 유래되었다. 플레비시트는 1802년 나폴레옹에 의하여 처음 실시된 것으로 알려져 있다. 현행헌법 제72조의 중요정책결정의 국민투표는 플레시비트에 해당하는 제도로 평가된다. 이에 의하여 대통령은 필요하다고 인정할 때에는 외교 · 국방 · 통일 기타 국가안위에 관한 중요정책을 국민투표에 붙일 수 있도록 되어 있다.[8] 대통령의 판단에 따른 임의적 · 임시적(ad hoc) 제도라는 점에서 필수적 성격의 제130조의 국민투표와 구별된다.

플레비시트는 실질적으로는 전제적 지배를 정당화하는 수단으로 악용되는 경우가 없지 아니하므로 주의를 기울여야 한다. 과거 1802년의 나폴레옹의 국민투표와 1933년의 히틀러의 국민투표, 1975년의 박정희의 국민투표[9]는 독재자가 집권의 정당성을 보완하고, 독재를 은폐하기 위한 위장수단으로서 활용하였음을 보여 주고 있다.

---

8) 2003년 10월 10일 노무현 대통령의 재신임국민투표 제안이 문제된다. 즉 정치자금비리 검찰수사가 마무리되어 자신과 연루된 부분이 드러날 경우 스스로 대통령직을 계속 수행해도 될 것인가를 국민에게 묻겠다는 것이다. 이는 '인물'에 대한 것이기 때문에 현행헌법 제72조에 해당되지 아니하고, 플레비시트(신임강요적 국민투표)가 아니라 준리콜형(국민소환적) 국민투표라고 한다. 김선택, "재신임국민투표의 법률적 무의미성과 정치적 유의미성," 한국공법학회 제112회발표회(2003), 24쪽 이하.

9) 1975년 2월 12일에 유신헌법과 자신의 신임과 결부하여 실시한 국민투표가 레퍼랜덤-플레비시트의 전형적인 사례에 해당한다. 당시 박정희 대통령은 소위 유신헌법이 국민으로부터 주권을 박탈하여 위임한 이른바 통일주체국민회의라는 기구에서 단독후보로 거의 만장일치로 당선된 대통령으로서 민주적 정당성이 결여되어 있었고, 민주주의 회복을 위한 국민의 대대적인 개헌투쟁에 직면하여 있었다. 이러한 상황 하에서 박정희는 모든 권력기관을 한 손에 장악하고 언론의 자유를 통제하면서 국민투표를 실시하여 자신의 민주적 정당성을 국민에게 강요하였던 것은 주지하는 바이다.

Ⅲ. 國民投票의 虛와 實

1. 국민투표의 가치와 안계

국민투표는 ① 정치권력의 정당성 확보에 기여하며, ② 대의제의 최대 문제점인 국민의사를 왜곡하는 행위를 보완하는 기능을 수행하고, ③ 국가기관 간의 권한충돌을 국민의 직접적인 의사표출로써 해결할 수 있다는 장점을 가진다. 무엇보다도 국민투표가 존재함으로 인하여 집권자 또는 대의기관이 자의적으로 활동하지 못하게 하는 경고적 기능이 의미가 있다. 집권자는 자의적이고 무리한 국정운영을 할 때, 국민투표에서 부결될 위험을 고려할 것이기 때문이다.

그러나 동시에 ① 집권자가 유리하게 악용하여 독재의 명분으로 이용할 우려가 있고, ② 국민투표 실시비용이 과다하게 소모될 우려가 있으며, ③ 오늘날에 있어서 다양한 이해관계와 집단의 존재 등 여러 가지 현실적 여건 때문에 실재에 있어서 그 본래의 취지를 실현하기 어렵다는 문제점을 가지고 있다. 실제로 "국민주권의 실질화, 직접민주주의의 관철, 실질적으로 기능하는 국가기관으로서의 국민이라는 이상"을 말하는 이른바 동일성 이론은 이미 이론적으로 가능하지 않음이 밝혀지고 있다. 동일성 이론과 그에 기초한 직접민주제의 비판점으로서 우리는 흔히 현대 광역국가에 있어서의 현실적 불가피성을 근거로 들곤 한다.[10] 일견 동일성 이론은 민주적 정당성이라는 측면에서 탁월한 것이라고 할 수 있고, 따라서 직접민주제적 방법이 우월한 것이며 대의제는 차선책이라는 인식을 갖기 쉽다. 그러나 다음과 같이 동일성 이론에는 이론적·논리적으로 많은 문제점들이 내재되어 있는 것이다.[11]

민주주의는 다원주의에 기초를 두고 있다. 민주주의 하에서의 이익다원성은 정치적 의사형성 절차에 있어서 모든 사람들이 이익에 참여하고 또 모든 사람들이 이익에 관여할 것을 요구한다. 이러한 현실은 직접민주제가 더 좋은 수단이라고 판단하게 한다. 그러나 실제로는 그렇지 않다. 직접민주주의

10) 예컨대 권영성, 579쪽.
11) E-W. Böckenförde, "Demokratische Willensbildung und Repräsentation," in: Isensee/Kirchhof(hrsg.), *Handbuch des Staatsrechts*, Bd. Ⅰ, 1988, Rn. 4ff.

는 영속적으로 결정주체가 되는 시민들의 정치적 참여를 전제한다. 그러나 모든 시민이 모든 정치과정에 참여하려고 할 것이라는 것은 기대할 수 없다. 따라서 직접민주제의 주장은 소수의 권력자의 지위, 그리고 그들의 영향력만을 강화시키게 되고 시민들의 참여는 오히려 부족해질 수 있다. 결국 직접민주주의라는 외투(Mantel)가 대표구조를 은폐하는 역할을 할 수도 있는 것이다.

또 국민의사는 그 자체로서 매우 불특정하고 다원적이다. 따라서 국민의 의사가 구체적 결정으로 도출되기 위해서는 일정한 절차가 필요하다. 즉 인간적-심리적 의사로서의 국민의사는 필연적으로 매개를 필요로 한다는 것이다. 물론 국민이 직접 의사를 결정하는 국민투표(국민표결)에서는 이러한 절차나 매개가 필요하지 않다고 말할 수 있다. 그러나 이러한 경우 국민은 제출된 문제에 대한 수용 또는 기각을 할 수 있는 지위 이상이 아니라는 점에 유의할 필요가 있다. 국민투표에서의 국민의사는 '예' 또는 '아니오'의 대답의 성격을 넘어 설 수 없다는 것이다. 국민투표에 부쳐지는 의사의 형성은 결국 국가기관에 의하여 결정되는 것이며, 국민은 그에 대하여 영향력을 행사하기 곤란하다.[12]

아울러 인간의 공동생활에서 정치적 공동체는 고유한 실체적 통일체(Einheit)로서, 또 단순한 주관적인 사상적 통일체로서 생성되고 존재하는 것이 아니다. 국가는 실제로 활동하는 조직화된 행위 및 작용통일체로서 존재한다.[13] 이러한 행위 및 작용통일체는 국민이 그 자체로 행위능력 있는 단체가 아니므로 국민의 존재만으로는 달성되지 않는다. 이러한 행위능력 있는 단체로서 구성되기 위하여 국민은 조직화의 과정을 거쳐야 하는데, 그러한 과정 안에서 통합, 특정한 목적 지향 그리고 그에 상응하는 많은 인간의 행동의 현실화가 행해진다. 그로부터 행위 및 작용통일체로서의 국가가 나타나

---

12) 또 여기서 국민청원(Volksbegehren)도 예외가 되지 않는다. 외견상 국민투표보다 국민의 의사에 보다 자유로운 형성의 자유가 허용되는 것처럼 보이나, 실제로는 그 문제종속성으로부터 분리되지 못한다. 물론 이 경우 국민에게 제시된 문제는 국가기관으로부터 오는 것은 아니다. 그러나 그것들은 국민전체로부터 기원하는 것도 아니다. 그것은 주도권을 가지는 제한된 그룹들로부터 나오는 것이다. 처음 그 주도권이 국민청원을 작동시키고 그것이 문제설정을 구속적으로 확정한다. 각 시민단체나 사회단체의 영향력이나 역학관계는 이들이 국민청원을 할 수 있느냐에 달려 있는 것이다. 스위스의 국민투표민주주의(Referendums-demokratie)의 실제는 이에 대한 많은 예를 제시한다고 한다.

13) 조직된 결정 통일체이자 작용통일체라는 용어에 대한 자세한 설명은 Hermann Heller(홍성방 역), 국가론, 324쪽 이하 참조.

는 것이다. 결국 행위 및 작용통일체로서의 국가는 필연적으로 독창적으로 행동하는 국가기관을 전제로 하고 있는 것이며 동일성 이론과는 실제에 있어 일치하지 않는 것이다.

2. 국민투표제도에 대한 정당한 자리매김

이상의 고찰은 국민투표 등의 직접민주제 수단이 현실적 조건 때문에 제약되는 것만이 아니라, 다원주의 또는 행위 및 작용통일체로서의 국가질서의 본래 모습을 고려하지 못한 이론이기 때문에 제약되어야 하는 것임을 밝혔다. 이러한 이유로 국민투표 등의 제도는 원래의 기대와는 달리 종종 남용되거나 오용되는 것이다. 그렇다면 우리 헌법상 국민투표제도는 사문화되거나 삭제되어야 하는 것인가? 그렇지는 않다고 생각한다. 만약 국민투표제도의 문제점 때문에 이를 삭제하여야 하는 것이라면 대통령을 국민에 의한 직선으로 선출하는 것도 부정적으로 파악해야 할 것이다.

일단 국민투표제도가 헌법상 존재한다는 것만으로도 권력자에 대한 강력한 경고기능을 발휘한다. 또 국민이 언제까지나 피치자의 지위에만 있는 것이 아니라, 경우에 따라서 현실화된 권력으로 작용할 수 있다는 의미를 담고 있다. 이것은 실질적인 민주적 의사형성수단은 아니지만 저항권이 헌법상 인정되는 것과 마찬가지의 경고적·정당화적 기능을 수행하는 것이라고 하겠다. 또 예외적으로는 국민투표제도도 실질적인 의사형성 수단이 될 수 있다. 대의제적 간접민주주의로 해결할 수 없는 특수한 상황, 민주적 정당성을 크게 요구하는 예외적 상황에서는 국민투표제도를 사용하는 것이 바람직하다. 예컨대 국민 스스로의 운명을 결정하는 행위인 통일을 위한 결정이나, 국제적 공동체에 편입하려고 하는 결정 등은 국민투표를 통하는 것이 바람직하다고도 하겠다.

요컨대 국민투표제도는 본질적으로 많은 문제점이 있으므로 사용이 자제되어야 하지만, 일상적인 상황에서는 경고적·정당화적 기능을 수행할 수 있고, 비상적인 상황에서는 현실적 의사형성의 수단으로 기능할 수도 있으므로 이를 무조건 무용하다고 볼 것은 아니다.

제4장 政黨과 市民團體에의 參與權

　　민주주의는 그 실제 운영과정에 있어서 국민들의 적극적인 참여를 전제
하고 있다고 할 수 있다. 민주주의는 정치제도적인 측면과 시민사회적 측면
에서 이중적으로 수행되어져야 한다는 특징을 갖는다고도 말한다. 시민사회
내의 국민의 참여는 권력의 집중화를 견제하고 시민들 스스로의 공공정신을
제고시키며, 사적 이익에만 몰두하는 것을 완화하는 데 기여하고 있는 것이
많다. 따라서 시민들의 이러한 제도에의 자발적인 참여를 통해서만 민주주의
의 궁극적인 제도화가 이루어질 수 있다는 것이다.[1] 이러한 논의의 근거로서
등장한 이론이 참여민주주의의 논의라고 할 수 있는데, 이는 1960년대 신좌
파 학생운동에서 본격적으로 시작되었다. 참여민주주의의 지도원리는 "사람
들은 그들의 생활에 영향을 미치는 결정과정에 참여해야 한다"는 것이다.[2]

　　참여민주주의는 현대사회에 있어 고대 직접민주주의의 이상을 실현하는
것은 어렵지만, 그 핵심적 측면은 여전히 규범적 차원에서 옹호되어야 한다
는 생각에 기반하고 있다. 이러한 생각은 급기야는 '대의제로부터 참여민주
주의로'라는 구호를 탄생시키기도 한다. 그러나 참여민주주의의 시도는 대의
제의 부정이라고 하기는 어렵고, 또한 직접민주주의의 일방적인 확산만을 의
미하는 것은 아니라고 보아야 한다. 오히려 직접민주제의 불가능성을 철저히
인식한 후의 제도적 모색이라고 평가할 수 있다. 참여민주주의의 실천이 대
의제적 요소를 포함한 민주주의의 제도와 병행될 때 민주주의는 한층 발전할

---

　1) 이상의 견해는 A. de Tocqueville에 의하여 주장된 것이다.
　2) 참여민주주의의 대표적인 모델로서는 직접민주제를 하부로 하고 그 위의 모든 레벨에 있
　　어서는 대의제를 갖춘 피라미드형태의 체제가 제시되고 있는 것이 보통이다. 지역사회 내
　　지는 공장수준에 있어서는 직접민주제를, 그 위의 좀 더 포괄적인 범위에서는 지방의회를
　　구성하는 것이 그러한 것이다(정영태, "대의제 민주주의의 한계와 대안의 모색," 인하대학
　　교 사회과학연구소 논문집 제16집, 1998, 400쪽).

수 있다는 것이 참여민주주의 이론의 본래의 주장인 것으로 이해하는 것이
타당하다고 본다.

따라서 참여민주주의를 헌법적으로 이해할 경우 그 자체로 헌법상 기본
원리로서의 민주주의의 어떤 일형태, 일유형을 의미한다고 하기보다는 민주
적 의사형성의 수단인 대의제를 국민의 직접적 의사형성을 통하여 보완하는
시도라고 보는 것이 타당하다. 결국 급진적인 직접민주제의 도입이라고 하기
는 곤란한 것이며, 대의제로 대표되는 민주적 의사형성과정에 국민이 적극적
인 참여를 할 것을 요구하는 이론으로서 이해할 수 있다. 민주주의에서 국민
의 참여권은 다양하게 발현될 수 있지만, 그 중 가장 중요한 것은 정당과 시
민단체 등의 조직에 참여하고 활동할 수 있는 권리라고 본다. 이하에서는 이
두 가지에 대하여 살피도록 하겠다.

제 1 절 政黨의 活動과 관련된 國民의 基本權

I. 民主主義에 있어서 政黨의 意味

정당은 오늘날과 같은 형태의 대의민주주의에 있어서 필수불가결의 요소
일 뿐만 아니라 오늘날 정당 없는 민주주의는 상상조차 할 수 없다. 정당은
정치의사의 예비형성에 있어서나 제도화된 정치의사형성단계에 있어서 또한
통치의 정당화과정에 있어서 결정적인 역할을 한다. 즉 정당은 오늘날의 대
중민주주의에 있어서 국민의 정치의사형성의 담당자이며 매개자이다.[3]

정당은 이처럼 민주주의에 있어서 필수불가결의 요소이기 때문에 정당의
자유로운 설립과 활동은 민주주의실현의 전제조건이라고 평가할 수 있다. 그
렇기 때문에 우리 헌법은 제 8 조 제 1 항에서 정당의 설립은 자유이며 복수
정당제는 보장된다고 규정하고, 제 2 항에서는 정당의 목적, 조직과 활동이 민
주적이어야 한다고 규정하고 있다.

---

3) 김철수, 156쪽; 권영성, 190쪽; 강경근, 150쪽; 성낙인, 141쪽.

Ⅱ. 政黨設立의 自由와 政黨活動의 自由

정당이 활동하려면 우선 정당설립의 자유가 보장되어야 한다. 자유로운 정당의 설립이 보장될 때 복수정당제가 가능하고, 복수정당제가 확립될 때 정당의 기회균등이 원천적으로 가능해지며 민주주의가 실현될 수 있는 토대가 마련된다.

정당의 활동의 자유는 정당의 대외적 활동의 자유뿐만 아니라 대내적 활동의 자유를 포함한다. 정당의 대외적 활동의 자유란 정당의 설립·활동·존립 및 해산에 이르기까지의 모든 자유를 말하며 이에 대한 국가권력의 간섭이나 영향력의 행사를 배제한다. 정당의 자유로운 활동은 그것이 국민의 정치의사형성의 담당자로서 또한 매개자로서의 활동인 한 보장된다. 설사 정당의 활동이 민주적 기본질서에 위배되는 경우에도 입법권이나 사법권 또는 행정권이 정당을 해산하지 못하고 정부의 제소에 의하여 헌법재판소의 결정에 따라서만 해산할 수 있도록 규정한 것은 정당과 그 활동을 특별히 보호하기 위한 것이다. 정당의 대내적 활동의 자유란 정당 내에서의 자유로운 정치의사형성이 가능해야 한다는 것을 말한다. 당내에서의 자유로운 정치의사형성이 가능하기 위해서는 당내민주주의가 확립되어야 한다. 즉 당내에서의 자유로운 정치의사형성이 가능하기 위해서는 민주적이고 자유로운 정치의사형성이 가능한 정당조직과 기구를 갖추어야 하며 당내의 정치의사형성에 자유롭고 평등하게 참여할 수 있는 당원의 지위가 보장되어야 한다는 것이다. 이밖에 정당의 각급 지도기관은 정기적으로 민주적 정당화가 이루어져야 하며 공직선거 후보자의 결정(공천)은 당원에 의해 직접 행해지거나 당원에 의해 선출된 기구에서 행해져야 한다.

Ⅲ. 政黨의 自由에 비추어 본 政治改革의 方向

이른바 정치개혁이라는 과제는 오늘의 대한민국에 있어 가장 시급한 문제이다. 정치개혁을 추구하기 위하여 선거·정치자금 등에 관련된 수많은 문제가 제기되고 있으나 그 중에서도 가장 핵심적인 것 중의 하나가 바로 정당의 개혁이다.

이와 관련하여 이른바 진성정당화의 요청, 당원자격제한 완화, 정당설립
에 있어서의 진입장벽의 완화, 당내민주주의의 확립, 정당간 기회균등, 금권
정치적 정당운영시스템의 구조조정, 의원에 대한 정당기속의 완화[4] 등의 개
선방안이 제시되고 있다.

그런데 이러한 정당과 관련된 수많은 개선사항의 방향성은 어디에서 모
색될 수 있을까? 아마 일차적으로는 우리 헌법상 민주주의의 의미와 그 명령
에 의하여 도출될 수 있을 것이다. 아울러 정당의 자유의 의미 역시 그 방향
을 제시해 주게 된다. 정당의 자유도 단순히 주관적 공권으로서만이 아니라,
객관적 가치질서로서도 기능하기 때문에 국가와 국민이 그 최대한의 보장을
위하여 노력해 나아가야 하는 방향을 제시하게 된다. 요컨대 정치개혁, 특히
정당과 관련된 정치개혁은 정당을 통한 국민의 정치적 기본권 향상에 가장
적합한 방향으로 일관성 있게 이루어져야 할 것이다.

제 2 절 市民團體의 活動과 관련된 國民의 基本權

Ⅰ. 現代 民主主義에서 市民團體의 意義 및 市民團體의 基本權 主體性

오늘날 대중민주주의 시대에서 대의제적 민주주의는 많은 문제점을 노정
하고 있다. 즉 국민의 대표자가 국민의 의사와 이익을 무시하거나 간과하고
단지 자신의 이익을 위해 권력을 남용하는 현상이 종종 나타나고 있다. 어느
일정 계층이 주도세력이 되어 운영되는 민주주의가 아닌 모든 국민이 참여할
것이 요청되는 대중민주주의 하에서 이러한 현상은 반드시 바로잡아져야 한
다. 최근 우리나라에서 급증하고 있는 시민단체는 일차적으로 대의제민주주
의의 문제상황 극복을 위한 기능을 한다. 시민단체는 국민의 의사나 국민 소
수의 이익을 대변하고 이를 관철시키기 위해 노력한다. 나아가 국정의 운영
이 잘 되고 있는지 감시하고, 국민의 대표자를 선출하는 과정에까지 적극적
으로 참여하고자 한다. 이러한 시민단체의 기능과 의의는 최근 많은 주목을
받고 있으며, 헌법적인 차원에서도 면밀한 고찰이 요구된다.

---

4) 김선택, "정당개혁론," 고려법학 제41호, 2003, 131쪽 이하.

시민단체는 자연인이 아닌 단체이므로 자연인과 같은 기본권 주체성을 가진다고 할 수 없다. 만약 시민단체가 법인으로 구성되어 있다면 사법인의 기본권 주체성에 관한 논의가 그대로 적용될 것이다. 즉 문제되는 기본권의 성질이 무엇인가에 따라 인정여부가 결정될 것이다. 이른바 자연인전속적 기본권(이를테면 양심의 자유)은 사법인인 시민단체에게 인정될 수 없으며, 평등권이나 언론·출판의 자유 등은 인정이 가능하다. 국제적 시민단체가 외국 사법인으로서의 실질을 가지고 있을 때에는 보다 복잡한 문제가 발생한다. 외국 사법인의 경우 기본권 주체성을 부정하는 것이 보통이기 때문이다. 이러한 경우 이른바 상호주의 원칙에 따라 일정한 기본권적 보호가 이루어져야 할 것이다. 시민단체가 법인이 아닌 법인격 없는 사단에 불과한 경우에도 원칙적으로 법인과 같은 기본권 주체성이 인정되어야 할 것이다.5) 헌법상의 기본권보호는 형식적으로 법인격을 보유하고 있는지 여부에 따라 차이가 있어서는 안 되고, 단체의 실질에 따라 적합한 기본권보호를 해 주어야 하기 때문이다. 다만 형식적인 법인격부여와 불가분의 관계에 있는 기본권은 제한될 수 있다고 하겠다. 이하에서는 시민단체 자신의 기본권과 시민단체 구성원의 기본권으로 나누어 간략하게 살펴보도록 한다.

Ⅱ. 市民團體의 基本權

1. 정치적 자유권

(1) 언론·출판, 집회·결사의 자유

집회·결사의 자유는 시민단체의 조직과 활동의 가장 중요한 근거라고 하겠다. 집회의 자유는 주최·주관 및 참가의 자유, 집회에서의 연설과 토론의 자유를 내용으로 하고 있고, 결사의 자유는 결성의 자유, 존속과 활동의 자유, 가입의 자유, 해산의 자유를 보장하고 있어서 시민단체의 결성과 활동의 근거로서 기능하는 것이다. 시민단체가 해산하는 경우에는 결사의 자유의 한 내용인 해산의 자유에 의하여 보호된다고 보아야 한다.

그 밖에 시민단체의 활동의 보장근거로서 제시될 수 있는 것은 헌법 제

---

5) 헌법재판소는 지방의회의원선거법 제36조 제 1 항에 대한 헌법소원사건에서 법인격 없는 사단인 정당이 기본권 주체성을 갖는다는 점을 판시하였다(헌재 1991. 3. 11. 91헌마21).

21조의 언론·출판의 자유이다. 따라서 시민단체의 견해표명이나 성명, 회지의 발행 등은 언론·출판의 자유에 의하여 보장된다고 할 수 있다. 또 헌법 제21조는 제 3 항과 제 4 항에서는 통신·방송시설의 시설기준 등에 대한 법정주의와 타인의 명예나 권리 또는 공중도덕이나 사회윤리를 침해한 경우의 책임을 규정하고 있다. 이에 따라 시민단체의 언론·출판활동 이를테면 회지의 발행이나 성명의 발표도 일정한 헌법적·법률적 제한을 받게 될 것이다.[6]

(2) 선거운동의 자유

선거운동을 포함한 선거과정에 시민단체가 어느 정도 참여할 수 있는지는 현실적으로 많은 논란을 불러일으키고 있다.[7] 개정 전 공직선거및선거부정방지법은 제10조에서 사회단체 등의 공명선거추진활동을 규정하고 있을 뿐 제87조에서 단체의 선거운동을 원칙적으로 금지하고 있었다.[8] 시민단체 등의 단체의 선거운동이 자칫 부작용을 가져올 수 있는 것도 사실이다. 후보자에 의하여 상대방 후보를 비방하는 수단으로 이용될 수도 있으며 부정확한 정보에 의하여 선거결과에 잘못된 영향을 미칠 수도 있다. 그러나 선거의 공정성을 침해할 정도가 아니라면, 그리고 그 활동의 공정성이 보장된다면 시민단체의 선거운동의 자유는 최대한 허용되어야 할 것이다. 이는 선거에 참여하는 정당들 및 후보자들에 대한 폭넓은 정보를 얻기 위한 기본적 요청이라는 것이 선거운동자유의 취지에 부합하는 것이며, 또 선거의 공정성을 감시하고,

---

6) 한편 시민단체들의 국회 방청청구에 대한 국회예산결산특별위원회 계수조정소위원회 방청허가불허조치에 대한 헌법소원 사건에서 헌법재판소는 "시민단체가 의원들의 국정감사 활동에 대한 시민연대의 평가기준의 공정성에 대한 검증절차가 없었고, 모니터 요원들의 전문성이 부족하며, 평가의 언론공표로 의원들의 정치적 평판 내지 명예에 대한 심각한 훼손의 우려가 있어 방청을 허용할 경우 원활한 국정감사의 실현이 불가능하다고 보아 전면적으로 또는 조건부로 방청을 불허한 것"이 국회의 자율적 판단에 해당하는 것이어서 이를 위헌이라고 볼 수 없다고 하였다(헌재 2000. 6. 29; 98헌마443).

7) 이 문제는 2000년 4월 13일의 총선거에서의 커다란 사회적 문제가 되었다. 시민단체들의 이른바 낙천·낙선운동이 현행법상 허용될 수 있는 것인지, 나아가 선거법은 앞으로 이를 인정해야 하는 것인지의 문제가 제시된 것이다. 이에 대하여 대법원은 2001년 1월 26일 울산참여연대 대표에게 벌금 300만 원을 선고하는 등 낙선운동의 위법성을 확인하였다(동아일보 2001년 1월 26일자).

8) 한편 헌법재판소는 "공직선거에 있어서 후보자를 추천하거나 이를 지지 또는 반대하는 등 선거활동을 함에 있어서 정당과 정당이 아닌 기타의 단체에 대하여 그 보호와 규제를 달리한다 하더라도 이는 일응 헌법에 근거를 둔 합리적인 차별이라 보아야 할 것이고, 따라서 정당이 아닌 단체에게 정당만큼의 선거운동이나 정치활동을 허용하지 아니하였다 하여 곧 그것이 그러한 단체의 평등권이나 정치적 의사표현의 자유를 제한한 것이라고는 말할 수 없다"고 하여 단체의 선거운동 제한을 합헌으로 보고 있었다(헌재 1995. 5. 25. 95헌마105).

시민들의 정치적 무관심을 해소하는 중요한 수단이 될 것이기 때문이다.

2. 사회적 기본권 및 환경권

사회적 기본권은 시민단체의 조직 및 활동보장의 근거라고 하기보다는 오히려 시민단체가 그 활동에서 주장하는 내용이 될 것이다. 이러한 점은 사회적 기본권이 자유권과 같은 정도로 직접 국가에 주장할 수 있는 권리라고 하기보다는 일단 입법이 된 경우에 구체적인 주장이 가능한 기본권이라는 사실에서 기인한다. 때문에 시민단체들은 사회적 기본권에 합당한 입법을 촉구하기도 하고, 입법이 된 경우에는 이의 충실한 시행을 감시·통제하는 활동을 하는 경우가 많은 것이다.

사회적 기본권 중에서도 교육을 받을 권리(제31조), 근로의 권리(제32조), 혼인과 가족생활의 권리(제36조 제 1 항), 보건권(제36조 제 3 항) 등을 시민단체가 활동하는 영역에 있어 중요한 기본권으로 볼 수 있을 것이다. 노동시민단체[9]·교육시민단체 등의 유형이 나뉘는 것은 이러한 기본권에 대응하는 것이라고 하겠다.

특히 환경권(제35조)은 환경시민단체[10]의 활발한 활동에 비추어 볼 때 중요한 의미를 가질 것이다. 세계적 영역에서 활동하고 있는—이른바 global 시민단체의 대표격인—Greenpeace[11]나 우리나라의 환경연합[12]의 활동은 주목할 만한 것이다. 우리 헌법은 제31조 제 1 항에서 건강하고 쾌적한 환경에서 생활할 권리를 규정하고 있고, 동조 제 3 항에서 쾌적한 주거생활권을 규정하고 있다. 그러나 환경권은 한 국가만의 노력으로는 보장될 수 없으며 국제적인 노력과 협력이 필요한 기본권이다. 그러므로 시민단체의 국제적 연대와 교류는 환경권의 보장을 위한 중요한 요소가 된다.

---

9) 노사관계를 다루는 우리나라의 시민단체로는 경실련, 노동인권회관, 한국여성단체연합 등이 있다.

10) 환경문제를 다루는 우리나라의 시민단체로는 환경운동연합, 경실련, YMCA, 교회환경연구소, 한 살림공동체, 배달녹색연합 등이 있다.

11) Greenpeace는 1971년 탄생하였으며 핵실험저지, 고래잡이금지, 남극자원개발금지, 핵폐기물 수출금지 등의 활발한 활동을 하고 있다. 전 세계 158개국 약 290만 회원이 이 조직의 활동을 후원하고 있으며 29개국의 지부와 3곳의 지역통합 본부가 있고 암스테르담의 국제본부가 1989년에 만들어졌다(차명제, "NGO들의 활동분야와 유형," NGO란 무엇인가, 2000, 31쪽).

12) 국내에서는 경기, 대구, 부산, 제주, 전북, 진주 등의 지역별 환경연합이 활동하고 있으며 최근에는 시화호 문제, 동강댐 문제, 미군 폐유 방류문제 등에 대한 활동을 전개한 바 있다.

3. 기타의 기본권

시민단체의 사무소를 설치하거나 이전하는 데 있어 거주·이전의 자유가 인정된다(헌법 제14조). 또 시민단체의 사무소와 관련하여 헌법 제16조의 주거의 자유가 인정될 것이므로, 따라서 시민단체의 사무소에 대한 압수나 수색을 할 경우에는 검사의 신청에 의하여 법관이 발부한 영장을 제시하여야 한다. 시민단체의 활동에 있어서의 통신 역시 헌법 제18조 통신의 자유에 의하여 보호되게 될 것이다. 이외에도 시민단체의 재산과 운영에 필요한 자금에 대하여는 재산권적 보장이 인정될 것이다(동법 제23조).

Ⅲ. 市民團體 構成員의 基本權

먼저 개인의 시민단체가입은 결사의 자유(헌법 제21조)의 내용인 이른바 가입의 자유에 의하여 보호된다. 또 가입 후의 활동은 언론·출판의 자유 등의 기본권에 의하여 보호될 것이다. 시민단체의 선거운동에 있어서는 회원 각 개인의 선거운동의 자유가 그 보호의 근거로 원용될 수 있을 것이다. 시민단체를 탈퇴할 경우에도 이른바 소극적 결사의 자유에 의하여 보호된다고 보아야 한다.

한편 양심의 자유와 종교의 자유는 원칙적으로 단체에게 인정하기 곤란한 기본권이라고 할 것이다. 따라서 양심의 자유는 시민단체의 구성원에게 인정되는 기본권이라고 할 수 있다. 시민단체의 구성원은 그의 양심에 따라 시민단체를 선택·가입하고 활동할 수 있는 것이다.

우리나라의 경우 시민단체의 상당수가 종교단체이므로, 시민단체 구성원이 시민단체 활동과정에서 종교의 자유를 원용할 수 있을지에 대하여 생각해 볼 필요가 있다. 시민단체가 순수하게 종교적 활동을 하는 경우 그것은 시민단체로서의 활동이라고 말하기 곤란하다. 따라서 시민단체가 종교단체에 의하여 설립된 경우라도 그 회원이 종교의 자유를 주장할 여지는 극히 적다고 본다.

제6부 ▶ 積極的 給付請求權으로서의 基本權

한/국/민/주/헌/법/론

제1장 社會的 基本權의 意義와 人間다운 生活을 할 權利

제1절 社會的 基本權의 意義

I. 社會的 基本權의 槪念과 沿革

사회적 기본권은 20세기 헌법의 특징적 징표의 하나라고 할 수 있으며, 이를 생존권적 기본권이라고도 한다.[1] 사회적 기본권은 자본주의 사회의 문제점인 부의 편중, 대기업의 횡포 등을 예방하고 해결하기 위해서 등장한 현대적 기본권이다. 오늘날 사회적 약자를 보호하고 개인이나 집단이기주의에 대해 공공복리를 확보하며 정의를 실현하기 위해서는 국가의 적극적 활동이 불가피하게 되었다. 특히 경제적·사회적 약자가 존엄성을 가진 인간으로서 인간답게 살아갈 수 있기 위하여 국가에 대하여 적극적 활동(일정한 물질적 급부 및 적절한 생존배려 등)을 요구할 수 있는 권리가 사회적 기본권이라고 할 수 있다.

자본주의의 구조적 모순을 점진적(evolutionary) 사회개량방법으로 극복하기 위하여 인정된 것이 바로 서구 민주주의 여러 나라의 인간다운 생활의 보장을 모토로 하는 사회적 기본권이고 사회민주주의 체제이다. 한편 자본주의 구조적 모순을 혁명적(revolutionary) 방법으로 극복해 보고자 무산자대중(프롤레타리아)의 계급독재를 인정한 것이 1917년 볼셰비키 혁명 이후 러시아 소비에트 연합(구 소련)을 위시한 동구제국의 사회주의이다. 1989년 독일 통일과 소비에트 연합 해체 이후 사회주의가 몰락하였지만 인간의 불완전한 이기심을 전제로 하여 자본주의의 구조적 모순은 의연히 존재하고 있기 때문에 사

---

1) 김철수, 793쪽; 권영성, 629쪽; 강경근, 543쪽; 성낙인, 477쪽.

회적 기본권의 보장은 오늘날의 민주주의 국가에서도 계속적으로 중요한 과
제가 된다.

　　사회적 기본권을 세계 최초로 본격적으로 수용한 헌법은 1919년 독일의
바이마르 헌법이고, 이후 일본헌법, 미국의 사회정책입법에 관한 규정 등 각
국 헌법에 규정되고 있으며, 세계인권선언 등에서도 규정함으로써 국제적 차
원에서의 보장도 시도되고 있다. 우리나라 헌법에서는 건국헌법부터 규정이
있었으며, 현행헌법에서도 제31조에서부터 제36조까지 사회적 기본권을 규정
하고 있다. 즉 현행헌법에서는 헌법전문에서 "국민생활의 균등한 향상"을 선
언하고 있으며, 각 조문에 인간다운 생활을 할 권리, 교육을 받을 권리, 근로
에 대한 권리, 근로 3 권, 환경권, 혼인 · 가족 · 모성 · 보건에 관한 규정을 두고
있는 것이다.

Ⅱ. 社會的 基本權과 自由權的 基本權의 關係

　　사회적 기본권과 자유권적 기본권은 많은 부분에서 상당한 차이점을 가
지고 있다고 지적된다. 먼저 ① 이념적 배경에 있어서 자유권적 기본권은 개
인주의, 자유주의, 형식적 · 시민적 법치주의를 배경으로 하는 반면에, 사회적
기본권은 단체주의, 복지국가실현, 실질적 · 사회적 법치주의를 바탕으로 하고
있다. 또한 ② 권리의 주체에 관하여 자유권적 기본권은 자연인이 가지는 천
부인권으로서 인간의 권리라고 보는 견해가 많은 반면에 사회적 기본권은 내
국인만이 가지는 국내법상의 권리로서의 국민의 권리라고 보고 있다. ③ 권
리의 성질에 대하여 자유권적 기본권은 소극적 · 방어적 권리라고 보는 입장
이 일반적인 반면, 사회적 기본권은 적극적 권리라고 볼 수 있다. ④ 권리의
주된 내용을 살펴보면 자유권적 기본권은 자유방임주의를 기초로 한 국가개
입배제를 주된 내용으로 하고 있으며, 사회적 기본권은 국가에 적극적인 급
부를 요구하는 권리를 주된 내용으로 하고 있다. ⑤ 기본권의 법률유보는 자
유권에서는 권리 제한적 법률유보가 대부분인 반면에 사회적 기본권에서는
권리형성적 법률유보로 나타나고 있다. ⑥ 권리의 효력과 관련하여 자유권적
기본권은 모든 국가기관을 구속하는 효력을 가지지만 사회적 기본권은 대체
로 입법권을 일방적으로 구속한다. 이로 인하여 자유권은 국가권력만을 구속

하는 것이 아니므로 원칙적으로 대사인적 효력이 인정되나 생존권은 예외적으로 대사인적 효력을 가진다고 하는 것이다.

이와 같이 사회권과 자유권의 차이점으로 인해 일부 견해에 따르면 양자는 서로 대립·갈등의 관계에 있다고 한다. 사회권을 강조하면 자유권이 약화되고, 자유권을 적극적으로 보장하면 사회권이 약화되는 관계에 있는 것이 두 기본권의 속성이라고 보는 것이다. 그러나 오늘날 현대적 기본권의 가장 중점적 과제는 자유권과 사회권의 상호 조화로운 보장이라고 해야 할 것이다. 생존의 보장 없이 자유보장은 의미가 없으며, 자유 없는 생존 보장도 의미가 없기 때문이다.

Ⅲ. 社會的 基本權의 法的 性格

1. 학설의 대립

사회적 기본권의 법적 성격에 대하여는 종래 여러 가지 견해가 대립하고 있었다. 먼저 입법방침설은 사회적 기본권은 구체적·현실적 권리가 아닌 국가가 국민에게 하나의 정책을 선언한 것에 지나지 않는다는 학설이다. 이를 프로그램적 규정설이라고도 한다. 이에 따르면 사회적 기본권의 헌법규정만으로는 국가에 대하여 그 의무이행을 재판상 청구할 수 없으며, 그에 관한 입법의 태만을 헌법위반이라 하여 사법적 구제를 구할 수 없다.

다음 추상적 권리설은 사회권을 헌법상의 추상적 권리로 규정하는 것으로, 국가는 사회적 기본권 보장을 위한 입법상의 추상적 의무를 진다는 학설이다. 즉 우리 헌법이 사회적 기본권을 권리로서 규정하고 있기 때문에 사회적 기본권은 법적 권리의 성격을 갖는다는 것이다. 따라서 국민은 사회적 기본권에 적합한 입법 또는 국정을 행하도록 요구할 수 있는 권리를 가지며 국가는 그러한 조치를 취할 법적 의무가 있는 것이다.

구체적 권리설은 사회권에 관한 직접적인 법률이 없더라도 국민들은 헌법상의 정신을 기초로 하여 국가기관에 직접적인 사회권 보장을 청구할 수 있다는 학설이다. 사회적 기본권은 헌법상 권리의 형태로 규정되어 있기 때문에 이미 직접효력을 갖는 주관적 권리로서의 법적 성격을 갖는다는 것이다. 이 학설에 따를 때 국민은 국가에 대하여 생존에 관한 조치 등을 할 것을 적극적으로 요구할 수 있고 국가는 이에 대하여 적극적으로 응할 의무가 있게 된다. 또한 국가는 이에 대하여 적절한 입법을 해야 할 의무가 있으며, 입법이 없거나 불충분하게 되면 이는 헌법에 위반된다는 것이다. 그리고 국가가 사회적 기본권을 실현하지 않는 것은 즉 국가의 부작위는 사회적 기본권의 침해가 되기 때문에 사법적 구제의 대상이 된다고 한다.

한편 불완전한 구체적 권리설은 사회적 기본권을 포함한 모든 기본권의 재판규범성을 강조하고 헌법재판을 통한 권리구제를 인정하면서, 사회적 기본권은 일부 청구권적 기본권이나 정치적 기본권과 동일한 수준의 불완전하나마 구체적인 권리로서의 성질을 가진다고 주장한다. 이 견해는 사회적 기본권이 곧바로 급부청구권과 같은 구체적·현실적 권리가 된다고 보는 것은 아니지만, 헌법재판과 관련하여 사회적 기본권의 권리성과 재판규범성을 인정하고 있다는 점에서 추상적 권리설과 구별된다.

2. 학설의 평가와 사회적 기본권의 법적 성격

사회적 기본권을 추상적 권리인가, 구체적 권리인가, 불완전한 구체적 권리인가를 다투는 것은 문제가 있다. 일단 권리를 구체적인 권리와 추상적인 권리로 나누는 것 자체가 타당하지 못하다고 본다. 경우에 따라 그리고 상황에 따라 권리가 구체화되기도 하고 그렇지 않기도 하는 것이지, 권리 그 자체의 법적 성격이 원래부터 구체적인지 아닌지를 밝히는 것은 무의미하다.

생각건대 이러한 학설대립은 법적 성격의 문제와 직접적 적용가능성의 문제를 혼동한 것으로도 보인다. 원래 헌법규정은 대부분 직접 적용되기보다는 입법을 통해 구체화되어 적용되는 것이 보통이다. 자유권적 기본권도 경우에 따라서는 많은 입법적 형성과 구체화를 요구하는 면이 있다. 예컨대 재산권에 대한 내용은 대부분이 법적 구체화를 요구하는 것이다. 반면 사회적 기본권이 직접적으로 적용되는 상황을 아예 배제하는 것은 아니며, 예외적인 경우 (흔치 않을 것이다!) 직접 적용될 여지도 있다.[2] 물론 헌법상 사회적 기본권은 자유권적 기본권만큼 직접적으로 적용되는 것도 아니며, 더 많은 구체적인 입법적 형성이 요구되는 것이 보통이다. 하지만 이러한 양자의 차이

---

[2] 한편 헌법재판소는 최소한의 물질적인 생활의 유지에 필요한 급부를 요구할 수 있는 구체적인 권리가 상황에 따라서는 직접 도출할 수는 있어도 구체적인 권리를 발생케 할 수는 없다(헌재 1998. 2. 27. 97헌가10)는 견해를 제시한 바 있다.

는 질적 차이가 아닌 양적 차이에 불과하다.3)

요컨대 사회적 기본권의 법적 성격도 자유권적 기본권의 법적 성격에 적용되었던 기본권의 이중성 이론에 의하여 설명이 될 것이라고 보며, 구체적 권리이냐 추상적 권리이냐를 둘러싸고 벌어진 기존의 학설대립은 지양되어야 한다고 본다. 더구나 학설에 따라 우리 헌법상 사회적 기본권의 실체가 전혀 다르게 인식되는 것도 아니다.

제 2 절   人間다운 生活을 할 權利

I. 人間다운 生活을 할 權利의 意義

인간다운 생활을 할 권리는 우리 헌법의 가장 핵심적이고 중요한 이념인 인간의 존엄(헌법 제10조)을 구현하고, 모든 국민에게 자율적인 생활형성의 바탕을 마련하기 위해 규정된 것이다.4) 인간다운 생활을 할 권리를 최초로 규정한 것은 1919년 독일의 바이마르 헌법이며, 이후 일본헌법, 이탈리아헌법, 프랑스헌법 등에서 이를 규정하고 있다. 또한 1948년 세계인권선언, 1966년 국제인권규약 등에서도 명시하여 국제적 차원에서의 보장도 도모하고 있다. 우리나라 헌법에서는 1962년 제 5 차 개정에서 최초로 규정하였으며, 현행헌법 제34조 제 1 항에서도 직접적으로 명시하고 있다.

종래 많은 견해가 인간다운 생활을 할 권리를 모든 사회적 기본권의 총칙적 규정이라고 이해하였다. 또 이를 비교적 광범위하게 해석하여 최저한도의 건강하고 문화적인 생활을 할 권리를 규정한 것이라고 해석하였다. 그러나 구체적인 보호영역을 전제로 하지 않은 총칙적인 기본권 규정을 상정하는 것은 그다지 큰 의미는 없다. 즉 현행헌법상 기본권 규정은 구체적인 생활관

---

3) 이른바 개별화설이라는 학설이 제기되고 있으며 이 학설도 이러한 취지를 말하고 있다고 하겠다. 경우에 따라서는 직접적으로, 경우에 따라서는 간접적으로 적용된다고 보기 때문이다. 하지만 개별화설도 구체적 권리설과 추상적 권리설의 논의와 병렬적으로 제시되는 견해라면, 법적 성격의 문제와 직접적용이냐, 간접적용이냐의 문제를 혼동하는 전제에서 출발한다는 점에서 타당하다고 보긴 힘들다.

4) 김철수, 808쪽; 권영성, 640쪽; 허영, 516쪽; 강경근, 547쪽; 성낙인, 485쪽.

계를 전제로 한 보호영역을 중심으로 특별한 보호를 의도하고 있는 것이다. 인간다운 생활을 할 권리가 사회적 기본권의 총칙적 규정이라고 이해한다면, 구태여 다른 개별 사회적 기본권을 규정할 필요는 없었을 것이다. 그렇게 이 해할 경우 헌법제정자가 구체적인 개별 사회적 기본권을 규정한 의미는 반감 될 것이다. 따라서 사회적 기본권으로서의 인간다운 생활을 할 권리란 생존 을 위한 최소한의 물질적 생활을 영위할 권리를 의미한다고 본다. 인간다운 생활을 할 권리는 국가에 대하여 생존에 필요한 최소한의 물질적 급부를 청 구할 수 있는 권리를 말하며, 구체적으로는 사회보험제도ㆍ사회복지제도ㆍ공 공부조제도의 헌법적 근거가 된다고 이해하는 것이 옳다고 생각한다.

인간다운 생활을 할 권리의 주체는 국민이며, 외국인은 원칙적으로 그 주체가 될 수 없다는 것이 일반적인 견해이다. 그러나 인간다운 생활을 할 권리가 입법에 의하여 구체화되고 그 입법이 외국인도 보호의 대상으로 삼는 다면, 외국인도 기본권의 주체로 인정되는 것이라고 하겠다. 따라서 인간다운 생활을 할 권리의 기본권 주체성을 일의적으로 말하기는 곤란하다.

Ⅱ. 人間다운 生活을 할 權利의 內容

1. 사회보험제도

(1) 사회보험제도의 의의

사회보험제도란 국민의 인간다운 생활을 보장하기 위하여 국가ㆍ법인 및 피보험자 등이 일정액을 분담하여 사회적 위험예방이나 건강증진 등을 실현 하기 위한 제도이다. 즉 사회보험은 사회정책을 위한 보험으로서 국가가 사 회정책을 수행하기 위해서 보험의 원리와 방식을 도입하여 만든 사회경제제 도라고 하겠다. 이러한 의미에서 사회보장기본법 제 3 조 제 2 호에 의하면, "사회보험이라 함은 국민에게 발생하는 사회적 위험을 보험방식에 의하여 대 처함으로써 국민건강과 소득을 보장하는 제도를 의미한다"라고 정의하고 있 다. 구체적으로 살펴보면 사회보험은 국민을 대상으로 질병ㆍ사망ㆍ노령ㆍ실 업 기타 신체장애 등으로 인하여 활동 능력의 상실과 소득의 감소가 발생하 였을 때에 보험방식에 의하여 그것을 보장하는 제도라고 할 수 있다. 이와 같이 사회보험은 운영과 방법론에서 보험기술과 보험원리를 따르고 있다는 점에서 공공부조와 상이하다. 또 사회보험은 사회의 연대성과 강제성이 적용되며, 이로 인하여 사보험과는 다른 특성을 갖고 있다.

사회보험에서 다루는 보험사고로는 업무상의 재해·질병·분만·폐질(장애)·사망·유족·노령 및 실업 등이 있으며, 이러한 보험사고는 몇 가지 부문으로 나뉘어 사회보험의 형태를 이루게 된다. 즉 업무상의 재해에 대해서는 산업재해보상보험, 질병과 부상에 대해서는 건강보험 또는 질병보험, 폐질·사망·노령 등에 대해서는 연금보험, 그리고 실업에 대해서는 고용보험제도가 있으며 이를 4대 사회보험이라 한다.

(2) 사회보험의 개별제도

먼저 국민연금은 개인이 사고나 질병으로 인하여 소득활동이 중단되거나 사망한 때, 또는 사회적·경제적 활동이 더 이상 불가능한 일정연령에 도달한 때 자신의 노후생활이나 부양하고 있던 가족의 생계를 보장하기 위한 사회보험제도라고 할 수 있다. 이 제도는 소득활동을 할 때 조금씩 보험료를 납부하여 모아 두었다가 나이가 들거나, 갑작스런 사고나 질병으로 사망 또는 장애를 입어 소득활동이 중단된 경우, 본인이나 유족에게 연금을 지급함으로써 기본생활을 유지할 수 있도록 정부가 직접 운영하는 소득보장제도이다. 국민연금을 규율하는 법으로는 국민연금법·공무원연금법·군인연금법·사립학교교직원연금법 등이 제정되어 시행되고 있다.

건강보험제도는 일상생활의 우연한 질병이나 부상으로 인하여 일시에 고액의 진료비가 소비되어 가계가 파탄되는 것을 방지하기 위하여, 보험원리에 의거 국민들이 평소에 보험료를 내어 기금화하였다가 보험사고가 발생할 경우 보험급여를 해 줌으로써 국민 상호간에 위험을 분담하고 의료서비스를 제공하는 제도이다.[5] 1963년 의료보험법 제정으로 우리나라에 도입된 이 제도는 현재에는 국민건강보험법이 제정되어 규율하고 있다.

고용보험이란 실직근로자에게 실업급여를 지급하는 제도라고 하겠다. 오늘날에는 이러한 전통적 의미의 실업보험의 의미를 넘어 적극적인 취업알선을 통한 재취업의 촉진과 근로자의 고용안정을 위한 고용안정사업, 근로자의

---

5) 건강보험은 구체적으로 사회보험방식(NHI: National Health Insurance), 국민보건서비스방식(NHS: National Health Services), 민간보험방식(Consumer Sovereignty Model) 등으로 나누어 볼 수 있지만, 여기서 말하는 것은 주로 사회보험방식의 건강보험을 말하는 것이다.

직업능력개발사업 등을 상호 연계하여 실시하는 사회보험제도로서 기능하고 있다. 따라서 실업보험은 단순하게 실직자의 생계를 지원하는 사후적·소극적인 사회보장제도에 그치는 반면, 고용보험은 실직자에 대한 생계지원은 물론 재취업을 촉진하고 더 나아가 실업의 예방 및 고용안정, 노동시장의 구조개편, 직업능력개발을 강화하기 위한 사전적·적극적 차원의 종합적인 노동시장정책의 수단이라고 할 수 있다. 우리나라는 1993년 고용보험법을 제정하여 이에 관한 사항을 규율하고 있다.

산재보험은 공업화가 진전되면서 급격히 증가하는 산업재해 근로자를 보호하기 위하여 1964년에 도입된 우리나라 최초의 사회보험제도라고 한다. 산업재해로부터 근로자를 보호하기 위해서는 산업재해 자체를 예방하는 것이 가장 바람직한 것이나 이미 발생한 산업재해로 인하여 부상 또는 사망한 경우는 그 피재근로자나 가족을 보호 내지 보상해 주기 위해서는 산재보험이 중요한 의미를 지닌다 할 것이다. 산재보험은 산재근로자와 그 가족의 생활을 보장하기 위하여 국가가 책임을 지는 의무보험으로 원래 사용자의 근로기준법상 재해보상책임을 보장하기 위하여 국가가 사업주로부터 소정의 보험료를 징수하여 그 기금(재원)으로 사업주를 대신하여 산재근로자에게 보상을 해주는 제도이다. 현재에는 산업재해보상보험법이 이에 관한 사항을 규율하고 있다.

(3) 사회보험제도의 문제점과 개선방안

사회보험제도가 국민의 인간다운 생활을 할 권리를 보장하기 위한 가장 중요한 제도임에 불구하고 많은 문제점을 내포하고 있기도 하다. 누구에게서 얼마나 보험료를 납부받을 것인지, 납부받은 재원은 어떻게 관리할 것인지, 어떠한 기준에 의하여 누구에게 보험료를 지급할 것인지 언제나 새로운 문제를 야기한다.

특히 현재 국민연금과 건강보험의 재정상황은 국민들에게 많은 우려를 안겨 주고 있다. 국민연금의 경우도 심각한 재정위기를 맞이할 것으로 예상되어 개인 납부액을 증액시키려는 시도가 한참 진행중이다.

이러한 문제점에도 불구하고 사회보험을 통한 국민 복지의 증진이라는 것은 결코 포기되어져서는 안 되는 과제이다. 국가의 보다 적극적인 운영과 합리적인 개선방안의 모색을 통해 가급적 많은 국민들이 제도의 혜택을 받아

안정적인 생활을 영위할 수 있도록 하는 것이 바람직한 방향이라고 하겠다. 물론 국민들 스스로가 시민윤리에 따른 사회적 연대의식을 발휘하여 보다 적극적으로 사회보험제도에 참여하는 것이 필수적이다.

2. 공공부조제도

공공부조란 생활무능력자에 대하여 국가에서 공공의 비용으로 자립을 지원해 주는 제도이다. 즉 장애자 및 질병·노령 기타의 사유로 생활능력을 상실한 상태에 있거나 생계의 유지가 곤란한 자 등 생활이 지극히 곤궁한 자에게 국민의 자기기여를 전제로 하지 않고 국가 또는 공공단체가 최저생활에 필요한 급여를 행하는 제도를 의미한다. 따라서 실업자와 같이 근로능력이 있는 자는 공공부조의 대상이 되지 않는다. 사회보장기본법 제 3 조 제 3 호에 의하면, "공공부조라 함은 국가 및 지방자치단체의 책임 하에 생활유지 능력이 없거나 생활이 어려운 국민의 최저생활을 보장하고 자립을 지원하는 제도를 의미한다"라고 정의하고 있다.6) 종래에는 '공적부조'라는 용어를 사용하였으나, 1995년 12월 30일 제정된 사회보장기본법에서 '공공부조'라는 용어로 변경하였다.

공공부조는 자본주의 사회의 모순이 심화됨에 따라 그 구조적 산물로서 빈곤이 발생됐다는 역사적 인과관계를 인정하여 국가의 책임 하에 일정한 법령에 따라 공공비용으로 경제적 보호를 요구하는 자들에게 개인별 보호 필요에 따라 주게 되는 최저한도의 사회보장이라는 의의를 갖는다. 이와 같이 공공부조는 빈자의 생활보호 기능에서 그 의의를 찾아볼 수 있다. 다만 생활보호는 최저한의 수준에 그쳐야 하며 이것은 사회국가원리의 보충성의 원칙의 반영이라고 할 수 있다.7)

인간다운 생활의 보호를 위하여 우리나라에서도 이미 각종 공공부조에 관한 법률이 제정되어 있다. 대표적으로 국민기초생활보장법이 이에 관하여

---

6) 공공부조는 나라마다 상이하게 표현되고 있다. 우리나라와 일본, 미국에서는 법률상 공공부조 또는 공적 부조(Public Assistance)로, 영국에서는 국가부조(National Assistance)로, 프랑스에서는 사회부조(Social Assistance)로 표현한다.

7) 이를 국가최저(National Minimum) 또는 사회최저(Social Minimum)원칙이라 부르기도 한다. 국가가 보충적인 지원을 넘어서 사회국가적 정책을 시행하는 것은 결국 개인의 자율성을 심각하게 침해하게 될 것이며, 우리 헌법이 정하고 있는 사회적 시장경제체제의 틀을 벗어나는 것이기 때문이다.

규율을 하고 있다. 이 법은 "생활이 어려운 자에게 필요한 급여를 행하여 이
들의 최저생활을 보장하고 자활을 조성하는 것"을 목적으로 1999년에 제정되
었으며, 이로 인해 부양의무자가 없거나 부양의무자가 있어도 부양능력이 없
는 사람은 소득상태에 따라 생계 · 의료 · 교육 · 해산 · 장제 · 자활급여 등 최저
생계비 이상의 급여를 국가로부터 지급받을 수 있다.[8) 도입 초기 빈곤층의
도덕적 해이 우려 등에 대한 지적이 없었던 것도 아니지만, 기존 생활보호
대상자에 비해 생계비 지급대상자가 확대되었으며, 국민기초생활보장법이 지
향하는 생산적 복지의 핵심으로 도입된 자활산업이 어느 정도 정착되었다는
등의 성과가 긍정적으로 평가되고 있다.[9)

그러나 현행 기초생활보장제도에도 많은 문제점이 제기되고 있다. 특히
최저생계비의 계측과 관련하여 많은 문제점이 제시되는데, 그 수준이 지나치
게 낮게 책정되어 있다는 지적 외에도 계측할 기관이 중립적이지 못하다거나
그 바탕이 되는 자료가 부실하다는 지적이 있다. 또 사회복지를 위한 제도라
고 하기보다는 부정 수급자를 가려내기 위한 제도로 전락하고 있다는 점, 실
무기관이 지나치게 편법적으로 제도를 운영하고 있다는 점, 자활사업에 대한
제도가 미비하다는 점, 국민들을 대상으로 한 홍보가 미비하다는 점 등도 지
적된다.[10) 인간다운 생활을 할 권리를 영위하게 하기 위한 진정한 공공부조
제도가 되도록 개선해 나아가야 할 것이다.

3. 사회복지제도

사회복지제도란 특별한 보호를 필요로 하는 자를 위하여 국가 또는 공공
단체가 그 보호, 갱생 및 생활자립기반의 조성 등을 위하여 각종 시설이나
편의수단을 마련하여 이를 제공하는 것을 의미한다. 사회복지의 대상은 정상
적인 일상생활의 수준에서 탈락 · 낙오되거나 또는 그러한 우려가 있는 불특
정 개인 또는 가족이며, 구체적으로 빈곤 · 질병 · 범죄 또는 도덕적 타락으로
나타나게 된다.[11) 그러므로 사회복지의 목적은 정상적인 일반생활의 수준에

---

8) 과거 생활보호법을 근거로 보건복지부장관이 고시한 생활보호사업지침상의 "94년 생계보
  호기준"이 최저생계비에 못 미친다고 하여 위헌은 아니라고 한 헌법재판소 판례가 있다
  (헌재 1997. 5. 29. 94헌마33).
9) 대한변호사협회, 인권보고서 제16집, 2001, 192쪽.
10) 류정순, "2002년 기초생활보장제도의 평가와 개선 방안," 한국사회복지학회 2002년 춘계
  학술대회 자료집, 2002 참조.

서 탈락된 상태의 사회복지서비스 대상자에게 '회복 · 보전'하도록 도와 주는
것을 말하며 이는 개별적 · 집단적으로 보호 또는 처치를 행하게 된다. 사회
보장기본법 제 3 조 제 4 호에는 "사회서비스란 국가 · 지방자치단체 및 민간부
문의 도움이 필요한 모든 국민에게 복지, 보건의료, 교육, 고용, 주거, 문화,
환경 등의 분야에서 인간다운 생활을 보장하고 상담, 재활, 돌봄, 정보의 제
공, 관련 시설의 이용, 역량 개발, 사회참여 지원 등을 통하여 국민의 삶의
질이 향상되도록 지원하는 제도를 말한다"라고 정의하고 있다. 사회서비스와
관련해서는 모자 · 장애인 · 아동 · 노인복지법, 모자보건법, 사회복지사업법 등
이 시행되고 있다.

Ⅲ. 人間다운 生活을 할 權利의 制限

인간다운 생활을 할 권리는 그 현실화를 위해 대부분의 경우에는 입법을
통한 구체화가 필요하다. 따라서 입법에 의해 구체화된 인간다운 생활을 할
권리를 다시 입법에 의해 제한하는 것이 가능한지 또는 필요한지 의문이 제
기된다.[12] 입법자는 구태여 나중에 제한할 내용을 미리 규정하지 말든가, 아
니면 법개정을 통해 권리의 내용을 고치면 되는 것이 아닌가 하는 의문이다.

하지만 인간다운 생활을 할 권리가 법적으로 구체화되는 측면이 크다고
하여 이 권리가 기본권이 아니라고 하는 것은 아니다. 즉 인간다운 생활을
할 권리가 법에 의해 구체화되면, 그 구체화된 것이 인간다운 생활을 할 권
리의 내용을 이루게 될 것이며, 그 권리를 다시 사후적으로 제한해야 하는
문제는 발생하게 된다. 그리고 이러한 제한상황에서도 헌법 제37조 제 2 항의
준수는 요구된다.[13] 또 인간다운 생활을 할 권리를 제37조 제 2 항에 의하여
제한하는 경우에도 그 본질적 내용은 제한할 수 없다.

---

11) 이러한 내용을 3D(Destitution: 빈곤, Disease: 질병, Delinquency: 비행)로 설명하기도 한다.
12) 인간다운 생활을 할 권리는 법률로써 제한하기에 적합하지 않은 기본권이라고 하는 것은
    이와 같은 맥락이라고 이해한다(허영, 524쪽).
13) 제한기준은 주로 국가안전보장과 질서유지가 될 것이라는 견해가 있다(권영성, 639쪽).
    아마도 인간다운 생활을 할 권리 자체가 공공복리의 실현에 해당하기 때문에 이러한 해석
    을 하는 것 같다.

제 2 장   勤勞와 관련된 基本權

제 1 절   勤勞의 權利

I. 勤勞의 權利의 意義

근로의 권리란 근로자 자신의 의사에 따라서 자유롭게 일할 수 있는 권리와 근로기회의 제공을 주장할 수 있는 권리를 의미한다.[1] 근로의 권리는 17-18세기에는 자유권의 차원에서 주장되었으나, 20세기에는 적극적인 사회권으로 전환되어 1919년 독일의 바이마르 헌법에서 세계 최초로 규정되었다. 우리나라 헌법에는 1948년의 제헌헌법에서 근로자의 이익균점권을 규정하였으나, 1962년 제 5 차 개헌에서 폐지되었다. 현행헌법은 제32조에서 "① 모든 국민은 근로의 권리를 가진다. 국가는 사회적·경제적 방법으로 근로자의 고용의 증진과 적정임금의 보장에 노력하여야 하며, 법률이 정하는 바에 의하여 최저임금제를 시행하여야 한다. ② 모든 국민은 근로의 의무를 진다. 국가는 근로의 의무의 내용과 조건을 민주주의원칙에 따라 법률로 정한다. ③ 근로조건의 기준은 인간의 존엄성을 보장하도록 법률로 정한다. ④ 여자의 근로는 특별한 보호를 받으며, 고용·임금 및 근로조건에 있어서 부당한 차별을 받지 아니한다. ⑤ 연소자의 근로는 특별한 보호를 받는다. ⑥ 국가유공자·상이군경 및 전몰군경의 유가족은 법률이 정하는 바에 의하여 우선적으로 근로의 기회를 부여받는다"라고 규정하고 있다.

근로의 권리에는 자유권의 성격과 사회권의 성격이 동시에 내재하고 있으나, 사회권이 그 주된 성격이라고 한다.[2] 근로에 대한 권리는 주로 국민만

---

[1] 김철수, 846쪽; 권영성, 657쪽; 허영, 495쪽; 강경근, 574쪽; 성낙인, 508쪽.
[2] 근로의 권리의 법적 성격에 대한 자세한 것은 전광석, "노동의 권리의 실현구조," 정천

이 향유할 수 있으며, 외국인이나 법인은 주체가 될 수 없는 것이 원칙이다. 단 외국인도 근로의 권리를 구체화한 개별 법령이 그 주체성을 인정할 경우 이 권리를 주장할 수 있다고 하겠다.

Ⅱ. 勤勞의 權利의 內容

1. 근로기회제공청구권과 고용촉진보장의무

근로의 권리를 사회적 기본권의 하나로 파악할 때 그 내용이 무엇인가에 논의가 분분하다.3) 그럼에도 불구하고 근로의 권리는 일차적으로 근로기회제공청구권을 그 내용으로 한다는 점을 부인하는 견해는 없다. 근로기회제공청구권이란 국민들이 국가에 대하여 근로기회의 제공을 청구할 수 있는 권리를 의미한다. 하지만 국민에게 이러한 청구권이 있다고 하여, 국가는 반드시 국민에게 근로기회를 즉각적으로 주어야 하는 강제를 받는 것은 아니다. 거시경제적인 국가의 여건과 고용구조 등을 고려하여 고용정책이 이루어지게 될 것이기 때문이다. 결국 국민이 이를 근거로 즉각적인 청구권 행사를 할 수 있다는 것은 아니다.

오히려 국가는 고용증진을 통해 근로자들의 최저한의 생활보장을 위하여 노력할 의무를 진다고 보는 것이 더 적절한 해석이다. 이에 따라 국가는 근로자의 고용을 증진할 입법은 물론 고용확대·실업대책 등에 관한 정책을 수립하고 추진하여야 한다. 고용의 증진은 사회적·경제적 방법에 의하여 행해져야 하는데, 이러한 방법은 사회정책·경제정책·노동정책·남녀고용평등정책 등으로 구체화된다. 이와 같이 국가는 사회적·경제적 방법에 따라서만 고용증진을 해야 하며, 강제적·법적 방법으로 일자리를 배정하는 식의 방법은 금지된다. 우리 헌법이 원칙적으로 자본주의적 경제질서를 채택하고 있기

허영박사 화갑기념 논문집, 1997, 431쪽 이하; 헌법재판소는 근로의 권리는 자유권의 성격보다는 생존권의 측면이 강한 것으로 권리의 실질적 보장을 위해서는 국가의 적극적인 개입과 뒷받침이 요구되는 기본권이라고 하고 있다(헌재 1991. 7. 22. 89헌가106).
3) ① 근로의 권리는 근로의 의사와 능력이 있음에도 취업의 기회를 얻지 못한 자가 국가에 대하여 근로의 기회를 제공하여 주도록 요구할 수 있음을 그 내용으로 하는 '근로기회제공청구권설'과 ② 근로의 의사와 능력을 지니고 있으나 취업기회가 없는 자가 국가에 대하여 근로기회제공을 요구하고 그 요구가 충족되지 아니할 경우 상당한 생계비의 지급을 청구할 수 있다는 '생계비지급청구권설'이 대립하고 있다고 한다.

때문이다. 한편 국가유공자·상이군경 및 전몰군경의 유가족은 법률이 정하는 바에 의하여 우선적인 근로의 기회를 부여받으며(헌법 제32조 제6항), 이는 평등원칙에 위배되지 않는 것으로 본다.

2. 국가의 적정임금 보장과 최저임금제 실시

(1) 적정임금의 보장

적정임금의 보장은 제8차 개헌에서 최초로 도입되었으며, 적정임금이란 근로자와 그 가족이 인간의 존엄에 상응하는 건강하고 문화적인 생활을 영위하는 데 필요한 정도의 임금수준을 의미한다. 헌법상 적정임금의 보장을 명문화하고 있으므로 국가는 임금이 적정수준의 것이 되도록 입법조치를 강구하거나 노동정책을 수립 및 실시하여야 하는 의무를 진다.

적정임금과 관련하여 생각해 볼 것이 바로 무노동 무임금 원칙이다. 무노동 무임금의 원칙이란 파업기간 또는 근로시간중의 노조활동 및 노조전임자에 대하여는 임금을 지급하지 않는 것을 원칙으로 한다는 것이다. 우리나라 대법원은 종전에 임금을 교환적 부분과 생활보장적 부분으로 나누어 후자에 대하여는 파업기간중에도 지급하여야 한다는 '무노동 부분임금'의 원칙을 취하였으나,[4] 이후 태도를 바꾸어 '무노동 완전무임금'의 원칙을 취하였다.[5]

(2) 최저임금제 실시

국가는 법률이 정하는 바에 의하여 최저임금제를 시행하여야 한다. 최저임금이라 함은 국가가 법적 강제력을 가지고 임금의 최저한도를 확정하여 그 이하의 수준으로는 사용자가 근로자를 고용하지 못하도록 함으로써 상대적으로 불리한 위치에 있는 근로자를 보호하려는 제도를 말한다. 이것은 현행헌법에서 채택된 제도이다. 고용노동부장관은 매년 8월 5일까지 최저임금을 결정하고 결정된 최저임금은 다음 연도의 1월 1일부터 적용된다.[6]

---

4) 대법원 1992. 3. 27. 선고 91다36307 판결.
5) 대법원 1995. 12. 21. 선고 94다26721 판결.
6) 참고로 2018년에 적용되는 최저임금액은 시간급 7,530원, 8시간 기준 일급 60,240원, 209시간 기준 월급 1,573,770원이며, 2019년에 적용되는 최저임금액은 시간급 8,350원, 8시간 기준 일급 66,800원, 209시간 기준 월급 1,745,150원이다.

3. 근로조건의 법정주의

근로조건의 법정주의란 근로조건을 법률로써 정한다는 원칙이다. 헌법은 제32조에서 근로의 의무의 내용과 조건은 민주주의 원칙에 따라 법률로 정하며, 근로조건의 기준은 인간의 존엄성을 보장하도록 법률로 정한다고 규정하고 있다. 이것은 근로조건을 당사자간의 자유로운 계약이 아닌 근로기준법으로 정한다는 것이며, 근로기준법에는 임금의 최저한 및 근로시간의 최대한, 여자나 소년에 대한 특별보호 등을 규정하고 있다. 이것은 계약자유의 원칙에 대한 중대한 수정을 의미하는 것이며, 여기의 근로조건이라 함은 임금과 그 지불방법, 취업시간과 휴식시간, 안전시설과 위생시설, 재해보상 등 근로계약에 의하여 근로자가 근로를 제공하고 임금을 수령하는 데 관한 조건들을 말한다.

하지만 근로조건 법정주의라고 하여 당사자 간의 계약 자유가 완전히 배제되는 것은 아니다. 특히 현행 근로기준법 제22조는 "① 이 법에 정한 기준에 미치지 못하는 근로조건을 정한 근로계약은 그 부분에 한하여 무효로 한다. ② 제 1 항의 규정에 의하여 무효로 된 부분은 이 법에 정한 기준에 의한다"라고 규정하고 있어서, 근로자에게 법으로 규정된 기준보다 더 나은 조건이 약속되는 경우 그 약속된 기준이 효력이 있음을 규정하고 있다.

4. 여자와 연소자의 근로의 특별보호

헌법 제32조 제 4 항과 제 5 항은 여자와 연소자의 근로에 대한 특별한 보호를 규정하고 있다. 이들 사항은 앞서 언급한 근로조건의 법정주의 또는 평등의 원칙에 포섭되지만, 이를 별개의 조항으로 규정한 것은 여자와 연소자에 대한 비인도적인 혹사 또는 학대가 빈번하였던 과거의 역사에 대한 반성에서 비롯된 것이다. 여자와 연소자의 혹사는 특히 그들의 생존과 보건을 위협하게 된다는 것을 고려한 것이다. 이에 따라 현행 근로기준법은 여자와 연소자를 보호하기 위한 규정(예컨대 차별대우 금지, 혼인·출산 등으로 인한 퇴직금지, 근로시간제한, 특정 작업장에 대한 취업금지 등)을 두고 있다.

Ⅲ. 勤勞의 權利의 效力 및 制限

근로의 권리는 우선 대국가적 효력을 갖는다. 고용을 증진하고 적정임금을 보장하며 최저임금제를 시행하도록 요구할 수 있는 대상은 바로 국가이기 때문이다. 예컨대 개인은 행정청이 입법에 따라 행하는 구체적 근로기회제공의 처분이 자신의 기본권을 침해하는 경우 헌법소원을 제기하여 구제를 청구할 수 있다. 예외적으로 근로의 권리도 대사인적 효력을 지니며 직접 또는 간접적으로 적용될 가능성이 있다.

근로의 권리는 제37조 제 2 항에 따라 법률에 의해 제한될 수 있으며, 이외에 대통령의 긴급명령에 의하여 제한되기도 한다. 제37조 제 2 항에 의하여 제한되는 경우에도 그 본질적 내용은 침해될 수 없다. 근로의 권리는 대부분의 사회적 기본권과 같이 법률에 의해 형성되는 실정법상의 권리라고도 볼 수 있지만, 헌법에 의하여 보호되는 기본권이기도 하므로 법률이 이미 규정된 근로의 권리를 함부로 제한하는 것은 금지된다.

근로의 권리 제한과 관련하여 이른바 정리해고의 문제를 생각해 볼 필요가 있다. 근로기준법 제31조 규정에 의하여 고용조정은 긴박한 경영상의 필요와 경영악화방지를 위한 사업의 양도·인수·합병시에 할 수 있으며, 고용조정시에는 60일 전까지 근로자대표와 해고회피방법 및 선정기준에 대한 내용을 통보하고 성실한 협의를 하여야 한다. 고용조정시에는 사전에 고용노동부에 신고하여야 한다. 이러한 경영상의 이유로 인한 제한, 즉 정리해고는 전통적인 노동법적 사고방식과는 모순되는 것이며, 실제로 IMF 위기상황을 배경으로 전격 도입된 측면도 있다. 그러나 실제 경영상의 정리해고 필요성이 있으며, 이것을 인정하지 않는 경우 더 많은 탈법행위가 존재할 위험성이 있으므로,7) 정리해고의 요건을 현실화하여 기업과 노동자의 이해관계가 적절히 조정될 수 있도록 해야 할 필요도 있다.

---

7) 최근 이른바 '계약직 노동형태'가 사회문제화되고 있다. 이것은 기업들이 노동법의 규정을 회피하기 위한 탈법적 행태이며, 이를 통하여 노동자의 지위는 더욱 열악해진 측면이 있다.

Ⅳ. 靑年實業과 勤勞의 權利

근로의 권리와 관련하여 고민해 보아야 하는 현실문제로 이른바 청년실업이라는 것을 들 수 있다. 먼저 청년실업의 의미가 무엇인지부터 살펴야 할 것이다. 청년실업이라는 용어는 학문적인 용어라고 하기보다는 시사적인 용어라고 할 수 있어서 구체적으로 포착하기에는 많은 어려움이 따른다. 청년은 사전적으로 젊은 사람을 의미한다. 그러나 젊다는 것도 객관적으로 판단할 수 있는 대상이 아니며, 오늘날 보통 20-30대의 사람을 지칭하는 말이라고 하겠다. 그러나 20-30대에 해당하는 사람들의 실업을 모두 청년실업이라고 할 수는 없다. 20대 초반이더라도 이미 경제적·사회적 기반이 잡혀 꼭 일자리를 찾지 않아도 되는 사람이 있을 수 있다. 또 그 역량을 이미 인정받아 이른바 자발적 실업을 택하고 있는 사람도 있을 수 있는 것이다. 이런 모든 사람의 실업문제를 우리는 청년실업이라는 말로 지칭하지는 않는다. 청년실업에서의 청년의 의미는 연령의 문제라고 하기보다는 교육과정을 끝내고 처음 사회로 진입하고자 하는 사람을 지칭한다고 말하는 것이 타당하다고 본다. 보통 직원을 모집하는 경우 신입에 해당할 만한 사람들의 실업문제를 주로 지칭한다고 하겠다. 물론 약간의 경력이 있더라도 그것이 충분한 사회적 경력으로 인정받지 못하고 결국 새로 취업을 하는 것과 다름없는 사람도 청년실업에 있어 청년에 해당한다고 보아야 할 것이다. 여기에는 주로 실업계고등학교 졸업자와 전문대학·4년제 대학의 졸업자들이 해당된다고 볼 수 있다.

사회에 진입하는 새로운 인력에게 일자리가 주어지지 않고 있다는 것은 국가적으로도 매우 심각한 문제이다. 이 문제의 해결이 헌법적으로도 과제로서 주어져 있다는 점에 이의를 제기할 수 없다. 청년에게 충분한 일자리를 제공하고, 일자리와 관련된 내실 있는 정보를 제공하여야 한다. 특히 정규 교육과정에서의 교육의 내용이 현실적인 직업수행에 유용한 현실적인 것이 되도록 하는 등의 방법이 헌법적으로도 강구되어야 할 것이다.

제 2 절   勤勞三權

I   勤勞三權의 意義

헌법 제33조 제 1 항이 보장하는 근로 3 권은 근로자들이 근로조건의 향상을 위하여 자주적인 단결권·단체교섭권·단체행동권을 가질 수 있는 권리를 의미하는 것이다.[8] 근로 3 권은 1919년 독일의 바이마르 헌법에서 최초로 규정하였다. 그 후 1946년 프랑스 헌법과 1947년 일본헌법에서도 명시하였으며, 현행 대한민국헌법에서도 제33조에 규정하고 있다. 근로 3 권은 역사적으로 자본주의의 폐해로 인한 근로자 계급의 불만을 잠재우고 사회주의 혁명이 발생할 우려를 경계하기 위하여 헌법에 수용된 기본권이라고 할 것이다.

근로 3 권의 주체는 근로자이다. 그리고 국민인 근로자가 근로 3 권의 원칙적인 주체가 된다는 것은 의심의 여지가 없다. 그러나 최근에 심각한 사회문제가 되고 있는 외국인 근로자, 즉 이주근로자에게 근로 3 권을 인정할 것인지는 문제이다. 이들이 외국인이라고 하여 근로 3 권의 주체에서 무조건 배제하는 것보다는 가능하면 근로 3 권을 보장하는 방향으로 강구할 필요가 있다고 본다. 근로자의 개념은 근로기준법 제14조의 규정에 의할 때 직업의 종류를 불문하고 임금·급료 기타 이에 준하는 수입에 의하여 생활하는 자를 의미한다. 그러나 자영어민, 자영농민, 소상공업자 등은 보수를 받는 자가 아니기 때문에 근로자에 해당하지 않는다.

근로 3 권이 자유권적 기본권인가, 사회권적 기본권인가 아니면 양자의 성질을 겸비하고 있는 것인가에 의문이 제기될 수 있다. 근로 3 권은 사회적 기본권의 성격에 자유권적 기본권의 성격이 가미된 법적 성격을 가지며,[9] 특히 기본권의 분류체계상 개인적 기본권의 측면보다는 집단적 기본권의 성격이 강하다고 해석한다.[10]

---

8) 김철수, 857쪽; 권영성, 666쪽; 허영, 502쪽; 성낙인, 512쪽.
9) 근로 3 권은 '사회적 보호기능을 담당하는 자유권' 또는 '사회권적 성격을 띤 자유권'이라고 말할 수 있다(헌재 1998. 2. 27. 94헌바13).
10) 성낙인, "헌법상 노동기본권," 고시연구 제24권 제 4 호, 1997, 23쪽.

Ⅱ. 勤勞三權의 內容과 制限

1. 근로3권의 내용

(1) 단 결 권

단결권이란 근로자들이 근로조건의 유지 또는 개선을 위하여 사용자와 대등한 교섭력을 가지고자 하는 목적성과 자주성을 기초로 하여 단체를 결성할 수 있는 권리를 의미한다. 단결권의 주체는 근로자 개개인이며, 해고의 효력을 다투고 있는 자도 단결권의 주체가 될 수 있다. 또 근로자들이 단결하여 생성된 단체 내지 집단도 단결권의 주체가 되며, 그러한 집단이 반드시 법인격을 갖추고 있을 것을 요구하는 것도 아니다. 따라서 일시적인 단체인 쟁의단도 주체가 될 수 있다. 그러나 사용자는 단결권의 주체가 될 수 없으며 다만 헌법 제21조의 일반결사의 주체가 될 뿐이다.

단결권의 유형은 주체를 기준으로 하여 개인적 단결권과 집단적 단결권으로 나누어지고, 성격을 기준으로 하여 근로자가 노동조합을 구성하고 가입할 수 있는 권리인 적극적 단결권과 근로자가 노동조합에 가입하지 아니할 수 있는 소극적 단결권으로 나누어진다. 개인적 단결권은 각 근로자가 노동조합과 같은 단체를 결성하거나 이에 가입함에 있어 국가나 사용자의 부당한 개입 또는 간섭을 받지 아니할 권리를 말한다. 따라서 단체에의 불가입 또는 탈퇴를 조건으로 고용하는 이른바 황견계약(또는 비열계약)은 부당노동행위가 된다. 집단적 단결권은 근로자집단이 그 조직을 유지·확대하고 그 목적을 달성하기 위하여 단결체를 구성할 수 있는 권리이다. 적극적 단결권은 단결권에서 중심이 되는 것으로서, 노동조합을 결성하고 이에 가입하여 활동할 수 있는 권리이다. 소극적 단결권이란 근로자가 단결하지 아니할 권리, 즉 단결체에 가입하지 않거나 단결체로부터 자유롭게 탈퇴할 권리를 말한다. 소극적 단결권도 보장된다고 보지만 이것이 헌법적 근거가 무엇인지에는 의견이 대립하고 있다.[11] 헌법재판소는 소극적 단결권은 헌법 제33조에 의해서 보호

---

11) 일부 견해는 소극적 단결권이 헌법 제33조 제1항의 내용이 아니라 일반적 행동의 자유 내지 열거되지 아니한 권리라고 봄이 타당하다고 하기도 한다. 하지만 일반적으로 다른 기본권들이 그러한 기본권을 적극적으로 실행할 자유와 함께 소극적으로 실행하지 않을 자유도 함께 포괄하고 있음이 일반이라는 점을 고려하면, 소극적 단결권도 근로3권의 내용에

되지 않고, 일반적 행동의 자유권에서 보호된다는 입장이다.12)

한편 법개정으로 노동조합은 정치활동이 가능해졌으며, 복수노조도 허용되게 되었다. 또 1998년 개정된 노동조합및노동관계조정법은 제 3 자 개입금지규정13)을 삭제하면서 단체교섭이나 단체행동시 지원받을 수 있는 자를 구체적으로 명시하였다.

(2) 단체교섭권

단체교섭권이란 근로자 대표들이 사용주와 자주적으로 교섭할 수 있는 권리를 의미하며, 노동조합으로서의 자격을 가진 근로자단체에서 차별 없이 인정한다. 따라서 유일단체교섭조항이나 단체협약체결능력제한조항은 단체교섭권이 헌법상 인정된다는 점에 비추어 위헌이 된다. 단체교섭의 대상은 근로조건의 모든 사항이며, 근로조건과 무관한 사항은 교섭의 대상에서 배제된다. 또 사용주가 독점적으로 향유하는 경영권 등은 원칙적으로 단체교섭의 대상이 될 수 없다는 것이 일반적인 해석론이다. 사용주가 정당한 사유 없이 단체교섭을 거부하면 부당노동행위가 된다. 또 헌법재판소는 단체교섭권에는 단체협약체결권이 포함되어 있다고 판시한 바 있다.14)

(3) 단체행동권

단체행동권은 노동쟁의가 발생한 경우 쟁의행위를 할 수 있는 권리를 말한다. '노동쟁의'는 임금·근로시간·후생·해고 기타 대우 등 근로조건에 관한 노동관계 당사자간의 불일치로 인한 분쟁상태를 말하고(노동조합및노동관계

포섭될 여지가 없는 것은 아니다. 다만 적극적 단결권의 실효성을 보장하기 위하여 어느 정도의 단결강제가 현행법상 허용되고 있다고 봄이 타당하며, 따라서 Closed Shop 조항, Union Shop 조항, Maintenance of Membership 조항 등은 정당화될 수 있다고 해석하는 것이 바람직하다고 본다.

12) 헌재 2005. 11. 24. 2002헌마958.

13) 헌법재판소는 "노동조합법 제12조의2가 규정하는 제 3 자개입금지는 헌법이 인정하는 근로 3 권이나 그 밖의 표현의 자유 또는 행동의 자유 등 기본권의 내재적 한계를 넘어선 행위를 규제하기 위한 입법일 뿐, 근로자가 단순한 상담이나 조력을 받는 것을 금지하고자 하는 것은 아니므로 근로자의 근로 3 권 등을 제한하는 것이라고는 볼 수 없다"고 하였다(헌재 1993. 3. 11. 92헌바33).

14) 헌재 1998. 2. 27. 94헌바13등. 한편 단체협약에 위반되는 자를 처벌하도록 한 노동조합법 제46조의3을 다툰 사건에서 위법은 형식적으로는 죄형법정주의를 충족하였으나 실질적으로 범죄구성요건의 내용을 법률에서 규정하지 않고 단체협약에 위임하고 있으므로 법률주의에 위반되며, 그 범위가 광범위하여 처벌되는 행위가 무엇인지 예측하기 어려워 죄형법정주의의 본질적 요소인 예측가능성을 전혀 보장하지 못했다고 하여 위헌결정을 하였다(헌재 1998. 3. 26. 96헌가20).

조정법 제2조 제5호), '쟁의행위'라 함은 파업·태업·직장폐쇄 기타 노동관
계 당사자가 그 주장을 관철할 목적으로 행하는 행위와 이에 대항하는 행위
로서 업무의 정상적 운영을 저해하는 행위(동법 제2조 제6호)를 말한다. 단
체행동권은 노동쟁의를 전제해서만 허용되고 단체교섭을 성공케 하는 최후수
단으로서 매우 중대한 권리이다.

　　단체행동권의 주체는 근로자 개인, 노동조합 또는 근로자단체이다. 한편
사용자의 경우는 법에 따라 쟁의행위의 당사자가 되기도 하며, 사용자의 직
장폐쇄는 근로자 측의 부당한 쟁의행위에 대항하는 수단으로 인정될 수도 있
다. 하지만 노사 균형론의 입장에서 인정되는 것뿐이며, 헌법 제33조 제1항
이 인정하는 단체행동권에 의하여 특별한 보호를 받지는 못한다. 근로자의
노동쟁의행위로는 파업, 태업, 감시행위(피켓팅), 생산관리, 불매운동 등을 들
수 있다.

　　단체행동권의 보장에 의하여 ① 국가권력에 의하여 단체행동으로 야기된
영업방해행위 등에 형사상의 책임을 추궁당하지 아니하고, ② 사용자에 대한
관계에서 단체행동으로 야기된 재산권 침해행위 등에 채무불이행 또는 불법
행위로 인한 민사상의 손해배상책임을 추궁당하지 아니한다. ③ 또한 단체행
동권 행사를 이유로 근로자는 해고나 그 밖의 불이익을 당하지 않는다.

2. 근로3권의 제한

　　근로3권도 무제한적인 권리는 아니며 따라서 헌법 제37조 제2항에 의
한 일반적인 기본권 제한이 인정된다. 다만 헌법은 근로3권을 보장하면서도
이 권리를 사용할 수 있는 사람의 범위에 관하여 특별한 제한을 두고 있다.

　　먼저 헌법 제33조는 공무원인 근로자는 법률이 정한 자에 한하여 근로3
권을 가진다고 규정하고 있다.[15] 공무원의 기본권 주체성을 이렇게 제한하는
이유는 공무원은 국민전체의 봉사자로서의 지위와 직무의 공공적 성격을 가
지고 있기 때문이다. 공무원 외에 법률이 정하는 주요방위산업체의 근로자의
단체행동권도 제한될 수 있는 것으로 규정하고 있다. 방위사업법에 의하여

---

15) 헌법재판소는 노동쟁의조정법 제12조 제2항에 대한 헌법소원사건에서 헌법은 일정범위
　　의 공무원에게 근로3권을 부여하고 있으나, 모든 공무원에게 단체행동권을 일률적으로 금
　　지한 것은 위헌이라고 하면서 헌법불합치결정을 내렸다(헌재 1993. 3. 11. 88헌마5).

지정된 근로자의 단체행동권은 제한하거나 인정하지 않을 수 있게 하고 있다.16) 또 공무원의 근로3권이 제한되는 것과 같은 취지에서 교원의 노동운동도 금지되었다.

그러나 교원의노동조합설립및운영등에관한법률에 의하여 초·중등교원의 노동기본권이 보장되게 되었다.17) 또 과거에는 국가공무원법상 근로3권을 가지는 공무원은 정보통신부 및 철도청 소속의 현업기관과 국립의료원의 작업현장에서 노무에 종사하는 기능직과 고용직 공무원뿐이었으나, 2005년 공무원의노동조합설립및운영등에관한법률이 제정되었고 이에 따라 우리나라에도 공무원노조가 구성되어 활동하는 시대가 열리게 되었다.

Ⅲ. 爭議行爲의 自由와 그 制限

1. 쟁의행위의 자유인정과 제한의 긴장관계

현대사회에서의 빈익빈 부익부 현상, 그로 인한 근로자의 생활여건의 악화현상은 자본주의 국가체제에 근본적인 위기를 야기하였다. 이러한 체제위협을 극복하기 위하여 서구를 비롯한 자본주의 제국의 헌법과 노동관계법은 근로자들이 자신들의 근로조건개선에 관해 자본가와 동등한 지위에서 집단적으로 싸울 수 있는 권리를 인정하였고, 그것이 바로 근로3권이라는 것은 앞서 밝힌 바와 같다.

그런데 이러한 근로3권은 자본주의사회의 요체라고 할 수 있는 재산권의 절대적 보장이나 자유시장경제질서와 근본적으로 모순되는 면이 있다. 특히 근로3권 행사에 있어서 최종적이며 가장 중요한 수단이라고 할 수 있는

---

16) 헌법재판소는 헌법은 법률이 정하는 주요방위산업체의 근로자의 쟁의행위를 금지할 수 있도록 하였는데, 구 방위산업에관한특별조치법은 동법에 의하여 지정된 방위산업체 근로자의 쟁위행위를 금지하고 있는 관계로 주요방위산업체는 물론 일반방위산업체도 포함되는 것으로 볼 수 있어 위헌의 의문이 있으나 동법 제18조는 법률에 의하여 쟁의행위가 금지되는 방위산업체 근로자를 주요방위산업체 근로자로 한정하고 있음이 명백하며, 단체행동이 금지되는 것은 주요방위산업체에 있어서 방산물자의 생산과 직접 관계되거나 그와 긴밀한 연계성이 인정되는 공장에 종사하는 근로자에 한정하는 것으로 해석상 그 범위의 제한이 가능하므로, 위 특별조치법에 의하여 방위산업체 종사 근로자에 관한 부분은 합헌이라고 하였다(헌재 1998. 2. 27. 95헌바10).

17) 시도단위 또는 전국단위에 한하여 노동조합을 설립할 수 있고 교육부장관, 시도교육감, 사립학교를 설치·운영하는 자와 단체교섭을 할 수 있도록 하였으나 쟁의행위를 금하고 있고 정치활동을 금지하고 있다.

쟁의행위는 경제질서뿐만 아니라 사회의 안전이나 질서유지도 파괴할 수 있는 위험성을 내포하고 있다. 따라서 근로 3 권 내지는 쟁의행위의 자유를 인정할 필요성과 그것을 제한할 필요성은 모두 인정되는 것이며, 양자의 문제는 언제나 긴장관계를 유지한다.

우리 헌법은 근로 3 권을 비롯한 쟁의행위의 자유를 인정하는 것을 대원칙으로 삼고 있으므로, 노동관계법도 원칙적으로 쟁의행위의 자유를 인정하고 예외적으로 그것을 제한하는 태도를 취해야 할 것으로 보인다. 이하에서는 쟁의행위의 실질적 정당성한계로서 기술되는 것이 무엇인지 살펴보겠다.

2. 쟁의행위의 실질적 정당성의 한계

(1) 당사자에 의한 한계

앞서 단체교섭권의 주체가 반드시 노동조합일 것이 요구되는 것은 아님을 언급하였다. 그러나 쟁의행위와 관련해서 우리의 노동조합및노동관계조정법은 쟁의행위의 기본원칙으로서 조합원이 노동조합에 의하여 주도되지 아니한 쟁의행위를 하여서는 아니 된다고 규정하고 있고(제37조 제 2 항), 이를 위반하여 쟁의행위를 하는 자에 대하여는 벌칙을 규정하고 있다.

(2) 목적에 의한 한계

앞서 설명한 단체교섭권의 목적과 마찬가지로 쟁의행위도 사용자와의 관계에서 근로자들의 경제적 지위의 향상을 목적으로 하여야 한다고 보는 것이 일반적이다.[18] 우리 헌법 제33조 제 1 항은 단체교섭을 중심으로 한 노사의 협약자치를 위한 법적 기초를 마련해 준 것이므로 쟁의행위를 할 수 있는 권리는 단체교섭이 실질적으로 기능하도록 하는 권리로서 보장된 것이며, 따라서 쟁의행위는 쟁의권을 보장한 범위 내에 들어올 수 있는 단체교섭상의 목적사항을 관철하기 위하여 수행되지 않으면 안 된다는 것이다. 이러한 견해에 따르면 경영참가를 위한 쟁의행위와 이른바 정치파업은 인정될 수 없다.

하지만 서구유럽에서 보편화되어 가고 있는 근로자들의 적극적인 경영참가의 모습을 볼 때 이러한 해석론에는 의문이 제기될 수도 있다. 과거 근로자의 경영참가라는 것은 사용자의 재산권의 절대적 보장을 침해하는 것이며,

---

18) 김형배, 노동법, 2001, 665쪽.

이것은 자유시장경제를 근간으로 삼고 있는 헌법질서에 정면으로 배치된다는 측면에서 경영참가가 부정되었다고 하겠다. 하지만 오늘날 기업형태는 일반적으로 주식회사의 모습을 띠고 있다. 즉 일반국민이 소액 다수의 주주가 되며, 과거와 같이 기업의 소유자, 기업의 재산권적 주체를 확정하기는 매우 곤란하다. 따라서 재산권을 근거로 경영참가를 무조건 부정하는 해석론은 재고를 요한다고 하겠다. 또 정치적 사항을 주장하는 이른바 정치적 파업도 부정적으로 보는 것이 일반이다. 일부견해가 노동관계법령의 개폐 등과 같이 근로자의 지위 등과 관련되는 사항을 쟁점으로 하는 '산업적 정치파업'은 헌법상의 정당한 쟁의행위로 파악하고 있기는 하지만 이 견해에서도 순수한 정치파업이 무엇인지, 어떠한 것이 허용되는 산업적 정치파업인지 구별하기는 쉽지 않다는 난점이 발견된다. 요컨대 일의적으로 정치파업은 금지된다고 말하기보다는 구체적인 상황에 따라 합리적으로 판단하여야 할 것이라고 하겠다.

(3) 개시시기 및 절차의 한계

쟁의행위는 노사 사이에 평화적 단체교섭이 결렬되어 더 이상 교섭을 진행시키는 것이 무의미한 경우에 최후적 수단으로 사용되어야 한다(노동조합및노동관계조정법 제45조 참조). 이러한 최후수단성을 확보하기 위하여 노동관계법은 쟁의행위를 할 수 있는 시기 및 절차와 관련한 제한을 두고 있다.

1) 조정절차와 쟁의행위의 절차적 제한

이러한 쟁의행위의 절차적 제한에는 흔히 조정절차로 불리는 제도들이 해당할 것이다. 조정절차가 쟁의행위의 사전적 절차가 아닌 사후적 해결을 목적으로 하는 것이라면 이를 절차적 제한으로 보기는 어려울 것이지만, 일반적으로 쟁의행위로 치닫기 이전에 이러한 조정절차가 이루어지고 그로 인해 쟁의행위는 제한되게 되어 있으므로 이것을 절차적 제한이라고 보는 것은 가능하리라 생각한다. 이러한 조정절차에는 사적 조정과 노동위원회 등의 공적 기관에 의한 조정이 있다. 사적 조정과 관련하여 "노사관계당사자는 (사적 조정절차에 의하여) 노동쟁의를 해결하기로 한 때에는 이를 관할 노동위원회에 신고하여야 한다"(노동조합및노동관계조정법 제52조 제 2 항). 그리고 사적 조정절차에 의하여 노동쟁의를 해결하기로 한 때에도 그 조정을 개시한 날로부터 일반사업에서는 10일, 공익사업에서는 15일이 경과하지 아니하고는 쟁의행위를 할 수 없다(동법 제52조 제 3 항). 사적 조정에 의하여 문제가 해결되지 않은 경우 노사雙방은 노동조합및노동관계조정법의 조정ㆍ중재에 따른 조정을 노동위원회에 신청할 수 있다(동법시행령 제23조 제 3 항). 다만 노동쟁의가 필수공익사업에 관한 것이거나 그 규모 또는 성질로 보아서 현저히 국민경제를 해하거나 또는 국민의 일상생활을 위태롭게 할 위험이 현존하는 경우에는 노동조합및노동관계조정법상의 중재 또는 긴급조정에 회부될 수 있다(동법 제76조).

2) 조정과 중재

당사자 사이의 사적 조정의 합의가 없을 때에는 노동조합및노동관계조정법상의 조정절차가 적용된다. 이러한 조정절차에는 조정ㆍ중재ㆍ긴급조정이 해당된다. 먼저 조정은 노동위원회가 노동조합및노동관계조정법 제53조의 규정에 따라 관계 당사자의 일방이 노동쟁의의 조정을 신청한 때에 지체 없이 개시된다. 이러한 절차에 의하여 만들어진 조정안이 관계당사자에 의하여 수락된 때에는 조정서를 작성하게 되고 이 조정서는 단체협약과 동일한 효력을 갖게 된다(동법 제61조 제 2 항). 중재는 조정과는 달리 노사의 자주적 해결의 원칙과는 가장 거리가 먼 조정제도이다. 조정절차가 진행되는 도중이라도 노동조합및노동관계조정법 제54조의 조정기간(일반사업에 있어서는 10일, 공익사업에 있어서는 15일 이내)이 경과하면 관계당사자는 언제라도 쟁의행위를 할 수 있다. 조정이 성립되면 이른바 평화의무를 부담하므로 쟁의행위의 행사는 위법이 된다.

또 현행법은 관계당사자의 신청이 있을 때 그 절차가 개시되는 임의중재와 노동위원회의 위원장이 중재를 회부한다는 결정을 한 때 이를 개시하는 강제중재를 두고 있는데,[19] 임의중재는 일반사업과 공익사업에 다 같이 적용되나 2006년 12월 법개정으로 필수공익사업에 대한 강제중재는 폐지되어 긴급조정시에 중앙노동위원회 위원장에 의한 강제중재만 인정하고 있다. 어느

---

19) 헌법재판소는 노동쟁의가 발생한 경우 사후에 이를 조정하는 긴급조정제도 외에 사전중재제도인 강제중재제도를 인정하고 있는 노동쟁의조정법 제31조에 대한 헌법소원사건에서 공익사업의 경우 쟁의행위에 이르기 이전에 노동쟁의를 신속하고 원만하게 타결할 필요성이 요청되므로, 강제중재제도를 위헌이라고 할 수 없다고 하였고, 강제중재에 회부된 경우 15일간 쟁의행위를 할 수 없도록 한 것도 과잉금지원칙의 위반이 아니라고 하였다(헌재 1996. 12. 26. 90헌바19).

경우를 막론하고 중재재정서가 관계당사자에게 도달되면 단체협약과 동일한 효력을 가진다(동법 제70조 제1항). 그러나 관계당사자는 중재재정이 위법이거나 월권에 의한 것이라고 인정되는 경우에 한하여 소정기일 내에 중앙노동위원회에 재심을 청구하거나 행정소송을 제기할 수 있다(동법 제69조).

3) 긴급조정

한편 노동조합및노동관계조정법 제71조는 "1. 정기노선 여객운수사업 및 항공운수사업, 2. 수도사업·전기사업·가스사업·석유정제사업 및 석유공급사업, 3. 공중위생사업, 의료사업 및 혈액공급사업, 4. 銀行 및 造幣事業, 5. 放送 및 通信事業"을 공익사업으로, 公益事業으로서 그 業務의 정지 또는 廢止가 公衆의 日常生活을 현저히 危殆롭게 하거나 國民經濟를 현저히 저해하고 그 業務의 대체가 용이하지 아니한 "1. 철도사업, 도시철도사업 및 항공운수사업, 2. 수도사업·전기사업·가스사업·석유정제사업 및 석유공급사업, 3. 병원사업 및 혈액공급사업, 4. 한국은행사업, 5. 通信事業"을 필수공익사업으로 규정하고 있다. 이들 사업에는 동법상 특칙이 적용되어 쟁의행위가 제한된다. 특히 긴급조정제도가 중요한데, 고용노동부장관이 중앙노동위원회 위원장의 의견을 들은 다음 긴급조정의 결정을 내리는 경우 개시되는 절차이다. 긴급조정의 결정이 공표된 때에는 관계당사자는 즉시 쟁의행위를 중지하여야 하며 공표일부터 30일이 경과하지 않으면 쟁의행위를 재개할 수 없도록 되어 있다(동법 제77조).

(4) 수단·태양에 의한 한계

쟁의행위는 통일적이고 조직적인 활동이라고 하더라도 소극적으로 업무의 정상운영을 저해함으로써 사용자에게 경제적 타격을 주는 데 그쳐야 하므로 폭력·상해·협박 또는 불법감금과 같은 행위는 허용되지 않는다.

여기서 사용자의 의사에 반하여 생산수단을 자기지배 하에 두고 경영까지 장악하는 생산관리에 대해서는, 사용자의 재산권을 심각하게 침해할 수 있고 전체적인 경제질서에 위배되므로 인정될 수 없다고 보는 견해가 다수설이다. 하지만 앞서 경영참가에서 말한 현대적 상황에서 이러한 논리는 다소 설득력을 잃고 있는 점도 있다. 한편 사용자는 법률상의 정당한 노동쟁의행위에 한해서는 수인의무를 지며, 직장폐쇄·임금공제 등을 통하여 쟁의행위를 할 수 있다.

3. 개선방향

이상 살핀 바와 같이 우리의 현행법체계는 쟁의행위를 원칙적으로 허용하는 가운데 이에 대한 여러 가지의 제한을 두고 있는 모습을 보이고 있다. 수차례에 걸친 노동관계법의 개정으로 인하여 이전보다는 근로자들이 보다 자유롭게 자신의 의사를 표현하고 관철할 수 있는 길이 열려 있는 것이 사실이다. 만약 노동관계법이 쟁의행위의 제한을 지나치게 광범위하게 인정하여 원칙과 예외가 뒤바뀌는 현상이 나타난다면 근로자들의 쟁의행위는 대부분 위법한 것으로 판단될 것이며, 따라서 쟁의행위의 자유는 사실상 부정되는 결과에 이를 것이다. 이러한 점을 고려할 때 경영참가, 정치파업 등의 문제에 대한 새로운 관점에서의 접근이 요청되고 있는 것이라고 하겠다.

그러나 근로자들도 법적으로 규정된 실체적·절차적 제한들을 준수해야 한다는 것도 동일한 비중으로 요청된다. 최근 우리는 심각한 분열양상만 보이고 있는 노사현실을 발견하게 된다. 그러한 경우 언제나 불법파업, 사회혼란, 경제위기 등의 말은 동시에 언급되게 된다. 이러한 갈등상황이 현재의 노동관계법의 미비나 사회적 인식의 왜곡 등으로 인하여 가중되고 있는 점도 있겠으나 근로자들의 절차준수 의지 부족도 하나의 원인이 되고 있다고 하겠다. 우리의 노동현실이 진정 법치국가 헌법의 이념에 적합하도록 하기 위하여 노동자, 사용자 나아가 국가의 노력까지 모두 요구되고 있는 실정이다.

제 3 장   其他의 社會的 基本權

제 1 절   敎育을 받을 權利

I. 敎育을 받을 權利의 意義

교육을 받을 권리란 국민들이 자유롭게 교육을 받을 권리를 의미하며, 문화국가·사회국가의 이념을 표방하면서 등장한 권리이다.1) 교육을 받을 권리는 1830년 벨기에 헌법에서 자유권의 관점에서 최초로 규정하였으며, 사회권의 관점에서의 최초의 규정은 1919년 독일 바이마르 헌법을 들 수 있다. 우리 헌법은 제31조에서 교육을 받을 권리를 명시하고 있다.

교육을 받을 권리의 헌법적 기능으로는 ① 개인의 능력을 계발하여 직업과 경제생활에 있어서 자주적인 생활능력을 갖추게 하여 인간다운 삶을 영위할 수 있도록 그 기초를 마련해 주고, ② 교육을 통하여 국민을 민주시민으로 필요한 자질을 갖추게 하여 민주주의를 정착·발전시키는 기능을 수행하며, ③ 국민이 문화에 접근하고 참여하여 문화생활을 할 수 있도록 하며 더 나아가 문화를 창조할 수 있는 능력을 개발해 줌으로써 문화국가를 실현하는 기능을 들 수 있다.

교육을 받을 권리는 방어권으로서의 자유권의 성질과 급부 청구권으로서의 사회권의 성격을 동시에 가지고 있다. 그러나 그 주된 성격은 사회권이다. 교육을 받을 권리를 사회적 기본권으로서 국가에 대하여 교육을 받을 수 있도록 적극적인 배려를 요구할 수 있는 권리, 즉 교육에 필요한 재정, 시설, 제도의 정비 등 외적 조건을 국가에 요구할 수 있는 권리로 이해하는 경우에는, 이는 대국가적 효력을 가질 뿐이다. 그러나 교육을 받을 권리를 자유롭게

---

1) 김철수, 823쪽; 권영성, 651쪽; 허영, 426쪽; 강경근, 560쪽; 성낙인, 495쪽.

교육받는 것을 방해당하지 않을 자유권으로 이해하는 경우에는 대국가적 효력만이 아니라 경우에 따라 제 3 자에 대해서도 그 효력이 발생할 수도 있다.

교육을 받을 권리의 주체는 국민이며, 외국인과 법인은 원칙적으로 그 주체가 될 수 없다. 또한 학습권의 주체는 교육받을 개개인이고, 교육기회제공청구권의 주체는 학령아동의 학부모이다.

II. 教育을 받을 權利의 內容

1. 능력에 따라 균등하게 교육을 받을 권리

능력에 따른 교육이란 정신적·육체적 능력에 따른 합리적인 차별을 인정하는 것을 전제로 하고 있다. 따라서 법률이 정한 일정한 교육을 받을 전제조건으로서 능력이 갖추어진 경우 차별 없는 교육기회가 보장되어야 한다는 것이지, 일정한 수학능력이 있다고 하여 무조건 다른 사람과 차별 없는 교육을 청구할 수 있는 권리가 주어지는 것은 아니다.2) 예컨대 대학입학에 있어서 공개경쟁시험을 치르게 하는 것은 능력에 따른 교육을 위한 방법으로서, 위헌이라고 볼 수 없다. 한편 지적장애인 등 능력에 차이가 있는 자는 그에 상응하는 교육을 받을 권리가 있으므로 이들의 교육을 경시하거나 무시해도 된다는 것은 아니다.

교육의 평등은 구체적으로 취학상의 평등을 의미하는 것으로, 성별·인종·사회적 신분에 의하여 차별되지 않고 균등하게 교육받을 권리를 의미한다.3) 여기에서 균등교육이란 소극적으로 차별의 금지에 그치지 않고, 더 나

---

2) 헌법재판소는 만 6세가 넘어야 취학을 허락하고 있는 교육법 제96조 제 1 항에 대한 헌법소원사건에서 균등하게 교육을 받을 권리란 교육을 받을 전제로서의 능력을 갖춘 이상은 차별 없이 균등하게 교육을 받을 기회가 부여됨을 의미하는 것이지, 지능이 남보다 낫다고 하여 제한 없이 다른 사람과 차별하여 특정한 내용의 교육을 받을 수 있는 권리가 보장되는 것을 의미하는 것은 아니므로, 만 6세가 되기 전에 앞당겨서 입학을 허락하지 않는다고 하여 동 권리의 본질적 부분을 침해한 것이라고 할 수 없다고 하였다(헌재 1996. 10. 4. 93헌가13).

3) 이와 관련하여 이른바 교육참여청구권이라는 개념이 제시된다. 교육참여청구권이란 모든 교육시설의 이용에 균등하게 참여할 것을 요구할 수 있는 권리를 말한다. 독일에서 대학생이 급증하여 이를 수용할 시설이 부족하게 되자, 대학의 입학정원을 제한하는 제도를 도입하게 되었다. 교육확장을 위한 충분한 시간이 주어졌음에도 불구하고 이미 수년 이래 실시하고 있는 대학입학정원제한제도를 계속 유지하는 것은 위헌이라고 하여 이를 다툰 사건에서 독일 연방헌법재판소는 교육참여청구권을 원용하여 이 제도의 위헌성을 인정하였다.

아가 국가가 모든 국민에게 균등한 교육을 받을 수 있도록 각종 교육시설을
설치하고, 특히 능력은 있으나 경제적으로 어려운 자들이 실질적인 평등교육
을 받을 수 있도록 장학정책 등을 적극적으로 시행하여야 한다는 것이다.4)

이에 따라 보장되는 권리를 수학권 내지 학습권이라고 말 수 있다. 이것
은 교사의 교육을 시킬 권리와 대응되는 것이다. 수업권은 수학권을 실현시
키기 위해 인정되는 것이므로 헌법적인 기본권이라고 보기 어렵다고 한다.
따라서 수업권을 내세워 수학권을 침해할 수는 없으며 수학권의 보장을 위해
수업권은 일정범위 내에서 제약될 수밖에 없다.5)

2. 의무교육을 무상으로 받을 권리

모든 국민은 그 보호하는 자녀에게 적어도 초등교육과 법률이 정하는 교
육을 받게 할 의무를 진다. 의무교육의 기간에 관하여 교육기본법 제 8 조에
서는 6년의 초등교육과 3년의 중등교육을 명시하고 있다. 의무교육의 주체는
교육을 받아야 할 자녀를 가진 국민, 즉 학령아동의 친권자 또는 후견인이다.
그 의무의 내용은 학령아동을 일정한 학교, 즉 공립학교 또는 사립학교에 취
학시킬 의무이다. 또 의무교육의 권리의 주체는 취학연령에 있는 미성년자이
며, 이들은 독립하여 생활할 수 없는 자이므로 의무교육을 받을 권리를 실효
성 있게 행사할 수 있도록 그 보호자에게 교육을 받게 할 의무를 가하는 것

반면 독일의 다수견해는 참여권의 개념을 지나치게 확장하는 연방헌법재판소의 판결에 비
판적인 입장을 취했다고 한다.
4) 다만 헌법재판소는 거주지를 기준으로 중·고등학교의 입학을 제한하고 있는 교육법시행
령 제71조 등에 대한 헌법소원사건에서 과열된 입시경쟁으로 말미암아 발생하는 부작용을
방지하고, 도시와 농어촌 사이에 교육여건이 크게 다르지 아니하므로 자녀를 교육시킬 학
부모의 학교선택권의 본질적 내용을 침해한 것으로 볼 수 없다고 하였다(헌재 1995. 2.
23. 91헌마204).
5) 헌법재판소는 "국민의 수학권(헌법 제31조 제 1 항의 교육을 받을 권리)과 교사의 수업의
자유는 다같이 보호되어야 하겠지만 그 중에서도 국민의 수학권이 더 우선적으로 보호되
어야 한다"고 하고 "국정교과서제도는 교과서라는 형태의 도서에 대하여 국가가 이를 독
점하는 것이지만, 국민의 수학권의 보호라는 차원에서 학년과 학과에 따라 어떤 교과용 도
서에 대하여 이를 자유발행제로 하는 것이 온당하지 못한 경우가 있을 수 있고 그러한 경
우 국가가 관여할 수밖에 없다는 것과 관여할 수 있는 헌법적 근거가 있다는 것을 인정한
다면 그 인정의 범위 내에서 국가가 이를 검·인정제로 할 것인가 또는 국정제로 할 것인
가에 대하여 재량권을 갖는다고 할 것이므로 중학교의 국어교과서에 관한 한, 교과용 도서
의 국정제는 학문의 자유나 언론·출판의 자유를 침해하는 제도가 아님은 물론 교육의 자
주성·전문성·정치적 중립성과도 무조건 양립되지 않는 것이라 하기 어렵다"고 하였다(헌
재 1992. 11. 12. 89헌마88).

이다. 한편 의무교육을 받는 자를 특별한 이유 없이 퇴학처분하는 것은 헌법에 위반될 여지가 크다.

그런데 헌법 제31조 제3항의 규정은 "의무교육은 무상으로 한다"라고 하고 있어 이른바 무상주의를 명시하고 있다. 여기서 말하는 의무교육의 무상범위에 대하여는 ① 무상의 범위를 법률이 정하는 바에 의하여야 한다는 '무상범위법정설', ② 수업료의 면제만을 의미한다는 '수업료무상설', ③ 수업료 이외에 교재·학용품의 지급과 급식의 무상까지 포함한다고 보는 '취학필수비무상설'이 대립하고 있다. 한편 무상의 범위를 초중등교육법 제12조 제4항에서는 수업료와 학교운영지원비로 정하고 있다. 교육을 받을 권리의 취지에 비추어 무상의 범위는 차차 확대되어 나아가야 할 것이다. 다만 사립학교에서의 수업료징수는 인정한다. 이 경우 국민들은 의무교육의 실시를 근거로 하여 교육비를 국가에 청구할 수 있는 것은 아니다.

헌법재판소는 학교용지확보를 위하여 공동주택 수분양자들에게 학교용지부담금을 부과할 수 있도록 하는 규정이 헌법상 의무교육의 무상원칙에 반한다고 하였다.[6] 그러나 학교용지의 부과대상을 수분양자가 아니라 개발사업자로 하는 구 '학교용지 확보 등에 관한 특별법' 규정은 헌법 제31조 제3항의 의무교육 무상원칙에 반하지 않는다고 하였다.[7]

3. 교육제도의 보장

헌법 제31조 제4항은 "교육의 자주성·전문성·정치적 중립성 ··· 법률이 정하는 바에 의하여 보장된다"고 규정하고 있다. 여기서 교육의 자주성이란 교육이 타의 간섭 없이 그 전문성과 특수성에 비추어 독자적인 견지에서 교육 본래의 목적에 기하여 운영·실시되고 교육기관의 자주적인 의사결정에 의해서 교육을 구현하는 것을 의미한다. 즉 교육내용과 교육기구가 교육자에 의하여 자주적으로 결정되고 행정권력에 의한 교육통제가 배제되어야 하는 것이다. 교육의 전문성이란 교육정책이나 그 집행은 가급적 교육전문가가 담당하거나 적어도 그들의 참여 하에 이루어져야 함을 말한다. 즉 교육이 특수한 자격을 갖춘 전문가에 의해 운영되고, 교육정책의 수립과 집행에 이러한

---

6) 헌재 2005. 3. 31. 2003헌가20.
7) 헌재 2008. 9. 25. 2007헌가9.

교육전문가를 참여시킬 때 전문성이 보장될 수 있다. 교육의 정치적 중립성이란 교육이 국가권력이나 정치적 세력으로부터 부당한 간섭을 받지 아니할 뿐만 아니라 그 본연의 기능을 벗어나 정치영역에 개입하지 않아야 한다는 것을 의미한다. 교육의 정치적 중립성을 보상하기 위해서는 교육내용의 중립, 교사의 중립, 교육행정의 중립이 보장되어야 한다.

한편 제31조 제 4 항 후단은 대학의 자율성이 보장됨을 규정하고 있다. 대학의 자율성이란 대학의 운영에 관한 모든 사항을 외부의 간섭 없이 자율적으로 결정할 수 있는 자유를 말한다. 대학의 자율성 보장은 제 6 공화국헌법에서 신설된 규정으로, 대학교육 및 대학의 학사행정은 자율에 기초하여 이루어져야 한다는 것이다. 다만 대학의 자치라는 것이 학문의 자유의 본질적 내용 중 하나라는 점에서 별도로 대학의 자율성 규정을 둘 필요가 있었는지 에는 의문이 제기될 수 있다. 제31조 제 5 항은 국가의 평생교육의 진흥을 규정하고 있다. 오늘날 모든 국민이 복잡하고 부단하게 발전하는 현대적 문화생활에 적절히 대처하여야 할 뿐만 아니라 국민의 건전한 국가관정립을 위해서도 정규의 학교교육 이외에 평생에 걸친 교육이 요구된다. 평생교육은 사회교육 · 성인교육 · 직업교육 · 취미교육 등을 의미하며, 국가는 헌법 제31조 제 5 항에 의하여 평생교육을 진흥하여야 한다. 제31조 제 6 항은 교육제도의 법률주의를 규정하고 있는데, 교육제도의 법률주의란 교육제도를 법률로써 정한다는 원칙을 의미한다. 이에 따라 현재 법률로 정하고 있는 것은 학교교육 및 평생교육을 포함한 교육제도와 그 운영, 교육재정 및 교원의 지위에 관한 기본적인 사항이다.

Ⅲ. 教育을 받을 權利에 비추어 본 이른바 公教育 崩壞現象

헌법재판소는 지난 2000년 과외교습행위를 원칙적으로 금지한 다음, 예외적인 경우만 허용하고 이를 위반한 자를 형사처벌하는 학원의설립 · 운영에 관한법률에 대한 위헌법률심판[8]에서 "자녀의 양육과 교육에 있어서 부모의 교육권은 교육의 모든 영역에서 존중되어야 하며, 다만 학교교육에 관한 한, 국가는 헌법 제31조에 의하여 부모의 교육권으로부터 원칙적으로 독립된 독

---

8) 헌재 2000. 4. 27. 98헌가16, 98헌마429등.

자적인 교육권한을 부여받음으로써 부모의 교육권과 함께 자녀의 교육을 담당하지만, 학교 밖의 교육영역에서는 원칙적으로 부모의 교육권이 우위를 차지한다"고 한 후, 위의 법 제3조는 "원칙적으로 허용되고 기본권적으로 보장되는 행위에 대하여 원칙적으로 금지하고 예외적으로 허용하는 방식의 '원칙과 예외'가 전도된 규율형식을 취한데다가, 그 내용상으로도 규제의 편의성만을 강조하여 입법목적달성의 측면에서 보더라도 금지범위에 포함시킬 불가피성이 없는 행위의 유형을 광범위하게 포함시키고 있다는 점에서, 입법자가 선택한 규제수단은 입법목적의 달성을 위한 최소한의 불가피한 수단이라고 볼 수 없다"고 하여 과외금지에 대한 위헌을 선언하였다.

지난 수십년간 암기위주 입시대비 교육으로 인해 우리의 중등학교에서 인성교육이 실종되고 사고력과 창의력 교육이 부실하다고 지적되어 왔다. 그리하여 정부는 우리 교육의 고질적 문제점이었던 과외교육과 입시교육을 근절하고 지식정보사회를 맞이하기 위한 원대한 교육개혁을 추진해 왔다. 그런데 앞의 헌법재판소 판례에 이은 이른바 과외자유화 이후 최근에는 교육의 내용과 방식을 불문하고 중등학교 교실에서 수업 그 자체가 아예 진행되지 못하는 소위 '교실 붕괴' 현상이 나타나고 있어 충격을 안겨 주고 있다. '교실 붕괴', 즉 공교육 붕괴를 저지하려는 시도는 많지만, 어떻게 막을 수 있는지 뾰족한 대책은 아직 찾아보기 어렵다. 특히 우리나라의 공교육붕괴 현상은 선진국처럼 교육붕괴가 아니라 단지 공교육붕괴라는 것, 즉 학교교실붕괴 및 이로 인한 학원교실융성이라는 사실로부터 출발한다. 공교육의 붕괴현상과 사교육비의 지출증가 추세는 비례관계를 나타내고 있다.

이러한 공교육붕괴는 공교육의 질을 등한시한 양적 확장정책의 당연한 귀결이라고도 할 수 있다. 공교육의 확장은 국민의 대다수가 균등하게 교육을 받게 하기 위하여 필수적이다. 그러나 과밀학급, 엉성한 학업관리 등 그동안 쌓여왔던 공교육의 질적 문제점은 과외자유화를 계기로 표면화되기 시작한 것이다. 이러한 공교육의 붕괴는 사교육비를 지출할 여력이 되지 않는 국민에게는 교육을 받을 권리를 침해하는 결과를 야기한다. 국민의 기본권을 보장해야 하는 국가로서는 공교육의 질을 향상시키고 사교육을 적절하게 제한하는 조치를 하여 누구나 진정으로 능력에 따라 교육을 받을 수 있는 분위기를 만들어야 한다.

제 2 절   環 境 權

Ⅰ   環境權의 槪念과 意義

환경권은 1960년대 이후 미국에서 논의되기 시작한 것으로 천부인권으로 주장된 것이 아니라 공해에 대한 투쟁의 개념으로 등장한 현대적 기본권의 하나라고 할 수 있다. 이후 1972년 스웨덴의 스톡홀름에서의 인간환경선언과 1992년 브라질의 리우선언에서 환경의 중요성을 국제적으로 선언하여 환경공유사상을 고취시킨 바 있다. 우리 헌법에서 환경권을 최초로 규정한 것은 1980년에 개정된 제 5 공화국 헌법이다. 현행헌법에서도 헌법 제35조에 환경권을 직접 명문화하고 있으며, 기본적인 환경정책의 방향은 1990년 8월에 제정된 환경정책기본법에 규정하고 있다. 기타 개별법으로 수질환경보전법, 대기환경보전법, 유해물질관리법, 소음·진동규제법, 환경오염피해분쟁조정법이 제정·시행중에 있으므로, 환경에 대한 복수법주의를 채택하고 있다고 볼 수 있다.

환경이란 "생활체를 둘러싸고 직접·간접으로 영향을 주는 자연 또는 사회의 조건이나 형편·외계·외위(外圍)·주위의 사물이나 사정"을 나타내는 말이라고 우선 생각할 수 있다. 구체적으로 환경을 우선 인간이 점유하고 있는 생태적인 자연·인공의 주변세계 내지는 "自然의 狀態인 自然環境과 사람의 日常生活과 密接한 관계가 있는 財産의 보호 및 動·植物의 生育에 필요한 生活環境"9)이라 말할 수 있다. 환경의 개념이 어떻게 정의될 것인지의 여하와 관계없이 오늘날 환경은 심각하게 오염되고 황폐화되고 있으며, 이것은 곧바로 인간에 대한 직접적인 위험으로 작용하고 있음을 부인할 사람은 없을 것이다.10) 이와 같은 위험에 직면하여 사람들의 환경에 대한 인식도 대폭 변

---

9) 1990. 8. 1 법률 제4257호로 폐지된 환경보전법 제 2 조 참조.

10) 다음의 기사는 오늘날 환경문제가 얼마나 심각한지를 보여 준다. "새들이 하늘에서 떨어졌다. 물소와 황소와 개들이 거리와 들에 죽어 누웠다. 중앙아시아의 태양 아래서 그 상태로 몇 시간이 지나자 크게 부풀어 올랐다. 그리고 도처에서 질식된 사람들이 몸을 오그리고 입술에 거품을 물었으며, 경련을 일으킨 손은 땅을 후벼팠다. 지난 주말까지는 3천 명이었으며 새로운 희생자들이 계속 발견되고 있었다. 당국은 집계를 중단했다. 아마 2만 명의 사람들이 실명할 것이다. 20만 명 정도의 사람들이 피해를 입었다"(울리히 벡[홍성태 역], 위험사회, 1997, 89쪽).

화하게 되었다. 단순히 환경의 자연정화작용만을 신뢰하는 태도에서 환경의
유한성을 인식하는 세계관적 변화가 나타났다. 환경에 대한 법적 대응도 민
사적 분쟁해결로 충분하던 수준에서 공법적 규율까지 필요한 단계까지 발전
하였다. 또 국내법적 환경법만으로는 한계가 있어 여러 환경관련 국제조약이
발생하고 있으며, 단순한 캠페인식 계도활동은 법적으로 강제된 명령으로 변
화하고 있다.

전 인류가 국제적으로 연대하여 보장해야 하는 환경권은 인간존중주의
및 환경공유사상을 기초로 한 기본권으로서, 맑고 깨끗한 환경에서 생활할
수 있는 권리를 의미한다고 하겠다. 특히 최근에는 기본권으로서의 환경권
외에 헌법의 기본원리의 하나로 이른바 환경국가원리를 인정하는 견해도 나
타나고 있다. 환경권의 주체는 자연인이며 미래의 자연인, 즉 후손들도 그 주
체성을 인정한다. 외국인의 경우 인정할 것인가가 문제될 수 있는데 외국인
도 원칙적으로 환경권의 주체가 된다고 하겠다.

Ⅱ. 環境保全과 環境權, 環境法의 內容

1. 환경보전의 수단

환경보전을 도모하기 위한 환경정책이란 인간이 건강하고 인간존엄적인
주체로 살아가기 위해 환경을 보호하기 위한, 인간의 침해의 부정적 영향으
로부터 토양과 대기·물, 식물과 동물세계를 보호하기 위한, 그리고 인간으로
부터의 피해와 위해를 제거하기 위한 모든 조치를 의미한다.[11] 환경정책은
토양보전, 수질보전, 대기정화, 자연과 경관의 보전, 폐기물처리, 방사선으로
부터의 보호, 진동침해로부터의 보호, 화학물질로부터의 보호와 관계된다. 이
러한 환경정책은 사전배려의 원칙, 원인제거원칙, 협동의 원칙 등을 기초로

---

11) 환경정책에 있어서 이른바 환경윤리라는 것이 문제되기도 한다. 이는 인간중심의 관점으
로 환경을 볼 것인가, 자연이나 생태중심으로 환경을 볼 것인가의 문제인데 이러한 관점의
차이는 법적 견해의 극단적 대립이라고 파악하기는 곤란하다고 보며, 오히려 환경정책을
바라보는 기본적인 환경윤리적 관점의 차이라고 봄이 타당할 것이다. 다만 이러한 관점이 유
행에 따라 변경돼서는 안 된다는 점이 강조되기도 한다. 환경법 규범은 인간중심의 관점에
의하여 설명되는 것이며, 인류가 그의 생활수요를 다른 생명체에 따라서 정서하는 것에 이를
수는 없다(J. Salzwedel, "Umweltschutz," in: J. Isensee/P. Kirchhof[Hrsg.], *Handbuch des
Staatsrecht*, Bd. Ⅲ, 2. Aufl., 1996, Rn. 6).

하고 있다. 환경정책의 수단은 너무나 다양하다고 하겠으며, 국가의 활동과 관련된 거의 모든 수단이 이용될 수 있다고 말할 수 있겠다.12)

환경정책 실현을 위한 주된 수단이 바로 환경법이다.13) 환경법의 개념정의는 이제까지 일반적으로 합의된 바가 없다. 물론 환경법 영역의 고유성은 간접적으로는 완전히 승인된다. 대개 환경법과 환경보전법은 같은 의미를 갖는 것이라고 파악되며, 따라서 환경법이란 환경을 보전하는 데 기여하기 위해 규정된 법규범의 총합이라고 지칭할 수 있을 것이라고 한다.

2. 환경법의 내용

환경법을 "환경을 보전하는 데 기여하기 위해 규정된 법규범의 총합"이라고 지칭한다면, 이에는 우선 명시적으로 특수한 환경보전적 기능을 수행하는 법들이 포함된다. 이를테면 환경정책기본법, 대기환경보전법, 물환경보전법 등의 법령이 포함된다고 할 수 있겠다. 그러나 환경법은 단지 몇 개의 특수한 법령만을 포함하고 있는 것은 아니다. 수많은 광범위한 법령에서 환경보전이라는 것은 법적으로 추구되는 목표설정으로서 기능하게 된다. 물론 어떠한 법이 과연 환경법인지 아닌지 판단하기 어려운 경우도 있다. 예컨대 원자력과 관련된 법은 핵에너지의 개발의 목적과 동시에 방사능으로부터 발생하는 위험의 방지도 목적으로 하고 있다. 따라서 원자력 관련법은 위험방지 등의 환경보전과 관련된 부분만이 환경법으로 여겨지게 된다.14) 환경법은 환

---

12) 환경정책을 실현하기 위한 여러 가지 방법 중에 환경문제를 경제학적 논리로 접근하는 방식이 있다. 즉 환경문제를 결핍의 문제로, 현재의 위기적 환경부담을 결핍된 자원에 대한 초과요구로 개념짓는다. 현재 환경문제의 원인은 환경자원이 이제까지 이른바 무료의 재화로서 비용 없이 사용되었기 때문에 시장원리가 파괴된 것이라고 하는 것이다. 이 방법은 결국 환경재화에 부담금을 가함으로써 환경개선을 달성하는 경제학적 접근방식을 택하게 된다(W. Hoppe, *Umweltrecht*, 1989, S. 65).

13) 환경정책 중 가장 대표적인 수단이 환경법이 되는 이유는 오늘날의 법의 의미를 살펴보면 해명된다. 인간이 사회를 이루고 공존하며 살아가기 위하여 일정한 질서가 필요하다는 것은 너무나 당연한 것이며, 그러한 질서 중에 법규범에 의한 질서도 포함된다. 그러나 법규범은 신법이나 도덕규범과는 상당히 다른 의미를 갖는다. 가장 먼저 국가의 강제력에 의하여 그 효력이 담보된다는 점에서 특징을 갖는다고 말할 수 있겠지만, 그 이상의 특징을 발견할 수 있다. 즉 이성의 시대에 가장 합리적이며 정당한 질서, 국민의 대표에 의하여 제정된 자기규율적 규범이라는 의미를 갖는 것이다. 이러한 의미에 의하여 근대 국가 이후 국가생활의 모든 영역이 대부분 의회의 제정법을 비롯한 각종 법규범에 의하여 형성되고 규제되고 있음을 발견할 수 있는 것이다.

14) W. Hoppe, *Umweltrecht*, 1989, S. 23.

경정책의 수행에 있어서 가장 근간이 됨은 앞서 본 바와 같다. 환경보전의 목적 · 수단 · 권한, 분쟁시의 이해관계 조절 · 통제에 이르기까지 광범위한 규율을 담고 있으며, 따라서 환경정책에 있어서 환경법은 가장 의미가 큰 수단이라고 할 수 있는 것이다.

그렇다면 다양한 환경법규범을 어떻게 일목요연하게 구분하여 정리할 것인지가 문제된다.[15] 이러한 구분은 먼저 전통적 법체계, 즉 민사법 · 형사법 · 행정법으로의 구분에 맞추어 분류하는 방식으로 이루어지게 될 것이다. 또 국내법적 효력을 가질 것인가, 국제법적 효력을 가질 것인가에 따라 구분될 것이며, 법원(法源)의 성격에 따라 구분되기도 한다. 마지막으로 환경법 분야의 특유한 분류방법인 보호대상에 따른 구분도 가능할 것이다.

3. 환경권의 내용

환경정책을 실현함에 가장 주된 수단이 환경법이라는 것을 밝혔음에도 불구하고 우리의 현행헌법은 기본권으로서 환경권을 규정하고 있다. 국회의 구체적인 입법형성 없이 개인에게 환경권을 부여하는 것만으로 환경보전의 목적이 달성될 수는 없다. 또 구체적 입법 없이 그러한 환경권이 충실하게 보장될 수 있을지도 의문이다. 결국 우리 헌법상 환경권은 국가에 대한 환경보전을 위한 입법명령 정도로 이해할 수밖에 없다. 그럼에도 불구하고 환경권을 둘러싼 해석론은 제기되고 있으므로 이를 살펴보도록 하겠다.

환경권은 먼저 국가의 환경침해에 대하여 국민이 국가기관에 환경침해의 중단 등을 주장할 수 있는 국가의 환경침해에 대한 방어권을 그 내용으로 한다고 본다. 아울러 국가 이외의 사인에 의해서 유발된 환경침해를 방지할 것을 요구할 수 있는 공해방지청구권도 도출된다고 한다. 이 권리는 상린관계를 토대로 수인의 한계를 초과하는 경우에 주장할 수 있는 권리라고 보며, 사인이 환경을 침해하는 경우에는 오염배제청구소송을 제기하거나 손해배상을 청구할 수 있다고 한다. 나아가 환경권은 쾌적한 생활환경조성청구권을

---

15) 환경법을 어떻게 분류하여 체계를 구성할 것인가에는 여러 가지 의견이 존재하며 절대적인 기준이 있는 것은 아니다. 이를테면 M. Kloepfer는 환경법을 좁은 의미의 환경법과 넓은 의미의 환경법으로 구분하고, 이러한 환경법에 기술법, 노동보호법, 공간법, 건축법, 에너지법, 동물법 등이 포함된다고 말하고 있다(M. Kloepfer, *Umweltrecht*, 2. Aufl., 1998, S. 53ff.).

포함하고 있다고 보는데, 이것은 국민이 국가기관에 대하여 쾌적하고 건강한 생활환경을 청구할 수 있는 권리를 의미한다. 여기서 생활환경은 대기·물·소음·진동·악취 등과 같은 인간의 일상적인 생활과 관계되는 환경을 의미한다. 또 쾌적한 주거생활권이라는 것도 인정되는데, 이는 국민이 국가기관에 주택개발정책 등을 통하여 쾌적한 주거생활의 실현을 청구할 수 있는 권리를 의미한다. 쾌적한 주거생활권은 적극적인 급부나 배려를 국가에 청구할 수 있다는 점에서 주거의 비밀을 보장하는 헌법 제16조의 주거의 자유와 차이점이 있다고 설명한다.

Ⅲ. 環境法의 方向

1. 외국에서의 환경법의 변화추세

앞으로 환경법의 발전이 어떻게 이루어질 것인가를 살피기 위해 우리보다 환경에 대하여 더 많이 고민해 왔고 제도화의 경험이 더 많은 외국의 환경법이 어떠한 추세를 나타내고 있는지를 살펴볼 필요가 있다. 국가에 따라 또는 산업화의 정도에 따라 환경에 대한 접근은 다소 차이가 있겠으나, 환경문제는 공통적으로 심각해지고 있으므로 환경입법의 제정·개정과 관련하여 몇 가지 특징이 나타나고 있다고 한다.

그러한 특징으로 첫째, 단편적인 환경오염규제대책보다는 전반적인 환경보전 및 관리대책이 강조되고 있고, 법의 내용에 있어서 환경문제와 관련이 있는 사항은 모두 포함하고자 하는 경향이 나타난다. 둘째, 법의 형식에 있어서 환경매개물을 기준으로 한 복수법 단계를 거쳐 복합적인 오염에 보다 효율적으로 대처할 수 있는 산업구조와 연계된 통합입법이 증대하고 있다고 한다. 셋째, 관련법의 제정 개정을 통하여 환경대책을 총괄적으로 다룰 수 있는 환경행정기구를 설치하고 환경관련 업무의 통합·조정이 모색되고 있다. 넷째, 헌법에 환경에 관한 규정을 두고 제반 입법과정에서 환경보전에 관한 사항을 중요하게 취급하고 있다.16)

이러한 외국의 추세는 환경문제에 관하여 법이 더욱 포괄적으로 적극적으로 개입하고 있다는 말로 요약할 수 있을 것이다. 우리나라의 환경법도 대

---

16) 김종민, 환경문제와 환경법, 1993, 105쪽 참조.

체로 이러한 추세에 따르고 있다. 하지만, 맹목적으로 외국의 추세에만 따를 것이 아니라 우리의 현실적 상황에 더 잘 부합되는 특수한 환경입법에 대한 고려도 병행되어야 할 것이라고 생각한다.

2. 환경법의 앞으로의 과제[17]

그렇다면 우리 환경법이 앞으로 해결해야 하는 과제로는 무엇이 있을까? 먼저, 환경적 규율의 흠결에 대처해야 한다. 이러한 흠결은 현재의 입법이 불완전하기 때문에 발생하기도 하지만, 환경문제에 대한 과학기술적 해명이 항상 발전하고 있기 때문에 발생하기도 한다. 어쩌면 이러한 흠결은 환경법이 존재하는 한 절대로 해결할 수 없는 문제인지도 모른다. 그러나 법적 규율이 더욱 기능능력을 발휘하게 하기 위하여 이러한 법적 흠결은 늘 검토되어지고 메워져야 할 것이다.

또 다른 과제는 환경법 이외의 법 영역에 대하여 환경법이 영향을 미쳐야 한다는 것이다. 한쪽에서는 환경을 보호하기 위하여 정화시설을 가동하면서 다른 한쪽에서는 마구 오염시키는 개발을 한다면 환경보호를 위한 노력은 장식품이나 홍보에 지나지 않게 된다. 최근에도 상수원보호구역으로 지정·관리하는 부근에 무분별하게 건축허가를 내 주는 모순이 종종 발생하고 있는데, 이러한 문제를 해결하기 위해서는 수질환경에 관한 법이 건축에 관한 법에 적극적으로 영향을 미치도록 함으로써 해결될 수 있는 문제이다.

한편, 환경에 관하여 수많은 법규가 제정되어 일관된 법적용과 해석을 곤란하게 하는 문제가 있다. 앞서 다룬 환경법의 체계화와 구분은 주로 환경법 규범이 수다한 단행법령에 흩어져 있기 때문에 발생하는 문제이다. 이에 따라 환경법을 가장 일목요연하게 체계화하여 더 나은 수행가능성을 확보하게 하기 위해 이른바 통합환경법을 제정하는 시도가 제기되고 있다. 다만, 단일 환경법으로의 통합은 이미 존재하는 법규 간의 관련성을 파괴하고 전통적 법 영역을 붕괴시킬 위험을 그 자체에 가지고 있다. 단일 입법화의 장점은 이러한 단점과 함께 고려되어야 하는 것이다. 환경법 영역의 내부적 조화의 절차와 아직 고찰되지 않은 법적 소재에 대한 도그마적 고찰이 환경법 통합에 선행되어야 하는 것이다. 그러한 통합환경법의 제정목적은 개별 법령에

---

17) 이하의 내용은 M. Kloepfer, *Umweltrecht*, 2. Aufl., 1998, S. 28ff. 참조.

흩어져 있는 현행 환경법체계와는 달리, 환경문제에 대한 공통된 법적 해결 모델의 발전을 통하여 현재 존재하고 있는 법적 흠결을 메우고 일원화하는 데 있다는 점을 염두에 두어야 한다.18)

제 3 절   婚姻·家族·母性·保健에 관한 權利

Ⅰ. 婚姻과 家族에 관한 權利

1. 혼인과 가족에 관한 권리의 의의

혼인과 가족에 관한 권리는 1919년 독일의 바이마르 헌법에서 최초로 규정되었다. 우리나라 헌법에서는 1948년 건국헌법에서 최초로 규정하였으며, 1980년 제 8 차 개헌에서는 인간의 존엄과 양성평등을 규정하였다. 모성보호 규정은 현행헌법에서 최초로 규정하였다. 혼인과 가족에 관한 권리도 이중적 성격을 가지고 있어 자유권적 기본권과 일종의 제도보장, 그리고 사회적 기본권의 성격도 가지고 있다.

2. 혼인과 가족에 관한 권리의 내용

혼인과 가족에 관한 권리는 혼인의 자유와 일부일처제, 양성평등 등을 기반으로 하는 가족제도의 보장을 내용으로 하고 있다. 우선 혼인의 자유란 혼인에 있어서 당사자간의 의사를 존중하는 것을 의미한다. 혼인의 자유를 보장하기 위해 현행법제는 축첩금지, 지나친 조혼금지, 인신매매혼을 금지한다. 특히 혼인과 가족에 관한 제도는 개인의 존엄과 양성의 평등을 기초로 성립되고 유지되어야 하며, 국가는 이를 보장하여야 한다(헌법 제36조). 인간의 존엄성과 민주주의 원리의 존중은 현행헌법상 혼인 및 가족제도를 지배하는 기본원리라고 하겠다.

이와 관련하여 헌법재판소는 친생부인의 소의 제척기간과 그 기산점에

---

18) W. Hoppe, *Umweltrecht*, 1989, S. 25; 우리나라의 경우 포괄적·일반적 규율의 내용을 담고 있는 환경보전법이 1977년에 이미 제정되어 있었다. 하지만 이 법은 1990년 폐지되었고 그 내용을 대기환경보전법, 물환경보전법 등이 이어받고 있다.

관하여 '그 출생을 안 날로부터 1년 내'라고 규정하고 있는 민법 제847조 제
1항은 자유로운 의사에 따라 친자관계를 부인하고자 하는 부(夫)의 가정생활
과 신분관계에서 누려야 할 인격권·행복추구권 및 개인의 존엄과 양성의 평
등에 기초한 혼인과 가족생활에 관한 기본권을 침해하는 것으로 위헌으로 판
결하였다.[19] 또 동성동본불혼을 규정하고 있는 민법 제809조 제1항에 대한
위헌심사에서 "중국의 동성금혼 사상에서 유래하여 조선시대를 거치면서 법
제화되고 확립된 동성동본금혼제는 그 제도 생성 당시의 국가정책, 국민의식
이나 윤리관 및 경제구조와 가족제도 등이 혼인제도에 반영된 것으로서, 충
효정신을 기반으로 한 농경중심의 가부장적·신분적 계급사회에서 사회질서
를 유지하기 위한 수단의 하나로서의 기능을 하였다. 그러나 자유와 평등을
근본이념으로 하고 남녀평등의 관념이 정착되었으며 경제적으로 고도로 발달
한 산업사회인 현대의 자유민주주의사회에서 동성동본금혼을 규정한 민법 제
809조 제1항은 이제 사회적 타당성 내지 합리성을 상실하고 있음과 아울러
인간으로서의 존엄과 가치 및 행복추구권을 규정한 헌법이념 및 개인의 존엄
과 양성의 평등에 기초한 혼인과 가족생활의 성립·유지라는 헌법규정에 정
면으로 배치될 뿐 아니라 남계혈족에만 한정하여 성별에 의한 차별을 함으로
써 헌법상의 평등의 원칙에도 위반되며, 또한 그 입법목적이 이제는 혼인에
관한 국민의 자유와 권리를 제한할 사회질서나 공공복리에 해당될 수 없다는
점에서 헌법 제37조 제2항에도 위반된다"고 하여 헌법불합치 판결을 내렸
다.[20]

3. 호주제 폐지와 관련된 문제점

혼인과 가족에 관한 권리와 관련하여 가장 문제가 되었던 것은 바로 호
주제와 관련된 것이다. 호주제는 민법상 가(家)를 규정함에 있어 호주를 중심
으로 하여 가족을 구성하는 제도로써, 그 절차법으로 호적법이 있었다. 호주
제도는 여성에게 남성호적에 입적할 것을 강제하고, 가족의 자유의사에 의한
구성과 입적의 자유를 차단한다. 이러한 점에서 호주제도는 자기결정성과 자
기처분성을 갖는 인격을 객체로 취급하는 반인권적인 제도이며 양성 평등을

---

19) 헌재 1997. 3. 27. 95헌가14등.
20) 헌재 1997. 7. 16. 95헌가6등.

기반으로 하고 있는 헌법상 가족제도에 위반되는 것이라는 비판이 제기되었다. 특히 호주제도는 일본식민지시대의 제국주의적 정책을 수행하기 위하여 정착된 제도이지, 단순히 한국의 전통에서 유래된 제도가 아니라면서 유림 등에 의하여 진행되고 있는 호수제 손속운동에도 반론을 제기하였던 것이다.21)

이에 헌법재판소는 "호주제는 성역할에 관한 고정관념에 기초한 차별로서, 호주승계 순위, 혼인시 신분관계 형성, 자녀의 신분관계 형성에 있어서 정당한 이유 없이 남녀를 차별하는 제도이고, 이로 인하여 많은 가족들이 현실적 가족생활과 가족의 복리에 맞는 법률적 가족관계를 형성하지 못하여 여러모로 불편과 고통을 겪고 있다. 숭조(崇祖)사상, 경로효친, 가족화합과 같은 전통사상이나 미풍양속은 문화와 윤리의 측면에서 얼마든지 계승, 발전시킬 수 있으므로 이를 근거로 호주제의 명백한 남녀차별성을 정당화하기 어렵다"는 등의 이유로 헌법불합치 결정을 내렸다.22) 이에 민법 제778조, 제780조 등이 삭제되어 2008년부터 시행되기로 되는 등 법제의 변화가 발생하였다.

물론 가족제도도 법질서로부터 완전히 자유로운 영역일 수는 없다. 국가는 적정한 한도 내에서 예측가능한 법적 가족제도를 관리할 필요도 있는 것이다. 다만 그것이 호주제처럼 양성차별적 성격을 가지고 있어서는 안 된다고 할 것이다.

Ⅱ. 母性과 保健에 관한 權利

1. 모성에 관한 권리

현행헌법은 국가가 모성의 보호를 위하여 노력할 의무를 지는 것으로 규정하고 있다(제36조 제2항). 모성의 보호란 모성의 건강에 대한 보호뿐만 아니라 자녀의 출산과 양육의 사회적·경제적 여건에 대한 국가보호를 의미한다. 국가는 모성보호를 위한 각종의 시책과 제도를 실시하여, 모성보호를 위해 노력해 줄 것을 국가에 청구할 수 있으며, 이를 위한 입법으로 모자보건법·한부모가족지원법이 시행되고 있다.

21) 대한변호사협회, "2000년도 인권상황개관," 인권보고서 제15집, 2001, 18쪽.
22) 헌재 2005. 2. 3. 2001헌가9.

2. 보건에 관한 권리

보건에 관한 권리는 국민이 건강한 삶을 유지할 수 있도록 국가에 대하여 보건행정을 요구할 수 있는 권리를 의미한다.[23] 국민은 국가에 대하여 국민의 위생과 건강을 유지하는 데 필요한 시설이나 환경을 요구할 수 있으며, 이를 위해 국가는 예방접종, 건강진단, 소독의 실시, 깨끗한 상하수도 유지 등에 힘써야 되는 의무를 갖게 된다. 국민의 보건에 관한 법률로는 국민건강증진법, 국민건강보험법, 감염병의 예방 및 관리에 관한 법률 등이 있다.

---

[23] 헌법재판소는 "헌법은 모든 국민은 보건에 관하여 국가의 보호를 받는다라고 규정하고 있는바(제36조 제 3 항), 이를 보건에 관한 권리 또는 보건권으로 부르고, 국가에 대하여 건강한 생활을 침해하지 않도록 요구할 수 있을 뿐만 아니라 보건을 유지하도록 국가에 대하여 적극적으로 요구할 수 있는 권리로 이해한다 하더라도 치과전문의제도를 시행하고 있지 않기 때문에 청구인을 포함한 국민의 보건권이 현재 침해당하고 있다고 보기는 어렵다"고 하였다(헌재 1998. 7. 16. 96헌마246).

제 7 부 ▶ 節次的 基本權

제1장　節次的 基本權　Ⅰ

　　절차적 기본권은 흔히 청구권적 기본권이라고도 불린다. 절차적 기본권이란 실체적 기본권을 보장하는 절차를 규정하는 기본권을 의미한다.[1] 다른 실체적 기본권이 그 자체가 권리의 목적이 되는 성격이 있으나, 절차적 기본권은 실체적 기본권이 침해되거나 침해될 우려가 있을 때에 이를 확보하기 위한 수단적 기본권이라고 할 것이다. 우리 헌법은 절차적 기본권으로 청원권, 재판청구권, 국가배상청구권, 국가보상청구권, 범죄피해자구조청구권 등을 규정하고 있다.

제1절　請　願　權

Ⅰ. 請願權의 槪念과 意義

　　청원권이란 국가기관에 문서로써 주장이나 희망을 표시할 수 있는 권리이다.[2] 청원권의 의의는 "청원은 자유의 행사에 있어서 특히 중요하다. 청원은 의사소통의 수단으로 봉사하고 사상이나 의견의 개인간 제휴를 위한 고전

---

　　1) 절차적 기본권의 법적 성질이 무엇인지에 대하여 논의가 있다. 일부 견해는 "청구권적 기본권은 헌법의 규정에 따라 이를 구체화하는 개별적인 법률이 없다고 하더라도 소송 등을 통하여 직접 그 권리를 요구할 수 있다"고 하며(김철수, 900쪽), 다른 견해에 의하면 "그 행사절차에 관한 구체적인 입법이 있을 경우에 비로소 행사할 수 있는 불완전한 의미의 구체적 권리"라고 하고 있다(권영성, 588쪽). 또 다른 견해는 이들 양자의 견해를 종합적으로 이해하는 듯한 모습을 보이고 있다(성낙인, "기본권으로서의 청구권적 기본권," 고시연구 제23권 제8호, 1996, 24쪽). 그러나 일반적으로 기본권은 직접적으로 적용되는 경우도 있고, 또 대부분 법률로 구체화할 필요성도 제기된다는 점에서 특별한 의미가 있는 논의라고 할 수 없다.

　　2) 김철수, 902쪽; 권영성, 589쪽; 강경근, 626쪽; 성낙인, 531쪽.

적 수단으로 기능한다. 그리고 개별 서명자의 견해를 확산시키는 효과적이면서도 평화적인 방법이 된다"는 미국 연방대법원의 판례에 잘 드러나 있다.[3] 청원권을 최초로 인정한 것은 1215년 영국의 대헌장이고, 국민의 權利로서 최초로 규정된 것은 1689년 영국의 권리장전이다.[4] 우리 헌법은 제26조에서 청원권을 기본권으로서 인정하고 있으며, 이를 구체화하는 법률로는 청원법, 국회법(제 9 장), 지방자치법(제 5 장 제 8 절) 등이 제정되어 있다.

청원권의 주체가 누구인지에 대하여 청원법상 규정은 존재하지 않는다. 국민과 내국법인 등이 청원권의 주체가 된다는 것은 명확하다고 하겠으나, 외국인·외국법인 등이 주체가 되는지는 의문이 제기될 수 있다. 하지만 절차적 기본권이 문제되는 실체적 기본권의 보호를 위해 인정되는 것이라는 점을 감안할 때 외국인 등에게도 인정되는 기본권의 구제가 필요한 상황이라면 그 때는 절차적 기본권도 인정된다고 하겠다. 따라서 청원권도 문제사안이 외국인에게 기본권 주체성이 인정되는 경우라면 외국인에게도 인정된다고 하겠다. 특수지위관계에 있는 공무원 등도 청원권이 인정된다고 하겠지만 공무원·군인·수형자 등은 직무와 관련된 청원과 집단적 청원을 할 수 없다.

Ⅱ. 請願權의 內容

1. 청원의 요건

청원은 국가기관뿐만 아니라 지방자치단체나 그 밖의 공공단체에 대해서도 할 수 있는 것으로, 청원권 행사는 권리 또는 이익의 침해를 반드시 요건으로 하지 아니한다. 청원에 대한 사항은 청원법 제 4 조에 규정하고 있는데, 그 내용으로는 "1. 피해의 구제, 2. 공무원의 위법·부당한 행위에 대한 시정이나 징계의 요구, 3. 법률·명령·조례·규칙 등의 제정·개정 또는 폐지, 4. 공공의 제도 또는 시설의 운영, 5. 그 밖에 국가기관 등의 권한에 속하는 사항"이 제시되어 있다. 물론 이 규정은 한정적·열거적인 것이 아니라 예시적

---

3) Brown v. Glines(1980) 참조.
4) 청원권의 연혁에 대하여는 문광삼, "청원권," 고시연구 제23권 제 8 호, 1996, 35쪽 이하 참조.

인 것으로서 공공기관의 권한에 속하는 것은 널리 청원사항이 될 수 있다고 볼 것이다.5) 다만 청원법 제 5 조에서는 ① 감사·수사·재판·행정심판·조정·중재 등 다른 법령에 의한 조사·불복 또는 구제절차가 진행중인 때, ② 허위의 사실로 타인으로 하여금 형사처분 또는 징계처분을 받게 하거나 국가기관 등을 중상모략하는 사항인 때, ③ 사인간의 권리관계 또는 개인의 사생활에 관한 사항인 때, ④ 청원인의 성명·주소 등이 불분명하거나 청원내용이 불명확한 때를 청원불수리 사유로 규정하고 있으며, 제11조에서는 타인을 모해할 목적으로 허위의 사실을 적시한 청원을 금지하고 있다.

2. 청원의 절차

(1) 청원의 방법

청원은 반드시 문서(전자문서를 포함한다)로 제기해야 하며, 청원서에는 청원인의 성명(법인인 경우에는 명칭, 대표자의 성명)·주소 또는 거소를 기재하고 서명한 문서로 하여야 한다. 다수인이 공동으로 청원할 때에는 그 처리결과의 통지를 받을 3인 이하의 대표자를 선임하여 이를 청원서에 표시하여야 한다(청원법 제 6 조).

그리고 동일인이 동일한 내용의 청원서를 동일한 기관에 2건 이상 제출하거나 2 이상의 기관에 제출한 때에는 나중에 접수된 청원서는 이를 반려할 수 있다(청원법 제 8 조).

국회에 대하여 청원하려는 자는 국회의원의 소개를 얻어서 청원서를 제출하여야 한다(국회법 제123조). 지방의회에 대한 청원도 지방의회의원의 소개가 있어야 한다(지방자치법 제73조). 국회에서 채택한 청원으로서 정부가 처리함이 타당하다고 인정되는 청원은 의견서를 첨부하여 정부로 이송한다. 국회법에서는 국가기관을 모독하는 내용의 청원은 이를 접수하지 못하도록 하고 있다(제125조).

(2) 청원서의 처리

청원서는 청원사항을 관장하는 기관에 제출하여야 한다. 청원서를 접수한 기관은 청원서에 미비한 사항이 있다고 판단할 때에는 그 청원인에게 보

---

5) 김철수, 905쪽.

완하여야 할 사항 및 기간을 명시하여 이를 보완할 것을 요구할 수 있으며,
청원서를 접수한 기관은 청원사항이 그 기관이 관장하는 사항이 아니라고 인
정되는 때에는 그 청원사항을 관장하는 기관에 청원서를 이송하고 이를 청원
인에게 통지하여야 한다(청원법 제7조). 청원을 수리한 기관은 청원의 심사에
필요하다고 인정할 때에는 청원인, 이해관계인 및 학식과 경험이 풍부한 사
람으로부터 진술을 들을 수 있으며, 청원을 관장하는 기관이 청원을 접수한
때에는 특별한 사유가 없는 한 90일 이내에 그 처리결과를 청원인에게 통지
하여야 한다. 청원을 관장하는 기관은 부득이한 사유로 90일 내에 청원을 처
리하기 곤란하다고 인정하는 경우에는 60일의 범위 내에서 1회에 한하여 그
처리기간을 연장할 수 있다. 이 경우 그 사유와 처리예정기한을 지체 없이
청원인에게 통지하여야 한다(동법 제9조). 또 누구든지 청원하였다는 이유로
차별대우를 받거나 불이익을 강요당하지 아니한다(제12조). 만약 청원을 하였
다는 이유로 청원자가 직·간접의 불이익을 받는다면 청원권을 기본권으로
보장한 의미는 없어질 것이기 때문이다.

　　한편 헌법 제26조 제 2 항은 국가가 청원에 대하여 심사할 의무를 진다
고 규정하고 있다. 청원법은 이에 더 나아가 청원심사 결과를 청원인에게 통
지할 의무까지 규정하고 있다(청원법 제 9 조 제 3 항). 이로써 헌법상 보장된 청
원권은 공권력과의 관계에서 발생하는 여러 가지 이해관계·희망·의견 등에
대하여 적법한 청원을 행한 모든 국민에게 국가기관은 수리·심사의무뿐만
아니라 그 처리결과까지도 요구할 수 있는 권리가 된다. 그러나 재결이나 결
정할 의무까지 있는 것은 아니고, 처리결과를 통지할 경우에 처리이유를 명
시할 것을 요구하는 것은 청원권의 보호범위에 포함되지 아니한다.[6] 또 청원
에 대한 대법원의 판례는 "청원권이 국민이 국가기관에 대하여 어떤 사항에
관한 의견이나 희망을 진술할 권리로서 단순히 그 사항에 대한 국가기관의
선처를 촉구하는 데 불과한 것이므로 국가가 청원에 대하여 심사할 의무를
지고 주관관서가 그 심사처리결과를 청원인에게 통지할 의무를 지고 있더라
도 청원을 수리한 국가기관은 이를 성실·공정·신속히 심사·처리하여 그
결과를 청원인에게 통지하는 이상의 법률상 의무를 지는 것은 아니라고 할
것이고, 따라서 국가기관이 그 수리한 청원을 받아들여 구체적인 조치를 취

---

6) 헌재 1994. 2. 24. 93헌마213.

할 것인지 여부는 국가기관의 자유재량에 속한다고 할 것일 뿐만 아니라 이로써 청원자의 권리의무, 그 밖의 법률관계에는 하등의 영향을 미치는 것이 아니므로 청원에 대한 심사처리결과의 통지 유무는 행정소송의 대상이 되는 행정처분이라고 할 수 없다"라고 하고 있다.[7]

Ⅲ. 請願權의 現代的 意義와 問題點

청원권이 헌법상 규정되어 있고 여러 개별법령에서 구체화되어 있다고 하더라도 그것이 어느 정도 실효성 있는 절차적 기본권인가에는 의문이 제기된다. 재판제도가 지금처럼 정비되기 이전에는 청원이 그나마 의미 있는 기본권 구제 수단으로 기능하였을 것이다. 하지만 오늘날과 같이 사법부의 독립과 그 절차가 정비되어 있는 경우라면 중립적인 법원에 보다 효과적이고 강제적인 구제를 요청하는 것이 궁극적인 기본권 구제를 위해서는 유리할 것이다. 청원권은 결국 문제되는 기관의 스스로의 교정을 요구하는 의미에 불과하기 때문이다.

다만 오늘날에도 청원권의 의미가 없는 것은 아니다. 특히 재판청구를 하기 위해서는 상당한 비용과 시간이 소모되기 마련이다. 반면 청원에는 특별한 비용과 시간이 요구되지 않으며, 간단하게 문서로 청원사항을 소명하면 충분하다. 따라서 청원권의 의미는 여전히 존중되고 있는 것이다. 앞으로 청원권이라는 절차적 기본권이 보다 효과적인 수단이 되기 위해서는 절차를 더욱 간략히 하면서도, 그 실효성을 높이는 방향으로 개선이 이루어져야 할 것이다. 특히 최근 인터넷 통신망의 발달로 인하여 손쉽게 민원사항을 처리할 수 있도록 하는 시도가 곳곳에서 발견되고 있다.[8] 이러한 시도는 민원처리의 신속성과 처리의 투명성을 확보하는데 많은 도움을 주리라고 보며 이를 통하여 청원제도가 대체 또는 보완될 가능성도 크다고 하겠다.

이러한 취지에 의할 때 현재 국회나 지방자치의회에 청원을 하는 경우 의원의 소개를 요구하는 것은 타당한 것이라고 보기 어렵다. 국회 등의 대의기관이 정부 등의 집행기관을 통제하는 역할을 하고 있다는 점에서 이들 기관에 청원을 하는 것이 상대적으로 효과적인 권리구제수단이 될 가능성이 있

---

7) 대법원 1990. 5. 25. 선고 90누1458 판결.
8) 예컨대 청와대의 국민청원 및 제안 사이트 등 참조.

다. 소개를 할 의원을 찾지 못한다면 청원 자체를 하지 못하게 될 텐데, 이것은 청원권의 절차적 기본권으로서의 의의를 퇴색시키는 것이라고 생각한다.9)

제 2 절   裁判請求權

I. 裁判請求權의 意義

재판청구권은 여러 가지 절차적 기본권 중 가장 강력하고 완비된 권리로서 독립된 사법적인 재판절차에 의해 국민의 권리를 구제할 것을 청구할 수 있는 권리라고 하겠다.10) 우리 헌법재판소도 "재판청구권은 재판절차를 규율하는 법률과 재판에서 적용될 실체적 법률이 모두 합헌적이어야 한다는 의미에서의 법률에 의한 재판을 받을 권리뿐만 아니라 비밀재판을 배제하고 일반국민의 감시 하에서 심리와 판결을 받음으로써 공정한 재판을 받을 수 있는 권리를 포함한다"11)고 하여 재판청구권의 의미를 강조하고 있다.

재판청구권은 1791년 프랑스 헌법에서 최초로 성문화하였다. 우리 헌법에서의 최초는 1948년 건국헌법이며, 재판청구권에 수반된 무죄추정권은 제 8 차 개헌에서 최초로 규정되었다. 현행헌법은 제27조에서 재판청구권을 규정하고 있는데 제27조 제 4 항의 형사피해자의 공판정진술권은 현행 제 9 차 개헌헌법에서 신설된 규정이다.

재판청구권은 모든 국민과 외국인에게 인정되며, 권리능력이 없는 사법상의 결사에도 인정된다고 하겠다.12) 하지만 모두에게 무제한적으로 인정되는 것이 아니고, 침해되어 구제받을 권리가 원칙적으로 외국인이나 권리능력

---

9) 반면 헌법재판소는 "지방의회에 청원을 할 때에 지방의회 의원의 소개를 얻도록 한 것은 의원이 미리 청원의 내용을 확인하고 이를 소개하도록 함으로써 청원의 남발을 규제하고 심사의 효율을 기하기 위한 것이고, 지방의회 의원 모두가 소개의원이 되기를 거절하였다면 그 청원내용에 찬성하는 의원이 없는 것이므로 지방의회에서 심사하더라도 인용가능성이 전혀 없어 심사의 실익이 없으며, 청원의 소개의원도 1인으로 족한 점을 감안하면 이러한 정도의 제한은 공공복리를 위한 필요·최소한의 것이라고 할 수 있다"고 하였다(헌재 1999. 11. 25. 97헌마54).

10) 김철수, 910쪽; 권영성, 592쪽; 강경근, 630쪽; 성낙인, 534쪽.

11) 헌재 1998. 12. 24. 94헌바46등의 판결 참조.

12) 권영성, 594쪽.

없는 사단에게도 인정되는 경우에만 인정되는 것이라고 보아야 할 것이다.

Ⅱ. 裁判請求權의 內容

1. '헌법과 법률이 정한 법관'에 의한 재판

헌법과 법률이 정한 법관은 법원조직법에 규정된 절차에 따라 임명되고 신분보장이 된 법관을 말한다. 헌법과 법률이 정한 법관에 의한 재판이란 법관의 자격을 구비한 법관들로 구성된 법원에서 재판을 받을 수 있는 권리를 의미한다. 법관의 자격은 헌법 제101조 제 3 항에 의하여 제정된 법원조직법 제42조가 규정하고 있다. 나아가 헌법 제104조 및 법원조직법 제41조가 규정하는 절차에 따라 적법하게 임명되고, 헌법 제103조, 제105조와 제106조 등의 독립성을 확보한 법관만이 여기서 말하는 헌법과 법률이 정한 법관에 해당한다고 할 것이다. 이 권리가 대법원의 재판, 즉 상고심을 받을 권리도 포함하고 있는지에 관하여 다툼이 있다. 헌법재판소는 부정적으로 본다.[13]

과연 헌법과 법률이 정한 법관에 의한 재판인지가 의문시되는 경우가 현행 법체계에서도 발견된다. 먼저 군사법원에 의한 군사재판이 있다. 1954년 제 2 차 개헌에서는 군법회의의 헌법상 근거를 규정한 이래 현행헌법 제110조 제 1 항에 예외적으로 군사법원의 설치근거를 규정하고 있다. 군사법원은 특별법원으로서 군인이나 군무원과 관련된 사건을 재판하기 위한 법원이다. 군사법원의 군판사는 법률에 의하여 정한 법관에 불과하므로 헌법 제27조 제 1 항의 재판에는 해당하지 않는다. 헌법 제27조 제 2 항에 군사법원의 헌법상 근거규정이 있고, 군사법원의 최종심은 대법원에서 심리하도록 되어 있기 때문에 일단 헌법위반은 아니라고 할 것이다.

즉결심판은 경미한 범죄인 20만원 이하의 벌금, 과료, 구류에 해당하는 사건을 관할 경찰서장의 청구에 의해서 지방법원판사가 판결하는 것을 말한다. 즉결심판은 자백이 유일한 증거인 경우에도 유죄로 할 수 있으므로 헌법

---

[13] "헌법이 대법원을 최고법원으로 규정하였다고 하여 대법원으로 하여금 모든 사건을 상고심으로서 관할할 것을 요구하는 것은 아니며, '헌법과 법률이 정한 법관에 의하여 법률에 의한 재판을 받을 권리'가 사건의 경중을 가리지 않고 모든 사건에 대하여 대법원을 구성하는 법관에 의한 균등한 재판을 받을 권리를 의미한다거나 또는 상고심재판을 받을 권리를 의미하는 것이라고 할 수는 없다"고 한다(헌재 1995. 1. 20. 90헌바1).

이 인정하고 있는 재판의 범주에서 벗어난다고 할 수도 있다. 그럼에도 불구하고 즉결심판은 헌법과 법률에 의한 재판이므로 헌법위반이 아니라고 본다. 또 통고처분은 행정법상의 의무위반시 금전납부를 命하는 섯으로 교통사범, 관세사범, 조세사범, 출입국관리사범에 대하여 인정한다. 통고처분은 관련법위반시 범칙금 등의 납부를 멸하는 처분으로, 헌법과 법률에 정한 법관이 아닌 행정공무원이 관할하지만, 불복시 정식재판을 인정하므로 헌법위반은 아니다.14) 약식명령은 재산형 사건에 해당하는 사건에 대하여 간이절차에 의해서 재판하는 형태이다. 약식명령절차는 불복시 정식재판권이 보장되므로 위헌이 아니다. 약식명령은 서면으로 심리하기 때문에 재판의 신속성은 확보할 수 있는 이점은 있지만, 피고인의 인권침해의 우려가 있는 것도 사실이다.

행정심판은 헌법 제107조 제3항에 명시되어 있는데, 재판의 전심절차(前審節次)로서 행정심판을 할 수 있다. 과거 강제적인 결정전치주의가 있을 당시 이것이 국민의 재판청구권을 침해하는 것이 아닌가에 대하여 의문이 제기되기도 하였다. 하지만 현행 행정심판법은 임의적 행정심판전치주의를 취하고 있으므로 이러한 문제점은 제거되었다고 하겠다. 행정심판은 행정심판절차를 통하여 행정청의 위법·부당한 처분 그 밖의 공권력의 행사·불행사 등으로 인한 국민의 권리 또는 이익의 침해를 구제하고 행정의 적정한 운영을 기하기 위하여 인정된다.15)

---

14) 헌법재판소는 "통고처분은 상대방의 임의의 승복을 그 발효요건으로 하기 때문에 그 자체만으로는 통고이행을 강제하거나 상대방에게 아무런 권리의무를 형성하지 않으므로 행정심판이나 행정소송의 대상으로서의 처분성을 부여할 수 없고, 통고처분에 대하여 이의가 있으면 통고내용을 이행하지 않음으로써 고발되어 형사재판절차에서 통고처분의 위법·부당함을 얼마든지 다툴 수 있기 때문에 관세법 제38조 제3항 제2호가 법관에 의한 재판받을 권리를 침해한다든가 적법절차의 원칙에 저촉된다고 볼 수 없다"고 하였다(헌재 1998. 5. 28. 96헌바4).

15) 한편 헌법재판소는 "헌법 제27조에서 규정한 재판을 받을 권리에 모든 사건에 대해 상고법원의 구성법관에 의한, 상고심 절차에 의한 재판을 받을 권리까지도 포함된다고 단정할 수 없을 것이고, 모든 사건에 대해 획일적으로 상고할 수 있게 하느냐 않느냐는 특단의 사정이 없는 한 입법정책의 문제라고 할 것이다. 상고제도라고 한다면 산만하게 이용되기보다 좀 더 크고 국민의 법률생활의 중요한 영역의 문제를 해결하는 데 집중적으로 투입활용되어야 할 공익상의 요청과 신속·간편·저렴하게 처리되어야 할 소액사건절차 특유의 요청 등을 고려할 때 현행 소액사건상고제한제도가 결코 위헌적인 차별대우라 할 수 없으며, 소액사건심판법 제3조는 대법원에 상고할 수 있는 기회를 제한하는 것이지 근본적으로 박탈하고 있는 것이 아니므로, 위 법률조항은 헌법에 위반되지 아니한다"고 하고 있다(헌재 2001. 9. 27. 2000헌바93).

2. '법률'에 의한 재판을 받을 권리

법률에 의한 재판을 받을 권리는 적정한 실체법과 절차법에 따라서 재판받을 권리를 말한다. 또한 법률에 의하지 아니한 재판은 거부할 권리를 가진다. 형사재판은 반드시 형식적 의미의 법률에 의해서 이루어져야 한다. 즉 죄형법정주의 정신이 충실히 적용되어야 한다. 단 대통령의 긴급명령이나 긴급재정·경제처분은 예외적으로 형식적 의미의 법률로서 재판의 근거가 될 수 있다. 반면 민사재판과 행정재판에서 법률은 형식적 의미의 법률뿐만 아니라 실질적 의미의 법률 및 불문법도 포함하는 의미이다. 한편 모든 재판에 있어서 소송절차에 관한 것은 모두 형식적 의미의 법률에 의해서 이루어져야 한다. 물론 각 소송법에 의해 제정된 대법원의 규칙의 적용은 허용된다.

3. '재판'을 받을 권리

재판을 받을 권리는 소극적 의미의 재판을 받을 권리와 적극적 의미의 재판을 받을 권리로 나누어 볼 수 있다. 소극적 의미의 재판을 받을 권리는 헌법이나 법률에 규정된 재판 이외의 재판을 거부할 수 있는 권리를 의미한다. 예컨대 일반인은 군사재판을 받지 않을 권리를 갖게 되는 것이다. 적극적 의미의 재판을 받을 권리란 재판을 적극적으로 청구할 수 있는 권리를 의미한다.16)

4. '신속한 공개재판'을 받을 권리

헌법 제27조 제3항에 의하면 모든 국민은 신속한 재판을 받을 권리가 있다. 신속하지 못한 재판은 재판의 거부와 다름이 없는 경우도 있기 때문이다. 신속한 재판을 구현하기 위해서 형사소송법에 구속기간제한, 공판준비절차, 집중심리제도, 상소기간의 제한규정 등을 명시하고 있다. 신속한 재판을 위배한 경우 일본판례는 면소의 판결은 하나, 미국은 공소기각을 하고 독일

---

16) 재판을 받을 권리에 관하여 헌법재판소는 헌법과 법률이 정한 절차에 의하여 임명되고, 물적 독립과 인적 독립이 보장된 법관에 의한 재판을 받을 권리를 의미한다고 판시한 바 있다(헌재 1992. 6. 26. 90헌바25).

은 양형에서 참작한다.

공개재판이란 방청객의 출입을 인정하는 재판으로 심리와 판결을 공개하는 것을 의미한다. 다만 심리는 국가의 안전보장 또는 안녕질서를 방해하거나 선량한 풍속을 해칠 염려가 있는 때에는 법원의 결정으로 공개하지 아니할 수 있다. 비공개재판시에도 판결은 반드시 공개하여야 한다. 공개재판은 형사피고인의 권리인 동시에 일반국민의 권리이기도 하다.

5. 형사피해자의 공판정진술권

형사피해자의 공판정진술권은 현행헌법에서 신설한 것이다. 형사피해자란 모든 범죄행위로 인한 피해자를 의미하며, 헌법 제27조 제 5 항의 규정에 의하여 법률이 정하는 바에 따라 당해 사건의 재판절차에서 진술할 수 있다. 다만 신청인이 이미 당해 사건에 관하여 공판절차 또는 수사절차에서 충분히 진술하여 다시 진술할 필요가 없다고 인정되는 경우, 신청인의 진술로 인하여 공판절차가 현저하게 지연될 우려가 있는 경우에는 인정되지 않는다(형사소송법 제294조의2). 범죄피해자가 아닌 고발인은 사건의 피해자가 아니므로, 재판절차상의 진술권 등은 원칙적으로 인정되지 아니한다는 것이 헌법재판소 판례의 태도이기도 하다.[17)]

Ⅲ. 裁判請求權의 制限

재판청구권도 헌법과 법률에 의한 제한이 가능하다. 예컨대 상고의 제한, 제소기간에 의한 제한 등이 대표적인 것이다. 재판청구권은 특히 헌법 제37조 제 2 항에 의해서 제한할 수 있는데, 이러한 제한의 경우에도 본질적 내용을 침해하여서는 안 되고, 과잉금지의 원칙과 명확성의 원칙 등에 위배되어

---

17) 헌법재판소는 "헌법상 재판절차진술권(헌법 제27조 제 5 항)의 주체인 형사피해자의 개념은 헌법이 형사피해자의 재판절차진술권을 독립한 기본권으로 인정한 취지에 비추어 넓게 해석해야 할 것이므로 반드시 형사실체법상의 보호법익을 기준으로 한 피해자의 개념에 의존하여 결정하여야 할 필요는 없으며, 문제된 범죄행위로 말미암아 법률상 불이익을 받게 되는 자로 풀이하여야 한다고 판시한 바 있다. 그러나 이 사건에서 청구인이 채권양수인이라거나 피해자의 처란 점만 가지고는 피고소인의 범죄행위로 말미암은 형사피해자라고 할 수 없다. 청구인이 피고소인의 행위로 인해 사실적·경제적 불이익을 겪게 된 것임은 인정되나 이는 형사피해자가 될 만한 법률상 불이익은 아니라고 할 것이다"라고 판단하였다(헌재 1998. 12. 24. 97헌마335).

서는 안 된다.

1. 군사법원에 의한 재판

군인과 군무원 등은 헌법 제110조 제 1 항에 규정된 특별법원인 군사법원에 의한 재판을 받게 된다. 일반국민 역시 대한민국의 영역 안에서 중대한 군사상 기밀·초병·초소·유독음식물공급·포로·군용물에 관한 죄 중 법률이 정한 경우와 비상계엄이 선포된 경우에는 군사법원에 의한 재판을 받을 수 있다.

군사재판을 헌법과 법률이 정한 법관에 의한 재판이라고 보기 어렵다는 점은 앞서 설명한 바와 같다. 헌법에 그 특별한 근거가 있기 때문에 위헌으로 판단되지 않는 것뿐이지, 군사법원에 의한 재판의 정당성이 충분한 것은 아니라고 생각한다. 따라서 극히 예외적인 경우, 불가피한 경우가 아니라면 민간인이 군사재판을 받게 되는 상황을 만들어서는 아니 될 것이다. 또 독립된 법관에 의하여 공정한 재판을 받을 권리는 군인과 군무원도 가지고 있는 것이므로, 이를 저해하지 않도록 군사재판제도를 앞으로 지속적으로 개선해 나아가야 할 것이다.

2. 상고의 제한 및 제소기간의 한정

법원은 최고법원인 대법원과 각급법원으로 조직된다는 헌법 제101조 제 2 항의 규정은 어느 사건이든 모두 대법원에 상고할 수 있다는 의미가 아니다. 즉 상고심 재판을 받을 권리가 재판을 받을 권리에 반드시 포함되지 않음은 앞서 설명한 바와 같다. 판례 역시 양형의 부당·사실의 오인 등 사실심의 상고제한은 삼심제 그 자체에는 위배되지만, 합리적인 이유가 있는 경우에는 위헌이 아니라고 보고 있다. 그러나 법률해석이 문제되는 한 최종심은 대법원이어야 하기 때문에 법령위반에 대한 상고제한은 위헌이다.

행정소송에서 제소기간을 한정하는 것은 행정이 국민생활 전반에 미치는 영향을 감안하여 행정상의 법률관계를 조속히 확정할 필요가 있기 때문에 인정된 것으로, 합리적인 이유가 있는 제한이므로 위헌은 아니다. 그러나 제소기간과 같은 불변기간은 국민의 기본적인 재판을 받을 권리행사와 직접 관련되므로, 명확성이 결여되는 경우는 위헌이다.[18]

헌법재판소는 특허쟁송절차에서 특허처의 항고심판을 사실 확정에 관한
한 사실상 최종심으로 기능하도록 하고 있는 특허법 규정에 대하여 잠정적용
헌법불합치 결정을 내렸으며,19) 변호사 징계절차에서 법무부변호사 징계위원
회를 최종적인 사실심으로 기능하게 하는 변호사법 규정에 대해 위헌이라고
하였다.20)

Ⅳ. 裁判請求權의 改善方向

헌법이 국민의 재판청구권을 형식적으로 선언하고 있다고 하더라도, 오
늘날 우리 현실에서 재판청구권이 얼마나 실질적으로 보장되고 있는지 의문
이 제기된다. 우리 대다수 국민은 저렴한 양질의 법률서비스를 받지 못하고
있으며 법조인의 자질에 대한 의심을 갖고 나아가 사법정의를 불신하여 결국
에 법의 정당성을 인정하지 못하는 일종의 무법국가의 위험에 처하고 말았다
는 평가가 있다.21) 이러한 문제의 해결을 위해 두 가지 측면에서의 개선이
요구된다고 본다. 하나는 사법의 민주화 등을 통한 사법개혁이고, 다른 하나
는 국민이 용이하게 사법서비스를 이용할 가능성을 열어 주는 것이다.

먼저 사법개혁을 위해서는 법원개혁, 검찰개혁, 변호사제도 개혁, 법률가
양성제도의 개혁 등이 이루어져야 할 것이다. 이와 관련하여 법학교수 등 전
문인에 대한 법조인 자격부여의 문제가 논의되고 있는데, 이는 기존 폐쇄적
이고 권위적인 사법부의 구조적인 문제에 대한 해결방안으로 적극적으로 고
려할 필요가 있다고 생각된다. 아울러 이러한 개혁들은 사법제도의 민주화라

---

18) 헌법재판소는 국세기본법 제56조 제 2 항에 관한 위헌심사에서 "… 위법한 과세처분에 대
한 국민의 재판을 받을 권리에 직접 관련된 불변기간에 관한 규정으로서, 그 기간계산에
있어서 나무랄 수 없는 법의 오해로 재판을 받을 권리를 상실하는 일이 없도록 쉽게 이해
되게, 그리고 명확하게 규정되어야 함에도 불구하고, 법률전문가의 입장에서도 그 내용파악
이 어렵고 모호할 정도로 불명확하고 모호하게 규정함으로써 그 기산점에 관하여 혼선을
일으키게 하고 있으므로, 헌법 제27조 제 1 항의 재판을 받을 권리의 파생인 불변기간 명확화
의 원칙에 반하고, 또한 헌법으로 확보된 기본권이 그 하위법규로 인하여 잃기 쉽게 하였
다는 점에서 헌법 제10조 후문이 규정하는 국가의 기본권보장의무에도 위반된다"고 하였다
(헌재 1992. 7. 23. 90헌바2등).
19) 헌재 1995. 9. 28. 92헌가11.
20) 헌재 2000. 6. 29. 99헌가9.
21) 조병윤, "국민의 선택권과 사법개혁의 과제," 명지대 사회과학논총 제15권 제 1 집, 1999,
64쪽.

는 커다란 틀에서 이루어져야 함을 강조해야 할 것이다. 사법부는 일차적으로 국민의 여론, 정치적 분위기에 의하여 흔들려서는 안 되며 그 독립성이 철저하게 보장되어야 하겠지만, 그렇다고 헌법의 이념이라고 할 수 있는 국민의 기본권 보장과 무관하게 존재하는 것이 아니다. 이를 위해 사법제도도 국민의 이익과 의사 등을 충분히 존중해야 하는 의무가 주어진다. 구체적인 재판절차에서 배심제 또는 참심제 등의 방법으로 국민의 직접적 참여를 보장하는 것은 차치하더라도, 사법부의 구성과 제도에 있어서는 국민의 뜻을 충분히 반영하는 사법민주화가 보장되어야 할 것이다.

사법부가 민주적이고 정당한 조직이 되어 국민의 신뢰가 회복된다고 하더라도, 현재의 상태에서는 국민이 스스럼없이 사법서비스를 이용하기에는 많은 장벽이 존재한다. 특히 재정적으로 궁핍하여 법률서비스시장에서 법률전문가의 도움을 살 수 없는 무자력자는 실체법이 허용하는 자신의 권리를 절차적으로 실현하고 방어하는 데에 커다란 장애물이 가로놓여 있음을 실감할 수 있다.22) 원래 사법서비스라는 것은 마치 의료서비스와 같이 현실적인 법률적 분쟁해결과 권리의 구제를 위해 언제나 쉽게 이용할 수 있는 것이어야 할 것이며, 이러한 조건이 갖추어져야 비로소 국민의 재판절차청구권은 실질적으로 보장되는 것이다. 이를 위해 법률구조제도, 또는 법률서비스 관련 보험제도 등의 제도가 강구되어야 한다.

---

22) 민경식, "법률구조의 이론적 전망과 실제," 중앙대 법학논문집 제23권 제 2 집, 1999, 10쪽.

제2장 節次的 基本權 Ⅱ

제1절 國家賠償請求權

Ⅰ. 國家賠償請求權의 意義와 性格

1. 국가배상청구권의 의의

국가배상청구권이란 국민이 공무원의 직무상 불법행위로 손해를 입은 경우에 그 배상을 국가나 공공단체에 청구할 수 있는 권리를 의미한다.[1] 근대 국가의 초기까지만 해도 거의 모든 국가에서 공무원의 직무상 불법행위로 인하여 국민에게 손해가 발생한 경우에도 국가가 배상책임을 지는 것이 아니라 행위자인 공무원 개인의 민사상 책임만을 제한적으로 인정하였다. 이것은 바로 국가무책임사상의 반영이라고 할 수 있다. 그러나 국가경제의 발달과 함께 국가의 기능이 확대·강화되고 국민에 대한 권리침해의 위험성이 증대됨에 따라 국가의 공적 활동으로 인하여 국민에게 발생한 손해에 대한 책임을 행위자인 공무원 개인에게만 부담시키는 것은 공무의 집행과 관련하여 배상을 청구당하는 공무원에게 너무 가혹할 뿐 아니라 공무원 자신도 직무의 집행을 주저하게 되며 피해자 또한 충분한 구제를 받지 못하게 될 가능성이 높다는 인식이 보편화되었다. 이에 따라 오늘날 국가배상청구권은 광범위하게 보장되고 있는 것이다.[2] 국가배상청구권은 위법한 공권력의 행사로 인하여 발생한 손해를 배상금이라는 수단을 통하여 완화시키는 것이므로 법치국가의 원리가 제대로 작동하기 위한 중요한 요소라는 의

---

[1] 김철수, 952쪽; 권영성, 604쪽; 허영, 572쪽; 강경근, 640쪽; 성낙인, 551쪽.

[2] H-J. Papier, *Staatshaftung, Handbuch des Staatsrechts*, Bd. Ⅵ, 2001, Rn. 1-18; 박영철, "국가배상제도의 성립과 발전에 관한 고찰," 한국체대교양교육연구소논문집 제1집, 84쪽 이하 참조.

미를 갖는다.3)

국가배상청구권은 1873년 2월 8일 프랑스의 국무원의 판결(1873년 Blanco 판결)에서 최초로 유래된 제도이다. 국가배상을 해야 하는 헌법상 주체는 국가·공공단체, 즉 지방자치단체·공공조합·영조물 법인이다. 그러나 국가배상 법상의 주체는 국가·공공단체 중에서 지방자치단체만 인정하고 공공조합· 영조물 법인은 제외하고 있다. 그리고 우리나라에 주둔하는 미합중국군대의 구성원·고용원 또는 한국증원부대구성원의 공무집행중의 불법행위로 피해를 받은 자도 국가배상법이 정하는 바에 따라 대한민국에 배상을 청구할 수 있다.4) 한편 국가배상청구권의 원칙적인 주체는 대한민국의 국민이다. 외국인 국가배상법 제7조 규정에 의해서 상호보증이 있는 때에 한하여 국가배상청 구권의 주체로 인정한다. 이것은 외국인의 기본권 보장에 관하여 상호주의를 채택한 것이라고 볼 수 있다.

2. 국가배상청구권의 성격

국가배상책임의 본질에 관하여는 견해가 대립된다. 먼저 ① 대위책임설 은 국가의 배상책임은 국가 또는 공공단체가 피해자구제를 위하여 직무상 불 법행위를 한 공무원을 대신하여 책임을 지는 일종의 대위책임이라고 한다. ② 자기책임설에 의하면 국가가 공무원의 직무상 불법행위에 대하여 책임을 지는 것은 공무원을 자신의 기관으로 사용한 것에 대한 자기책임으로 보아 그 책임을 국가가 부담한다는 것이다. ③ 절충설은 공무원의 위법행위가 고 의나 중과실에 기인할 경우에는 기관의 행위로 볼 수 없으므로 대위책임이지 만 경과실에 기인할 경우에는 자기책임으로 보는 견해이다.

대법원은 1996년 전원합의체 판결에서 공무원의 경과실로 인한 손해에 대하여는 배상책임을 국가에만 귀속시키고 반면 고의·중과실에 의한 경우에 는 기관행위로서 품격을 지니지 않은 것이라는 이유로 중첩적으로 배상책임 이 귀속시킨다는 입장을 밝혔다.5) 대법원이 배상책임의 법적 성격을 절충설

---

3) 이러한 의미에서 국가배상청구권을 법치국가의 최후의 수단(ultima ratio)이라고 하는 견 해도 있다. Hans-Jürgen papier, *Staatshaftung, Handbuch des Staatsrechts*, Bd. Ⅵ, 2001, S. 1358.

4) 대한민국과아메리카합중국간의상호방위조약 제4조에 의한 시설과구역및대한민국에서의 합중국군대의지위에관한협정(한미행정협정) 제23조 참조.

5) 대법원 1996. 2. 15. 선고 95다38677 판결.

적 입장으로 정리한 것으로 보인다.

II. 國家賠償請求權의 要件

1. 공무원의 직무상 불법행위로 인한 경우

먼저 국가배상법 제 2 조 제 1 항에서는 "국가나 지방자치단체는 공무원 또는 공무를 위탁받은 사인이 직무를 집행하면서 고의 또는 과실로 법령을 위반하여 타인에게 손해를 입히거나, 자동차손해배상 보장법에 따라 손해배상의 책임이 있을 때에는 이 법에 따라 그 손해를 배상하여야 한다"고 규정하고 있다. 이것이 원칙적인 국가배상의 형태라고 할 것인데 이 요건을 분석해 보면 다음과 같다.

　i) 국가배상책임에서의 공무원은 국가직 공무원·지방직 공무원뿐만 아니라 공무를 위임받은 사인도 포함한다. 소집중인 향토예비군, 시청청소차 기사, 미군부대 카투사, 집행관 등은 대법원 판례에 의해서 공무원으로 본다. 그러나 소집이 종료된 향토예비군, 시영버스기사, 의용소방대원 등은 대법원 판례에 의해서 공무원으로 인정하지 아니한다.

　ii) 공무원의 직무상 행위의 범위에 관하여 권력작용만 인정하는 협의설, 권력작용과 관리작용을 포함하는 광의설과 일체의 사경제작용을 포괄하는 최광의설이 있다. 일반적인 견해는 광의설을 따르고 있으며,6) 국가의 사경제작용은 민사상의 책임을 지면 될 것이라고 보고 있다. 그런데 구체적인 사안에서 과연 공무원이 직무행위를 수행하고 있는 과정이었는지, 아니면 직무와 상관없는 행위를 하고 있었는지 판단하기는 쉽지 않다. 국가배상법 제 2 조 제 1 항은 직무행위 자체는 물론이고 객관적으로 직무의 범위 내에 속하는 행위로 인정되거나 직무와 밀접하게 관련된 행위를 포함하는 것이라고 해석한다. 이러한 이해를 이른바 외형설(객관설)이라고 한다.7) 이에 따라 피의자신문 중의 가혹행위, 훈련 중인 군인에 대한 기합, 전투경찰의 시위에 대한 과잉진

---

6) 직무상 행위의 범위에 관해서는 광의설의 입장이 대법원, 헌법재판소의 입장이다(헌재 2000. 2. 24, 99헌바17 등).
7) 또한 행위의 외관상 공무원의 직무행위로 보여질 때에는 이러한 행위가 공무집행행위가 아니라는 사정을 피해자가 알았다 하더라도 이에 대한 국가배상책임을 부정할 수 없다(대법원 1971. 8. 31. 선고 71다13 판결).

압 등도 직무행위의 범주에 포함된다.

iii) 불법행위는 고의나 과실로 인한 법령에 위반되는 행위를 말하며,[8] 불법행위의 유형은 작위와 부작위[9]를 포함한다. 불법행위의 입증책임은 피해자에게 있다. '타인'은 가해자인 공무원과 위법한 직무행위를 한 자 이외의 일체의 사람을 말하며, '손해'란 피해자가 입은 일체의 손해를 의미하며, 공무원의 직무상 불법행위와 손해발생 간에는 상당인과관계가 있어야 한다.

2. 영조물의 설치·관리의 하자로 인한 손해

한편 국가배상법 제5조 제1항에서는 "道路·河川 기타 公共의 營造物의 設置 또는 管理에 瑕疵가 있기 때문에 他人에게 損害를 발생하게 하였을 때에는 國家 또는 地方自治團體는 그 損害를 賠償하여야 한다"라고 규정하고 있다.[10] 이 경우 공무원의 고의나 과실이 없더라도 영조물의 설치·관리의 하자로 인한 손해가 유발되었다면 국가배상을 하여야 한다. 이른바 무과실책임을 채택하고 있는 것이다. 동조 제2항에서는 "損害의 原因에 대하

---

8) 공무원의 직무집행이 법령이 정한 요건과 절차에 따라 이루어진 것이라면 특별한 사정이 없는 한 이는 법령에 적합한 것이고 그 과정에서 개인의 권리가 침해되는 일이 생긴다고 하여 그 법령 적합성이 곧바로 부정되는 것은 아니라고 할 것인바, 불법시위를 진압하는 경찰관들의 직무집행이 법령에 위반한 것이라고 하기 위하여는 그 시위진압이 불필요하거나 또는 불법시위의 태양 및 시위장소의 상황 등에서 예측되는 피해발생의 구체적 위험성의 내용에 비추어 시위진압의 계속 수행 내지 그 방법 등이 현저히 합리성을 결하여 이를 위법하다고 평가할 수 있는 경우이어야 한다(경찰관들의 시위진압에 대항하여 시위자들이 던진 화염병에 의하여 발생한 화재로 인하여 손해를 입은 주민의 국가배상청구를 인정한 원심판결을 파기한 사례)(대법원 1997. 7. 25. 선고 94다2480 판결).

9) 부작위에 의한 불법행위: 무장공비색출체포를 위한 대간첩작전을 수행하기 위하여 파출소 소장, 순경 및 육군장교 수명 등이 파출소에서 합동대기하고 있던 중 그로부터 불과 60-70미터 거리에서 약 15분간에 걸쳐 주민들이 무장간첩과 격투하던 주민 중 1인이 무장간첩의 발사권총탄에 맞아 사망하였다면 위 군경공무원들의 직무유기행위와 위 망인의 사망과의 사이에 인과관계가 있다고 봄이 상당하다(대법원 1971. 4. 6. 선고 71다124 판결).

10) 국가배상법 제5조 제1항에 정하여진 '영조물의 설치 또는 관리의 하자'라 함은 영조물이 그 용도에 따라 갖추어야 할 안전성을 갖추지 못한 상태에 있음을 말하고, 여기서 안전성을 갖추지 못한 상태, 즉 타인에게 위해를 끼칠 위험성이 있는 상태라 함은 당해 영조물을 구성하는 물적 시설 그 자체에 있는 물리적·외형적 흠결이나 불비로 인하여 그 이용자에게 위해를 끼칠 위험성이 있는 경우뿐만 아니라 그 영조물이 제3자에게 사회통념상 참을 수 없는 피해를 입히는 경우까지 포함된다고 보아야 할 것이고, 사회통념상 참을 수 있는 피해인지의 여부는 그 영조물의 공공성, 피해의 내용과 정도, 이를 방지하기 위하여 노력한 정도 등을 종합적으로 고려하여 판단하여야 한다(매향리 사격장에서 발생하는 소음 등으로 지역주민들이 입은 피해는 사회통념상 참을 수 있는 정도를 넘는 것으로서 사격장의 설치 또는 관리에 하자가 있었다고 본 사례)(대법원 2004. 3. 12. 선고 2002다14242 판결).

여 責任을 질 者가 따로 있을 때에는 國家 또는 地方自治團體는 그 者에 대하여 求償할 수 있다"고 규정하고 있다.

III. 國家賠償請求의 節次

1. 임의적 배상결정전치주의

배상결정전치주의란 국가배상에 관한 소송은 배상심의회의 배상금지급결정을 거친 후가 아니면 제기할 수 없다는 것을 말한다. 현행 국가배상법은 필요적 배상결정전치주의[11])에서 임의적 배상결정전치절차로 변경하여 배상심의회의 배상금지급결정을 경유할지 여부는 청구인이 임의적으로 결정할 수 있다.[12) 배상심의회는 합의제 행정관청으로서 배상결정 및 배상관련송달을 담당한다. 국가 또는 지방자치단체의 배상결정을 심의하기 위하여 법무부에 본부심의회를 둔다. 다만 군인 또는 군무원이 타인에게 가한 배상결정을 심의하기 위하여 국방부에 특별심의회를 둔다. 국가배상법에 의한 배상결정의 심의는 배상책임에 대한 배상결정을 심의하는 것으로, 사법절차에 준한다고 볼 수 없으며, 행정권의 반성을 촉구한다는 의미의 행정심판과도 다르다.[13)

2. 국가를 상대로 한 손해배상청구소송

국가를 상대로 하는 손해배상청구소송에서의 피고는 대한민국이며, 국가를 피고로 하여 피해자는 국가배상심의회의 배상금지급결정에 불복하거나 배

---

11) 한편 헌법재판소는 개정 전 국가배상법 제 9 조와 관련하여 "국가배상법에 의한 손해배상청구에 관한 시간, 노력, 비용의 절감을 도모하여 배상사무의 원활을 기하며 피해자로서도 신속·간편한 절차에 의하여 배상금을 지급받을 수 있도록 하는 한편, 국고손실을 절감하도록 하기 위한 이 사건 법률조항에 의해 달성되는 공익과, 배상절차의 합리성 및 적정성의 정도, 그리고 한편으로는 배상신청을 하는 국민이 치러야 하는 수고나 시간의 소모를 비교하여 볼 때, 이 사건 법률조항이 헌법 제37조의 기본권제한의 한계에 관한 규정을 위배하여 국민의 재판청구권을 침해하는 정도에는 이르지 않는다"라고 판시한 바 있다(헌재 2000. 2. 24. 99헌바17등).

12) 2000. 12. 29 법률 제6310호로 개정되었다.

13) 헌법재판소는 국가배상법 제16조에 대한 위헌심판사건에서 배상심의회의 중립성 및 독립성이 희박하고 심의절차에도 공정성이 결여되어 있으며, 배상결정에 대한 동의에 재판청구권을 포기할 의사가 포함되어 있다고 볼 수 없는바, 심의회의 배상결정에 대하여 신청인이 동의할 때에는 민사소송법상의 재판상 화해와 같은 강력한 효과를 부여함으로써 신청인의 재판청구권을 제한하고 있는 것은 재판청구권을 과도하게 제한한 것으로 위헌이라고 하였다(헌재 1995. 5. 25. 91헌가7).

상심의회의 결정을 거치지 아니한 경우에도 손해배상청구소송을 제기하여 구제를 받을 수 있다.

그런데 실무에서는 국가배상청구소송을 순수한 민사사건으로 분류하고 있어서 문제가 되고 있다. 행정소송은 이른바 항고소송에 국한되며, 국가배상청구가 '국가를 상대로 한 손해배상청구소송'이기 때문에 사인에 대한 손해배상청구와는 당사자만이 다른 것이라는 생각에 기초한 것으로 보인다. 그러나 사인과 국가와의 관계는 일반 민사사건과는 다른 고려가 요구되고, 사인과의 관계와는 달리 법치행정이라는 기본적 원리를 준수해야 한다는 점에서 앞으로 행정소송상 당사자소송으로 분류하고 특수화하여 처리해야 할 것으로 보인다.

IV. 國家賠償請求權의 效果

국가배상청구권의 이해에 있어서 절충설에 의할 때, 공무원의 고의 또는 중과실에 의하여 피해가 발생한 경우에는 가해공무원에게도 배상책임이 중첩적으로 귀속되므로, 피해자는 가해공무원 또는 국가에게 배상청구를 선택적으로 행사할 수 있다. 한편 공무원의 경과실의 경우는 배상책임을 오로지 국가에만 귀속시키므로 선택적 청구를 할 수 없다. 이것은 공무원의 직무집행에 있어서의 소극적 태도 및 사기저하를 막기 위한 정책적인 이유이다.

선택적 청구의 문제와 연결하여 생각할 것이 바로 구상권의 문제이다. 국가 또는 지방자치단체가 피해자에게 손해를 배상한 경우에 가해공무원에게 고의나 중과실이 있으면, 국가가 가해공무원에게 구상권을 행사할 수 있다. 한편 가해공무원에게 경과실이 있는 것에 불과한 경우에는 구상권을 행사할 수 없다.

가해공무원을 선임·감독하는 자와 비용을 부담하는 자가 동일하지 아니한 경우에는 손해를 배상한 자가 내부관계에서 손해를 배상할 책임이 있는 자에 대하여 구상권을 행사할 수 있다(국가배상법 제 6 조). 손해를 받은 자는 선임·감독자 또는 비용 부담자 누구에게라도 선택적 청구가 가능하다. 내부관계에서 최종적으로 손해를 배상할 책임을 지는 자는 가해공무원을 선임 또는 감독하는 자로 보아야 할 것이다.

Ⅴ. 國家賠償請求權의 制限과 이른바 '二重賠償禁止'

국가배상청구권은 국민의 기본권의 일종이지만, 역시 법률에 의하여 제한이 가능하다. 우편법 제38조, 철도사업법 제24조 등은 국가배상청구권의 요건·배상액·청구기간 등을 정형화시키거나 제한하고 있다. 이러한 제한들이 헌법 제37조의 기본권제한의 요건을 준수하여야 한다는 것은 당연하다. 그런데 헌법 제29조 제 2 항의 규정에 의해서 "군인, 군무원, 경찰공무원 기타 법률이 정하는 자가 전투·훈련 등 직무집행과 관련하여 받은 손해에 대하여는 법률이 정하는 보상 외에 국가 또는 공공단체에 공무원의 직무상 불법행위로 인한 배상은 청구할 수 없다"는 제한은 특수한 문제점을 야기하고 있다. 이하에서 자세히 살펴보도록 한다.

1. 이중배상금지규정의 도입배경 및 경과

우리나라는 제헌헌법에서 이미 국가배상청구권을 규정하고 있었으며, 이에 따라 1951년에 국가배상법이 제정·공포된다. 그러나 당시의 국가배상법은 군인 등에 대한 국가배상청구권의 제한을 규정하지 않고 있었으며, 판례[14]에서도 군인 등의 국가배상청구권의 제한하지 않고 있었다.

그러나 1950년대 당시의 국내적 상황은 전쟁이 치러진 직후로서 전쟁으로 인하여 다수의 군인을 포함한 국민이 전사·상의 신체적 피해를 보았으며, 재산상의 피해 또한 컸던 것이 사실이다. 그리고 그 후 1960년대에도 월남전에 국군이 파병되어 수많은 군인이 전사하는 등 사상자가 발생하게 되었으며 이러한 전쟁극복의 상황에서 국가배상청구를 위한 소송사건은 폭주하여 1966년에는 1959년에 비하여 무려 10배가 넘는 수였으며, 국가배상용으로 지출된 국고금이 10억을 초과하게 되었다.[15] 따라서 정부는 재정상의 지출을 기간산업의 육성 및 기술도입을 주로 하는 경제개발 및 공업화·산업화계획에 막대한 지장을 초래한다고 판단하고 급기야는 국가배상법을 전면 개정하

---

14) "피해자가 공무원인 군인이고 가해자가 공무원이라 하더라도 공무원인 군인이 그 직무를 수행함에 있어서 고의 또는 과실로서 공무원인 다른 군인에게 손해를 끼쳤을 경우에는 국가로서는 국가배상법에 의하여서의 책임을 면할 수 없다 …"라고 하여 군인에게 사망급여금과는 별도로 국가배상청구권을 인정하고 있다(대법원 1962. 9. 28. 4292민상531(61다531)).

15) 이상철, "국가배상법 제 2 조 1항 단서의 위헌성," 육사논문집 제43권, 1992, 4-5쪽.

여 어려움을 극복하고자 한 것이었다.

이에 대하여 당시 국가배상법이 이러한 군인 등에 대한 국가배상청구권
의 제한을 규정한 데에 대하여 학설16)과 판례17)는 이 규정이 위헌임을 주장
하여 왔고, 종국에는 대법원의 위헌판결18)까지 내려진다. 그러나 이러한 판결
에 대하여 결과는 유신헌법에서 이러한 국가배상청구권의 주체의 제한에 대
한 내용을 헌법에 규정함으로써 이러한 위헌에 대한 논의를 불가능하게 하는
것으로 나타나게 된다. 이에 따라 국가배상법 제 2 조 제 1 항에 대한 헌법적
인 근거가 마련되었고, 그간 끊임없이 제기되어 오던 군인 등의 국가배상청
구권 제한문제에 대한 위헌 논의의 가능성이 사실상 봉쇄되었다. 또한 이른
바 유신헌법개정 후에 대법원19)은 종전과 비슷한 사안에 대하여 판례변경의
이유설시 없이 군인 등에게 국가배상청구권을 부정하고, 국가배상법 제 2 조
제 1 항을 합헌으로 판단하게 된다.

2. 군인 등에 대한 국가배상청구권제한의 구성요건

(1) 군인 · 군무원 · 경찰공무원 기타 법률이 정한 자

헌법 제29조 제 2 항의 제한을 받는 대상자는 ‘군인 · 군무원 · 경찰공무원
기타 법률로 정한 자’이다. 이에 대하여 판례는 전투경찰대설치법상의 전투
경찰순경20)은 국가배상청구권이 제한되는 자로 포함시키고, 이에 반하여 현
역병으로 입영 후 전임되어 경비교도로 임용된 경비교도대원21)은 국가배상청
구권의 제한대상에서 제외하고 있다. 그러나 이는 전투경찰순경 또는 경비교
도로 전임이 본인의 의사와는 관계없이 국가에 의해 일방적으로 결정됨에 비
추어 양자를 달리 취급하는 것으로 문제의 소지가 있다.22)

---

16) 윤세창, “국가배상법의 문제점,” 사법행정, 1971. 1, 8쪽; 이상주, “새 행정상 손해배상제
   도의 특색과 문제점,” 법정, 1967. 7, 45쪽.
17) 서울민사지법 1968. 5. 30. 선고 67가12829 판결; 서울민사지법 1968. 6. 11. 선고 67가
   14042 판결; 대전지법 1971. 2. 23. 선고 70가615 판결; 서울고등법원 1070. 3. 11. 선고 69
   나1631 판결 참조.
18) 대법원 1971. 6. 22. 선고 70다1010 판결 참조.
19) 대법원 1977. 6. 7. 선고 72다1359 판결.
20) 대법원 1995. 3. 24. 선고 94다25414 판결.
21) 대법원 1997. 3. 28. 선고 97다4036 판결.
22) 이일세, “국가배상법 제 2 조 1항에 관한 연구-판례를 중심으로,” 강원법학 8권, 1996. 11,
   238-240쪽.

또한 국가배상법은 제 2 조에서 향토예비군대원을 규정하고 있다. 헌법재판소는 향토예비군이 비록 단기간이기는 하나 군인 등과 비교하여 위험성이 낮은 직무에 종사한다고 보아야 할 하등의 근거가 없는 등의 이유로 합헌판단23)을 내려 향토예비군원에게 국가배상청구권의 제한을 인정하고 있다. 그러나 '기타 법률이 정하는 자'로 규정될 수 있으려면 위험성이 높은 자일 것, 다른 법률이 정하는 보상이 마련되어 있어야 할 것의 요건이 갖추어져 있어야 할 것이다.24)

(2) 전투·훈련 기타 직무와 관련될 것

군인·경찰공무원 등의 국가배상청구권 제한에 있어서 이들이 모든 경우에 국가배상청구권의 대상에서 제외되는 것은 아니다. 즉 이들의 경우에서도 국가배상청구권이 제한되는 경우는 전투·훈련, 직무집행에 관련되어25) 손해를 입었을 때로 한정된다.

문제가 되는 것은 직무관련성의 인정여부와 관련된 사안들이다. 이와 관련하여, 법원이 엄격히 직무관련성을 인정한다면 국가배상청구권제한 규정은 적용이 감소되어 제한 대상자들의 권리보호에 유리한 면이 있다. 그러나 배상청구의 판단에 있어서 중요한 의미를 갖는 직무관련성에 대하여 어떠한 명확한 근거가 제시되어 있는 것 같지는 않으며, 개별적인 사안에서 결정에 달려 있는 것으로 보인다.26)

---

23) 헌재 1996. 6. 13. 94헌바20.
24) 홍정선, 행정구제법, 2001, 149-50쪽.
25) 대법원 1994. 12. 13. 선고 93다29969 판결.
26) 예를 들면, 징계 목적의 폭행에 대하여 "근무시간중에 술을 마시고 늦게 귀대한 데 대한 징계를 받기 위하여 주번사관에게 연행되어 주의를 받고 다시 근무지로 가라는 지시를 이행하지 않는 위 망 이성근에 대하여 소대장으로부터 근무지로 가라는 독촉을 받다가 당한 폭행으로서 이는 위 망인이 그 직무집행중에 폭행을 당하여 사망한 것이라 할 것이어서 이 사건 사고 당시 시행중이던 구 국가배상법 제 2 조 1항 단서에 해당된다(대법원 1978. 5. 23 선고 78다523 판결)"라고 하는 경우나 기합중 사망사고에 대하여 "군대의 하급자는 군대의 규율을 지키기 위하여 상급자의 명령에 복종하여야 하고 상급자는 하급자의 군복무상 과오를 훈계하고 시정할 수 있지만, 군대의 상급자가 하급자에게 이러한 훈계권을 행사하던 중 그 정도를 넘어 폭력을 행사하고, 나아가 이로 인하여 사고를 발생시켰다면 이는 국가배상법에서 말하는 공무원이 그 직무를 집행함에 당하여 한 행위이므로 …"(대법원 1993. 5. 14. 선고 92다33145 판결)의 경우, 혹은 직무수행을 위하여 압축기를 찾으러 갔다가 반말을 이유로 폭행을 당하여 사망한 사건(대법원 1980. 2. 13. 선고 80다1600 판결) 등에서는 직무관련성을 인정하였으나, 전투경찰대원이 다중범죄진압훈련을 마치고 점심을 먹으러 가다가 경찰서 소속 대형버스에 충격되어 사망한 사건(대법원 1989. 4. 11. 선고 88다카4222 판결)이나 신병훈련소의 훈련병이 총검술 교육을 받지 않았다는 이유로 구타당한

(3) 다른 법률이 정하는 보상

헌법 제29조 2항은 군인 등의 국가배상청구에 있어서 다른 법률에 의한 보상(報償)이 있을 것이라는 요건을 추가하고 있다. 그리고 이때의 다른 보상에 대하여 대법원은 국가유공자등예우및지원에관한법률과 군인연금법을 인정27)하고 있다.

3. (소위)이중배상금지의 문제점과 개선방향

그러나 원칙적으로 그러나 보상제도와, 배상제도는 그 존재목적과 역사적 근거, 지배원리 등이 모두 다른 것으로서 양자 사이의 이중배상이 성립한다는 것은 문제가 있으며, 따라서 군인 등에게 국가유공자등예우및지원에관한법률과 군인연금법상의 보상이 이루어진다고 하여서 국가배상을 청구하지 못하게 하는 것은 정당하지 못하다. 또한 그 도입배경과 경과에서도 알 수 있듯이 이중배상금지규정은 대법원에 의하여 위헌선언을 받은 규정을 헌법으로 규정한 것으로서 왜곡된 헌정사의 결과라 할 수 있다.

이에 대하여 이중배상금지규정과 관련하여 헌법개별조항에 대한 위헌심사를 주장하는 견해28)가 있다. 그러나 헌법재판소는 "헌법개정의 한계에 관한 규정을 두고 있지 아니하고 헌법의 개정을 법률의 개정과는 달리 국민투표에 의하여 이를 확정하도록 규정하고 있는 현행의 우리 헌법상으로는 과연 어떤 규정이 단순한 헌법핵 내지는 헌법제정규범으로서 상위 규범이고 어떤 규정이 단순한 헌법개정규범으로서 하위규범인지 구분하는 것은 가능하지 아니하며 달리 헌법의 각 개별규정 사이에 그 효력상의 차이를 인정하여야 할 아무런 근거도 찾을 수 없다. 나아가 헌법은 그 전체로서 주권자인 국민의

사건에서 징계권을 초탈하여 부당한 폭행을 가하여 영구불치의 언어장애를 초래한 경우(대법원 1977. 8. 23. 선고 75다1786 판결)에서는 직무관련성을 부인하고 있다.

27) 대법원 1994. 12. 13. 선고 93다29969 판결; 대법원 1993. 5. 14. 선고 92다33145 판결; 대법원 1996. 12. 20. 선고 96다42178 판결; 대법원 1992. 2. 11. 선고 91다12738 판결; 대법원 1995. 3. 24. 선고 94다25414 판결.

28) 정연주, "헌법 제29조 제2항에 대한 헌법소원, 헌법학연구," 제5권 제2호, 1999. 10, 491-494쪽; 김선택, "형식적 헌법의 실질적 위헌성에 대한 헌법재판," 법학논집 제32권, 1996.12, 349쪽; 방승주, "국가배상법 제2조 제1항 단서에 대한 한정위헌결정의 기속력," 인권과 정의 vol 304, 2001. 12, 118쪽; 이상철, "국가배상법 제2조 제1항 단서의 위헌성," 안암법학 창간호, 1993, 274-276쪽; 강경근, "국가배상청구권과 헌법규정의 위헌심사," 고시연구, 1994. 7, 86쪽.

기본권 내지 국민적 합의의 결과라고 보아야 할 것으로 헌법의 개별규정을 헌법재판소법 제68조 제 1 항 소정의 공권력행사라고 볼 수 없다"라고 하여 부정적인 입장을 취하고 있다.[29] 헌법규정에 대한 위헌심사를 인정하고 있는 독일과 우리나라의 상황의 차이를 고려해볼 때, 우리나라에서 헌법규정의 위헌심사를 인정하기는 곤란하다고 본다.

이중배상금지의 문제는 근본적으로 헌법개정을 통하여 이루어져야 할 것이며, 이는 단순히 불합리한 상황의 개선뿐만 아니라 왜곡된 우리 헌법사를 바로잡는 의미 역시 갖는다. 또한 동시에 헌법 제29조 제 2 항, 국가배상법 제 2 조 제 1 항의 해석을 통한 국가배상청구권자를 확대하거나, 보상제도의 상향조정 등을 고려해 볼 수 있다. 이에 대하여 군인과 일반사인의 공동불법행위에 대하여 구상권의 청구에 있어서 이중배상금지조항의 적용을 배제하여야 한다는 헌법재판소의 판단[30]이나 경찰공무원이 숙직실에서 취침중 새어나온 연탄가스에 중독되어 사망한 사건에서 그 숙직실을 전투·훈련과 관련된 장소가 아니라고 함으로써 경찰공무원의 국가배상청구권을 인정한 판례[31] 등이 그 예가 될 수 있겠다.

Ⅵ. 立法不法에 대한 國家責任 問題

행정부의 불법행위에 대한 국가배상책임이 광범위하게 인정되고 있음에도 불구하고, 입법부에게 이러한 책임을 물을 것인지에는 아직 검토가 충분히 이루어지고 있지 않다. 입법권을 포함한 모든 국가권력의 행사가 기본권에 기속된다는 법치국가의 기본원칙에 이론이 있을 수 없고 입법활동에 있어서도 불법이 행하여질 수 있는 가능성을 부인할 수 없다는 것에 착안하여 입법작용에 의해 국민에게 손해가 발생한 경우 어떤 형식으로든 이에 대한 국가책임제도가 마련되어야 한다는 논의가 최근 나타나고 있다.[32]

물론 국가배상책임의 인정요건 중 입법자에게 어느 정도 고의·과실을 인정할 수 있을 것인지에는 많은 의문이 제기된다. 입법의 넓은 형성의 여지

---

29) 헌재 1996. 6. 13. 94헌바20.
29) 헌재 1996. 6. 13. 94헌바20.
30) 헌재 1994. 12. 29. 93헌바21.
31) 대법원 1979. 1. 30. 선고 77다2389 판결.
32) 이덕연, "입법불법에 대한 국가책임," 사법행정 제414호, 1995, 13쪽.

가 헌법적으로 인정되는 경우가 많기 때문에 입법에 의한 어떠한 손해가 발생하더라도 그것이 위법한 고의 또는 과실에 의한 것이라고 보기는 어렵기 때문이다.[33] 다만 헌법재판소의 입법촉구 또는 헌법불합치의 결정이 있은 후, 이러한 명령을 고의 또는 과실로 위반한 경우에는 관련당사자는 입법자를 상대로 국가배상청구권을 행사할 수 있는 제도는 제한적으로 강구될 수 있을 것이라고 생각한다.

제 2 절　刑事補償請求權과 犯罪被害者 國家救助請求權

Ⅰ. 刑事補償請求權

1. 형사보상청구권의 의의

헌법 제28조에 규정된 청구권적 기본권의 하나인 형사보상청구권이란 형사피의자 또는 형사피고인으로 구금되었던 자가 법률이 정하는 불기소처분을 받거나 무죄판결을 받은 때에는 국가에 정당한 보상을 청구할 수 있는 권리를 의미한다.[34] 즉 이 제도는 국가가 형사사법의 과오에 의하여 원래 형사책임을 추궁당하지 않을 자를 형사피의자 또는 형사피고인으로 다룸으로써 그로 인해 입은 물질적 또는 정신적 손실에 대하여 국가가 그 손실을 보상하는 제도이다. 형사보상청구권은 1849년 독일의 프랑크푸르트 헌법에서 최초로 규정된 이래 일본헌법 제40조, 포르투갈헌법 제21조 제 2 항 등에 규정되어 있다. 우리 헌법에서는 건국헌법에서 최초로 규정하였으며, 구금된 피의자가 검사로부터 불기소처분을 받는 경우에 청구할 수 있는 권리는 1987년 제 9 차 개헌에서 규정하였다.

형사보상청구권의 본질에 관하여 ① 손해배상으로 보는 견해와 ② 무과실손실보상으로 보는 견해, ③ 오판에 대한 보상과 구금에 대한 보상으로 나누어 전자는 손해배상으로, 후자는 손실보상으로 보는 견해가 대립된다. 우리

---

33) 국회의원의 입법행위는 그 입법내용이 헌법의 문언에 명백히 위반됨에도 불구하고 국회가 군이 당해 입법을 한 것과 같은 특수한 경우가 아닌 한 국가배상법 제 2 조 제 1 항 소정의 위법행위에 해당된다고 볼 수 없다(대법원 1997. 6. 13. 선고 96다56115 판결).
34) 김철수, 947쪽; 권영성, 619쪽; 강경근, 653쪽.

헌법은 형사보상제도를 국가배상제도와 별도로 규정하고 있으며 형사보상청구권에 고의 또는 과실을 요건으로 하지 않으므로, 인신의 구속으로 인한 손실의 발생에 대하여 결과책임인 무과실 손실보상책임을 인정한 것으로 보는 것이 타당하다고 본다.

2. 형사보상청구권의 성립요건

(1) 구금된 형사피의자가 법률이 정하는 불기소처분을 받은 경우일 것

형사보상청구권은 구금된 형사피의자를 그 대상으로 한다. 구금이란 교도소나 유치장에서 신체의 자유를 제한하는 강제처분을 의미하는 것으로, 형의 집행을 위한 구치·형의 집행 등을 모두 포함한다. 기소유예처분이나 기소중지처분을 제외한 협의의 불기소처분인 혐의 없음, 죄 안됨, 공소권 없음인 경우에 구금된 피의자는 형사보상을 청구할 수 있다. 그러나 구금기간중에 다른 사실에 대하여 수사가 행하여지고 그 사실에 관하여 범죄가 성립한 경우, 보상을 하는 것이 선량한 풍속 기타 사회질서에 반한다고 인정할 만한 특별한 사정이 있는 경우, 본인이 수사 또는 재판을 그르칠 목적으로 거짓의 자백을 하거나 다른 유죄의 증거를 만듦으로써 구금된 경우에는 형사피의자의 보상금의 전부 또는 일부를 지급하지 아니할 수 있다(형사보상 및 명예회복에 관한 법률 제27조).

(2) 구금된 피고인이 법원에서 무죄판결을 받는 경우일 것

구금된 피고인이 법원, 군사법원에서 무죄판결을 받는 경우에는 다음과 같은 경우에 해당하면 형사보상의 대상이 된다. 형사소송법에 의한 일반절차 또는 재심이나 비상상고절차에서 무죄재판을 받은 자가 미결구금을 당한 경우, 상소권 회복에 의한 상소·재심 또는 비상상고의 절차에서 무죄재판을 받아 확정된 사건의 피고인이 원판결에 의하여 구금 또는 형의 집행을 받은 경우는 형사보상을 청구할 수 있다.[35] 또한 면소 또는 공소기각의 재판을 받아 확정된 피고인은 면소 또는 공소기각의 재판을 할 만한 사유가 없었더라면 무죄의 재판을 받을 만한 현저한 사유가 있었을 때에는 국가에 대하여 구

---

35) 비상상고의 절차에서 보호감호를 기각하는 재판을 받은 자가 원판결에 의하여 보호감호의 집행을 받았을 때에도 형사보상법 제 1 조 제 2 항을 위 규정을 유추적용하여 보호감호의 집행에 대한 보상을 청구할 수 있다고 해석함이 상당하고, 이렇게 해석하는 것이 형사보상청구의 권리를 선언하고 있는 헌법정신에도 부합한다(대법원 2004. 10. 18. 자 2004코1 (2004오1) 결정).

금에 대한 보상을 청구할 수 있다. 그러나 무죄판결의 경우에도 형사미성년자 또는 심신상실자의 행위라는 이유로 무죄판결이 있을 경우, 수사나 심판을 그르칠 목적으로 허위의 자백을 한 경우, 경합범의 경우 범죄의 일부에 대하여만 무죄판결이 내려진 경우에는 형사보상청구를 기각할 수 있다.

3. 형사보상청구의 절차와 보상금

(1) 형사보상청구의 절차

형사피의자에 대한 보상은 불기소처분을 한 검사소속의 지방검찰청의 피의자보상심의회에 청구해야 한다. 지방검찰청에 피의자보상심의회를 두며, 피의자보상심의회에서는 피의자보상에 관한 사항을 심의·결정한다. 피의자보상심의회는 법무부장관의 지휘·감독을 받는다. 피의자보상심의회의 결정에 대해서는 법무부장관의 재결(裁決)을 거쳐 행정소송을 제기할 수 있다. 피의자보상의 청구는 불기소처분의 고지나 통지를 받은 날로부터 1년 이내에 해야 한다.

형사피고인에 대한 보상은 무죄판결을 행한 법원에 청구하여야 한다. 피고인보상청구는 검사와 피고인의 의견을 들은 후 법원합의부에서 재판한다. 법원의 보상결정에 대해서는 피고인은 불복을 신청할 수 없다. 반면 법원의 보상청구기각결정에 대해서는 즉시항고를 할 수 있다. 피고인의 보상청구는 무죄판결이 확정된 날로부터 1년 이내에 해야 한다고 하였으나, 헌법재판소는 2010년 형사보상청구권의 제척기간을 1년으로 규정한 형사보상법 제 7 조가 피해의 최소성원칙에 위배되어 적용중지 헌법불합치결정을 내렸다.[36] 이에 보상청구는 무죄재판이 확정된 사실을 안 날부터 3년, 무죄재판이 확정된

---

36) 권리의 행사가 용이하고 일상 빈번히 발생하는 것이거나 권리의 행사로 인하여 상대방의 지위가 불안정해지는 경우 또는 법률관계를 보다 신속히 확정하여 분쟁을 방지할 필요가 있는 경우에는 특별히 짧은 소멸시효나 제척기간을 인정할 필요가 있으나, 이 사건 법률조항은 위의 어떠한 사유에도 해당하지 아니하는 등 달리 합리적인 이유를 찾기 어렵고, 일반적인 사법상의 권리보다 더 확실하게 보호되어야 할 권리인 형사보상청구권의 보호를 저해하고 있다. 또한, 이 사건 법률조항은 형사소송법상 형사피고인이 재정하지 아니한 가운데 재판할 수 있는 예외적인 경우를 상정하고 있는 등 형사피고인은 당사자가 책임질 수 없는 사유에 의하여 무죄재판의 확정사실을 모를 수 있는 가능성이 있으므로, 형사피고인이 책임질 수 없는 사유에 의하여 제척기간을 도과할 가능성이 있는바, 이는 국가의 잘못된 형사사법작용에 의하여 신체의 자유라는 중대한 법익을 침해받은 국민의 기본권을 사법상의 권리보다도 가볍게 보호하는 것으로서 부당하다(헌재 2010. 7. 29. 2008헌가4).

때부터 5년 이내에 하여야 한다고 개정되었다.[37]

(2) 형사보상금

그 구금일수에 따라 1일당 보상청구의 원인이 발생한 연도이 최저임금법에 따른 일급(日給) 최저임금액 이상 대통령령으로 정하는 금액 이하의 비율에 의한 보상금을 지급하고 그 밖의 사형집행에 대한 보상금은 집행 전 구금에 대한 보상금 외에 3천만원 이내에서 모든 사정을 고려하여 법원이 상당하다고 인정하는 액을 가산 보상한다. 이 경우 본인의 사망에 의하여 생긴 재산상의 손실액이 증명된 때에는 그 손실액도 보상한다. 罰金 또는 科料의 집행에 대한 보상에 있어서는 이미 징수한 罰金 또는 科料의 액에 징수일의 익일부터 보상 결정일까지의 日數에 따라 民法 第379條의 法定利率에 의한 금액을 가산한 액을 보상한다(형사보상법 제4조). 또 동법시행령 제2조에서는 구금에 대한 보상금의 상한은 1일 보상청구의 원인이 발생한 연도의 최저임금법상 일급최저임금액의 5배로 하고 있다. 형사보상금은 양도나 압류할 수 없다(제23조). 한편, 헌법재판소는 형사보상의 청구에 대하여 한 법원의 보상결정에 대하여는 불복을 신청할 수 없도록 하여 형사보상의 결정을 단심재판으로 규정한 구 형사보상법 제19조 제1항은 형사보상청구권 및 재판청구권을 침해하는 것으로 헌법에 위반된다고 하였다.[38]

4. 형사보상청구권의 개선방향

우리 형사절차는 인신구속을 지나치게 남용하는 경향이 있다. 불구속수사의 원칙이 인정됨에도 불구하고 실무는 구속수사를 원칙으로 하고 있는 듯하다. 이러한 현실에서 억울하게 옥살이를 하는 사람도 상당수에 이를 것이라고 생각된다. 이러한 잘못된 인신구속 등 형사절차에 대하여 금전적으로나마 보상을 청구할 수 있는 권리인 형사보상청구권이 인정되고 있는 것은 다행이다. 하지만 현재 보상액이 지나치게 비현실적인 것은 아닌지 의심이 된다. 법상으로는 최저임금법상 일급최저임금액의 5배까지 지급할 수 있는 것으로 되어 있으나, 실무에서는 상당히 적은 액수가 지급되고 있다고 한다. 국민의 형사보상청구권이 기본권으로서 실질적으로 기능하기 위하여 형사보상

---

37) 형사보상 및 명예회복에 관한 법률[전부개정 2011. 5. 23 법률 제10698호] 제8조.
38) 헌재 2010. 10. 28. 2008헌마514.

금액을 점차 증가시켜 현실화하는 것이 매우 시급하게 요구된다.

II. 犯罪被害者 國家救助請求權

1. 범죄피해자 국가구조청구권의 의의

범죄피해자 국가구조청구권은 사회보장제도로서의 성격과 국가책임제로서의 성격을 동시에 가지는 것으로, 타인의 범죄행위로 인하여 생명이나 신체에 대한 피해를 입은 경우에 법률이 정하는 바에 의하여 국가에 구조금을 청구할 수 있는 권리를 의미한다.39) 범죄피해자 국가구조청구권은 벤담의 공리주의 철학 및 홉스와 스피노자의 질서국가사상과 이념적으로 조화된다. 범죄피해자 국가구조청구권의 최초의 연원은 기원전 2250년경의 함무라비 법전을 그 기원으로 하며, 법률에 최초로 규정한 국가는 1929년 멕시코이다. 헌법상에 세계 최초로 규정한 것은 우리의 1987년 제 9 차 개정헌법이다.40) 범죄피해자 국가구조청구권의 주체는 범죄피해자가 장해 또는 중상해를 당한 경우에는 본인이 주체가 되고, 사망시에는 그 유가족이 그 주체가 된다. 태아의 경우 유족의 범위를 정함에 있어 이미 출생한 것으로 본다. 또한 상호보증이 있는 경우에는 외국인도 그 주체가 될 수 있다.

2. 범죄피해자 국가구조청구권의 성립요건

먼저 적극적 요건으로서 타인의 범죄행위로 인하여 피해가 발생할 것을 요한다. 그러나 형법에 의한 정당행위, 정당방위 및 과실에 의한 행위는 범죄가 성립하지 아니하므로 제외된다. 또 생명·신체상의 피해로 사망 또는 장해 또는 중상해가 발생하였을 것을 요한다.

구법상 "가해자의 불명 또는 무자력으로 피해자가 피해의 전부 또는 일부를 배상받지 못하는 경우"를 요건으로 요하였으나 개정법에서는 이를 삭제하고 "구조피해자가 피해의 전부 또는 일부를 배상받지 못하는 경우"로 구조의 범위를 확대하였다. 또한 "자기 또는 타인의 형사사건의 수사 또는 재판

---

39) 김철수, 967쪽; 권영성, 624쪽; 강경근, 655쪽; 성낙인, 561쪽.
40) 피해자보상제도의 비교법적 고찰에 대하여는 조병선, "피해자보상제도의 형사절차로의 도입에 대한 비교법적 고찰," 피해자학연구 제 5 호, 1997, 171-185쪽 참조.

에서 고소·고발 등 수사단서를 제공하거나 진술, 증언 또는 자료제출을 하다가 구조피해자가 된 경우"에도 범죄피해자 국가구조청구권이 성립한다.

　　유족구조금을 지급받을 수 있는 유족은 "1. 배우자(사실상 혼인관계를 포함한다) 및 구조피해자의 사망 당시 구조피해자의 수입으로 생계를 유지하고 있는 구조피해자의 자녀, 2. 구조피해자의 사망 당시 구조피해자의 수입으로 생계를 유지하고 있는 구조피해자의 부모, 손자·손녀, 조부모 및 형제자매, 3. 제1호 및 제2호에 해당하지 아니하는 구조피해자의 자녀, 부모, 손자·손녀, 조부모 및 형제자매"의 순이다.

　　다음 소극적 요건으로서 피해자와 가해자 간에 친족관계가 아닐 것과 피해자가 범죄행위를 유발한 경우가 아닐 것, 피해자에게 귀책사유가 없을 것, 구조금의 전부 또는 일부를 지급하지 아니함이 사회통념상 상당하다고 인정할 만한 상당한 이유가 없을 것 등이 요구된다.

3. 범죄피해자구조금의 청구절차

　　범죄피해자구조금의 종류는 유족구조금, 장해구조금, 중상해구조금으로 나눌 수 있다. 유족구조금은 피해자의 사망시에 제 1 순위의 유족에게 지급하는 금전을 말한다. 장해구조금과 중상해구조금은 피해자가 신체부상시 당해 피해자에게 지급하는 금전을 말한다. 다만 피해자가 범죄피해를 원인으로 하여 국가배상법 기타 법령에 의한 급여 등을 지급받을 수 있는 경우에는 구조금을 지급하지 아니하며, 이미 다른 방법으로 손해배상 등을 받은 경우에는 그 받은 금액의 한도 내에서 구조금을 삭감할 수 있다.

　　구조금은 일시불로 지급하고 있으며 구조금의 지급에 관한 사항을 심의·결정하기 위하여 지방검찰청에 범죄피해구조심의회를 둔다. 심의회는 법무부장관의 지휘·감독을 받는다. 구조금을 지급받고자 하는 자는 법무부령이 정하는 바에 의하여 그 주소지·거소지 또는 범죄발생지를 관할하는 심의회에 신청하여야 한다. 범죄피해의 발생을 안 날로부터 3년 이내 또는 당해 범죄행위가 발생한 날로부터 10년 이내에 청구하여야 한다. 구조금의 수령권리는 양도 또는 담보로 제공하거나 압류할 수 없으며, 2년 간 행사하지 아니하면 권리가 소멸한다. 피해자가 범죄피해를 원인으로 하여 국가배상법 기타 법령에 의한 급여 등을 수급할 수 있는 경우에는 구조금을 지급하지 아니한다.

4. 범죄피해자보호법 제정(2005. 12. 23.)

1987년 현행헌법 하에 도입된 범죄피해자구조법에 의한 구조는 가해자를 찾을 수 없거나 재산이 없는 사람 등으로 제한되어 있고 지급액도 비현실적이어서 효과적이지 못하였기 때문에 제정된 것이 바로 범죄피해자보호법이다. 이 법은 범죄피해자 보호 · 지원의 기본 정책 등을 정하고 타인의 범죄행위로 인하여 생명 · 신체에 피해를 받은 사람을 구조(救助)함으로써 범죄피해자의 복지 증진에 기여함을 목적으로 한다(제1 조).

따라서 국가 및 지방자치단체는 범죄피해자의 피해정도, 보호 · 지원의 필요성 등에 상응하여 범죄피해자에게 상담, 의료제공, 관련 법령에 따른 구조금 지급, 법률구조, 취업관련 지원 등을 할 수 있도록 필요한 대책을 강구하여야 한다(제7 조). 그리고 범죄피해자에게 당해 사건에 참여할 기회를 보장하여야 한다. 이를 위하여 국가는 범죄피해자에게 수사담당자와 상담하거나 재판절차에서 진술하는 권리를 보장하여야 한다. 또한 피해자의 요청이 있는 경우 수사결과, 공판기일, 재판결과, 형집행 및 보호관찰집행 등의 관련정보를 제공할 수 있다(제8 조). 국가 또는 지방자치단체는 피해자의 명예와 사생활을 보호하여야 한다. 피해자가 형사소송에서의 진술 · 증언과 관련하여 보복을 당할 우려가 있을 때에는 피해자 보호를 위하여 적절한 조치를 강구하여야 한다(제9 조).

한편 범죄피해자에 대한 체계적이고 지속적인 보호를 위하여 국가는 범죄피해자 보호 · 지원에 관한 기본계획을 5년마다 수립하여야 하고 그러한 일들을 수행하기 위하여 법무부장관 소속 하에 범죄피해자보호위원회를 둔다(제15조).

大韓民國憲法

前　文

悠久한 歷史와 傳統에 빛나는 우리 大韓國民은 3·1運動으로 建立된 大韓民國臨時政府의 法統과 不義에 抗拒한 4·19民主理念을 계승하고, 祖國의 民主改革과 平和的 統一의 使命에 입각하여 正義·人道와 同胞愛로써 民族의 團結을 공고히 하고, 모든 社會的 弊習과 不義를 타파하며, 自律과 調和를 바탕으로 自由民主的 基本秩序를 더욱 확고히 하여 政治·經濟·社會·文化의 모든 領域에 있어서 各人의 機會를 균등히 하고, 能力을 最高度로 발휘하게 하며, 自由와 權利에 따르는 責任과 義務를 완수하게 하여, 안으로는 國民生活의 균등한 향상을 기하고 밖으로는 항구적인 世界平和와 人類共榮에 이바지함으로써 우리들과 우리들의 子孫의 安全과 自由와 幸福을 영원히 확보할 것을 다짐하면서 1948年 7月 12日에 制定되고 8次에 걸쳐 改正된 憲法을 이제 國會의 議決을 거쳐 國民投票에 의하여 改正한다.

1987年 10月 29日

第1章 總　綱

第1條 ① 大韓民國은 民主共和國이다.

② 大韓民國의 主權은 國民에게 있고, 모든 權力은 國民으로부터 나온다.

第2條 ① 大韓民國의 國民이 되는 요건은 法律로 정한다.

② 國家는 法律이 정하는 바에 의하여 在外國民을 보호할 義務를 진다.

第3條 大韓民國의 領土는 韓半島와 그 附屬島嶼로 한다.

第4條 大韓民國은 統一을 指向하며, 自由民主的 基本秩序에 입각한 平和的 統一 政策을 수립하고 이를 추진한다.

第5條 ① 大韓民國은 國際平和의 유지에 노력하고 侵略的 戰爭을 否認한다.

② 國軍은 國家의 安全保障과 國土防衛의 神聖한 義務를 수행함을 使命으로 하며, 그 政治的 中立性은 준수된다.

第6條 ① 憲法에 의하여 체결·公布된 條約과 一般的으로 승인된 國際法規는 國內法과 같은 效力을 가진다.

② 外國人은 國際法과 條約이 정하는

바에 의하여 그 地位가 보장된다.

第7條 ① 公務員은 國民全體에 대한 奉仕者이며, 國民에 대하여 責任을 진다.

② 公務員의 身分과 政治的 中立性은 法律이 정하는 바에 의하여 보장된다.

第8條 ① 政黨의 設立은 自由이며, 複數政黨制는 보장된다.

② 政黨은 그 目的·組織과 活動이 民主的이어야 하며, 國民의 政治的 意思形成에 참여하는데 필요한 組織을 가져야 한다.

③ 政黨은 法律이 정하는 바에 의하여 國家의 보호를 받으며, 國家는 法律이 정하는 바에 의하여 政黨運營에 필요한 資金을 補助할 수 있다.

④ 政黨의 目的이나 活動이 民主的基本秩序에 違背될 때에는 政府는 憲法裁判所에 그 解散을 提訴할 수 있고, 政黨은 憲法裁判所의 審判에 의하여 解散된다.

第9條 國家는 傳統文化의 계승·발전과 民族文化의 暢達에 노력하여야 한다.

第2章 國民의 權利와 義務

第10條 모든 國民은 人間으로서의 尊嚴과 價値를 가지며, 幸福을 追求할 權利를 가진다. 國家는 개인이 가지는 不可侵의 基本的 人權을 확인하고 이를 보장할 義務를 진다.

第11條 ① 모든 國民은 法 앞에 平等하다. 누구든지 性別·宗教 또는 社會的 身分에 의하여 政治的·經濟的·社會的·文化的 生活의 모든 領域에 있어서 차별을 받지 아니한다.

② 社會的 特殊階級의 制度는 인정되지 아니하며, 어떠한 形態로도 이를 創設할 수 없다.

③ 勳章등의 榮典은 이를 받은 者에게만 效力이 있고, 어떠한 特權도 이에 따르지 아니한다.

第12條 ① 모든 國民은 身體의 自由를 가진다. 누구든지 法律에 의하지 아니하고는 逮捕·拘束·押收·搜索 또는 審問을 받지 아니하며, 法律과 適法한 節次에 의하지 아니하고는 處罰·保安處分 또는 强制勞役을 받지 아니한다.

② 모든 國民은 拷問을 받지 아니하며, 刑事上 자기에게 不利한 陳述을 强要당하지 아니한다.

③ 逮捕·拘束·押收 또는 搜索을 할 때에는 適法한 節次에 따라 檢事의 申請에 의하여 法官이 발부한 令狀을 제시하여야 한다. 다만, 現行犯人인 경우와 長期 3年 이상의 刑에 해당하는 罪를 범하고 逃避 또는 證據湮滅의 염려가 있을 때에는 事後에 令狀을 請求할 수 있다.

④ 누구든지 逮捕 또는 拘束을 당한 때에는 즉시 辯護人의 助力을 받을 權利를 가진다. 다만, 刑事被告人이 스스로 辯護人을 구할 수 없을 때에는 法律이 정하는 바에 의하여 國家가 辯護人을 붙인다.

⑤ 누구든지 逮捕 또는 拘束의 이유와 辯護人의 助力을 받을 權利가 있

음을 告知받지 아니하고는 逮捕 또는 拘束을 당하지 아니한다. 逮捕 또는 拘束을 당한 者의 家族등 法律이 정하는 者에게는 그 이유와 日時·場所가 지체없이 통지되어야 한다.

⑥ 누구든지 逮捕 또는 拘束을 당한 때에는 適否의 審査를 法院에 請求할 權利를 가진다.

⑦ 被告人의 自白이 拷問·暴行·脅迫·拘束의 부당한 長期化 또는 欺罔 기타의 방법에 의하여 自意로 陳述된 것이 아니라고 인정될 때 또는 正式 裁判에 있어서 被告人의 自白이 그에게 不利한 유일한 증거일 때에는 이를 有罪의 증거로 삼거나 이를 이유로 處罰할 수 없다.

第13條 ① 모든 國民은 行爲時의 法律에 의하여 犯罪를 구성하지 아니하는 행위로 訴追되지 아니하며, 동일한 犯罪에 대하여 거듭 處罰받지 아니한다.

② 모든 國民은 遡及立法에 의하여 參政權의 제한을 받거나 財産權을 剝奪당하지 아니한다.

③ 모든 國民은 자기의 행위가 아닌 親族의 행위로 인하여 불이익한 處遇를 받지 아니한다.

第14條 모든 國民은 居住·移轉의 自由를 가진다.

第15條 모든 國民은 職業選擇의 自由를 가진다.

第16條 모든 國民은 住居의 自由를 침해받지 아니한다. 住居에 대한 押收나 搜索을 할 때에는 檢事의 申請에 의하여 法官이 발부한 令狀을 제시하여야 한다.

第17條 모든 國民은 私生活의 秘密과 自由를 침해받지 아니한다.

第18條 모든 國民은 通信의 秘密을 침해받지 아니한다.

第19條 모든 國民은 良心의 自由를 가진다.

第20條 ① 모든 國民은 宗敎의 自由를 가진다.

② 國敎는 인정되지 아니하며, 宗敎와 政治는 分離된다.

第21條 ① 모든 國民은 言論·出版의 自由와 集會·結社의 自由를 가진다.

② 言論·出版에 대한 許可나 檢閱과 集會·結社에 대한 許可는 인정되지 아니한다.

③ 通信·放送의 施設基準과 新聞의 機能을 보장하기 위하여 필요한 사항은 法律로 정한다.

④ 言論·出版은 他人의 名譽나 權利 또는 公衆道德이나 社會倫理를 침해하여서는 아니된다. 言論·出版이 他人의 名譽나 權利를 침해한 때에는 被害者는 이에 대한 被害의 賠償을 請求할 수 있다.

第22條 ① 모든 國民은 學問과 藝術의 自由를 가진다.

② 著作者·發明家·科學技術者와 藝術家의 權利는 法律로써 보호한다.

第23條 ① 모든 國民의 財産權은 보장된다. 그 내용과 限界는 法律로 정한다.

② 財産權의 행사는 公共福利에 적합하도록 하여야 한다.

③ 公共必要에 의한 財産權의 收用·사용 또는 제한 및 그에 대한 補償은 法律로써 하되, 정당한 補償을 支給하여야 한다.

第24條 모든 國民은 法律이 정하는 바에 의하여 選擧權을 가진다.

第25條 모든 國民은 法律이 정하는 바에 의하여 公務擔任權을 가진다.

第26條 ① 모든 國民은 法律이 정하는 바에 의하여 國家機關에 文書로 請願할 權利를 가진다.

② 國家는 請願에 대하여 審査할 義務를 진다.

第27條 ① 모든 國民은 憲法과 法律이 정한 法官에 의하여 法律에 의한 裁判을 받을 權利를 가진다.

② 軍人 또는 軍務員이 아닌 國民은 大韓民國의 領域안에서는 중대한 軍事上 機密·哨兵·哨所·有毒飲食物供給·捕虜·軍用物에 관한 罪中 法律이 정한 경우와 非常戒嚴이 宣布된 경우를 제외하고는 軍事法院의 裁判을 받지 아니한다.

③ 모든 國民은 신속한 裁判을 받을 權利를 가진다. 刑事被告人은 상당한 이유가 없는 한 지체없이 公開裁判을 받을 權利를 가진다.

④ 刑事被告人은 有罪의 判決이 확정될 때까지는 無罪로 推定된다.

⑤ 刑事被害者는 法律이 정하는 바에 의하여 당해 事件의 裁判節次에서 陳述할 수 있다.

第28條 刑事被疑者 또는 刑事被告人으로서 拘禁되었던 者가 法律이 정하는 不起訴處分을 받거나 無罪判決을 받은 때에는 法律이 정하는 바에 의하여 國家에 정당한 補償을 請求할 수 있다.

第29條 ① 公務員의 職務上 不法行爲로 損害를 받은 國民은 法律이 정하는 바에 의하여 國家 또는 公共團體에 정당한 賠償을 請求할 수 있다. 이 경우 公務員 자신의 責任은 免除되지 아니한다.

② 軍人·軍務員·警察公務員 기타 法律이 정하는 者가 戰鬪·訓練등 職務執行과 관련하여 받은 損害에 대하여는 法律이 정하는 報償외에 國家 또는 公共團體에 公務員의 職務上 不法行爲로 인한 賠償은 請求할 수 없다.

第30條 他人의 犯罪行爲로 인하여 生命·身體에 대한 被害를 받은 國民은 法律이 정하는 바에 의하여 國家로부터 救助를 받을 수 있다.

第31條 ① 모든 國民은 能力에 따라 균등하게 敎育을 받을 權利를 가진다.

② 모든 國民은 그 보호하는 子女에게 적어도 初等敎育과 法律이 정하는 敎育을 받게 할 義務를 진다.

③ 義務敎育은 無償으로 한다.

④ 敎育의 自主性·專門性·政治的中立性 및 大學의 自律性은 法律이 정하는 바에 의하여 보장된다.

⑤ 國家는 平生敎育을 振興하여야 한다.

⑥ 學校敎育 및 平生敎育을 포함한 敎育制度와 그 운영, 敎育財政 및 敎

員의 地位에 관한 基本的인 사항은 法律로 정한다.

第32條 ① 모든 國民은 勤勞의 權利를 가진다. 國家는 社會的·經濟的 방법으로 勤勞者의 雇傭의 增進과 適正賃金의 보장에 노력하여야 하며, 法律이 정하는 바에 의하여 最低賃金制를 施行하여야 한다.

② 모든 國民은 勤勞의 義務를 진다. 國家는 勤勞의 義務의 내용과 조건을 民主主義原則에 따라 法律로 정한다.

③ 勤勞條件의 基準은 人間의 尊嚴性을 보장하도록 法律로 정한다.

④ 女子의 勤勞는 특별한 보호를 받으며, 雇傭·賃金 및 勤勞條件에 있어서 부당한 차별을 받지 아니한다.

⑤ 年少者의 勤勞는 특별한 보호를 받는다.

⑥ 國家有功者·傷痍軍警 및 戰歿軍警의 遺家族은 法律이 정하는 바에 의하여 優先的으로 勤勞의 機會를 부여받는다.

第33條 ① 勤勞者는 勤勞條件의 향상을 위하여 自主的인 團結權·團體交涉權 및 團體行動權을 가진다.

② 公務員인 勤勞者는 法律이 정하는 者에 한하여 團結權·團體交涉權 및 團體行動權을 가진다.

③ 法律이 정하는 主要防衛産業體에 종사하는 勤勞者의 團體行動權은 法律이 정하는 바에 의하여 이를 제한하거나 인정하지 아니할 수 있다.

第34條 ① 모든 國民은 人間다운 生活을 할 權利를 가진다.

② 國家는 社會保障·社會福祉의 增進에 노력할 義務를 진다.

③ 國家는 女子의 福祉와 權益의 향상을 위하여 노력하여야 한다.

④ 國家는 老人과 靑少年의 福祉向上을 위한 政策을 실시할 義務를 진다.

⑤ 身體障碍者 및 疾病·老齡 기타의 사유로 生活能力이 없는 國民은 法律이 정하는 바에 의하여 國家의 보호를 받는다.

⑥ 國家는 災害를 豫防하고 그 위험으로부터 國民을 보호하기 위하여 노력하여야 한다.

第35條 ① 모든 國民은 건강하고 快適한 環境에서 生活할 權利를 가지며, 國家와 國民은 環境保全을 위하여 노력하여야 한다.

② 環境權의 내용과 행사에 관하여는 法律로 정한다.

③ 國家는 住宅開發政策등을 통하여 모든 國民이 快適한 住居生活을 할 수 있도록 노력하여야 한다.

第36條 ① 婚姻과 家族生活은 개인의 尊嚴과 兩性의 平等을 기초로 成立되고 유지되어야 하며, 國家는 이를 보장한다.

② 國家는 母性의 보호를 위하여 노력하여야 한다.

③ 모든 國民은 保健에 관하여 國家의 보호를 받는다.

第37條 ① 國民의 自由와 權利는 憲法에 열거되지 아니한 이유로 輕視되지 아니한다.

② 國民의 모든 自由와 權利는 國家

安全保障・秩序維持 또는 公共福利를
위하여 필요한 경우에 한하여 法律로
써 제한할 수 있으며, 제한하는 경우
에도 自由의 權利의 本質的인 내용을
침해할 수 없다.

第38條 모든 國民은 法律이 정하는 바
에 의하여 納稅의 義務를 진다.

第39條 ① 모든 國民은 法律이 정하는
바에 의하여 國防의 義務를 진다.

② 누구든지 兵役義務의 이행으로 인
하여 불이익한 處遇를 받지 아니한다.

第3章 國 會

第40條 立法權은 國會에 속한다.

第41條 ① 國會는 國民의 普通・平等・
直接・秘密選擧에 의하여 選出된 國
會議員으로 구성한다.

② 國會議員의 數는 法律로 정하되,
200人 이상으로 한다.

③ 國會議員의 選擧區와 比例代表制
기타 選擧에 관한 사항은 法律로 정
한다.

第42條 國會議員의 任期는 4年으로 한
다.

第43條 國會議員은 法律이 정하는 職을
겸할 수 없다.

第44條 ① 國會議員은 現行犯人인 경우
를 제외하고는 會期中 國會의 同意없
이 逮捕 또는 拘禁되지 아니한다.

② 國會議員이 會期전에 逮捕 또는
拘禁된 때에는 現行犯人이 아닌 한
國會의 요구가 있으면 會期中 釋放된
다.

第45條 國會議員은 國會에서 職務上 행

한 發言과 表決에 관하여 國會외에서
責任을 지지 아니한다.

第46條 ① 國會議員은 淸廉의 義務가
있다.

② 國會議員은 國家利益을 우선하여
良心에 따라 職務를 행한다.

③ 國會議員은 그 地位를 濫用하여
國家・公共團體 또는 企業體와의 契
約이나 그 處分에 의하여 財産上의
權利・이익 또는 職位를 취득하거나
他人을 위하여 그 취득을 알선할 수
없다.

第47條 ① 國會의 定期會는 法律이 정
하는 바에 의하여 매년 1回 集會되며,
國會의 臨時會는 大統領 또는 國會在
籍議員 4分의 1 이상의 요구에 의하
여 集會된다.

② 定期會의 會期는 100日을, 臨時會
의 會期는 30日을 초과할 수 없다.

③ 大統領이 臨時會의 集會를 요구할
때에는 期間과 集會要求의 이유를 명
시하여야 한다.

第48條 國會는 議長 1人과 副議長 2人
을 選出한다.

第49條 國會는 憲法 또는 法律에 특별
한 規定이 없는 한 在籍議員 過半數
의 출석과 出席議員 過半數의 贊成으
로 議決한다. 可否同數인 때에는 否決
된 것으로 본다.

第50條 ① 國會의 會議는 公開한다. 다
만, 出席議員 過半數의 贊成이 있거나
議長이 國家의 安全保障을 위하여 필
요하다고 인정할 때에는 公開하지 아
니할 수 있다.

② 公開하지 아니한 會議內容의 公表에 관하여는 法律이 정하는 바에 의한다.

第51條 國會에 제출된 法律案 기타의 議案은 會期중에 議決되지 못한 이유로 폐기되지 아니한다. 다만, 國會議員의 任期가 만료된 때에는 그러하지 아니하다.

第52條 國會議員과 政府는 法律案을 제출할 수 있다.

第53條 ① 國會에서 議決된 法律案은 政府에 移送되어 15日 이내에 大統領이 公布한다.

② 法律案에 異議가 있을 때에는 大統領은 第1項의 期間內에 異議書를 붙여 國會로 還付하고, 그 再議를 요구할 수 있다. 國會의 閉會중에도 또한 같다.

③ 大統領은 法律案의 일부에 대하여 또는 法律案을 修正하여 再議를 요구할 수 없다.

④ 再議의 요구가 있을 때에는 國會는 再議에 붙이고, 在籍議員過半數의 출석과 出席議員 3分의 2 이상의 贊成으로 前과 같은 議決을 하면 그 法律案은 法律로서 확정된다.

⑤ 大統領이 第1項의 期間內에 公布나 再議의 요구를 하지 아니한 때에도 그 法律案은 法律로서 확정된다.

⑥ 大統領은 第4項과 第5項의 規定에 의하여 확정된 法律을 지체없이 公布하여야 한다. 第5項에 의하여 法律이 확정된 후 또는 第4項에 의한 確定法律이 政府에 移送된 후 5日 이내에 大統領이 公布하지 아니할 때에는 國會議長이 이를 公布한다.

⑦ 法律은 특별한 規定이 없는 한 公布한 날로부터 20日을 경과함으로써 效力을 발생한다.

第54條 ① 國會는 國家의 豫算案을 審議·확정한다.

② 政府는 會計年度마다 豫算案을 編成하여 會計年度 開始 90日전까지 國會에 제출하고, 國會는 會計年度 開始 30日전까지 이를 議決하여야 한다.

③ 새로운 會計年度가 開始될 때까지 豫算案이 議決되지 못한 때에는 政府는 國會에서 豫算案이 議決될 때까지 다음의 目的을 위한 經費는 前年度 豫算에 準하여 執行할 수 있다.

1. 憲法이나 法律에 의하여 設置된 機關 또는 施設의 유지·운영
2. 法律上 支出義務의 이행
3. 이미 豫算으로 승인된 事業의 계속

第55條 ① 한 會計年度를 넘어 계속하여 支出할 필요가 있을 때에는 政府는 年限을 정하여 繼續費로서 國會의 議決을 얻어야 한다.

② 豫備費는 總額으로 國會의 議決을 얻어야 한다. 豫備費의 支出은 次期國會의 승인을 얻어야 한다.

第56條 政府는 豫算에 變更을 加할 필요가 있을 때에는 追加更正豫算案을 編成하여 國會에 제출할 수 있다.

第57條 國會는 政府의 同意없이 政府가 제출한 支出豫算 各項의 金額을 增加하거나 새 費目을 設置할 수 없다.

第58條 國債를 모집하거나 豫算외에 國家의 부담이 될 契約을 체결하려 할 때에는 政府는 미리 國會의 議決을 얻어야 한다.

第59條 租稅의 種目과 稅率은 法律로 정한다.

第60條 ① 國會는 相互援助 또는 安全保障에 관한 條約, 중요한 國際組織에 관한 條約, 友好通商航海條約, 主權의 制約에 관한 條約, 講和條約, 國家나 國民에게 중대한 財政的 부담을 지우는 條約 또는 立法事項에 관한 條約의 체결·批准에 대한 同意權을 가진다.

② 國會는 宣戰布告, 國軍의 外國에의 派遣 또는 外國軍隊의 大韓民國 領域안에서의 駐留에 대한 同意權을 가진다.

第61條 ① 國會는 國政을 監査하거나 특정한 國政事案에 대하여 調査할 수 있으며, 이에 필요한 書類의 提出 또는 證人의 출석과 證言이나 의견의 陳述을 요구할 수 있다.

② 國政監査 및 調査에 관한 節次 기타 필요한 사항은 法律로 정한다.

第62條 ① 國務總理·國務委員 또는 政府委員은 國會나 그 委員會에 출석하여 國政處理狀況을 보고하거나 의견을 陳述하고 質問에 응답할 수 있다.

② 國會나 그 委員會의 요구가 있을 때에는 國務總理·國務委員 또는 政府委員은 출석·답변하여야 하며, 國務總理 또는 國務委員이 出席要求를 받은 때에는 國務委員 또는 政府委員

으로 하여금 출석·답변하게 할 수 있다.

第63條 ① 國會는 國務總理 또는 國務委員의 解任을 大統領에게 建議할 수 있다.

② 第1項의 解任建議는 國會在籍議員 3分의 1 이상의 發議에 의하여 國會在籍議員 過半數의 贊成이 있어야 한다.

第64條 ① 國會는 法律에 저촉되지 아니하는 범위 안에서 議事와 內部規律에 관한 規則을 制定할 수 있다.

② 國會는 議員의 資格을 審査하며, 議員을 懲戒할 수 있다.

③ 議員을 除名하려면 國會在籍議員 3分의 2 이상의 贊成이 있어야 한다.

④ 第2項과 第3項의 處分에 대하여는 法院에 提訴할 수 없다.

第65條 ① 大統領·國務總理·國務委員·行政各部의 長·憲法裁判所 裁判官·法官·中央選擧管理委員會 委員·監査院長·監査委員 기타 法律이 정한 公務員이 그 職務執行에 있어서 憲法이나 法律을 違背한 때에는 國會는 彈劾의 訴追를 議決할 수 있다.

② 第1項의 彈劾訴追는 國會在籍議員 3分의 1 이상의 發議가 있어야 하며, 그 議決은 國會在籍議員 過半數의 贊成이 있어야 한다. 다만, 大統領에 대한 彈劾訴追는 國會在籍議員 過半數의 發議와 國會在籍議員 3分의 2 이상의 贊成이 있어야 한다.

③ 彈劾訴追의 議決을 받은 者는 彈劾審判이 있을 때까지 그 權限行使가

정지된다.

④ 彈劾決定은 公職으로부터 罷免함에 그친다. 그러나, 이에 의하여 民事上이나 刑事上의 責任이 免除되지는 아니한다.

第4章 政 府

第1節 大統領

第66條 ① 大統領은 國家의 元首이며, 外國에 대하여 國家를 代表한다.

② 大統領은 國家의 獨立·領土의 保全·國家의 繼續性과 憲法을 守護할 責務를 진다.

③ 大統領은 祖國의 平和的 統一을 위한 성실한 義務를 진다.

④ 行政權은 大統領을 首班으로 하는 政府에 속한다.

第67條 ① 大統領은 國民의 普通·平等·直接·秘密選擧에 의하여 選出한다.

② 第1項의 選擧에 있어서 最高得票者가 2人 이상인 때에는 國會의 在籍議員 過半數가 출석한 公開會議에서 多數票를 얻은 者를 當選者로 한다.

③ 大統領候補者가 1人일 때에는 그 得票數가 選擧權者 總數의 3分의 1 이상이 아니면 大統領으로 當選될 수 없다.

④ 大統領으로 選擧될 수 있는 者는 國會議員의 被選擧權이 있고 選擧日 현재 40歲에 達하여야 한다.

⑤ 大統領의 選擧에 관한 사항은 法律로 정한다.

第68條 ① 大統領의 任期가 만료되는 때에는 任期滿了 70日 내지 40日전에 後任者를 選擧한다.

② 大統領이 闕位된 때 또는 大統領當選者가 死亡하거나 判決 기타의 사유로 그 資格을 喪失한 때에는 60日 이내에 後任者를 選擧한다.

第69條 大統領은 就任에 즈음하여 다음의 宣誓를 한다.

"나는 憲法을 준수하고 國家를 保衛하며 祖國의 平和的 統一과 國民의 自由와 福利의 增進 및 民族文化의 暢達에 노력하여 大統領으로서의 職責을 성실히 수행할 것을 國民 앞에 엄숙히 宣誓합니다."

第70條 大統領의 任期는 5年으로 하며, 重任할 수 없다.

第71條 大統領이 闕位되거나 事故로 인하여 職務를 수행할 수 없을 때에는 國務總理, 法律이 정한 國務委員의 順序로 그 權限을 代行한다.

第72條 大統領은 필요하다고 인정할 때에는 外交·國防·統一 기타 國家安危에 관한 重要政策을 國民投票에 붙일 수 있다.

第73條 大統領은 條約을 체결·批准하고, 外交使節을 信任·접수 또는 派遣하며, 宣戰布告와 講和를 한다.

第74條 ① 大統領은 憲法과 法律이 정하는 바에 의하여 國軍을 統帥한다.

② 國軍의 組織과 編成은 法律로 정한다.

第75條 大統領은 法律에서 구체적으로 범위를 정하여 委任받은 사항과 法律을 執行하기 위하여 필요한 사항에

관하여 大統領令을 발할 수 있다.

第76條　① 大統領은 內憂·外患·天災·地變 또는 중대한 財政·經濟上의 危機에 있어서 國家의 安全保障 또는 公共의 安寧秩序를 유지하기 위하여 긴급한 措置가 필요하고 國會의 集會를 기다릴 여유가 없을 때에 한하여 최소한으로 필요한 財政·經濟上의 處分을 하거나 이에 관하여 法律의 效力을 가지는 命令을 발할 수 있다.

② 大統領은 國家의 安危에 관계되는 중대한 交戰狀態에 있어서 國家를 保衛하기 위하여 긴급한 措置가 필요하고 國會의 集會가 불가능한 때에 한하여 法律의 效力을 가지는 命令을 발할 수 있다.

③ 大統領은 第1項과 第2項의 處分 또는 命令을 한 때에는 지체없이 國會에 보고하여 그 승인을 얻어야 한다.

④ 第3項의 승인을 얻지 못한 때에는 그 處分 또는 命令은 그때부터 效力을 喪失한다. 이 경우 그 命令에 의하여 改正 또는 廢止되었던 法律은 그 命令이 승인을 얻지 못한 때부터 당연히 效力을 회복한다.

⑤ 大統領은 第3項과 第4項의 사유를 지체없이 公布하여야 한다.

第77條　① 大統領은 戰時·事變 또는 이에 準하는 國家非常事態에 있어서 兵力으로써 軍事上의 필요에 응하거나 公共의 安寧秩序를 유지할 필요가 있을 때에는 法律이 정하는 바에 의하여 戒嚴을 宣布할 수 있다.

② 戒嚴은 非常戒嚴과 警備戒嚴으로 한다.

③ 非常戒嚴이 宣布된 때에는 法律이 정하는 바에 의하여 令狀制度, 言論·出版·集會·結社의 自由, 政府나 法院의 權限에 관하여 특별한 措置를 할 수 있다.

④ 戒嚴을 宣布한 때에는 大統領은 지체없이 國會에 통고하여야 한다.

⑤ 國會가 在籍議員 過半數의 贊成으로 戒嚴의 解除를 요구한 때에는 大統領은 이를 解除하여야 한다.

第78條　大統領은 憲法과 法律이 정하는 바에 의하여 公務員을 任免한다.

第79條　① 大統領은 法律이 정하는 바에 의하여 赦免·減刑 또는 復權을 命할 수 있다.

② 一般赦免을 命하려면 國會의 同意를 얻어야 한다.

③ 赦免·減刑 및 復權에 관한 사항은 法律로 정한다.

第80條　大統領은 法律이 정하는 바에 의하여 勳章 기타의 榮典을 수여한다.

第81條　大統領은 國會에 출석하여 發言하거나 書翰으로 의견을 표시할 수 있다.

第82條　大統領의 國法上 행위는 文書로써 하며, 이 文書에는 國務總理와 관계 國務委員이 副署한다. 軍事에 관한 것도 또한 같다.

第83條　大統領은 國務總理·國務委員·行政各部의 長 기타 法律이 정하는 公私의 職을 겸할 수 없다.

第84條　大統領은 內亂 또는 外患의 罪를 범한 경우를 제외하고는 在職中 刑事上의 訴追를 받지 아니한다.

第85條　前職大統領의 身分과 禮遇에 관하여는 法律로 정한다.

第2節　行 政 府

第1款　國務總理와 國務委員

第86條　① 國務總理는 國會의 同意를 얻어 大統領이 任命한다.

② 國務總理는 大統領을 補佐하며, 行政에 관하여 大統領의 命을 받아 行政各部를 統轄한다.

③ 軍人은 現役을 免한 後가 아니면 國務總理로 任命될 수 없다.

第87條　① 國務委員은 國務總理의 提請으로 大統領이 任命한다.

② 國務委員은 國政에 관하여 大統領을 補佐하며, 國務會議의 構成員으로서 國政을 審議한다.

③ 國務總理는 國務委員의 解任을 大統領에게 建議할 수 있다.

④ 軍人은 現役을 免한 後가 아니면 國務委員으로 任命될 수 없다.

第2款　國務會議

第88條　① 國務會議는 政府의 權限에 속하는 중요한 政策을 審議한다.

② 國務會議는 大統領·國務總理와 15人 이상 30人 이하의 國務委員으로 구성한다.

③ 大統領은 國務會議의 議長이 되고, 國務總理는 副議長이 된다.

第89條　다음 사항은 國務會議의 審議를 거쳐야 한다.

1. 國政의 基本計劃과 政府의 一般政策
2. 宣戰·講和 기타 중요한 對外政策
3. 憲法改正案·國民投票案·條約案·法律案 및 大統領令案
4. 豫算案·決算·國有財産處分의 基本計劃·國家의 부담이 될 契約 기타 財政에 관한 중요사항
5. 大統領의 緊急命令·緊急財政經濟處分 및 命令 또는 戒嚴과 그 解除
6. 軍事에 관한 중요사항
7. 國會의 臨時會 集會의 요구
8. 榮典授與
9. 赦免·減刑과 復權
10. 行政各部間의 權限의 劃定
11. 政府안의 權限의 委任 또는 配定에 관한 基本計劃
12. 國政處理狀況의 評價·分析
13. 行政各部의 중요한 政策의 수립과 調整
14. 政黨解散의 提訴
15. 政府에 제출 또는 회부된 政府의 政策에 관계되는 請願의 審査
16. 檢察總長·合同參謀議長·各軍參謀總長·國立大學校總長·大使 기타 法律이 정한 公務員과 國營企業體管理者의 任命
17. 기타 大統領·國務總理 또는 國務委員이 제출한 사항

第90條　① 國政의 중요한 사항에 관한 大統領의 諮問에 응하기 위하여 國家元老로 구성되는 國家元老諮問會議를 둘 수 있다.

② 國家元老諮問會議의 議長은 直前大統領이 된다. 다만, 直前大統領이

496 大韓民國憲法

없을 때에는 大統領이 指名한다.

③ 國家元老諮問會議의 組織・職務範圍 기타 필요한 사항은 法律로 정한다.

第91條 ① 國家安全保障에 관련되는 對外政策・軍事政策과 國內政策의 수립에 관하여 國務會議의 審議에 앞서 大統領의 諮問에 응하기 위하여 國家安全保障會議를 둔다.

② 國家安全保障會議는 大統領이 主宰한다.

③ 國家安全保障會議의 組織・職務範圍 기타 필요한 사항은 法律로 정한다.

第92條 ① 平和統一政策의 수립에 관한 大統領의 諮問에 응하기 위하여 民主平和統一諮問會議를 둘 수 있다.

② 民主平和統一諮問會議의 組織・職務範圍 기타 필요한 사항은 法律로 정한다.

第93條 ① 國民經濟의 발전을 위한 重要政策의 수립에 관하여 大統領의 諮問에 응하기 위하여 國民經濟諮問會議를 둘 수 있다.

② 國民經濟諮問會議의 組織・職務範圍 기타 필요한 사항은 法律로 정한다.

第3款 行政各部

第94條 行政各部의 長은 國務委員 중에서 國務總理의 提請으로 大統領이 任命한다.

第95條 國務總理 또는 行政各部의 長은 所管事務에 관하여 法律이나 大統領令의 委任 또는 職權으로 總理令 또는 部令을 發할 수 있다.

第96條 行政各部의 設置・組織과 職務範圍는 法律로 정한다.

第4款 監査院

第97條 國家의 歲入・歲出의 決算, 國家 및 法律이 정한 團體의 會計檢査와 行政機關 및 公務員의 職務에 관한 監察을 하기 위하여 大統領 所屬下에 監査院을 둔다.

第98條 ① 監査院은 院長을 포함한 5人 이상 11人 이하의 監査委員으로 구성한다.

② 院長은 國會의 同意를 얻어 大統領이 任命하고, 그 任期는 4年으로 하며, 1次에 한하여 重任할 수 있다.

③ 監査委員은 院長의 提請으로 大統領이 任命하고, 그 任期는 4年으로 하며, 1次에 한하여 重任할 수 있다.

第99條 監査院은 歲入・歲出의 決算을 매년 檢査하여 大統領과 次年度國會에 그 결과를 보고하여야 한다.

第100條 監査院의 組織・職務範圍・監査委員의 資格・監査對象公務員의 범위 기타 필요한 사항은 法律로 정한다.

第5章 法 院

第101條 ① 司法權은 法官으로 구성된 法院에 속한다.

② 法院은 最高法院인 大法院과 各級法院으로 組織된다.

③ 法官의 資格은 法律로 정한다.

第102條 ① 大法院에 部를 둘 수 있다.

② 大法院에 大法官을 둔다. 다만, 法

律이 정하는 바에 의하여 大法官이
아닌 法官을 둘 수 있다.

③ 大法院과 各級法院의 組織은 法律
로 정한다.

第103條 法官은 憲法과 法律에 의하여
그 良心에 따라 獨立하여 審判한다.

第104條 ① 大法院長은 國會의 同意를
얻어 大統領이 任命한다.

② 大法官은 大法院長의 提請으로 國
會의 同意를 얻어 大統領이 任命한다.

③ 大法院長과 大法官이 아닌 法官은
大法官會議의 同意를 얻어 大法院長
이 任命한다.

第105條 ① 大法院長의 任期는 6年으로
하며, 重任할 수 없다.

② 大法官의 任期는 6年으로 하며,
法律이 정하는 바에 의하여 連任할
수 있다.

③ 大法院長과 大法官이 아닌 法官의
任期는 10年으로 하며, 法律이 정하
는 바에 의하여 連任할 수 있다.

④ 法官의 停年은 法律로 정한다.

第106條 ① 法官은 彈劾 또는 禁錮 이
상의 刑의 宣告에 의하지 아니하고는
罷免되지 아니하며, 懲戒處分에 의하
지 아니하고는 停職·減俸 기타 不利
한 處分을 받지 아니한다.

② 法官이 중대한 心身上의 障害로
職務를 수행할 수 없을 때에는 法律
이 정하는 바에 의하여 退職하게 할
수 있다.

第107條 ① 法律이 憲法에 위반되는 여
부가 裁判의 前提가 된 경우에는 法
院은 憲法裁判所에 提請하여 그 審判

에 의하여 裁判한다.

② 命令·規則 또는 處分이 憲法이나
法律에 위반되는 여부가 裁判의 前提
가 된 경우에는 大法院은 이를 最終
的으로 審査할 權限을 가진다.

③ 裁判의 前審節次로서 行政審判을
할 수 있다. 行政審判의 節次는 法律
로 정하되, 司法節次가 準用되어야 한
다.

第108條 大法院은 法律에서 저촉되지
아니하는 범위 안에서 訴訟에 관한
節次, 法院의 內部規律과 事務處理에
관한 規則을 制定할 수 있다.

第109條 裁判의 審理와 判決은 公開한
다. 다만, 審理는 國家의 安全保障 또
는 安寧秩序를 방해하거나 善良한 風
俗을 해할 염려가 있을 때에는 法院
의 決定으로 公開하지 아니할 수 있
다.

第110條 ① 軍事裁判을 관할하기 위하
여 特別法院으로서 軍事法院을 둘 수
있다.

② 軍事法院의 上告審은 大法院에서
관할한다.

③ 軍事法院의 組織·權限 및 裁判官
의 資格은 法律로 정한다.

④ 非常戒嚴下의 軍事裁判은 軍人·
軍務員의 犯罪나 軍事에 관한 間諜罪
의 경우와 哨兵·哨所·有毒飮食物供
給·捕虜에 관한 罪中 法律이 정한
경우에 한하여 單審으로 할 수 있다.
다만, 死刑을 宣告한 경우에는 그러하
지 아니하다.

第6章　憲法裁判所

第111條　① 憲法裁判所는 다음 사항을 管掌한다.

　1. 法院의 提請에 의한 法律의 違憲
　　 與否 審判

　2. 彈劾의 審判

　3. 政黨의 解散 審判

　4. 國家機關 相互間, 國家機關과 地方
　　 自治團體間 및 地方自治團體 相互
　　 間의 權限爭議에 관한 審判

　5. 法律이 정하는 憲法訴願에 관한
　　 審判

　② 憲法裁判所는 法官의 資格을 가진 9人의 裁判官으로 구성하며, 裁判官은 大統領이 任命한다.

　③ 第2項의 裁判官中 3人은 國會에서 選出하는 者를, 3人은 大法院長이 指名하는 者를 任命한다.

　④ 憲法裁判所의 長은 國會의 同意를 얻어 裁判官中에서 大統領이 任命한다.

第112條　① 憲法裁判所 裁判官의 任期는 6年으로 하며, 法律이 정하는 바에 의하여 連任할 수 있다.

　② 憲法裁判所 裁判官은 政黨에 加入하거나 政治에 관여할 수 없다.

　③ 憲法裁判所 裁判官은 彈劾 또는 禁錮 이상의 刑의 宣告에 의하지 아니하고는 罷免되지 아니한다.

第113條　① 憲法裁判所에서 法律의 違憲決定, 彈劾의 決定, 政黨解散의 決定 또는 憲法訴願에 관한 認容決定을 할 때에는 裁判官 6人 이상의 贊成이 있어야 한다.

　② 憲法裁判所는 法律에 저촉되지 아니하는 범위안에서 審判에 관한 節次, 內部規律과 事務處理에 관한 規則을 制定할 수 있다.

　③ 憲法裁判所의 組織과 운영 기타 필요한 사항은 法律로 정한다.

第7章　選擧管理

第114條　① 選擧와 國民投票의 공정한 管理 및 政黨에 관한 事務를 처리하기 위하여 選擧管理委員會를 둔다.

　② 中央選擧管理委員會는 大統領이 任命하는 3人, 國會에서 選出하는 3人과 大法院長이 指名하는 3人의 委員으로 구성한다. 委員長은 委員중에서 互選한다.

　③ 委員의 任期는 6年으로 한다.

　④ 委員은 政黨에 加入하거나 政治에 관여할 수 없다.

　⑤ 委員은 彈劾 또는 禁錮 이상의 刑의 宣告에 의하지 아니하고는 罷免되지 아니한다.

　⑥ 中央選擧管理委員會는 法令의 범위 안에서 選擧管理·國民投票管理 또는 政黨事務에 관한 規則을 制定할 수 있으며, 法律에 저촉되지 아니하는 범위 안에서 內部規律에 관한 規則을 制定할 수 있다.

　⑦ 各級 選擧管理委員會의 組織·職務範圍 기타 필요한 사항은 法律로 정한다.

第115條　① 各級 選擧管理委員會는 選擧人名簿의 작성등 選擧事務와 國民

投票事務에 관하여 관계 行政機關에 필요한 指示를 할 수 있다.

② 第1項의 指示를 받은 당해 行政機關은 이에 응하여야 한다.

第116條 ① 選擧運動은 各級 選擧管理委員會의 管理下에 法律이 정하는 범위안에서 하되, 균등한 機會가 보장되어야 한다.

② 選擧에 관한 經費는 法律이 정하는 경우를 제외하고는 政黨 또는 候補者에게 부담시킬 수 없다.

第8章 地方自治

第117條 ① 地方自治團體는 住民의 福利에 관한 事務를 처리하고 財産을 관리하며, 法令의 범위 안에서 自治에 관한 規定을 制定할 수 있다.

② 地方自治團體의 종류는 法律로 정한다.

第118條 ① 地方自治團體에 議會를 둔다.

② 地方議會의 組織·權限·議員選擧와 地方自治團體의 長의 選任方法 기타 地方自治團體의 組織과 운영에 관한 사항은 法律로 정한다.

第9章 經 濟

第119條 ① 大韓民國의 經濟秩序는 개인과 企業의 經濟上의 自由와 創意를 존중함을 基本으로 한다.

② 國家는 균형있는 國民經濟의 成長 및 安定과 적정한 所得의 分配를 유지하고, 市場의 支配와 經濟力의 濫用을 방지하며, 經濟主體間의 調和를 통

한 經濟의 民主化를 위하여 經濟에 관한 規制와 調整을 할 수 있다.

第120條 ① 鑛物 기타 중요한 地下資源·水産資源·水力과 經濟上 이용할 수 있는 自然力은 法律이 정하는 바에 의하여 일정한 期間 그 採取·開發 또는 이용을 特許할 수 있다.

② 國土와 資源은 國家의 보호를 받으며, 國家는 그 균형있는 開發과 이용을 위하여 필요한 計劃을 수립한다.

第121條 ① 國家는 農地에 관하여 耕者有田의 원칙이 達成될 수 있도록 노력하여야 하며, 農地의 小作制度는 금지된다.

② 農業生産性의 提高와 農地의 合理的인 이용을 위하거나 불가피한 事情으로 발생하는 農地의 賃貸借와 委託經營은 法律이 정하는 바에 의하여 인정된다.

第122條 國家는 國民 모두의 生産 및 生活의 基盤이 되는 國土의 효율적이고 균형있는 이용·開發과 보전을 위하여 法律이 정하는 바에 의하여 그에 관한 필요한 제한과 義務를 課할 수 있다.

第123條 ① 國家는 農業 및 漁業을 보호·육성하기 위하여 農·漁村綜合開發과 그 지원등 필요한 計劃을 수립·施行하여야 한다.

② 國家는 地域間의 균형있는 발전을 위하여 地域經濟를 육성할 義務를 진다.

③ 國家는 中小企業을 보호·육성하여야 한다.

④ 國家는 農水産物의 需給均衡과 流通構造의 개선에 노력하여 價格安定을 도모함으로써 農·漁民의 이익을 보호한다.

⑤ 國家는 農·漁民과 中小企業의 自助組織을 육성하여야 하며, 그 自律的 活動과 발전을 보장한다.

第124條 國家는 건전한 消費行爲를 啓導하고 生産品의 品質向上을 촉구하기 위한 消費者保護運動을 法律이 정하는 바에 의하여 보장한다.

第125條 國家는 對外貿易을 육성하며, 이를 規制·調整할 수 있다.

第126條 國防上 또는 國民經濟上 緊切한 필요로 인하여 法律이 정하는 경우를 제외하고는, 私營企業을 國有 또는 公有로 移轉하거나 그 경영을 統制 또는 관리할 수 없다.

第127條 ① 國家는 科學技術의 革新과 情報 및 人力의 開發을 통하여 國民經濟의 발전에 노력하여야 한다.

② 國家는 國家標準制度를 확립한다.

③ 大統領은 第1項의 目的을 達成하기 위하여 필요한 諮問機構를 둘 수 있다.

第10章 憲法改正

第128條 ① 憲法改正은 國會在籍議員 過半數 또는 大統領의 發議로 提案된다.

② 大統領의 任期延長 또는 重任變更을 위한 憲法改正은 그 憲法改正 提案 당시의 大統領에 대하여는 效力이 없다.

第129條 提案된 憲法改正案은 大統領이 20日 이상의 期間 이를 公告하여야 한다.

第130條 ① 國會는 憲法改正案이 公告된 날로부터 60日 이내에 議決하여야 하며, 國會의 議決은 在籍議員 3分의 2 이상의 贊成을 얻어야 한다.

② 憲法改正案은 國會가 議決한 후 30日 이내에 國民投票에 붙여 國會議員選擧權者 過半數의 投票와 投票者 過半數의 贊成을 얻어야 한다.

③ 憲法改正案이 第2項의 贊成을 얻은 때에는 憲法改正은 확정되며, 大統領은 즉시 이를 公布하여야 한다.

附　　則

第1條 이 憲法은 1988年 2月 25日부터 施行한다. 다만, 이 憲法을 施行하기 위하여 필요한 法律의 制定·改正과 이 憲法에 의한 大統領 및 國會議員의 選擧 기타 이 憲法施行에 관한 準備는 이 憲法施行 전에 할 수 있다.

第2條 ① 이 憲法에 의한 최초의 大統領選擧는 이 憲法施行日 40日 전까지 실시한다.

② 이 憲法에 의한 최초의 大統領의 任期는 이 憲法施行日로부터 開始한다.

第3條 ① 이 憲法에 의한 최초의 國會議員選擧는 이 憲法公布日로부터 6月 이내에 실시하며, 이 憲法에 의하여 選出된 최초의 國會議員의 任期는 國會議員選擧후 이 憲法에 의한 國會의 최초의 集會日로부터 開始한다.

② 이 憲法公布 당시의 國會議員의 任期는 第1項에 의한 國會의 최초의 集會日 前日까지로 한다.

第4條 ① 이 憲法施行 당시의 公務員과 政府가 任命한 企業體의 任員은 이 憲法에 의하여 任命된 것으로 본다. 다만, 이 憲法에 의하여 選任方法이나 任命權者가 변경된 公務員과 大法院長 및 監査院長은 이 憲法에 의하여 後任者가 選任될 때까지 그 職務를 행하며, 이 경우 前任者인 公務員의 任期는 後任者가 選任되는 前日까지로 한다.

② 이 憲法施行 당시의 大法院長과 大法院判事가 아닌 法官은 第1項 但書의 規定에 불구하고 이 憲法에 의하여 任命된 것으로 본다.

③ 이 憲法중 公務員의 任期 또는 重任制限에 관한 規定은 이 憲法에 의하여 그 公務員이 최초로 選出 또는 任命된 때로부터 適用한다.

第5條 이 憲法施行 당시의 法令과 條約은 이 憲法에 違背되지 아니하는 한 그 效力을 지속한다.

第6條 이 憲法施行 당시에 이 憲法에 의하여 새로 設置될 機關의 權限에 속하는 職務를 행하고 있는 機關은 이 憲法에 의하여 새로운 機關이 設置될 때까지 存續하며 그 職務를 행한다.

저자약력

1981년 이후 경찰대학 교수
(2015년 3월 이후 명예교수)

용산고등학교, 고려대학교 법과대학 졸업
고려대학교 대학원 법학석사·박사
해군중위 제대, 법제처 전문위원
일본 一橋大學 객원연구원(Japan Foundation 초청)
미 국무성 초청 미국경찰교육제도 연구
독일 아데나워재단 초청 동서독경찰통합연구
한국헌법학회장, 한국인터넷법학회장
한국법학교수회 로스쿨대책공동위원장, 부회장
대한법학교수회장
안암법학회장, 한국경찰학회 부회장
한국공법학회 재무·기획·총무 이사, 부회장
한국정치학회 명예이사, 법률소비자연맹 사무총장
한국인터넷광고자율심의위원회 위원장
여의도연구소 정치·행정분과 정책자문위원장
경찰개혁위원, 한국법제연구원 자문위원
(현) 대한법학교수회장, 명예회장

저서 및 논문

경찰관련 공법판례연구(수사연구사, 2011 개정판)
국민과 함께하는 문화공무원을 꿈꾸며(애송시선집, 2014 고려문화사)
한국민주헌법론 Ⅱ(박영사, 2015 제 2 개정판)
헌법재판소 주요판례(프라임에듀북, 2018 공저)

한국법학교육의 정상화방안
정치개혁의 입법적 과제
정치자금법의 문제점과 개혁방향
현행 집시법의 문제점과 개정방향
국가인권위원회의 문제점과 발전방향
국정감사폐지론
독일의회의 국정조사권에 관한 연구
신체의 자유의 절차적 보장
국민을 위한 경찰수사권독립의 이유와 방안
한국경찰의 자치경찰제 도입방안
외 다수

제 3 개정판
한국민주헌법론 Ⅰ

초판발행　　　2004년 3월　5일
제3개정판발행　2019년 2월 25일

지은이　　　이관희
펴낸이　　　안종만·안상준

편　집　　　윤혜경
기획/마케팅　오치웅
표지디자인　조아라
제　작　　　우인도·고철민

펴낸곳　　　(주) **박영사**
　　　　　　서울특별시 종로구 새문안로3길 36, 1601
　　　　　　등록　1959. 3. 11. 제300-1959-1호(倫)
전　화　　　02)733-6771
f a x　　　02)736-4818
e-mail　　　pys@pybook.co.kr
homepage　　www.pybook.co.kr
ISBN　　　979-11-303-3378-6　94360
　　　　　　979-11-303-3377-9　 (세트)

* 잘못된 책은 바꿔드립니다. 본서의 무단복제행위를 금합니다.
* 저자와 협의하여 인지첩부를 생략합니다.

정　가　　　40,000원